阳谷县政协志

（1959—2019）

阳谷县政协志编纂委员会　编

方志出版社
Publishing House of Local Records

图书在版编目（CIP）数据

阳谷县政协志：1959-2019 / 阳谷县政协志编纂委员会编. -- 北京：方志出版社，2020.9

ISBN 978－7－5144－4163－5

Ⅰ.①阳…　Ⅱ.①阳…　Ⅲ.①中国人员政治协商会议—地方委员会—概况—阳谷县　Ⅳ.①D628.524

中国版本图书馆 CIP 数据核字（2020）第 071001号

阳谷县政协志（1959—2019）

编　　者：阳谷县政协志编纂委员会
责任编辑：陈　菁

出 版 者：方志出版社
地址　北京市朝阳区潘家园东里 9 号（国家方志馆4层）
邮编　100021
网址　http://www.fzph.org
发　　行：方志出版社图书经销中心
电话（010）67110500
经　　销：各地新华书店
印　　刷：阳谷毕升印务有限公司

开　　本：889×1194　　1/16
印　　张：39.75
字　　数：649千字
版　　次：2020年9月第1版　　2020年9月第1次印刷
印　　数：0001～2050册

ISBN 978－7－5144－4163－5　　定价：268.00元

《阳谷县政协志》编纂委员会

顾　　问：郭代荣　潘福章

主　　任：朱炳立

副 主 任：潘景会　史晓莉　闫邦一　冯继勇　魏庆银　王凌峰

委　　员：张克雷　李贻贵　王兰英　李玉琳　杨世钟　孙喜臣

陈　玲　王立光　董经路

《阳谷县政协志》编辑委员会

主　　审：魏庆银

主　　编：张克雷

副 主 编：杨世钟

编　　辑：张亦臣　庞素静　张　旭　闫光阳　王红飞　潘瑞政

梁永胜

编　　务：白宗常　岳彩贺　王　伟　岳喜锦　王胜军　陈　丽

国殿梁

2009年6月16日，中共山东省委书记、省人大常委会主任姜异康（左一）到阳谷祥光铜业有限公司视察指导工作，中共聊城市委书记宋远方（左二）、市长林峰海（右一）、中共阳谷县委书记关华（左三）、阳谷祥光铜业有限公司董事长刘学景（右二）陪同活动

2012年5月，山东省原省长李春亭（左二）到山东景阳冈酒业有限公司参观，聊城市市长林峰海（右三）、中共阳谷县委书记田中俊（左四）、景阳冈酒业有限公司董事长徐怀谦（左一，第九届县政协党组副书记）、景阳冈酒业有限公司副总经理刘进文（右一，第八、第十二届县政协委员）陪同活动

2006年8月24日，山东省政协原主席陆懋曾（前右三）、山东省人大常委会原副主任王克玉（前右四）到山东凤祥集团考察指导工作，中共聊城市委书记郭兆信（前右二）、中共阳谷县委书记关华等市县领导陪同活动，山东凤祥集团有限责任公司董事长刘学景（前左一）介绍情况

2010年12月15日，山东省政协原主席陆懋曾（右二）到新凤祥控股集团有限责任公司考察工作，中共阳谷县委书记关华（左二）、常务副县长何宪卓（后左一），新凤祥控股集团有限责任公司董事长刘学景（左一）陪同活动

2001年10月17日，山东省政协副主席张敏（前右二）一行到山东凤祥集团有限责任公司考察，阳谷县政协主席郭代荣（后左一）陪同活动

2004年9月10日，山东省政协副主席林书香（前左三）陪同国家出入境检验检疫局副局长葛志荣（前左二）出席山东凤祥集团博士后科研工作站暨凤祥商学院揭牌仪式

2006年12月2日，山东省政协副主席王修智（前左二）到山东凤祥集团视察工作，中共聊城市委书记郭兆信（前左三）、中共阳谷县委书记关华（后中）陪同活动

2011 年 5 月 30 日，山东省政协副主席王乃静（前中）到山东祥光集团视察工作，阳谷县政协主席崔新厚（后右二）陪同活动

2011 年 6 月 14 日，山东省政协副主席林书香（左二）到山东祥光集团视察工作，中共阳谷县委书记关华（左一）、县长田中俊（前右二）陪同活动

2011 年 10 月 19 日，山东省政协副主席乔延春（前右二）到山东祥光集团视察工作，中共阳谷县委书记关华（右一）、县长田中俊（后右二）等陪同活动

2012 年 7 月 6 日，山东省政协副主席、党组副书记焉荣竹（中）到山东祥光集团视察指导工作，中共聊城市委书记宋远方（右一），中共阳谷县委书记田中俊（右二）、县长何宪卓（后中）陪同活动

2018年5月21日，山东省政协原副主席赵润田（前右二）、山东省政协原副主席许立全（后右二）到阳谷鲁西南医院调研。聊城市副市长、中共阳谷县委书记田中俊（后右一），中共阳谷县委常委、县委办公室主任郭振光（前左一），鲁西南医院有限公司法定代表人刘学景（前左二）陪同活动

2013年12月7日，全国政协委员、国务院参事、中国出入境检验检疫协会会长葛志荣（左三）到新凤祥集团调研，新凤祥控股集团有限责任公司党委书记、董事局主席刘学景（左四）陪同活动

2018年4月14日，聊城市政协主席张旋宇（前排左三）到阳谷伏城观摩新旧动能转换重点项目，中共阳谷县委书记田中俊（前排左二）、县长毕黎明（前排左四）、阳谷县政协主席朱炳立（前排左五）、常务副县长王守柱（前排左六）陪同活动

2018年8月9日，聊城市政协主席张旋宇（前左三）到新凤祥集团调研伏城重点项目建设工作，中共阳谷县委副书记、县长毕黎明（前左二），阳谷县政协主席朱炳立（前右三）陪同活动

1980年5月，中共阳谷县委书记李普光在县政协三届一次会议上

1982年1月，中共阳谷县委副书记、县政协主席王允仙在县政协三届二次会议上

1982年1月，阳谷县政协三届二次会议期间，县政协、县委统战部领导成员合影
前排左起：李寿南、汝作民、王允仙、常立庭、王心诚
后排左起：唐兴周、王汉杰、张立正、赵华毅、杨福印

1985年8月，阳谷县政协四届二次会议主席台

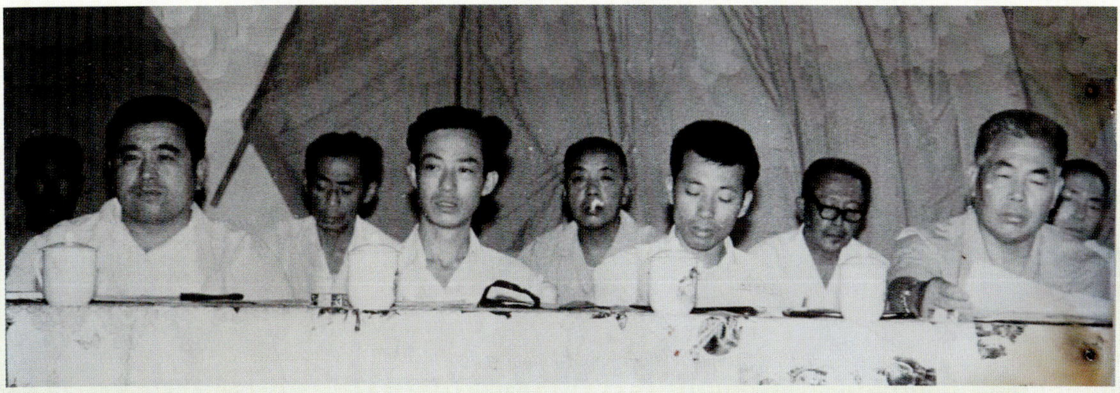

1985年8月，阳谷县政协四届二次会议主席台（前排左起：中共阳谷县委书记王宪章，县长周晓德，副书记、副县长董金刚，县人大常委会副主任罗庆君）

1985年8月，阳谷县政协四届二次会议主席台（前排左起：县人大常委会副主任肖道立，副县长赵玉莲，县委常委、组织部部长朱明，县委副书记柳汝华，县人大常委会主任李普光）

1986年4月2日，阳谷县政协四届三次会议期间，大会工作人员合影（前排左起：张德平、张建华、张文、赵运涛、杨福印、陈贵昌、邵广芹）

1989 年 3 月 21 日，中共阳谷县委书记吕绍勤在阳谷县政协五届三次会议上讲话

阳谷县政协五届三次会议会场

1991 年 3 月，政协第六届阳谷县委员会主席杨智众在阳谷县政协六届二次会议上讲话

政协第六届阳谷县委员会主席杨智众（前右一）与阳谷县县长周晓德（右二）一起调研

1991 年 12 月 30 日，阳谷诗社成立，全体与会人员合影

1993 年 3 月，中共阳谷县委书记孔昭信在阳谷县政协七届一次会议上讲话

1993 年 3 月，阳谷县政协七届一次会议主席台（前排左起：孔昭信、安世银、王传斌、郭银德、张振珽、王继淇）

1993 年 3 月 10 日，阳谷县政协七届一次会议主席团合影（前排左起：刘香玲、刘洪俊、胡福义、魏洪魁、杜元亮、孟昭海、杨智众、李印逵、韦燕福、李贵勤、于志安　中排左起：周素霞、袁云杰、陈保全、李道奇、许志新、张学峰、王敬祥、杨忠贤、王秀环、臧玉凤　后排左起：程培亮、杜庆安、张合生、王福贞、郭建鸿、苏继环、吕效英、赵运涛）

1994 年 3 月 17 日，阳谷县政协七届二次会议会场

1994 年 9 月 29 日，阳谷县政协庆祝人民政协成立 45 周年座谈会合影（前排左起：王其春、王之洲、穆广彬、杨智众、王传斌、安世银、王允仙、张振珽、常立庭、唐兴周　中排左起：张学峰、王利英、仝绪启、魏洪逵、张凤安、李印逵、胡福义、杜元亮、冯际功、王玉祥、赵运涛　后排左起：陈保全、郭建鸿、袁云杰、熊天光、王子厚、孟昭海、韦燕福、李贵勤、张金让、王廷、李韶辉）

1995 年 3 月，阳谷县政协七届三次会议主席台（前排右起：汪文耀、郭银德、王传斌、安世银、杨智众、李印逵、孟昭海、韦燕福）

1996 年 3 月 24 日，政协第七届阳谷县委员会主席郭银德在阳谷县政协七届四次会议上讲话

1996 年 3 月，阳谷县政协七届四次会议主席台（左起：杜元亮、韦燕福、孟昭海、郭银德、杨智众、安世银、汪文耀、李银起、张振斑）

1996 年 3 月，阳谷县政协七届四次会议会场（前排左起：潘福章、王明玉、邵玉臣、方鸣　　后排左起：王汉杰、姜峰、汪文耀）

政协阳谷县七届四次会议领导与机关人员合影　1996.3

1996年3月24日，阳谷县政协七届四次会议领导与机关人员合影（第一排左起：赵运涛、陈保全、陈明诰、李贵勤、韦燕福、杨智众、郭银德、孟昭海、杜元亮、仝绪启、王玉祥 第二排左起：岳修航、王长健、张建华、邵广芹、王德伟、张德平、黄庆民、宋义星、李玉琳 第三排左起：郑清铭、王廷、李韶辉、李印元、王凤学、杨世钟、张云生）

1997年1月25日，中共阳谷县委书记安世银在阳谷县政协七届五次会议上讲话

1998年2月，中共阳谷县委书记徐淑满在阳谷县政协八届一次会议上讲话

2000年7月，第八届阳谷县政协主席郭代荣（中）与领导班子成员到企业检查指导工作

2001年2月，在阳谷县政协八届四次会议期间，政协第八届阳谷县委员会主席郭代荣（中）陪同县几大班子领导看望政协委员

2001年2月，政协第八届阳谷县委员会主席郭代荣在县政协八届四次会议上作常委会工作报告

2001年2月，第八届阳谷县政协届中调整后，主席、副主席、秘书长合影（左起：赵运涛、张长英、吕顺成、陈明诰、韦燕福、郭代荣、仝绪启、陈保全、王长亮、杨廷军）

2003年1月，在阳谷县政协九届一次会议期间，中共阳谷县委书记汪文耀（右二）、县政协主席潘福章（右一）看望政协委员

2003年1月，县政协九届一次会议选举大会，政协第八届阳谷县委员会主席郭代荣（左四）与第九届阳谷县委员会主席潘福章（左三）亲切握手

2003年1月22日，阳谷县政协九届一次会议领导与机关人员合影（前排左起：赵运涛、王明惠、王守良、张长英、吕顺成、潘福章、郭代荣、陈明诰、陈保全、王长亮、杨廷军、潘景会　中排左起：王长健、姜来芳、黄庆民、王凤学、杨世钟、郑清铭、杨忠贤、吴兆俊、孟昭峰、李玉琳、史代菊、岳修航　后排左起：张建华、张云生、赵东峰、孙喜臣、许春生）

2003 年 8 月，阳谷县政协组织的助寒门学子捐助仪式

第九届阳谷县政协主席、副主席合影（前排左起：张长英、潘福章、王长亮　后排左起：王明惠、王守良、杨廷军、潘景会）

2004年2月，政协第九届阳谷县委员会主席潘福章在县政协九届二次会议上作常委会工作报告

2006年2月14日，中共阳谷县委书记关华在阳谷县政协九届四次会议上讲话

2006年2月，阳谷县政协九届四次会议领导成员合影（左起：原秘书长赵运涛，副主席潘景会、王守良、张长英，主席潘福章，副主席王长亮、杨廷军、王明惠、李金山，秘书长岳修航）

2007年12月19日，阳谷县政协十届一次会议召开，政协第十届阳谷县委员会主席崔新厚和政协第九届阳谷县委员会主席潘福章在大会主席台上

2007年12月19日，阳谷县政协欢送潘福章主席、王明惠、秦广胜副主席合影（前排左起：郑清铭、吴春凤、李金山、潘景会、王守良、王明惠、潘福章、王长亮、秦广胜、崔新厚、张长英、李玉琳　　后排左起：姜来芳、许春生、杨世钟、张云生、王伟、张建华、张亦臣、李连军、岳彩贺、黄庆民、王凤学、孙喜臣、董经路、赵东峰、高宝金、王立光、岳喜锦）

2007年12月16日，阳谷县政协十届一次会议期间，中共阳谷县委副书记、代县长田中俊（左一）等领导看望政协委员

2008 年 10 月 17 日，阳谷县政协纪念改革开放三十周年摄影展

2009 年 2 月 2 日，阳谷县政协十届二次会议期间，中共阳谷县委副书记、县长田中俊（右一）等领导看望政协委员

2009年2月3日，阳谷县政协表彰2008年度十佳政协委员合影（前排左起：孙喜臣、吴春凤、潘景会、杨廷军、崔新厚、李柏林、张长英、王守良、李金山、郑清铭、李玉琳　后排左起：杨世钟、李金健、宋义伦、曹保国、吕寻林、布庆国、郎佃华、李蕾、王兰英、张太芳、许春生、陈玲）

2009年2月3日，阳谷县政协表彰2008年度十佳优秀提案委员合影（前排左起：孙喜臣、吴春凤、潘景会、杨廷军、崔新厚、李柏林、张长英、王守良、李金山、郑清铭、李玉琳　后排左起：杨世钟、闫学峰、刘德民、申培社、高新普、王占元、金德长、李龙军、王寿梅、付红英、许春生、陈玲）

2009年9月16日，庆祝中华人民共和国成立60周年暨人民政协成立60周年文艺演出（县政协机关合唱《团结就是力量》　右起：姜来芳、李连军、张建华、吴春凤、潘景会、张长英、崔新厚、杨廷军、李金山、郑清铭、孙喜臣、张亦臣、陈玲、李玉琳、崔敬）

2009年9月21日，中共阳谷县委书记关华（左二）及县领导参加由阳谷县政协举办的庆祝中华人民共和国成立60周年暨人民政协成立60周年书画展

2010年2月，阳谷县政协十届三次会议主席台（左起：副主席吴春风、潘景会、杨廷军，主席崔新厚，副主席张长英、王守良、李金山，秘书长郑清铭）

2011年6月27日，阳谷县政协召开庆祝中国共产党成立90周年暨纪念辛亥革命100周年大会（主席台前排左起：李金山、李其超、靳凤莲、潘福章、周素霞、关华、崔新厚、郭代荣、白立新、赵同江）

2012 年 1 月 11 日，中共阳谷县委书记田中俊在阳谷县政协十一届一次会议上讲话

2012 年 1 月 11 日，阳谷第十届阳谷县委员会主席崔新厚在阳谷县政协十一届一次会议上作常委会工作报告

2012年1月13日，政协第十一届阳谷县委员会主席朱炳立在阳谷县政协十一届一次会议闭幕会上讲话

2012年1月13日，阳谷县政协十一届一次会议闭幕后，第十届、第十一届领导班子合影（左起：郑清铭、闫邦一、孙兰华、吴春风、潘景会、张长英、崔新厚、朱炳立、杨廷军、李金山、朱丙林、史晓莉、冯继勇）

2013 年 3 月 28 日，阳谷县政协成立文化联谊会书画院

2017 年 1 月 20 日，阳谷县政协十二届一次会议期间，阳谷县政协主席朱炳立（右一）等领导看望政协委员

2017年5月28日，阳谷县政协举办“母教传家风 书香育英才”全县中小学师生书画展颁奖仪式（右一为中共阳谷县委副书记丁洁清，左一为阳谷县政协主席朱炳立）

2017年5月28日，阳谷县政协举办“母教传家风 书香育英才”签名活动（左三为中共阳谷县委副书记丁洁清，左四为阳谷县政协主席朱炳立，左一为中共阳谷县委常委、宣传部部长马颖）

2017年5月28日，由阳谷县政协举办的全县中小学师生书画展和全县中老年书画邀请展开展仪式在县城博济桥广场举行

2017年12月6日，阳谷县政协主席朱炳立（左一），中共阳谷县委常委、统战部部长李超（右二），组织驻阳谷市政协委员到新凤祥集团调研工作

2018年1月14日，阳谷县政协十二届二次会议期间，聊城市副市长、中共阳谷县委书记田中俊（右一），阳谷县委副书记丁洁清（右四）等领导看望政协委员

2018年1月14日，阳谷县政协十二届二次会议期间，中共阳谷县委副书记、代县长毕黎明（左二），常务副县长王守柱（左三）等领导看望政协委员

2018年1月15日，阳谷县政协十二届二次会议开幕会议主席台

2018年1月16日，阳谷县政协召开《阳谷乡村记忆》《阳谷县政协志》编纂工作座谈会

2018 年 2 月 6 日，阳谷县政协主席朱炳立（左一）慰问狮子楼街道农村老党员

2018 年 3 月 17 日，阳谷县政协机关金水湖健步走活动合影（第一排左起：李连军、岳喜锦、黄庆民、白宗常、张亦臣、王长健、梁永胜、王伟、姜来芳、闫光阳　第二排左起：张克雷、潘瑞政、庞素静、陈玲、陈丽、史晓莉、朱炳立、孙兰华、潘景会、闫邦一、冯继勇、董经路、王立光　第三排左起：张旭、商兆辉、王胜军、张云生、魏庆银、岳彩贺、张建华、孙喜臣、高宝兴）

2018 年 3 月 15 日，阳谷县政协机关举办“新时代 · 翰墨情”书画展

2018 年 4 月 22 日，阳谷县政协在云书网举办“书香政协话读书”活动

2018年4月27日，中共阳谷县委统战部、县政协文史资料委员会在县美术馆联合举办纪念中共中央发布“五一口号”70周年大型书画展

2018年5月25日，阳谷县政协召开“推进我县优秀传统文化传播基地建设”专题协商会

2018 年 6 月 1 日，阳谷县政协举办全县政协委员履职能力提升培训班

2018 年 6 月 29 日，阳谷县政协举办“庆七一·谋振兴——美丽乡村”摄影展

2018年10月10日，阳谷县政协主席朱炳立（前左三），副主席潘景会（前左四）、魏庆银（后左三）、王凌峰（后左二）到烟台福山区考察学习

2019年2月24日，阳谷县政协十二届三次会议开幕式会场

2019年2月26日，阳谷县政协十二届三次会议领导成员合影（左起：原秘书长张克雷，副主席魏庆银、闫邦一，原副主席潘景会，主席朱炳立，副主席史晓莉、冯继勇、王凌峰，秘书长李贻贵）

2019年5月16日，阳谷县政协视察市政园林工作

2020年5月15日，中共阳谷县委书记陈波在县政协十二届四次会议上讲话

2020年5月15日，中共阳谷县委副书记、代县长彭志国（前排左三）参加委员分组讨论

2020年5月15日，县政协主席朱炳立在县政协十二届四次会议上作常委会工作报告

2020年5月17日，阳谷县政协十二届四次会议领导成员合影（左起：秘书长王兰英，副主席范新立、冯继勇，主席朱炳立，副主席史晓莉、魏庆银、刘文龙，原秘书长李贻贵）

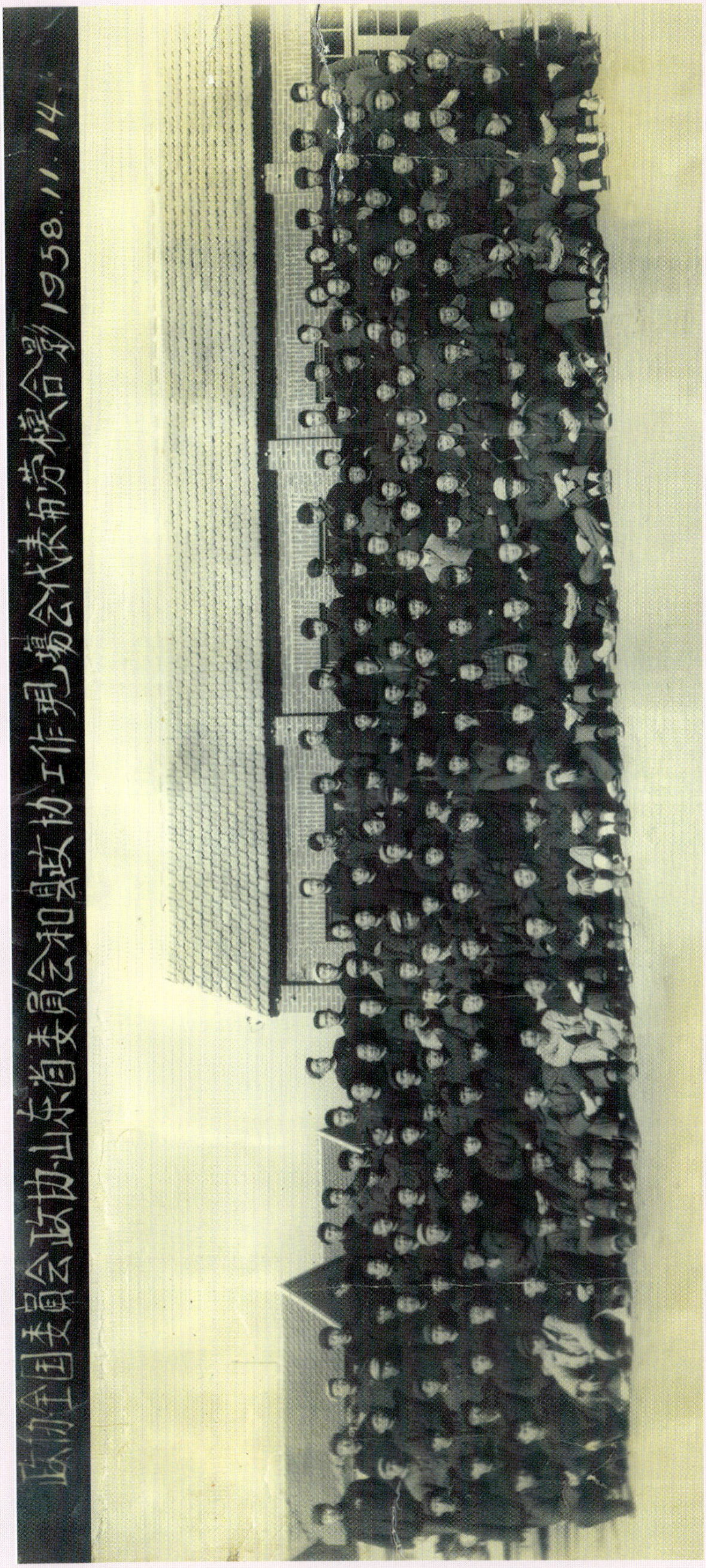

1958年11月14日，政协全国委员会、政协山东省委员会、县政协工作现场会在寿张县召开，上图为代表与劳模合影

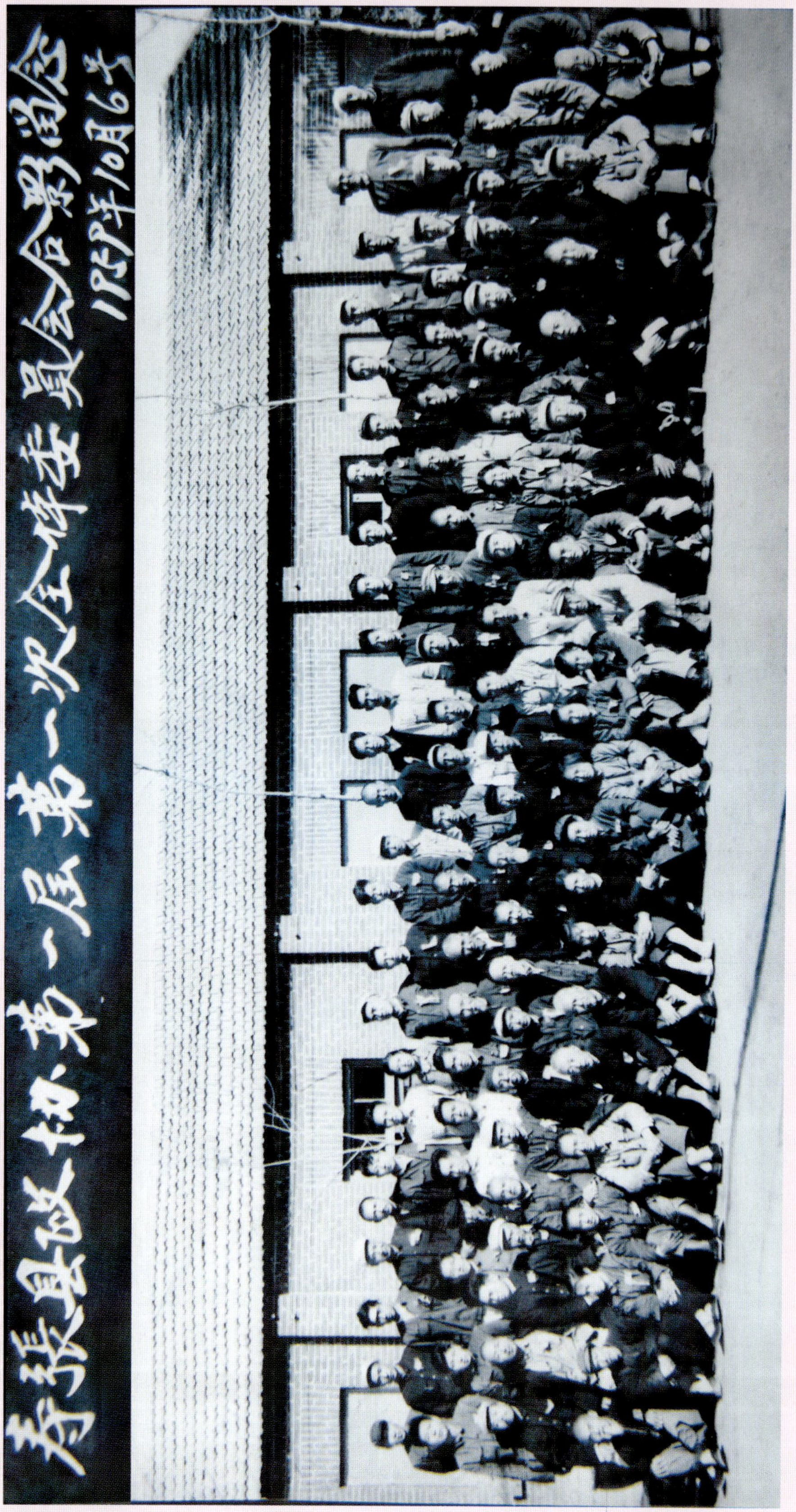

1959年10月6日，政协第一届寿张县委员会第一次会议全体委员合影

1984 年 9 月 18 日，政协第四届阳谷县委员会第一次会议全体委员合影

1987年5月1日，政协第五届阳谷县委员会第一次会议全体委员合影

1990年3月29日，政协第六届阳谷县委员会第一次会议全体委员合影

1993 年 3 月 10 日，政协第七届阳谷县委员会第一次会议全体委员合影

1996年3月，政协第七届阳谷县委员会第四次会议全体委员合影

2003年1月20日，政协阳谷县第九届委员会第一次会议全体委员合影

2007年12月19日，政协阳谷县第十届委员会第一次会议全体委员合影

2012 年 1 月 13 日，政协第十一届阳谷县委员会第一次会议全体委员合影

2017 年 1 月 22 日，政协第十二届阳谷县委员会第一次会议全体委员合影

2003年4月21日，晋冀鲁豫十六县（市、区）政协联谊会第二十次会议合影

2004年9月12日，山东阳谷企业家协会成立大会合影

2010年10月，京九沿线县级政协联谊会第十三次会议合影

2012年10月15日，晋冀鲁豫二十县（市、区）政协联谊会第三十五次会议合影

序 言

存史资政、修志载言是人民政协的一项重要任务。2018年元月，我们决定编纂《阳谷县政协志（1959—2019）》，记述阳谷县政协 60年来的发展历程，留存政协记忆，总结工作经验，鉴往知今，推进阳谷县政协事业新发展。

阳谷县政协的历史可以追溯至 1959 年。1958 年 12 月，阳谷县建制曾短暂撤销，全境划归寿张县。1959 年 10 月，寿张县政协第一届委员会成立。1961 年 7 月，阳谷县建制恢复。1963 年 8 月，筹组成立阳谷县政协第一届委员会，共有委员 53 人，其中 25 人由寿张县政协转入。“文化大革命”开始后，阳谷县政协停止工作。1980 年 5 月，阳谷县政协恢复工作，在县委的坚强领导下，牢牢把握团结和民主两大主题，认真履行政治协商、民主监督、参政议政职能，各项工作卓有成效，社会影响日益扩大，政协事业充满蓬勃生机与活力。

为全面、客观、真实的记述阳谷县政协十二个届次的发展历程和主要工作，志书编纂人员遍访群贤，广征史料，伏案耕耘，整理分类，反复校勘，数易其稿，用时两年，终于集篇成志。志书分为组织机构、履行职能、政协人物、文献资料 4 个篇章，集中反映了阳谷县政协在各个时期围绕中心、服务大局、履行职能的生动实践，全面展现了历届政协委员参政议政、建言献策、建功立业的风采魅力。全书图文并茂，收录了大量弥足珍贵的图文资料，具有较强的可读性和较高的收藏价值。

以史为鉴，惠及永远。《阳谷县政协志（1959—2019）》是阳谷县第一部记载爱国统一战线工作的专门志书，它的出版问世，对认识和了解人民政协的性质、地位及作用，对推动政协工作承前启后、开拓创新，具有重要的指导意义。同时，对研究、掌握当代阳谷的政治史、文化史、发展史、统一战线史具有重要参考价值，将进一步丰富阳谷的历史文化内涵。

编纂过程中，中共阳谷县委、县政府给予了大力支持，聊城市档案局及阳谷县档案局、党史办等部门提供资料，县史志办给予业务指导，政协的老领导、老同志热情参与。在此，谨向所有关心、支持和参与征编工作的领导及同志，表示衷心感谢！

人民政协事业是在一届又一届的传承和创新中不断向前发展的。2019 年 9 月 20 日，习近平总书记在中央政协工作会议暨庆祝中国人民政治协商会议成立 70 周年大会上指出："人民政协作为统一战线的组织、多党合作和政治协商的机构、人民民主的重要实现形式，是社会主义协商民主的重要渠道和专门协商机构，是国家治理体系的重要组成部分，是具有中国特色的制度安排。""在中国社会主义制度下，有事好商量、众人的事情由众人商量，找到全社会意愿和要求的最大公约数，是人民民主的真谛。"这些重要论述论断，为加强和改进新时代人民政协工作指明了方向、提供了遵循。让我们更加紧密地团结在以习近平同志为核心的中共中央周围，在中共阳谷县委的坚强领导下，携手新时代，画好同心圆，以奋斗者的姿态和干劲，推进我县政协工作继续走在前列，为全面建成小康社会做出新的更大的贡献。

阳谷县政协主席 朱炳立

2020年 8月

凡 例

一、本志以马克思列宁主义、毛泽东思想、邓小平理论、“三个代表”重要思想、科学发展观、习近平新时代中国特色社会主义思想为指导，坚持辩证唯物主义和历史唯物主义的立场、观点和方法，遵循《中国人民政治协商会议章程》的规定，全面、准确、翔实地记述阳谷县政协的历史与现状。

二、本志上限为1959年10月，下限为2019年2月，概述、大事记中各界人民代表会议因具有政治协商性质，前溯到1949年10月，个别人事变更略有顺延。

三、本志体裁采用述、记、志、传、图、表、录等形式，设概述、大事记、组织机构、履行职能、政协人物、文献资料、附录等分别记述。

四、本志采用语体文记述，力求文风严谨、朴实，语言简洁、通俗，并遵循方志编纂原则，纵不断线，横不缺项，据实记录，述而不论，力求分类合理，形式得体，层次分明。

五、本志采用历史照片直观记录政协会议、重大活动、委员风采，反映历史原貌，传递历史信息。

六、本志凡涉及政区、机构、会议等事物名称，一律采取当时的称谓，初记全称，后写简称。如“阳谷县政协”，简称为“县政协”。对于人物名字用字前后不一致的情况，进行了规范统一。

七、本志凡涉及社会数据，以阳谷县统计局公布的为准，其他则以档案资料及阳谷县政协的公文资料为准。数据、时间的书写均采用阿拉伯数字，民国以前使用历史纪年，括注公元纪年，民国及以后使用公元纪年。

八、本志收录的组织机构和界别设置按原始文件或以习惯排列为序。本志收录政协人物按届别为序排列，同一届中委员按委员花名册为序排列。本志所收文献资料，除明显错漏之处进行修改，力求保持原貌。

九、本志所引资料，多为县政协档案室和县、市档案馆及相关部门所存，不再一一注明出处。

凡 例

目 录

第二编 履行职能

第三编 政协人物

第三章　领导讲话

第四章　制度建设

景阳冈

概　述

武松打虎雕塑

景阳冈山神庙

概 述

阳谷县地处鲁西平原，黄河北岸，山东省聊城市南端。东临聊城市东阿县，西毗聊城市莘县，北接聊城市东昌府区，南与河南省台前县、范县接壤，东南隔黄河与泰安市东平县相望。全县总面积1065平方公里，辖14个镇、1个乡、3个街道，共856个行政村，17个居委会。

阳谷县历史悠久，文化源长。上古时期，阳谷为东夷集团的政治、经济、文化中心。经专家考证，被确定为“东夷之都”。阳谷县于隋开皇十六年（公元596年）置县。县城几经迁徙，于北宋景德三年（公元1006年）迁于现址（孟店），历史已逾千年，被誉为“千年古城”。阳谷县因武松在景阳冈上打虎而名扬四海，1956年11月9日，毛泽东对阳谷县石门宋农业生产合作社的养猪报告《我们一个社要养猪两万头》（《农村工作通讯》1956年第二期）批示：“阳谷县是打虎英雄武松的故乡。”故又称“武松故乡”。

阳谷县人民勤劳智慧，勇于开拓，在建设中国特色社会主义的伟大进程中，阳谷大地发生了翻天覆地的变化。新中国成立以来，特别是改革开放以来，人民政协作为我国政治体制的重要组成部分，在扩大人民民主，促进祖国统一，推进改革开放，维护社会稳定，服务经济发展等方面都发挥了重要作用。阳谷县政协的历史应上溯到1959年10月成立的第一届寿张县政协（时阳谷县建制已撤销，并入寿张县），至今已至十二届，走过了60年的辉煌历程。这期间，阳谷县政协自觉服务于改革发展稳定的大局，充分调动一切积极因素，团结一切可以团结的力量，同心同德，群策群力，为促进全县的经济社会发展做出了积极的贡献。

回顾阳谷县政协的历史，其发展历程大致可分为三个阶段。

第一阶段　1949年10月至1959年10月

（一）阳谷县各界人民代表会议。1949年11月，阳谷县召开第一届各界人民代表会议，为政治协商性质。自1952年11月召开的第二届一次会议起，根据《中国人民政治协商会议共同纲领》中关于“在普选的地方人民代表大会召开以前，由地方各界人民代表会议逐步地代行人民代表大会的职权”的规定，行使权力机关的职能。1954年阳谷县第一届人民代表大会召开，各界人民代表会议制度终止，共召开了2届、12次会议。

（二）寿张县各界人民代表会议。寿张县各界人民代表会议于1949年10月召开，至1953年历时四年多，共召开了2届、11次会议。1952年第二届寿张县各界人民代表会议，代行了人民代表大会职权，选举了县长、副县长、政府委员及法院院长。

各界人民代表会议是新中国成立初期中国共产党领导建立的地方统一战线组织。阳谷县、寿张县各界人民代表会议在协助政府推行土地改革及其他改革，宣传党在过渡时期总路线和各项方针政策，组织各界人士学习政治理论与时事政治，恢复、发展经济，加强政权建设等方面发挥了重要作用。

第二阶段　1959年10月至1980年5月

1958年12月15日，阳谷县建制撤销，所属村镇全部并入寿张县。1961年7月1日，恢复阳谷县建制，辖境与1958年撤销前同。1964年11月，原寿张县建制撤销，跨金堤两侧的斗虎店村、明堤村等13个村庄及金堤以北村镇全部划归阳谷县。

1959年10月1日，政协第一届寿张县委员会依据《中国人民政治协商会议章程》成立。10月3日至6日，召开了寿张县政协一届一次会议，共到会105人。会议选举产生了政协第一届寿张县委员会常务委员会，设主席1人，副主席8人，选举县委第一书记刘传友为政协主席。

根据《中国人民政治协商会议章程》关于在市和重点县设立政协的规定，经山东省委批准，成立了中国人民政治协商会议山东省阳谷县委员会。1963年9月23日至27日，政协第一届阳谷县委员会第一次会议召开，共有委员53人，其中，从原寿张县调任的25人，新增委员28人。会议选举产生了政协第一届阳谷县委员会常务委员会，设主席1人，副主席4人，常务委员15名，会议选举许子厚为政协第一届阳谷县委员会主席。

1966年1月9日至11日，政协第二届阳谷县委员会第一次会议召开。会议选举主席1人，副主席8人，常务委员16人。杨培祯为政协第二届阳谷县委员会主席。会后不久，“文化大革命”开始，统战组织和政协机构被取消，并于1967年3月停止工作。

1976年10月，粉碎江青反革命集团后，全国的政治形势发生了根本性的变化。1978年12月，中共中央召开了具有伟大历史意义的十一届三中全会，从根本上冲破了长期“左”的错误思想的严重束缚，在思想上、政治上、组织上恢复了马克思主义的正确路线，把全党、全国工作的重心转移到社会主义现代化建设上来，开启了改革开放的伟大航程，也开启了统一战线和人民政协事业发展的新时期。1980年5月，阳谷县政协重新恢复工作。这是自“文化大革命”起，阳谷县政协停止工作十三年之后再次开展工作，在阳谷县政协历史上具有里程碑的深远意义。至此，阳谷县的政协事业迈上了新的征程，呈现出逐步发展的良好态势。

第三阶段　1980 年 5 月至 2019 年 2 月

1980 年 5 月 17 日至 24 日，政协第三届阳谷县委员会第一次会议召开。在第三届委员会任期的 3 年中，共举行 3 次全委会议、15 次常务委员会会议。政协阳谷县第三届委员会，下设 1 个办公室、6 个工作组。在三届二次常委扩大会议上，改设一室五组，即办公室、学习指导组、调查研究组、对台工作组、科技工作组和文史资料组。在中共十一届三中全会正确路线的指引下，阳谷县政协进一步宣传贯彻统一战线政策，充分发挥人民政协在新时期的政治协商与民主监督作用，积极宣传贯彻党和政府关于统一祖国的方针、政策，成效显著。

1984 年 9 月 12 日至 18 日，政协第四届阳谷县委员会第一次会议召开。第四届委员会严格执行政协组织中党内与党外人士的比例的规定，由 16 个届别的 141 名委员组成。阳谷县政协第四届委员会期间，阳谷县政协建立健全了各项规章制度，不断推进工作的规范化建设。1984 年 9 月 18 日，阳谷县政协四届一次常委会议决定，设一室、三会、七个工作组，即：办公室，学习委员会、文史资料征集研究委员会、提案工作委员会，科技组、教育组、医药卫生组、农业组、工业组、财贸组、民侨宗台组。专门委员会及工作组的组建为下一步阳谷县政协工作的开展奠定了良好的组织基础。

阳谷县政协第五、六、七届委员会分别由 18 个界别的 165 名委员、173 名委员和 182 名委员组成。这是政协工作开创新局面的重要时期。三届政协紧紧围绕党委和政府的中心任务，参大政，议大事；强化职能意识，加大协商监督、参政议政的力度；以专门委员会和工作组为基础，广泛开展视察和调研活动；强化联谊工作，进一步加强了团结协作；切实加强政协自身建设，努力提高整体服务水平，为阳谷县的经济社会发展做出了积极贡献。根据《中国人民政治协商会议章程》的有关规定，从政协阳谷县第七届委员会开始，每届任期为 5 年。

阳谷县政协第八、九、十届委员会在前进中开拓，在开拓中前进。三届政协的界别构成更加合理，委员素质显著提高，第十届委员大专以上文化程度的占委员总数的 77.1%，委员平均年龄 40.1 岁；从第八届政协开始，不断建立健全专门委员会，研究制定了一系列工作制度，使政协工作迈上了规范化、制度化、程序化轨道；三届政协坚持围绕中心、服务大局，关注民生、履职为民，努力为推进和谐社会建设贡献力量；牢牢把握团结、民主两大主题，积极为促进阳谷县改革发展凝心聚力；发挥政协组织优势，在推进县域建设中发挥作用；不断加强自身建设，为促进政协工作全面开展提供保障。

阳谷县政协第十一、十二届委员会站在新的历史起点上，根据新形势、新要求，积极探索政协提案、委员视察、专题调研、专题协商、反映社情民意、信息宣传、文史资料、祖国统一联谊等经常性工作的规律，在工作的形式、内容、领域和方法上更加丰富多彩，更加注重实效。经十二届一次常委会审议通过，设立了9个专门委员会。2017年年初，为加强与委员沟通，规范委员履职的管理考核工作，设立委员联络科，原宣传联络科更名为“宣传信息科”。两届政协以习近平新时代中国特色社会主义思想为指导，以继承、开拓、创新为工作思路，树立科学发展新理念，协商监督更加有成效；深入开展调查研究，建言水平更加提高；努力探索新方法，提案视察更加有的放矢；弘扬发展主旋律，服务大局更加扎实；高度关注民生，作用发挥更加突出。

回首过去，发展的历程很不寻常、很不平凡；展望未来，前进道路上充满挑战、任重道远。人民政协事业要有更大的发展，出路在于改革开放，关键在于大胆创新。新的形势、新的任务、新的发展机遇，赋予了人民政协光荣的使命。阳谷县政协将不忘初心、牢记使命，在县委的正确领导下，团结务实，高效创新，锐意改革，开拓奋进，充分发挥自身优势，始终服从、服务于全县改革发展稳定的大局，为建设强优富美新阳谷做出新的更大的贡献。

狮子楼景区

大 事 记

紫汇湖

狮子楼

观阳牌坊

大事记

1949年10月24日，寿张县第一届各界人民代表会议第一次会议召开，出席会议的代表共计267人。会议听取审议了县委书记籍献西作的“今冬明春工作建议”的报告。30日会议闭幕。

1949年11月，阳谷县第一届各界人民代表会议第一次会议召开，会议由县长陈华锋主持。参加会议的有党、政、军、工、农、妇、教、医务界代表。会议主要研究讨论了全县农副业生产问题。

1950年5月8日，阳谷县第一届各界人民代表会议第二次会议召开。会议由县长陈华锋主持，县委书记杨沧作了报告。会议通过了确保人权、土权、财权、兴修水利、发展互助组、开展供销信贷合作经营等十一项重要决议。

1950年7月15日，阳谷县第一届各界人民代表会议第三次会议召开。会议由县长陈华锋主持，主要研究了全县农业生产、打井、抗旱、麦季征购等工作。

1950年11月9日，阳谷县第一届各界人民代表会议第四次会议召开。会议由县长陈华锋主持，会议主要研究了组织生产互助、奖励生产、巩固发展村社、兴修水利、加强作物管理等问题。

1951年2月14日，阳谷县第一届各界人民代表会议第五次会议召开。会议由县长陈华锋主持。会议主要研究讨论了开展爱国主义生产运动、抗美援朝、镇压反革命、互助合作、兴修水利等问题。

1951年7月17日，阳谷县第一届各界人民代表会议第六次会议召开。县长陈华锋在会上作了第五次各界代表会议决议执行情况的报告，研究讨论了抗美援朝、开展爱国主义丰产运动、推行爱国公约、坚决镇压反革命分子、大办民校、提高群众政治文化水平等问题。

1951年11月13日，阳谷县第一届各界人民代表会议第七次会议召开。会议由县长陈华锋主持。县委书记杨沧作了工作报告。会议进行了典型发言。会议主要研究了继续开展抗美援朝爱国运动、农业生产和自救、巩固镇压反革命运动成果、宣传贯彻婚姻法等问题。

1952年2月13日，阳谷县第一届各界人民代表会议第八次会议召开。会议由县长陈华锋主持。会议主要研究了增产节约、“三反”运动、“五反”运动和抗美援朝工作。

1952年6月21日，阳谷县第一届各界人民代表会议第九次会议召开。会议由县委书记陈华锋主持。会议主要研究了做好物质交流、加强人民武装、开展文化教育、推广速成识字法等工作。

1952年9月，为进一步做好统一战线工作，调动各方面的积极性，投身社会主义建设，中国共产党阳谷县委员会统一战线工作部建立，刘斌任部长。

1952年11月8日，阳谷县第二届各界人民代表会议第一次会议召开。出席会议的代表364人，组成23个代表团，听取了“目前形势”“政府一年来的工作总结与今冬工作意见”“地方财政收支概况与秋征工作”3个报告。会议解答代表提案309件，通过了有关决议，选举产生了政府工作人员，施财当选为阳谷县人民政府县长，李玉平（女）当选为副县长。12日会议闭幕。

1952年11月15日，平原省撤销。根据中央指示精神，平原省撤销，阳谷县随聊城地区一并划归山东省辖区。

1953年2月10日，阳谷县第二届各界人民代表会议第二次会议召开。会议由县长施财主持。会议主要讨论研究了深入开展抗美援朝、发展工业、开展以互助合作为中心的爱国增产运动、加强经济建设、做好扫盲工作等问题。

1953年7月5日，阳谷县第二届各界人民代表会议第三次会议召开。会议由县长施财主持。会议主要研究了加强工业建设，发展互助合作，开展“三净”“五灭”（三净：即家庭住室干净、公共场所干净、大小路干净；五灭：即灭鼠、灭蝇、灭蚊、灭臭虫、灭麻雀。）卫生运动，开展民主建设和全国普选等工作。

1956年11月14日，阳谷县委统战部组织省政协委员视察了县供销社、阳谷中学等6个单位（同时参加视察的还有省、县人大代表），对委员视察中发现的问题，县委、县人委责成有关单位进行了具体研究。

1958年8月30日，山东省、济

南市政协参观团到寿张参观，参观团由省委统战部部长马保山，副省长李澄基、刘民生，省政协副秘书长李杰带领，共60人。参观团参观了李台人民公社的关门口，城关公社的台前，张秋公社的张秋、景阳冈4个生产队，访问了关门口队老庄的集体食堂。

1958年12月15日，阳谷县建制撤销，阳谷县原辖区连同东阿县的刘集、徐庄两个公社一并划归寿张县。合并后的寿张县拥有74万人，辖18个人民公社。

1959年10月1日，政协第一届寿张县委员会依据《中国人民政治协商会议章程》成立。10月3日至6日，召开寿张县政协一届一次会议，90名政协委员出席会议。会议学习了政协章程，选举产生了政协第一届寿张县委员会，刘传友当选为政协主席，司振东、刘登九、常立庭、高华山、周云章、刘镇南、孙之瑞、高澄波为副主席。

1961年1月，寿张县委公布高星任职。经省、地委批准，高星任寿张县委书记，原县委书记、政协主席刘传友调离。

1961年7月1日，恢复阳谷县建制，辖境与1958年撤销前同。肖道明任县委书记，许子厚任县人委会县长，全县划为17个人民公社。

1963年7月，政协第二届寿张县委员会第一次会议在寿张县城举行。

1963年9月23日，根据《中国人民政治协商会议章程》关于在市和重点县设立政协的规定，经山东省委批准，中国人民政治协商会议山东省阳谷县委员会成立。23日至27日，政协第一届阳谷县委员会第一次会议在阳谷召开。

1964年11月，原寿张县建制撤销，跨金堤两侧的斗虎店、明堤等13个村庄和金堤以北村镇全部划归阳谷县。

1965年5月13日，阳谷县政协一届三次会议召开，会议传达学习了中共中央《农村社会主义教育运动中目前提出的一些问题》（简称“二十三条”），听取审议了一届委员会常务委员会的报告，列席了县人大五届三次会议，通过了有关决议。会议选举从树鑫为主席，增选杨培祯、刘登九、常立庭、孙之瑞为副主席。

1966年1月9日至11日，阳谷县政协二届一次会议在阳谷县城召开，51名委员出席会议。会议听取审议了上届政协委员会的工作报告，列席了县六届人代会，选举杨培祯为主席，从树鑫、唐兴周、周云章、刘登九、刘镇南、常立庭、孙之瑞、高澄波为副主席。

1967年3月，因“文化大革命”，阳谷县政协停止了活动。

1978年8月13日，中共阳谷县委决定恢复统战部，李寿南任部长。县委统战部设立于1952年9月，1962年5月曾撤销，同年8月恢复，“文化大革命”中再次撤销。

1980年5月，阳谷县政协恢复工作，筹建政协第三届阳谷县委员会。5月17日至24日，政协阳谷县第三届委员会第一次会议召开，94名委员出席会议。会议听取了县委书记许继善的讲话，听取了县政协第三届委员会筹备情况的说明，审议通过了上届委员会常务委员会的工作报告，列席了县第九届人代会第一次会议。选举王允仙为主席，汝作民、李寿南、唐兴周、王心诚、赵华毅、常立庭为副主席。政协阳谷县委员会设办公室和工作组。

1981年6月13日，为加强政协工作，中共阳谷县委决定建立政协阳谷县委员会党组，王允仙任书记，汝作民任副书记。

1982年3月26日，县委召开全县统战工作会议。会议传达贯彻了全国、全省统战工作会议精神，学习了胡耀邦、白如冰的讲话和中央文件精神，研究部署了1982年全县统战工作。县委书记李普光在会上作了讲话。

1984年11月30日至12月2日，山东省政协常委、省城建局副总工程师方运承带领省政协科技文化组一行5人到阳谷考察文物管理及旅游资源开发工作。聊城地委统战部部长许继善、阳谷县委书记秦安良、县政协主席王允仙陪同活动。

1986年9月27日，根据山东省政协文件精神，报县委同意，县政协四届十三次常委会研究决定，建立政协联络科、文史科。县政协机关下设两科一室，即：联络科、文史科和办公室。

1987年2月11日，县委书记王宪章、县政协主席王允仙召开20余名党外人士参加的座谈会。座谈会通报了中央〔1987〕4号文件，就坚持四项基本原则，反对资产阶级自由化问题进行座谈。

1987年8月21日，聊城地委统战部部长李朝奇到阳谷检查工作，县政协副主席李印逵汇报了工作情况。

1987年11月18日，聊城地委统战部在阳谷县召开县级领导班子党外比例情况座谈会。聊城、东阿、莘县、阳谷四县人大常委会主任、政协主席、统战部部长和分管人事副县长参加。

1987年12月，县政协机关设三

科一室，即：宣传科、联络科、文史科和办公室。

1988年年初，乡镇始设政协工作联络组。

1988年1月6日，聊城地区政协工委主任许继善、统战部部长李朝奇到阳谷座谈统战政协工作。县政协主席王允仙，副主席王其春、李印逵等参加座谈。

1988年1月22日至23日，安徽省界首县政协主席王福荣、副主席冯子襄一行4人到阳谷县学习交流政协工作经验。县政协主席王允仙、副主席李印逵、秘书长张文等接待。王福荣一行在县政协领导陪同下，参观了阳谷景阳冈酒厂、阳谷造纸厂、长征饭店、狮子楼和景阳冈。

1988年5月11日，全国人大常委徐运北视察阳谷县工具总厂。聊城地区政协工委主任许继善陪同活动。

1988年9月8日，山东省政协委员、现代著名书法家、篆刻家和金石学家朱复戡教授考察景阳冈，并就“武松打虎处”碑作出了科学鉴定，认定碑文为北宋末年所书。

1988年9月18日，山东省文化厅厅长肖鸿一行9人在聊城地区政协工委主任许继善陪同下，到阳谷考察文化旅游产业。县政协主席王允仙，县文化局局长、政协秘书长张文等陪同活动。

1989年4月20日，河北省大名县、河南省南乐县和山东省莘县三县政协联合召开经验交流会，特邀阳谷县政协主席王允仙、办公室主任赵运涛赴莘县参加会议。

1989年5月31日，聊城地区政协工委主任许继善一行4人到阳谷了解棉花种植、农业生产情况及政协经验交流会准备情况。县政协主席王允仙，副主席王其春、李印逵，秘书长张文参加活动。

1989年6月29日，聊城地区政协工委主任许继善一行到阳谷调研文化旅游产业发展情况。县政协主席王允仙、秘书长张文、办公室主任赵运涛陪同。

1989年8月11日，湖南省司法厅原厅长、全国律师协会理事、湖南律师协会会长陈书谏等一行4人由聊城地区政协工委主任许继善陪同，到阳谷参观，县政协副主席王其春、李印逵，秘书长张文陪同活动。

1989年9月11日，山东省政协常委、省林业厅原厅长曹子丹率领省政协经济科技委员会一行6人到阳谷视察农业生产、农业技术推广及粮棉购销等情况。聊城地区政协工委主任许继善陪同活动。县政协主席王允仙，副主席王其春、李印逵，秘书长张文，办公室主任赵运涛等会同县委、县政府及粮食局、供销社、科委、棉办等单位负责人参加座谈。

1989年11月22日，聊城地区政协工委主任许继善到阳谷召开座谈会，先后就县政协换届问题、七级植树造林情况开展座谈，县政协主席王允仙，副主席王其春、李印逵，秘书长张文及县林业局负责人参加座谈。

1990年1月13日，县政协机关由县城大众街县委办公楼迁至振兴路1号新办公楼。

1990年3月，县政协宣传科更名为宣传联络科，联络科更名为提案信访科，机关共设三科一室，即：宣传联络科、文史科、提案信访科和办公室。

1990年3月27日至31日，政协阳谷县第六届委员会第一次会议召开。该次会议取消了五届委员会中的国民党起义投诚和特赦人员、个体劳协两个界别，增设了政法监察审计界与工商联界。

1990年4月13日，聊城地区政协工委主任许继善一行4人，到阳谷政协听取换届工作汇报，县政协主席杨智众、副主席李印逵汇报情况。

1990年5月18日，在县政府会议室召开全县政协工作会议。会议由县委统战部部长王汉杰主持，县政协主席杨智众，副主席李印逵、孟昭海传达了有关文件，县委副书记张振斑出席了会议并作重要讲话。

1990年7月12日至13日，聊城地区政协工委主任许继善一行到阳谷政协了解工作情况，省《联合日报》记者同行，商谈办专版事宜。县政协主席杨智众，副主席李印逵、孟昭海陪同活动。

1990年10月21日，山东省政协常委、省林业厅原厅长曹子丹一行8人，到阳谷了解秋种情况。县政协主席杨智众、副主席李印逵陪同座谈。

1990年11月1日，县政协主席杨智众赴济南参加全省政协工作会议，会期4天。

1991年4月，撤销乡镇政协工作联络组，成立乡镇政协工委（县政协派出机构）。

1991年5月10日，江苏省淮阴市政协一行4人到阳谷政协交流工作经验。

1991年5月，建立“阳谷县三胞联谊服务中心”，为全民所有制国营企业，实行自主经营，具有法人资格。

1991年6月4日，县政协在阳谷镇举行乡镇政协工委揭牌仪式现场会。

1991年6月8日，山东省政协副主席周振兴一行3人，到阳谷参观，县委书记吕绍勤、县政协副主席孟昭海等陪同座谈。

1991年10月21日，聊城地区政协工委主任许继善到阳谷县考察工业发展情况，县政协主席杨智众、办公室主任赵运涛陪同考察了十五里园工具厂、阳谷电缆厂、骆驼巷酒厂、景阳冈酒厂。

1991年12月30日，在县政府五楼会议室召开阳谷诗社成立大会，县委、人大、政府、政协的领导，有关部门负责人及诗词爱好者70余人参加会议。地区政协工委主任许继善和东昌诗社负责人、临清诗社负责人列席会议并表示祝贺。

1992年5月10日，河北省沧州市政协一行10人到阳谷考察，县政协主席杨智众、办公室主任赵运涛陪同活动。

1993年3月7日至11日，政协第七届阳谷县委员会第一次会议召开。该届委员会将第六届委员会中的新闻广播文化艺术界和体育界合并为文化体育新闻界，增设科协界。

1993年6月3日，山东省政协原副主席周星夫一行4人，由聊城地委统战部部长、政协工委副主任胡元亭陪同，到阳谷视察工作。在县委副书记王传斌和县政协副主席李印逵陪同下先后视察了阳谷电缆厂与景阳冈酒厂。

1993年10月12日，聊城地区政协工委主任许继善、临清市政协主席徐洪海等到阳谷座谈，县政协主席杨智众、副主席李印逵、秘书长赵运涛陪同。

1993年10月20日，聊城地区政协工委主任闫廷琛陪同省政协原主席李子超到阳谷视察，县政协主席杨智众陪同活动。

1993年10月27日，山东省委原书记苏毅然到阳谷视察，县政协主席杨智众陪同活动。

1994年9月29日，县委、县政府在招待所四楼会议室召开座谈会，纪念中国人民政治协商会议成立45周年。

1995年5月28日，山东省政协副秘书长、联合日报社社长于阳春，聊城地区政协工委副主任谷庆雪到阳谷检查指导工作。

1995年5月底，山东省政协副秘书长刘莹、济南中兴大厦总经理夏世平代表中兴大厦全体员工向县妇联捐赠人民币4800元，用于救助阳谷县16名失学儿童，并赠送了《新华字典》等慰问品。

1996年6月7日，山东省政协原副主席郑维民在聊城地区政协工委副主任秦安良的陪同下，一行5人到阳谷视察。县政协副主席孟昭海、秘书长赵运涛等陪同参观。郑维民一行视察了景阳冈、狮子楼及山东阳谷电缆集团有限公司。

1997年4月4日，聊城地区政协工委主任杜九西一行5人到阳谷视察。上午，县政协主席郭银德，副主席孟昭海、陈明诰陪同座谈；下午杜九西一行到景阳冈酒厂、橡胶厂、大布淀粉厂进行现场调研。

1997年5月16日，福建省政协常务副主席刘金美（女）在山东省政协副秘书长侯广录、聊城地区政协工委副主任梁永康陪同下，一行7人到阳谷调研文化旅游产业发展。

1997年6月5日，四川省自贡市政协原主席苑新斋，在台前县政协办公室人员陪同下一行5人到阳谷调研。县政协副主席李印逵、秘书长赵运涛陪同活动。

1997年6月，县政协委员吕寻林陪同山东省委书记吴官正视察阳谷超凡集团。

1997年10月16日，聊城地区政协工委主任杜九西一行7人到阳谷视察亏损企业扭亏增盈情况。上午听取副县长邵玉臣及山东阳谷鲁西化工总厂、压力容器厂、阳谷县第一棉纺厂、骆驼巷酒厂工作汇报；下午县政协主席郭银德、副主席孟昭海、党组副书记陈保全陪同参观了山东阳谷鲁西化工总厂和阳谷县第一棉纺厂。

1997年10月17日，山东省司法厅原厅长、省政协常委江仁宝一行14人到阳谷视察“110”报警工作。

1997年11月，县政协设立老干部科，为副局级事业单位。机关共设四科一室，即：宣传联络科、文史科、提案信访科、老干部科和办公室。

1998年2月13日至17日，政协阳谷县第八届委员会第一次会议召开。该次会议将第七届委员会中的农林水界改为农业界，增加了非公有制经济界。

1998年9月14日，广东省和平县、龙川县、东源县政协一行9人到阳谷参观学习，县政协副主席仝绪启、办公室主任李韶辉陪同活动。

1998年10月17日，山东省政协调研组一行9人在副主席张敏的带领下，对聊城旅游业发展情况进行调研。18日上午，调研组对阳谷凤祥集团、景阳冈、海会寺、狮子楼、仿宋街进行调研，县相关领导陪同活动。

1998年10月31日，中共山东省委原书记、省顾问委员会原主任梁步庭，省人大常委会原主任李振，省政协原主席陆懋曾等一行到阳谷视察。

1999年4月16日，山东省政协副主席刘洪仁等一行到阳谷方舟集团、景阳冈酒厂、鲁西化工集团阳谷化肥厂、山东阳谷电缆集团、山东凤祥集团等企业视察。

1999年4月26日，辽宁省辽阳市政协主席张成良一行2人到阳谷参观考察，县政协副主席仝绪启、秘书长赵运涛陪同参观。

1999年7月5日，山东省政协国有大中型企业调查组一行10人到阳谷调研，聊城市政协副主席王荣亭、阳谷县委书记徐淑满、县政协主席郭代荣陪同调研阳谷电缆集团、鲁西化工集团阳谷化肥厂。

1999年7月，阳谷县政协成立联谊服务中心，为自收自支事业单位，实行企业化管理，独立承担民事、经济责任。

1999年9月19日，山东省市地政协书画联谊会（聊城）一行80人到阳谷参观景阳冈、狮子楼，县委书记徐淑满、县政协主席郭代荣陪同活动。

1999年10月12日，全国工商联副主席严克强，外交部原驻新加坡、越南大使张青（原籍阳谷县安乐镇薛寨村）到阳谷考察指导工作。

1999年12月2日，山东省政协原主席陆懋曾到凤祥集团视察指导工作。

2000年4月11日，山东省政协主席韩喜凯到阳谷视察凤祥集团、方舟集团等企业。

2000年6月4日，山东省政协副主席李殿魁到阳谷对企业科技含量进行调研，县政协副主席陈明诰陪同参观凤祥集团、电缆集团、方舟集团。

2001年3月21日，山东省政协调查组在阳谷听取县有关领导情况汇报，召开县乡基层干部座谈会。22日，上午到安乐镇召开农民代表座谈会，参观阳谷凤祥集团、县农业科技示范园，下午考察方舟集团。

2001年4月5日至6日，晋冀鲁豫十四县（市、区）政协第十六次联谊会在山东省冠县召开，阳谷县政协参加会议。

2001年10月16日，山东省政协科教文卫体委员会到聊城市开展武术专题调研，参观视察阳谷景阳武校，座谈会上听取了县体委情况汇报。

2001年10月17日，山东省政协副主席、省农工民主党主委张敏一行11人，到阳谷调研旅游业发展情况，张敏一行参观了凤祥集团、海会寺、景阳冈、狮子楼、仿宋街等地，并听取有关汇报。

2001年12月，乡镇机构改革，撤销乡镇政协工委，乡镇政协工作由乡镇政工书记负责。

聊城市政协主席杜九西（右一）到凤祥集团指导工作

2002年7月18日，中共聊城市委书记郭兆信、市政协主席杜九西、市政法委书记吕绍勤到凤祥集团指导工作。

2002年10月，山东省政协原主席陆懋曾到阳谷电缆集团视察。

2003年4月20日至23日，晋冀鲁豫四省十六县（市、区）政协联谊会在阳谷宾馆召开，十六县市区政协（黎城县除外）参会。

2003年9月3日，聊城地区政协工委原主任许继善一行3人到阳谷调研，县政协副主席王长亮、党组副书记徐怀廉、秘书长赵运涛、文体局原局长张学峰陪同活动。

2004年6月4日，山东省政协副主席朱铭带领驻济南省政协委员考察团，在市政协副主席马亮宽的陪同下到阳谷视察。省政协委员们视察了阳谷县城区建设和景阳冈、狮子楼等旅游景区建设，县政协副主席王长亮陪同活动。

2004年9月12日，由县政协牵头组织成立山东阳谷企业家协会。县政协主席潘福章任名誉会长，山东阳谷电缆集团公司董事长李银起、山东凤祥集团董事长刘学景任会长，县政协副主席王明惠任秘书长。协会吸收会员78名，会员企业76家。

2005年4月26日，长清、平阴、

东平、肥城、东阿、阳谷六县（市、区）政协书画联谊会第三次会议在阳谷宾馆召开。县委副书记、纪委书记丁东明到会并致辞，县政协主席潘福章主持会议。

2006年8月24日，山东省政协原主席陆懋曾、省人大常委会原副主任王克玉等到山东凤祥集团进行专题调研。

2007年4月18日，聊城市政协副主席杨刚岭陪同江苏省镇江市政协一行8人到阳谷参观。

2007年5月10日，聊城市政协副主席王泽才陪同西安市政协一行12人到阳谷参观。

2007年9月15日，山东省政协常委、工会主席张兆营一行10人到阳谷参观。

2007年10月31日，山东省政协原党组副书记、原副主席、时任山东省老龄事业发展基金会理事长崔惟琳，山东省政协常委、山东省老龄事业发展基金会常务副理事长张召盈等一行8人，在聊城市政协副主席耿朝玉等人的陪同下到阳谷参观祥光铜业，并到安乐镇刘庙村看望在此定居的美国老人牧琳爱，向其赠送省博物馆馆长书写的“寿”字及副主席崔惟琳题词的泰山画册；到寿张镇敬老院看望阳谷县政协常委、寿张镇敬老院院长贾秀兰和敬老院老人，并向敬老院赠送现金1万元。县政协主席潘福章，县委常委、办公室主任朱炳立，县政协副主席秦广胜陪同活动。

山东省政协原副主席崔惟琳（左二）看望美国老人牧琳爱（左三）

山东省政协原副主席崔惟琳（右二）看望寿张镇敬老院院长贾秀兰（右三）

2008年1月17日，第十届阳谷县政协委员孟现壮被共青团山东省委等单位评为第七届山东省十大杰出青年农民。

2008年3月12日，聊城市政协副主席张传玄陪同山东省政协研究室主任李鲁烟一行10人到阳谷调研。

2008年4月2日，山东省政协副主席乔延春到阳谷视察工作。

2008年4月18日，聊城市政协副主席路广业陪同外经贸部原副部长王文东、国家出入境检验检疫局原局长田润之、山东出入境检验检疫局原局长邢德茂一行16人到阳谷参观。

2008年5月1日，县政协委员王金福、张平被评为山东省劳动模范。

2008年6月22日，全国政协文史和学习委员会副主任桑结加、崔占福率全国政协跟踪大运河保护和申遗跟踪调研组到阳谷调研，山东省政协副主席王志民、聊城市政协主席王志刚陪同活动。

2008年8月13日，聊城市政协副主席、市委统战部部长张传玄陪同湖北省黄石市委常委、统战部部长、总工会主席陈金刚一行13人到阳谷参观考察。

2008年8月22日，山东省政协办公厅副厅长李德金一行5人到阳谷参观。

2008年10月16日，聊城市政协主席王志刚、副主席路广业到祥光铜业视察指导工作，中共阳谷县委书记关华、祥光铜业董事长刘学景陪同活动。

聊城市政协主席王志刚（右二）、副主席路广业（左二）到祥光铜业视察指导工作

2008年11月27日，聊城市政协副主席、市委统战部部长张传玄陪同山东省委统战部部长崔巍一行10人到阳谷参观。

2008年12月2日，聊城市政协副主席、市委统战部部长张传玄，副主席张广霞一行17人到阳谷视察台资企业。

2009年3月29日至4月3日，县政协委员张薇在意大利罗马举行的第六届世界女子大金属球锦标赛中获得女子大金属球双人赛冠军。

2009年4月22日，全国工商联原副主席桓玉栅一行到阳谷视察。

2009年4月24日，水浒文化研

讨会期间，聊城市政协主席王志刚，市委常委、组织部部长徐春福，副市长刘冠凤陪同省委原副书记王修智到阳谷参观。

2009年4月25日，聊城市政府市长林峰海、市政协主席王志刚、副市长侯军，陪同全国政协人口资源环境委员会副主任、国家海洋局原局长王曙光，十届全国政协委员张登义、王天增等一行24人到阳谷参观。

2009年5月19日，山东省政协原副主席李殿魁一行5人到阳谷县调研。

2009年6月16日，中共山东省委书记、省人大常委会主任姜异康到祥光铜业视察指导工作，聊城市委书记宋远方、市长林峰海、县委书记关华、祥光铜业董事长刘学景陪同活动。

全国政协常委张龙之（右一）到祥光铜业指导工作

2009年7月2日，全国政协常委张龙之一行到阳谷检查指导工作。

2009年7月3日，县政协委员、景阳冈养猪专业合作社社长、残疾人孟现壮荣获全国自强模范称号，并受到党和国家领导人的接见。

2009年7月，北京市石景山区政协主席倪国锋带领区政协常委一行55人到聊城参加“政协工作理论研讨会”。期间，于7月15日到阳谷参观景阳冈、狮子楼。县委书记关华向考察团推介了“东夷之都、千年古城、武松故乡”的文化品牌，介绍了祥光铜业、阳谷电缆、华信塑胶等重点骨干企业的发展情况。聊城市政协主席王志刚、副主席路广业，阳谷县政协主席崔新厚等陪同活动。

2009年9月9日，山东省政协办公厅副厅长郑锡德一行11人到阳谷参观。

2009年11月6日，山东省政协秘书长毕泗生一行5人到阳谷调研。

2009年12月1日，在聊城市政协主席王志刚，市政协副主席、市委统战部部长张传玄陪同下，山东省政协副主席、省委统战部部长张传林率驻鲁全国政协委员一行50人，到阳谷视察京杭大运河保护与开发工作。

2010年4月11日，山东省政协副主席周振兴一行6人到阳谷参观。

2010年4月11日，晋冀鲁豫二十县（市、区）政协联谊会第三十一次会议在山东冠县召开，阳谷县政协参加。会议议题为“发挥政协优势，促进经济发展”，同时还举办了各县（市、区）企业家座谈会。

2010年5月7日，聊城市政协主席王志刚，市政协副主席路广业、张广霞、潘延红、马亮宽一行30人到阳谷视察千年古城。

市政协主席王志刚（右二）视察阳谷千年古城

2010年8月24日，聊城市政协副主席、市委统战部部长张传玄，市政协副主席张广霞、潘延红，市人大常委会副主任孙菁带领各民主党派、工商联负责人一行18人，到阳谷进行考察调研。

2010年10月11日，京九沿线县级政协联谊会第十三次会议在阳谷县召开。该次会议的主题为交流、探讨做好新时期县级人民政协工作的经验和做法。聊城市政协副主席李福祥到会致辞，阳谷县委书记关华、县长田中俊参加开幕式。

2010年10月26日，中共山东省委原常委、省军区原政委赵承凤，山东省政协原副主席谢玉堂，聊城市政协主席王志刚，聊城市政协副主席徐淑满、潘延红，陪同贵州省原省长王朝文、贵州省人大常委会原副主任杨光林、贵州省安顺市政协原副主席杨志凤一行150余人到阳谷参加蚩尤宝殿落成典礼。

2010年11月5日，聊城市政协副主席、市委统战部部长张传玄陪同湖北省政协副主席李宗柏一行19人到阳谷视察。

2010年12月15日，山东省政协原主席陆懋曾一行30人到阳谷视察。

2011年6月2日，聊城市政协副主席徐淑满陪同山东省政协副主席王乃静，山东省政协常委董利忠、王福泰、王春法、刘冠凤、肖培树、王鲁一，山东省政协委员叶武杰、孙喜海、罗玉顺、张有兴、盛玉麒、匙永春，山东省政协委员活动工作室副主任曲伟一行50人到阳谷视察循环经济发展。

2011年6月14日，山东省政协原副主席林书香到阳谷祥光铜业、祥光生态工业园区考察。

2011 年 6 月 16 日，聊城市政协主席王志刚陪同山东省纪委审理室主任马少通一行 18 人到阳谷巡视。

2011 年 8 月 12 日，聊城市政协副主席孙喜海陪同河北省政协办公厅一行 9 人到阳谷参观。

2011 年 8 月 16 日，全国政协常委、全国总工会党组副书记、副主席徐振寰一行到阳谷视察。

2011 年 8 月 29 日，聊城市政协副主席李福祥陪同浙江省宁波市政协一行 12 人到阳谷参观考察。

2011 年 9 月 9 日，京九沿线县级政协联谊会第十四次会议在安徽省颍上县召开，县政协主席崔新厚、副主席吴春凤一行 8 人参加会议。

2011 年 9 月 30 日，山东省淄博市政协副主席张建祥一行 4 人到阳谷参观。

2011年10月14日，晋冀鲁豫二十县（市、区）政协联谊会第三十四次会议在河南省安阳市龙安区召开，阳谷县政协参加。该次联谊会会议议题为“围绕经济建设中心，发挥参政议政职能”。

2011 年 10 月 19 日，山东省政协副主席、党组副书记乔延春一行到阳谷视察调研。

2011 年 12 月，乡镇换届，设立乡镇(街道)政协工委(主任为正科级)。

2012 年 1 月 2 日，山东省政协原副主席林书香到阳谷视察调研工作。

2012 年 3 月 15 日，聊城市政协主席金维民，市人大常委会第一副主任汪文耀，市委常委、常务副市长李希信，市委常委、组织部部长丛锡钢，市政协副主席姜之厚等一行 26 人到阳谷参加 2012 年春季重点项目开工仪式。

聊城市政协主席金维民（前右二）到祥光铜业指导工作

2012 年 4 月 13 日，聊城市政协原主席杜九西一行5人到阳谷视察工作。

2012 年 5 月，阳谷县政协原党组副书记、景阳冈酒业有限公司董事长徐怀谦，县政协委员、景阳冈酒业有限公司副总经理刘进文陪同山东省原省长李春亭参观景阳冈酒厂。

2012年6月28日，聊城市政协主席金维民、聊城市人大常委会原主任侯继唐、西安市第四军医大学副校长殷进功、聊城市副市长白志坚、聊城市老促会副会长赵进喜、聊城军分区副政委许常勇一行50人，到阳谷县参加纪念刘邓大军渡河65周年暨渡河指挥部旧址修复工程竣工庆典仪式。

2012年7月6日，山东省政协副主席、党组副书记焉荣竹一行25人到阳谷祥光铜业调研工作。聊城市委书记宋远方、阳谷县委书记田中俊、阳谷县县长何宪卓陪同活动。

2012年8月16日，河南省政协教科文卫体委员会主任王彦武一行10人到阳谷考察。

2012年8月17日，江苏省淮安市政协原副主席花法荣一行5人到阳谷，就大运河沿线景观和大运河申遗的遗产点进行考察。聊城市政协副主席马亮宽陪同活动。

2012年9月1日，河南省三门峡市政协副主席、高新区管委会主任张礼堂一行4人到阳谷参观。

2012年9月4日，聊城市政协副主席、民革市委主委马亮宽，市政协副主席、统战部部长张传玄带领市政协文史工作委员会一行16人到阳谷，就阳谷县文物保护与利用工作情况进行调研。县委书记、县人大常委会主任田中俊，阳谷县政协副主席、统战部部长朱丙林，县政协副主席史晓莉，县政府党组成员、祥光经济开发区管委会主任袁广斌陪同活动。

2012年9月5日，京九沿线县级政协联谊会第十五次会议在河北省任丘市召开，阳谷县政协主席朱炳立，副主席孙兰华、史晓莉、闫邦一参加会议。

2012年9月8日，全国政协委员、中国扶贫开发协会副会长林嘉騋等到阳谷县调研工作。

2012年9月25日，山东省政协原秘书长汪遵国到阳谷参观。

2012年10月4日，第八届全国政协常委、中共山东省委原书记梁步庭一行到阳谷参观考察工作。

2012年10月15日，晋冀鲁豫四省二十县（市、区）政协联谊会第三十五次会议在阳谷县召开，聊城市政协副主席潘延红、阳谷县委书记田中俊出席开幕式，阳谷县政协主席朱炳立作发言，并进行经验交流。

2012年11月4日，第八、九届全国政协常委，中组部原部长张全景到阳谷考察工作。

2012年11月7日，聊城市政协副主席、党组副书记贾少勇陪同智利客人一行20余人到阳谷考察参观。

2013年2月27日，聊城市政协副主席张广霞陪同山东省妇联党组成员、副主席范晓丽一行10人到阳谷调研。

2013年3月26日，全国政协原委员、全国总工会书记处原书记李永海一行8人到阳谷参观。

全国政协原委员李永海（前左二）到新凤祥集团考察

2013年5月3日，聊城市政协副主席、市委统战部部长张传玄陪同山东省人大常委、省工商联副主席刘冠凤一行13人到阳谷检查指导工作。

2013年5月15日，聊城市政协原主席杜九西一行4人到阳谷调研。

2013年5月22日，聊城市政协副主席张广霞陪同吉林省政协一行8人到阳谷参观。

2013年 5月 23日，聊城市政协副主席潘延红陪同山东省妇联主席翟黎明等一行7人到阳谷县检查指导工作。

2013年8月30日到9月1日，晋冀鲁豫四省二十县（市、区）政协联谊会第三十七次会议在河北省秦皇岛市北戴河区召开，会议围绕“新时期发挥委员主体作用的经验做法和体会”这一中心议题进行研讨，阳谷县政协参加会议并作了发言。

2013年9月5日，江苏省盐城市政协副主席陈还堂一行7人到阳谷考察，学习文化产业发展及农业现代化工作。

2013年9月17日，聊城市政协副主席、九三学社聊城市委主委潘延红陪同山东省政协常委、山东省政协法制委员会副主任、九三学社山东省委巡视员郭新民等一行9人到阳谷调研。

2013年9月24日，聊城市政协主席金维民陪同山东省政协港澳台侨和外事委员会副主任王伦善，海南省政协原党组副书记、副主席张海国，海南省政协港澳台侨外事委员会主任赵子导，海南省政协港澳台侨外事委员会专职副主任符传奕，海南省政协原巡视员王先春等一行15人到阳谷参观。

2013年10月16日，青岛市政协副主席、联谊会常务副理事长展文良，联谊会名誉会长马论业等青岛市政协联谊会考察组一行22人到阳谷参观。聊城市政协副主席张广霞陪同。

2013年10月20日，聊城市政协副主席万庆阳陪同台湾知名人士张世良一行5人到阳谷参观。

2013年11月7日，聊城市政协主席金维民一行6人到阳谷调研。

2013年11月27日，聊城市政协副主席潘延红陪同九三学社中央社会服务部副部长王金茹、九三学社山东省委巡视员郭新民、九三学社山东省委帮扶办主任宋广伦一行9人到阳谷调研。

2013年11月28日，聊城市政协副主席张广霞陪同山东省委督查室督查专员任朝荣、山东省妇联副主席郭翠芬一行10人到阳谷对实施《阳谷县妇女儿童发展“十二五规划”》进行专项督查。

2013年11月28日，聊城市人大常委会党组副书记、副主任、市总工会主席王改真，陪同全国政协原委员、全国总工会书记处原书记、中国老区建设促进会副会长李永海等一行15人到阳谷参观调研。

2013年12月7日，全国政协委员、国务院参事、中国出入境检验检疫协会会长葛志荣到新凤祥集团调研。

全国政协常委葛志荣（左四）到新凤祥集团调研

2014年5月8日，聊城市政协副主席张广霞、万庆阳陪同山东省枣庄市政协副主席刘玉冰一行29人到阳谷县参观调研。

聊城市政协原主席王志刚（右二）到新凤祥集团调研

2015年10月7日，聊城市政协原主席、聊城发展研究院院长王志刚到新凤祥集团调研。

2015年11月5日，聊城市政协主席金维民、聊城市政府副市长任晓旺陪同山东省政协副主席许立全一行20人到阳谷调研大运河阳谷段保护管理情况。

2016年3月15日，聊城市政协主席、市委宣传部部长赵庆忠，市委副书记陈平，副市长郭建民、任晓旺，市政协副主席张广霞，市政协副主席、市环保局局长马荣锁，市政协副主席、市发改委主任葛敬方一行140余人到阳谷召开全市农村改厕工作现场推进会。

2016年4月29日，聊城市政协主席、市委宣传部部长赵庆忠，市政协副主席张广霞，市政协副主席、市环保局局长马荣锁一行25人到阳谷调研农村改厕工作推进情况。

2016年6月15日，聊城市政协主席、市委宣传部部长赵庆忠，市政协副主席张广霞带领市决咨委运河旅游开发项目专家组一行28人，到阳谷调研运河旅游保护与开发工作情况。

2016年9月8日，聊城市政协主席赵庆忠一行7人到阳谷县调研文物古迹保护工作。

2017年1月19日，政协第十二届阳谷县委员会第一次会议召开。该次会议增设委员联络工作委员会、港澳台侨和外事委员会、民族宗教委员会。

2017年2月7日，县政协宣传联络科更名为宣传信息科；增设委员联络科，为副科级行政单位。机关共设五科一室，即：宣传信息科、文史科、提案信访科、老干部科、委员联络科和办公室。

2017年2月7日，县机构编制委员会《关于规范乡镇（街道）政协委员联络机构设置的通知》（阳编发〔2017〕2号），同意在各乡镇设立政协委员联络室，主任由乡镇（街道）党委副职兼任。

2017年3月14日，聊城市政协副主席马卫红陪同山东省政协常委、民宗委主任孙传宏一行26人，到阳谷调研经济发展、城市建设、环境保护等工作，县政协副主席魏庆银、王凌峰陪同活动。

山东省政协常委、民族和宗教委员会主任孙传宏（右四）到新凤祥集团调研

2018年4月14日，聊城市政协主席张旋宇，聊城市人大常委会副主

任、市总工会主席李志华一行到阳谷参加全县重点项目集中开工月现场会。

聊城市政协主席张旋宇（右一）到伏城现场观摩全县新旧动能转换重点项目

2018年4月19日，山东省政协常委、提案委员会主任张心骥一行到新凤祥集团就如何开展全域旅游示范省进行专题调研，聊城市政协主席张旋宇、市政协副主席葛敬方，阳谷县政协主席朱炳立、副县长王霞陪同活动，新凤祥集团董事局主席刘学景介绍了企业情况。

山东省政协常委、提案委员会主任张心骥（左三）到新凤祥集团调研

2018年4月18日至20日，山东省政协副主席、党组副书记吴翠云带队到聊城市就“如何创建全域旅游示范省”进行调研。19日上午，实地考察阳谷丰源现代农业科技示范园。

2018年5月21日，山东省政协原副主席赵润田、许立全到阳谷鲁西南医院调研。聊城市副市长、阳谷县委书记田中俊，县委常委、县委办公室主任郭振光，鲁西南医院有限公司法定代表人刘学景陪同活动。

山东省政协原副主席赵润田（右二）、许立全（左三）到阳谷鲁西南医院调研

2018年8月9日，聊城市政协主席张旋宇到阳谷县就重点项目建设和农业、旅游业发展情况进行调研。张旋宇一行先后到伏城国际会展中心、阳谷鲁西南医院、阳谷县华辉实业有限公司、山东阳谷华泰化工股份有限公司、山东阳谷电缆集团等重点项目建设现场调研。县政协主席朱炳立、秘书长张克雷陪同活动。

2018年9月5日，山东省政协副主席郭爱玲一行到阳谷就大运河文化带建设情况进行调研，先后参观了阳谷运河陈列馆、张秋码头、荆门上闸、七级码头、七级古街等地，实地察看了阳谷县大运河文化带建设情况。聊城市政协主席张旋宇、阳谷县政协主席朱炳立陪同活动。

山东省政协副主席郭爱玲（左四）视察阳谷运河陈列馆

金水湖

第一编

组织机构

谷山新貌

谷山公园

凤栖湾

第一章 各界人民代表会议

阳谷县首届各界人民代表会议是依据中央人民政府颁布的《各界人民代表会议组织条例》于1949年11月召开的，为政治协商性质。自1952年11月召开的第二届一次会议起，始根据《中国人民政治协商会议共同纲领》中关于“在普选的地方人民代表大会召开以前，由地方各界人民代表会议逐步地代行人民代表大会的职权”的规定，行使权力机关的职能。1954年县首届人民代表大会召开，各界人民代表会议制度遂告终止。

各界人民代表会议的代表，由党、政、军、工、农、妇、教、医等方面推举产生。其代表资格规定为：凡年满18岁，赞成共同纲领者，不分民族、信仰、性别、职业、文化程度、财产状况，除精神病患者和褫夺公民权者外，均有选举权和被选举权。代表产生实行选派与选举相结合的方式，即：党、政机关的代表，由党、政机关领导人充任；各民主党派、人民团体、驻军代表由各党派、团体、驻军等自行选举产生，其他方面的代表由人民政府邀请参加。

第一节 阳谷县第一届各界人民代表会议

第一次会议：1949年11月在县城召开，县长陈华峰主持会议（因历次会议均在县城、由县长组织召开，下从略）。主要议题：一是学习文件，了解代表会议的性质、职责、范围及筹备情况；二是研究新中国成立后，在新形势下进一步搞好农业生产，加快经济建设步伐的措施。

第二次会议：1950年5月8日召开。县委负责人到会作报告。主要议题是：进一步组织农民搞好生产，奖励生产模范；根据上级要求，做好确定地权，发放土地证的工作。

第三次会议：1950年7月15日召开。主要议题是：搞好打井抗旱；按时完成麦季征购任务。

第四次会议：1950年11月9日召开。主要议题是：组织生产互助组，奖励生产模范，巩固村社；兴修水利，加强作物管理，增加农业产量。

第五次会议：1951年2月14日召开。主要议题是：大力开展爱国主义生产运动，支援抗美援朝；开展镇压反革命运动，安定群众生产情绪等。

第六次会议：1951 年 9 月 15 日召开。主要研究了支援抗美援朝，镇压反革命活动，开展爱国丰产运动，推行《爱国公约》以及开办农民夜校，提高群众政治、文化水平等方面的事项。

第七次会议：1951 年 11 月 13 日召开。主要议题是：继续开展抗美援朝、保家卫国的宣传活动；巩固镇压反革命运动的成果；搞好农业生产，开展生产自救活动；宣传贯彻《中华人民共和国婚姻法》。

第八次会议：1952 年 2 月 13 日召开。主要议题是：积极开展“三反”、“五反”和增产节约运动，支援抗美援朝。

第九次会议：1952 年 6 月 21 日召开。主要议题是：开展爱国丰产运动，搞好物资交流；加强人民武装，巩固镇压反革命活动成果；开展文化教育活动，大力推广速成识字法和贯彻落实《中华人民共和国婚姻法》等。

第二节　阳谷县第二届各界人民代表会议

第一次会议：1952 年 11 月 8 日至 12 日在县城召开。到会代表 364 名（应到 375 名，缺席 11 名），分为 23 个代表团（其中有 1 个回民代表团）。县委负责人到会作《关于目前形势的报告》。会议听取并通过了县政府《关于政府一年来的工作总结与今冬工作意见》和《地方财政收支概况与秋征工作》两个报告；就开展爱国丰产运动，加强物资交流，加快副业手工业生产，繁荣农村经济，迎接大规模的经济建设，积极开展冬学运动，推广速成识字教育等问题作了决议；选出了县人民政府县长、副县长，组成了新的领导机构。

第二次会议：1953 年 2 月 10 日召开。主要议题是：继续开展抗美援朝活动，支援国防建设；开展以互助合作为中心的爱国丰产运动；积极发展工业生产，加快经济建设步伐；搞好扫盲工作，提高人民文化水平。参会人员名单如下：

二区代表（34 名）

刘学来	董春贵	张子方
朱衍成	孟昭和	柴金洞（女）
乔明起	谢金湘	吴玉梅（女）
侯玉先（女）	罗李氏（女）	郭风兰（女）
赵东菊（女）	张茂才	胡淑珍（女）
袁云深	刘忠任	薛风岭
王永修	刘长玉	吴俊卿
刘中福	王耀先	李方亭
吴秀英（女）	陈茂池	刘振南
刘庆年	姚金盈	白茂生
张曼卿	等略	

三区代表（44 名）

武良知	郭继昌	魏梦楷
王继龙	王兆兴	赵刘氏（女）
孔庆福	柴兆臣	吕金中

王道伦	李怀杰	王尚兴
李永贵	毛继山	孙怀成
宁伯松	李秀民	孔凡信
张玉清（女）	周玉真（女）	吴立明（女）
于春梅（女）	赵贵兰（女）	孟宪菊（女）
孟宪令（女）	石临安	张福起
王宪恩	郭元明	费成风
刘见长	唐枝来	郭丙文
王长柱	闫存来	宋长生
苏朝德	蒋月度	闫继山
魏法林	孔凡昭	魏振玉
李中一	王月梅（女）	

四区代表（37 名）

桑传代	杨子壮	任风成
翟瑞河	石宪福	冯长兆
张玉明（女）	桑有会	刘继文
崔存正	辛福明	范保生
赵立柱	翟瑞昆	董金香
李玉荣（女）	傅明德	刘振海
贺秀峰（女）	刘行德	李金安
郎玉岭（女）	雷秀英（女）	雷玉光（女）
翟风铭	刘长山	邱有志
范立勋	解福荣（女）	杨文来
赵宪润	雷西宪	杨庆元
杨元玮	杨甫堂	高峰包
秦长为		

五区代表（40 名）

王长春	葛振江	宋福布
范素芝（女）	张现渠	崔存英（女）
胡廷连	申汝海	耿春荣（女）
郑子轩	徐兆身	初华斌
张现方	申丕洪	张桂枝（女）
李清贵（女）	范贵云（女）	张清香（女）
薛兆江	魏士杰	刘春凤
邢凤玉	李清潮	左振清
张恒昌	李汉之	胡炳毅
王巩之	张英臣	魏金荣
左丕正	申景善	张兰英（女）
段清芝	左振安	陈桂之（女）
徐丙辰	陈振合	薛兆善
薛惠及		

六区代表（45 名）

孟广月	张廷福	杨玉成
王福其	朱来才	吕洪昌
李怀胜	孟海亭	张玉坤
布来河	潘梦玉	吕之峨
吴广德	徐贵孔	赵春海
陈月芹（女）	杨秀贵（女）	岳淑平（女）
徐秀英（女）	王世杰（女）	邵秀英（女）
杨布氏（女）	王清春	孙芳华（女）
布秀兰	尹序堂	吕元贞
孟昭沐	丁祖芳	魏法良
李清岱	布丹红	布廷芳
赵春榜	谷全玉	孟广月
王福祥	訾保林	王月盈
訾之学	吕锋田	魏一元
高风福	韩英林	徐振英（女）

七区代表（43 名）

闫月春	李金路	李月英（女）
冯臣林	赵玉岗	冯福池
李翰银	王怀江	陈文涛
吕风明	谷风清	苏道存
王汉清	周义信	朱秀英（女）
李秀英（女）	王秀兰（女）	闫兆春（女）
孙赵氏（女）	穆秀英（女）	王传茂
张桂臣	汤传邦	闫玉柱

朱长岱	苏建德	李文浩
赵雷氏（女）	陈明月	冯彩平
王慎轩	陈子汉	冯天长
赵海林	闫瑞祥	杨玉明
许朝英（女）	徐英学	赵玉朗
徐登堂	徐金箱	李文秀（女）
王存知		

八区代表（43名）

蒲王海	李清义	杨景玉
王保杏	陈秀英（女）	李清贤
张成乐	孙庆仁	刘俊举
高洪勋	李秀寒	宗玉喜
张玉胡	陈贵兰	杨继生
李　功	刘继臣	王贤月
吴庆德	王子亭	张庆曹
王子厚	史书俊	殷传文
姬常绪	王奥贞	岳秀英（女）
张金成	王秀英（女）	邵庆惠
曹秀英（女）	杜来远	王清寒
杨庆兰（女）	李云德	崔云华
李秀平（女）	唐树坤	李桂英（女）
孙德胜	康存光	徐洪民（女）
王琦加		

九区代表（42名）

王西安	张传义	苏雪银
张如申	杨士伦	崔存德
杜秀芝（女）	蒋春芳（女）	薛秀芝（女）
董道劝	郝化一	王道坦
王宪银	贾秀元（女）	王现台
王佃喜	张登学	张有道
张云朋	魏法东	薛希和
孟庆祥	孙建印	张相斌
穆学金	梁立孝	苏清然
李登太	王长照	潘秀英（女）
杜相林	司玉先	秦香玉（女）
王连正	王兆波	熊梦贵
魏法杰	刘福修	汤清汉
刘继良	马玉王	司俊民

机关代表（29名）

施　财	李玉平（女）	高华山
李成祥	赵执中	赵奕芳
焦鹤林	魏主柱	任刚毅
郭连成	王清珠	周云章
李冠宇	安志鹊	尹士环
宋中英	唐耀文	高典叶
白　光	于新华	陈华锋
高天功	翟继尧	庄韵轩
王允仙	刘福太	刘鲁泉
张彩臣	周　林	

第三次会议：1953年7月5日召开。主要议题是：加快工业建设；发展互助合作，开展农田基本建设；加强卫生工作；开展民主建政宣传活动，迎接全国和地方普选。

第三节　寿张县各界人民代表会议

寿张县各界人民代表会议于1949年10月成立。从1949—1953年历时四年多的时间，共召开了2届11次代表会议，第一届共选代表400人，召开了6次代表会议，历次会议的主要内容是：听取政府工作报告，制定与通过了各年度的工作计划，先后贯彻了《中华人民共和国婚姻法》、麦秋征收、策反、抗美援朝、“三反”、“五反”等社会改革运动政策和部署。

1952年转向第二届，共选代表375人，召开了5次代表会议。第一次代表会议除总结了一年来的工作，适当地安排了冬季生产，布置了秋征任务外，并代行人民代表大会职权，选举了县长、副县长、政府委员及法院院长。其余每次会议均按时召开，认真总结政府工作，制定政府工作计划，及时、认真地贯彻执行了党在各个时期的各项方针政策。

第二章 政协阳谷县委员会

第一节 第一届寿张县委员会

（1959年10月至1963年7月）

委员会

政协第一届寿张县委员会共有105名委员。其中，中共党员29名，工农基本力量18名，民主人士58名。

根据政协第一届寿张县委员会拟订方案，委员会由71名委员组成。名单如下：

中共（6名）

刘传友　田健民　司振东
高华山　孙镜清　张传伦

工会（2名）

刘鲁全　刘丙祥

妇女（2名）

郭贤斋（女）　张长杰（女）

青年（2名）

祁士恩　吕兰英（女）

科技（6名）

王焕青　刘继东　陈道先
徐明德　张子英　李昭彬

文艺（4名）

张桂花（女）　东方亮　杨德法
常风亭

工商（6名）

孙之瑞　张保盈　熊孟吉
杨立业　汤士俊　张福全

民族（1名）

蒋阶三

宗教（3名）

于志安　魏义和　武金科

教育（10名）

常立庭　张静一　张长欣
姜芳斋　崔子平　赵纪元
孙会川　潘清华　左静如
徐秋镇

医务（12名）

薛广月　郭连成　高澄波
徐俊林　赵凤兰　刘金昌
赵传忠　姜道谓　高明忠
臧芹儒　艾思康　李子盈

公社（2名）

刘秀印　宋长生

农民（2名）

沙保安　白述祥

特邀（13名）

刘登九　赵鹤生　杨作霖
刘万杰　徐传荣　刘镇南
查明哲　孙广彬　杨元玮
刘清济　闫均浦　闫代居
周云章

根据《台前文史资料》（第四辑）记载，政协第一届寿张县委员会还有委员34名，名单如下：

于云谦　田丙祥　刘长欣
刘东梅　刘明让　刘洪章
刘素琴（女）　闫瑞斋　汤庆兰
许明德　牟凤来　李云卿
李贵英　李润民　李培芬

杨昭旭 张庚涛 张耀庭
季学良 岳同春 岳崇义
岳彩合 宗桂轩 赵继成
赵继荣 赵　强 胡保贵
姜体民 高庆莲（女） 姚殿盈
唐郎斋 翟子沛 魏秀玲（女）
魏殿卿

常务委员会

常务委员会由33名委员组成，其中，中共党员13名，工农基本力量4名，民主人士16名；设主席1名，副主席8名，常务委员24名。

主　席：刘传友（县委书记兼，1959年10月至1961年1月）

高　星（县委书记兼，1961年1月至1963年7月）

副主席：司振东（县长兼）

刘登九

常立庭

孙之瑞（工商联代表）

高华山（1961年7月离职）

周云章（1961年7月离职）

刘镇南（1961年7月离职）

高澄波（1961年7月离职）

常务委员：

田健民 赵鹤生 杨作霖
徐传荣 闫均浦 刘广彬
张保盈 武金科 于志安
王之洲 赵凤金 姜芳斋
刘如全 祁士恩 郭贤斋（女）
孙会川 郭连成 张桂花（女）
张长杰（女） 刘继东 姜道谓
沙保安 陈道先 高庆莲（女）

第二节 第二届寿张县委员会

（1963年7月至1964年11月）

委员会

根据政协第二届寿张县委员会拟订方案，由107名委员组成。其中，中共党员29名，占委员总数的27.10%；共青团员2名，占委员总数的1.87%；工农基本力量15名，占委员总数的14.02%；民主人士61名，占委员总数的57.01%；妇女14名，占委员总数的13.08%。

委员会中的委员包括16个方面：中国共产党8名（县委书记、分管统战工作副书记、统战部副部长、宣传部部长、农村工作部部长、县长、民政局局长、政协会秘书）；劳模9名（大队书记、生产队长、农业劳模）；县工会3名（县工会主席、搬运工人）；团委1名（县团委书记）；妇女联合会2名（县妇联主任、妇联委员）；教育13名（教育局局长、高中初完小教师均有人参加）；医务19名（卫生局局长、护士长等）；工商12名；文学艺术5名（豫剧团团长、农村曲艺家等）；科学技术14名（基本建设工人等）；少数民族1名（阿訇）；宗教2名（基督教、天主教）；起义军官2名（连长、队长）；侨眷1名（华侨家属）；无党派社会民主人士9名（从地主富农中分划出来的爱国人士、社会民主人士）；特邀7名（清末秀才、旧文人、旧军官、社会贤达等）。

中国共产党（8名）

高　星　穆玉朋　肖道立
孙仲康　王子玉　施　财
张　荣　臧朝忠

工会（3名）

陈一平　岳彩合　岳崇义

妇联会（2名）

郭贤斋（女）　张长杰（女）

共青团（1名）

祁士恩

科技（14名）

胡保贵　许明德　罗秀伦
冷金玉　陈道先　张子英
潘敦新　徐钦秋　蒋风仙
刘振峰　孙福保　舒惠昌
王玉德　王焕清

文艺（5名）

张桂花（女）　章兆林　张寿臣
王元岗　丁淑霞

工商业（12名）

刘子正　王性山　田宪忠
杨学芹　孙之瑞　牟风来
杨立业　潘玉贵　李贵先
吴景先　李玉合　张传明

少数民族（1名）

武贵祥

宗教（2名）

李梦鲁　李庆宾

教育（13名）

孙保胜　常立庭　崔子平
李润民　于云谦　周稚菖
吴庆元　赵贵忠　王汉三
方茂达　王广誉　李子诚
宗光辰

医务（19名）

张程九　薛广月　王之洲
艾思康　高明忠　田炳祥
李子盈　姜道富　毛克恭
闫之轩　刘德仲　于汉平
吕月真　吕清海　张之君
刘善立　王兆玉　李培芬
姜道谓

劳模（9名）

沙保安　李桂英　赵继英
王子林　魏福全　吕寻诗
杨生明　许赞邦　陈茂常

侨眷（1名）

魏培奇

起义军官（2名）

王龙修　吴兴善

特邀（7名）

赵鹤生　杨作霖　王月亭
郭子岩　刘正心　张稷臣
王云清

无党派社会民主人士（9名）

刘登九　徐传荣　张海楼
刘万杰　董福清　赵明泉
孟云斋　魏君州　张继会

常务委员会

1963年7月22日，政协第二届寿张县委员会第一次会议选举大会在寿张县城举行。会议选举出政协第二届寿张县委员会主席、副主席和常务委员。

主　席：高　星（县委书记兼，1963年7月至1963年9月）

刘之忱（县委书记兼，1963年9月至1964年11月）

副主席：施　财（县长兼）

刘登九（副县长兼）

常立庭（县文教局副局长）

孙之瑞（县工商联副主任）

秘书长：孙仲康（统战部副部长兼）

常务委员：

臧朝忠	陈一平	王之洲
马朝科	王凤芝（女）	张桂花（女）
杨作霖	徐传荣	姜道谓
陈道先	芦会清	武金科
侯朝芹	李树举	祁士恩

第三节 第一届阳谷县委员会

（1963年9月至1966年1月）

委员会

1963年9月，根据《中国人民政治协商会议章程》关于在市和重点县设立政协的规定，经山东省委批准，成立中国人民政治协商会议山东省阳谷县委员会。政协第一届阳谷县委员会共有委员53名。其中，从原寿张县调来继续留任的25名，新增委员28名。委员中有中共党员17名，占委员总数的32.08%；非中共人士36名，占67.92%；妇女委员6人，占11.32%。

委员名单（44名，其他不详）

于志安	于志强	王月亭
王继淇	王清朗	史书俊
朱振邦	朱瑞珍（女）	刘永祜
刘佃寅	刘素琴（女）	刘镇南
闫均浦	许子厚	牟风来
李程九	杨启恕	杨金祥
杨学增	邱明来	张曰均
张长杰（女）	张书全	张汉章
张芳文	张保营	陈振元
周云章	周润民	赵文清
赵何生	皇成甲	侯继澍
姚佃盈	袁学胜	高华山
高澄波	葛　风（女）	董德胜
程守秀（女）	焦元之	熊梦贵
魏法贤	魏殿卿	

常务委员会

1963年9月23日至27日，政协第一届阳谷县委员会第一次会议召开。会议选举了县政协一届委员会主席、副主席和常务委员。

主　席：许子厚（县长兼）

副主席：高华山

周云章

刘镇南

高澄波

常务委员（共10名，按姓氏笔画排序）：

于志安	于志强	王继淇
朱瑞珍（女）	刘素琴（女）	闫均浦
李程九	张保营	董德胜
焦元之		

1965年5月13日至17日，县政协一届三次会议召开，鉴于原寿张县建制撤销后干部变动情况，增选阳谷县县长丛树鑫为县政协主席，杨培祯（县委书记兼）、常立庭、刘登九、孙之瑞（工商联代表）为副主席，侯朝芹、陈道先、王之洲、武金科、李树举为常务委员。

第四节 第二届阳谷县委员会

（1966 年 1 月至 1967 年 3 月）

委员会

政协第二届阳谷县委员会共有委员85名。其中，中共党员30名，占委员总数的35.29%；非中共人士55名，占64.71%；妇女委员8名，占9.41%。本届委员会仅召开全委会议1次，1967年上半年因“文化大革命”，政协停止了活动。

委员名单（25 名，其他不详）

杨培祯	从树鑫	周云章
刘镇南	高澄波	常立庭
刘登九	孙之瑞	唐兴周
于志安	门守仁	王之洲
王拱之	王继淇	司俊民
朱瑞珍（女）	刘素琴（女）	闫均浦
孙华岭	李程九	张保营
武金科	侯朝芹	焦元之
穆正刚		

常务委员会

1966 年 1 月 9 日至 11 日，政协第二届阳谷县委员第一次会议在阳谷县城举行，会议选举了县政协二届委员会主席、副主席和常务委员。

主　席：杨培祯（县委书记兼）

副主席：从树鑫（县长兼）

周云章

刘镇南

高澄波

常立庭

刘登九

孙之瑞（工商联代表）

唐兴周

常务委员（共 16 名，按姓氏笔画排序）：

于志安	门守仁	王之洲
王拱之	王继淇	司俊民
朱瑞珍（女）	刘素琴（女）	闫均浦
孙华岭	李程九	张保营
武金科	侯朝芹	焦元之
穆正刚		

第五节 第三届阳谷县委员会

（1980 年 5 月至 1984 年 9 月）

委员会

1980年5月，阳谷县政协重新恢复工作。经有关单位推荐和反复协商，共有委员94名。其中，中共党员37名，占委员总数的39.36%；非中共人士57名，占60.64%；妇女委员16名，占委员总数17.02%。上届留任委员25名，占本届委员总数的26.60%。本届委员会共召开全委会议3次。

中共界（14 名）

王允仙	汝作民	李寿南
唐兴周	王心诚	岳希华（女）
翟凤海	王汉杰	孙会川
张合生	王月真（女）	郭恒山
张立正	孙华岭	

共青团界（4 名）

蔡丽华（女） 李晓国 高俊香（女）
李树贞（女）

妇女界（2 名）

徐瑞英（女） 王月芹（女）

工会界（4 名）

王文斗 王希风 张利民
蒋守才

农民界（11 名）

颜思端 王海银（女） 孟昭宪
段存环 杨成绪 徐学坤
孟宪坤 李福让 孟庆芳
路学兰（女） 王双春

工商界（6 名）

孙之瑞 张保元 邱明来
杜子才 张学南 杨学勤

文艺界（2 名）

曹桂成 李茂庆

科技界（10 名）

孙明高 王 静 刘湘书
宋先林 吕加强 孟昭华
李桂兴 刘文会 侯昭民
许长江

教育界（16 名）

常立庭 曹继彬 龙林恩
王宪武 卢月兰（女） 张明伦
陈振元 于允谦 于文贞
王桂英（女） 焦元芝 张庚涛
周润民 张程九 徐若秀
方茂达

体育界（1 名）

刘俊卿

医药卫生界（13 名）

周淑琛（女） 高澄波 王清朗
李培涛 王之洲 刘永祜
侯继树 毛瑞生 孙亚先
李辉堂 吕月真（女） 史永焕
熊梦吉

少数民族界（2 名）

王友庆 魏绪明

侨眷界（2 名）

薛惠兰（女） 韦燕福

宗教界（3 名）

武贵祥 于志安 李云青（女）

特邀界（2 名）

王兴才 刘玉梅（女）

其他（2 名）

李程九 赵华毅

1982 年 1 月 7 日，经县政协三届二次全委会协商通过，增补王广喜、李月芹、李月平（女）、蒋润广为县政协委员。

1983 年 1 月，经县政协三届九次常委会议协商通过，增补王玉功、王洪祺、王常喜（女）、水惠娣（女）、方兆安、刘广泉、李恒德、杨成敏（女）、迟兆君、张乐江、张庆霞（女）、张学峰、张宪亮、陈兴明、陈金河、苑慎祥、岳希孟、孟秀华（女）、姜景伟、贾开仕、席焕荣（女）、谢守革为县政协委员。

常务委员会

1980 年 5 月 17 日至 24 日，政协第三届阳谷县委员会第一次会议在阳谷县城举行，大会采取无记名投票的方法，实行差额选举，会议选举产生了第三届县政协主席、副主席和常务委员。

主　席：王允仙（县委副书记兼，1984年2月改为专职）

副主席：汝作民
　　　　李寿南
　　　　唐兴周
　　　　王心诚
　　　　赵华毅
　　　　常立庭

常务委员（共16名，按姓氏笔画排序）：

于志安	王之洲	王汉杰
王月真（女）	孙会川	孙之瑞
孙华岭	李程九	张合生
张立正	岳希华（女）	周淑琛（女）
武贵祥	高澄波	曹继彬
翟凤海		

1982年1月7日，在县政协三届二次会议上，增选刘文会为常务委员。

1984年2月，增选王其春为县政协副主席。

工作组

1980年5月，筹建政协第三届阳谷县委员会，下设办公室，组建学习、侨务对台、民族宗教、科技、文教体育、卫生工商6个工作组。1980年11月18日，在县政协三届二次常委扩大会议上，委员会改设一室五组，即：办公室、学习指导组、调查研究组、对台工作组、科技工作组和文史资料组。1982年年初，撤销调查研究组。

办公室

主　任：张立正

学习指导组

组　长：翟凤海

副组长：孙之瑞

调查研究组

组　长：孙华岭

副组长：高澄波　　王月真（女）

对台工作组

组　长：孙会川

副组长：武贵祥　　于志安

科技工作组

组　长：张合生

副组长：岳希华（女）王之洲
　　　　周淑琛（女）

文史资料组

组　长：王汉杰

副组长：李程九

为抓好委员学习，进一步提高委员和各界人士的思想和专业知识，委员会建立了基层学习组。县直按系统分文教、卫生、科技、工商业4个学习组。公社组成寿张、张秋、阿城、城关、定水镇、大布6个学习组。

文史资料征集研究委员会

1983年9月，阳谷县委为加强对阳谷县文史资料工作的领导，开创文史资料工作的新局面，为编写研究近现代史、党史和地方志提供资料，成立阳谷县文史资料征集研究委员会，由政协、党史办、县志办、档案局、统战部、宣传部、组织部、文化局、教育局、财政局等有关单位参加。

主　任：汝作民

副主任：常立庭　王汉杰　曹金鹤　岳希孟

委　员：汝作民　常立庭　王汉杰　曹金鹤　柴保柱　武良之　岳希孟　陈兴明　张学峰　孙会川　郭恒山

党组

1981年6月，建立政协阳谷县委员会党组。

书　记：王允仙

副书记：汝作民（1984年2月离职）

成　员：李寿南

唐兴周（1984年2月离职）

王心诚（1983年11月离职）

王其春（1984年2月任职）

张立正

第六节 第四届阳谷县委员会

（1984年9月至1987年4月）

委员会

政协第四届阳谷县委员会，是依据政协章程，经过各方面共同协商，由第三届常务委员会讨论协商产生。本届政协委员共有141名，人员构成也有明显变化，非中共人士占了大多数，知识分子的数量大幅度增加，农民中的“两户”（专业户、重点户）委员占了相当大的比重，并选进了一些在“四化”建设中做出显著成绩、比较年轻的代表人物和基层模范干部，具有广泛的代表性。

中共界（9名）

王允仙　王汉杰　王其春
陈兴明　李寿南　李程九
张　文　张立正　岳希孟

工会界（12名）

王兰芳（女）　王建梁　孙宝贞
刘洪增　张庆霞（女）　吴新瑞
岳希华（女）　苑厚典　范福元
钟希学　韩士军　臧玉凤（女）

农民界（22名）

王广喜　王玉功　王金霞
王海银（女）　石贵田　冀广荣
杨月兰（女）　张林庆　张目行
张登兰　李关民　李贵兴
李康来　李福让　孟宪坤
孟昭宪　武月英（女）　段存印
徐宪芝　徐瑞英（女）　谢文忠
熊建华

妇女界（6名）

水惠娣（女）　宁秋梅（女）　李月芹（女）
李月萍（女）　吕改云（女）　孟桂莲（女）

共青团界（6名）

王常喜（女）　李云霞（女）　李淑贞（女）
张合生　苏树金　高永明

工商财贸界（8名）

刘德成　张保元　杨成效（女）
胡福义　韩子和　黄守月
翟凤海　穆广彬

科技界（20名）

方兆安　冯际功　迟兆君
孙秀丽（女）　李贵兴　李国政
张子文　张乐江　张秀民
张宪亮　张祖贤　孟昭华
费文菡　侯兆民　徐长江
徐德语　常家桐　谢守革
翟瑞虹　霍玉盈

教育界（20名）

于文祯　王洪祺　卢月兰（女）
关扶武　刘俊卿　吴玉珍（女）
张忠民　张林生　张忠林
位茂玺　李培元　姜鹏宇
郭建鸿　徐若秀　郭培高
郭景朗　常立庭　隋启功
曹继彬　魏之林

医药卫生界（14名）

马海卿　王之洲　王利英（女）
毛瑞生　孙亚先　朱振英
吕月真（女）　张合生　李培涛
周淑琛（女）　姜佃英　侯继澍
席焕荣（女）　高澄波

文化艺术新闻广播界（6名）

马桂兰（女）　张学峰　杨桂贤（女）
孟秀华（女）　武继山　潘书简

体育界（2名）

武贵祥　金朝明

港澳台属界（2名）

李贵勤　吕鸿泽

侨联侨属界（2名）

韦燕福　薛惠兰（女）

宗教界（3名）

于志安　李云卿（女）　张连成

少数民族界（3名）

王友庆　陈理清　魏绪明

特邀人士界（6名）

丁秀芝（女）　王兴才　李建白
陈贵昌　常文德　颜世端

常务委员会

1984年9月17日，政协第四届阳谷县委员会第一次会议选举大会在县供销合作社联合社会议室举行，会议选举出第四届县政协主席、副主席和常务委员。

主　席：王允仙

副主席：李寿南
王其春
常立庭
冯际功
王之洲
韦燕福

常务委员（共20名，按姓氏笔画排序）：

于志安　王汉杰　王利英（女）

方兆安　水惠娣（女）　李云霞（女）
李贵勤　李培元　岳希孟
张　文　张乐江　张合生
武贵祥　侯兆民　郭建鸿
郭培高　高澄波　常家桐
韩士军　韩子和

专门委员会与工作组

1984年9月18日，经县政协四届一次常委会研究，根据工作需要，县政协办事机构拟设一室、三会、七个工作组。即：办公室，学习委员会、文史资料征集研究委员会、提案工作委员会、科技工作组、教育工作组、医药卫生工作组、农业工作组、工业工作组、财贸工作组、民侨宗港澳台工作组。

1984年12月1日，经县政协四届三次常委会研究决定，调整原文史资料征集研究会为文史委员会。

办公室

主　任：张　文
副主任：赵运涛

文史委员会

主　任：王允仙
副主任：常立庭　王之洲
委　员：岳希孟　郭建鸿　张学峰
于志安　武继山　孙亚先

学习委员会

主　任：李寿南
副主任：韦燕福
委　员：侯兆民　郭培高　张忠民
陈贵昌　李贵兴　穆广彬

提案工作委员会

主　任：王其春
副主任：冯际功
委　员：张立正　陈兴明　霍玉盈
张合生　迟兆君　魏之林
韩子和

教育工作组

组　长：郭建鸿
副组长：李培元　于文祯
组　员：魏之林　徐若秀　曹继彬
卢月兰　郭培高　张忠民
张忠林

科技工作组

组　长：霍玉盈
副组长：侯兆民
组　员：常家桐　张乐江　张子文
张祖贤　李国政　张秀民
刘洪增

医药卫生工作组

组　长：张合生
副组长：孙亚先
组　员：周淑琛（女）王利英（女）侯继澍
姜佃英　朱振英

农业工作组

组　长：迟兆君

副组长：李贵兴　方兆安
组　员：费文菡　孟昭华

工业工作组

组　长：穆广彬
副组长：韩士军
组　员：孙保贞　张合生　臧玉凤（女）

财贸工作组

组　长：韩子和
副组长：黄守月　水惠娣
组　员：苑厚典　胡福义　张保元
王建梁　吴新瑞

民侨宗港澳台工作组

组　长：于志安
副组长：武贵祥
组　员：薛惠兰　吕鸿泽　李贵勤

党组

书　记：王允仙
副书记：李寿南
王其春
成　员：李印逵（1986年5月任职）
张　文

第七节 第五届阳谷县委员会

（1987年4月至1990年3月）

委员会

政协第五届阳谷县委员会的人员名单是按照政协章程和有关文件规定，经过反复酝酿，组织严格考察，第四届常务委员会协商决定的。委员总数为165名，其中，中共党员64名，占委员总数的38.79%；非中共人士101名，占61.21%；妇女委员35名，占21.25%；上届留任的107名，占64.85%；新增58名，占35.15%。

中共界（15名）

王允仙　王其春　王汉杰
王世全　王西才　刘东桂（女）
田洪宪　李印逵　陈兴明
张　文　张立正　岳希孟
周月秋（女）　侯典科　唐衍峰

共青团界（6名）

王修全　李云霞（女）　苏树金
高永明　董淑荣（女）　魏学良

工会界（12名）

王兰芳（女）　王建梁　刘洪增
刘玉荣（女）　孙宝贞　张合义
张庆霞（女）　钟希学　徐庆和
谢怀宝　臧玉凤（女）　魏兰高

妇联界（6名）

宁秋梅（女）　吕改云（女）　李月芹（女）
李月萍（女）　孟桂莲（女）　阎新芝（女）

农民界（24名）

王玉功　王海银（女）　王广玺
石贵田　刘爱民　刘福增
吕学先（女）　杨月兰（女）　李康来
李福让　李关民　张君稳
张慕行　张登兰　孟宪坤
孟昭宪　段存印　胥秋景（女）
袁云杰　徐瑞英（女）　徐宪智
韩庆义　董金亮　冀广荣

工交财贸界（11名）

邢福文　孙振全　杜庆安
张凡秀　张保元　张承胜
胡福义　黄守月　韩子和
翟凤海　穆广彬

科技界（14名）

冯际功　张乐江　张秀民
张宪亮　张祖贤　张子文
李国政　杜元亮　侯兆民
徐长江　常家桐　谢守革
霍玉盈　魏义华

农林水界（6名）

方肇安　迟兆君　李贵兴
孟昭华　孟春先　钟怀申

教育界（17名）

马庆魁　王洪祺　卢月兰（女）
吴玉珍（女）　李培元　李生林
张忠民　张忠林　张新来
杜梦桐　郭建鸿　郭培高
郭景朗　袁振清　常立庭
曹继彬　魏之林

医药卫生界（17名）

王利英（女）　王秀环（女）　毛瑞生
刘继承　刘洪俊　朱振英
孙亚先　吕月真（女）　李培涛
郑继魁　侯继澍　席焕荣（女）
程培亮　葛仰山　訾丽霞（女）
翟秋银（女）　魏洪魁

新闻广播文化艺术界（7名）

马桂兰（女）　张学峰　张清乐
杨贵贤（女）　孟秀华（女）　武继山
潘复简

体育界（3名）

刘俊卿　许志新　武贵祥

少数民族界（3名）

王友庆　陈理清　魏绪明

侨台属界（5名）

于月菊（女）　韦燕福　吕鸿泽
李贵勤　薛惠兰（女）

宗教界（4名）

于志安　朱海慧　李云卿（女）
张连成

个体劳协界（4名）

王凤祥　刘德成　熊天光
熊建华

国民党起义投诚和特赦人员（3名）

关扶武　李建白　姜鹏宇

特邀人士界（8名）

丁秀芝（女）　王树功　陈贵昌
张怀立　张镇国　金朝明
段延世　颜世端

常务委员会

1987年4月30日，政协第五届阳谷县委员会第一次会议选举大会在县供销合作社联合社会议室举行，会议选举出第五届县政协主席、副主席和常务委员。

主　席：王允仙

副主席：王其春　李印逵　常立庭　韦燕福　冯际功

常务委员（共24名，按姓氏笔画排序）：

于志安　王世全　王汉杰

王秀环（女） 王利英（女） 刘洪增
张　文 张乐江 李云霞（女）
李贵兴 李贵勤 李培元
陈贵昌 吴玉珍（女） 杜元亮
杜庆安 岳希孟 武贵祥
侯兆民 郭建鸿 阎新芝（女）
韩子和 程培亮 魏洪魁
郭培高

专门委员会与工作组

1987年5月27日，经县政协第五届一次常委会协商决定，五届委员会设学习委员会、提案工作委员会、文史委员会3个专门委员会，设教育、科技、医药卫生、农业、工业、财贸、民侨宗台、文体、妇女9个工作组。

学习委员会

主　任：王允仙
副主任：韦燕福　张文
委　员：郭建鸿　李培元　魏之林

提案工作委员会

主　任：王其春
副主任：冯际功　王世全　陈贵昌
委　员：侯兆民　韩子和　陈兴明
郑继魁　迟兆君　孟桂莲（女）
张立正

文史委员会

主　任：李印逵
副主任：常立庭
委　员：岳希孟　张乐江　李贵勤
张学峰　金朝明　孙亚先
李印元

教育工作组

组　长：郭建鸿
副组长：李培元　魏之林
组　员：吴玉珍（女）曹继彬　郭培高
张忠林　张忠民

1987年4月，政协第五届阳谷县委员会常务委员合影（前排左起：李培元、李贵兴、张乐江、吴玉珍、王秀环、王利英、李云霞　中排左起：韦燕福、韩子和、刘洪增、常立庭、王允仙、唐兴周、王其春、王汉杰、李印逵、冯际功　后排左起：程培亮、李贵勤、魏洪魁、陈贵昌、王世全、侯昭民、岳希孟、张文、杜元亮、郭建鸿、武贵祥）

卢月兰（女）

科技工作组

组　长：侯兆民
副组长：杜元亮　张乐江
组　员：常家桐　李国正　张秀民
　　　　张宪亮　张子文

医药卫生工作组

组　长：郑继魁
副组长：孙亚先　王利英（女）
组　员：魏洪魁　程培亮　朱振英
　　　　葛仰山　刘继承　王秀环（女）

农业工作组

组　长：李贵兴
副组长：迟兆君
组　员：孟昭华　钟怀申　谢守革
　　　　方肇安

财贸工作组

组　长：翟凤海
副组长：韩子和　黄守月
组　员：王建梁　胡福义　李云霞（女）
　　　　张承胜　张凡秀

工业工作组

组　长：穆广彬
副组长：张祖贤　刘洪增
组　员：杜庆安　孙宝增　钟希学
　　　　徐庆和　张和义　刘玉荣（女）
　　　　魏兰高　孙振全　臧玉凤（女）

民侨宗台工作组

组　长：丁秀芝（女）
副组长：于志安　李贵勤
组　员：薛惠兰（女）于月菊（女）朱海慧

文体工作组

组　长：张学峰
副组长：徐志新　潘复简
组　员：武贵祥　武继山　刘俊卿
　　　　马桂兰（女）杨贵贤（女）

妇女工作组

组　长：孟桂莲（女）
副组长：李月萍（女）
组　员：阎新芝（女）　李月芹（女）
　　　　宁秋梅（女）　杨月兰（女）
　　　　徐瑞英（女）

党组

书　记：王允仙
副书记：王其春　李印逵
成　员：张　文

第八节　第六届阳谷县委员会

（1990 年 3 月至 1993 年 3 月）

委员会

政协第六届阳谷县委员会共有委员 173 名，其中，新任委员 68 名，占委员总数的 39.31%；中共党员 66 名，占委员总数的 38.15%；非党人士 107

名，占委员总数的61.85%。界别设置，取消第五届委员会中国民党起义投诚和特赦人员、个体劳协2个界别，增设政法监察审计界和工商联界，仍为18个界别。

中共界（15名）

王世全　王汉杰　付万银
刘继民　李印逵　李锡岭
张　文　张乐天　肖新菊（女）
陈兴明　孟昭海　杨智众
贾学章　董尚新　董祥聚

共青团界（6名）

布凤荣（女）　苏树金　周素霞（女）
岳喜江　胥清明　郭伯清

工会界（13名）

王兰芳（女）　刘洪增　辛晓芝（女）
李传江　李宗贵　苏思元
杨桂芹（女）　周　繁（女）　钟希学
徐庆和　谢怀宝　臧玉凤（女）
魏兰高

妇联界（6名）

丁淑青（女）　宁秋梅（女）　刘香玲（女）
吕改云（女）　李月萍（女）　阎新芝（女）

政法监察审计界（5名）

王令义　王福贞　李月明
徐正印　高振康

农民界（28名）

王凤祥　王海银（女）　孔祥允
刘明元　刘爱民　吕学先（女）
李康来　张清乐　张君稳
张登兰　苏继龙　吴庆祥
杨月兰（女）　杨金中　陈理达
洪兰学　段存印　胥秋景（女）
郑安昌　袁云杰　徐瑞英（女）
梁永春　阎金生　阎海生
董金亮　惠金为　韩清义
熊建华

工交财贸界（11名）

孙振全　吕效英　杜庆安
邢福文　张凡秀　张月凤（女）
张承圣　秦新笑　郝延勤
韩子和　翟凤海

科技界（12名）

杜元亮　张子文　张乐江
张秀民　张宪亮　张祖贤
张淑君（女）　杨文义　杨忠贤
侯昭民　徐长江　常忠和

农林水界（11名）

王传勤　王敬祥　任景茂
李贵兴　李银起　张法堂
宋益夏　吴兆俊　迟兆君
孟昭华　郗登义

教育界（16名）

马庆奎　王洪祺　杜梦桐
李生林　李培元　邢继广
张佑民　张忠民　张忠林
吴玉玲（女）　姚凤华（女）　袁振清
郭宗莲（女）　郭建鸿　郭景朗
魏之林

医药卫生界（13名）

王利英（女）　王秀环（女）　毛瑞生
刘洪俊　刘继承　朱振英
郑继魁　侯继澍　席焕荣（女）
程培亮　訾丽霞（女）　翟秋银（女）
魏洪魁

新闻广播文化艺术界（8 名）

马桂兰（女） 申跃鲁 张学峰

杨贵贤（女） 武继山 孟秀华（女）

荣秋莲（女） 潘复简

体育界（3 名）

许志新 武贵祥 阎兆华

少数民族界（3 名）

王友庆 陈理清 展端亮

侨台属界（5 名）

于月菊（女） 韦燕福 刘秀华（女）

李贵勤 薛惠兰（女）

宗教界（5 名）

于志安 吕端重 朱海慧

李云卿（女） 张连成

工商联界（4 名）

刘德成 邱方振 胡福义

熊天光

特邀人士界（9 名）

王树功 申季润 申景铭

刘光辉 张万知 张金让

杜方刚 胡克忠 段延世

1990 年 4 月 11 日，经县政协六届一次常委会协商通过，增补李月芹为县政协委员。

1991 年 3 月 23 日，经县政协六届五次常委会协商通过，增补吕学堂、付登雨、孙秋玲（女）为县政协委员。李贵兴、阎新芝（女）因调任聊城，辞去政协委员。

1990年 3月 29日，政协第六届阳谷县委员会常务委员合影（前排左起：胡福义、李贵勤、韦燕福、孟昭海、杨智众、李印逵、杜元亮、于志安、臧玉凤、吴玉珍　中排左起：郭建鸿、韩子和、王世全、刘洪增、王树功、程培亮、王秀环、王利英、阎新芝　后排左起：杜庆安、张乐天、杨忠贤、王敬祥、李贵兴、张文、刘洪俊）

常务委员会

1990年3月29日，政协第六届阳谷县委员会第一次会议选举大会在文化楼三楼会议室举行，会议选举出第六届县政协主席、副主席、秘书长和常务委员。

主　席：杨智众
副主席：李印逵
孟昭海
韦燕福
杜元亮
李贵勤
秘书长：王世全

常务委员（共24名，暂缺1名，按姓氏笔画排序）：

于志安　王汉杰　王利英（女）
王秀环（女）　王树功　王敬祥
刘洪增　刘洪俊　李贵兴
杜庆安　张　文　张乐天
吴玉珍（女）　杨忠贤　胡福义
钟希学　阎新芝（女）　郭建鸿
韩子和　程培亮　谢怀宝
臧玉凤（女）　魏洪魁

1991年3月30日，政协第六届阳谷县委员会第二次会议选举大会在文化楼三楼会议室举行，增选王汉杰为县政协副主席。

专门委员会

第六届县政协撤销工作组，增设专门委员会。1990年4月11日，经县政协六届一次常委会协商通过，全委会设置学习委员会、提案委员会、文史资料委员会、经济科技委员会、文教卫生体育委员会和民侨宗台联谊委员会6个专门委员会。

学习委员会

主　任：杨智众
副主任：王世全　王汉杰　张乐天
委　员：阎新芝（女）　谢怀宝　魏之林
周素霞（女）　李培元　王玉祥
刘香玲（女）

提案委员会

主　任：孟昭海
副主任：张　文　韩子和
委　员：王福增　徐正印　郭春英（女）
陈兴明　郑继魁　李月明

文史资料委员会

主　任：李印逵
委　员：申景铭　张万智　张学峰
胡克忠　杜方刚　段延世
高振康　张乐江　王树功
李印元

经济科技委员会

农业委员会：
主　任：韦燕福
副主任：杨忠贤　李贵兴
委　员：王敬祥　刘洪增　吴兆俊
迟兆君

工业委员会：
主　任：杜元亮
副主任：常忠和　侯兆民

委　员：胡福义　钟希学　杜庆安
　　　　臧玉凤（女）

文教卫生体育委员会

主　任：孟昭海
副主任：郭建鸿　许志新　郑继奎
委　员：程培亮　魏洪魁　王利英（女）
　　　　刘洪俊　潘书简　吴玉珍（女）
　　　　武贵祥　张佑民　王秀环（女）
　　　　武继山　郭宗莲（女）

民侨宗台联谊委员会

主　任：李贵勤
副主任：张金让　于志安
委　员：董祥聚　刘光辉　薛惠兰（女）
　　　　于月菊（女）

党组

书　记：杨智众
副书记：李印逵
成　员：孟昭海
　　　　王汉杰（1991 年 3 月任职）
　　　　王世全

第九节 第七届阳谷县委员会

（1993 年 3 月至 1998 年 2 月）

委员会

政协第七届阳谷县委员会共有委员182名，其中，新任委员79名，占委员总数43.41%；中共党员67名，占委员总数的36.81%；妇女委员34名，占委员总数的18.68%。界别设置，将第六届委员会中的新闻广播文化艺术界和体育界合并为文化体育新闻界，增设科技界，界别总数仍为18个界别。

中共界（16 名）

王长亮　王玉祥　王世全
王春平（女）　刘庆儒　阮厚华
张义福　陈兴明　李印元
李印逵　杨智众　赵运涛
孟昭海　董祥聚　郭春英（女）
阎庆红

共青团界（6 名）

布凤荣（女）　岳希江　周素霞（女）
胥清明　郭伯清　谢　军

工会界（11 名）

史保洪　张合生　李道奇
辛晓芝（女）　杨连哲　杨桂芹（女）
钟希学　徐庆和　徐春光
魏兰高　臧玉凤（女）

妇联界（6 名）

丁淑青（女）　刘香玲（女）　杨金凤（女）
杨瑞玉（女）　郭华英（女）　贾秀兰（女）

科协界（5 名）

王新鹤　陈同彪　杨忠贤
张祖贤　魏相立

政法监察审计界（6 名）

王福贞　刘振岱　李月明
张振忠　徐正印　高振康

农民界（34 名）

王凤祥　孔祥允　吕学先（女）
吕寻林　吕继亮　刘学景
任长代　邢福文　张凤华（女）

张洪平　张祥成　张登兰
宋兰海　宋传喜　邵学同
陈理达　李清社　李旭林
苏继环　苑凤莲（女）　国兆焕
郑崇胜　段存印　赵建习
梁永春　阎存先　阎金生
阎海生　胥秋景（女）　袁云杰
徐瑞英（女）　惠金为　董金亮
雷希奎

教育界（16 名）

于长云　马庆奎　邢继广
张贤庆　杜梦桐　李生林
李衍林　李培元　杨传亮
周焕荣（女）　姚凤华（女）　聂亦民
郭建鸿　郭景朗　袁振清
潘凡清

工交财贸界（17 名）

王连修　宁俊华　孙秋玲（女）
吕效英　任兆勤　张凡秀
张宪亮　张承圣　李月美
李金山　李庆国　杨振福
陈保全　路忠义　翟凤海
颜廷安　张月凤（女）

医药卫生界（14 名）

王秀环（女）　王利英（女）　牛景伟（女）
关广斌　朱振英　刘洪俊
刘继承　李爱银（女）　谷秀云（女）
郑继魁　秦新笑　程培亮
訾利霞（女）　魏洪魁

农林水界（8 名）

王敬祥　付登雨　司梦文
张子珍　吴兆俊　宋士芹（女）
苏永侠　郗登义

科技界（10 名）

司景岚　张子文　张淑君（女）
杜元亮　杜庆安　侯兆民
徐道华　常忠和　潘景会
等略

文化体育新闻界（8 名）

许志新　张长英　张学峰
岳希立　武继山　荣秋莲（女）
阎兆华　潘复简

侨台属界（5 名）

于月菊（女）　韦燕福　李月芹（女）
李贵勤　张淑惠（女）

工商联界（4 名）

邱方震　胡福义　董经奇
熊天光

宗教界（5 名）

于志安　朱海慧　吕端重
刘福民　张连成

少数民族界（3 名）

陈理清　邱方振　展端亮

特邀人士界（8 名）

王树功　刘光辉　张万知
张金让　吴春旭　胡克忠
段延世　郭炳庆

1994 年 3 月 9 日，经县政协七届八次常委会协商通过，增补王子厚、仝绪启、杨传星、夏庆泽、薛守淼为县政协委员；颜廷安、荣秋莲（女）、吴春旭辞去县政协委员。

1995 年 3 月 13 日，经县政协七届十三次常委会协商通过，增补史代菊（女）、李贻良、徐怀谦、董道平为县政协委员。

1996年3月18日，经县政协七届十九次常委会协商通过，增补陈明诰、郭银德为县政协委员。

常务委员会

1993年3月10日，政协第七届阳谷县委员会第一次会议选举大会在县政府大会议室举行，会议选举出第七届县政协主席、副主席、秘书长和常务委员。

主　席：杨智众
副主席：李印逵
　　　　孟昭海
　　　　韦燕福
　　　　杜元亮
　　　　李贵勤
秘书长：赵运涛

常务委员（共28名，按姓氏笔画排序）：

于志安	王利英（女）	王秀环（女）
王敬祥	吕寻林	吕效英
刘洪俊	刘继承	杜庆安
杨忠贤	谷秀云（女）	苏永侠
苏继环	宋士芹（女）	张凡秀
张长英	张合生	张连成
张祖贤	陈保全	胡福义
袁云杰	阎存先	郭建鸿
臧玉凤（女）	熊天光	魏洪魁

等略

1994年3月17日在政协第七届阳谷县委员会第二次会议选举大会上，增选仝绪启为县政协副主席。

1996年3月23日，政协第七届阳谷县委员会第四次会议选举大会在县政府大会议室举行，补选郭银德为县政协主席、陈明诰为县政协副主席。

专门委员会

1993年3月11日，经县政协七届一次常委会协商通过，全委会设置学习委员会、提案委员会、文史委员会、经济科技委员会（分农业委员会和工业财贸委员会）、文化教育卫生新闻体育委员会和祖国联谊委员会6个专门委员会。

学习委员会

主　任：王玉祥
副主任：李道奇　董祥聚
委　员：刘香玲（女）李培元　周素霞（女）

提案委员会

主　任：郭春英（女）
副主任：王福贞　陈兴明
委　员：徐正印　高振康　李月明
　　　　王长亮

文史委员会

主　任：李印元
副主任：张学峰　张万知
委　员：胡克忠　刘振岱　段延世
　　　　郭炳庆

经济科技委员会

农业委员会：
主　任：韦燕福

副主任：杨忠贤　吴兆俊
委　员：张子珍　王敬祥　付登雨
工业财贸委员会：
主　任：杜元亮
副主任：常忠和　侯兆民　李金山
委　员：张祖贤　司景岚　杜庆安
张子文　臧玉凤（女）李月美
颜廷安

文化教育卫生新闻体育委员会
主　任：郭建鸿
副主任：许志新　潘书简　郑继逵
委　员：刘继承　刘洪俊　秦新笑
荣秋莲（女）

祖国联谊委员会
主　任：李贵勤
副主任：张金让　刘光辉　熊天光
委　员：张淑惠（女）于月菊（女）张连成
李月芹（女）

党组

书　记：杨智众（1996 年 3 月离职）
郭银德（1996 年 3 月任职）
副书记：李印逵（1998 年 1 月去世）
孟昭海（1996 年 3 月任职）
陈保全（1993 年 11 月任职）
成　员：孟昭海（1996 年 3 月离职）
仝绪启（1993 年 8 月任职）
陈明诰（1996 年 3 月任职）
赵运涛（1993 年 3 月任职）

第十节 第八届阳谷县委员会

（1998 年 3 月至 2003 年 1 月）

委员会

政协第八届阳谷县委员会共有委员186名，其中：新任委员87名，占委员总数的46.77%；中共党员72名，占委员总数的38.71%；妇女委员38名，占委员总数的20.43%。界别设置，增设非公有制经济界，将第七届农林水界改为农业界，共19个界别。

中共界（21 名）

王　廷　王玉祥　王春萍（女）
王德伟　仝绪启　史代菊（女）
刘庆儒　李广安　李东生
李印元　李玉琳（女）　李韶辉
陈明诰　陈保全　杜梦华
杨传玉　杨传民　林凤兰（女）
岳修航　赵运涛　郭代荣

共青团界（5 名）

刘春杰（女）　张志鸿（女）　武传文
胥清明　唐恒波

工会界（12 名）

王明惠（女）　冯修杰　刘进文
辛晓芝（女）　李贻良　杜　青（女）
陈晓新（女）　杨廷军　杨桂芹（女）
徐庆和　徐春光　高宪武

妇联界（6 名）

刘香玲（女）　巩新平（女）　岳彩清（女）
胡秀清（女）　贾秀兰（女）　雷学荣（女）

政法监察审计界（6 名）

闫传银　李月明　张晓阳
武永珠　高振康　魏绪坤

农民界（31名）

王书华 王清水 孔祥允
吕寻林 刘志杰 刘海根
闫海生 闫金生 孙连伟（女）
邵学同 宋来海 陈焕云（女）
陈理达 汪瑞华（女） 李旭林
周长军 周保东 周振光
周振华 国兆焕 张登兰
张洪平 胥秋景（女） 段存印
袁云杰 徐瑞英（女） 梁永春
董金亮 董道平 惠金为
翟长胜

教育界（13名）

于长云 马庆奎 张贤庆
杜梦桐 李培元 李学著
李生林 陈春青（女） 苑凤莲（女）
周焕荣（女） 杨士生 聂亦民
袁振清

工交财贸界（16名）

王传华 宁俊华 任兆勤
闫继涛 李金山 张连正
邱广建 吴兆俊 杜元亮
孟继合 周长林 赵云才
夏庆泽 程仁国 路忠义
翟凤海

医药卫生界（12名）

王秀环 王晓红（女） 关广斌
刘洪俊 李爱银（女） 谷秀云（女）
宋义伦 陈艳蕾（女） 杨景随
国兆香 曹保刚 訾丽霞（女）

农业界（6名）

王广玺 王代明 王敬祥
付登雨 苏永侠 杨忠连

科技界（8名）

王景元 申培军 张淑君（女）
张义元 徐道华 秦增军
梁伟红 等略

科协界（6名）

王新鹤 陈同彪 杨忠贤
赵秀臣 潘景会 魏相立

文化体育新闻界（8名）

王允生 刘光辉 闫之朴
乔振霞（女） 张长英 张学峰
张世昌 岳喜立

侨台属界（6名）

于月菊 韦燕福 申培社
李月芹 张淑惠（女） 张学伦

工商联界（4名）

陈兴亮 杨传兴 席守海
臧爱民

宗教界（4名）

朱海慧 吕端重 刘福民
张连成

少数民族界（3名）

陈理清 邱方振 展端亮

非公有制经济界（9名）

于加华 李守臣 李清社
辛保金 张爱梅（女） 张祥成
苏继环 杨月改（女） 常来才

特邀人士界（10名）

王树功 王春霞（女） 刘振岱
张万知 邵广芹 杨绪成
段延世 郭炳庆 潘宗富
穆绍逸

1999年1月21日，经县政协八

届五次常委会协商通过，增补王文水、王传成、田庆云、吕顺成、刘登华、李庆常、宋广元、张景超、赵兰生、徐兴成、唐宪明、樊祥会、魏翊恩为县政协委员。

2000 年 1 月 17 日，经县政协八届十次常委会协商通过，增补王予濮、王宪仲、汤洪宾、佟捷、李杰、李少平、李文刚、杨东风、张传立、杨传海、吴法太、孟宪东、蒋福民、魏之伦、魏茂东为县政协委员。

2001 年 1 月 30 日，经县政协八届十四次常委会协商通过，增补王长亮、苏景旺为县政协委员。

2002 年 1 月 16 日，经县政协八届十八次常务会协商通过，增补丁业强、刘洪军、李代海、吴彩云（女）、范宪明、曹保国为县政协委员。

常务委员会

1998 年 2 月 17 日，政协第八届阳谷县委员会第一次会议选举大会在县政府大会议室举行，会议选举出第八届县政协主席、副主席、秘书长和常务委员。

主　席：郭代荣

副主席：仝绪启　　陈明诰

韦燕福　　杜元亮

苏永侠

秘书长：赵运涛

常务委员（共 30 名，按姓氏笔画排序）：

2000 年 1 月 23 日，阳谷县政协八届三次会议常委合影（前排左起：张连成、袁云杰、杨忠贤、张景超、吕顺成、杜元亮、陈明诰、郭代荣、仝绪启、陈保全、韦燕福、赵运涛、吴兆俊、王允生　中排左起：魏翊恩、程仁国、宋义伦、王新鹤、樊祥会、王代明、吕寻林、周保东、陈兴亮、王明惠、陈晓新、谷秀云、王秀环、于月菊　后排左起：曹保刚、唐宪明、刘登华、潘宗富、王敬祥、赵云才、杨景随、李金山、杜梦华、冯修杰、杨廷军、张长英、张晓阳、潘景会、张祥成）

于月菊（女）	王代明	王秀环（女）
王敬祥	王新鹤	冯修杰
吕寻林	刘光辉	苏继环
陈兴亮	陈保全	陈晓新（女）
宋义伦	吴兆俊	李学著
李贻良	谷秀云（女）	张长英
张连成	张祥成	杨廷军
杨忠贤	周保东	袁云杰
曹保刚	常来才	程仁国
翟凤海	潘宗富	臧爱民

1999年1月26日，政协第八届阳谷县委员会第二次会议选举大会在县政府大会议室举行，增选王允生、王明惠（女）、吕顺成、刘登华、杜梦华、李庆常、李金山、杨景随、张晓阳、张景超、赵云才、赵兰生、唐宪明、樊祥会、潘景会、魏翊恩为县政协常务委员。

2000年1月23日，政协第八届阳谷县委员会第三次会议选举大会在县直机关招待所二号楼六楼会议室举行，增选吕顺成为县政协副主席。

2000年，苏继环调离阳谷，不再任县政协常务委员。9月，苏永侠调任阳谷县政府副县长，不再任县政协副主席。

2001年2月，政协第八届阳谷县委员会第四次会议选举大会在县直机关招待所二号楼六楼会议室举行，增选王长亮、张长英、杨廷军为县政协副主席，张洪平为县政协常务委员。

专门委员会

1998年3月，换届后始设学习、提案、文史、农业、经济科技、文化教育卫生新闻体育、祖国联谊7个专门委员会。

文史委员会

主　任：陈明诰

副主任：李印元　张学峰　张万知

委　员：刘振岱　段延世　郭炳庆

2000年7月，参照市政协专门委员会的调整情况，将原设7个专门委员会调整为学习宣传文史联谊、提案、经济科技、人口资源环境法制、文教卫生体育5个专门委员会，并提议吴兆俊、杨忠贤为政协专职常委。2000年7月6日，经县政协八届十二次常委会审议通过，吴兆俊任经济科技委员会主任，杨忠贤任学习宣传文史联谊委员会主任。2001年3月，撤销农业委员会，其职能并入经济科技委员会；学习委员会、文史委员会和祖国联谊委员会合并，称学习宣传文史联谊委员会；文化教育卫生新闻体育委员会改称文教卫生体育委员会；增设社会法制委员会、人口资源环境保护委员会。全委会共下设：经济科技委员会、学习宣传文史联谊委员会、文教卫生体育委员会、提案委员会、社会法制委员会、人口资源环境保护委员会6个专门委员会。2002年4月，撤销学习宣传文史联谊委员会，设宣传联谊委员会、文史委员会；撤销文教卫生体育委员会，其职能并入宣传联谊委员会。全委会共下设：经济科技委员会、宣传联谊委员会、提案委员会、文史委员会、社会法制委员会、人口资源环境保护委员会6个专门委员会。

党组

书　记：郭代荣
副书记：仝绪启　陈保全
成　员：陈明诰
吕顺成（2000年1月任职）
王长亮（2001年2月任职）
赵运涛

第十一节 第九届阳谷县委员会

（2003年1月至2007年12月）

委员会

政协第九届阳谷县委员会共有委员203名，其中：新任委员102名，占委员总数的50.25%；中共党员81名，占委员总数的39.90%；妇女委员39名，占委员总数的19.21%。仍设19个界别。

中共界（13名）

于智长　王　廷　王长亮
王守良　王德伟　吕宗言
李代海　李玉琳（女）　岳修航
郑清铭　赵运涛　路学林
潘福章

工会界（9名）

于喜静（女）　王明惠（女）　陈晓新（女）
王振明　李纪国　李贻刚
周宇飞　高宪武　辛晓芝（女）

妇联界（7名）

巩新平（女）　林存贞（女）　岳彩青（女）
胡秀清（女）　贾秀兰（女）　韩淑芬（女）
雷学荣（女）

共青团界（6名）

王　伟　王晓霞（女）　张志鸿（女）
李　蕾（女）　李龙军（女）　杜晓慧（女）

政法监察审计界（9名）

刘广涛　许学甫　吴彩云（女）
宋风河　张晓阳　侯　兵
贺国英（女）　程仁昌　董理科

农民界（23名）

于加华　马丙安　王凤杰（女）
孔祥允　叶雪焕（女）　刘光波
刘贵春　刘海根　闫纪平（女）
张广庭　张占平　张洪平
李太峰　李玉岭　李旭才
杨月改（女）　辛庆堂　孟现壮
袁本厚　曹福强　惠金为
董金亮　韩丙宪

工交财贸界（16名）

马勇济　尹　森　王文水
王培民　田庆云　任兆勤
孙虎森　孙保忠　闫继涛
杨振兴　周长林　周生新
徐怀谦　程仁国　韩保才
魏红梅（女）

医药卫生界（19名）

马凤祥（女） 王凤梅（女） 王兆珍
王寿梅（女） 宋义伦 张义元
李少平 李文刚 李庆常
李华声 李言义 杨传民
杨景随 肖 慧（女） 陈 塘（女）
陈艳蕾（女） 党安森 曹保刚
蒲丽娟（女）

教育界（15名）

于长云 乔玉璞 刘春杰（女）
刘登华 朱明杰 张贤庆
李正池 李华明（女） 杨士生
杨廷军 陈春青（女） 陈洪震
苑凤莲（女） 胥清明 薛 丽（女）

文化体育新闻界（7名）

刘洪军 张长英 杨东风
杨福秀 岳喜立 顾冠中
崔 敬

非公有制经济界（22名）

丁业强 于加民 王立生
王存智 王守英 刘广忠
刘建华 吕寻林 汤洪斌
何书义 张传立 张金旺
张海洋 李景林 杨传省
周振华 周振光 孟宪东
赵广义 袁广全 徐兴成
程占贵

农业界（13名）

王广玺 王长华 王代明
付登雨 张太芳 李恒涛
杨俊生 邵立旺 姜兴玉
贾中立 樊祥会 魏之伦
等略

科技界（7名）

王 磊 王予濮 申培军
张淑君（女） 郎宝鑫（女） 秦增军
梁伟红

工商联界（4名）

张东岳 杨传兴 席守海
臧爱民

侨台属界（5名）

申培社 张云龙 张学伦
李金炜 雷 军

科协界（5名）

于之庆 王新鹤 邢云汉
郭 强 潘景会

宗教界（5名）

司美成 刘福民 吕端重
朱海慧 魏茂东

少数民族界（3名）

邱方振 陈理清 展端亮

特邀界（15名）

马 颖（女） 王 宏 王春霞（女）
刘 泉 刘世臣 张庆生
陈希立 陈明诰 钟本祥
郭代荣 高永明 董令广
潘宗富 穆绍逸 魏述奎

2004年1月28日，经县政协九届四次常委会协商通过，增补于启省、方勇、王冰（女）、王文绪、王世乾、刘玉存、刘福杰、孙兰华、张文芳、张秀英（女）、张良涛、张克雷、张明亮、杨宏伟、孟庆灿、岳明霞（女）、林超美、郑明清、侯庆涛、姜书达、胥凤莲（女）、徐贵旭、秦广禄、蒋景标、释仁修、翟继温、潘复斌、霍建党、魏玉才、魏承亮、魏清霞（女）为县政协委员。

2005年1月31日，经县政协九届九次常委会协商通过，增补王占元、王春娥（女）、王春霞（女）、王景元、李贵洲、赵旭、郝继发、秦新笑、曹保国为县政协委员。

2006年2月13日，经县政协九届十四次常委会协商通过，增补申庆朝、闫明元、冷庆臣、张校昌、李金山为县政协委员。

2007年1月23日，经县政协九届二十次常委会协商通过，增补许春生、秦广胜、高宝金、崔新厚为县政协委员。

常务委员会

2003年1月22日，政协第九届阳谷县委员会第一次会议选举大会在县电业公司南楼四楼大会议室举行，会议选举出第九届县政协主席、副主席、秘书长和常务委员。

主　席：潘福章

副主席：王长亮　张长英　杨廷军　王守良　王明惠（女）　潘景会

秘书长：赵运涛

常务委员（共37名，按姓氏笔画排序）：

丁业强	于智长	王　宏
王代明	王春霞（女）	王新鹤
王德伟	刘　泉	刘登华
吕寻林	汤洪斌	吴彩云（女）
宋义伦	张义元	张东岳
张庆生	张洪平	张晓阳
张淑君（女）	李正池	李代海
李庆常	李玉琳（女）	杨传兴
杨景随	陈晓新（女）	岳修航
徐兴成	徐怀谦	贾秀兰（女）
曹保刚	程仁国	程占贵

2007年12月13日，阳谷县政协九届二十三次常委会常委合影（前排左起：李金山、潘景会、王明惠、杨廷军、崔新厚、潘福章、张长英、王守良、秦广胜、徐怀谦　中排左起：许春生、郑清铭、刘泉、李正池、董理科、张庆生、杨传兴、李金伟、张东岳、张淑君、李龙军、吴彩云、陈晓新、贾秀兰、王春霞、李玉琳、宋义伦、张亦臣　后排左起：于启省、冷庆臣、王宏、李庆常、樊祥会、钟本祥、张洪平、闫明元、魏之伦、张义元、徐兴成、杨景随、孟宪东、高宝金）

路学林　　臧爱民　　樊祥会
潘宗富

2004年2月9日，政协第九届阳谷县委员会第二次会议选举大会在县电业公司南楼四楼会议室举行，增选于启省、王文水、王兆珍、刘福杰、张太芳、张文芳、张秀英（女）、李龙军（女）、李金炜、李恒涛、孟宪东、林超美、郑清铭、钟本祥、秦广禄、董理科、魏之伦为县政协常务委员。

2006年2月16日，政协第九届阳谷县委员会第四次会议选举大会在县电影院举行，增选李金山为县政协副主席，岳修航为县政协秘书长，闫明元、冷庆臣、张克雷为县政协常务委员。

2007年1月24日，政协第九届阳谷县委员会第五次会议选举大会在县电影院举行，增选崔新厚、秦广胜为县政协副主席。

专门委员会

2003年3月21日，经县政协九届一次常委会议决定，第九届县政协设置6个专门委员会。

文史资料委员会

主　任：刘登华
副主任：郑清铭　魏叔逵
委　员：杨士生　杨东风　杨俊生
　　　　穆绍逸

人口资源环境和社会保障委员会

主　任：李庆常
副主任：岳修航　董令广　周长林
委　员：王代明　刘洪军　张太芳
　　　　姜兴玉　杜晓慧（女）

社会法制委员会

主　任：张晓阳
副主任：宋风河　程仁昌
委　员：刘广涛　许学甫　侯　兵
　　　　董理科　魏茂东

经济委员会

主　任：路学林
副主任：邵立旺　王培民　王文水
委　员：马勇济　付登雨　孙保忠
　　　　周生新　高宪武

科教文卫体委员会

主　任：略
副主任：李玉琳（女）王兆珍　王予濮
委　员：申培社　张志鸿（女）乔玉璞
　　　　顾冠中　崔　敬

提案委员会

主　任：李恒涛
副主任：吕宗言　杨传民　王广玺
委　员：申培军　朱明杰　杨景随

2005年3月29日，经县政协主席办公会议研究决定，对文史资料委员会人员进行调整。

主　任：刘登华
副主任：张文芳　郑清铭　曹保国
　　　　李贵洲　魏述奎

委　员：杨东风　杨俊生　穆绍逸

2006年4月4日，经县政协主席会议研究，因工作变动等原因，对各专门委员会主任、副主任、委员予以调整。

文史资料委员会

主　任：刘登华
副主任：张文芳　郑清铭　李贵洲
　　　　魏述奎
委　员：杨东风　杨俊生　穆绍逸

人口资源环境和社会保障委员会

主　任：李庆常
副主任：刘福杰　董令广　周长林
委　员：刘洪军　张太芳　姜兴玉
　　　　杜晓慧（女）

社会法制委员会

主　任：张晓阳
副主任：宋风河　许学甫　王德伟
委　员：刘广涛　侯　兵　董理科
　　　　魏茂东

经济委员会

主　任：王文水
副主任：邵立旺　王培民　孙兰华
委　员：马勇济　付登雨　孙保忠
　　　　周生新　高宪武

科教文卫体委员会

主　任：
副主任：李玉琳（女）曹保国
委　员：申培社　乔玉璞　顾冠中
　　　　崔　敬　张志鸿（女）

提案委员会

主　任：李恒涛
副主任：杨传民　王广玺
委　员：申培军　朱明杰　杨景随

党组

书　记：潘福章
副书记：王长亮（2006年2月离职）
　　　　徐怀谦
　　　　崔新厚（2007年1月任职）
成　员：王守良
　　　　王明惠（女）
　　　　李金山（2006年2月任职）
　　　　秦广胜（2007年1月任职）
　　　　赵运涛（2006年2月离职）
　　　　岳修航（2006年2月至2007年7月）
　　　　郑清铭（2007年7月任职）

第十二节 第十届阳谷县委员会

（2007年12月至2012年1月）

委员会

本届政协委员人选，由县委组织部、统战部按照业务分工，与有关方面协商提出，由统战部汇总，会同组织部，征求县政协党组意见，拟定第十届政协委员名单草案，报县委审定，经县政协九届二十三次常委会协商通过。

本届委员会共有委员 223 名，其中：新任委员 122 名，占委员总数的 54.71%；中共党员 89 名，占委员总数的 39.91%；妇女委员 47 名，占委员总数的 21.08%；具有中专（高中）以上文化程度的 216 名，占委员总数的 96.86%；大专以上文化程度的 172 名，占委员总数的 77.13%；具有各种技术职称的 113 名，占委员总数的 50.67%，其中，具有中级职称的 54 名，高级职称的 40 名。委员平均年龄 40.1 岁，比第九届全委平均年龄下降 0.4 岁。2007 年 12 月 16 日至 19 日举行了县政协十届一次会议，组成了政协第十届阳谷县委员会。

中共界（15 名）

于继民　王守良　布庆国
闫学锋　闫明元　李金山
李玉琳（女）　许春生　杨世钟
吴春凤（女）　张克雷　张校昌
郑清铭　高保金　崔新厚

工会界（9 名）

王桂吉（女）　王凌峰　付红英（女）
李道恩　李继国　陈晓新（女）
孟庆灿　岳彩虹（女）　范英才

工商联界（5 名）

张　平（女）　杨兴华　杨兆阁
颜廷旗　臧爱民

妇联界（7 名）

王兰英（女）　王晓霞（女）　陶一兵（女）
徐凤娥（女）　贾秀兰（女）　韩淑芬（女）
雷学荣（女）

共青团界（6 名）

王　宏　李　焱（女）　李　蕾（女）
刘迎春（女）　杜晓慧（女）　顾冠中

政法监察审计界（11 名）

王世乾　王成义　付　坤
刘孟强　孟　芬（女）　张　静（女）
吴彩云（女）　范新立　侯　兵
董理科　潘景珍（女）

农民界（21 名）

马树磊　王　瑞（女）　王延达
王怀忠　王秋景（女）　王玲霞（女）
冯广智　孙振洪　许根元
李振东　张先国　何继跃
孟现壮　郎佃华　周忠华
周振华　钱洪胜　曹永彬
曹泮学　蒋得海　臧玉玲（女）

工交财贸界（18 名）

马勇济　王长坤　王文博
王培民　王新华　尹　森
孙虎森　李　斌　刘艳丽（女）
岳明霞（女）　周松林　金德长
郭振光　郝继发　秦佃清
贾天广　谢振仁　魏红梅（女）

医药卫生界（19 名）

于爱堂　马凤祥（女）　王　锋
王凤梅（女）　王寿梅（女）　闫玉祥
李少平　李凤君（女）　李华声
李言义　李爱玲（女）　张义元
宋义伦　杨传民　杨景随
肖　慧（女）　秦新笑　蒲丽娟（女）
潘福斌

肖　慧（女）

社会法制委员会

主　任：付　坤
副主任：魏茂东　王世乾　高宝金
委　员：于继民　吴彩云（女）刘孟强
侯　兵　董理科

科教文卫体委员会

主　任：曹保国
副主任：魏翊恩　李玉琳（女）李金伟
委　员：秦新笑　申培社　于之庆
杨绍凯　李龙军（女）王　峰
顾冠中　李金健

经济委员会

主　任：郭振光
副主任：郝继发　李玉琳（女）
委　员：邵立旺　马勇济　孙虎森
贾天广　汤洪斌　吕寻林
刘继民　黄　东

提案委员会

主　任：阎明元
副主任：王培民　张校昌　许春生
委　员：朱明杰　杨传民　杨景随
李正池　陈晓新（女）张良涛

鉴于部分专门委员会组成人员工作岗位变动及县政协十届二次会议增补委员、增补常委等情况，为进一步加强专门委员会建设，更好地发挥专委会在履职中的基础性作用，对各专门委员会组成人员作了调整。

文史资料委员会

主　任：张克雷
副主任：朱耀庭　魏叔逵　李贵洲
杨世钟
委　员：王金福　宋培友　李　健
李苑峰　徐保章　释仁修
魏之伦

人口资源环境和社会保障委员会

主　任：宋义伦
副主任：董令广　闫邦一　高宝金
委　员：孙喜臣　肖　慧（女）李秋生
姜兴玉　岳彩红（女）高新普

社会法制委员会

主　任：付　坤
副主任：魏茂东　王世乾
委　员：王兰英（女）于继民　赵东峰
刘孟强　吴彩云（女）侯　兵
董理科

科教文卫体委员会

主　任：曹保国
副主任：魏翊恩　李玉琳（女）李金伟
委　员：秦新笑　李　蕾（女）申培社
于之庆　李龙军（女）杨绍凯
王　峰　顾冠中

经济委员会

主　任：
副主任：郝继发　李玉琳（女）

委　员：布庆国　邵立旺　马勇济
孙虎森　贾天广　汤洪斌
吕寻林　刘继民　黄　东
张太芳　霍建党　孟现壮
张明亮

提案委员会

主　任：阎明元
副主任：王培民　张校昌　许春生
委　员：朱明杰　杨传民　杨景随
姜述达　李正池　张良涛
陈晓新（女）陈　玲（女）

党组

书　记：崔新厚
副书记：王守良（2011年4月离职）
李金山（2011年5月任职）
成　员：李金山（2011年5月离职）
吴春凤（女）
朱丙林（2011年4月任职）
郑清铭

第十三节 第十一届阳谷县委员会

（2012年1月至2017年1月）

委员会

根据政协章程和有关文件精神，经各界推荐、多方协商和县委多次审查，并对政协委员人选进行考察与公示，确定了建议人选。2012年1月8日，经县政协十届二十三次常委会协商通过，政协第十一届阳谷县委员会由19个界别组成。共有委员249名，其中，新任委员136名，占委员总数的54.62%；中共党员99名，占委员总数的39.76%；妇女委员66名，占委员总数的26.51%。大学以上文化程度的127名，占委员总数的51%；具有硕士研究生学历的7名，占委员总数的2.81%。具有各种技术职称的107名，占委员总数的42.97%，其中具有中级职称的47名，高级职称27名。委员平均年龄41.5岁。2012年1月10日至13日，举行县政协十一届一次会议，组成了政协第十一届阳谷县委员会。

中共界（19名）

于继民　王　勇　王秋正
史晓莉（女）刘洪森　孙兰华
孙喜臣　朱炳立　朱丙林
许春生　吴　震　李玉琳（女）
杨世钟　杨庆军　杨希玉
陈　玲（女）郑清铭　赵东峰
崔存龙

工商联界（23名）

于昊鹏　马言国　王广强
王延达　王志达　邓运东
司全才　布占坤　刘玉存
张　平（女）张先国　张明亮
李保文　杨兆阁　陈怀建
孟现壮　胡叶蓉（女）郝纪胜
唐　山　贾　伟（女）钱洪胜
臧红博　颜廷旗

侨台属界（6名）

王广哲　申洪宇　张　阳（女）

杨清洁（女） 国海宽 雷 军 黄祥杰 潘景会 魏红梅（女）

科协界（6名）

于庆魁 付 琦 仝绪俭

张 慧 孟宪刚 高新普

科技界（6名）

孔凡禄 王 磊 李 涛

李海运 贺玉广 魏春晖（女）

工会界（7名）

安百琴（女） 刘荣刚 李克见

杜秀菊（女） 杜孟成 陈晓新（女）

岳彩虹（女）

妇联界（10名）

王兰英（女） 王晓霞（女） 伍晓霞（女）

刘俊红（女） 李秀玲（女） 孟淑慧（女）

侯冬芳（女） 贾秀兰（女） 郭奎霞（女）

陶一兵（女）

共青团界（8名）

王玉鹏 王闫明（女） 刘迎春（女）

杜晓慧（女） 孟繁忠 俞道飞

涂婷婷（女） 顾冠中

政法监察审计界（16名）

于纪林 方 勇 王 静（女）

王会盼 刘如库 吴彩云（女）

张 静（女） 张景伟 杨金库

孟 芬（女） 范新立 姚西栋

郝胜国 董理科 潘景珍（女）

廉 军

工交财贸界（18名）

马素君（女） 王凌峰 刘艳丽（女）

孙瑞柱 宋福玉 张秀娟（女）

陆 忠 陆书忠 周松林

岳明霞（女） 郑梅红（女） 金德长

赵洪军 唐绍东 袁荣谦

医药卫生界（17名）

万吉善 于学清 王凤梅（女）

王保华 冯德宏 何伟波（女）

宋 珍（女） 张义元 张君先（女）

李凤君（女） 李淑珍（女） 杨景随

肖 慧（女） 饶玉霞（女） 高宝金

蒲丽娟（女） 魏永敏

教育界（14名）

王玉兰（女） 冯明杰 冯海峰（女）

田文文（女） 刘向辉 刘法哲

朱耀庭 李玉梅（女） 陈爱红（女）

孟宪玺 林 洋（女） 侯胜利

高春华 谭 勇

文化体育新闻界（14名）

冯修国 汤 芳（女） 张 勇

张一星 李 健 李苑峰

李喜娥（女） 肖 斌 苏 帅

祝月伦 商素伟（女） 崔 敬

崔海凤（女） 潘建民

农业界（18名）

丁连凯 马德印 王大光

王长坤 王延革 王静波

付红英（女） 伍卫然 张太芳

张克雷 张蔚云（女） 谷 琦

孟凡达 范英才 姜兴玉

葛俊红 韩玉清（女） 魏承亮

农民界（21名）

王世库 王怀忠 刘 辉

刘树新 朱丙良 张庆良

张现丘 李振东 谷振朝

陈春江 周长忠 国怀珍

郎佃华 郑清华 柳振国

胥清阔	赵洪方	柴玉华
曹永彬	蒋景高	廉庆强

非公有制经济界（20名）

马月全	马树磊	王玉印
王德强	付彦岭	布乃宾
刘洪国	闫　忠	张玉红（女）
张时锋	李恒培	苏永波
陈　超	武　英	秦增瑞
高永远	崔行成	蒋德海
臧张遂	潘　辉	

少数民族界（4名）

张桂华	李继生	邱玉香（女）
陈立亮		

宗教界（4名）

吕端重	朱海会	魏茂东
释仁修		

特邀界（18名）

王　伟	冯继勇	白志宏
刘继民	吕慧英（女）	闫邦一
吴春凤（女）	宋义东	张长英
张校昌	李龙军（女）	李金山
李秋云（女）	李秋生	李贻贵
李晓东	苗祝庆	崔新厚

2013年1月6日，县政协十一届四次常委会议协商通过，增补王森、王晓华、布乃祥、任健、刘光波、邢继红、闫月现、张勇、张建利、李代全、李永成、杨东风、岳彩祥、金萍（女）、贺洪贵、徐淑银、袁强、袁相英、曹振峰、董长侠、韩学斌、訾士勇、魏之伦、魏东存（女）为县政协委员。

2015年3月6日，县政协十一届十五次常委会，协商增补马先锋、王春波、王继然、田守民、吕寻林、朱来贺、朱荣海、刘凯、刘新华（女）、苏继周、李月久、李贵才、李胜朝、张永超、张洁、赵传新、翟永锋、魏庆银为县政协委员。

常务委员会

2012年1月13日，政协第十一届阳谷县委员会第一次会议选举大会在县电影院举行，会议选举出第十一届委员会主席、副主席、秘书长和常务委员。

主　席：朱炳立

副主席：潘景会　朱丙林　孙兰华　史晓莉（女）　闫邦一　冯继勇

秘书长：郑清铭

常务委员（共39名，按姓氏笔画排序）：

王凤梅（女）	王兰英（女）	王志达
王凌峰	王晓霞（女）	刘玉存
许春生	杜晓慧（女）	李　健
李龙军（女）	李玉琳（女）	杨世钟
杨兆阁	杨景随	吴彩云（女）
张义元	张太芳	张时锋
张克雷	张明亮	张校昌
张蔚云（女）	孟现壮	陈晓新（女）
武　英	范英才	林　洋（女）
姚西栋	贺玉广	贾　伟
贾秀兰（女）	唐　山	崔　敬
崔海凤（女）	董理科	蒲丽娟（女）
释仁修	颜廷旗	魏红梅（女）

2013年1月16日，县政协十一届

二次全委会选举大会，增选方勇、王勇、王晓华、刘继民、孙喜臣、邢继红、宋义东、李代全、杨东风、杨清洁（女）、黄祥杰、魏之伦为常务委员。

2015年3月12日，县政协十一届四次全委会选举大会，增选魏庆银为县政协副主席；增选马先锋、翟永锋为县政协常务委员。

专门委员会

2012年4月13日，经县政协十一届一次常委会议审议通过，县政协设6个专门委员会，同时根据换届后委员的变化调整了组成人员。

提案委员会

主　任：张景伟
副主任：许春生　杨兆阁　张校昌　吴　震
委　员：王长坤　杨清洁（女）　王玉鹏　陈晓新（女）　付红英（女）　王　伟　冯明杰　陈　玲（女）　黄祥杰

经济委员会

主　任：白志宏
副主任：刘洪森　孙瑞柱　李玉琳（女）　苗祝庆
委　员：马德印　朱丙良　刘继民　宋义东　宋福玉　张　平（女）　武　英　孟现壮　郎佃华　唐　山　秦增瑞

人口资源环境和社会保障委员会

主　任：王　勇
副主任：丁连凯　王兰英（女）　孙喜臣　高宝金
委　员：王大光　李秋生　杜晓慧（女）　张太芳　肖　慧（女）　岳彩虹（女）　范英才　姜兴玉　高新普　魏承亮

科教文卫体委员会

主　任：李贻贵
副主任：于继民　李玉琳（女）　杨景随　魏永敏
委　员：李龙军（女）　张一星　张义元　张　慧　孟宪刚　林　洋（女）　贺玉广　侯胜利　崔　敬

社会法制委员会

主　任：姚西栋
副主任：王会盼　李　涛　赵东峰　魏茂东
委　员：方　勇　王晓霞（女）　吴彩云（女）　张　静（女）　杜秀菊（女）　杨金库　范新立　董理科　潘景珍（女）

文史资料委员会

主　任：张克雷

副主任：朱耀庭　李晓东　杨世钟　杨希玉

委　员：王志达　仝绪俭　刘洪国　李苑峰　李　健　肖　斌　国海宽　崔存龙　商素伟（女）　释仁修

党组

书　记：朱炳立

副书记：朱丙林（2014 年 3 月离职）

孙兰华（2014 年 8 月任职）

成　员：孙兰华（2014 年 8 月离职）

史晓莉（女）

魏庆银（2015 年 3 月任职）

郑清铭

第十四节 第十二届阳谷县委员会

（2017 年 1 月至　　）

委员会

根据政协章程和有关文件精神，经各界推荐、多方协商和县委多次审查，并对政协委员人选进行考察与公示，确定了建议人选。2017 年 1 月 15 日，经县政协十一届二十五次常委会协商通过，政协第十二届阳谷县委员会由 12 个界别组成。共有委员 275 名，其中，新任委员 169 名，占委员总数的 61.09%；继续提名的 106 名，占 38.55%；中共党员 110 名，占委员总数的 40%；党外委员 165 名，占委员总数的 60%；妇女委员 76 名，占委员总数的 27.64%。2017 年 1 月 20 日至 23 日，举行县政协十二届一次会议，组成了政协第十二届阳谷县委员会。

中共界（19 名）

朱炳立　史晓莉（女）　魏庆银　商梦田　马先锋　郑清铭　王春波　刘进文　孙喜臣　李玉琳（女）　杨世钟　杨庆军　杨清洁（女）　陈　玲（女）　岳彩祥　郑召秀　洪世璞　袁朝蓬　崔存龙

工商联界（21 名）

于纪林　尹　力　王全龙　王守合　王汝昌　王志达　邓运东　司全才　布乃宾　刘玉存　许书震　张　平（女）　李　达　李恒培　李德强　杨兆阁　秦增瑞　蒋作华　蒿玉健　冀相生　魏汝国

侨台属宗教少数民族界（13 名）

于永昌　王广哲　申洪宇　孙常重　朱海会　闫　岩（女）　宋继勇　张　阳（女）　李春杰（女）　陈明玉　国海宽　展端超　蒋　磊

科技科协界（18 名）

孔祥师　关守安　刘书光　刘文成　吕兰春　邢建亮　李广省　辛庚池　陈迎武

峰、宋茂印、岳胜、赵希强、黄祥杰、崔存龙为常务委员。

2019 年 2 月 23 日，召开县政协十二届十一次常委会议，同意潘景会辞去县政协副主席、委员职务。

2019 年 2 月 26 日，政协第十二届阳谷县委员会第三次会议选举大会在电影院举行，选举李贻贵为秘书长，增选王森、张景伟、张克雷、张传勇为常务委员。

专门委员会

2017年3月10日，经县政协十二届一次常委会议审议通过，县政协设9个专门委员会，同时根据换届后委员的变化调整了组成人员，名单如下：

提案委员会

主　任：徐淑银

副主任：陈　玲（女）　苏继周　谷　琦　洪世璞

委　员：于纪林　王闫明　孔祥师　付红英（女）　冯修国　刘向辉　孙常重　张亦臣　李新智

经济委员会

主　任：黄祥杰

副主任：王春波　李玉琳（女）　张太芳　雷　涛

委　员：马士锋　王全龙　王继然　司全才　申红梅（女）　闫邦敏　朱丙良　张　平（女）　秦增瑞

人口资源环境和社会保障委员会

主　任：杨庆军

副主任：朱国荣（女）　孙喜臣　袁朝蓬　郭东虎

委　员：王纪坤　宁传磊　朱来贺　杜晓慧（女）　李延峰　李　浩　李福源　陈建霞（女）　侯朝相（女）

科教文卫体委员会

主　任：袁　强

副主任：孙　辉　杨世钟　林　洋（女）　魏永敏

委　员：万吉善　苏　帅　吴兆斌　崔　敬　崔欣欣（女）　滕　腾

社会法制委员会

主　任：姚西栋

副主任：李　涛　孙喜臣　吴彩云（女）　岳彩祥

委　员：王晓霞（女）　闫　雪（女）　杨金库　岳光成　赵洪军　范新立　侯　谦　徐新玲（女）　董理科

文史资料委员会

主　任：张校昌

副主任：李　健　　杨世钟

　　　　崔存龙　　魏之伦

委　员：王守兴　　王志达

　　　　刘洪国　　李苑峰

　　　　宋国珠　　曹心红

　　　　贺玉广　　费思庭

　　　　高宪义

委员联络工作委员会

主　任：张克雷

副主任：马先锋　　李贻贵

　　　　郑召秀　　商梦田

委　员：王　涛　　许书震

　　　　李　同　　李　凯

　　　　范英才　　费思立

港澳台侨和外事委员会

主　任：国海宽

副主任：李秋云（女）陈　玲（女）

　　　　杨兆阁　　杨清洁（女）

委　员：丁祥琪　　王广哲

　　　　申洪宇　　张　阳（女）

　　　　李文君　　宋继勇

民族宗教委员会

主　任：王静波

副主任：于永昌　　朱海会

　　　　李玉琳（女）李春杰（女）

委　员：邢传军　　刘书光

　　　　李贵才　　伍卫然

　　　　张时锋　　张　静（女）

　　　　张聚鹤　　贾　伟（女）

　　　　展端超

党组

书　记：朱炳立

副书记：史晓莉（女，2019年2月任职）

成　员：史晓莉（女，2019年2月离职）

　　　　魏庆银

　　　　郑清铭（2017年2月离职）

　　　　张克雷（2017年2月至2019年2月）

　　　　李贻贵（2019年2月至2020年5月）

第三章 机关党组织及工作机构

第一节 机关党组织

政协机关党支部

1980年5月恢复政协以后，张立正为机关党支部书记。1984年9月，四届一次会议以后，张文为机关党支部书记。

1991年1月30日，政协机关根据人员变动和工作需要，机关党支部进行了改选，组成如下：

书　　记：王世全
副 书 记：赵运涛
组织委员：郭春英（女）
学习委员：李印元
宣传委员：王玉祥

1994年6月，政协机关党支部进行了改选，组成如下：

书　　记：赵运涛
宣传委员：王玉祥
纪检委员：李印元
生活委员：王　廷
组织委员：杨传民

2005年7月，政协机关党支部进行换届选举，组成如下：

书　记：赵运涛
委　员：李玉琳（女）
　　　　岳修航
　　　　郑清铭

2007年9月，经政协党组研究并经党员大会选举，政协机关党支部组成名单如下：

书　记：郑清铭
委　员：李玉琳（女）
　　　　高宝金

2009年3月，因支部委员高宝金调离机关，根据工作实际，经政协党组研究决定，特申请增设支部副书记1名，充实支部成员3名，经党员大会选举，结果如下：

书　　记：郑清铭
副 书 记：李玉琳（女）
支部委员：孙喜臣
　　　　　许春生
　　　　　杨世钟

2015年12月17日，县政协机关党支部召开党员大会，进行了换届选举，组成如下：

书　　记：郑清铭

副 书 记：李玉琳（女）
委　　员：孙喜臣
　　　　　杨世钟
　　　　　陈　玲（女）

2017年4月，县直机关工委任命张克雷为中共阳谷县政协机关支部委员会书记，郑清铭不再担任中共阳谷县政协机关支部委员会书记职务。支部组成人员名单如下：

书　　记：张克雷
副 书 记：李玉琳（女）
委　　员：孙喜臣
　　　　　杨世钟
　　　　　陈　玲（女）

2019年1月8日，因支部委员孙喜臣调县科协，召开全体党员大会补选支部委员，经选举王立光为支部委员。支部组成人员名单如下：

书　　记：张克雷
副 书 记：李玉琳（女）
委　　员：杨世钟
　　　　　陈　玲（女）
　　　　　王立光

2019年6月27日，召开支部换届选举大会，选举支部委员，确定支部委委员分工，支部组成人员名单如下：

书　　记：李贻贵
副 书 记：杨世钟
组织委员：王红飞（女）
宣传委员：陈　玲（女）
纪检委员：王立光

政协机关老干部党支部

2008年5月26日，县直机关工委批准建立中共政协阳谷县委员会机关老干部支部委员会。2008年11月3日，县政协成立老干部党支部，选举名单如下：

书　记：赵运涛
委　员：岳修航
　　　　王玉祥

2017年9月29日，政协机关老干部支部委员会进行了换届选举，名单如下：

书　记：赵运涛
委　员：岳修航
　　　　吕宗言

政协机关党总支

2017年12月6日，县直机关工委批准县政协建立中共阳谷县政协机关总支部委员会，下辖中共阳谷县政协机关支部委员会和中共阳谷县政协机关老干部支部委员会。12月28日，经政协党员大会选举，张克雷、董经路、王红飞当选为党总支委员。经党总支开会选举，名单如下：

书　记：张克雷
副书记：董经路
委　员：王红飞（女）

第二节 机关工作机构

1980年5月，恢复县政协机构，筹建政协第三届阳谷县委员会，设政协阳谷县委员会办公室，张立正任办公室主任。1984年6月，张文任办公室主任，赵运涛任办公室副主任。

1986年9月27日，根据省政协文件精神，报县委同意，经县政协四届十三次常委会研究决定，建立政协联络科、文史科。任命王世全为联络科科长，陈贵昌为联络科副科长，李印元为文史科副科长。县政协机关下设两科一室，即：联络科、文史科和办公室。

1987年12月，县政协机关设三科一室，即：宣传科、联络科、文史科和办公室。始设秘书长一职，协助主席、副主席处理机关日常工作，协调各专门委员会、各科室等方面的工作。根据县委提名，经县政协五届四次常委会议协商通过：张文代政协秘书长，免去其政协办公室主任职务；王世全任宣传科科长，免去其联络科科长职务；赵运涛任办公室主任；李印元任文史科科长；陈贵昌任联络科科长；郭春英任联络科副科长。

1990年3月，宣传科更名为宣传联络科，联络科更名为提案信访科，机关共设三科一室，即：宣传联络科、文史科、提案信访科和办公室。1990年6月30日，经县政协六届二次常委会议协商通过：赵运涛任办公室主任，李印元任文史科科长，王玉祥任宣传联络科科长（县政协六届一次常委会议已通过），郭春英任提案信访科科长，张德平任宣传联络科副科长，邵广芹任提案信访科副科长。

1991年5月，建立“阳谷县三胞联谊服务中心”，为全民所有制国营企业，实行自主经营，独立核算，自负盈亏，具有法人资格，王凤学任经理。

1997年11月，设立老干部科，为副局级事业单位。机关共设四科一室，即：宣传联络科、文史科、提案信访科、老干科和办公室。1998年11月4日，经县政协八届三次常委会议协商通过，任命李韶辉办公室主任；李玉琳为宣传联络科科长；杨传民为提案信访科科长；岳修航兼任老干部科科长。

1999年7月，成立阳谷县政协联谊服务中心，为自收自支事业单位，实行企业化管理，独立承担民事、经济责任，吕宗言任主任。

2017年2月，宣传联络科更名为宣传信息科；增设委员联络科，为副科级行政单位。机关共设五科一室，即：宣传信息科、文史科、提案信访科、老干科、委员联络科和办公室。

2019年8月，老干科更名为机关老干部服务中心。

2019 年阳谷县政协机关办公楼

2000 年 11 月 22 日，欢送县政协第八届副主席苏永侠（调任县政府副县长）、县政协办公室科员王泽文（调任石门宋乡副乡长）合影

2001 年 12 月 27 日，欢送县政协办公室主任李韶辉（调任七级镇镇长）合影

2002 年 11 月 16 日，欢送县政协提案科科长杨传民（调任县计生局副局长）合影

2008 年 8 月 29 日，欢送县政协办公室科员王凤学合影

2008 年 11 月 3 日，欢送县政协办公室主任高宝金（调任县计生局副局长）合影

2010 年 3 月 22 日，欢送县政协办公室科员张建华、黄庆民合影

2011 年 4 月，欢送县政协第十届副主席王守良（调任副县长）、欢迎县政协第十届副主席朱丙林合影

2011 年 12 月 26 日，欢送县政协第十届副主席杨廷军（调任副县长），欢迎县政协党组书记朱炳立合影

2017 年 3 月 9 日，欢送县政协第十二届副主席孙兰华、县政协秘书长郑清铭（调任县地震局局长）合影

2018年8月31日，欢送县政协办公室主任孙喜臣（调任县科协主任）合影

2019年8月9日，欢送县政协第十二届副主席王凌峰（调任聊城市外事办副主任）、宣传信息科科长李玉琳、老干科科长商兆辉（调任县纪委监委信息中心副主任）合影

1980年—2019年机关科室负责人更迭情况一览表

表1

科室	职务	姓 名	任职时间	备注
办公室	主任	张立正	1980年5月—1984年6月	
		张 文	1984年6月—1987年12月	
		赵运涛	1987年12月—1993年12月	
		王 廷	1994年1月—1997年5月	调任县委党校副校长
		李韶辉	1998年11月—2001年10月	调任七级镇党委副书记、镇长
		岳修航	2003年4月—2006年2月	
		高宝金	2006年8月—2008年11月	调任县计生局副局长
		孙喜臣	2009年1月—2018年7月	调任县科协主任
		王立光	2019年8月—	
	副主任	赵运涛	1984年6月—1987年12月	
		王 廷	1990年12月—1994年1月	
		李韶辉	1994年1月—1998年9月	
		岳修航	1994年12月—2001年9月	
		高宝金	2004年9月—2006年8月	
		孙喜臣	2006年8月—2009年1月	
		王立光	2009年1月—2019年7月	
	主任科员	史代菊	1998年10月—1999年4月	女
		孟昭峰	2001年10月—2004年5月	
		白宗常	2009年1月—	
宣传科	科长	王世全	1987年12月—1990年3月	
联络科	科长	王世全	1986年9月—1987年12月	
		陈贵昌	1987年12月—1989年12月	调任县人大常委会副主任
	副科长	陈贵昌	1986年9月—1987年12月	
		郭春英	1987年12月—1990年6月	女
宣传联络科	科长	王玉祥	1990年3月—1998年5月	
		李玉琳	1998年11月—2017年2月	女
	副科长	张德平	1990年6月—1997年4月	
		李玉琳	1994年1月—1998年9月	女
		许春生	2003年4月—2004年9月	
		赵东峰	2006年8月—2013年5月	调任县司法局副局长（正科）
		王红飞	2013年5月—2017年2月	女

续表 1

科室	职务	姓　名	任职时间	备注
宣传信息科	科长	李玉琳	2017 年 2 月—2019 年 3 月	女
		董经路	2019 年 8 月—	
	副科长	王红飞	2017 年 2 月—	女
文史科	科长	李印元	1987 年 12 月—2000 年 1 月	
		岳修航	2001 年 9 月—2003 年 4 月	
		郑清铭	2003 年 4 月—2007 年 7 月	
		杨世钟	2007 年 7 月—	
	副科长	李印元	1986 年 9 月—1987 年 12 月	
		杨世钟	2003 年 4 月— 2007 年 7 月	
		董经路	2009 年 1 月—2019 年 7 月	
		庞素静	2019 年 8 月—	女
提案信访科	科长	郭春英	1990 年 6 月—1993 年 4 月	女
		邵广芹	1994 年 1 月—1997 年 5 月	调任县政府法制办副主任
		杨传民	1998 年 11 月—2002 年 8 月	调任县计生局副局长
		许春生	2006 年 8 月—2013 年 5 月	调任县外侨办书记
		陈　玲	2013 年 5 月—	女
	副科长	邵广芹	1990 年 6 月—1994 年 1 月	
		杨传民	1994 年 1 月—1998 年 9 月	
		许春生	2004 年 9 月—2006 年 8 月	
		陈　玲	2009 年 1 月—2013 年 5 月	女
		张亦臣	2015 年 9 月—	
	副主任科　员	吕宗言	2003 年 4 月—2004 年 10 月	
老干科	科长	岳修航	1998 年 11 月—2001 年 9 月	
		郑清铭	2001 年 9 月—2003 年 4 月	
		白宗常	2003 年 4 月—2009 年 1 月	
		张亦臣	2009 年 1 月—2015 年 9 月	
		潘瑞政	2015 年 9 月—2017 年 6 月	女
		商兆辉	2017 年 6 月—2019 年 6 月	调任县纪委监委信息中心副主任
机关老干部服务中心	主任	张　旭	2019 年 8 月—	
委员联络科	科长	潘瑞政	2017 年 6 月—	女，2017年9月—2020年1月，挂职大布乡党委副书记

第四章 乡镇（街道）政协机构

1988年年初，乡镇始设政协工作联络组。

1991年4月，撤销乡镇政协工作联络组，成立乡镇政协工委（县政协派出机构）。根据中共阳谷县委阳任发〔1991〕6号文件通知，1991年4月13日经县政协六届七次常委会讨论通过，乡镇政协工委主任、副主任名单如下：

1991年乡镇政协工委主任 、副主任名单一览表

表2

乡　镇	主　任	副主任	乡　镇	主　任	副主任
阳谷镇	—	朱相华	石门宋乡	—	张佃奎
阎楼乡	阮厚华	—	范海乡	—	王焕成
阿城镇	韩佃臣	—	安乐镇	阎庆红	—
郭屯乡	—	孙义海	定水镇乡	孙洪祥	—
石佛乡	—	李庆臣	杨庄乡	—	李梦海
大布乡	—	楚振太	翟庄乡	—	陈兰英
西湖乡	—	杨绍英	高庙王乡	秦怀军	—
李台乡	孙子龙	王学共	金斗营乡	—	赵化烈
寿张镇	刘庆儒	—	四棚乡	王福珍	—
十五里园乡	吕清乐	—	张秋镇	—	付永址

1990年3月，县政协六届一次会议期间，县政协领导与乡镇政协工委主任合影

1993 年 2 月，全县 21 个乡镇设　有政协工作委员会。

表 3

1993 年乡镇政协工委主任、副主任名单一览表

乡　镇	主　任	副主任	乡　镇	主　任	副主任
阳谷镇	王春平	—	石门宋乡	司保玉	张佃奎
阎楼乡	阮厚华	—	范海乡	杨传玉	—
阿城镇	阎庆宏	—	七级镇	李广安	—
安乐镇	张学法	焦占刚	郭屯乡	—	孙义海　杨守礼　崔存朋
定水镇	孙洪祥	—	石佛镇	王继海	
杨庄乡	—	李梦海	大布乡	宋士昌	楚振太
翟庄乡	—	陈兰英	西湖乡	柴保珍	杨绍英　赵延允
高庙王乡	杨兴云	孙正全	李台乡	孙子龙	王学共
金斗营乡	杨敬珍	赵化烈	寿张镇	刘庆儒	肖新菊
四棚乡	王胜会	徐德全　孟广振	十五里园乡	司韶松	李代荣（女）
张秋镇	张义福	刘太泉　郭尚俊			

1993 年 4 月，政协第七届阳谷县委员会常委与乡镇工委主任合影

1994 年 12 月 27 日，经县政协七届十二次常委会审议通过，史代菊任阳谷县政协寿张镇工委主任；高兴才任阳谷县政协石佛乡工委副主任。

1995 年 11 月，县政协七届十七次常委会根据中共阳谷县委阳任发〔1995〕25 号文，乡镇政协工委主任、副主任任命名单如下：

1995 年乡镇政协工委主任、副主任名单一览表

表 4

乡　镇	主　任	副主任	乡　镇	主　任	副主任
阳谷镇	王春平（女）	王希才	石门宋乡	司保玉	张佃奎　楚振全
阎楼镇	—	王允举	范海乡	杨传玉	亓振杰
阿城镇	李东生	韩立柱　闫怀亮	七级镇	李广安	孟宪亮　唐衍锋　孙义海
安乐镇	张学法	焦占刚	郭屯乡	—	杨守礼　崔存朋
定水镇	孙洪祥	—	石佛镇	王继海	高兴才
杨庄乡	王广荣	—	大布乡	宋士昌	曹秋月（女）　訾秋祥
翟庄乡	俞兰英	陈兰英　王代遂　刘保平	西湖乡	孟昭峰	杨绍英　赵延允　胥景雨　张学彩
高庙王乡	侯存高	孙正全　汤洪太	李台乡	孙子龙	王学共　邵佃士
金斗营乡	杨本良	赵化烈　赵宪福	寿张镇	史代菊（女）	闫瑞玉　何守汉
四棚乡	赵言福	徐德全　王会尚	十五里园乡	毛庆喜	李代荣（女）
张秋镇	林凤兰（女）	刘太泉　郭尚俊			

1998 年 12 月 28 日，县政协八届四次常委会议根据县委提名，任命乡镇政协工委主任、副主任。

1998 年乡镇政协工委主任、副主任名单一览表

表 5

乡　镇	主　任	副主任	乡　镇	主　任	副主任
阳谷镇	陈方杰	王希才	石门宋乡	赵衍庆	商保存
阎楼镇	国银德	—	范海镇	王景泳	—
阿城镇	李家中	闫怀亮	七级镇	高希源	唐衍峰
安乐镇	张秀海	—	郭屯乡	张福生	葛怀法
石佛镇	贾长征	高兴才	杨庄乡	许留存	—
大布乡	郑盾昌	王玉峰	翟庄乡	岳希臣	刘福常
西湖乡	孟昭峰	唐玉琢	高庙王乡	李素贞（女）	张学智
李台镇	杨继棒	李梦周	金斗营乡	宋士涛	—
寿张镇	张兴玺	闫瑞玉　何守汉	四棚乡	赵衍福	杨新聚
十五里园镇	毛庆喜	叶思进	张秋镇	李贵才	—

2001 年 12 月，乡镇机构改革，撤销乡镇政协工委，乡镇政协工作由乡镇政工书记具体负责。

2002 年 1 月 21 日，县政协八届五次会议期间，县政协领导与乡镇政协工委主任合影（前排左起：孟昭峰、杨忠贤、赵运涛、张长英、王长亮、吕顺成、郭代荣、陈明诰、陈保全、杨廷军、吴兆俊、杨继棒、毛庆喜）

2011 年 12 月，乡镇换届，设立乡镇（街道）政协工委。12 月 8 日，县委任命乡镇（街道）政协工委主任。

2011 年乡镇（街道）政协工委主任人员名单一览表

表 6

乡镇（街道）	姓　名	备注	乡镇（街道）	姓　名	备注
侨润街道	杨新勇	副书记兼	博济桥街道	张桂香（女）	
狮子楼街道	辛小鹏		阎楼镇	国孟贵	
阿城镇	李贵强	党委委员兼	七级镇	孔凡坤	
安乐镇	朱佃威	党委委员兼	郭屯镇	王广红	
定水镇	苏海英（女）		石佛镇	杨红会	
大布乡	岳彩青（女）	党委委员兼	西湖镇	穆智广	
高庙王乡	杨永存	党委委员兼	李台镇	樊红亚（女）	
金斗营乡	洪雪飞（女）	党委委员兼	寿张镇	孙连茂	党委委员兼
十五里园镇	杨会义		张秋镇	高凤珍（女）	

2017年 2月 7日，县机构编制委员会《关于规范乡镇（街道）政协委员联络机构设置的通知》，同意在各乡镇设立政协委员联络室，主任由乡镇（街道）党委副职兼任。

2017 年乡镇（街道）政协委员联络室主任人员名单一览表

表 7

乡镇（街道）	姓　名	乡镇（街道）	姓　名
侨润街道	俞　伟	博济桥街道	张保龄
狮子楼街道	张庆国	阎楼镇	高传振
阿城镇	张贵芳	七级镇	江绍生
安乐镇	崔　骥	郭屯镇	岳修展
定水镇	柴春娇（女）	石佛镇	李守忠
大布乡	韩继鹏	西湖镇	王庆国
高庙王镇	王　磊	李台镇	石学阔
金斗营镇	邵月真（女）	寿张镇	常志勇
十五里园镇	张明宾	张秋镇	魏义阳

鲁西第一个党支部——中共九都杨支部纪念馆

第二编

履行职能

坡里暴动雕像

刘邓大军强渡黄河战役纪念馆

第一章 第一届寿张县委员会

第一节 全体委员会议

一届一次全委会议

1959年10月1日，政协第一届寿张县委员会依据《中国人民政治协商会议章程》成立。10月3日至6日，召开了寿张县政协一届一次会议，共到会105人。

在会议上听取了县委第一书记刘传友的“关于目前国际国内形势的政治报告”和书记处书记田建民的报告。副县长刘登九公布了政协委员会委员名单，并经大会审查讨论一致通过，会议选举了县委第一书记刘传友为政协主席，司振东、高华山、刘登九、周云章、常立庭、孙之瑞、高澄波、刘镇南为副主席。

一届三次全委会议

1962年6月21日至24日，政协第一届寿张县委员会第三次会议召开，共到会44人。会议听取了寿张县县长司振东传达周恩来总理政府工作报告和国民党军队反攻大陆沿海地区的报告。副主席刘登九作常委会工作报告。

第二节 主要工作

委员学习

1959年10月至1963年7月，寿张县第一届政协组织各界人士先后学习了中共中央八届九中、十中全会的公报，《关于农村人民公社当前政策问题的紧急指示信》(简称十二条)、《农村人民公社工作条例（修正草案）》、周恩来总理在第二届人民代表大会第三次会议上所作的政府工作报告、农业决议及中共中央复苏共中央的信，还学习了《莫斯科宣言》和《莫斯科声明》《全世界无产者联合起来反对我们共同的敌人》《陶里亚蒂同志同我们的分歧》《列宁主义和现代修正主义》等文章及图书。

本届县政协建立了政协学习委员会，有委员13名；8个区建立了8个政协学委会，有委员44人。有各界人士学习组29个，学员360人。在学习中，普遍的采用“神仙会”的方法，贯彻了“三不”精神，即：一是不抓辫子、二是不打棍子、三是不戴帽子。参加学习的成员自觉自愿，独立思考，自由争辩，理论联系实际。

第二章 第二届寿张县委员会

第一节 全体委员会议

二届一次全委会议

1963年7月21日至24日，政协第二届寿张县委员会第一次会议召开，共到会62人。会议进一步贯彻了中共八届十中全会精神和政协山东省委员会第二届委员会第四次会议决议。通过了寿张县政协副主席刘登九所作的《县政协委员会工作报告》。列席了寿张县第五届人民代表大会第一次会议，听取了中共寿张县委副书记穆玉朋《关于政治形势的报告》、寿张县人委会县长施财所作的《寿张县人民委员会的工作报告》和副县长张平斋传达的《1963年至1972年十年农业发展规划（草案）》的报告，听取了县委统战部副部长孙仲康的提案办理解答报告。会上选举了第二届委员会主席、副主席、常务委员。会议通过了各项决议，完成了预期的任务。

二届二次全委会议

1964年2月29日至3月5日，政协第二届寿张县委员会第二次会议召开，共到会52人。

会议听取了寿张县政协副主席常立庭传达的政协山东省第二届委员会副主席刘仲益的工作报告，听取了寿张县政协副主席刘登九所作的《政协寿张县第二届委员会第二次会议工作报告》。全体委员列席了寿张县第五届人民代表大会第二次会议，听取了寿张县人委会县长施财所作的《寿张县人民委员会的工作报告》、副县长孙镜清所作的《寿张县1963年财政收支决算和1964年收支预算（草案）》的报告、县人民法院院长范保荣所作的《寿张县人民法院工作报告》和中共寿张县委副书记穆玉朋关于反对现代修正主义的讲话。会议通过了各项决议。

第二节 常务委员会议

二届二次常委会议

1963年9月23日至27日，寿张县政协召开二届二次常委（扩大）会议，会期5天，实际到会31人。会议传达贯彻省人委、省政协和地委统战部会议精神，先后听取了中共寿张县委副书记穆玉朋《关于国内外形势和反对现代修正主义的报告》，县人委会副县长张平斋《关于一九六三年秋冬生产救灾工作报告》，寿张县政协副主席常立庭传达了《李先念副总理经济形势报告》的精神和副主席刘登九《关于县政协第二届委员会第一次会议后工作总结和下半年工作意见的报告》。

二届三次常委会议

1963年12月15日至21日，寿张县政协召开二届三次常委（扩大）会议，到会37人。会议听取了各区学委会汇报前段学习情况，交流了经验，肯定了成绩，部署了1964年的学习任务；县人委会副县长葛舒斋传达了《中共中央〈关于农村社会主义教育运动中一些具体政策的规定（草案）〉》和《中共中央〈关于目前农村工作中若干问题的决定（草案）〉》，划分了3个组进行讨论与集中发言；集中组织观看了有阶级斗争意义的戏剧和电影，参观了展览馆；各区学委会制定了1964年上半年的学习计划。

第三章 第一届阳谷县委员会

一届一次全委会议

1963 年 9 月 23 日至 27 日，政协第一届阳谷县委员会第一次会议召开。会议选举许子厚为政协第一届阳谷县委员会主席，高华山、周云章、刘镇南、高澄波为副主席，选举常务委员 10 名。

在全国政协和省政协的指导下，在中共阳谷县委的领导下，第一届县政协团结各界群众和一切爱国力量，调动一切积极因素，巩固扩大人民民主统一战线，支援工农业发展，做了许多工作。

第四章 第二届阳谷县委员会

二届一次全委会议

1966 年 1 月 9 日至 11 日，政协第二届阳谷县委员会第一次会议召开。会议选举杨培祯为政协第二届阳谷县委员会主席，丛树鑫、周云章、刘镇南、高澄波、常立庭、刘登九、孙之瑞、唐兴周为副主席，选举常务委员 16 名。会后不久，“文化大革命”开始，统战组织和政协机构被取消，1967 年 3 月停止工作。

第五章　第三届阳谷县委员会

第一节　全体委员会议

三届一次全委会议

1980年5月17日至24日，政协第三届阳谷县委员会第一次会议召开。共有委员94名。

汝作民致开幕词，王允仙作重要讲话，会议听取并讨论常立庭所作的《关于筹建政协第三届阳谷县委员会第一次会议情况的说明》。政协委员列席阳谷县第九届人民代表大会第一次会议，听取和讨论了《政府工作报告》和其他报告。会议选举王允仙为政协第三届阳谷县委员会主席，汝作民、李寿南、唐兴周、王心诚、赵华毅、常立庭为副主席，选举常务委员16名。会议通过了各项决议。会议认为，全体委员要服从党的领导，坚持四项基本原则，更加勤奋地工作，广泛结交各方面的朋友，为加速"四化"建设做出新的贡献。会议号召，全县人民、广大知识分子、各人民团体、各界爱国人士和侨眷，要在县委的领导下，认真贯彻县人大九届一次会议的决议，进一步发展和壮大革命的爱国的统一战线，团结一切可以团结的力量，群策群力，同心同德，为加速"四化"建设和实现祖国统一大业而共同奋斗。

三届二次全委会议

1982年1月2日至8日，政协第三届阳谷县委员会第二次会议召开。与会委员83名，特邀人士15名。

县政协副主席李寿南致开幕词。会议认真学习了全国人大、全国政协五届四次会议精神和省政协四届四次会议精神。听取并讨论县政协副主席汝作民代表县政协常务委员会所作的《政协第三届阳谷县委员会常务委员会工作报告》。报告总结了县政协恢复一年半来常委会所作的主要工作：贯彻民主协商精神，逐步发挥了民主协商的作用；组织、推动委员和各界人士学习政治理论与时事政策；开展调查研究、配合有关部门、活跃政协工作、积极发挥政协的职能作用；开展了文史资料工作；认真办理、处理委员的提案和人民来信来访。对以后的工作提出6条意见。

听取并讨论县政协副主席唐兴周所作的提案审查情况说明。列席阳谷县第九届人民代表大会第二次会议，听取并讨论县长柳汝华所作的《政府工作报告》和其他报告。大会增选刘文会为政协第三届阳谷县委员会常务委员。通过会议各项决议。县政协副主席常立庭致闭幕词。

县政协三届二次会议主席台

县政协三届二次会议会场

县政协副主席唐兴周在县政协三届二次会议上作提案审查情况说明

县政协三届二次会议主席台（左起：唐兴周、李寿南、赵华毅、汝作民）

三届三次全委会议

1983 年 1 月 22 日至 28 日，政协第三届阳谷县委员会第三次会议召开。共 113 名委员和特邀人士参会。

县政协主席王允仙致开幕词。会议听取并审议县政协副主席汝作民代表县政协常务委员会所作的工作报告和提案办理情况的报告。会议传达贯彻全国和全省人大、政协会议精神，学习新宪法和政协章程。列席阳谷县第九届人民代表大会第三次会议。会议通过了各项决议。会议明确了1983年全县政协工作的8项任务：充分发挥政协学习组的作用；进一步宣传贯彻统一战线政策；充分发挥人民政协在新时期的政治协商和民主监督作用；积极宣传贯彻党和政府关于统一祖国的方针、政策；进一步搞好文史资料的征集、整理和编印工作；继续办好《阳谷政协会讯》；充分发挥政协工作组的作用；进一步做好提案处理和信访工作。

县政协主席王允仙在县政协三届三次会议上致开幕词

县政协三届三次会议会场

第二节　常务委员会议

1980年5月至1984年9月，政协第三届阳谷县委员会共召开常务委员会17次。

三届一次常委会议

1980年5月，县政协召开三届一次常委会议。会议主要讨论研究政协组织机构设置、常委分工和以后的工作意见，会议决定建立政协学习组。

三届二次常委（扩大）会议

1980年11月16日至19日，县政协召开三届二次常委（扩大）会议，会期4天。会议学习了全国政协五届三次会议和省政协四届九次常委会议上的文件，全国政协副主席刘澜涛在政协全国委员会工作组组长联席会议上的讲话，学习了中共中央〔1980〕66号、75号、77号3个重要文件和中共阳谷县委书记李普光在县委工作会议上的讲话，研究、讨论政协的机构设置、常委分工、各工作组的任务和建立基层学习组的问题。

三届三次常委（扩大）会议

1981年6月24日，县政协召开三届三次常委（扩大）会议。会议列席了县人大常委会，听取了人大常委、政府各位领导的报告。传达学习了中共中央〔1981〕16号文件、中共中央总书记胡耀邦在山东省地、市委书记会议上的讲话，山东省人大常委会主任白如冰、中共山东省委第一书记赵林在省人大常委会议上的讲话，传达了全省县级政协工作经验交流会议和全省文史资料工作会议精神。

三届四次常委会议

1981年12月15日，县政协召开三届四次常委会议。会议通过了《政协第三届阳谷县委员会常务委员会关于提案办理情况的书面报告》。

三届六次常委会议

1982年4月5日，县政协召开三届六次常委会议。会议传达学习了全国统战工作会议精神，并讨论了精神文明建设、打击经济领域违法犯罪活动和阳谷县国民经济的新形势等问题，整顿、调整了政协学习组与工作组，讨论通过了1982年文史资料工作意见。

三届七次常委（扩大）会议

1982年8月11日至13日，县政协召开三届七次常委（扩大）会议。政协常委、各学习组组长参加会议，共计48人。会议传达了省政协四届十八次常委扩大会议精神，传达学习了《中国人民政治协商会议章程（修改草案）》和全国政协常委刘宁一关于《中国人民政治协商会议章程（修改草案）》的说明。会议还传达学习了中国共产党第十一届中央委员会第七次全体会议公报，以及全国人大常委会副委员长廖承志《致蒋经国先生信》和山东省省委统战部部长周星夫在地市委对台办主任、统战部部长落实中央44号文件经验交流会上的讲话。

三届八次常委（扩大）会议

1982年10月9日至10日，县政协召开三届八次常委（扩大）会议。参加会议的有政协常委、政协学习组组长、统战部和政府有关人员，共50余人。会议学习了《学习十二大精神汇报纲要》《十二大报告宣传纲要》《关于新党章的宣传提要》和五届全国政协第二十次常委会议的报道及决议。县政协主席王允仙就人民政协如何学习、贯彻中共十二大精神作了重要讲话。

三届九次常委会议

1983年1月，县政协召开三届九次常委会议。会议增补政协第三届阳谷县委员会委员22名。

三届十一次常委会议

1983年1月28日，县政协召开三届十一次常委会议。会议围绕贯彻落实县政协三届三次会议精神，讨论明确几个问题：对三届三次会议进行估价；如何贯彻落实好此次会议精神；工作组的活动问题；学习组的巩固、提高与扩大问题；对人民政协工作的认识问题。

三届十五次常委（扩大）会议

1984年5月19日至20日，县政协召开三届十五次常委（扩大）会议暨文史资料征集研究委员会第一次会议。出席会议的有政协主席、副主席、常委和文史资料征集研究委员会的成员，还有政协学习组组长以及党史、县志及教育志编写组人员，共计70余人。会议传达贯彻全国第四次、全省第二次文史资料工作会议精神，讨论、修改1984年政协工作和文史资料工作的安排意见。

第三节 主要工作

委员学习

1980年5月至1984年9月，第三届县政协组织委员和各界人士学习了中共十二大和十二届二中全会精神，全国人大、政协和全省人大、政协历次会议文件和党在新时期的统一战线理论、政策；学习讨论了宪法和政协章程的修改草案，全国人大常委会委员长叶剑英《关于台湾回归祖国、实现和平统一的方针政策》，以及中央委员会主席胡耀邦在纪念辛亥革命七十周年大会上的讲话等。

为抓好政协委员和各界人士的学习，1980年5月三届一次会议闭幕后，县政协常委会做出建立政协学习组的决定，由一名副主席分管，两名常委担任正、副组长具体负责，先后对学习组进行了充实、调整。届末，全县有政协学习组45个，学员240余人。学习组坚持自学和集体讨论相结合的方法，提倡以自学为主，自己提出问题，自己分析问题，带着问题进行集体讨论，互相启发，互相帮助。先后召开学习组长会、经验交流会、座谈会和报告会20多次，翻印、购买学习文件23种，计4000余册，编印《阳谷政协会讯》16期，订阅报刊100余份。

提案工作

1980年5月至1984年9月，第三届县政协共收到委员提案144件，其中，属于文教卫生方面的42件，工交财贸方面的31件，农林水方面的17件，劳动人事方面的11件，统战方面的5件，其他方面的38件。上述提案，涉及阳谷县的有关重要事务和群众生活的各个方面，反映了群众的意见与要求，体现了委员关心国家大事及高度负责的精神。经提案审查委员会审查后，都及时转交至政府，并已全部办理完毕。在办理过程中，县政协多次协助政府召开了提案工作和经验交流会议，安排专人进行联系与催办，并将办理情况随时函告提案人。每次会议的提案办理完毕后，分别出具办理情况的报告，印发到全体委员，做到件件有着落，条条有答复。对实行民主监督、改进部门工作、促进“两个文明”建设发挥了应有的作用。

视察调研工作

1980年5月至1984年9月，第三届县政协围绕国家大事和地方重要事务，通过办理提案、专题调查、小型座谈会等多种形式，了解情况，反映意见，推动了各项工作的开展，有效地发挥了民主监督作用。

1981年春，在配合统战部调查宗教活动情况中，发现个别地方的某宗教教徒，因受外地影响出现了一些异常现象，影响了当地生产和社会秩序，县政协向县委提出了对宗教加强管理的意见与措施，使宗教纳入了正常活动。1982年10月，与统战部联合召开了两次中、高级知识分子座谈会，针对大家反映的情况和提出的要求向县委写了会议情况报告，提出了关于落实知识分子政策问题的七条建议，县委以正式文件批转各单位贯彻执行，推动了落实知识分子政策工作的开展。在推动农业改革、学习宣传宪法、打击刑事犯罪和开展“五讲四美三热爱”等各项活动中，组织委员参加各项活动，督促本单位的工作，促进了阳谷县社会主义精神文明建设。

县政协利用委员来自社会各界而又生活在群众中间的特点，组织委员深入街头巷尾、田间地头或班组车间，宣传党的方针政策；利用人民政协的人才优势，组织委员积极开展为“四化”服务的活动。县政协委员、兽医院李贵兴自学成才，被评为助理畜牧兽医师，业余时间编著了一部20多万字的《中兽医方剂选解》，由山东人民科技出版社出版，荣获地区科技成果一等奖。李贵兴在为农村工作服务活动中，还先后编写了数十篇家畜禽饲养管理与常见病防治的材料，经常深入农村开展咨询服务活动，进行技术指导，对发展阳谷县畜牧业、饲养业做出了一定的贡献。

文史资料工作

1980年5月，县政协成立了文史资料工作组。1981年3月省政协文史资料工作会议后，县政协配备了一名专职人员，由两名政协常委分任正副组长，一名副主席具体抓此项工作，初步开展了工作。根据工作发展的需要，1983年9月，经县委批准成立了由县政协、党史办、县志办、档案局等单位参加的阳谷县文史资料征集研究委员会。根据“广征博采，多说并存”的精神，拟定了《征集文史资料参考题目》，分政治、军事、经济、文教卫生、民主宗教侨务、人物6个方面，共110多个题目。

县政协通过召开座谈会、登门访问、当面约稿或发函约稿等多种渠道和办法，进行广泛征集，了解、掌握阳谷县历史情况与重要线索。参加过坡里暴动的老党员王筱湖撰写了13000多字的革命回忆录；政协常委、文史资料组副组长李程九，在抗日战争时期参加革命，和敌伪进行过多次战斗，亲自撰写了2万字的“抗日战争回忆片段”；颜世端、李旭东、段延世、李子厚对解放前阳谷县各方面情况较为熟悉，提供了很多有价值的材料。文史资料工作涉及面广，县政协注意与有关部门密切配合与协作，县党史和地方志办公室成立后，相互之间既有分工，又有合作，扩大了征稿范围，推动了征集工作。届末，县政协已征集到各方面的史料181篇、58万余字，共编印《阳谷文史资料》11辑、24篇、8万余字。

1982年，县政协组织人员到邹县、临沂、枣庄、济宁参观学习文史工作。1983年8月，山东省电台报道了阳谷县开展文史资料工作的消息；1984年，全省第二次文史资料工作会议，阳谷县作为典型发言单位，得到了省政协的重视，并在会议上印发了阳谷县开展文史资料工作的材料。

祖国统一联谊工作

1980年5月至1984年9月，第三届县政协组织委员和各界人士认真学习了全国人大常委会《告台湾同胞书》、全国人大常委会委员长叶剑英《关于台湾回归祖国，实现和平统一的方针政策》、中央委员会主席胡耀邦在纪念辛亥革命七十周年大会上的讲话、全国人大常委会副委员长廖承志《致蒋经国先生信》以及中央军事委员会主席邓小平关于实现台湾和祖国大陆和平统一的六条具体构想等，提高了对于做好对台工作，完成祖国统一大业重要意义的认识。

为了做好对台宣传和侨务工作，先后召开台属、侨属和原国民党起义投诚人员等座谈会7次，在学习文件、交流思想、反映情况、征求意见的基础上，认真讨论如何做好对台工作的问题。在全县开展侨情普查工作，截至目前，全县已有75户侨台属同在台或海外的亲人取得联系。县政协通过开展这一系列活动，宣传了党的侨务政策，鼓励和保护归侨、侨眷与在外亲人保持密切的经济、通信及探亲来往等正常联系，对国外侨胞、港澳同胞、去台同胞在大陆的亲属及归侨，一视同仁，平等对待，检查、促进了侨务政策的贯彻落实，调动了归侨侨眷为祖国“四化”建设服务的积极性，同时增加了侨汇。

第六章 第四届阳谷县委员会

第一节 全体委员会议

四届一次全委会议

1984年9月12日至18日，政协第四届阳谷县委员会第一次会议在阳谷举行。本届委员共有141名，由16个界别组成。

9月12日上午，大会举行预备会议。会上听取县政协主席王允仙关于政协第四届阳谷县委员会筹建情况的说明；讨论通过了四届一次会议议程、日程，会议主席团、秘书长名单，提案审查委员会名单，委员分组讨论名单。

下午，大会开幕，县政协副主席王其春致开幕词。中共阳谷县委书记秦安良作了重要讲话。会议听取了县政协主席王允仙作的《政协第三届阳谷县委员会常务委员会工作报告》。报告总结了自1980年5月政协三届一次会议以来的工作成绩，同时提出了在新的历史时期开创政协工作新局面的意见。

县政协副主席常立庭作《政协第三届阳谷县委员会第三次会议以来提案办理情况的报告》。与会委员列席了阳谷县第十届人民代表大会第一次会议，听取和讨论了政府工作报告及其他报告，就阳谷县经济建设和群众生活等重大问题进行协商。会议选举王允仙为政协第四届阳谷县委员会主席，李寿南、王其春、常立庭、冯际功、王之洲、韦燕福为副主席，常务委员20名。会议通过了各项决议。县政协主席王允仙致闭幕词。

四届二次全委会议

1985年8月2日至6日，政协第四届阳谷县委员会第二次会议在阳谷举行。

县政协副主席李寿南致开幕词。中共阳谷县委副书记柳汝华作重要讲话。会议听取并审议了县政协副主席王其春所作的《政协第四届阳谷县委员会常务委员会工作报告》，报告对常委会一年来所做的主要工作进行了总结：适应新时期的需要，加强了学习和宣传工作；积极发挥政治协商、民主监督的作用；发挥人才智力优势，开展为“四化”建设服务活动；认真做好了落实政策、提案办理和信访工作；为早日实现祖国和平统一积极贡献力量；继续开展文史资料的征集、整理和编印工作；加强了机关思想建设。并对以后的工作提出了5点意见。

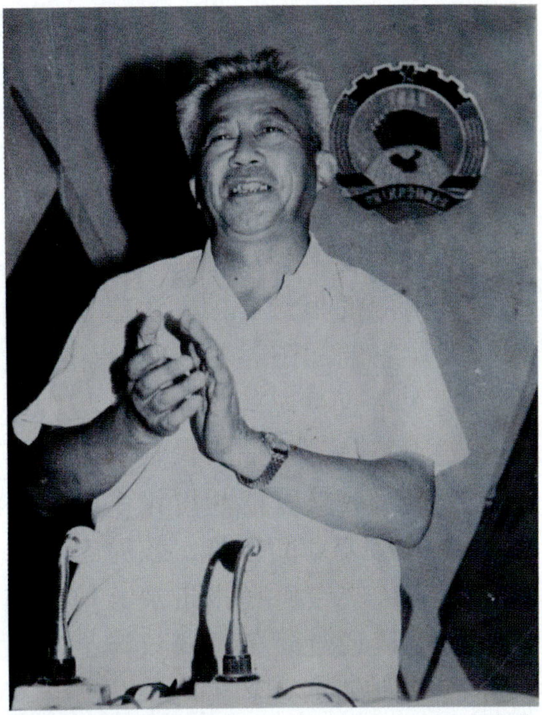

县政协主席王允仙在县政协四届二次会议主席台上

县政协副主席李寿南

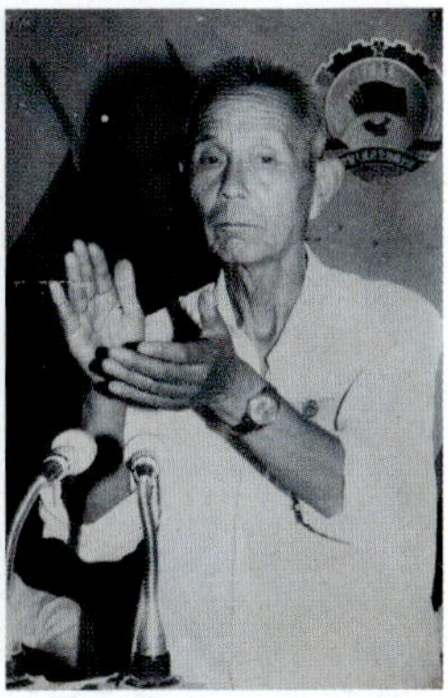

县政协副主席常立庭

会议听取并审议了县政协副主席冯际功所作的《政协第四届阳谷县委员会第一次会议以来提案工作情况的报告》和副主席王之洲所作的《政协第四届阳谷县委员会第二次会议提案审查情况的报告》。与会委员列席阳谷县第十届人民代表大会第二次会议。听取县长周晓德作的《政府工作报告》和其他报告，对全县国民经济和社会发展计划等重大问题进行了协商讨论。会议通过了各项决议。县政协主席王允仙致闭幕词。

县委副书记柳汝华在县政协四届二次会议上讲话

县政协副主席王其春代表常务委员会作工作报告

县政协副主席冯际功作提案工作报告

县政协副主席王之洲作提案审查情况的报告

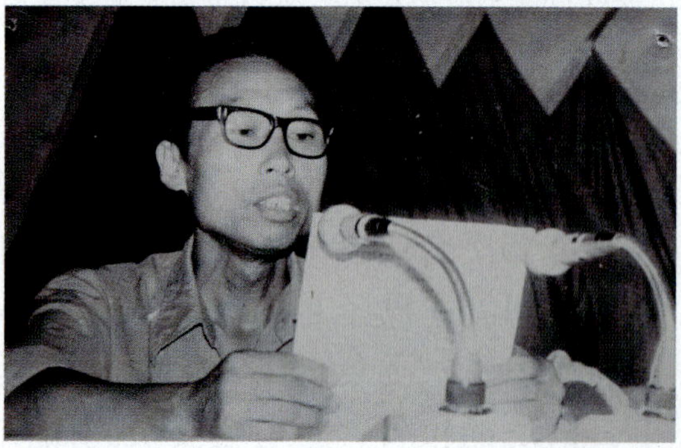
县政协副主席韦燕福宣读各项决议（草案）

四届三次全委会议

1986年3月28日至4月2日，政协第四届阳谷县委员会第三次会议在阳谷举行。

3月28日上午八时，大会举行预备会议。通过了四届三次会议议程、日程，宣布与会人员分组名单和大会须知。

上午九时，大会开幕，县政协副主席李寿南致开幕词。中共阳谷县委书记王宪章讲话。县政协主席王允仙作《政协第四届阳谷县委员会常务委员会工作报告》，报告对半年多的政协工作进行了总结：积极发挥政治协商、民主监督的作用；为“四化”服务做出了新成绩；改进提案工作卓有成效；学习和宣传工作不断深入；文史工作开辟了新的领域；机关工作效率明显提高。并对以后的工作提出7条意见。

县政协副主席冯际功作《政协第四届阳谷县委员会第二次会议以来提案办理情况的报告》，副主席王之洲作《政协第四届阳谷县委员会第三次会议提案审查情况的报告》。与会委员列席阳谷县第十届人民代表大会第三次会议。会议听取和讨论了阳谷县第七个五年计划的报告、政府工作报告、人大常委会工作报告及其他工作报告。会议通过了各项决议。县政协副主席王其春致闭幕词。

第二节 常务委员会议

1984年9月至1987年4月，政协第四届阳谷县委员会共召开常务委员会17次。

四届一次常委会议

1984年9月18日，县政协召开四届一次常委会议。会议根据工作需要，将县政协办事机构拟设一室、三会、七个工作组，一室即办公室，三会即学习委员会、文史资料征集研究委员会、提案工作委员会，七个工作组有科技组、教育组、医药卫生组、农业组、工业组、财贸组、民侨宗台组。

四届三次常委会议

1984年12月1日，县政协召开

四届三次常委会议。会议将县文史资料征集研究委员会调整为县政协文史委员会，建立学习委员会、提案工作委员会。

四届九次常委会议

1985年11月27日至28日，县政协召开四届九次常委会议。会议进一步学习中共全国代表大会文件，传达贯彻全省各界人士为“四化”服务经验交流会议精神，研究如何把省经验交流会精神落实到实际工作中去的问题。这次会议对于贯彻执行全国党代会上制定的方针、政策，落实省经验交流会精神，开创全县政协工作新局面有着重要的指导意义。

四届十次常委会议

1986年3月3日，县政协召开四届十次常委会议。会议传达贯彻中共阳谷县委五届二次全委会精神；讨论确定县政协1986年工作要点；讨论通过县政协学习委员会关于上半年学习内容的安排意见；讨论形成三月下旬召开四届三次全委会议的决定，并研究筹备全委会的有关事宜。

四届十二次常委会议

1986年5月31日，县政协召开四届十二次常委会议。会议传达了省政协五届四次全委会精神；学习了全国政协六届四次会议的政治决议，学习了中共中央办公厅转发中共全国政协机关党组《关于全国地方政协工作座谈会情况的报告》，明确了今后政协工作的指导思想和任务。会议就今后如何做好政协工作提出了一些切实可行的建议。

四届十三次常委（扩大）会议

1986年9月27日，县政协召开四届第十三次常委（扩大）会议。会议传达贯彻全国和省、市、县政协工作座谈会精神，讨论研究贯彻落实意见；学习中央有关文件；通过了设立政协联络科、文史科及其人事安排的有关事宜；通过了县政协副主席王其春所作的《关于机构设置、职责范围和人事任职的说明》。

四届十五次常委会议

1987年3月2日，县政协召开四届十五次常委会议。会议学习上级关于县、市政协换届的文件精神；讨论并审定换届工作方案，研究了实施措施；传达了鲁统〔1986〕77号文件、聊办发〔1987〕8号文件；通过了主席办公会研究的《关于筹备召开政协第五届阳谷县委员会第一次会议的意见》。

四届十六次常委会议

1987年4月13日，县政协召开四届十六次常委会议。会议审议通过了县政协主席王允仙代表县政协党组所作的《关于政协第五届阳谷县委员会组成的建议》，通过了县政协四届常务委员会工作报告；确定四月下旬召开政协第五届阳谷县委员会第一次全体会议及会议的主要议题。

四届十七次常委会议

1987年4月25日下午，县政协召开四届十七次常委会议。会议由县政协主席王允仙主持，主要协商五届一次会议议程、日程；审议四届三次会议以来提案办理情况的报告；协商大会主席团建议名单、提案审查委员会建议名单、邀请人员建议名单。

第三节 主要工作

委员学习

1984 年 9 月至 1987 年 4 月，第四届县政协组织委员和各界人士学习了中共中央关于经济体制改革、科技体制改革、教育体制改革的三个决定，全国党代会精神，中共中央关于社会主义精神文明建设指导方针的决议，中共中央反对资产阶级自由化的重要指示以及新时期统战、政协工作的一系列方针政策。

为使委员及时掌握党的方针政策，了解县内有关情况，各乡镇都因地制宜地建立健全了学习小组，县直有关部门以工作组为学习单位，规定学习时间和学习内容，推广了寿张政协学习组经常坚持学习、密切联系实际的先进经验，并在自愿的基础上组织了学习活动。为充实学习内容，还为每位委员订阅《人民政协报》，为政协常委订阅省政协主办的《联合周报》，购买学习资料，印发《阳谷政协会讯》。届末，共印发统战、政协工作学习材料 4000 份，编印 12 期《阳谷政协会讯》3600 余册。通过学习，使委员对坚持四项基本原则、改革开放，有了更清醒的认识，为参政议政、出力献策奠定了基础。

提案工作

1984 年 9 月至 1987 年 4 月，第四届县政协共收到委员提案 287 件，其中，关于经济建设和科教文方面的提案占 60%。提案的内容逐年丰富，质量也逐年提高。届末，上述提案基本办复完毕，有不少已被采纳。

在办理提案中，采取了邀请提案人共同“会诊”，对疑难提案采取组织办案单位和提案人见面的办法，改变了过去简单的文来文去的做法。1986 年，建立了委员与政协机关信件联系制度，将委员提出的意见、建议逐个审理，及时提出处理和落实意见。

1985 年，针对“目前农村部分小学教师责任性较差”的提案，教育局制定了四项改进措施，即：有组织、有计划地对农村小学教师加强思想政治教育，严格执行教学岗位责任制，经常进行检查评比和经常性地抓好学校领导班子的思想建设与组织建设。1986 年 4 月，县政协组织委员对郭屯、石佛、安乐镇、李台、高庙王、寿张 6 个乡镇、3 种不同类型的 51 所农村小学进行调查，90% 的单位建立健全、执行了各种规章制度，教学秩序正常。

视察调研工作

1984年9月至1987年4月，第四届县政协先后组织了16次专题调查、8次视察活动、7个方面问题的专题研讨，就调整农村产业结构，发展经济林、农村畜牧业、乡镇企业以及农村小学教育等问题，向政府有关部门提出了工作意见和改进措施，受到党政及有关方面的重视。

为帮助农民发展商品经济生产出主意、想办法，县政协把农民委员的家庭作为联系点，经常组织人员深入农村座谈发展商品经济问题，1984年冬，组织人员到阿城镇朱楼村进行调查，同当地党组织和政协委员座谈，探索农业改革及发展商品生产新路子。为贯彻中央一号文件，搞好阳谷县农村产业结构调整，加快发展商品经济的步伐，1985年3月，县政协召开全县农村政协委员座谈会，会议议题是进一步学习今年中央一号文件，学习全国、全省和全县农村工作会议精神，交流发展商品生产的经验，明确奋斗目标；组织人员对定水镇、石佛、郭屯三乡的农村产业结构调整情况进行了调查，三乡从乡到村、户等多种形式调整产业结构，棉田较普遍地转种经济作物，大力发展林牧渔业，推动乡镇企业发展；联合县科协、县农牧渔业局，分别从山东农业大学、省蔬菜研究所聘请了三名教授和专家，在县城举办花生、蔬菜技术训练班。1985年11月，为促进全县饲养长毛兔的发展，县政协组织委员和科技人员，对全县六个养兔专业户进行了典型调查。通过从饲养条件、饲养技术、引进良种、病疫防治、经济收入等情况了解分析，激发了养兔户的饲养积极性，为政府制定政策和业务部门积累资料提供了有利依据。

1986年春，根据农事活动的需要，县政协组织农业组举办了农业技术有线广播讲座，播放关于“春季麦田管理、泡桐树育苗技术、家畜家禽春季饲养管理和防疫技术、家畜家禽治疗技术”10余次，收到了较好的效果。1986年5月，为改变翟庄乡大洼1300亩苹果树栽植多年无收益的状况，县政协组织四棚乡冀王村的干部和果树技术人员在翟庄乡举行了果树生产技术传授会，讲解了果树的栽培、管理技术，以及冀王村发展果树生产由贫到富的经验，并对当前如何管理好翟庄大洼苹果园，提出了一些具体的意见和建议。

文史资料工作

1984年9月至1987年4月，第四届县政协将原来由县政协、党史办、县志办、档案局等单位参加的阳谷县文史资料征集研究委员会调整为阳谷县政协文史委员会，建立了文史科，召开了两次文史资料工作会议，拟订并修改了《征集参考题目》，扩大了文史业余队伍。

为发挥地方性史料的作用，县政

协在征集的基础上选择有一定意义和价值的稿件编辑《阳谷文史资料》。在选编每辑资料时，按专题出，配合时事、爱国主义教育和社会主义精神文明建设，编印了《日寇在阳谷罪行》专辑、纪念抗战胜利四十周年专辑、纪念西安事变四十九周年专辑，还有教育、文化、人物专辑，按地区有张秋、阿城专辑。发至省内100多个市、县和省外20余个单位。届末，编印《阳谷文史资料》18辑，计71篇、19万字，征集各方面的稿件329篇、84万字。

1986年，县政协贯彻省文史资料工作会议精神，把文史书刊发行作为政协工作的重要内容。建立了文史书刊发行服务部，确定了两名机关在编干部兼任发行员，负责办理发行工作、与服务单位和服务对象建立收订书刊联系，形成了一个书刊发行网。采取多种方式，大力推动业务工作的开展，这期间，共发行书刊1300册，书款达2200余元。

县政协还注意学习外地经验，加强对外联系和交流。1985年，组织人员到淄博、烟台参观学习政协工作，外地如东阿、高唐和范县等也到阳谷交流。1986年3月，阳谷县政协参加了山东省召开的部分市县参加的文史资料工作会议。

祖国统一联谊工作

第四届县政协组织委员和有关人士认真学习了党和国家关于实现祖国统一的方针政策及中央领导同志的重要讲话，提高了委员及有关人士做好促进祖国统一工作的认识。协同统战部、民侨宗办公室等有关部门召开了多次侨台属参加的茶话会、小型座谈会，走访侨台属委员，参加接待了部分回国旅游、探亲的“三胞”，鼓励、帮助侨台属与海外亲人加强联系。利用这些机会，宣传党和国家的方针政策，介绍祖国建设成就，激发他们的爱国热情，增强了为促进祖国统一做贡献的自觉性与责任感。

自身建设

1984年9月至1987年4月，第四届县政协把加强机关建设放到更加重要的位置。

一是加强机关思想建设。通过各种会议、每周学习日、谈心交心等方式学习党的一系列方针、政策和统战理论，深刻认识新时期政协工作的重要作用。二是加强机关组织建设。建立了党内生活制度、工作制度，增设了科、室，调配了工作人员，使工作机构设置逐步趋向合理。健全了岗位责任制，明确了机关工作人员职责范围，卓有成效地进行了工作。三是加强了机关作风建设。围绕重点工作，经常深入委员的单位和家庭调查研究，认真听取他们的意见与要求，积极主动地为他们排忧解难。1986年1月7日至17日，县政协机关分头深入机关、学校、工厂、农村等走访慰问基层政协委员，征求他们对全县工作和政协工作的意见、建议及要求，对于委员提出的问题，能够解决的，尽量帮助解决，不能尽快解决的，通过其他渠道帮助解决，近期难以解决的，也做了解释。还通过实行信件联系制度、建立固定联系点、办理提案等渠道多接触委员和各界人士，从而增进了团结，扩大了统一战线队伍。

1986年9月召开的全省市、县政协工作座谈会上，阳谷县政协就广泛联系委员，推动整个政协工作，作了典型发言，受到省政协的表扬。

第七章 第五届阳谷县委员会

第一节 全体委员会议

五届一次全委会议

1987年4月26日至5月1日，政协第五届阳谷县委员会第一次会议在阳谷举行。与会委员165名，特邀列席人员37名，共202名，由18个界别组成。

4月26日上午，大会举行预备会议。会上听取了县政协主席王允仙关于第五届委员会筹建情况的说明；通过了五届一次会议议程、日程，会议主席团、秘书长名单，提案审查委员会名单，委员分组讨论名单。

下午，大会开幕，县政协副主席王其春致开幕词。中共阳谷县委书记王宪章讲话。政协主席王允仙作《政协第四届阳谷县委员会常务委员会工作报告》。报告总结了四届政协的主要工作：积极发挥政治协商、民主监督的作用；围绕经济建设开展服务活动；利用多种方式，推进社会主义精神文明建设；促进祖国统一有了新的发展；加强了机关建设。对下一步的工作提出了7点意见。

县政协副主席冯际功作《政协第四届阳谷县委员会第三次会议以来提案办理情况的报告》和副主席韦燕福作《政协阳谷县第五届委员会第一次会议提案审查情况的报告》。列席了阳谷县第十一届人民代表大会第一次会议，听取并讨论了县长周晓德作的《政府工作报告》和其他各项报告。选举王允仙为政协第五届阳谷县委员会主席，王其春、李印逵、常立庭、韦燕福、冯际功为副主席，选举常务委员24名。会议通过了各项决议。县政协副主席李印逵致闭幕词。

五届二次全委会议

1988年3月29日至4月2日，政协第五届阳谷县委员会第二次会议在阳谷举行。与会委员165名，特邀列席人员46名，共211名，由18个界别组成。

3月29日上午8点，大会举行预备会议。本次会议由第五届委员会常务委员会主持。会上通过了五届二次会议议程、日程，宣布了会议须知。

上午8点30分，大会开幕，县政协副主席王其春致开幕词。县政协主席王允仙在会上作《政协第五届阳谷县委员会常务委员会工作报告》，报告总结了常委会一年来的主要工作：学习宣传工作不断深入；积极发挥了政治协商、民主监督的职能作用；适应新形势，为商品经济“大合唱”服务；文史工作向专题化、系列化方向发展；积极做好对台宣传和台胞的接待工作；加强政协机关建设。并对以后的工作提出了5条意见。

县政协副主席冯际功作《政协第五届阳谷县委员会第一次会议以来提案办理情况的报告》和副主席常立庭作《政协第五届阳谷县委员会第二次会议提案审查情况的报告》。与会委员列席了阳谷县第十一届人民代表大会第三次会议，听取并讨论了县长周晓德所作的政府工作报告以及其他报告。会议选举张文为政协秘书长。会议通过了各项决议。县政协副主席李印逵致闭幕词。

五届三次全委会议

1989 年 3 月 20 日至 24 日，政协第五届阳谷县委员会第三次会议在阳谷举行。

县政协主席王允仙致开幕词。中共阳谷县委书记吕绍勤讲话。会议听取并审议了县政协副主席李印逵所作的《政协第五届阳谷县委员会常务委员会工作报告》，报告总结了常委会一年来的主要工作：认真学习贯彻中共十三大精神，增强了搞好政协工作的责任感；积极发挥政治协商、民主监督的职能作用；为全县的中心任务服务；开展了对台宣传和台胞接待工作；搞好了文史工作；把服务“四化”建设延伸到了各个领域；加强了机关建设。并对以后的工作提出了 5 条意见。

会议听取并审议了县政协副主席冯际功所作的《政协第五届阳谷县委员会第二次会议以来提案办理情况的报告》和《政协第五届阳谷县委员会第三次会议提案审查情况的报告》。听取县政协副主席常立庭代表文史工作委员会所作的《关于文史资料工作情况的报告》。与会委员列席阳谷县第十一届人民代表大会第四次会议。会议通过了各项决议。县政协副主席王其春致闭幕词。

县政协主席王允仙致开幕词

县政协副主席李印逵作常委会工作报告

县政协副主席冯际功作提案工作报告

主席台一角（一）

县政协副主席常立庭作文史资料工作情况的报告

主席台一角（二）

县政协主席王允仙（前排左一）和县委顾问张瑞信（前排左二）在主席台上

县政协副主席王其春致闭幕词

第二节 常务委员会议

1987 年 4 月至 1990 年 3 月，政协第五届阳谷县委员会共召开常务委员会 18 次。

五届一次常委会议

1987 年 5 月 27 日，县政协召开五届一次常委会议。会议讨论研究了委员会机构设置、人事安排和近期工作计划等问题，形成了《政协阳谷县五届一次常委会关于机构设置、会议制度的决议》，通过了《县政协六、七、八月份工作安排》。县政协主席王允仙就如何进一步开展政协工作作讲话，强调要积极发挥政治协商和民主监督的职能作用，运用人民政协综合人才库的优势，为“两个文明”建设服务。县委统战部部长王汉杰传达了全省统战工作会议精神。

五届三次常委（扩大）会议

1987年9月29日，县政协召开五届三次常委（扩大）会议。会议传达了中央政治局委员习仲勋、全国政协副主席刘澜涛、全国政协副主席杨静仁在全国政协工作组（委）工作会议上的讲话，传达了省委副书记陆懋曾、省政协副主席郑伟民在全省政协工作组会议上的讲话；传达了地委召开的县政协主席、统战部部长联系工作会议精神；阐明了搞好工作组工作的几项基本原则；通报了五届一次会议以来的工作情况和后四个月工作安排。

五届四次常委会议

1987 年 12 月 4 日，县政协召开五届四次常委会议。会议通过了关于学习贯彻中共十三大文件的意见；县政协副主席李印逵汇报了赴河北参观学习的情况；通过了政协机构设置和人员任免名单。

五届五次常委会议

1988 年 3 月 4 日，县政协召开五届五次常委会议。会议传达贯彻省政协会议精神；传达贯彻县市级干部会议精神；研究筹备五届二次全委会议事宜；安排 1988 年政协工作。

五届六次常委会议

1988 年 3 月 28 日，县政协召开五届六次常委会议。会议主要讨论了五届二次会议期间常委分工名单和其他工作。

五届七次常委会议

1988 年 4 月 1 日，县政协召开五届七次常委会议。会议主要讨论决定五届二次会议的几项议程：讨论通过秘书长选举办法（草案）；审议通过五届二次会议提案审查情况报告（草案)；审议通过常委会工作报告的决议、提案审查报告的决议和大会政治决议（草案）。

五届九次常委会议

1988 年 9 月 22 日，县政协召开五届九次常委会议。会议学习《中共中央关于加强党的纪律维护改革大局的通知》、《国务院关于做好当前物价工作和稳定市场的紧急通知》、地委书记王乐泉就物价改革工作的重要讲话。传达贯彻了关于加强政协、统战工作的中共山东省委〔1988〕8号、〔1988〕12号文件和中共聊城地委〔1988〕38号文件。结合省地委文件精神，讨论研究如何进一步加强县政协工作的意见。

五届十次常委（扩大）会议

1988年12月26日，县政协召开五届十次常委（扩大）会议。会议传达县委工作会议精神；传达地委召开的政协工作会议精神；县政府领导人通报了物价和棉花生产情况；政协办公室负责人汇报全年工作情况。

五届十一次常委会议

1989年2月24日，县政协召开五届十一次常委会议。会议讨论传达地区三干会精神，学习全国政协《关于政治协商、民主监督的暂行规定》，协商决定召开五届三次全委会的事宜。

五届十二次常委会议

1989年3月19日，县政协召开五届十二次常委会议。会议讨论确定五届三次会议议程、日程、常委值日名单、分组讨论建议名单，讨论通过常务委员会工作报告、提案办理情况报告、文史工作报告，讨论通过秘书长设置和常委分工。

五届十三次常委会议

1989年3月23日，县政协召开五届十三次常委会议。会议讨论修改了五届三次会议的政治决议和提案审查报告。

五届十四次常委会议

1989年6月17日，县政协召开五届十四次常委会议。会议传达学习中央军委主席邓小平在接见首都戒严部队军以上干部时的讲话，国务院总理李鹏、国务院副总理姚依林在中共中央、国务院各部门负责人会议上的讲话；学习了中共中央、国务院《告全体共产党员和全国人民书》；传达了县委、县政府关于认真学习邓小平重要讲话的通知；征求了常委对《政治协商、民主监督暂行规定（征求意见稿）》的修改意见。

五届十五次常委会议

1989年11月25日，县政协召开五届十五次常委会议。会议传达学习了《中共中央关于进一步进行治理整顿和深化改革的决定》；通过了《政协阳谷县委员会关于学习贯彻中共十三届五中全会精神的意见》；讨论研究了如何带动全县政协委员及各界人士学习好、贯彻好、落实好五中全会精神的措施。

五届十六次常委会议

县政协召开五届十六次常委会议，讨论审定筹建第六届委员会的方案，研究落实措施。

五届十七次常委会议

1990年3月14日，县政协召开五届十七次常委会议。会议协商决定了第六届委员会委员人选。

五届十八次常委会议

1990年3月26日，县政协召开五届十八次常委会议。会议通过六届一次会议议程（草案）和日程（草案）；通过提案委员会关于五届三次会议以来提案工作情况的报告；审议通过下届会议的主席团、秘书长建议名单和提案委员会建议名单；通过六届一次会议分组办法和小组召集人建议名单、列席会议人员建议名单；通过六届一次会议副秘书长名单。

第三节 主要工作

委员学习

1987 年 4 月至 1990 年 3 月，第五届县政协组织委员开展了以中共十三大和三中、四中、五中全会精神为中心内容的学习活动。三年来，共召开有关学习的主席会议 38 次、常委会议 7 次，举行学习座谈会、形势报告会及录音辅导报告会等 20 多次，印发学习资料 6000 余份，购买学习资料 2000 多册。根据上级精神，为每位委员订阅了《人民政协报》或《联合周报》。

县政协在组织学习中，注重抓了“及时”“带头”两个环节。根据每个时期的学习重点，及时部署和检查；坚持领导机关带头学，领导干部先学一步，政协常委会成立中心学习组。如在敏感时期，及时召开主席扩大会和常委会，认真组织学习中央指示与有关材料，印发了《认真学习中央指示、维护安定团结局面》的通知。中共十三届四中、五中全会以后，县政协把学习贯彻全会及中央领导人讲话精神作为头等大事来抓，先后召开多次党组会、主席扩大会及五届十四次和十五次常委会，认真学习贯彻，研究下发了《政协阳谷县委员会关于学习贯彻中共十三届四中、五中全会精神的意见》。

在组织推动委员业余自学的基础上，还坚持了划片集体学习制度。寿张镇学习组，规定每月初一为学习日，连续坚持九年。该组广泛联系各界人士，逐步扩大学习阵容，1989 年能按时到组学习人员的达十八九人。

提案工作

1987 年 4 月至 1990 年 3 月，第五届县政协共收到委员提案 448 件，全部办复完毕，采纳率达 80%。几年来，委员提案质量明显提高，注重抓大事、要事，不仅提出问题，而且分析问题，提出解决问题的方法。办理提案的方式也有了重大改进，注意了提案的分类、归纳、整理，并选择重要提案，会同县委、县政府举办由县委、县政府领导人，承办单位负责人和提案人参加的提案承办对话会。对影响大、反映强烈、急待解决的问题，县政府领导亲自督办，弥补了过去一些提案“一提一转一答”不易落实的弊端。

针对“要求减免学校校基申报费”的提案，县土管局结合阳谷县教育经费不足的现状，研究决定县直中小学 4.6 万元校基申报费全部减免，已交单位如数退回，学校上交省地部分由县土管局负担。针对“改变农用物资供应紧张，查处假冒伪劣商品”的提案，县政府分析了目前农用生产资料在生产、销售渠道中存在“少、贵、乱、假”状况的原因，公布了全县每年农药、化肥、柴油三种主要生产资料的平价分配指标、缺口数量，通报了县乡两级近年采取的措施、县乡供应机构的职责范围和近期农用生产资料供应情况。提案承办对话会提高了县政府及职能部门工作的透明度，也为更好的发挥提案作用奠定了基础。

视察调研工作

1987 年 4 月至 1990 年 3 月，第五届县政协紧紧围绕全县的中心任务，有计划、有重点地开展各项服务活动，为振兴阳谷经济献计出力。

1987 年 7 月 21 日至 22 日，为配合当前农村经济工作，深入调查了全县 9 个乡镇的庭院经济开发情况，召开了开发庭院经济研讨会。县政协认为农民利用剩余劳动力和剩余时间，在院落和房前屋后的空隙地上从事种植业、养殖业、加工业、服务业等商品生产，并获得收益的庭院经济，是农民致富的重要门路，是安排农村剩余劳动力的重要场所，是发展农村商品生产的重要基地，同时还有利于改善农村环境。研讨会主要研究了四个方面的问题：一是对阳谷县开发庭院经济现状和趋势的分析，二是庭院经济的经营范围及其特点，三是庭院经济在农村经济中的地位和作用，四是关于开发庭院经济的几点建议。经过研讨，建议各级党委和政府，一是大力宣传开发庭院经济的重大意义；二是抓点带面，进行分类指导；三是有关部门要搞好服务；四是要加强领导。研讨会形成的会议纪要，县委以〔1987〕61 号文件批转全县，地委的《情况反映》也进行了转发。

1988 年下半年，县政协对全县畜牧业进行专题调查，先后调查了张秋、范海、阿城等 9 个乡镇、15 个村、24 户，并分别与农牧、科技、商业、供销、粮食、外贸、经济研究中心、企业局等有关部门的负责人员进行了座谈，对畜牧业发展前景进行了科学分析预测，写出了《关于全县畜牧业发展情况的调查和几点意见》调查报告，目前需要各级党委、政府解决的问题：一是研究改革畜牧业经营管理体制；二是增加对畜牧业的投资；三是要稳定畜牧业专业技术人员队伍；四是要强化服务；五是各级领导要把畜牧业的发展列入重要议事日程，制定发展畜牧业的具体政策。

1989 年，为了解决粮棉争地的矛盾，实现保粮上棉的目标，写出了《关于调整全县农业种植结构的调查》的报告。对部分乡镇蔬菜生产进行调查，写出了《关于全县蔬菜生产的调查》的报告。针对全县“爱国卫生日”活动情况，县政协对部分单位的环境卫生进行了视察。

另外，县政协各工作组立足实际，发挥优势，积极开展咨询服务工作。农业组提出的《搞好秸秆还田、注重使用农家肥的报告》，被县政府以《情况反映》形式转发全县。医疗卫生组配合有关部门开展查禁伪劣药品的活动，为三中高中学生、教师及寿张、安镇敬老院的老人义务查体。科技组为发展乡镇企业提供技术和信息等。

文史资料工作

1987年4月至1990年3月，第五届县政协在原来的基础上加强了组织领导，拓宽了征集渠道，聘任了文史委员，密切了和有关部门的联系，征集工作又有了新突破。文史资料稿件数量不断增加、质量不断提高，向专题化、系统化方向发展。

五届委员会期间，共征集文史资料157篇，近39.4万字，整理编印了《阳谷文史资料》第19、20辑，发行各类文史书刊2869册。1989年，在已编印的前20辑中，精选86篇，共22.63万字，高标准、高质量地出版了《阳谷文史资料选编》铅印本。

1989年11月，在全省政协文史工作会议上，阳谷县政协作了典型发言，受到省、地政协领导的赞许。

祖国统一联谊工作

第五届县政协主动配合有关部门，热情接待了来自港澳台的同胞和海外各界人士。同时通过走访慰问、座谈会、茶话会等形式，在“三胞”眷属中宣传祖国改革开放和经济建设的大好形势，介绍家乡的巨大变化与阳谷县的优惠政策，激发他们思乡、爱国之情。1988年，协助有关部门共接待侨胞、台胞19人次。

自身建设

1987年4月至1990年3月，第五届县政协有计划地抓好政协机关的自身建设，保证了政协各项工作的顺利开展。

一是加强思想建设。通过党的建设、机关整顿、每周学习日等时机开展深入细致的思想政治教育，政协机关干部的政治素质和业务素质不断提高，搞好政协工作的光荣感责任感不断增强。二是加强组织建设。根据工作建设，健全了一室三科，调配了工作人员，完善了规章制度，明确了职责范围，提高了工作效率。三是加强机关作风建设。通过认真开展“为政清廉、强化服务”活动，政协机关进一步转变了工作作风，密切了同委员的联系，机关上下基本形成了民主团结、廉洁勤政的良好风气。

1989年，政协机关被评为县先进集体，政协党支部连续两年受到地县、党委的表彰。

第八章 第六届阳谷县委员会

第一节 全体委员会议

六届一次全委会议

1990年3月27日至31日，政协第六届阳谷县委员会一次会议在阳谷举行。与会委员173名，特邀列席人员55名。委员会取消了第五届委员会中的起义投诚和特赦人员、个体劳协2个界别，增设了政法监察审计界和工商联界，共设18个界别。

县政协主席杨智众致开幕词。中共阳谷县委书记吕绍勤讲话。会议听取并审议县政协副主席李印逵所作的《政协第五届阳谷县委员会常务委员会工作报告》，报告总结了五届常委会三年来的主要工作：加强学习，深化认识，提高贯彻党的路线方针政策的自觉性；积极履行基本职能，参政议政水平显著提高；围绕全县中心任务，积极开展服务活动；文史资料工作取得了新成绩；加强了政协机关的自身建设。并对以后工作提出了5点建议。

县政协副主席韦燕福作《政协第五届阳谷县委员会第三次会议以来提案工作的报告》，副主席杜元亮作《政协第六届阳谷县委员会第一次会议提案审查情况的报告》。会议传达学习了中共中央《关于坚持和完善中国共产党领导的多党合作和政治协商制度的意见》《中国人民政治协商会议章程》和阳发〔1989〕14号文件。与会委员列席了阳谷县第十二届人民代表大会第一次会议，听取并讨论了政府工作报告和其他各项报告。会议选举杨智众为政协第六届阳谷县委员会主席，李印逵、孟昭海、韦燕福、杜元亮、李贵勤为副主席，王世全为秘书长，选举常务委员24名。会议通过了各项决议。县政协副主席孟昭海致闭幕词。

六届二次全委会议

1991年3月26日至30日，政协第六届阳谷县委员会第二次会议在阳谷举行。

县政协副主席李印逵致开幕词。中共阳谷县委副书记张振斑传达全省政协工作会议精神。中共阳谷县委副书记周晓德讲话。会议听取并审议了县政协主席杨智众所作的《政协第六届阳谷县委员会常务委员会工作报告》。报告总结了常委会一年来所做的主要工作：加强学习，不断提高政治、业务素质；努力发挥政协职能作用，积极为全县的中心工作服务；加强了政协自身建设；文史资料工作取得了新成绩；积极开展了联谊工作；加强了政协的横向联系；加强了政协的宣传报道工作。并对以后工作提出了6点意见。

县政协副主席韦燕福作《政协第六届阳谷县委员会第一次会议以来提案工作的报告》，县政协副主席杜元亮作《政协第六届阳谷县委员会第二次会议提案审查情况的报告》。与会委员列席阳谷县第十二届人民代表大会第二次会议。会议听取并讨论了《政府工作报告》《关于国民经济和社会发展第八个五年计划及十年规划（草案）的报告》和其他报告。会议增选王汉杰为政协第六届阳谷县委员会副主席。会议组织部分政协委员进行了大会典型发言。会议通过了各项决议。县政协副主席王汉杰致闭幕词。

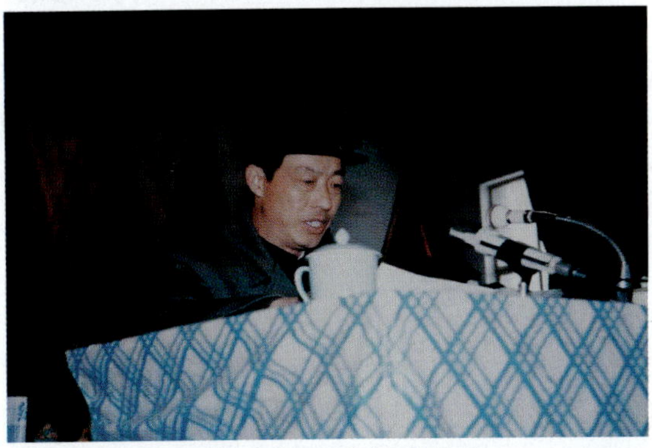

县委副书记周晓德讲话

县政协六届二次会议会场

县政协六届二次会议主席台（一）

县政协六届二次会议主席台（二）

六届三次全委会议

1992年3月25日至28日，政协第六届阳谷县委员会第三次会议在阳谷举行。

县政协副主席李印逵致开幕词。中共阳谷县委书记吕绍勤讲话。会议听取并审议县政协主席杨智众所作的《政协第六届阳谷县委员会常务委员会工作报告》。报告总结了一年来常委会所做的主要工作：适应形势和任务需要，广泛深入地开展学习工作；积极发扬政治协商、民主监督作用，促进了全县经济的发展；加强了文史资料、海外联谊、宣传报道等工作；加强了政协的自身建设。并对以后的

县政协六届三次会议常务委员合影

县长周晓德在县政协六届三次会议上

工作提出了5点意见。

听取并审议了县政协副主席孟昭海作的《政协第六届阳谷县委员会第二次会议以来提案工作的报告》和副主席韦燕福作的《政协第六届阳谷县委员会第三次会议提案审查情况的报告》。与会委员列席阳谷县第十二届人民代表大会第三次会议，听取县长周晓德作的《政府工作报告》和其他报告。会议组织部分政协委员进行了大会典型发言，对模范政协委员进行了表彰，县政协副主席李印逵传达地区政协工作会议精神。会议通过了各项决议。县政协副主席王汉杰致闭幕词。

第二节 常务委员会议

1990年3月至1993年3月，政协第六届阳谷县委员会共召开常务委员会16次。

六届一次常委会议

1990年4月11日，县政协召开六届一次常委会议。审议通过全委会设置的6个专门委员会，即：学习委员会、提案委员会、文史资料委员会、经济科技委员会、文教卫生体育委员会和民侨宗台联谊委员会；审议通过《政协阳谷县委员会常务委员会任命名单》，任命王玉祥为县政协宣传联络科科长；增补李月芹为县政协六届委员会委员。

六届二次常委会议

1990 年 6 月 30 日，县政协召开六届二次常委会议。会议传达学习了中共十三届六中全会文件《中共中央关于加强党同人民群众联系的决定》和省政协《关于贯彻落实〈决定〉的决议》、中共中央总书记江泽民在全国统战工作会议上的讲话，传达贯彻全省政协提案工作会议、全省政协经科委会议和全区县市政协主席会议精神，通过了《政协阳谷县委员会常务委员会工作规则》《政协阳谷县委员会专门委员会组织通则》。

六届三次常委会议

1990 年 9 月 19 日，县政协召开六届三次常委会议。会议进一步学习贯彻落实了全国、全省和地区统战工作会议精神。传达学习了中共中央〔1990〕10 号文件，深入学习了中共中央总书记江泽民在全国统战工作会议上的重要讲话，学习了全国政协副主席王任重在全国政协七届十一次常委会议上的讲话、省政协六届十二次常委会议精神和聊城地区工委主任许继善在全区政协工作会议上的讲话。

六届五次常委会议

1991 年 3 月 23 日，县政协召开六届五次常委会议。会议通过了《政协阳谷县委员会一九九一年工作要点》《关于召开政协阳谷县六届二次会议的决定》；通过了六届二次会议召开的时间、地点，秘书长、副秘书长建议名单，常委值日建议名单；增补吕学堂、付登雨、孙秋玲为县政协六届委员会委员，通过李贵兴、阎新芝因工作调动辞去政协委员的请求。

六届七次常委会议

1991 年 4 月 13 日，县政协召开六届七次常委会议。会议讨论通过乡镇政协工委主任、副主任任命名单，通过乡镇政协工作委员会工作条例。

六届九次常委会议

1991 年 12 月 21 日，县政协召开六届九次常委会议。会议学习了中共十三届八中全会文件；通报了全县乡镇企业情况；通报前段时间政协委员视察情况；协商通过出席地区模范委员。

六届十次常委会议

1992 年 3 月 7 日，县政协召开六届十次常委会议。

六届十一次常委会议

1992 年 3 月 24 日，县政协召开六届十一次常委会议。

第三节 主要工作

委员学习

1990 年 3 月至 1993 年 3 月，第六届县政协组织委员学习了中共十三届六中、七中、八中全会精神，邓小平视察南方重要讲话和中共十四大精神，学习马克思列宁主义、毛泽东思想和邓小平等老一辈无产阶级革命家的有关著作，学习贯彻历次全国统战会议与各级政协会议精神。学习贯彻《中共中央关于坚持和完善中国共产党领导的多党合作和政治协商制度的意见》。学习县委、县政府的重要文件、时事政治，开展读报用报活动，联系实际，明确了县政协不同阶段的指导思想、目标和任务。

运用多种形式推动学习。县政协下发关于加强政协学习工作意见的文件，制定学习计划，及时听取学习汇报，检查学习情况，购买、印发学习资料 5000 多份。订阅《联合周报》和《联合报》3800 余份。多次召开学习经验交流会、学习现场会、统战政协理论座谈会，探讨学习工作的新路子。根据不同时期的任务要求，及时组织委员学习党的路线、方针、政策，以使委员更好地知情、出力。比如，邓小平视察南方重要谈话发表后，召开六届十二次常委会学习，围绕解放思想，加快改革开放和经济建设步伐，联系思想和政协工作实际，深入开展座谈讨论。中共十四大召开后，召开六届十三次常委会，传达会议精神，联系实际进行讨论，并就组织委员学习进行了认真部署。

提案工作

第六届县政协共收到委员提案 480 件，其中，审查立案 471 件，全部办复完毕，75% 得到落实。1990 年，县政协成立了提案委员会及其办事机构提案信访科，并根据全国、省政协提案工作条例制定了《阳谷县提案工作简则》。建立了提案情况通报会、提案交办会、不同范围的提案承办对话会、提案落实汇报会等会议制度，实行了提案征集审理、编号登记、交办复文、立卷归档和反馈等一系列工作制度，做到提案工作有章可循。县政协提案信访科对委员提案的收交、分类、登记、编号、建档，对重要提案的选摘呈送，对承办单位的确定、交办、催办、联合督促检查以及办理反馈意见处理等各个环节严格把关，使提案工作逐渐步入了制度化、规范化、程序化轨道。1991 年，采取政协分管领导带领办案人员与提案人、承办单位、有关部门“三见面”的工作方法。1992 年，协助县政府实行县长分工抓提案，注重质量严把关，使委员提案办复质量高、进度快，受到了地区政协工委的通报表扬。

其中，六届二次会议期间，针对“关于要求解决七级镇三合管理区受灾农民生活困难”的提案，组织委员协同民政局几次赴七级镇调查，向县政府递交了灾情报告，后又协同县政府召开了有粮食局、民政局等单位负责人参加的座谈会，研究了解决办法，在春季救济已发放完毕的情况下，从粮食局调拨了4万公斤粮食发放给受灾群众，缓解了灾区群众的生活困难，受到群众的赞扬。针对委员反映强烈的科技兴农和环境污染问题的提案，组织部分政协委员会同有关部门进行了调查、考察，并多次召开座谈会，详细了解情况，又经主席办公会专门研究，形成了《关于科技兴农方面几个亟待解决的问题》和《关于彻底解决县城周围水污染问题》两个建议案，报送县委、县政府有关领导参阅，引起党政方面的高度重视。六届三次会议期间，关于"加强枣树管理，提高大枣产量"的提案提出后，林业局立刻召开会议研究，采取举办广播电视讲座、向农民讲授枣树病虫害防治知识、定期向农民发放枣树病虫害防治知识资料、组织枣树多的乡镇成立枣树病虫害防治专业队4项措施，有效控制了枣树病虫害的发生，《聊城日报》《联合日报》均作了报道。

视察调研工作

第六届县政协专题调查和视察工作进一步深化，本着"小型、专题、节约、实效"的原则，按照"精选题目、深入调查、反复论证、及时反馈"的步骤，重点采取调查与视察、咨询服务相结合的方法，由县政协、专门工作委员会、乡镇政协工委和县直委员活动小组三个层次组织委员围绕全县的经济工作与群众关心的重大问题，广泛深入地开展了15项重点调查研究活动，写出了10余份有价值的调查报告，提出了大量有参考价值的意见和建议。

1990年7月，围绕推进全县耕作制度改革，组织委员到阿城、安乐镇、十五里园、西湖、翟庄等八个乡镇进行调研，在此基础上形成了《关于继续推进耕作制度改革，搞好秋种工作的几点建议》，县委转发全县。1991年，围绕农村社会化服务问题，组织力量先后到高庙王、阿城、十五里园、大布、安乐镇等乡镇的一些村户作专题调查，形成了《关于全县农村社会化服务问题的调查报告》，县委以〔1991〕44号文件印发，地委向全区做了转发。1991年，针对全县农村卫生工作现实状况，组织委员先后到闫楼、西湖、石佛、金斗营等乡镇的18个村开展调查，形成了《关于全县农村卫生工作的调查报告》，得到省政协的重视，作为典型材料上报全国政协。1991年，组织委员到大布、安乐镇、阿城等乡镇视察乡镇企业发展情况，委员们提出了饲养业要搞好防疫、重视产品质量及效益、搞好技术改造与产业产品结构调整等意见建议，促进了全县乡镇企业的发展。此外，为促进重要提案的办复和落实，组织部分政协委员，就全县科技兴农和县城周围水污染问题，通过反复调查、考察、召开座谈会等形式，了解情况，形成了《关于科技兴农方面几个问题的建议案》和《关于彻底解决县城周围水污染问题的建议案》，引起党政方面的高度重视。1992年，组织委员对全县名胜古迹及有关情况进行多方位调查，写出了《关于开发我县旅游业的调查报告》，对于县委、县政府“借京九、兴阳谷”的科学决策，发展全县旅游业起到了积极的促进作用。12月，组织委员对第一中学、第二中学、第三中学、第四中学、农业中专、实验小学6所学校校舍改造情况进行视察，形成了《关于城镇校舍改造工作的视察报告》，对推进城市学校改貌工作提出了广开集资渠道、多方筹集校改资金、建立城区义务教育保证金制度、加强学校管理、提高投资效益等意见建议，有力推动了全县校貌改革。

文史资料工作

第六届县政协认真贯彻全国、全省文史工作会议精神，遵循实事求是、广征博采和重点抢救的原则，运用专业与社会力量相结合的办法，积极向乡镇延伸，抓好经济、科技、文化、教育、民族宗教史料的征集。突击抢救中华人民共和国解放前、新中国成立初期和老字号史料。注重向港澳台海外约稿，印发新中国成立后文史资料征集提纲，召开新中国成立后文史资料征集老干部座谈会，共征集各类史料72篇、72.6万字，累计532篇、185.3万字。1991年，编印了《阳谷文史资料》第21辑。在大量查阅材料的基础上，编辑出版《刘琰诗文校注》。参与了由聊城地区牵头，阳谷政协、临清政协和聊城师院关于《王伦起义史料》一书的校勘编辑工作。

六届县政协通过多种渠道发行文史书刊3000册，居全区发行数量之首，受到地区政协工委的表扬。县政协文史科还与省内外100多个县市交流资料，保持工作联系。

祖国统一联谊工作

1991年，为适应新时期祖国统一联谊工作需要，民侨宗台联谊委员会组织力量对侨胞、台胞及其眷属的底数进行了调查，全县共有侨台属340余户。县政协为做好此项工作，调整、充实了民侨宗台联谊委员会，吸收对台办、侨办的负责人员参加，讨论形成了委员会工作简则。同时，认真做好了接待和宣传工作，并注重牵线搭桥，促进侨台胞为全县经济建设献计出力。

1991年5月，建立起阳谷县三胞联谊服务中心，下设橡塑制品厂、龟山珠绣厂和熔铸厂。该企业按县属企业管理，从政协机关中选配了经理及有关人员，制定《关于阳谷县三胞联谊服务中心几个问题的暂行规定》及有关规章制度，积极开展生产经营，取得较好的效益。

1991年12月30日，在县政协的

积极筹划下，阳谷诗社正式成立，县政协副主席李印逵被选为社长。阳谷诗社具有诗词文学和统一战线两种性质，是在县委宣传部的领导下，挂靠在县政协的全县范围的群众文化团体。诗社的任务是在党的基本路线的指引下，坚持为人民服务、为社会主义服务的方向，贯彻“百花齐放、百家争鸣”的方针，开展以旧体诗词为主的研究和创作活动，弘扬中华民族的传统文化，为振兴中华、统一祖国服务。1995年10月，因社团整顿等原因，阳谷诗社停止活动。阳谷诗社成立4年间，共收到县内外500多位作者的3000多篇诗作，其中有著名诗人苗得雨，著名编辑徐静、张斤夫、陆嘉玉等名人佳作多篇。共编印《阳谷诗刊》3期。

自身建设

第六届县政协把加强自身建设提到重要议事日程。一是加强思想建设。认真组织机关干部职工参加社会主义教育活动和其他政治活动，每周定期组织集中学习，人人建立学习笔记，使机关思想和政治学习走上规范化、制度化。二是加强组织建设。建立健全了学习、提案、文史资料、经济科技、文教卫生、祖国联谊6个专门委员会，以及办公室、宣传联络科、文史科和提案信访科，配齐了中层干部，增加了机关工作人员。在县直机关建立了14个政协委员小组。1991年4月，在全县21个乡镇建立了政协工作委员会，制定了乡镇政协工作条例和乡镇政协工委年终考核办法。三是加强制度建设。健全了主席会议、常委会议

1991年12月30日，阳谷诗社成立大会会场

制度、委员联系制度、机关工作岗位责任制度。制定了常委会工作规则、专门委员会组织通则、各专门委员会组织简则以及各科室职责，分别就学习、会议、职责范围等方面作了明确规定。四是加强作风建设。政协领导经常带领人员深入基层调查研究，了解委员和基层情况，倾听各种意见、建议与批评，及时反映、帮助解决问题。政协机关下派3人到翟庄乡驻队，帮助抓农业生产，成绩突出。由于注重机关自身建设，政协机关团结一致、工作效率明显提高，机关支部被评为模范党支部，受到县委表彰。

第九章 第七届阳谷县委员会

第一节 全体委员会议

七届一次全委会议

1993年3月7日至11日，政协第七届阳谷县委员会第一次会议在阳谷举行。本届委员182名，本届委员会将第六届委员会中的新闻广播文化艺术界和体育界合并为文化体育新闻界，增设了科技界，由18个界别组成。

县政协副主席李印逵致开幕词。中共阳谷县委书记孔昭信作重要讲话。会议听取并审议了县政协主席杨智众所作的《政协第六届阳谷县委员会常务委员会工作报告》。报告总结了三年来常委会所作的主要工作：认真组织委员学习，提高贯彻执行党的路线、方针、政策的自觉性；积极履行协商、监督基本职能，推进党政决策的科学化、民主化；抓住经济工作重点，广泛开展服务活动；文史资料、海外联谊、宣传工作成绩显著；加强自身建设，工作效率明显提高。并对第七届委员会以后工作提出了5点意见。

县政协副主席孟昭海作《政协第六届阳谷县委员会第三次会议以来提案工作的报告》，副主席韦燕福作《政协第七届阳谷县委员会第一次会议提案审查情况的报告》。与会委员列席阳谷县第十三届人民代表大会第一次会议，听取和讨论大会的各项报告，并就县人大与县政府的领导人选进行了协商。选举杨智众为政协第七届阳谷县委员会主席，李印逵、孟昭海、韦燕福、杜元亮、李贵勤为副主席，赵运涛为秘书长，选举常务委员28名。会议通过了各项决议。县政协主席杨智众致闭幕词。

县政协七届一次会议会场

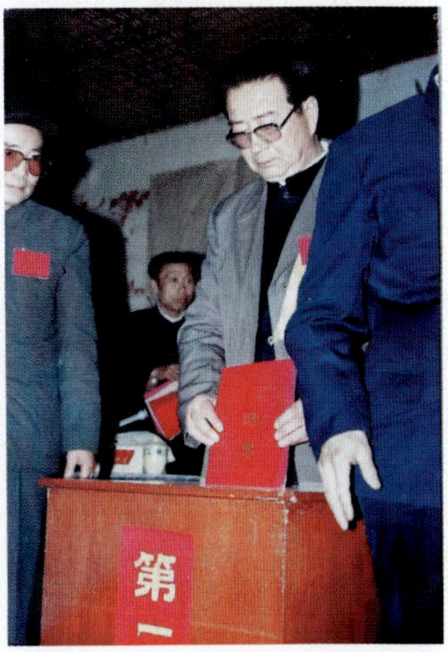

县政协主席杨智众在县政协七届一次会议上参加选举

县政协七届一次会议会场

七届二次全委会议

1994年3月16日至20日，政协第七届阳谷县委员会第二次会议在阳谷举行。

中共阳谷县委书记孔昭信讲话。会议听取并审议了县政协主席杨智众所作的《政协第七届阳谷县委员会常务委员会工作报告》。报告总结了一年来常委会所做的主要工作：加强学习，不断提高政治素质和参政议政水平；积极开展政治协商和民主监督，参政议政取得了新的成绩；发挥人才优势，为经济建设服务；搞好文史资料、海外联谊、宣传报道等几项工作；政协机关建设进一步加强。对以后工作提出5点建议。

县政协副主席孟昭海作《政协第七届阳谷县委员会第一次会议以来提案工作的报告》，副主席韦燕福作《政协第七届阳谷县委员会第二次会议提案审查情况的报告》。与会委员列席阳谷县第十三届人民代表大会第二次会议，听取并讨论政府工作报告及其他有关报告。会议增选仝绪启为政协第七届阳谷县委员会副主席。会议通过了各项决议。县政协副主席李印逵致闭幕词。

县政协七届二次会议主席台（左起：孟昭海、李印逵、杨智众）

县政协七届二次会议主席台（左起：张振斑、宋兰英、王树稳、潘福章）

县政协委员、阳谷县畜牧实业公司总经理刘学景在县政协七届二次会议上发言

县政协委员、团县委书记周素霞在县政协七届二次会议上发言

七届三次全委会议

1995年3月28至31日，政协第七届阳谷县委员会第三次会议在阳谷举行。本届委员188名，由18个界别组成。

中共阳谷县委书记安世银讲话。会议听取并审议了县政协副主席李印逵所作的《政协第七届阳谷县委员会常务委员会工作报告》。报告总结了常委会一年来做的主要工作：注重思想建设，政治理论学习获得了丰硕成果；提高例会质量，参政议政水平有所提高；调查和视察工作有了新的进展；提高了提案质量和办理质量，提案工作逐步走向制度化、规范化；立足真抓实干，参与经济建设成效显著；文史工作取得了显著成绩；加大宣传力度，人民政协的社会影响不断扩大；政协机关建设进一步加强。并对以后工作提出了5点建议。

县政协副主席孟昭海作《政协第七届阳谷县委员会第二次会议以来提案工作的报告》，副主席韦燕福作《政协第七届阳谷县委员会第三次会议提案审查情况的报告》。与会委员列席阳谷县第十三届人民代表大会第三次会议，听取并讨论县长王传斌所作的《政府工作报告》及其他有关报告。会议传达了全国政协八届二次会议上修订的《中国人民政治协商会议章程》，以及政协全国委员会《关于政治协商、民主监督、参政议政的规定》。会议通过了各项决议。县政协主席杨智众致闭幕词。

县政协主席杨智众

县政协七届三次会议会场

县政协七届三次会议主席台一角

县政协七届三次会议期间委员分组讨论

七届四次全委会议

1996 年 3 月 21 日至 24 日，政协第七届阳谷县委员会第四次会议在阳谷举行。

中共阳谷县委书记安世银讲话。会议听取并审议县政协副主席孟昭海所作的《政协第七届阳谷县委员会常务委员会工作报告》，报告总结了一年来的主要工作：加强学习，思想理论水平有了新的提高；协商监督、参政议政迈上新台阶；坚持真抓实干，在参与中服务做出来新成绩；文史、宣传工作成绩显著；政协机关建设进一步加强。报告对以后的工作提出了 5 点建议。

县政协副主席韦燕福作《政协第七届阳谷县委员会第三次会议以来提案工作的报告》，副主席李贵勤作《政协第七届阳谷县委员会第四次会议提案审查情况的报告》。与会委员列席阳谷县第十三届人民代表大会第四次会议，听取并讨论县长王传斌所作的《关于阳谷国民经济和社会发展第九个五年计划及 2010 年远景目标纲要的报告》及其他报告。会议补选郭银德为政协第七届阳谷县委员会主席，陈明诰为副主席。会议通过了各项决议。县政协主席郭银德致闭幕词。

县政协七届四次会议会场

县政协七届四次会议主席台（一）

县政协七届四次会议主席台（二）

会场（前排左起：郭银德、陈明诰）

七届五次全委会议

1997年1月24日至28日，政协第七届阳谷县委员会第五次会议在阳谷举行。

中共阳谷县委书记安世银讲话。会议听取并审议了县政协副主席孟昭海所作的《围绕中心 突出重点 不断开创政协工作新局面——在政协阳谷县七届五次会议上的工作报告》。报告总结了一年来的主要工作：坚持和依靠党的领导，确保政协工作健康发展；强化职能意识，加大协商监督、参政议政的力度；强化参与意识，不断拓宽履行职能的领域；强化联谊意识，进一步加强了团结协作；切实加强政协自身建设，努力提高整体服务水平。并对今后的工作提出4点意见。

县政协副主席韦燕福作《政协第七届阳谷县委员会第四次会议以来提案工作情况的报告》，副主席李贵勤作《政协第七届阳谷县委员会第五次会议提案审查情况的报告》。与会委员列席阳谷县第十三届人民代表大会第五次会议，听取并讨论县长王传斌所作的《政府工作报告》和其他报告。会议传达了聊城地区政协工作会议精神。会议通过了各项决议。县政协主席郭银德致闭幕词。

县政协七届五次会议主席台

县政协七届五次会议会场

县政协七届五次会议主席台（前排左起：安世银、王传斌）

县政协七届五次会议主席台（左起：孟昭海、郭银德）

第二节 常务委员会议

1993年3月至1998年2月，政协第七届阳谷县委员会共召开常务委员会29次。

七届二次常委会议

1993年4月17日，县政协召开七届二次常委会议。会议邀请各乡镇工委主任列席，传达学习了全国政协八届一次会议精神、1993年县政协工作要点、主席分工情况，通过了任命乡镇工委主任事宜，并邀请县委副书记王传斌讲了意见。

七届三次常委会议

1993年5月15日，县政协召开七届三次常委会议。会议邀请部分县直政协委员列席，会上传达学习了省政协七届一次会议精神。

七届四次常委会议

1993年8月18日，县政协召开七届四次常委会议。会议学习讨论了全县经济工作会议精神。

七届五次常委会议

1993年10月9日，县政协召开七届五次常委会议。会议学习贯彻了中纪委第二次全体会议和省委、地委召开的深入开展反腐败斗争，加强党风廉政建设工作会议精神。

七届六次常委会议

1993年12月25日，县政协召开七届六次常委会议。会议学习通过了县政协《关于学习中共十四届三中全会和省第六次党代会精神的决议》，并对学习《邓小平文选》第三卷作了具体安排。县委副书记、县长安世银到会并作了重要讲话。会议听取县委副书记王传斌关于机构改革、农村教育以及反腐倡廉的情况的通报和县委常委、副县长郭代荣关于阳谷县当前的经济形势及明年发展思路的通报。

七届七次常委会议

1994年2月2日，县政协召开七届七次常委会议。会议通过了政协赵运涛、王廷等10人的人事任免事项。会议传达了县委〔1994〕1号文件。

七届八次常委会议

1994年3月9日，县政协召开七届八次常委会议。会议通过了关于召开七届二次全委会的决定，通过了七届常委会工作报告和提案工作报告，通过了邀请及列席会议的人员名单。会议通过了增补与辞去的委员名单，增补王子厚、仝绪启、杨传星、夏庆泽、薛守淼为政协第七届阳谷县委员会委员，同意颜廷安、荣秋莲、吴春旭辞去政协第七届阳谷县委员会委员职务。

七届九次常委会议

1994年3月16日，县政协召开七届九次常委会议。会议通过了七届二次会议议程、日程（草案），通过了大会的秘书长、副秘书长建议名单，通过了分组讨论建议名单。

七届十次常委会议

1994年3月19日，县政协召开七届十次常委会议。会议通过了七届二次会议决议。

七届十一次常委会议

1994年5月27日，县政协召开七届十一次常委会议。会议宣读了修改后的《中国人民政治协商会议章程》，邀请县长安世银和县委副书记王传斌到会，并就学习贯彻《中国人民政治协商会议章程》讲意见。县长安世银在会上通报了全县工农业生产情况，为政协知情、出力创造了条件。

七届十二次常委会议

1994年12月27日，县政协召开七届十二次常委会议。会议传达了《中共中央关于加强党的建设几个重大问题的决定》和省委《关于加强政协工作的决定》文件。通过史代菊为阳谷县政协寿张镇工委主任、高兴才为阳谷县政协石佛乡工委副主任、岳修航为阳谷县政协办公室副主任的人事安排。

七届十三次常委会议

1995年3月13日，县政协召开七届十三次常委会议。会议通过关于召开政协第七届阳谷县委员会第三次会议的决定，通过了县政协七届常委会工作报告，并推举县政协副主席李印逵为报告人，通过了七届三次会议议程、日程，秘书长、副秘书长名单，邀请和列席人员名单，常委值日名单，分组讨论名单。会议增补史代菊、李贻良、徐怀谦、董道平为政协第七届阳谷县委员会委员。

七届十四次常委会议

1995年3月30日，县政协召开七届十四次常委会议。会议通过了七届三次会议决议（草案）。

七届十五次常委会议

1995年7月11日，县政协召开七届十五次常委会议。会议通报了县政协开展的关于农村集体经济的调查和关于农民负担问题的视察情况，观看了孔繁森事迹报告录像。

七届十六次常委会议

1995年8月16日，县政协主席召开七届十六次常委会议。会议传达了中共中央〔1995〕13号文件，中央政治局常委、中央书记处书记、全国政协主席李瑞环在全国政协七届十三次常委会上的讲话和政协全国委员会《关于政治协商、民主监督、参政议政的规定》。会议通过了政协阳谷县委员会《关于政治协商、民主监督、参政议政的规定》。

七届十七次常委会议

1995年11月1日，县政协召开七届十七次常委会议。会议学习了中共中央十四届五中全会精神，通过了乡镇政协工委主任、副主任任命名单。

七届十八次常委会议

1996年2月9日，县政协召开七届十八次常委会议。会议通过了关于召开七届四次会议的政治决定，通过了七届常委会工作报告和提案工作报告，通过了会议议程、日程、秘书长、副秘书长名单、邀请和列席人员名单、常委值日名单、分组讨论名单。

七届十九次常委会议

1996年3月18日，县政协召开七届十九次常委会议。会议通过了召开政协阳谷县第七届委员会第四次会议的决定，通过了召开七届四次会议的议程、日程。增补陈明诰、郭银德为政协第七届阳谷县委员会委员。

七届二十次常委会议

1996年3月22日，县政协召开七届二十次常委会议。会议通过了《政协第七届阳谷县委员会第四次会议选举办法（草案）》。会议宣读了中共阳谷县委关于补选郭银德为县政协主席、陈明诰为副主席候选人名单的说明。会议通过了七届四次会议决议（草案）。

七届二十一次常委会议

1996年6月28日，县政协召开七届二十一次常委会议。县委书记安世银和副县长杨吉德列席会议，8名常委围绕阳谷县政治、经济、社会发展大局提出意见和建议，县委书记安世银答复意见建议并作了重要讲话。

七届二十二次常委会议

1996年11月8日，县政协召开七届二十二次常委会议。会议学习了中共十四届六中全会上通过的《中共中央关于加强社会主义精神文明建设若干重要问题的决议》。围绕加强社会主义精神文明建设这一主题，9名委员进行了发言。会议通过了《关于认真学习贯彻十四届六中全会精神充分发挥政协在社会主义精神文明建设中作用的决定》。

七届二十三次常委会议

1997年1月20日，县政协召开七届二十三次常委会议。会议通过关于召开政协阳谷县第七届委员会第五次会议的决定；通过了七届常委会工作报告、提案工作报告，并推举了报告人；通过了七届五次会议议程、日程（草案）；通过了秘书长、副秘书长建议名单，邀请和列席人员建议名单，常委值日建议名单，分组讨论及召集人建议名单。

七届二十四次常委会议

1997年1月27日，县政协召开

七届二十四次常委会议。会议通过了七届五次会议决议。

七届二十六次常委会议

1997年4月29日，县政协召开七届二十六次常委会议。会议传达了全国政协八届五次会议精神和省政协七届五次会议精神，通过了《政协阳谷县委员会1997年工作要点》。

七届二十七次常委会议

1997年10月31日，县政协召开七届二十七次常委会议。会议传达了政协山东省委员会《关于学习贯彻中国共产党第十五次全国代表大会精神的决议》，传达了山东省省委书记吴官正在省委常委扩大会议上关于加强干部作风建设的讲话和聊城地区政协工委主任杜九西在全区政协会议上的讲话。

七届二十八次常委会议

1998年1月21日，县政协召开七届二十八次常委会议。会议通过了七届阳谷县委员会常务委员会工作报告（草稿），通过了关于召开阳谷县政协八届一次会议的决定和八届一次会议秘书长、副秘书长建议名单及秘书长职责范围。

七届二十九次常委会议

1998年2月10日，县政协召开七届二十九次常委会议。会议通过县委提名的县政协八届委员会委员、常务委员名单，通过了八届一次会议的议程、日程（草案），通过了大会主席团和秘书长建议名单、主席团常务主席名单及大会执行主席小组建议名单、提案审查委员会建议名单。会议听取了八届一次会议的筹备情况。

第三节 主要工作

委员学习

1993年3月至1998年2月，第七届县政协建立了学习委员会和24个政协委员学习小组，制定了学习计划，提出了具体的要求，编印了学习材料，为各位委员征订政协报刊6000余份。政协机关人员先后多次参加了全国、省、地、县的培训班，进行了系统地学习和培训。

七届政协组织委员学习了邓小平理论、统战理论、政协知识，以及《中华人民共和国香港特别行政区基本法》有关法规，中共十四大和三、四、五、六中全会文件，学习讨论了江泽民总书记的重要讲话和李瑞环主席关于政协工作的讲话。结合政协工作实际，部署了学习贯彻中共十五大精神的活动。1993年，组织各乡镇政协工委主任、副主任在县委党校进行了为期7天的学习培训，学习了新形势下人民政协的性质地位和作用、党的统战政策与理论以及社会主义市场经济等内容。党的十四届三中全会和省第六次党代会召开后，召开七届六次常委会，制定通过了县政协《关于学习中共十四届三中全会精神和省第六次党代会精神的决议》，对学习会议精神进行了具体安排。1994年，就学习贯彻新修订的《中国人民政治协商会议章程》，特别邀请县委领导在七届十一次常委会上讲了意见，政协办公室和县委宣传部共同下发《关于学习宣传〈政协章程〉的通知》，编印了学习宣传提纲。1995年，通过召开主席会议、常委会议和乡镇政协工委主任会议，对学习宣传贯彻《政协全国委员会关于政治协商、民主监督、参政议政的规定》进行了具体的安排与部署，并印发了学习资料。同时，广泛深入地开展向孔繁森学习的活动，专门召开七届十五次常委会议，组织观看孔繁森事迹报告，并邀请县委领导讲了学习意见。

提案工作

第七届县政协共收到委员提案814件，其中，经济建设方面的321件；党的建设、精神文明建设、民主法制建设方面的162件；科技教育、文化体育、医疗卫生、计划生育方面的215件；劳动人事、统战政协、民族宗教方面的92件；其他方面的24件。为认真搞好提案的整理和选摘，每次全委会后，都把会议期间内容重要、意见集中的提案进行整理选摘，汇编成册，5年共将125件提案汇编成5个分册，每年一册。这种提案汇编的形式，在全区乃至全省是独有的，受到省地政协领导的赞扬。

在提案工作中，七届县政协坚持以狠抓提案质量和办理质量为目标，组织委员搞好调查研究，提出有情况、有分析、有建议的提案，使提案为党政部门和有关单位的科学决策起到重要的参谋作用。制定了《提案委员会工作简则》，明确了提案的权限、宗旨和职责，使提案工作有章可循。同时，对提案审理、选编、交办、催办、反馈等环节，制定了具体制度，健全和完善提案交办、办理、办复的工作程序，形成了提案办理的规范化、制度化，有力地促进了提案的办理和落实。届期内共有700件提案得到落实，落实率达到86%，委员满意率达到90%以上。

其中，七届一次会议期间，关于精减乡村干部问题的提案，反映了当时乡村领导班子中普遍存在的问题，符合上级机构改革工作的整体部署，得到县委、县政府的重视。县委、县政府根据上级有关精神，组织提案委员及有关部门进行座谈讨论，在广泛调查研究的基础上，制定了《关于精减乡村两委富余人员的若干规定》，有力地促进了机构改革工作。关于提高民办教师工资问题的提案，县政府及教育局专门召开会议进行研究，下发了有关文件，并进行了认真地检查落实，对于解决民办教师工资偏低问题，起到了重要的促进作用。七届二次会议期间，杨连哲、苏继环、张登兰委员提出的关于治理乱设点、乱收费、乱罚款“三乱”问题的提案，得到县委、县政府的高度重视。县委、县政府召开专门会议，成立了县治理整顿“三乱”领导小组，建立了信访室、接待站和巡回检查站，对“三乱”问题进行集中整顿，取消非法检查点十几处。

此外，委员提出的关于开发景阳岗、发展旅游业、减轻农民负担、推广农业科技、加强廉政建设、搞好农业结构调整、发展非公有制经济、发展乡镇企业、加强企业管理、阳谷师范搬迁、取缔电子游戏厅、治理小纸厂污染、搞好校貌改革、解决适龄儿童入学难、加强农电管理、整顿医药市场、搞好城镇规划等问题的提案，均得到县委、县政府和有关部门的高度重视，并付诸落实与实施。有些提案办理经验在聊城地区政协工委《委员之声》《聊城日报》和《联合日报》作了专门报道。

视察调研工作

第七届县政协坚持把调查研究作为政协工作的“重头戏”来抓，紧紧围绕全县经济建设的宏观问题，促进经济和社会发展的重大问题，以及人民群众普遍关心的热点问题，开展调查研究。1993 年 3 月至 1998 年 2 月，第七届县政协分别以“农业产业结构调整”“发展农业科技”“加强林果管理”“发展多种经营”“完善农村社会化服务体系”“发展个体私营经济”“搞好棉花生产”“减轻农民负担”“加强企业管理”“农村移风易俗”“农村卫生医疗事业”“文化市场管理”“加强土地管理”等为专题，深入农村、工厂、企事业单位开展调查，写出了近 20 篇调查报告。关于“农村产业结构调整”和“发展个体私营经济”的调查报告被聊城地委采纳，并转发全区；“农村医疗卫生工作”和“农村科技工作”的调查报告，分别被卫生部与农业部采纳。

1993 年 5 月，县政协对全县个体私营经济发展情况进行了专题调查，形成了《个体私营经济是我县经济建设的一支重要力量》的调查报告；1993 年秋种期间，对全县历年来小麦种植存在的问题进行调研分析，形成了《关于如何搞好今年秋种的意见和建议》的调查报告；1993 年 11 月，为了正确总结和认识当年的棉花生产状况，作好下一年的棉花生产，形成了《一九九三年我县棉花生产状况分析以及搞好一九九四年棉花生产的建议》的调查报告。

1994 年 5 月 16 日，根据地区政协安排，组织委员对全县宗教组织活动情况进行调研，形成调查报告报送上级政协及有关部门。10 月，在棉花收购工作的重要阶段，组织了委员视察活动，就棉花收购中存在的问题向县委、县政府提出了意见和建议，《联合报》《聊城日报》都作了报道。11

月28日，为贯彻地委〔1994〕20号文件精神，对阳谷县体校和2所武术学校进行了视察，提出了关于促进全县体育武术事业发展、加快建设体育先进县步伐的几条建议。

1995年，围绕农业基础问题，先后进行了调整农业结构、发展多种经营、抓好农村庭院经济、完善农业社会化服务体系、发展饲养业等方面的调查。

1996年，先后进行了关于全县棉花收购、国有企业科学管理、全县农业科技体系建设、发展农村集体经济、加强企业管理、减轻农民负担、文化市场建设、制止婚丧嫁娶大操大办等方面的调查和视察，形成了6篇有分量的调查与视察报告，提出有价值的意见、建议40多条。县委、县政府主要负责人对《关于全县农民负担情况的调查报告》《关于加强企业管理的调查报告》和《关于全县婚丧嫁娶大操大办问题的调查报告》作了批示，并以县委文件的形式转发全县。

1997年，县政协组织部分常委和委员，就全县农田水利建设、农村文化卫生工作、发展乡镇企业、抓好城建环保工作、全县大棚菜生产情况、加强全县精神文明建设等方面，进行了专题调查和视察，写出了《关于加强农村水利建设的八点意见》《关于发展乡镇企业的调查报告》《切实搞好城区环保工作的调查》《关于全县大棚菜生产情况的调查报告》等报告，提出了近50条意见与建议，受到县委、县政府的重视并采纳。此外，1997年，县政协安排全县21个乡镇政协工委组织政协委员就本乡镇的有关情况开展调查，写出调查报告20余篇，县政协整理后分别送县委、县政府、县人大及有关部门，引起各级领导重视，对乡镇工作起到了积极的促进作用。

文史资料工作

第七届县政协文史工作，继续坚持实事求是的原则，突出文史资料的“三亲”（即：亲历、亲见、亲闻）和“三性”（即：统战性、史料性、可读性）的特点，在“存史、资政、团结、育人”方面产生了广泛的社会影响。

第七届县政协共征集了《刘琰诗文校注》《闻见实录》《儆世漫言》《方泉文集》《民初侠影》《汤显祖与阳谷》等近百万字的历史文化方面的资料。编辑出版了《刘琰诗文校注》《王伦起义史料》《阎锡山军闱揭秘》3部较高学术价值的书籍。1995年4月，《刘琰诗文校注》被地委宣传部列为全区精神文明建设“精品工程”入选作品。《王伦起义史料》出版后，地区政协工委专门召开了新闻发布会，《大众日报》《联合日报》《聊城日报》及聊城电视台等媒体作了报道。《阎锡山军闱揭秘》开阳谷长篇小说创作出版之先河。在搞好文史资料征集、编辑、出版工作的基础上，县政协还为省政协编辑的《山东文史集萃》《山东抗日阵亡将士》两部书提供了部分史料。文史刊物和资料的发行工作在全区名列前茅。被省、地政协评为文史工作先进单位。重视做好文史交流工作，阳谷县政协与全国10个省、市近200个县、市保持联系，对促进阳谷县文史工作起到了积极作用。

宣传联络信息工作

第七届县政协以来，宣传工作不断得到加强。县政协坚持同各新闻单位保持密切联系，充分利用广播、电视、报刊等新闻媒介，广泛深入宣传中国共产党领导的多党合作和政治协商制度，宣传新时期人民政协的性质、地位与作用，报道政协组织的重要活动和政协委员、各界人士为经济建设献计出力的模范事迹，进一步扩大了人民政协的社会影响。五年来，在全国、省、地各类报刊共发表新闻稿件100余篇。与县电视台联合开办了《政协工作专栏》，分《委员风采》《提案追踪》《文史集萃》《委员之声》4个栏目，定期宣传报道政协提案、文史等重要工作，以及模范委员的先进事迹。创办了《政协委员之声》，及时、准确地收集、刊载社情民意信息，送至县五大班子领导和有关部门，共印发17期。对陈明诰、吕寻林、刘学景、张合生、李贻良等10名政协委员的事迹进行采集整理，内容被地工委编辑的《委员写真》一书收录。1994年，新闻稿件《阳谷县政协咬定农业不放松》被《人民政协报》刊登。1996年，阳谷县委书记、县长、政协主席的署名文章和阳谷电缆集团、超凡集团等六大企业的发展情况，在《人民政协报》专版刊载，向全国及海外介绍阳谷，提高了阳谷的知名度。

祖国统一联谊工作

1993年3月至1998年2月，第七届县政协多次召开侨台属委员座谈会，邀请并热情接待了“三胞”亲属，向他们宣传江泽民总书记关于推进祖国统一进程的八项主张，介绍家乡的巨大变化，增进了他们的爱国爱乡之情，鼓励他们为建设祖国和家乡多做贡献。1993年，旅居台湾的阳谷镇八里营村刘氏族人刘福来，资助县政协文史科出版了《刘琰诗文校注》，开启了海峡两岸文化合作的有益尝试。1994年，在侨台属委员中开展“三个一”（即：发一封信、提供一条信息、引进一个项目）活动。1997年，县政协召开了“迎香港庆回归”座谈会，激发了委员的爱国热忱，坚定了祖国统一的信念。

自身建设

第七届县政协始自身建设进一步加强。加强学习，健全制度，努力提高委员整体素质。注重把政治上有觉悟、群众中有基础、经济上有头脑、社会上有声望、专业上有特长，在全县具有代表性和做出突出成绩的模范人物吸收到政协中来，提高政协组织的整体水平。围绕“为政协委员服务，为统战工作服务，为党的中心工作服务”的目标，进一步加强了机关建设。从提高机关工作人员的政治、业务素质入手，深入开展学习党政理论、统战知识，学习孔繁森、王廷江、韩素云等英模人物及反腐倡廉、讲奉献、献爱心等活动，大力倡导敬业爱岗、无私奉献精神，机关干部的服务意识进一步增强，工作作风明显改善。修订完善了工作制度、卫生制度及综合治理等制度，进一步实现了机关工作的程序化和规范化。县政协机关每年都有多名同志被评为全县和政协模范党员、先进工作者。政协办公室被地区评为聊城地区政协系统先进集体。

第十章 第八届阳谷县委员会

第一节 全体委员会议

八届一次全委会议

1998年2月13日至17日，政协第八届阳谷县委员会第一次会议在阳谷举行。本届委员186名，由19个界别组成，将上届的农林水界改为农业界，增加了非公有制经济界。

中共阳谷县委书记徐淑满讲话。会议听取并审议了县政协副主席仝绪启所作的《总结经验，积极进取努力开创政协工作新局面—在政协第八届阳谷县委员会第一次会议上的报告》。报告总结了第七届委员会五年来所做的主要工作：学习宣传工作不断深入；例会质量有了明显提高；调查视察力度逐步加大；提案工作成效显著；文史工作取得进展；反映社情民意工作有了新突破；“两化”建设日趋规范；联谊活动更加广泛；服务中心，积极主动；自身建设进一步加强。并对下步工作提出7点建议。

县政协副主席韦燕福作《政协第七届阳谷县委员会第一次会议以来提案工作情况的报告》，副主席苏永侠作《政协第八届阳谷县委员会第一次会议提案审查情况的报告》。与会委员列席县阳谷县第十四届人民代表大会第一次会议，听取并讨论《政府工作报告》和其他报告。会议选举郭代荣为政协第八届阳谷县委员会主席，仝绪启、陈明诰、韦燕福、杜元亮、苏永侠为副主席，赵运涛为秘书长，选举常务委员30名。会议通过了各项决议。县政协主席郭代荣致闭幕词。

县政协八届一次会议会场

县政协八届一次会议主席台（左起：陈明诰、仝绪启、郭代荣）

县政协八届一次会议期间，政协领导看望政协委员

县政协副主席仝绪启在县政协八届一次会议作常委会工作报告

县政协八届一次会议选举大会现场

八届二次全委会议

1999年1月23日至26日，政协第八届阳谷县委员会第二次会议在阳谷举行。本届委员196名，由19个界别组成。

中共阳谷县委书记徐淑满讲话。

会议听取并审议了县政协主席郭代荣所作的《继往开来，积极进取把政协工作全面推向新世纪——在政协第八届阳谷县委员会第二次会议上的报告》。报告总结了常委员会一年来所做的主要工作：搞好学习，努力提高委员的政治素质和参政议政能力；注重实际效果，例会质量有了明显提高；积极反映社情民意，调查研究和视察等工作成效显著；发挥提案效能，提案工作进一步加强；紧紧围绕党和政府的工作重点，广泛开展了服务活动；文史资料、宣传和联谊工作取得了新的进展；政协自身建设迈出了新步伐。并对下步工作提出了3点建议。

县政协副主席仝绪启作《政协第八届阳谷县委员会第一次会议以来提案工作情况的报告》，副主席苏永侠作《政协第八届阳谷县委员会第二次会议提案审查情况的报告》。与会委员列席了阳谷县第十四届人民代表大会第二次会议，听取并讨论《政府工作报告》《阳谷县1998年国民经济和社会发展计划执行情况及1999年国民经济和社会发展计划（草案）的报告》和其他报告。会议增选政协常委16名。会议通过了各项决议。县政协主席郭代荣作闭幕讲话。

县政协八届二次会议期间，徐淑满（左一）、郭代荣（左二）等领导看望政协委员

八届三次全委会议

2000年1月20日至23日，政协第八届阳谷县委员会第三次会议在阳谷举行。本届委员210名，由19个界别组成。

中共阳谷县委书记徐淑满讲话。会议听取和审议了县政协主席郭代荣所作的《政协第八届阳谷县委员会常务委员会工作报告》。报告总结了一年来的常委会所做的主要工作：注重政治抓学习，自身素质不断提高；围绕中心议大事，政治协商逐步规范；调研、提案体察民意，民主监督有所加强；充分发挥委员主体作用，参政议政富有成效；重开拓、求创新，宣传、文史、联谊工作取得了新进展。并对下步工作提出4点建议。

县政协副主席仝绪启作《政协第八届阳谷县委员会第二次会议以来提案工作情况的报告》，副主席陈明诰作《政协第八届阳谷县委员会第三次会议提案审查情况的报告》。与会委员列席阳谷县第十四届人民代表大会第三次会议，听取并讨论《政府工作报告（协商讨论稿）》《阳谷县1999年国民经济和社会发展计划执行情况及2000年国民经济和社会发展计划（草案）的报告（协商讨论稿）》和其他报告。会议补选吕顺成为政协第八届阳谷县委员会副主席。会议通过了各项决议。县政协主席郭代荣作闭幕讲话。

县政协八届三次会议会场

县政协八届三次会议期间委员分组讨论

八届四次全委会议

2001年2月1日至4日，政协第八届阳谷县委员会第四次会议在阳谷举行。本届委员208名，由19个界别组成。

中共阳谷县委书记汪文耀讲话。会议听取并审议县政协主席郭代荣所作的《政协第八届阳谷县委员会常务委员会工作报告》。报告总结了一年来的常委会所做的主要工作：立足实际，搞好学习，努力加强了自身建设；服务大局，切实履行政协职能；围绕中心，广泛开展了服务活动；文史资料、宣传和联谊工作取得了新进展。并对以后工作提出 4 点建议。

县政协副主席仝绪启作《政协第八届阳谷县委员会第三次会议以来提案工作情况的报告》，副主席王长亮作《政协第八届阳谷县委员会第四次会议提案审查情况的报告》。与会委员列席阳谷县第十四届人民代表大会第四次会议，听取并讨论关华代县长所作的《政府工作报告（协商讨论稿）》《关于阳谷县国民经济和社会发展第十五个计划纲要的报告》《关于阳谷县 2000 年国民经济和社会发展计划执行情况及 2001 年国民经济和社会发展计划（草案）的报告（协商讨论稿）》及其他报告。会议补选王长亮、张长英、杨廷军为政协第八届阳谷县委员会副主席，增选常务委员 1 名。会议通过了各项决议。县政协主席郭代荣作闭幕讲话。

县政协主席郭代荣等领导看望政协委员

县政协八届四次会议期间县委书记汪文耀在主席台

县政协八届四次会议期间代县长关华作《政府工作报告（协商讨论稿）》

县政协八届四次会议期间县政协主席郭代荣作常委会工作报告

八届五次全委会议

2002年1月20日至23日，政协第八届阳谷县委员会第五次会议在阳谷举行。本届委员217名，由19个界别组成。

中共阳谷县委书记汪文耀讲话。会议听取并审议县政协主席郭代荣所作的《政协第八届阳谷县委员会常务委员会工作报告》。报告总结了一年来的常委会所做的主要工作：加强政治理论学习，提高了做好政协工作的自觉性；围绕中心、服务大局，切实履行政协职能；努力增进团结，维护社会稳定；自身建设迈出了新步伐。并对下步工作提出4点建议。

县政协副主席王长亮作《政协第八届阳谷县委员会第四次会议以来提案工作情况的报告》和《政协第八届阳谷县委员会第五次会议提案审查情况的报告》。与会委员列席阳谷县第十四届人民代表大会第五次会议，听取并讨论县长关华所作的《政府工作报告（协商讨论稿）》《阳谷县2001年国民经济和社会发展计划执行情况及2002年国民经济和社会发展计划（草案）的报告》及其他报告。会议通过了各项决议。县政协主席郭代荣作闭幕讲话。

县政协八届五次会议会场（一）

县委书记汪文耀（左二）、县政协主席郭代荣（左一）等领导看望政协委员

县政协主席郭代荣在县政协八届五次会议上作常委会工作报告

县政协八届五次会议主席台

县政协八届五次会议会场（二）

第二节 常务委员会议

1998年2月至2003年1月，政协第八届阳谷县委员会共召开常务委员会22次。

八届一次常委会议

1998年2月16日，县政协召开八届一次常委会议。郭代荣主持会议。会议介绍政协第八届阳谷县委员会主席候选人郭代荣，副主席候选人仝绪启、陈明诰、韦燕福、杜元亮、苏永侠等6人情况，以及30名政协常委的基本情况；通过了《政协第八届阳谷县委员会选举办法（草案）》。

八届二次常委（扩大）会议

1998年4月15日，县政协召开八届二次常委（扩大）会议。会议传达了李瑞环主席在全国政协九届一次会议闭幕会上的讲话和市政协九届一次会议精神。会议通过了《政协第八届阳谷县委员会一九九八年工作要点》《政协第八届阳谷县委员会常务委员会工作规则》《政协阳谷县委员会专门委员会组织通则》。会议公布了主席、副主席、专职副书记、秘书长分工，传达了中共阳谷县委阳任字〔1998〕9号文件。

八届三次常委（扩大）会议

1998年11月4日上午，县政协在县委招待所召开八届三次常委（扩大）会议。会议学习贯彻中共十五届三中全会精神；听取县政府通报全县经济运行及其他情况；通报县政协对全县“三资”企业、国有企业下岗职工再就业及全县农村合作医疗的调查情况；通过关于举办政协委员培训班的方案；通过县政协机关科室负责人的任职。

八届四次常委会议

1998年12月30日，县政协召开八届四次常委会议。会议传达全市政协会议精神；通过政协第八届阳谷县委员会任命陈方杰、王希才等为乡镇政协工委主任、副主任的任职；为贯彻落实中共十五届三中全会精神，部分政协常委和委员就发展农业建言献策。

八届五次常委会议

1999年1月21日，县政协召开八届五次常委会议。会议通过关于召开阳谷县政协八届二次会议的决定，通过第八届常委会工作报告，会议议程、日程（草案），秘书长、副秘书长建议名单，常委值日建议名单，召集人建议名单，增补13人为政协第八届阳谷县委员会委员。

八届六次常委会议

1999年1月25日，县政协召开八届六次常委会议。会议由郭代荣主席主持。会议通过八届二次会议决议（草案）；协商通过了选举16名常务委员事宜；通过了《政协第八届阳谷县委员会选举办法（草案）》。

八届七次常委会议

1999年4月9日，县政协召开八届七次常委会议。会议围绕全县开展的几项重点工作，听取了县建委、多种经营办公室和工商局关于城建工作、产业结构调整和个体私营经济工作情况的通报，部分常委提出了意见、建议；传达学习了全国、省、市政协会议精神和江泽民总书记在纪念人民政协成立五十周年庆祝大会上的重要讲话，并对落实上级政协会议精神作了具体安排；审议通过了《政协第八届阳谷县委员会一九九九年工作要点》《政协阳谷县委员会关于充分发挥政协委员作用的意见》《政协阳谷县委员会常委联系委员的通知》。

八届八次常委会议

1999 年 8 月 4 日，县政协召开八届八次常委会议。副县长孙兰雨通报全县上半年经济运行情况；县教委、民政局、建委、环保局、交通局、畜牧局等单位汇报提案办理情况；杨忠贤、吴兆俊等委员就委员联系制度发言，县政协主席郭代荣对委员联系制度作说明；县委副书记关华传达上级关于同邪教组织作斗争的指导思想和政策。

八届九次常委会议

1999 年 12 月 30 日，县政协召开八届九次常委会议。会议围绕发展个体私营经济进行研讨，组织常委到张秋、闫楼两个乡镇视察个体私营经济的发展情况，听取副县长潘福章关于全县个体私营经济发展情况的通报，6 名常委就加快个体私营经济发展进行了发言。

八届十次常委会议

2000 年 1 月 17 日，县政协召开八届十次常委会议。会议通过关于召开阳谷县政协八届三次会议的决定，通过第八届三次会议秘书长、副秘书长建议名单，常委值日建议名单。增补 15 名同志为政协第八届阳谷县委员会委员。

八届十一次常委会议

2000 年 1 月 22 日，县政协召开八届十一次常委会议。会议审议通过县政协八届三次会议议程、日程（草案），选举办法（草案）。协商增补吕顺成为政协第八届阳谷县委员会副主席。

八届十二次常委会议

2000 年 7 月 6 日，县政协召开八届十二次常委会议。会议传达了聊办发〔2000〕27 号文件和市政协九届十一次常委会议精神，通过了政协阳谷县委会关于组织政协委员对政府有关部门发展个体私营经济服务承诺进行评议的实施细则及时间安排。会议传达了阳发〔2000〕51 号文件和阳协发〔2000〕2 号、3 号、4 号文件。会议作了关于专门委员会设置情况调整的说明，并审议通过了县政协经济科技委员会和学习宣传文史联谊委员会主任人选，吴兆俊任阳谷县政协经济科技委员会主任，杨忠贤任阳谷县政协学习宣传文史联谊委员会主任。

八届十三次常委会议

2000 年 12 月 6 日，县政协召开八届十三次常委会议。会议听取副县长孙兰雨通报全县1—10月经济运行情况；重点提案承办单位建委、畜牧局、农业局、环保局、多办、教委汇报提案办理情况；县政协主席郭代荣传达市政协九届十二次常委会议精神。

八届十四次常委会议

2001年1月30日，县政协召开八届十四次常委会议。会议审议通过关于召开阳谷县政协八届四次会议的决定；审议通过第八届常委会工作报告（讨论稿）并推举县政协主席郭代荣为报告人；讨论通过提案工作报告，秘书长、副秘书长建议名单，常委值日建议名单；增补王长亮、苏景旺为政协第八届阳谷县委员会委员。

八届十五次常委会议

2001年2月4日，县政协召开八届十五次常委会议。会议由郭代荣主席主持。会议审议通过县政协第八届委员会第四次会议决议（草案）、县政协第八届委员会选举办法（草案）；审议通过增选王长亮、张长英、杨廷军为政协第八届阳谷县委员会副主席的决定；补选张洪平为政协第八届阳谷县委员会常务委员事宜。

八届十六次常委会议

2001年5月16日，县政协召开八届十六次常委会议。会议学习李瑞环主席在全国政协九届四次会议闭幕会上的讲话；听取副县长徐莹通报全县城市经济和城市建设情况；县政协主席郭代荣安排政协工作。

八届十七次常委会议

2001年12月11日，县政协召开八届十七次常委会议。会议听取副县长徐莹通报当年全县经济运行和社会发展情况，县财政局局长李金山作《关于我县2001年1—11月份财政预算执行情况的汇报》，县农委主任李恒军作《阳谷县农村产业结构调整情况汇报》，县政法委副书记张晓阳作《阳谷县2001年度社会治安综合治理工作汇报》。县政协主席郭代荣总结会议情况，部署下一步工作。

八届十八次常委会议

2002年1月16日，县政协召开八届十八次常委会议。会议通过关于召开阳谷县政协八届五次会议的决定；通过八届五次会议议程、日程（草案）；秘书长、副秘书长建议名单，常委值日建议名单，各组召集人建议名单；增补丁业强、刘洪军、李代海、吴彩云、范宪明、曹保国为政协第八届阳谷县委员会委员；审议通过八届常务委员会工作报告（讨论稿）并推举县政协主席郭代荣为报告人；审议通过提案工作报告并推荐王长亮为报告人。

县政协八届十九次常委会议

八届十九次常委会议

2002年1月23日，县政协召开八届十九次常委会议。会议由县政协主席郭代荣主持，审议通过县政协八届五次会议决议（草案）。

八届二十次常委会议

2002年4月25日，县政协召开八届二十次常委会议。会议传达省政协八届五次会议精神提纲，县政协主席郭代荣安排部署下一步工作。

八届二十一次常委会议

2002年6月4日，县政协召开八届二十一次常委会议。县政协经济科技委员会汇报对农村产业结构调整的调查情况，教委汇报全县基础教育工作情况，计生委汇报当前全县计划生育工作情况。

八届二十二次常委会议

2003年1月16日，县政协召开八届二十二次常委会议。会议通过关于召开阳谷县政协九届一次会议的决定；通过九届一次会议议程、日程（草案），大会选举办法（草案），八届政协常委会工作报告（讨论稿）。

第三节 主要工作

委员学习

1998年2月至2003年1月，县政协把学习作为政协工作的重要组成部分常抓不懈。建立了学习委员会和政协委员学习小组，制定学习计划，编印了学习材料，组织委员学习中共十五大和十五届历次会议精神，学习邓小平理论、“三个代表”重要思想和党的各项方针政策。同时根据形势和工作需要，组织了不同形式的经验交流会、学习现场会与统战理论座谈会，让委员及时了解党的路线、方针、政策，提高自我思想认识水平及履行政协各项职能的能力。

1998年11月，召开八届三次常委会议，传达学习了中共十五届三中全会精神，并结合政协实际，安排部署了学习贯彻意见。12月，针对换届后新委员多、对政协业务不熟的情况，举办了由全体政协委员和政协工作人员参加的学习培训班，系统学习了政协章程、统战理论。1999年，全国、省、市政协会议召开后，召开八届七次常委会，传达学习全国、省、市政协会议精神和江泽民同志在纪念人民政协成立五十周年庆祝大会上的讲话，并对学习落实上级政协会议精神作了具体安排。结合全国开展的与邪教组织斗争的活动，在八届八次常委会上及时传达上级关于同邪教组织斗争的指导思想和政策，动员全体委员同邪教组织做坚决的斗争。2000年，按照全县统一部署，积极开展“三讲”教育活动，制定了《关于进一步搞好机关学习的意见》。

提案工作

第八届县政协共收到提案478件，立案451件。其中，经济建设方面的217件，教育、科技、卫生、体育方面的145件，劳动人事、统战政协、民族宗教方面的73件，其他方面的16件。提案答复率达到100%，落实率达到85%，委员满意率达到90%以上。

为使提案工作达到程序化、规范化、制度化，县政协制定了《提案委员会工作简则》，明确了提案的权限、宗旨和职责；建立了情况通报会、提案交办会、承办对话会、提案落实会、优秀提案和先进承办单位表彰会等会议制度；建立了提案办理领导机构、办事机构和承办机构；制定了提案征集、审理、选编、交办、复文、反馈、督办、归档等工作程序。1999年，在县电视台开办《提案追踪》专栏，对提案办理情况进行追踪报道，有力地促进了提案的办理和落实。

八届一次会议期间，针对杨忠贤、申培社委员提出的“关于加强农业科技问题”的提案，县政府高度重视，专门安排农广校在全县21个乡镇招收了500名农民进行农业科技培训，并投资100多万元，在全县农村建立乡镇级科技推广服务组织206个，村级服务点978个，研究会和各种形式的农技贸一体化组织86家，使全县农业实用技术覆盖面达到60%以上，有力地促进了全县农村经济的发展。教育界委员提出的关于拖欠教师工资问题的提案，县委、县政府专门召开会议进行研究，确定从1998年7月开始对农村教育费附加实行“乡征、县管、乡用”，使教师工资长期拖欠的问题得到基本解决。八届二次会议期间，关于“发展鲁西黄牛和小尾寒羊问题”的提案，县畜牧局高度重视，向省畜牧局呈交了《阳谷县黄牛品种杂交改良实施报告》和《沿黄六乡镇小尾寒羊选育开发项目的报告》，得到省畜牧局的支持。根据陈焕云、周振光委员关于改造邵楼、曹庄低洼盐碱地问题的提案，县水利局积极采纳委员提出的利用沉沙淤地改良土壤的建议，联合郭屯乡、邵楼村、曹庄村，利用五年时间，将1000多亩低洼盐碱地变成良田。八届三次会议期间，杨忠贤委员关于建立小麦良种实验示范田的提案，得到县农业局的高度重视，分别从山东省农科院、山东农业大学、泰安农科所等6个科研单位引进小麦良种20余个，在西湖、寿张、闫楼、杨庄等乡镇安排对照对比实验点40余个，面积达2万余亩，通过对比实验，从中选出3～4个优良品种，在全县进行了大面积推广。八届四次会议期间，根据张义元委员关于加强各广场娱乐活动管理，确保城镇居民正常休息的提案，县文化局及时研究制定了《文化市场整顿治理方案》，下发了《关于禁止城区经营露天卡拉OK的通知》，联合公安、环保等部门进行严格检查，取缔城内露天卡拉OK摊点20余处。

其他，如关于城镇建设规划、搞好农村产业结构调整、整顿电脑游戏厅、搞好县城卫生管理、减轻中小学生负担、引进高蛋白玉米种、搞好山羊改良、治理废水污染、加强医药管理、发展旅游业等问题的提案，都得到了不同程度的解决，为推动全县“两个文明”建设发挥了积极作用。

视察调研工作

第八届县政协紧紧围绕全县经济建设的宏观问题，促进经济和社会发展的热点问题，本着“精心选题、深入调查、反复论证、及时反馈”的原则，共组织开展视察调研活动42次，形成专题调研报告和专项建议48件。

1998年，县政协分别以下岗职工再就业、“三资”企业、村级领导班子建设、农村合作医疗、土地资源及闲散土地开发再利用、企业改制、退休金社会化发放等为专题，深入农村、工厂和企事业单位开展调查，写出了近20篇调查报告。比如，7月，为促进外向型经济及“三资”企业的发展，组织委员对全县“三资”企业进行调研，在充分调研的基础上，形成了《关于对全县“三资”企业的调查报告》，提出加强对“三资”企业的后期管理、增强服务意识，改善企业的外部环境、提高合资项目的成功率等意见建议。8月，组织委员，采取听、看、议，重点调查与全面了解相结合的方法，对全县国有企业下岗职工及再就业情况和存在问题进行了全面调查，形成了《关于全县国有企业下岗职工及再就业情况的调查报告》，提出加强用工管理，优先安排下岗职工上岗、搞好经济建设，拓宽就业渠道、大力开展转岗专业培训，抓好培训促就业、建立再就业工作目标责任制，切实抓好再就业政策的落实等意见建议。10月，组织委员对全县农村合作医疗情况进行了专题调研，形成了《关于农村合作医疗的调查报告》，提出理顺筹资渠道，切实加强对合作医疗资金的管理、制定合作医疗规划，完善合作医疗各项规章制度、讲求实效，不断提高服务质量等意见建议。

1999年，县政协分别对城建、税务改制企业、国有企业改革、创建卫生城、个体私营经济和政法、全县水资源开发与农业用水情况等方面的工作，开展了一系列的视察调查工作，形成了8篇有份量的调查报告。如为促进改制企业健康发展，4月，县政协深入阳谷五金工具公司、银海机械厂、华信实业股份有限公司等改制企业进行调查，提出了减轻企业资金压力、规范企业养老保险以及优化企业外部环境的建议，引起了县委、县政府的重视。

2000年，县政协对实验小学校区进行调查，以政协文件下发《关于扩建实验小学问题的建议案》。同时，还分别就基层群众所反映的民主监督工作、优化个体私营经济的外部环境、

“一控双达标”的环保工作情况、中小学生素质教育实施情况等方面的工作，开展了一系列调查视察活动。在调查视察活动中，调查人员深入基层，注重反映社情民意，进一步提高了调查视察工作的实效。

2001年，县政协经济科技委员会对全县农村产业结构调整进行调查，形成了《关于我县农村产业结构调整的视察报告》，就如何适应加入WTO的要求，进一步做好阳谷县农村产业结构调整提出了意见和建议；社会法制委员会对农村矛盾纠纷进行调查，形成了《关于做好矛盾纠纷排查调处工作的调查报告》。

2002年，县政协经济科技委员会对农业入世后问题进行深入调研，县委办公室以《推动我县农业跨越式发展》为题目转发全县。6月，县政协对城区计划生育工作进行了视察和调研，全面了解了全县城区计划生育管理现状，广泛征求了相关阶层及相关部门对城区计划生育体制的看法，在此基础上，形成了《关于改革城市计划生育管理体制的视察报告》，系统分析了现行管理体制下城区计划生育工作存在的困难和问题以及推行改革的必要性，并就搞好全县城市计划生育管理体制改革提出建立以政府投入为主体的计划生育经费保障机制、进一步落实计划生育责任制、建立健全以扶贫救助为主要内容的计生协会组织等意见、建议。8月，组织委员组成教师工资、教师管理体制、中小学规划布局、县乡村的教育义务4个专题组，对全县基础教育改革进行了视察和调研，形成了《关于基础教育改革的视察报告》，提出进一步完善教师考核聘任制度、制定公立学校向民办学校流动的管理办法、进一步规范教师工资管理、多渠道增加教育投入等意见、建议。

文史资料工作

八届县政协以“存史、资政、育人”为目的，积极挖掘阳谷文史资料资源，加强文史资料整理工作。先后编辑出版了《王伦起义史料》《回忆范筑先将军六记》《阳谷文史集刊》《汤显祖与阳谷七级》《张秋挂剑台五体十三碑专辑》等文史资料。配合省市政协编撰了《山东省重点文物保护纪实》《齐鲁戏曲春秋》《山东农村经济改革亲历记》《齐鲁百年名碑集》《中央领导人在山东》《聊城市名优特新产品》等涉及阳谷的部分史料。对库存百万字的资料进行了整理编目，完成了50万字的《阳谷文史集刊》（上下卷）的编辑出版，该书被省政协评为文史图书二等奖。在1999年、2002年省政协举办的2次文史评奖工作中，阳谷县政协均被授予“全省文史工作优秀集体”称号。2002年12月27日，《联合日报》专版介绍了阳谷的文史集萃、旅游文化。做好了《春秋》《联合日报》《人民政协报》的发行工作。

宣传联络信息工作

第八届县政协利用报刊、电视、广播等新闻宣传媒介，加强了对全委会、常委会、座谈会、视察调研活动的宣传报道。

1999年，召开由各界人士参加的庆祝人民政协成立五十周年座谈会，与各界人士共同回顾五十年来人民政协的光辉历程。与阳谷县电视台联合创办了《政协工作宣传专栏》。聊城市电视台、《聊城日报》、聊城广播电台、聊城市影像中心四大新闻媒体，对阳谷县部分民营企业界政协委员进行专题报道。展示委员风采的《武松故乡的木雕人》在省电视台展播。在《联合日报》《人民政协报》等报刊上发表通讯报道260余篇。2000年，有3名委员被市政协评为优秀通讯员，机关1名同志荣获省委宣传部、省政协办公厅联合颁发的“山东省2000年宣传人民政协好新闻”三等奖。

县政协把了解和反映社情民意作为政协履行职能的重点之一，深化和拓展了社情民意工作，要求每位委员每年至少写一条反映社情民意信息，提出一条有价值的建议。5年来共报送反映社情民意的各种信息310余条，在群众中产生了广泛的影响。

联谊工作

县政协积极鼓励政协委员同港澳台同胞、海外侨胞保持广泛联系。在侨台属委员中开展了“三个一”（即：发一封信、提供一条信息、引进一个项目）活动。积极做好“三胞”亲属、海外人士的接待和服务工作，通过不同形式，向他们宣传“和平统一、一国两制”的方针，介绍家乡巨变，激发他们的爱国思乡之情。

1998年2月至2003年1月，县政协进一步扩大对外联谊交往。1998年，参加了京九沿线县级政协联谊会，2000年，开始参加晋冀鲁豫十六县（市、区）政协联谊会，同全国100多个县市政协建立了密切联系，在交流信息、增进友谊、推介阳谷、招商引资等方面收到了良好的效果，促进了阳谷县的对外开放和经济发展。

自身建设

第八届县政协自身建设和机关建设不断得到加强。为进一步加强规范化、制度化建设，按照政协章程的规定，建立健全了专门委员会，研究制定了《关于进一步发挥专委会作用的意见》《常务委员会工作规则》《专门委员会组织通则》以及其他一些规章制度。为充分发挥政协委员作用，进一步加强同委员的联系与沟通，1999年出台了《关于充分发挥政协委员作用的意见》，建立了县政协常委联系委员制度。2000年，建立了政协领导公开接访委员日制度。乡镇政协工作机构得到加强。1998年，配合县委调整了各乡镇政协领导班子，一批年富力强、热爱政协工作的同志担任了乡镇政协工委主任、副主任，进一步提高了服务能力和工作效率。加强了政协机关建设，建立了学习制度、工作制度、后勤制度以及机关工作人员实行“德、能、勤、绩”百分考核制度等，全面加强了机关思想、组织、作风建设和道德素质教育，提拔、交流了一批中青年干部，形成了“团结谋事，民主和谐，一心一意谋工作，心情舒畅干事业”的工作氛围，树立了政协机关良好的社会形象。

第十一章 第九届阳谷县委员会

第一节 全体委员会议

九届一次全委会议

2003年1月19日至22日，政协第九届阳谷县委员会第一次会议在阳谷举行。本届委员203名，由19个界别组成。

中共阳谷县委书记汪文耀讲话。会议听取并审议了县政协主席郭代荣所作的《总结经验 与时俱进 努力开创政协工作的新局面——在政协第九届阳谷县委员会第一次会议上的报告》。会议总结了第八届委员会五年来所做的主要工作：围绕党政中心履行职能，取得了可喜成效；发挥提案和反映社情民意的作用，代表与反映了各界群众的利益诉求；牢牢把握团结和民主两大主题，努力维护了社会政治稳定；积极探索，不断创新，履行民主监督职能取得了新进展；扩大宣传联谊，存史、资政、育人，取得了累累硕果；积极参与改革和建设的实践，增强了政协的社会影响力；注重学习，创新机制，推进了政协工作的规范化、制度化建设。对下一步的工作提出了5点建议。

县政协副主席王长亮作《政协第八届阳谷县委员会第一次会议以来提案工作情况的报告》，县政协副主席王明惠作《政协第九届阳谷县委员会第一次会议提案审查情况的报告》。列席阳谷县第十五届人民代表大会第一次会议，听取并讨论县长关华所作的《政府工作报告》和其他报告。会议选举潘福章为县政协主席，王长亮、张长英、杨廷军、王守良、王明惠、潘景会为副主席，赵运涛为秘书长，选举常务委员37名。会议通过了各项决议。县政协主席潘福章作闭幕讲话。

县政协九届一次会议县委书记汪文耀作重要讲话

县政协九届一次会议县长关华和政协委员一起讨论

县政协九届一次会议开幕式

县政协九届一次会议选举大会

九届二次全委会议

2004年2月6日至9日，政协第九届阳谷县委员会第二次会议在阳谷举行。本届委员233名，由19个界别组成。

中共阳谷县委书记汪文耀讲话。听取并审议了县政协主席潘福章所作的《政协第九届阳谷县委员会常务委员会工作报告》。报告总结了一年来常委会所做的主要工作：认真贯彻落实中共阳谷县十届二次全委会和县委工作会议精神，自觉为加快阳谷县跨越发展凝聚人心、造势蓄力；抓住热点、难点问题，深入开展视察调研和协商议政，积极为改革发展稳定建言献策；充分发挥政协组织的桥梁、纽带作用，努力促进社会团结稳定；加强宣传文史联谊工作，扩大阳谷县的对外开放；参政议政与办实事相结合，在实干中树立了政协的良好形象；适应新形势、新任务的要求，进一步加强了政协自身建设。从4个方面明确了2004年的工作重点。

县政协副主席王明惠作《政协第九届阳谷县委员会第一次会议以来提案工作情况的报告》和《政协第九届阳谷县委员会第二次会议提案审查情况的报告》。与会人员列席阳谷县第十五届人民代表大会第二次会议，听取和讨论县长关华所作的《政府工作报告》《阳谷县2003年国民经济和社会发展计划执行情况及2004年国民经济和社会发展计划（草案）的报告》和其他报告。会议增选政协第九届阳谷县委员会常务委员19名，会议表彰了“十佳”优秀提案。会议通过了各项决议。县政协主席潘福章致闭幕词。

县政协九届二次会议期间县委书记汪文耀讲话

县政协九届二次会议期间主席潘福章作常委会工作报告

县政协九届二次会议会场

九届三次全委会议

2005年1月31日至2月3日，政协第九届阳谷县委员会第三次会议在阳谷举行。本届委员241名，由19个界别组成。

中共阳谷县委书记汪文耀作重要讲话。会议听取和审议了县政协主席潘福章所作的《政协第九届阳谷县委员会常务委员会工作报告》。报告总结了一年来的常委会所做的主要工作：坚持把促进发展作为履行职能的第一要务，积极为建设“经济强县、文化大县”献计出力；充分发挥常委会的作用，围绕树立和落实科学发展观、加强党的执政能力建设搞好专题议政；充分发挥政协的独特优势，努力做好团结稳定的工作；加强宣传文史联谊工作，努力扩大对外开放；鼓励委员争做干事创业的表率，为推进阳谷县的现代化建设贡献力量；进一步加强自身建设，不断提高履行职能的水平。明确了2005年的5项重点工作任务。

县政协副主席王明惠作《政协第九届阳谷县委员会第二次会议以来提案工作情况的报告》和《政协第九届阳谷县委员会第三次会议提案审查情况的报告》。与会人员列席了阳谷县第十五届人民代表大会第三次会议，听取并讨论了县长关华所作的《政府工作报告》及其他有关报告。会议表彰了10名优秀政协委员、10件优秀提案和10个提案先进承办单位。会议通过了各项决议。县政协主席潘福章致闭幕词。

九届四次全委会议

2006年2月13日至16日，政协第九届阳谷县委员会第四次会议在阳谷举行。本届委员242名，由19个界别组成。

中共阳谷县委书记关华讲话。会议听取和审议了县政协主席潘福章所作的《政协第九届阳谷县委员会常务委员会工作报告》，报告总结了一年来的常委会所做的主要工作：围绕建设“经济强县、文化大县”的大目标，扎实履行政协职能；利用视察调研等方式，推动县委、县政府重大决策的贯彻实施；发挥政协的独特优势，积极为构建和谐阳谷贡献力量；发挥提案和反映社情民意的作用，切实做好事关人民群众切身利益的工作；加强宣传联谊，积极做好宣传阳谷、推介阳谷的工作；搭建委员活动平台，积极为委员履行职能创造条件；发挥人才荟萃的优势，在促进经济社会发展中办实事、出实力；扎实开展保持共产党员先进性教育活动，进一步加强政协队伍建设。明确了2006年的5项重点工作任务。

县政协副主席王明惠作《政协第九届阳谷县委员会第三次会议以来提案工作情况的报告》，县政协副主席李金山作《政协第九届阳谷县委员会第四次会议提案审查情况的报告》。会议表彰了“十佳”政协委员、“十佳”优秀提案和“十佳”委员提案先进承办单位。与会委员列席了阳谷县第十五届人民代表大会第四次会议，听取和讨论了《政府工作报告》《阳谷县“十一五”发展纲要》《阳谷县2005年国民经济和社会发展计划执行情况及2006年国民经济和社会发展（草案）的报告》和其他报告。会议补选李金山为政协第九届阳谷县委员会副主席，岳修航为秘书长，增选常务委员3名。会议通过了各项决议。潘福章主席致闭幕词。

县政协九届四次会议主席潘福章作常委会工作报告

县政协九届四次会议会场

九届五次全委会议

2007年1月21日至24日，政协第九届阳谷县委员会第五次会议在阳谷举行。本届委员241名，由19个界别组成。

中共阳谷县委书记关华讲话。会议听取并审议县政协主席潘福章所作《政协阳谷县第九届委员会常务委员会工作报告》。报告总结了一年来的常委会所做的主要工作：加强学习，提高认识，政协委员的责任感、使命感和履行职能的能力进一步增强；围绕中心，服务大局，紧紧抓住全县经济社会发展中的重大问题献计出力；关注民生，履职为民，认真做好维护群众切身利益的工作；发扬民主，增进团结，为构建和谐阳谷凝心聚力；发挥优势，干事创业，树立政协良好形象；规范机制，增强活力，努力加强政协自身建设。明确了2007年的4项重点工作任务。

县政协副主席李金山作《政协第九届阳谷县委员会第四次会议以来提案工作情况的报告》和《政协第九届阳谷县委员会第五次会议提案审查情况的报

告》。会议表彰了“十佳”政协委员、“十佳”优秀提案和“十佳”提案先进承办单位。与会委员列席阳谷县第十五届人民代表大会第五次会议，听取并讨论了代县长丁东明所作的《政府工作报告》及其他报告。会议补选崔新厚、秦广胜为政协第九届阳谷县委员会副主席。会议通过了各项决议。县政协主席潘福章致闭幕词。

县政协九届五次会议县委书记关华讲话

县政协九届五次会议主席潘福章作常委会工作报告

县政协九届五次会议县领导看望政协委员

县政协九届五次会议闭幕式会场

第二节 常务委员会议

2003年1月至2007年12月，政协第九届阳谷县委员会共召开常务委员会23次。

九届一次常委会议

2003年3月21日，县政协召开九届一次常委会议。会议通过了《政协第九届阳谷县委员会常务委员会工作规则》《政协第九届阳谷县委员会常务委员会关于专门委员会设置的决定》《政协阳谷县委员会专门委员会组织通则》。

九届二次常委（扩大）会议

2003年7月8日，县政协召开九届二次常委（扩大）会议。会议审议通过了《阳谷县政协关于学习贯彻中共阳谷县十届二次全委会和县委工作会议精神的意见》，下发了《中共阳谷县委关于进一步加强政协工作的意见》；会议向全县政协委员发出了开展“献委员爱心，助寒门学子”活动的倡议。

九届三次常委会议

2003 年 10 月 24 日，县政协召开九届三次常委会议。会议审议通过了《关于抓龙头带产业促增收的建议案》。

九届四次常委会议

2004 年 1 月 28 日，县政协召开九届四次常委会议。会议增补 33 人为政协第九届阳谷县委员会委员，通过了关于召开阳谷县政协九届二次会议的决定，通过了九届二次会议秘书长、副秘书长建议名单，常委值日建议名单，各组召集人建议名单。

九届五次常委会议

2004 年 2 月 9 日，县政协召开九届五次常委会议。县政协主席潘福章主持会议。

九届六次常委会议

2004 年 4 月 8 日，县政协召开九届六次常委会议。会议审议通过了《政协阳谷县委员会 2004 年工作要点》，审议通过了政协阳谷县委员会《关于加强委员活动的意见（试行）》。

九届七次常委会议

2004 年 7 月 20 日，县政协召开九届七次常委会议。会议审议通过了《关于建设“信用阳谷”的建议》，审议通过了政协阳谷县委员会《关于县政协委员管理的办法》。

九届八次常委会议

2004 年 11 月 2 日，县政协召开九届八次常委会议。会议就树立和落实科学发展观、贯彻落实十六届四中全会精神、加强党的执政能力建设进行了专题议政，6 名常委作了专题发言。

九届九次常委会议

2005 年 1 月 31 日，县政协召开九届九次常委会议。会议增补 9 人为政协第九届阳谷县委员会委员，通过了关于召开阳谷县政协九届三次会议的决定，审议通过了《关于表彰 2004 年度全县“十佳”政协委员的决定》《关于表彰 2004 年度“十佳”优秀提案和“十佳”先进承办单位的决定》。

九届十次常委会议

2005 年 2 月 3 日，县政协召开九届十次常委会议。县政协主席潘福章主持会议。

九届十一次常委会议

2005 年 3 月，县政协召开九届十一次常委会议。会议审议通过了《阳谷县政协 2005 年工作要点》。

九届十二次常委会议

2005 年 7 月 22 日，县政协召开九届十二次常委会议。会议主要围绕文化大县建设建言议政，6 名常委作了专题发言；会议听取了县委宣传部部长周素霞《关于阳谷县近年来文化大县建设基本情况和下一步主要工作的通报》；会议通报并印发了《关于文化遗产保护、旅游资源开发以及公路建设的视察报告》。

九届十三次常委会议

2005 年 10 月 10 日，县政协召开九届十三次常委会议。会议审议通过了《关于普及高中阶段教育、筹建阳谷一中新校的建议》。

九届十四次常委会议

2006年2月13日，县政协召开九届十四次常委会议。会议通过了关于召开阳谷县政协九届四次会议的决定；通过了县政协九届四次会议议程、日程（草案），秘书长、副秘书长建议名单，常委值日建议名单、召集人建议名单；调整增补申庆朝、闫明元、冷庆臣、张校昌、李金山5人为政协第九届阳谷县委员会委员；讨论县政协九届常务委员会工作报告、九届三次会议以来提案工作情况的报告；通过表彰2005年度“十佳”政协委员的决定，通过表彰2005年度“十佳”优秀提案和“十佳”委员提案先进承办单位的决定。

九届十五次常委会议

2006年2月15日，县政协召开九届十五次常委会议。会议审议通过调整、补选的县政协九届委员会副主席、秘书长、常委候选人名单，审议通过县政协九届四次会议选举办法（草案），审议县政协九届四次会议决议（草案）。

九届十六次常委会议

2006年4月4日，县政协召开九届十六次常委会议。会议审议通过了《政协阳谷县委员会2006年工作要点》。

九届十七次常委会议

2006年8月4日，县政协召开九届十七次常委会议。会议审议通过了《关于职业教育和招商引资工作的建议》。

九届十九次常委会议

2007年1月21日，县政协召开九届十九次常委会议。会议通过了关于召开阳谷县政协九届五次会议的决定；通过了县政协九届五次会议议程、日程（草案），秘书长、副秘书长建议名单，常委值日建议名单，召集人建议名单；调整增补阳谷县政协第九届委员会委员事宜；讨论县政协九届常务委员会工作报告（讨论稿）、九届四次会议以来提案工作情况的报告（讨论稿）；通过表彰2006年度“十佳”政协委员的决定，通过表彰2006年度“十佳”优秀提案和“十佳”委员提案先进承办单位的决定。

九届二十次常委会议

2007年1月23日，县政协召开九届二十次常委会议。会议补选许春生、秦广胜、高宝金、崔新厚4人为政协第九届阳谷县委员会委员，审议通过县政协九届五次会议选举办法（草案），审议通过补选的县政协九届委员会副主席候选人名单，审议县政协九届五次会议决议（草案）。

九届二十三次常委会议

2007年12月14日，县政协召开九届二十三次常委会议。会议审议通过了县政协召开十届一次会议的决定（草案）；县政协副主席王守良作《关于政协第十届阳谷县委员会筹建工作的说明》；通过县政协第十届阳谷县委员会委员建议名单、主席团建议名单、秘书长建议名单、提案审查委员会建议名单；通过县政协十届一次会议议程、日程（草案）；讨论县政协九届常务委员会工作报告（讨论稿）、九届五次会议以来提案工作情况的报告（讨论稿）；通过表彰2007年度“十佳”政协委员的决定，通过表彰2007年度“十佳”优秀提案和“十佳”委员提案先进承办单位的决定。

第三节 主要工作

委员学习

2003年1月至2007年12月，第九届县政协坚持把学习摆在突出位置，组织各界委员和机关干部认真学习贯彻邓小平理论、“三个代表”重要思想，中共十六大及历次全会和中共十七大精神，学习贯彻县委的重大决策部署，始终使政协工作保持坚定的政治方向，努力使党的主张变为政协工作的实践。

在学习中，县政协利用常委会议、委员定期分组集中学习、政协机关定期集中学习等方式进行。开展“加快建设强市名城，我们怎么办”解放思想大讨论活动，认真总结工作经验，查找存在的不足，积极进行整改，切实使政协委员和机关干部在思想观念、精神状态、工作作风等方面得到更大的改善和提高。注重委员履职能力的培养，届初，邀请省政协的专家、学者，对政协委员进行了全员培训。及时组织委员集中学习了新修订的政协章程、胡锦涛总书记发表庆祝人民政协成立55周年大会上的讲话以及中共中央自新中国成立以来第一次颁发的《中共中央关于加强人民政协工作的意见》等内容，并编印了供委员系统学习和使用的《政协委员手册》，不断深化委员对人民政协地位、理论、性质、任务的理解与认识，为更好地开展政协工作奠定坚实基础。

提案工作

2003年1月至2007年12月，第九届县政协共收到提案792件，立案785件，截至2007年7月底，提案全部办复完毕。其中，提案所提问题已经解决或基本解决的714件，占91%；正在解决或列入计划逐步解决的56件，占7%；因条件所限，暂时难以解决的15件，占2%，这类提案承办单位都向提案者作了解释和说明。

提案工作中，第九届县政协以提高提案质量和办理质量为重点，创新探索工作方法，进一步加大提案落实力度，使提案成为广大基层群众反映问题、解决问题的重要途径。2003年，针对在提案办理中存在的重答复、轻落实的现象，推行县级领导审阅批示重点提案制度，《联合日报》以《小小审批卡，督办力量大》为题对此作了专题报道；建立激励机制，对提案撰写质量、提案落实情况进行检查评比，开展“十佳”优秀提案、“十佳”

先进承办单位活动，提案质量和提案承办单位的积极性得到提高。2004年，适应提案工作发展形势需要，开通“提案办理直通车”，构架起承办单位与提案委员之间的桥梁。如，就《严格网吧管理，切实保护未成年人的身心健康》《落实下岗职工再就业有关优惠政策》《金堤河流域沿线灌溉、排水》《加强对农民科技培训》等多件重点提案，县政协以直通车形式先后组织32名委员，对8个承办单位进行了4次专题活动。2006年，实施定期通报制度、协商办案制度等，确保了提案办理质量和办理实效。

在立案的提案中，涉及经济建设方面的提案有188件，占总数的24%，得到有关部门重视。如针对委员提到的关于调整农村产业结构的提案，县委、县政府下发了《关于大力推进农业产业化经营的意见》，确定了阳谷县农村产业结构调整的思路。对于委员提出的邮政服务“三农”的提案，县政府下发了《关于在全县农村建立邮政“三农服务站”的通知》，使邮政服务“三农”工作得到了迅速发展。委员提出的关于加大对中小畜牧业户服务、扶持力度的建议，县畜牧局组织一批业务骨干，对中小畜牧业户开展有针对性的技术服务，并通过争取上级的补贴资金，对养殖户进行畜牧良种改良。

在立案的提案中，涉及科教文卫体方面的提案有165件，占总数的21%。对委员提出的关于加强古运河沿岸文物保护的提案，得到沿运河乡镇的高度重视。张秋镇在科学论证的基础上对古运河进行了规划和初步开发，并募集资金20余万元，对张秋镇清真寺进行了维修与扩建。关于加强对农民的科技培训的建议，县科技局采纳落实，通过举办科技下乡活动和科技兴农百日活动、实施科技特派员工程等措施，向农民群众宣传科技技术信息。对多名委员提出的丰富农村文化生活的提案，县文体局积极协调，在乡村建立一室多用的文化大院，开展送戏曲、送电影下乡活动。对委员提出的在居民区增设健身器材的建议，县体育办认真落实，投资20余万元，购置多种健身器材安放在居民小区。

在立案的提案中，加强城市建设和管理、加大乡村公路养护是委员关注的焦点，共有提案306件，占总数的39%。针对委员提出的改造谷山路、大寺街，扩建宁津路南段的建议，县政府多渠道协调资金，得到了落实和解决。对于委员提出的乡村公路养护问题，有关部门和乡镇政府认真落实，积极采取多种措施，改进工作，建立了专门的公路养护队伍。

在立案的提案中，精神文明、平安阳谷、社会保障等方面共有提案126件，占总数的16%，承办单位对这些提案都进行了认真办理。针对严格网吧管理提案，县文体局、公安局等部门采取集中清理整顿网吧、建立规范网吧经营长效机制等措施，净化网络文化市场。围绕委员提交的落实下岗职工再就业有关优惠政策的提案，县劳动局积极采取多种措施，维护社会稳定。

视察调研工作

第九届县政协紧紧围绕中心工作，深入开展协商讨论和专题议政，积极为建设“经济强县、文化大县”献计出力。五年来，共开展视察调研活动35次，向县委、县政府报送建议案、调查视察报告32份。

2003年，为推进农村产业结构调整，建立促进农民增收的长效机制，县政协从农业、科技、科协等界别抽选43名政协委员进行集中调研，广泛听取各个阶层人士、农业企业的厂长及经理、乡村干部、农民群众对破解“三农”问题的意见、建议。政协委员竭诚尽智，围绕农业龙头企业带动农民增收致富、发展订单农业、标准化农业、建设农业销售体系、建立推动农村产业结构调整运作机制、乡村干部职能转型、加快外向型农业发展等10个方面，形成66篇有价值的调研报告。并赴济南农工商集团佳宝乳业公司、莱阳龙大集团、鲁花集团等单位进行了学习考察。2003年10月15日，县政协组织部分政协委员对与农业结构调整相关的农业龙头企业进行了专题视察，形成了《关于农业结构调整专题视察报告》。2013年10月24日，召开县政协九届三次常委扩大会议，专题议政“三农”，形成了“依靠农业龙头企业、带动农村产业结构调整、促进农民增收、财政增收”的建议案，建议要转变思想，树立抓龙头带产业促增收的新理念；立足资源优势，大力培育发展壮大农业龙头企业；发挥农业龙头企业的主导作用，带动农户实现产业调整、生产分化；增强服务意识，转变政府职能。县委、县政府高度重视和采纳，县政府出台《关于进一步推进农业产业化经营的意见》，明确了当前和今后一个时期农业和农村经济的发展思路和发展方向。着力于巩固和发展教育工作，2003年10月31日，对县一中、三中进行了视察，形成了《关于教育改革与发展的视察报告》，提出以扩大优质高中办学规模为重点，搭建教育大发展平台；以优化师资队伍为重点，增添教育发展动力；以规范面向学校的收费为重点，进一步优化教育发展环境等6条建议，供县委、县政府决策参考。针对农村精神生活匮乏、农村偷盗案件比较突出问题，进行专题议政，形成《关于农村精神文化生活和社会稳定的调研报告》，提出“恢复建立农村电影放映队，传播先进农村文化；村村建立夜间打更巡逻队，实行村民义务轮流打更，遏制农村偷盗案件发生”等7条建议。2003年12月10日，组织有关界别委员对全县的商流业进行了专题视察，形成了《关于商流业的视察报告》。

2004年，为响应县委、县政府提出的建设经济强县、文化大县的号召，围绕改善和优化经济发展环境，县政协开展专题调研，与69名政协委员法人企业的厂长、经理座谈，向63家民营企业、31个个体工商户、49个行政执法管理部门发放调查问卷，广泛征求意见和建议，形成了《关于改善和优化经济发展环境的调查报告》，提出“不搞收费返还，低标准核定，并向社会公开收费数额；建立综合执法机构，规避部门多头执法；建立从政行为监督制约机制；加快建立信用担保机构；加强城区、公路、园区等硬件设施建设；外商、内商同等享受优惠政策”等10余条建议，得到县委、县政府高度重视。同时，针对调研中反映的问题，与相关部门进行协商议政，规范部门行为、改进部门服务，力促调研成果转化。聚焦“讲诚信，树形象，促发展”，县政协深入调查研究，形成《关于建设“信用阳谷”的建议》，提出了“培育信用政府、信用企业、信用个人三大主体，建立信用信息网络，发展信用中介服务，建立信用奖惩机制，加强诚信教育，开展诚信活动”等一系列建议和对策，为建设诚信阳谷、塑造阳谷新形象贡献政协智慧与力量。着力于推动文化大县建设，组织有关部门负责人考察了南方发达县市建设文化大县的先进经验，提出了《关于加快文化大县建设的建议》，建议提出要对文化大县进行科学定位，构筑以实施思想道德建设、建设学习型社会、文化精品、全民文体活动、城市文化、对外文化交流、旅游开发、文化产业、文化人才、文化遗产修复保护十大工程为基本内容的文化大县建设的总体框架。县委、县政府高度重视，专门在全县各级领导干部会议上作了汇报。认真贯彻落实中共中央《关于促进农民增收若干政策的意见》，把农民增收问题作为工作的重中之重，持续关注“三农”问题。针对意见的贯彻落实情况，组织部分政协委员对全县18个乡镇、街道进行了专题视察，形成了《关于农村产业结构调整的视察报告》，提出“坚持不懈抓调整，持之以恒强优势，在产业优化升级上搞突破，改善农村产业结构调整的发展环境、领导方式和服务方式”等6条建议，为做好“三农”工作提供了重要的决策参考。

县政协委员到企业视察(一)

2005年，围绕“村村通公路”工

程，对9个乡镇公路建设进行了专题视察，形成了《加快交通基础设施建设，促进经济社会全面发展的视察报告》；就全县文化遗产保护和旅游资源开发利用进行专题视察，形成了《保护开发历史文化资源，做大做强文化旅游产业的视察报告》，提出“要做好文物保护和旅游开发文章，彰显出阳谷特色和品牌；加强旅游景区配套建设，提升阳谷旅游档位和品次；建立政府引导、市场运作的多元投入机制，增加文物保护和旅游资源开发利用的资金投入”等建议。就如何促进全县教育跨越发展，深入开展调研，提出了《普及高中阶段教育、筹建阳谷一中新校的建议》。另外，对县公安局、县法院、县交警队等社会关注的热点部门，开展了部门视察，加强了部门监督，推动了部门工作的提升。

2006年，县政协对教育局、文体局、广电局所承办委员提案办理情况、农资市场建设、农村契约式联防保险、出生人口性别综合治理等重点问题，开展了深入的视察调研。其中，视察调研农村契约式联防保险工作所撰写的《三次调研力谋阳谷长治久安》的报道，先后在《人民政协报》《人民日报》上刊发，在全国引起了强烈反响，全国各地纷纷到阳谷考察，学习农村契约式保险联防经验。

2007年，为更好地服务于县委、县政府的中心和大局，第九届县政协在运用视察调研、会议、提案以及政协委员担任部门特邀监督员等形式，在加强民主监督的同时，围绕贯彻落实县第十一次党代会精神，着眼于解决经济发展中存在的环境问题，积极探索更加直接、针对性更强的民主监督职能的新形式，组织百名政协委员对30个重点执法服务部门实施民主监督，作为贯穿全年的一项重点工作来抓。此项活动得到县委高度重视，县委、县政府专门转发了实施意见，县委、县纪委的领导直接参与活动的领导和实施。其间，共召开座谈会37次，发放调查问卷860余份，直接或间接走访4800余人次，搜集部门问题和意见建议450余条，遵照原汁原味的原则，分门别类地逐一向有关部门进行了反馈。为促进问题整改和建议落实，又采取开展部门视察等方式，加大促改力度，使一些群众反映强烈的问题和建议得到很好地解决与落实。

县政协委员到企业视察（二）

文史资料工作

第九届县政协坚持广征博采，不断加强文史资料的收集整理工作。

2003年，县政协坚持亲历、亲见、

亲闻的“三亲”方针，完成了十万多字的文史资料征集任务和《委员风采》一书的编辑整理工作，为聊城市政协编辑出版《聊城市重大历史事件》《聊城市政协志》等提供资料 12 篇。2003 年 9 月，与老年书画协会合作，编印《景阳冈记九家四体书》。

2004 年，为更好地服务于文化大县建设，县政协组织 11 个部门的精干力量，对阳谷县的历史文化进行系统盘点和整理，编纂《阳谷历史与文化》。

2005 年 1 月，《阳谷文史资料·政协委员专辑》出版。

2007 年 9 月，《阳谷文史资料·教育专辑》出版。在 2007 年全省文史“三优”评选中，《阳谷文史资料·教育专辑》被评为“全省政协优秀文史书刊”三等奖，文史科被评为“全省优秀文史工作先进集体”，郑清铭、杨世钟两人被评为“全省优秀文史工作者”。为市政协出版《聊城重要历史事件》《聊城重要历史人物》《聊城文史》提供稿件 16 篇。

宣传联络信息工作

2003 年 1 月至 2007 年 12 月，第九届县政协以宣传阳谷县改革发展的新成就、履行职能的好做法、政协委员的先进事迹为重点，先后在《人民政协报》《联合日报》《春秋》《聊城日报》等市级以上报纸杂志上发表稿件 50 余篇，其中，有 4 篇稿件在山东省“宣传人民政协好新闻”评选活动中获奖，有 15 篇稿件在聊城市“宣传人民政协好新闻”评选活动中获奖。

助寒门学子捐助仪式

2003 年，《联合日报》头版刊登了阳谷县 163 名委员奉献爱心，51 名寒门学子喜获资助事迹。抗击“非典”期间，《联合日报》以“同舟共济渡难关”为题刊登了阳谷政协委员捐款捐物支援灾区的事迹。2004 年 1 月，《联合日报》头版头条刊登《强县路上的“先行官”》稿件，有力地宣传了阳谷县政协破解“三农”问题金钥匙的工作经过，该作品荣获聊城市 2004 年度宣传人民政协好新闻一等奖。《400 孤寡老人的女儿》荣获聊城市 2004 年度“宣传人民政协好新闻”二等奖，荣获 2005 年度省委宣传部、省政协联合颁发的“宣传人民政协好新闻”三等奖，并记入《阳谷县志》。《重塑武松打虎故地》荣获聊城市 2004 年度“宣传人民政协好新闻”三等奖。2005 年度，《阳谷大寺街变坦途》《力保一方平安》荣获“宣传人民政协好新闻”三等奖。2006 年 12 月至 2007 年 5 月，《三次调研力谋阳谷长治久安》报道，在全国引起了强烈反响，先后被《人民政协报》《人民日报》采用。《李庆常和他创建的“灵渠工程”》荣获2006至2007年度“宣传人民政协好新闻”三等奖。2005年，宣传联络科李玉琳被省政协评为“宣传工作先进个人”；2006年、2007年，被市政协评为“宣传工作先进个人”；2005年8月，被市政协评为宣传人民政协优秀通讯员。

不断建立完善委员管理制度，2004年相继出台《委员管理办法》《关于加强委员活动意见》《县政协主席、副主席、常委联系委员工作制度》《关于设立委员活动室意见》《关于评选十佳政协委员的实施意见》。自2004年开始，每年开展“十佳”政协委员评选及表彰工作。

政协联谊活动

2003年4月，阳谷县政协成功举办了晋冀鲁豫十六县（市、区）政协联谊会第二十次会议。会上来自4省16县（市、区）的政协立足各自的工作实践，总结交流了近年来履行职能、服务大局的好经验、好做法，探讨了新的历史时期围绕中心、服务大局的新思路、新途径。会议期间，县政协印发《山东·阳谷》《阳谷招商指南》，组织与会人员考察了电缆集团、凿岩钎具、凤祥集团、仙农塑化等企业。

2004年，阳谷县政协开始参加沿黄六县（市区）政协书画联谊会。

2005年4月26日，长清、平阴、东平、肥城、东阿、阳谷六县（市、区）政协第三次书画联谊会在阳谷宾馆召开。相关县（市、区）政协主席、副主席、秘书长、知名书画家参会。县委副书记丁东明介绍了阳谷县基本情况和阳谷近几年来经济和社会发展的基本情况。县政协副主席王明惠作了题为“突出创新促发展，履行职能求实效”的发言，与参会的各县（市、区）政协进行了交流。会议观看了阳谷县对外宣传影碟，参观了书画作品。书画家们现场写字作画，20多位书画家献出了自己的作品。联谊会收到了良好的效果。

2007年9月19日到21日，晋冀鲁豫二十县（市、区）政协联谊会第二十八次会议在河北省香河县召开。会议主要围绕如何发挥政协作用，为构建和谐社会献计出力等主题进行了交流、讨论。阳谷县政协应邀参加。

自身建设

第九届县政协适应新形势、新任务的要求，采取多种形式，加强政协自身建设，使政协整体功能得到较好发挥。

认真贯彻落实中共中央《关于加强人民政协工作的意见》和省市政协工作会议精神，协助县委召开全县政协工作会议，研究出台了县委《关于进一步加强新形势下人民政协工作意见》和县政府《关于支持人民政协履行职能的意见》等6个重要文件，加强和改善了党对政协工作的领导，建立了党政与政协加强联系沟通的制度，规范了履行政治协商、民主监督、参政议政、三大职能的内容、形式和程序，使政协在履行职能的制度化、规范化、程序化建设方面取得了重大进展。加强常委会建设，修订《常务委员会工作规则》，不断提高常委会的整体领导能力和参政议政水平。加强专门委员会建设，及时调整、充实6个专委会组成人员，建立和落实专门委员会与政府对口部门的联系制度。

建立激励约束机制，加强委员队伍建设。建立委员履行职能档案，对委员履行职能、参政议政的情况记录登记，客观、公正地评价每位委员的履职情况。对工作成绩突出的，授予“优秀委员”荣誉称号，对“不作为”委员实行诫勉制度，对不称职委员建议取消委员资格。积极搭建活动平台。组织政协委员开展多种形式的公益资助活动。在2003年抗击“非典”的关键时期，广大政协委员和机关干部踊跃参加抗击非典捐款捐物、奉献爱心活动，其中，臧爱民委员无偿捐献了168套价值6万余元的抗“非典”防护服，有力地支援了全县防“非典”工作。在2003年全县教育突破低谷徘徊实现新跨越的重要时期，政协委员“献委员爱心、助寒门学子”，踊跃捐资助学，连续2年资助100多名贫困大学新生顺利走进了大学校门。2005年，将县直部门的162名委员划分成10个活动组，以组为单位在有条件的县直部门建起10个委员活动室。活动组按照“每季度开展一次活动”的要求，精选活动主题、突出活动实效，推进委员活动的经常化、制度化和规范化。在委员中广泛深入开展以“提一件高质量的提案，反映一条有价值的社情民意，自选课题搞一次调研，引进一个项目、技术和人才，办一件利民之事”为内容的“五个一”活动和“为建设经济强县、文化大县献计出力”活动，取得显著成效。广大政协委员以智力参政、以优势服务、以奉献立业，在各自岗位上创造了一流业绩，涌现出一大批干事创业、成绩突出的优秀委员，第九届县政协期间，已有30名优秀委员在全委会上受到隆重表彰。

加强政协机关建设。注重机关干部的培养和选拔，努力改善机关干部的工作条件，调动机关工作人员为委员服务的积极性和主动性。以建设“学习型”“服务型”“主动型”政协机关为目标，扎实开展保持共产党员先进性教育活动，着力加强机关的思想政治建设、作风建设、制度建设和党的建设。2006年，县政协机关党支部被县委授予“五个好基层党组织”和“先进基层党组织”称号。2004年、2005年、2006年连续三年被县委、县政府授予“县直部门年度考核一等奖”和“全面工作综合奖”称号。2007年，被授予“热心慈善事业先进单位”称号。

第十二章 第十届阳谷县委员会

第一节 全体委员会议

十届一次全委会议

2007年12月16日至19日，政协第十届阳谷县委员会第一次会议在阳谷举行。本届委员223名，由19个界别组成。

中共阳谷县委书记关华讲话。会议听取并审议县政协主席潘福章所作《政协第九届阳谷县委员会常务委员会工作报告》。报告总结了五年来的第九届常委会所做的主要工作：坚持把学习摆在突出位置，保持政协工作的政治方向；围绕中心履行职能，自觉为经济社会又好又快发展议政建言；充分发挥政协组织的优势作用，积极致力于社会主义和谐社会建设；积极探索履行职能的新形式，民主监督取得新突破；认真做好政协宣传文史联谊工作，不断扩大政协的社会影响；履行职能与办实事相结合，积极为阳谷县改革发展出实力；适应新形势、新任务的要求，不断加强自身建设。报告对今后的工作提出4点建议。

县政协副主席李金山作《政协第九届阳谷县委员会常务委员会提案工作报告》，县政协副主席吴春凤作《政协第十届阳谷县委员会第一次会议提案审查情况的报告》。与会委员列席阳谷县第十六届人民代表大会第一次会议，听取并讨论代县长田中俊所作的《政府工作报告》《阳谷县2007年国民经济和社会发展计划执行情况及2008年国民经济和社会发展（草案）的报告》和其他报告。会议选举崔新厚为政协第十届阳谷县委员会主席，张长英、杨廷军、王守良、潘景会、李金山、吴春凤为副主席，郑清铭为秘书长，选举常务委员31名。会议通过了各项决议。县政协主席崔新厚致闭幕讲话。

县政协十届一次会议开幕式会场

县政协十届一次会议开幕式主席台

县政协十届一次会议选举大会主席台

县政协十届一次会议选举大会会场

县政协十届一次会议期间，委员分组讨论

县委书记关华在县政协十届一次会议上讲话

县政协十届一次会议期间，代县长田中俊（左一）等领导同志看望政协委员

九届县政协主席潘福章在县政协十届一次会议上作常委会工作报告

县政协十届一次会议，县委书记关华(中)等领导看望政协委员

县政协副主席李金山在县政协十届一次会议上作提案工作报告

十届县政协主席崔新厚在县政协十届一次会议上作闭幕讲话

十届二次全委会议

2009年2月2日至5日，政协第十届阳谷县委员会第二次会议在阳谷举行。与会委员239名。

中共阳谷县委书记关华讲话。会议听取并审议县政协主席崔新厚所作的《政协第十届阳谷县委员会常务委员会工作报告》。报告总结了常委会一年来做的主要工作：以科学发展观统领政协工作全局，为促进阳谷县经济社会又好又快发展议政建言；切实履行民主监督，大力开展“优化经济发展环境服务年”活动；把关注民生作为履行职能的出发点和落脚点，切实做好事关人民群众切身利益的工作；突出团结和民主两大主题，为促进阳谷县改革发展凝心聚力；切实做好宣传文史联谊工作，推动人民政协经常性工作的创新；履行职能与办实事相结合，在推进阳谷县改革发展的实践中出实力；全面加强自身建设，提高创造性开展工作的能力和水平。并明确了2009年的4项工作任务。

县政协副主席李金山作《政协第十届阳谷县委员会常务委员会第一次会议以来的提案工作报告》，县政协副主席潘景会作《政协第十届阳谷县委员会第二次会议提案审查情况的报告》。与会委员列席阳谷县第十六届人民代表大会第二次会议，会议听取了县长田中俊所作的《政府工作报告》《阳谷县2008年国民经济和社会发展计划执行情况及2009年国民经济和社会发展的报告》和其他报告。会议听取了12位委员大会发言。会议选举增补常务委员14名。会议表彰“十佳”政协委员、“十佳”优秀提案和“十佳”提案先进承办单位。会议通过了各项决议。县政协主席崔新厚致闭幕讲话。

县政协十届二次会议会场

县委书记关华（右一）在县政协十届二次会议主席台

县政协十届二次会议主席台（左起：杨廷军、崔新厚、张长英）

十届三次全委会议

2010 年 2 月 21 日至 24 日，政协第十届阳谷县委员会第三次会议在阳谷举行。与会委员 244 名。

中共阳谷县委书记关华讲话。会议听取并审议了县政协主席崔新厚所作的《政协第十届阳谷县委员会常务委员会工作报告》。报告总结了常委会一年来做的主要工作：突出实践特色，扎实开展深入学习实践科学发展观活动；围绕中心、服务大局，积极为促进经济社会科学发展献计出力；关注民生、履职为民，努力为推进和谐社会建设贡献力量；牢牢把握团结和民主两大主题，积极为促进阳谷县改革发展凝心聚力；发挥政协组织优势，积极在推进文化强县建设中发挥作用；不断加强自身建设，为促进政协工作全面开展提供保障。并对今后工作提出 4 点建议。

县政协副主席李金山作《政协第十届阳谷县委员会常务委员会第二次会议以来的提案工作报告》和《政协第十届阳谷县委员会第三次会议提案审查情况的报告》。与会委员列席阳谷县第十六届人民代表大会第三次会议，听取并讨论了县长田中俊所作的《政府工作报告》《阳谷县 2009 年国民经济和社会发展计划执行情况及 2010 年国民经济和社会发展的报告（草案）》和其他报告。会议听取“打造文化品牌，提升阳谷形象”专题讲座。会议选举增补常务委员 5 名。会议对全县 2009 年“十佳”政协委员、“十佳”优秀提案和“十佳”提案先进承办单位进行了表彰。会议通过了各项决议。县政协主席崔新厚致闭幕讲话。

县政协十届三次会议会场

县政协主席崔新厚在县政协十届三次会议上作常委会工作报告

县政协十届三次会议期间，县委书记关华（右一）、县政协主席崔新厚（右二）等领导看望政协委员

十届四次全委会议

2011年2月10日至12日，政协第十届阳谷县委员会第四次会议在阳谷举行。与会委员249名。

中共阳谷县委书记关华讲话。会议听取并审议了县政协主席崔新厚所作的《政协第十届阳谷县委员会常务委员会工作报告》。报告总结了常委会一年来做的主要工作：强化中心意识，在服务经济、文化强县建设上有了新提升；强化民本意识，在关注民生、促进和谐上有了新提升；强化创新意识，在增强履职成效上有了新提升；强化效能意识，在政协自身建设上有了新提升。并对今后工作提出了5点建议。

县政协副主席李金山作《政协第十届阳谷县委员会常务委员会第三次会议以来的提案工作报告》和《政协第十届阳谷县委员会第四次会议提案审查情况的报告》。与会委员列席阳谷县第十六届人民代表大会第四次会议，听取并讨论县长田中俊所作的《政府工作报告》《阳谷县国民经济和社会发展第"十二个五年"规划纲要（草案）》《2010年国民经济和社会发展计划执行情况及2011年国民经济和社会发展的报告（草案）》和其他报告，听取"转方式、调结构，促进经济又好又快发展"专题讲座。会议表彰了全县2010年"十佳"政协委员、"十佳"优秀提案和"十佳"提案先进承办单位。会议通过了各项决议。县政协主席崔新厚致闭幕讲话。

县委书记关华在县政协十届四次会议上讲话

县政协主席崔新厚在县政协十届四次会议上作常委会工作报告

县政协副主席李金山在县政协十届四次会议上作提案工作报告

县政协十届四次会议上表彰“十佳”

县政协十届四次会议期间，委员分组讨论

县长田中俊（左一）、县政协主席崔新厚（左二）等领导看望政协委员

县政协十届四次会议会场

县政协十届四次会议主席台

十届五次全委会议

2011 年 6 月 27 日，政协第十届阳谷县委员会第五次会议在阳谷举行。会议接受王守良辞去县政协委员、县政协副主席的辞呈，同时增选朱丙林为县政协副主席。第十届县政协全体委员参加会议。

县政协十届五次会议会场

第二节 常务委员会议

2007年12月至2012年1月，政协第十届阳谷县委员会共召开常务委员会23次。

十届一次常委会议

2008年2月28日，县政协召开十届一次常委会议。县委书记关华委托县委组织部部长商华代表县委到会发表了重要意见，县政协主席崔新厚在会上作了重要讲话。会议传达学习了省政协十届一次会议、市政协十一届一次会议精神，明确了政协工作的目标任务和主席、副主席、秘书长分工，审议通过《政协第十届阳谷县委员会常务委员会工作规则》《政协阳谷县委员会关于加强常务委员会自身建设的意见》《政协阳谷县委员会专门委员会组织通则》《政协第十届阳谷县委员会常务委员会关于专门委员会设置的决定》等一系列重要文件，建立了常委联系委员制度。

十届二次常委会议

2008年7月24日，县政协召开十届二次常委会议。会议的中心议题是围绕事关全县大局的重大问题、全县人民群众关心关注的热点问题进行议政建言。会议听取了县政府关于上半年全县经济社会发展情况的通报；组织委员围绕加快发展服务业、推进文化大县建设、提升城市建设水平、解决民营企业融资难、加强劳动保障做了会议发言；审议通过了《县污水处理厂出水作为县城区水系水源的建议》；讨论通过了《关于发展壮大中小企业推进经济强县建设的调研报告》。县委书记关华作重要讲话。

县政协十届二次常委会

十届三次常委会议

2008年10月17日，县政协召开十届三次常委会。会议围绕纪念改革开放三十周年进行座谈，组织部分委员进行了发言，县委副书记、县长田中俊代表县委、县政府做了重要讲话，对政协工作提出了希望和要求。

十届四次常委会议

2009年1月17日，县政协召开十届四次常委会议。会议听取政府系统提案办理情况通报；审议通过关于召开县政协十届二次会议的决定；审议通过县政协十届二次会议秘书长、副秘书长建议名单，常委值日建议名单，各组召集人建议名单；审议《常委会工作报告》、《提案工作报告》、会议议程日程（草案）等有关事项的决定；审议通过表彰2008年度“十佳”政协委员、“十佳”提案、“十佳”提案承办单位的决定；通过干部任免事宜；增补13人为政协第十届阳谷县委员会委员。

十届五次常委会议

2009年2月5日，县政协召开十届五次常委会议。会议审议县政协十届二次会议选举办法（草案），审议十届县政协增补常务委员候选人名单，审议县政协十届二次会议决议(草案)。

十届六次常委会议

2009年2月5日，县政协召开十届六次常委会议。会议听取各组关于增补的常务委员候选人名单讨论情况。

十届七次常委会议

2009年3月17日，县政协召开十届七次常委会议。会议主要任务是分析当前形势，明确目标任务，安排部署2009年工作；审议通过了《阳谷县政协2009年工作要点》《第十届阳谷县政协常务委员会关于调整各专门委员会组成人员的决定》《政协阳谷县委员会关于评选“十佳”提案先进承办单位的实施意见》和《政协阳谷县委员会关于评选优秀提案和提案先进承办单位的实施意见》。

十届八次常委会议

2009年8月5日，县政协召开十届八次常委会议。会议主要议题是围绕重点项目建设和招商引资工作议政建言。县委常委、常务副县长何宪卓通报了上半年全县经济社会发展情况和重点项目建设情况，县委常委、副县长靳凤莲通报了全县的招商引资工作。部分市政协委员、政协常委围绕重点项目建设和招商引资工作议政建言。

十届九次常委会议

2009年9月21日，县政协召开十届九次常委会议。会议主要议题是围绕打造“东夷之都、千年古城、武松故乡”议政建言。会议听取了县政府党组副书记杜梦华关于打造“东夷之都、千年古城、武松故乡”文化品牌的情况通报。部分委员分别从东夷之都、千年古城、武松故乡三个不同方面议政建言。县委书记、县人大常委会主任关华作了重要讲话，指出要增强文化意识，重视文化建设；要围绕发挥文化作用，抓好文化建设；要突出文化品牌建设；要立足文化产业发展文化事业。县政协主席崔新厚作了总结讲话。

十届十次常委会议

2010年2月7日，县政协召开十届十次常委会议。会议听取了政府系统提案办理情况通报；审议通过了关于召开阳谷县政协十届三次会议的决定；审议通过了县政协十届三次会议议程、日程，秘书长、副秘书长建议名单，常委值日建议名单，各组召集人建议名单；审议通过了关于授权主席会议审议《常委会工作报告》《提案工作报告》等有关事项的决定；增补13人为政协第十届阳谷县委员会委员；通过了县政协关于表彰2009年度“十佳”政协委员、“十佳”优秀提案和“十佳”先进承办单位的决定。

十届十一次常委会议

2010年2月23日，县政协召开十

届十一次常委会议。会议审议县政协十届三次会议选举办法（草案）、十届县政协增补常务委员候选人名单、县政协十届三次会议决议（草案）。

十届十二次常委会议

2010 年 2 月 23 日，县政协召开十届十二次常委会议。会议听取各组关于增补的常务委员候选人名单讨论情况。

十届十三次常委会议

2010 年 3 月，县政协召开十届十三次常委会议。会议审议通过了《阳谷县政协 2010 年工作要点》《阳谷县政协关于开展“全面提升年”活动的实施方案》《关于调整县政协专门委员会组成人员的通知》；听取审议了“千年古城·水浒文化旅游节”筹办情况；围绕阳谷品牌和文化产业建设举办了专题讲座；特邀县政府党组副书记杜梦华参会并讲话。

十届十四次常委会议

2010 年 8 月 4 日，县政协召开十届十四次常委会议。会议主要议题是围绕促进经济社会又好又快发展议政建言。县委常委、常务副县长何宪卓向会议通报了上半年全县经济社会发展情况。部分常委围绕促进经济发展，从不同侧面、不同角度提出了一些合理化的意见和建议。会议还审议通过了《县政协关于推进全县四大主导产业发展提升的调研报告》，学习传达了《市政协关于市政协委员参加活动履行职责的意见》，重申了《阳谷县政协委员管理考核办法》，审议了《京九沿线县级政协联谊会第十三次会议的筹备情况》。县政协主席崔新厚作了重要讲话。另外，会议以提高委员参政议政水平为出发点，举办了“可持续发展与低碳经济”专题讲座。

十届十五次常委会议

2010 年 11 月 19 日，县政协召开十届十五次常委会议。会议学习传达了中共十七届五中全会精神。围绕“东夷之都”建设议政建言，首先听取了县旅游局、文体局、体育局 3 个部门的情况汇报，县政府党组副书记杜梦华通报“东夷之都”建设情况，县政协常委、委员进行了大会发言。

十届十六次常委会议

2011 年 1 月 18 日，县政协召开十届十六次常委会议。会议通过了关于召开阳谷县政协十届四次会议的决定；增补王玉鹏、吴震、杨庆军、邵梦秋、崔敬 5 人为政协第十届阳谷县委员会委员；通过了县政协关于表彰 2010 年度“十佳”政协委员、“十佳”优秀提案和“十佳”先进承办单位的决定。

十届十七次常委会议

2011 年 2 月 12 日，县政协召开十届十七次常委会议。会议审议县政协十届四次会议决议（草案）。

十届十八次常委会议

2011 年 3 月 11 日，县政协召开十届十八次常委会议。会议听取了人口与计划生育局、住建局、行政执法局等部门工作情况汇报。审议通过了

《政协阳谷县委员会2011年工作要点》，安排部署了2011年的工作任务。

十届十九次常委会议

2011年6月27日，县政协召开十届十九次常委会议。

县政协十届十九次常委会

十届二十次常委会议

2011年6月27日，县政协召开十届二十次常委会议。会议听取各组召集人汇报对选举办法（草案）和副主席候选人朱丙林的意见情况。

十届二十一次常委会议

2011年8月，县政协召开十届二十一次常委会议。会议听取了上半年经济社会发展情况通报；听取了全县重点项目建设情况汇报；组织政协常委围绕促进重点项目建设议政建言；听取了县招商局、商务局、民营局、经信局、县社等有关部门的工作情况汇报；审议了汽车坐垫产业发展情况调研报告；县政协主席崔新厚作了重要讲话。

十届二十三次常委会议

2012年1月8日，县政协召开十届二十三次常委会议。会议听取了县政府关于县政协十届四次会议以来提案办理情况的通报；表彰了2011年度"十佳"政协委员、"十佳"提案和"十佳"提案承办单位；研究部署县政协十一届一次会议的筹备工作；传达全市政协工作会议精神和县十二次党代会精神；审议通过召开县政协十一届一次会议的决定；审议县政协委员名单，县政协十一届一次会议议程、日程（草案）；审议通过关于授权主席会议审议《常委会工作报告（讨论稿）》《提案工作报告（讨论稿）》等有关事项的决定。

第三节 主要工作

委员学习

第十届县政协紧密结合时代要求和形势发展，加强委员学习。届初，邀请省政协理论研究会副主任王永波对全县政协委员进行了集中培训，学习了人民政协统一战线理论、政协章程等方面的知识；在政协组织中开展了深入学习实践科学发展观、"全面提升年"等活动，举办辅导讲座、学习成果交流会、观看专题片等专题学习会；十届二次全委会期间组织委员大会发言，直面金融危机，建言献策，并将大会发言编辑成册印发给全体政协委员学习；利用常委会议，邀请专家、学者围绕"加强文化品牌建设""发展低碳循环经济"等举办专题讲座；

利用十届三次、四次全委会议，分别举办了“打造文化品牌，提升阳谷形象”“转方式、调结构，促进我县经济又好又快发展”专题讲座。

提案工作

2007年12月至2012年1月，第十届县政协共收到委员提案741件，审查立案680件，截至2011年7月30日，已全部办复完毕。其中，提案建议已被解决或采纳的620件，约占已审查立案提案总数的91.18%；列入计划拟解决或采纳的24件，约占3.53%；暂时无法解决的，留作部门参考的36件，约占5.29%。这些提案涉及经济建设方面的150件，科教文卫方面的162件，城市建设方面的258件，民政、法治、人事、社会保障、平安阳谷等方面的110件。

第十届县政协注重强化提案在民主监督、参政议政中的主渠道作用，突出提案办理的重要性，将提案办理回复率、落实率、满意率的全面提高为办理指标，规范提案办理程序，将提案办理工作规定为交办、承办、催办、审核、答复、查办、总结、归档等具体程序，提升办理实效。突出科学化建设，建立六项制度，即：集中交办提案制度，主席、副主席督办重点提案制度，提案办复文件集中反馈制度，提案承办单位与提案委员见面制度，与县政府督查室联合督办制度，提案视察和委员集中评议制度。2011年，制定《县政协关于进一步强化政协提案督办工作的意见》。大力开展提案办理视察，进一步增强提案办理成果转化。

对于委员提出的整合闲置资产，促进项目孵化的建议，县经贸局认真采纳，会同民营经济发展局做好停产企业闲置资产调查摸底工作，充分利用县政府“阳谷政务”信息网站，建立阳谷工业企业闲置资产状况信息栏，为开展企业闲置资产租赁、企业间购并整合、招商引资工作提供便捷、有效的服务。就加强农村文化建设的建议，县文体局积极落实，充分发挥乡土人才优势，组建乡镇文艺宣传队，并利用农村广播辐射优势，指导乡镇文化站创办了“致富指南”“建设社会主义新农村”等10余个贴近群众、贴近生活的文艺栏目。对委员提出的修复阳谷至定水镇公路的建议，交通部门高度重视，多方筹集资金对这条公路进行了整体改造，方便了群众生产生活。对关于搞好社会治安、建设平安阳谷的提案，县公安局强化服务意识，狠抓队伍建设和执法规范，密织防范网络体系，进一步完善“四转工作法”，破案数同比上升4.3%。针对劳动就业、维护企业职工权利的提案，县劳动局开展了劳动保障监督审查和清理整顿劳动力市场等专项检查及举报投诉检查，共监督检查用人单位571个，涉及劳动者人数5.8万人，取得了显著成效。

对于“加快推进园区建设，促进产业经济发展”的提案，祥光经济开发区、县规划局、县发展和改革局等有关部门积极吸纳，对园区产业进行规划、培植、搭建平台，推动形成了以四大重点产业为主的工业经济发展体系；对于“加强农资市场监管”的提案，县农业局、县工商局等部门在对农资市场的巡查和执法检查中，严厉查处以次充好、制假售假等不法行为，有效规范了农资市场经营；对于“加大农村教育投入”的提案，县教育局开展了农村中小学校舍安全工程，为中小学生配备了办公教学电脑，对县级中小学教育学信息资源库进行升级、扩充，推进了阳谷县城乡义务教育的均衡发展；对于“发展城乡文化建设”的提案，县文广新局等部门，加强乡村文化站建设，挖掘保护龙山文化、蚩尤文化、运河文化、黄河文化等历史文化资源，打响了阳谷县独具特色的城市文化品牌；对于“完善交通信号系统”的提案，县交警大队加大科技投入，在各主要路口安装智能抓拍系统，新建红绿灯、爆闪灯和黄闪灯，遏制了闯红灯、不按规定车道行驶、超速行驶等交通违法行为；对于“有关基础设施建设、公路修建、公用事业、城区环卫、园林绿化、农村新居建设和城中村改造”的提案，已被吸收和融入阳谷县住建、规划、环保、交通、执法、旅游、水务等部门的相关工作与计划中；对于“社会化养老问题”的提案，县民政部门积极建设养老机构，集中供养五保老人；对于“社会治安问题”的提案，县政法委、县公安局全面落实打、管、控各项措施，开展了各项整治行动，为平安阳谷建设做出了突出贡献。

视察调研工作

第十届县政协共组织委员开展专题视察调研活动 70 余次，对部门工作提出意见建议 300 余条。

2008 年，县政协先后组织科教文卫体委员会对全县文化、体育和旅游等部门工作进行专题视察；组织人口资源环境和社会保障委员会对全县环保工作进行视察；组织经济委员会对全县“三农”工作情况进行视察；组织提案委员会对县执法局工作开展情况、县政协十届一次会议的提案办理落实情况和优化经济发展环境整改情况进行视察。为推进“经济强县、文化大县”建设，组织经济委员会对全县重点项目建设情况进行专题视察，形成了视察报告，有力地促进了重点项目建设，并在《联合日报》发表题为《阳谷县政协为重点项目建设献计出力》的署名文章。在围绕如何发展壮大中小企业调研时，先后与闫楼、安乐镇、张秋等乡镇的 40 余家中小企业的厂长、经理以及县经贸局、民营局等相关部门的负责人进行了座谈，广泛听取各方面对加快全县中小企业发展的看法，形成《关于发展壮大中小企业推进经济强县建设的调研报告》，提出：采取组织银企洽谈会、情况通报会、推介企业名单等有力措施，争取银行信贷资金支持，解决中小企业资金短缺问题；开展“成长型中小企业评选”活动，激发中小企业发展活力；发展壮大优势产业集群，培育核心竞争力；加强对执法服务部门的民主评议和监督，严格规范各部门的执法收费行为，抓好企业发展环境整治；引导企业加强企业文化建设，增强企业向心力和凝聚力；多方联动，搞好企业人才资源库建设等建议。针对城区水源匮乏问题，县政协组织人口资源环境和社会保障委员会的委员对环保工作进行了专题视察，与有关部门协商，对县污水处理厂出水作为城区水系水源的可行性进行了调研论证，撰写的《关于县污水处理厂出水作为县城区水系水源的建议》得到县委、县政府的高度重视。对县污水处理厂出水作为县城区水系水源的建议，很好的解决了城区沟渠用水问题，对美化城市环境发挥了重要作用。为进一步畅通民主监督渠道，围绕优化经济发展环境、改进部门作风，2008 年开展了“优化经济发展环境服务年”活动，对县政府各部门、县检察院、县法院以及垂直部门进行民主监督，整个活动历时 6 个月，共走访调查 2000 余人次，收回有效调查问卷 1600 余份次，召开专题会议 6 次，形成综合意见建议 380 余条，组织开展视察促改活动 7 次。各被监督部门认真对待，主动配合，对照反馈意见抓好整改落实，取得了十分明显成效，有力地促进了县域内经济发展环境的优化和改善。加强上下联动，配合全国政协和山东省政协开展了“大运河保护与申遗”专题调研，配合聊城市政协开展了“城镇居民基本医疗保险”“重点企业发展”“贯彻落实科学发展观，实现县域经济发展新突破”“安全生产”“台资企业”等视察调研活动，听取上级领导对阳谷改革发展的意见、建议，促进相关工作开展。

县政协委员视察文化体育旅游工作，观看民间艺人演奏阳谷哨

2009 年，县政协对全县旅游工作暨狮子楼二期工程建设情况进行了视察；组织经济委员会对全县交通公路工作进行视察；组织人口资源环境与社会保障委员会对全县的环保工作进行视察；组织科教文卫体委员会对全县卫生及新型农村合作医疗工作进行视察。对全县劳动和社会保障工作、城乡建设工作、重点项目建设及招商引资工作、垂直部门的工作、推进农

业产业化建设和新农村建设工作情况进行视察。针对全球金融危机下严峻的经济形势，县政协深入企业调研，全力服务企业发展，撰写的《抢抓发展机遇，实现弯道超越》调研报告，为阳谷县企业抢抓机遇、加快发展起到了促进作用。2009年10月—12月，组织政协委员开展“建设经济强县，打造文化强县，全面推进生态文明建设”大调研活动，确立了20个调研课题，组织委员深入基层，深入群众，问计于民，汇聚民智，积极为促进经济社会发展建言献策。

2010年，县政协组织政协常委对各乡镇、街道的经济社会发展情况进行集中视察；组织经济委员会对商贸物流工作进行视察；组织科教文卫体委员会对卫生工作进行视察；组织部分政协委员对千年古城开发建设情况及“千年古城水浒文化旅游节”筹备情况进行视察。并先后对学校安全工作、全县防汛排涝工作、县财税工作、公安工作、安监工作、行政执法工作进行视察；并对部分提案承办单位就十届三次会议以来的提案办理与落实情况进行专题视察。坚持县外考察与县内调研相结合，积极谋求助推阳谷铜及铜制品加工、机械制造、化工、食品加工四大主导产业的发展良策，形成《关于推进全县四大主导产业发展提升的调研报告》，为县委、县政府科学决策提供了重要参考。

2011年，县政协通过看、听、评相结合的形式对垂直部门进行视察评议，对防汛工作、民政工作、“三农”暨农民增收和抗旱工作，检察院、法院工作，交通运输、公路工作，工商局提案办理情况等方面工作进行视察。在对阳谷县汽车坐垫产业调研的基础上，形成《关于加快汽车坐垫产业发展的调研报告》，对阳谷县轻纺与汽车坐垫行业的发展起到了促进作用。

2011年8月4日，县政协委员视察祥光铜业

文史资料工作

第十届县政协征集编辑和出版了以“东夷之都、千年古城、武松故乡”为主体内容的《阳谷文史》第三十二辑和《阳谷诗词》等文史资料。从中可以了解阳谷历史、领略阳谷风光、感受阳谷发展。根据编辑出版《阳谷诗词》的经验，在《联合日报》刊发《政协文史工作创新发展的一次探索》，在社会上引起很好的反响。

县政协广泛动员委员和社会力量，深挖历史文化资源，对有价值的文史资料进行了抢救性整理，并积极撰写文史稿件，在《联合日报·文史周刊》上发表《关于寿张八乡师为抗日将士捐款的事迹》《关于太平军北伐中原的史料》等文章，在《春秋》杂志发表《民国时期济聊铁路的筹建与破产》《王福昌与赵健民》等文章。2011年，文史科杨世钟获得省政协宣传工作先进个人荣誉称号。

坚持以活动为载体，顺应不同时期的发展要求，先后成功举办了“纪念改革开放三十周年座谈会、摄影展”“庆祝新中国成立60周年暨人民政协成立60周年大会、文艺演出、书画展”“千年古城·水浒文化旅游节摄影展”。召开了“庆祝建党90周年暨纪念辛亥革命100周年大会”，制作了《同风雨·向明天》专题片等。

县政协在文化广场举办纪念改革开放三十周年摄影展

《阳谷文史》第三十二辑发行仪式

庆祝建党90周年暨纪念辛亥革命100周年大会

宣传联络信息工作

第十届县政协积极开展宣传联谊工作，对重大活动及时宣传报道。在《人民政协报》《联合日报》《春秋》《聊城日报》及县电视台等新闻媒体上发表新闻稿件100余篇，在电视台播放《委员风采》《提案追踪》60余期，编发《阳谷政协》期刊18期。

2007年12月，在《联合日报》头版刊登《阳谷政协开展调研更加贴近群众》《阳谷政协百名委员评议执法部门》。2008年，在阳谷电视台开办《政协委员风采》栏目，报道政协委员的先进事迹；《联合日报》刊登《阳谷县政协为重点项目建设献计出力》《密切联系群众　倾情反映呼声》等多篇稿件。2009年，在《联合日报》上发表《阳谷县政协多措并举，直面金融危机》等多篇稿件。2010年，在《联合日报》上发表题为《为打造“东夷之都、千年古城、武松故乡”献计出力》的文章，扩大了阳谷县文化品牌的宣传和影响。2011年，《阳谷全方位抓宣传》刊登在《联合日报》上。2009年起，在阳谷县电视台开办《委员风采》和《提案追踪》栏目。2010年5月，阳谷县政协网站开通。2009年、2010年，县政协宣传联络科被省政协评为“宣传工作先进集体”。2010年，宣传联络科李玉琳被省政协评为“宣传工作先进个人”。

政协联谊活动

第十届县政协充分发挥政协组织在对内对外文化活动方面的组织优势，以服务于文化强县建设为着力点，积极搭建多种文化活动平台，开展丰富多彩的文化交流和联谊活动。

2007年12月至2012年1月，第十届县政协参加了京九沿线县级政协联谊会、晋冀鲁豫二十县（市区）政协联谊会，承办了京九沿线县级政协第十三次联谊会，接待了运河文化与中国古代文化全国学术研讨会、跨区域与文化整合国际学术研讨会、京杭大运河保护与开发等上级政协的视察团组以及其他外地政协的考察团组60多批次。

2008年9月17日至19日，京九沿线县级政协联谊会第十一次会议在广东省和平县召开，阳谷县政协应邀参加。联谊会成员单位开展讨论、交流各自在政治协商、民主监督、参政议政的形式方法和措施等方面的新探索与发现。

2009年，成功举办庆祝新中国成立60周年暨人民政协成立60周年书画展。

庆祝新中国成立60周年暨人民政协成立60周年书画展

2010年，成功举办“千年古城·水浒文化旅游节摄影展”。作品以古城、遗迹和景区景点为主要内容，全面展示阳谷历史与文化风貌，使参加文化旅游节的各地来宾感受到古城的气息，领略到古城的风韵，受到各级领导的好评。

千年古城·水浒文化旅游节摄影展

2010年4月11日至15日，晋冀鲁豫二十县（市、区）政协联谊会第三十一次会议在山东冠县召开，阳谷县政协应邀参加。会议主题是“发挥政协优势，促进经济发展”。会议邀请了各县（市、区）的知名企业家参加，与会企业家与冠县部分企业家进行了联谊交流，参加了冠县2010年梨花节企业家联谊会。

2010年10月11日至13日，京九沿线县级政协联谊会第十三次会议在阳谷县举行。县委常委、副县长靳凤莲介绍了阳谷县经济社会发展情况，副县长赵云才介绍了阳谷县四大主导产业发展情况。与会人员观看了《东夷之都千年古城·武松故乡——山东阳谷》专题片。6县（市、区）政协分别在会议上作了专题发言，交流了政协工作经验。阳谷县有关部门及企业负责人与各县（市、区）参会企业家进行了项目对接和洽谈。与会人员还参观了阳谷县重点工业企业和新农村建设示范村。

京九沿线县级政协联谊会第十三次会议

政协自身建设

政协第十届阳谷县委员会任期的四年，政协事业进入新时期、新阶段，中共中央就深入贯彻落实《关于加强人民政协工作的意见》作出重要部署。第十届县政协紧紧把握机遇，把学习贯彻加强政协工作的一系列重大部署作为重要政治任务，围绕推进履行职能制度化、规范化、程序化，加强政协自身建设等开展调查研究，完善工作制度，规范工作程序，创新工作载体，推动全县政协工作深入开展，形成“党委重视、政府支持、部门配合、政协主动、委员积极”的局面。特别是在加强自身建设方面，按照省委、市委的统一要求，各乡镇、街道恢复建立了政协工作机构。开展了以“政协和谐，和谐政协”为主题的文明和谐组织创建工作。开展了“十佳”政协委员评选活动。推进履行职能“三化”建设，出台《关于加强常务委员会自身建设的意见》《关于进一步加强机关党员干部作风建设的有关规定》《县政协常委联系委员制度》，制定《政协委员考核办法》等。2008年，汶川抗震救灾期间，全县政协组织共捐款捐物达100余万元。任期内，县政协连年被县委、县政府授予“全面工作综合奖”。

第十三章 第十一届阳谷县委员会

第一节 全体委员会议

十一届一次全委会议

2012年1月10日至13日，政协第十一届阳谷县委员会第一次会议在阳谷举行。本届委员249名，其中新任委员136名，共设19个界别。

中共阳谷县委书记田中俊讲话。会议听取并审议县政协主席崔新厚所作的《政协第十届阳谷县委员会常务委员会工作报告》，报告总结了第十届常委会四年来做的主要工作：坚持党的领导，不断推进人民政协事业新发展；立足科学发展观，服务大局议政建言彰显新成效；着眼提升部门工作，不断开拓和深化民主监督呈现新特点；坚持履职为民，惠民生办实事取得新成绩；把握两大主题，凝心聚力构建和谐发挥新作用；适应形势要求，加强政协自身建设取得新进展。并对今后工作提出4点建议。

县政协副主席李金山作《政协第十届阳谷县委员会常务委员会提案工作报告》，副主席朱丙林作《政协第十一届阳谷县委员会第一次会议提案审查情况的报告》。与会委员列席阳谷县第十七届人民代表大会第一次会议，听取并讨论代县长何宪卓所作的《政府工作报告》和其他报告。会议选举朱炳立为政协第十一届阳谷县委员会主席，潘景会、朱丙林、孙兰华、史晓莉、闫邦一、冯继勇为副主席，郑清铭为秘书长，选举常务委员39名。通过了《政协第十一届阳谷县委员会第一次会议决议》及其他有关决议。县政协主席朱炳立致闭幕词。

县政协十一届一次会议开幕式主席台

县政协十一届一次会议会场

县领导看望政协委员

十届县政协主席崔新厚在县政协十一届一次会议上作常委会工作报告

县领导看望政协委员

十届县政协副主席李金山在县政协十一届一次会议上作提案工作报告

县委书记田中俊在县政协十一届一次会议上讲话

县政协副主席朱丙林在县政协十一届一次会议上作提案审查情况报告

县委书记田中俊（右一）参加座谈讨论

县政协主席朱炳立在县政协十一届一次会议上作闭幕讲话

县政协十一届一次会议闭幕会主席台

十一届二次会议

2013年1月13日至16日，政协第十一届阳谷县委员会第二次会议在阳谷举行。与会委员266名。

中共阳谷县委书记田中俊讲话。县政协主席朱炳立作《政协第十一届阳谷县委员会常务委员会工作报告》。报告总结了常委会一年来的主要工作：以贯彻落实中共十八大和全县政协工作会议精神为主线，确保政协工作始终保持坚定正确的政治方向；以委员视察为主要方式，推动县委、县政府重大决策部署的贯彻实施；以服务于文化强县建设为着力点，积极做好凝心聚力促发展的工作；以强化提案监督为重点，不断增强民主监督的实效；以提高履职能力和水平为目标，全面加强自身建设。并对今后的工作提出4点建议。

县政协副主席孙兰华作《政协第十一届阳谷县委员会常务委员会提案工作报告》。与会委员列席阳谷县第十七届人民代表大会第二次会议，听取并讨论了《政府工作报告》和其他报告。会议选举了政协第十一届阳谷县委员会常务委员12名。会议表彰了10件优秀提案和10个提案先进承办单位。通过了《政协第十一届阳谷县委员会第二次会议决议》及其他有关决议。县政协主席朱炳立在闭幕会议上讲话。

县委书记田中俊在县政协十一届二次会议上讲话

县政协主席朱炳立在县政协十一届二次会议上作常委会工作报告

县政协副主席孙兰华在县政协十一届二次会议上作提案工作报告

县政协十一届二次会议会场

县政协十一届二次会议期间，县委书记田中俊参加小组讨论

县政协十一届二次会议主席台

县政协十一届二次会议期间，县长何宪卓（左二）看望政协委员

县政协十一届二次会议期间，主席朱炳立（右一）看望政协委员

十一届三次会议

2014年1月2日至5日，政协第十一届阳谷县委员会第三次会议在阳谷举行。与会委员270名。

中共阳谷县委书记田中俊讲话。县政协主席朱炳立作《政协第十一届阳谷县委员会常务委员会工作报告》。报告总结了常委会一年来的主要工作：加强政治理论学习，夯实共同思想基础；弘扬团结民主主题，凝聚“跨越赶超”合力；紧扣全县重点工作，围绕“跨越赶超”献计出力；坚持履职为民，倾情维护民生民利；坚持创新求实，认真做好基础性经常性工作。并对今后的工作提出4点建议。

县政协副主席孙兰华作《政协第十一届阳谷县委员会常务委员会提案工作报告》和《政协第十一届阳谷县委员会第三次会议提案审查情况的报告》。会议表彰了10件优秀提案和10个提案先进承办单位。与会委员列席阳谷县第十七届人民代表大会第三次会议，听取并讨论政府工作报告和其他有关报告。

通过了《政协第十一届阳谷县委员会第三次会议决议》及其他有关决议。县政协主席朱炳立在闭幕会议上讲话。

县政协十一届三次会议开幕式会场

县政协十一届三次会议开幕式主席台

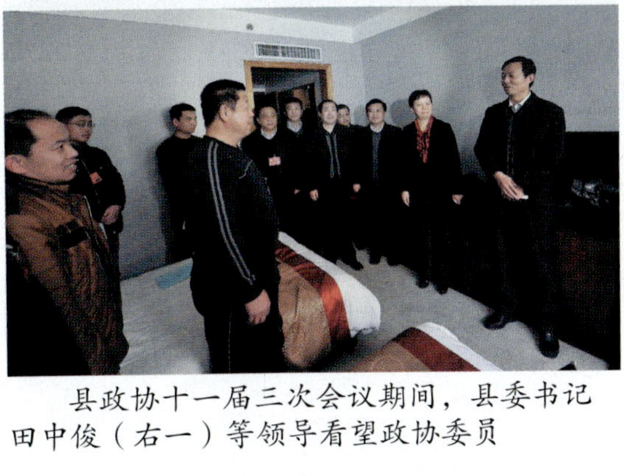
县政协十一届三次会议期间，县委书记田中俊（右一）等领导看望政协委员

县政协十一届三次会议期间，县长何宪卓（中）等领导看望政协委员

县政协十一届三次会议期间，县委书记田中俊参加委员分组讨论

县委书记田中俊在县政协十一届三次会议上讲话

县政协主席朱炳立在县政协十一届三次会议上作常委会工作报告

县政协副主席孙兰华在县政协十一届三次会议上作提案工作报告

县政协主席朱炳立在县政协十一届三次会议上作闭幕讲话

十一届四次全委会议

2015年3月9日至12日，政协第十一届阳谷县委员会第四次会议在阳谷举行。与会委员278名。

中共阳谷县委书记田中俊讲话。县政协主席朱炳立作《政协第十一届阳谷县委员会常务委员会工作报告》。报告总结了常委会一年来的主要工作：扎实开展党的群众路线教育实践活动，在作风建设上不断取得新进展；坚持围绕中心服务大局，在助推跨越赶超中取得新进展；坚持以人为本履职为民，在关注民生促进和谐中发挥新作用；牢牢把握团结和民主两大主题，在凝聚正能量中激发新活力；着眼于弘扬优秀传统文化，在恢复孟母祈蚕祠、建设孟母文化园中彰显新作为。并对今后的工作提出4点建议。

县政协副主席孙兰华作《政协第十一届阳谷县委员会常务委员会提案工作报告》和《政协第十一届阳谷县委员会第四次会议提案审查情况的报告》。会议表彰了10件优秀提案和10个提案先进承办单位。与会委员列席阳谷县第十七届人民代表大会第四次会议，听取并讨论县长何宪卓所作的《政府工作报告》和其他有关报告。会议选举魏庆银为政协第十一届阳谷县委员会副主席，增补马先锋、翟永锋为常务委员。通过了《政协第十一届阳谷县委员会第四次会议决议》及其他有关决议。县政协主席朱炳立在闭幕会议上讲话。

县委书记田中俊在县政协十一届四次会议上讲话

县政协主席朱炳立在县政协十一届三次会议上作常委会工作报告

县政协副主席孙兰华在县政协十一届三次会议上作提案工作报告

县政协十一届三次会议闭幕会会场

十一届五次全委会议

2016 年 1 月 31 日至 2 月 3 日，政协第十一届阳谷县委员会第五次会议在阳谷举行。与会委员 275 名。

中共阳谷县委书记田中俊讲话。县政协主席朱炳立代表十一届县政协常委会作工作报告。报告总结了常委会一年来的主要工作：加强学习，夯实共同思想基础；扎实履职，助推经济社会科学发展；激发活力，切实发挥委员主体作用；弘扬主题，聚力营造团结民主氛围；固本强基，不断提升履职能力和水平。并对今后的工作提出 4 点建议。

县政协副主席孙兰华作《政协第十一届阳谷县委员会常务委员会提案工作报告》和《政协第十一届阳谷县委员会第五次会议提案审查情况的报告》。会议表彰了 10 件优秀提案和 10 个提案先进承办单位。会议审议通过了 2016 年度协商计划。与会委员列席阳谷县第十七届人民代表大会第五次会议，听取并讨论县长何宪卓所作的《政府工作报告》和其他有关报告。通过了《政协第十一届阳谷县委员会第五次会议决议》及其他有关决议。县政协主席朱炳立在闭幕会议上讲话。

县委书记田中俊在县政协十一届五次会议上讲话

县长何宪卓在县政协十一届五次会议上参加小组讨论

县政协主席朱炳立在县政协十一届五次会议上作常委会工作报告

县政协十一届五次会议期间，主席朱炳立参加委员分组讨论

县政协副主席孙兰华在县政协十一届五次会议上作提案工作报告

第二节 常务委员会议

2012 年 1 月至 2017 年 1 月，政协第十一届阳谷县委员会共召开常务委员会 25 次。

十一届一次常委会议

2012 年 4 月 13 日，县政协召开十一届一次常委会议。会议审议通过了《政协阳谷县委员会 2012 年工作要点》《政协阳谷县委员会常务委员会工作规则》《政协第十一届阳谷县委员会关于专门委员会设置的决定》《政协第十一届阳谷县委员会各专门委员会主任副主任名单》《政协第十一届阳谷县委员会关于县政协委员参加活动履行职能的有关规定》。

县政协十一届二次常委会

十一届二次常委会议

2012 年 8 月 10 日，县政协召开十一届二次常委会议。会议审议通过了《政协第十一届阳谷县委员会提案工作条例》。县人社局、卫计局分别对上半年工作情况进行了汇报，与会政协委员围绕全县社会保障与民生建设工作建言献策。会议还听取了县政府上半年全县经济社会发展情况通报。

十一届三次常委会议

2012年12月，县政协召开十一届三次常委会议。会议听取了县政府提案办理情况通报；学习传达了中共十八大精神；审议通过了《县政协关于深入学习贯彻中国共产党第十八次全国代表大会精神的决议》。

十一届四次常委会议

2013年1月6日，县政协召开十一届四次常委会议。会议审议通过了《关于召开政协第十一届阳谷县委员会第二次会议的决定》；审议通过了十一届二次会议议程和日程(草案)，秘书长、副秘书长建议名单，常务委员值日建议名单和各组召集人建议名单；审议通过了关于表彰优秀提案、提案先进承办单位的决定；增补政协第十一届阳谷县委员会委员24名。

十一届五次常委会议

2013年1月16日，县政协召开十一届五次常委会议。会议审议县政协十一届二次会议选举办法（草案）；审议增补县政协十一届常务委员候选人名单；审议县政协十一届二次会议决议（草案）。

十一届六次常委会议

2013年1月16日，县政协召开十一届六次常委会议。会议听取各组汇报对县政协十一届二次会议选举办法（草案）、增选县政协十一届常务委员的讨论情况。

十一届七次常委会议

2013年3月15日召开，县政协召开十一届七次常委会议。会议审议通过了《政协阳谷县委员会2013年工作要点》《政协阳谷县委员会关于贯彻落实〈中共阳谷县委常委会关于改进工作作风密切联系群众的实施办法〉的实施细则》、阳谷县《政协委员履职考核办法》。

十一届八次常委会议

2013年7月26日，县政协召开十一届八次常委会议。会议听取了县政府副县长王守良代表县政府所作的全县上半年经济社会发展情况通报；审议通过了《政协阳谷县委员会关于在“跨越赶超”中建功立业的倡议书》。

十一届九次常委会议

2013年12月4日，县政协召开十一届九次常委会议。会议学习贯彻中共十八届三中全会精神会议，审议通过了《政协阳谷县委员会关于认真学习贯彻中共十八届三中全会精神的决定》。

十一届十次常委会议

2013年12月31日，县政协召开十一届十次常委会议。会议听取了县政府关于十一届二次会议以来县政协提案办理情况的通报；审议通过了关于召开阳谷县政协十一届三次会议的决定；审议通过了县政协十一届三次会议议程和日程（草案），秘书长、副秘书长建议名单，常务委员轮值建议名单、各组召集人建议名单；审议通过了关于表彰10件优秀提案和10个提案先进承办单位的决定。

十一届十一次常委会议

2014年1月5日，县政协召开十一届十一次常委会议。会议审议县政协十一届三次会议决议（草案）。

十一届十二次常委会议

2014年4月10日，县政协召开十一届十二次常委会议。会议传达学习全国政协十二届二次全会精神；审议通过《政协阳谷县委员会2014年工作要点》。

十一届十三次常委会议

2014年6月18日，县政协召开十一届十三次常委会议。会议听取了2014年1—5月全县经济社会发展情况通报。

十一届十四次常委会议

2014年8月11日，县政协召开十一届十四次常委会议。会议按照党的群众路线教育实践活动的要求，通报了县政协党组专题民主生活会情况，宣读并印发了《县政协主席、副主席联系委员工作制度》。

十一届十五次常委会议

2015年3月6日，县政协召开十一届十五次常委会议。会议听取了县政府关于十一届三次会议以来提案办理情况的通报；审议通过了《关于召开阳谷县政协十一届四次会议的决定》；审议通过了县政协十一届四次会议议程和日程（草案），秘书长、副秘书长建议名单，常务委员轮值建议名单，各组召集人建议名单等有关事项；审议通过了《关于授权主席会议审议县政协十一届四次会议相关事宜的决定》；审议通过了关于表彰10件优秀提案和10个提案先进承办单位的决定；审议通过了增补18名县政协十一届委员会委员；审议通过了关于于纪林任职的决定。

县政协十一届十五次常委会

十一届十六次常委会议

2015年3月12日，县政协召开十一届十六次常委会议。会议审议县政协十一届四次会议选举办法（草案）；审议十一届县政协增补副主席、常务委员候选人名单；审议县政协十一届四次会议决议（草案）。

十一届十七次常委会议

2015年3月12日，县政协召开十一届十七次常委会议。县政协主席朱炳立主持会议。会议听取各讨论组关于县政协十一届四次会议选举办法（草案），十一届县政协增补副主席、常务委员候选人名单，县政协十一届四次会议决议（草案）的讨论情况。

十一届十八次常委会议

2015年4月9日，县政协召开

十一届十八次常委会议。会议学习传达了全国政协十二届三次会议精神；审议通过了《政协阳谷县委员会2015年工作要点》；听取了县政协各专门委员会2015年工作计划汇报。

县政协十一届十八次常委会

十一届十九次常委会议

2015年7月30日，县政协召开十一届十九次常委会议。会议听取了县政府关于2015年上半年全县经济社会运行情况的通报；摘要传达了中共中央办公厅印发的《关于加强人民政协协商民主建设的实施意见》；审议通过了《关于加强城区供水水源地保护的建议案》（草案）。

十一届十九次常委会

十一届二十次常委会议

2015年11月17日，县政协召开十一届二十次常委会议。会议听取了县委常委、政法委书记刘凡成关于“法治阳谷”建设情况的通报；传达了省委、市委政协工作会议精神和《中共阳谷县委关于加强人民政协协商民主建设的实施意见》。

十一届二十一次常委会议

2016年1月29日，县政协召开十一届二十一次常委会议。会议听取了县政府关于十一届四次会议以来县政协提案办理情况的通报；审议通过了关于召开阳谷县政协十一届五次会议的决定；审议通过了县政协十一届五次会议议程和日程（草案），秘书长、副秘书长建议名单，常务委员轮值建议名单，各组召集人建议名单；审议通过了《关于授权主席会议审议〈政协第十一届阳谷县委员会常委会工作报告〉和〈提案工作报告〉等有关事项的决定（草案）》；审议通过了关于表彰10件优秀提案和10个提案先进承办单位的决定。

县政协十一届二十二次常委会议

十一届二十二次常委会议

2016年2月3日，县政协召开

十一届二十二次常委会议。会议审议通过了县政协2016年度协商计划（草案）；审议了县政协十一届五次会议决议（草案）。

十一届二十三次常委会议

2016年4月7日，县政协召开十一届二十三次常委会议。会议传达学习了全国政协十二届四次会议精神；审议通过了《政协阳谷县委员会2016年工作要点》。

十一届二十四次常委会议

2016年8月11日，县政协召开十一届二十四次常委会议。会议听取了全县2016年上半年经济社会运行情况的通报；审议通过了《政协阳谷县委员会委员履职工作规则》《政协阳谷县委员会关于进一步加强反映社情民意信息工作的若干意见》《政协阳谷县委员会协商工作规程（试行）》。

十一届二十五次常委会议

2017年1月15日，县政协召开十一届二十五次常委会议。会议听取了县政府关于十一届五次会议以来提案办理情况的通报；审议通过了关于召开阳谷县政协十二届一次会议的决定；听取了十二届县政协委员提名推荐情况的说明；听取了十二届县政协一次会议筹备情况的说明；审议通过了十二届县政协委员建议名单；审议了县政协十二届一次会议主席团、秘书长建议名单；审议了县政协十二届一次会议议程、日程（草案）；审议通过了《关于授权主席会议〈政协第十一届阳谷县委员会常委会工作报告〉和〈提案工作报告〉等有关事项的决定》。

第三节 主要工作

委员学习

2012年1月至2017年1月，第十一届县政协组织委员学习了中共十八大和十八届三中、四中、五中、六中全会精神，习近平总书记系列重要讲话以及省、市、县委重要会议精神。开展了党的群众路线教育实践活动、“三严三实”专题教育和“两学一做”学习教育。

2012年，县政协邀请省政协和省委党校的专家、学者，就政协知识、委员履职及如何撰写高质量的提案等方面对新一届政协委员进行集中培训，并印发《政协知识读本》，提高委员履职的针对性和实效性。

2012年阳谷县政协委员培训班

2013年，为贯彻落实中共十八大和县政协十一届二次全委会议精神，邀请聊城市委党校副校长王永玲教授就中共十八大关于人民政协工作的新论断、新要求给全体政协委员授课，增强政协委员参政议政能力与水平。

2014年，邀请市委党校教授围绕发挥政协在群众路线教育实践活动作用、提升委员履职能力进行专题授课。

2015年7月，在纪念中国人民抗日战争暨世界反法西斯战争胜利70周年之际，县政协邀请省委党校党史研究室主任王立新围绕“抗日战争”这一主题，组织开展委员培训，并将2014年度委员履职量化考核情况分发到每位委员，有效激发了委员围绕中心参政议政，立足本职建功立业的热情。

2014年阳谷县政协委员培训班

2015年阳谷县政协委员培训班

提案工作

政协第十一届阳谷县委员会，以强化提案督办为重点，不断增强民主监督的实效。2012年1月至2017年1月，第十一届县政协共收到委员提案1062件，审查立案989件，截至2016年6月1日，已全部办复完毕。其中，提案建议已办理或采纳的901件，约占提案总数的91.1%；列入计划拟办理或拟采纳的48件，约占4.85%；因条件所限，暂时无法办理留作部门参考的40件，约占4.04%。这些提案涉及产业结构转型、保持经济持续健康发展方面的176件，保障改善民生、促进社会和谐方面的247件，推进城镇化建设、加强城市管理方面的496件，文化事业发展、民主法治建设等方面的70件。提案的办理和落实，推动了相关工作的开展，化解了一批群众关心的热点、难点问题，使委员提案在阳谷县经济、政治、文化、社会和生态文明建设中发挥的作用越来越明显，影响越来越广泛。

关于“支持中小企业发展、扶持小微企业”的提案得到县委、县政府和有关部门的重视，县财政局、政务服务中心、民营局通过出资设立“过桥资金”，减少行政审批事项，减免小微企业税收等方式对全县民营企业给予支持。针对“社会保障”的提案，县人社局推进企业工资集体协商，开展“劳动关系和谐企业”创建，及时调整最低工资标准。针对“促进教育公平、统筹城乡教育资源均衡配置”的提案，2015年公开招聘教师100名，全部充实到乡镇中小学教师队伍，开展“名师送教下乡”活动，对农村教学水平的提高起到了良好的引导、催化作用。针对“公共文化服务”的提案，全县加强基层文化设施建设，村级文化大院、农家书屋已实现全覆盖，为阳谷县基层文化的繁荣发展提供了良好的条件。关于“查处违规占道停车，大力整治电动三轮车”的提案，得到县委、县政府主要领导的高度重视，县政府成立了联合执法队，对禁行路段违规占道停车、非法运营的载客三轮车进行严厉查处，城区交通秩序改善。

2012年，阳谷县政协提案信访科许春生被山东省政协评为“全省政协提案工作先进个人”。

视察调研工作

2012年1月至2017年1月，第十一届县政协始终坚持围绕县委、县政府的重大决策部署和事关全局的重要问题，开展视察调研80余次，形成视察调研报告50余篇。

2012年4月10日，县政协主席朱炳立，县政协副主席潘景会、朱丙林、孙兰华、史晓莉、闫邦一、冯继勇一行7人视察阳谷县公安工作，到博济桥派出所、侨润派出所视察派出所视频监控建设情况，观看了干警运用警综平台实现打击、防范、管理、服务等信息化作战的现场演示，深入执法办案区察看了执法办案流程和办案区硬件建设。

2012年8月2日，县政协主席朱炳立，县政协副主席潘景会、朱丙林、孙兰华、史晓莉、闫邦一、冯继勇一行七人视察阳谷县质监工作，到县质监局察看了计量测试所实验室，提出加强计量测试设备建设，提高计量测试能力，加强电缆、食品、特种设备等重点行业的质量安全监管等要求。

2012年8月10日，县政协组织政协常委、部分委员对全县社会保障工作进行了专题视察，先后实地视察了县级公共服务平台建设工地、阎楼镇人力资源保障所、阎楼镇卫生院、县人民医院、华泰化工，召开座谈会深入分析了全县社会保障工作开展情况，提出了进一步加强社保扩面、保费征缴工作、提高社会保障信息化水平、加强基层保障服务工作、建立完善社会救助工作、加大劳动监察力度等意见与建议。

县政协委员视察社会保障工作

2012年9月20日，对全县城建工作进行视察，先后察看了景阳冈四星级酒店建设、城角徐城中村改造、三山广场及帝景城小区建设、黄河路改造、谷山路南延、金河路西延等城建重点工程建设情况。委员们提出加强城市文化元素及文化景点的规划建设；加强对城市主干道的建设和城市夜景的文化形象设计；建设城市标志性文化设施，打响城市文化品牌；优化城市功能，完善城市管理等建议。

县政协委员视察城建工作

2012年11月7日，对全县交通运输和公路建设工作及有关提案的办理进行视察，实地视察了寿张沙河崖村路、阳张路、张秋至小洼里路、乔崔路、蒿铺村路、坡七路、祥光工业园区道路、金大路中段、东干村路以及德商高速公路路基建设情况，提出“加强公路管理养护”“严查超载超限车辆”“完善交通路网”等意见与建议。

2012年11月8日，县政协主席朱炳立，县政协副主席潘景会、朱丙林、孙兰华、史晓莉、闫邦一、冯继勇调研阳谷畜牧工作，察看了办公场地建设和仪器设备情况。11月30日，县政协主席朱炳立，县政协副主席潘景会、朱丙林、孙兰华、史晓莉、闫邦一、冯继勇调研中央储备粮阳谷直管库工作，察看了厂房建设、GV2001粮情测控系统、粮食储备仓库情况。

2012年12月4日，县政协主席朱炳立，县政协副主席潘景会、朱丙林、孙兰华、史晓莉视察阳谷县安监工作，察看了中国石油化工阳谷第十加油站、鲁西化工的安全建设与生产情况，提出加强安全工作宣传引导、利用多种科学化手段加强监管、强化安全培训、重大节假日提前做好防范等意见。

2012年12月24日，县政协主席朱炳立，县政协副主席潘景会、朱丙林、孙兰华、闫邦一、冯继勇视察阳谷县检察工作。

2012年12月25日，县政协主席朱炳立，县政协副主席潘景会、朱丙林、孙兰华、史晓莉、闫邦一、冯继勇视察金斗营乡经济发展情况，实地察看了阳谷永旺发服装有限公司、九龙羽绒制品有限公司等企业的发展情况。

2012年12月27日，组织委员就招商引资、重点项目和园区建设进行视察。先后实地察看了太平洋光缆复合绝缘电缆项目、东信检查井项目、天盾矿用设备移动救生仓、祥瑞铜材等项目建设情况。委员提出抢抓阳谷县处于中原经济区的地缘优势和机遇，大力搞好招商引资和产业转移承接；多措并举，培植一流企业家队伍；大力推行招商引资、项目建设与城镇化“三位一体”建设，营造高端技术管理人才的宜居“留人”环境等意见和建议。

2012年12月28日，县政协主席朱炳立，县政协副主席潘景会、朱丙林、孙兰华、史晓莉、闫邦一、冯继勇视察阳谷县人民法院工作，察看了审判监督管理控制中心、廉政文化走廊等场所，提出树立良好司法形象、提高审判质量、发挥基层调解员作用等意见。

2013年5月24日，围绕促进全县文化产业的发展，对文化产业进行视察，提出“加强对文化产业经营管理人才、艺术创作和文化创意人才的培养和引进”“搞好文化产业项目招商”“加强文化遗产的保护和开发利用”等建议。

2013年6月4日，县政协主席朱炳立，县政协副主席潘景会、闫邦一到郭屯镇调研农村新居建设，实地察看了前梨园村、邵楼村新村建设现场，后刘村、姜邢村旧村复耕现场，提出加快复耕和建设进度、确保新居建设质量、按照总体规划稳步推进郭屯镇新农村建设的意见和建议。

2013年7月4日，对县食品药品监管工作进行视察，实地视察了县第二中学学生食堂、阎楼卫生院、县中医院、县医药公司第二大药店等部分餐饮服务单位、卫生医疗机构和药品经营场所，为提升食品药品检测水平、健全安全监管体系建言献策，提出“培养食品药品检验检测专业人才队伍，提高技术检测手段”“整合现有食药监管力量，形成统一、权威、高效的监管体系”“探索农村食品药品监管的措施和办法”等建议。

2013年9月6日，县政协主席朱炳立，副主席潘景会、朱丙林、史晓莉、闫邦一、冯继勇，秘书长郑清铭到新凤祥集团调研，详细了解了祥光铜业和凤祥食品两大主导产业的生产运营情况以及铜都—凤栖湾的规划建设和集团的未来发展规划，鼓励新凤祥集团下一步要继续加大创新力度，提高企业的经营管理水平。

县政协委员到新凤祥集团调研

2013年12月5日，对李台、四棚、安镇3家乡镇卫生医院和县妇幼保健院进行实地视察，提出加大卫生事业投入、加快推进卫生队伍建设、创新管理体制等意见与建议。

县政协委员视察卫生工作

2013年，县政协组织考察组对诸城市发展家庭农场的情况进行了实地考察，形成了《关于诸城市发展家庭农场情况的考察报告》，对阳谷县因地制宜地发展家庭农场提供了重要参考。

2013年，阳谷县政协策应推进新型城镇化的要求，组织城建部门在外出考察、深入调研的基础上，围绕搞好城市规划提出“聘请名家高手修编城市总体规划”“做好城市水系文章”“加强城市绿化建设”“找准城市发展拉动点”等建议，得到县委、县政府的高度重视，推动了阳谷县新一轮城市规划的编制和实施。对2013年的城中村改造、房屋拆迁、新型社区建设进行专题视察，提出“城市建设要突出色彩变化和地方特色”“新型社区建设要坚持高标准规划、大规模建设、体现区域特色造型”等建议。

2014年6月19日，县政协组织部分政协委员对全县文化、旅游和体育工作进行视察，实地视察了县体育局、阎楼镇辛庄村（文化站、院）、阎楼镇闫楼村（文化大院）、高庙王镇仓上村（乡村旅游开发）、紫汇湖小区（图书馆新址）、狮子园（水浒文化体验酒店），委员们对文化、旅游和体育工作提出了建议。

2014年10月11日，对县人力资源和社会保障工作开展视察，实地察看了县创业孵化基地、阎楼镇和石佛镇人社所、县人社综合服务中心，听取了工作汇报，部分常委、委员提出了进一步加强人社业务职能宣传、健全完善社保体系、加强社保资金监管力度、加强就业创业工作、推动公共服务平台建设等建议。

2014年10月24日，县政协文史资料委员会调研全县环保工作，通过听取汇报，实地察看阳谷县环境检测站、国环污水处理有限公司、森泉热电有限公司、大气自动监测站、阳谷县人工湿地、阳谷县第二污水处理厂，对环保工作提出了一些有价值的建议。

2014年11月6日，对城乡环卫一体化工作进展情况进行了视察，先后实地视察了博济桥办事处、寿张镇、阎楼镇、安乐镇4个乡镇（街道）的部分村庄，提出了建立完善城乡环卫一体化长效管理机制、建立多元化投入的资金保障机制、加大宣传力度等意见与建议。

县政协委员视察城乡环卫一体化

2014年12月18日，对全县城市建设情况进行视察，在实地视察、听取汇报的基础上，委员提出了高起点、高标准推进城市建设、坚持民生建设优先、探索城市经营方式、引导各界力量支持城建工作的建议。

自2014年县政协组织多方力量，对石佛镇平坊村孟母祈蚕祠（孟母庙）遗址遗迹进行考察考证，对相关史料挖掘整理。

2014年9月23日，县政协主席朱炳立（左四）与邹城市政协副主席、孟氏宗亲会会长孟淑勤（左三）座谈

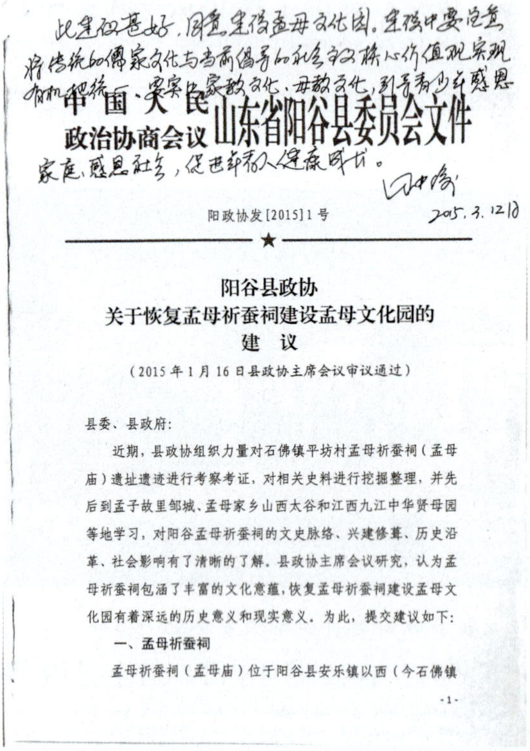

此建议甚好，同意建设孟母文化园。建设中要注意将传统的儒家文化与当前倡导的和谐文化核心价值观实现有机地结合，要突出家教文化、母教文化，引导青少年感恩家庭、感恩社会，促进未成年人健康成长。

2015.3.12日

中国人民政治协商会议山东省阳谷县委员会文件

阳政协发[2015]1号

阳谷县政协
关于恢复孟母祈蚕祠建设孟母文化园的
建　议

（2015年1月16日县政协主席会议审议通过）

县委、县政府：

近期，县政协组织力量对石佛镇平坊村孟母祈蚕祠（孟母庙）遗址遗迹进行考察考证，对相关史料进行挖掘整理，并先后到孟子故里邹城、孟母家乡山西太谷和江西九江中华贤母园等地学习，对阳谷孟母祈蚕祠的文史脉络、兴建修葺、历史沿革、社会影响有了清晰的了解。县政协主席会议研究，认为孟母祈蚕祠包涵了丰富的文化意蕴，恢复孟母祈蚕祠建设孟母文化园有着深远的历史意义和现实意义。为此，提交建议如下：

一、孟母祈蚕祠

孟母祈蚕祠（孟母庙）位于阳谷县安乐镇以西（今石佛镇

-1-

经县政协主席会议研究，认为孟母祈蚕祠是阳谷的特色文化资源、珍贵的文化遗产，对于弘扬母教文化、继承和发扬儒家思想有着深远的历史意义与现实意义。先后到孟子故里邹城、孟母家乡山西太谷和江西九江中华贤母园等地学习，对孟母祈蚕祠的文史脉络、兴建修葺、历史沿革、社会影响有了清晰了解。2015年1月向县委、县政府提出了《关于恢复孟母祈蚕祠建设孟母文化园的建议》，得到县委、县政府主要领导的高度重视，并作出重要批示。

县政协委员视察城区公交工作

2015年4月17日，围绕发展和完善城区公交，组织委员进行调研视察，撰写调研视察报告提交县政府，促进了城区公交线网进一步优化，公交站点设置更加合理，三轮车得到有效整顿。2015年12月，阳谷公交正式运营。

2015年6月19日，对全县文化旅游体育工作情况进行了视察，委员们通过实地视察、听取汇报，提出了继续完善公共文化服务体系，深入挖掘乡村旅游资源，加快建设公共体育基础设施，促进文化与旅游、体育的深度融合等建议。

2015年7月，县政协人口资源

环境和社会保障委员会针对城乡居民饮水安全，深入开展调研，向县委、县政府提出了《关于加强城区供水源地保护的建议案》，得到县委主要领导的批示，推动阳谷县出台了《阳谷县饮用水水源保护区污染防治管理办法》。

2015 年 9 月 14 日，对县城市建设与管理情况进行视察，委员们通过实地察看、听取汇报，提出了坚持规划引领、优化城市配套设施、精细化管理金水湖公园、创新城市管理手段、畅通公众参与渠道等建议。

2015 年 12 月，县政协领导聚焦“十三五”规划编制，分组到分工联系的相关部门进行专题调研，形成了《关于制定“十三五”规划有关问题的建议》，向县委、县政府提出了“高度重视招才引智”“探索推进精准医疗”“加快新能源汽车推广应用”“推进医养融合发展”等 10 个方面 26 条建议，为县委、县政府科学决策提供了重要参考。

2016 年 4 月 14 日，县政协组织部分政协常委、委员，对全县生态建设和环境保护工作进行了视察，先后实地察看了国环污水处理厂二期扩建工程、森泉人工湿地工程、森泉热电燃煤锅炉治理和农信社办公楼建设现场扬尘污染防治，听取了县环保局的工作情况汇报，委员们提出了建立全民环保体系，继续加大环境监管力度，继续加大环保宣传力度，环境保护工作要逐步向乡镇、农村延伸等建议。

2016 年 7 月 12 日，围绕全面提升医疗服务水平，对全县卫生计生工作进行视察，实地视察了李台镇卫生中心院、狮子楼街道社区卫生服务中心、县计生服务大楼，为推进分级诊疗、弘扬中医药文化、大力支持社会办医献计支招。

2016 年 10 月 20 日，对全县城镇化建设工作进行视察，实地视察了阎楼镇、七级镇小城镇提升工程建设现场和侨润街道棚户区改造现场，参与委员提出了一些有价值的意见与建议，为提升全县城镇化发展水平做出了积极努力。

文史资料工作

2012 年 1 月至 2017 年 1 月，第十一届县政协积极发挥政协文史“存史、资政、团结、育人”的作用，深入挖掘整理阳谷县的历史文化资源。2012 年，《阳谷文史》第三十二辑，被省政协评为“全省优秀文史书刊”二等奖，阳谷县政协文史科被省政协授予“全省文史工作优秀集体”称号，县政协文史科杨世钟、董经路被评为“全省文史先进工作者”。

《张秋木版年画》作为国家级非物质文化遗产，被《联合日报》整版刊登。出版具有文史特色的《政协阳谷》4 期。协助省政协开展《天南地北山东人（阳谷籍）》文史资料的征集工作。

阳谷县曾是孟母、孟子的重要活

动区域，唐天宝七年（公元748年），孟母祈蚕祠建于阳谷县石佛镇平坊村。2014年，以孟母祈蚕祠（即孟母庙）遗址遗迹为依托，深入挖掘历史文化资源。2015年1月，县政协向县委、县政府提出《恢复孟母祈蚕祠、建设孟母文化园的建议》。配合市政协编纂出版《聊城历代名人诗词书画精品集成》的征稿工作。为省政协征编《山东抗战编年纪事》报送了有关阳谷县抗战的“三亲”史料。2015年，围绕“纪念抗日战争胜利70周年”，广泛征集抗战史料，编辑整理了《我的抗战——阳谷志士抗战回忆录》；以延续阳谷历史记忆为主题，着眼于展现阳谷历史演化、人文地理、名胜古迹、逸闻趣事、风土民情，编辑整理了《阳谷掌故》，两书于2016年正式出版。

“保护生态环境 建设绿色家园”——“东信杯”环保书画展交流笔会

利用政协书画院承办“保护生态环境 建设绿色家园”——“东信杯”环保书画展交流笔会，提高公众参与环境保护、践行绿色生活、建设美丽阳谷的意识。组织开展以“书香相伴，感恩母爱”为主题的读书交流活动，推动全民阅读，为建设文化强县营造氛围。2016年，着眼于保护和传承碑刻这一历史文化遗产，完成了《阳谷碑刻辑注》的整理编辑。配合市政协围绕《记忆大运河》《记忆黄河》两书开展主题征稿活动，共征稿30余篇，涉及黄河河道变迁、黄河堤坝修筑、黄河号子、抗洪抢险以及运河漕运管理、运河名人、古街巷遗存等诸多方面。

宣传联络信息工作

2012年1月至2017年1月，第十一届县政协利用各种新闻媒体，宣传政协的性质、地位和作用。先后在《联合日报》、《春秋》、省政协手机报、市政协《政协信息》、县电视台等媒体发表稿件300余篇。

2012年，创办《政协阳谷》报刊，对政协网站重新进行优化升级。2013年，撰写《探索政协工委履职新途径 开创政协工作新局面》稿件，有效提升了基层政协组织的履职活力。2014年，党的群众路线教育实践活动期间，在县政协网站设立活动专栏，宣传县政协教育实践活动情况。撰写《阳谷县政协开展党的群众路线教育实践活动纪实》，宣传了县政协在开展党的群众路线教育实践活动中的好做法和经验。参加《联合日报》和市政协“魅力城市”征文约稿活动，撰写《打虎故地 英雄阳谷》，提升阳谷的知名度与社会影响力。2015年，代表聊城市县级政协先后在全省政协调查研究工作座谈会、全省政协工作经验交流会上作了经验交流发言。组织政协委员参加“纪念抗日战争胜利70周年”活动，被省政协授予“优秀组织奖”。2016年，组织参加“履职为民·奉献齐鲁——点赞感动你的政协委员故事”活动，阳谷县政协委员贾秀兰荣获“政协委员履职为民故事奖”，作为聊城市唯一代表到济南参加事迹展演，山东省电视台展播了贾秀兰作为阳谷县政协委员躬身慈善事业、扶危济困方面的感人事迹，齐鲁网、联合网等专题、专栏进行了报道。2017年，开通阳谷政协微信公众号，开辟了宣传新阵地。2013年，县政协宣传联络科被省政协评为“全省政协宣传工作先进集体”。2015年、2017年，宣传联络科李玉琳被省政协评为“宣传工作先进个人”。

不断健全体制机制，制定出台《委员履职工作规则》《协商工作规程》《进一步加强反映社情民意信息工作的若干意见》等工作制度。修订完善专委会、界别活动规则，推动各项履职活动规范有序开展。不断加强委员队伍建设，建立委员履职档案，对委员出席会议、视察调研、提交提案等进行量化考核。支持政协委员担任特邀监督员，开展对价格听证、事业单位人员招聘、环境监察等社会高度关注的重点工作，以及执法部门的民主监督。

政协联谊活动

2012年，阳谷县政协邀请兰州大学文学院教授王传明到阳谷进行文化交流。王传明是阳谷县十五里园镇人，兰州大学毕业后留校任教。王阳明在阳谷期间，到莘县政协交流文史工作经验；在阳谷县政协举办诗词与楹联写作知识培训班；对2012年第二期《楹联与书法》中的稿件细致审稿；与木雕艺人王传成进行交流。

2012年9月5日至7日，京九沿线县级政协联谊会第十五次会议在河北省任丘市召开。阳谷县政协主席朱炳立，副主席孙兰华、史晓莉、闫邦一参加会议。出席会议的有安徽省、江西省、山东省、河南省、湖北省、广东省、河北省7个省的23个县级政协。会议主题是交流、探讨做好新时期县级政协工作的经验和做法。

晋冀鲁豫二十县（市、区）政协联谊会第三十五次会议

2012年10月14日至16日，晋冀鲁豫二十县（市、区）政协联谊会第三十五次会议在山东省阳谷县召开。山西省、河北省、山东省、河南省4省18个县（市、区）的政协主席、副主席等90余人出席会议。聊城市政协副主席张广霞到会祝贺。会议围绕“做好新时期县级人民政协工作的经验做法和

体会”这一中心议题进行了研讨。中共阳谷县委书记、县人大常委会主任田中俊介绍了阳谷县经济社会发展情况。与会人员观看了《江北铜都——山东阳谷》宣传片，考察了阳谷民营企业祥光铜业有限公司、山东凤祥集团食品加工厂中心，参观了景阳冈、狮子楼等阳谷历史文化景区。会议达到了交流经验、相互学习、增进友谊、共谋发展和宣传阳谷、推介阳谷的目的。

2012年11月19日，县政协文化联谊会正式成立，推选县政协主席朱炳立为会长，史晓莉为常务副会长，朱丙林、孙兰华、朱宪龙为副会长，刘登华为副会长兼秘书长，吸收23名文化工作者、文化研究者和文化爱好者为基础会员；通过了《县政协文化联谊会章程》；联谊会主要通过搭建各种文化活动平台，开展文化创作、书刊出版、笔会展览等活动，做好阳谷区域历史文化的挖掘与保护，抢救、整理、编辑、出版文艺文史资料，宣传普及阳谷的优秀传统文化，弘扬阳谷人文精神。齐鲁书画院副院长、济南书画院院长徐大中到会祝贺并题写贺词，兰州大学文学院王传明教授题诗遥贺。

县政协文化联谊会成立大会

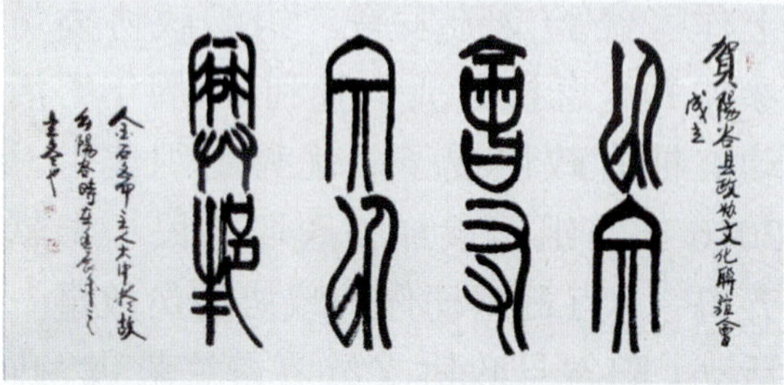

徐大中题写贺词“以文会友 文以兴邦”

2012年12月，县政协筹建成立分会组织——阳谷县收藏家协会，吸纳了酒具、瓷器、书画、灯具、旧县志、古装书籍、连环画册等方面的众多收藏爱好者。阳谷县政协委员、阳谷城市综合开发公司经理魏之伦为会长。阳谷县收藏家协会是收藏爱好者相互学习交流的平台，引导收藏爱好者配合政府规范民间藏品市场，提高群众的文物保护意识。

2013年3月18日，台前县政协主席杨素青带领考察团到阳谷考察交流。阳谷县政协主席朱炳立，阳谷县政协副主席朱丙林、孙兰华、史晓莉、闫邦一、冯继勇陪同。两地政协人员进行了深入交流，并实地考察了阳谷县城市建设情况和景阳冈酒厂酒道馆。

2013年3月28日，阳谷县政协文化联谊会书画院在县文化馆成立，商议并通过了《阳谷县政协书画院章程（草案）》，选举阳谷县政协委员、县文化广电新闻出版局局长訾士勇为政协书画院院长，举行了书画院成立揭牌仪式。阳谷县政协书画院是县政协文化联谊会分会机构，由阳谷县书画爱好者自愿结成，是具有学术性、松散性、地方性的非营利性团体，服务于文化强县建设，服务于广大文化爱好者。

2013 年 5 月 29 日至 31 日，晋冀鲁豫二十县（市、区）政协联谊会第三十六次会议在山西永济市召开。会议主题是交流、探讨做好新时期县级人民政协文史工作的经验和体会。

2013 年 9 月 25 日至 28 日，阳谷县政协参加了台前县政协承办的以“和谐颂”为主题的环渤海经济圈两省（河南、山东）五地（台前、泰山、东平、梁山、阳谷）书画展活动。

2014 年 4 月 27 日 至 9 日，晋冀鲁豫县级政协工作经验交流会第三十八次会议在河南省新蔡县召开。会议主题是交流、探讨新时期“发挥委员优势，大力招商引资，助推县域经济发展”的经验做法和体会；学习焦裕禄精神，认真开展好政协机关党的群众路线教育实践活动。

2014 年 9 月，晋冀鲁豫县级政协工作经验交流会第三十九次会议在山西黎城召开。会议主题是“加强区域合作，推动旅游发展”——晋冀鲁豫四省二十县（市、区）政协文化旅游研讨推介会。

自身建设

十一届阳谷县政协坚持以提升履职效能为重点、以完善机制为关键，全面加强自身建设，着力筑牢履职基础，不断提升政协履职的规范化、制度化、程序化。

十一届阳谷县政协期间，制定出台了《委员履职工作规则》《协商工作规程》《进一步加强反应社情民意信息工作的若干意见》《提案办理协商办法》等工作制度。

2012 年，恢复成立乡镇政协工委，加强对乡镇政协工委的联系与指导，明确了乡镇政协工委的职责和任务，配备了专职工作人员，实现了班子、人员、经费、场所“四落实”，推进政协工作向基层拓展和延伸。

2013 年，研究制定《政协阳谷县委员会关于贯彻落实〈中共阳谷县委常委会关于改进工作作风密切联系群众的实施办法〉的实施细则》，对开展视察调研活动、召开会议、来人接待、加强与委员的联系、厉行节约反对浪费等作明确要求和具体规定。

2014 年至 2015 年，扎实开展党的群众路线教育实践活动，紧紧围绕“为民务实清廉”主题，按照“照镜子、正衣冠、洗洗澡、治治病”的总要求，以“三严三实”的精神，聚焦“四风”顽疾，不折不扣的贯彻活动要求。整顿文风会风，开展公务用车、办公用房、“三公”经费开支等专项治理。制定完善委员服务与管理工作制度，建立主席会议成员联系基层相关工作机制，规范机关办文、办会、办事相关程序，制度机制进一步健全。

第十四章 第十二届阳谷县委员会

第一节 全体委员会议

十二届一次全委会议

2017年1月20日至23日，政协第十二届阳谷县委员会第一次会议在阳谷举行。与会委员275名。

上午8点，举行预备会议。县委常委、统战部部长李超作《关于政协第十二届阳谷县委员会委员提名推荐情况的说明》，审议通过县政协十二届一次会议主席团、秘书长建议名单，会议议程、日程（草案），协商通过县政协十二届一次会议提案审查委员会建议名单，观看警示教育片《警钟》。

上午9点30分，大会开幕。中共阳谷县委书记田中俊讲话。县政协主席朱炳立代表政协第十一届阳谷县委员会常务委员会作工作报告。报告总结了常委会五年来的主要工作：加强学习，凝聚共识，政治定力不断增强；围绕中心，致力发展，服务大局成效显著；关注民生，助推和谐，为民履职深入推进；增强包容，凝聚力量，团结民主氛围日益浓厚；务实创新，固本强基，自身建设全面加强。并对今后的工作提出6点建议。

县政协副主席潘景会作《政协第十一届阳谷县委员会常务委员会提案工作报告》和《政协第十二届阳谷县委员会第一次会议提案审查情况的报告》。与会委员列席阳谷县第十八届人民代表大会第一次会议，听取并讨论代县长毕黎明所作的《政府工作报告》和其他有关报告。会议选举朱炳立为政协第十二届阳谷县委员会主席，潘景会、史晓莉、闫邦一、冯继勇、魏庆银、王凌峰为副主席，郑清铭为秘书长，选举常务委员47名。通过了《政协第十二届阳谷县委员会第一次会议决议》及其他有关决议。县政协主席朱炳立在闭幕会议上讲话。

县政协十二届一次会议期间，县委书记田中俊（左三）看望政协委员

县政协十二届一次会议开幕大会

县政协十二届一次会议期间，县委书记田中俊参加界别小组讨论

县政协十二届一次会议期间，召开推进孟母文化园规划建设专题座谈会

县政协十二届一次会议期间，县委副书记、代县长毕黎明（右二）看望政协委员

县委书记田中俊在县政协十二届一次会议上讲话

县政协主席朱炳立在县政协十二届一次会议上作常委会工作报告

县政协副主席潘景会在县政协十二届一次会议上作提案工作报告

县政协副主席魏庆银在县政协十二届一次会议上宣读会议决议

县政协十二届一次会议闭幕会主席台

十二届二次全委会议

2018年1月14日至17日，政协第十二届阳谷县委员会第二次会议在阳谷举行。与会委员281名。

聊城市副市长、中共阳谷县委书记田中俊讲话。县政协主席朱炳立代表政协第十二届阳谷县委员会常务委员会作工作报告。报告总结了常委会一年来的主要工作：突出思想引领，坚定正确政治方向；围绕工作大局，积极献计出力；关注群众期待，促进民生改善；发挥政协优势，推进全县文化建设；密切联系协作，经常性工作富有成效；加强自身建设，委员主体作用充分发挥。并对今后工作提出5点建议。

县政协副主席潘景会作《政协第十二届阳谷县委员会常务委员会提案工作报告》和《政协第十二届阳谷县委员会第二次会议提案审查情况的报告》。会议表彰了10件优秀提案和10个提案先进承办单位，审议通过了《政协第十二届阳谷县委员会2018年协商工作计划》。与会委员列席阳谷县第十八届人民代表大会第二次会议，听取并讨论了县长毕黎明所作的《政府工作报告》和其他有关报告。会议补选张克雷为政协第十二届阳谷县委员会秘书长，增补王文跃、王保华、孙正坤、李晓峰、宋茂印、岳胜、赵希强、崔存龙、黄祥杰9人为政协第十二届阳谷县委员会常务委员。通过了《政协第十二届阳谷县委员会第二次会议决议》及其他有关决议。县政协主席朱炳立在闭幕会议上讲话。

县委书记田中俊在县政协十二届二次会议上讲话

县政协十二届二次会议县长毕黎明看望政协委员

县政协十二届二次会议开幕式主席台

县政协副主席闫邦一在县政协十二届二次会议上

县政协主席朱炳立在县政协十二届二次会议上作常委会工作报告

县政协副主席冯继勇在县政协十二届二次会议上

县政协副主席潘景会在县政协十二届二次会议上作提案工作报告

县政协副主席魏庆银在县政协十二届二次会议上

县政协副主席史晓莉在县政协十二届二次会议上

县政协副主席王凌峰在县政协十二届二次会议上

十二届三次全委会议

2019年2月23日至26日，政协第十二届阳谷县委员会第三次会议在阳谷举行。与会委员279名。会议成立了临时党组织。

聊城市副市长、中共阳谷县委书记田中俊讲话。县政协主席朱炳立代表政协第十二届阳谷县委员会常务委员会作工作报告。报告总结了常委会一年来的主要工作：加强思想政治引领，坚定正确政治方向；积极探索实践，构建协商议政新格局；围绕工作大局，强化政协民主监督；密切联系群众，畅通民意信息渠道；发挥政协优势，弘扬优秀传统文化；总结历届工作经验，编辑《阳谷县政协志》；加强自身建设，全面提高履职能力。并对今后工作提出5点建议。

县政协副主席魏庆银作《政协第十二届阳谷县委员会常务委员会提案工作报告》和《政协第十二届阳谷县委员会第二次会议提案审查情况的报告》。会议表彰了10件优秀提案和10个提案先进承办单位。与会委员列席阳谷县第十八届人民代表大会第三次会议，听取并讨论了县长毕黎明所作的《政府工作报告》和其他有关报告。会议补选李贻贵为政协第十二届阳谷县委员会秘书长，增补王森、张传勇、张克雷、张景伟4人为政协第十二届阳谷县委员会常务委员。通过了《政协第十二届阳谷县委员会第三次会议决议》及其他有关决议。县政协主席朱炳立在闭幕会议上讲话。

县委书记田中俊（左三）看望政协委员

县长毕黎明（右二）看望政协委员

县政协主席朱炳立等领导看望政协委员

县政协十二届三次会议开幕式主席台

县政协十二届三次会议选举大会会场

县政协副主席闫邦一在县政协十二届三次会议上

县委书记田中俊讲话

县政协副主席冯继勇在县政协十二届三次会议上

县政协主席朱炳立在县政协十二届三次会议上作常委会报告

县政协副主席魏庆银在县政协十二届三次会议上作提案工作报告

县政协副主席史晓莉在县政协十二届三次会议上

县政协副主席王凌峰在县政协十二届三次会议上

县政协秘书长李贻贵在县政协十二届三次会议上

县政协秘书长张克雷在县政协十二届三次会议上

十二届四次全委会议

2020年5月14日至5月17日，政协第十二届阳谷县委员会第四次会议在阳谷举行。与会委员272名。会议成立临时党组织。

中共阳谷县委书记陈波讲话。朱炳立主席代表政协第十二届阳谷县委员会常务委员会作工作报告，报告总结了常委会一年来的主要工作：围绕中心履职，建言资政和凝聚共识双向发力；恪守为民情怀，助推民生改善和社会发展；强化主责主业，构建协商议政新格局；发挥政协优势，助力全县文化建设；坚持提质增效，扎实做好提案和宣传信息工作；优化履职保障，抓好“两支队伍”建设。对今后工作提出5点建议。

县政协副主席魏庆银作《政协第十二届阳谷县委员会常务委员会提案工作报告》。与会委员列席阳谷县第十八届人民代表大会第四次会议，听取并讨论代县长彭志国所作的《政府工作报告》和其他有关报告。会议补选范新立、刘文龙为政协第十二届阳谷县委员会副主席，王兰英为政协第十二届阳谷县委员会秘书长；增选李贻贵为政协第十二届阳谷县委员会常务委员。通过了《政协第十二届阳谷县委员会第四次会议决议》。县政协主席朱炳立在闭幕会议上讲话。

县政协主席朱炳立在县政协十二届四次会议上作常委会报告

县政协副主席魏庆银在县政协十二届四次会议上作提案工作报告

县政协十二届四次会议开幕大会会场

县政协主席朱炳立向委员们介绍新当选的副主席范新立（中）、刘文龙（右），秘书长王兰英（左）

县政协十二届四次会议闭幕大会会场

县政协十二届四次会议闭幕大会主席台

县政协委员列席阳谷县第十八届人民代表大会第四次会议

县政协十二届四次会议分组讨论

第二节 常务委员会议

2017 年 1 月至 2019 年 2 月，政协第十二届阳谷县委员会共召开常务委员会 13 次。

十二届一次常委会议

2017 年 3 月 10 日，县政协召开十二届一次常委会议。会议审议通过了《政协阳谷县委员会 2017 年工作要点》《政协第十二届阳谷县委员会各专门委员会主任、副主任名单》《政协第十二届阳谷县委员会常务委员会关于专门委员会设置的决定》《政协阳谷县委员会专门委员会通则》《政协阳谷县委员会常务委员会工作规则》；审议通过了郑清铭辞去十二届县政协秘书长、委员职务和增补张克雷为十二届县政协委员的人事事项。

十二届二次常委会议

2017 年 8 月 18 日，县政协召开十二届二次常委会议。会议听取了 2017 年上半年全县经济社会运行情况的通报；传达学习了山东省第十一次党代会精神和全省基层政协工作座谈会精神；宣读并印发了《阳谷县政协关于开展道德模范和身边好人评选活动的实施意见》。

十二届三次常委会议

2017 年 12 月 21 日，县政协召开十二届三次常委会议。会议学习传达了《中共阳谷县政协党组关于认真学习宣传贯彻党的十九大精神的通知》；听取了县政协文史资料委员会 2017 年工作情况汇报。

县政协十二届三次常委会议

十二届四次常委会议

2018 年 1 月 10 日，县政协召开十二届四次常委会议。会议听取县政府关于十二届一次会议以来提案办理情况通报；审议通过了关于召开阳谷县政协十二届二次会议的决定；审议通过了县政协十二届二次会议议程和日程（草案），秘书长、副秘书长建议名单，常务委员轮值建议名单，各组召集人建议名单；审议通过了《授权主席会议审议〈政协第十二届阳谷县委员会常委会工作报告〉和〈提案工作报告〉等有关事项的决定》；审议通过了关于表彰 2017 年度 10 件优秀提案和 10 个提案先进承办单位的决定；增补王文跃、王保华、孙正坤、李晓峰、宋茂印、岳胜、赵希强 7 人为十二届阳谷县政协委员。

县政协十二届四次常委会议

县政协十二届五次常委会议

十二届五次常委会议

2018 年 1 月 17 日，县政协召开十二届五次常委会议。会议审议县政协十二届二次会议选举办法（草案）；

审议十二届县政协增补秘书长、常务委员候选人名单；审议县政协十二届二次会议决议（草案）。

十二届六次常委会议

2018年1月17日，县政协召开十二届六次常委会议。会议听取增补的秘书长、常务委员候选人名单的讨论情况。

十二届七次常委会议

2018年3月30日，县政协召开十二届七次常委会议。会议学习传达了习近平总书记在参加十三届全国人大一次会议山东代表团审议时的讲话精神；学习了《中国人民政治协商会议章程》修改情况的说明；审议通过了《政协阳谷县委员会2018年工作要点》；会议书面印发县委办公室、政府办公室、政协办公室《关于印发〈政协第十二届阳谷县委员会2018年协商工作计划〉的通知》。

县政协十二届八次常委会议

十二届八次常委会议

2018年8月2日，县政协召开十二届八次常委会议。会议学习了习近平总书记视察山东时的重要讲话精神；听取了2018年上半年全县经济社会发展情况通报；听取了县扶贫办、环保局2018年上半年工作情况汇报。

十二届九次常委会议

2019年1月16日，县政协召开十二届九次常委会议。会议学习了习近平总书记在庆祝改革开放40周年大会上的讲话精神；听取了县政协提案委员会、委员联络工作委员会2018年工作情况汇报；听取了县卫计局、民政局、食药监局、人社局2018年民生工作情况汇报。

县政协十二届十次常委会议

十二届十次常委会议

2019年2月20日，县政协召开十二届十次常委会议。会议听取县政府关于十二届二次会议以来提案办理情况通报；审议通过了《关于组建政协阳谷县委员会农业和农村委员会的决定》《关于政协阳谷县委员会有关专门委员会更名的决定》；传达《关于潘景会副主席退休的通知》和县委关于李贻贵的任命决定；审议通过了《关于召开政协第十二届阳谷县委员会第三次会议的决定》；审议通过了县政协十二届三次会议议程、日程（草案），秘书长、副秘书长建议名单，各组召集人名单，十二届二次会议优秀提案、提案先进承办单位名单，关于授权主席会议审议《常委会工作报告》《提案工作报告》等有关事项的决定。

十二届十一次常委会议

2019 年 2 月 23 日，县政协召开十二届十一次常委会议。会议审议通过县委关于部分政协委员资格调整的建议书；宣读县委关于成立中国共产党政协第十二届阳谷县委员会第三次会议临时党组织的决定。

县政协十二届十一次常委会议

十二届十二次常委会议

2019年2月26日，县政协召开十二届十二次常委会议。会议审议县政协十二届三次会议选举办法（草案）；审议十二届县政协增补秘书长、常务委员候选人名单；审议县政协十二届三次会议决议（草案）。

县政协十二届十二次常委会议

十二届十三次常委会议

2019 年 2 月 26 日，县政协召开十二届十三次常委会议。会议听取各讨论组关于县政协十二届三次会议选举办法（草案），十二届县政协增补秘书长、常务委员候选人名单，县政协十一届四次会议决议（草案）的讨论情况。

第三节 主要工作

委员学习

2017 年 1 月至 2018 年 12 月，第十二届县政协按照懂政协、会协商、善议政的要求，认真做好委员培训工作。2017 年，以“如何做一名合格政协委员”为主题，对政协委员进行了首次年度培训。从 2018 年 5 月开始，以延安和井冈山 2 个红色教育培训基地为主，分 6 期选派部分政协委员进行了专题教育培训。2018 年 6 月，为提升全体委员履职能力，邀请聊城市政协提案工作室主任吕德衡就“深刻把握党的十九大精神和习近平总书记关于人民政协工作的重要思想，做新时代合格政协委员”这一主题做专题辅导，参加培训的有阳谷县政协委员、住阳聊城市政协委员、乡镇（街道）政协委员联络室主任、部分政协文化联谊人士和阳谷县政协机关全体工作人员。县政协副主席史晓莉以“新时代、新要求”为主题，从把握新定位、理解新要求、展现新作为三个方面就如何做好新时代政协委员，给委员做了全面的分析和讲解。2018 年 9 月，组织部分委员赴聊城市政协参加全市宣传报道和撰写社情民意信息培训班。邀请民革山东省委特约信息员李娟就“如何撰写社情民意信息”为全县政协委员作了专题辅导。

提案工作

2017 年 1 月至 2018 年 12 月，第十二届县政协共收到委员提案505件，经审查，立案 465 件，合并后转办提案 326 件。截至 2018 年 7 月 1 日，所有交办提案全部办复，办复率 100%。县政协不断完善提案督办机制，采取重点提案领导督办、难点提案联合督办、热点提案现场督办等措施，切实加大提案督办力度。

针对“弘扬中华优秀传统文化”的建议，县图书馆设立国学讲堂和道德讲堂，悬挂四德图版，聘请有关讲师进行授课；乡镇综合文化站、村级（社区）综合性文化服务中心设立宣传栏、补充更新关于传统文化的图书。关于推进“美丽乡村建设”的建议，县委、县政府按照因地制宜、科学规划、统筹协调、连片治理的原则，建设市级美丽乡村示范片区4个，每个片区筛选出1个村庄确定为省级美丽乡村示范村，按照“一村一景、一村一品”的原则进行重点打造提升，对全县美丽乡村标准化建设起到了示范带动作用。关于“加大环境治理力度”的提案，县委、县政府全面开展了大气污染防治“利剑斩污”行动，印发了《阳谷县2017年大气污染防治工作方案》和《关于立即开展春季执法集中“清零”的通知》，县环保局连续开展了春季执法专项检查、环境执法大检查和大气污染防治专项检查等行动，全县空气质量明显好转。对“城区交通管理”的提案，县政协组织县交警大队、县规划局、县执法局、市政中心等部门先后进行了2次重点提案办理协商，委员围绕城市规划设计、信号灯交通标志管理、交通法规宣传等方面提出了建议。

视察调研工作

2017 年 1 月至 2018 年 12 月，第十二届县政协着眼于事关全县经济社会发展的重大问题，本着“少而精”的原则，组织委员开展视察调研工作。

2017 年，开展了 5 次视察调研活动。2017 年 4 月 25 日，县政协组织部分政协委员视察全县创建国家森林城市工作情况，实地视察赵王河水系绿化、绿彩园林造型苗木基地、凤祥集团苹安耶果矮化密植苹果基地、如意公园绿化、石佛睡虎铁路绿化、苏海生态园，听取工作情况汇报。委员们提出科学布局建设城乡绿化网络、构建绿色廊道、融入阳谷元素建设生态文明示范教育基地等建议。

2017年6月28日，视察全县义务教育均衡县创建工作，对第三实验小学、赵庙小学、石门宋小学、铜谷中学、铜谷小学进行实地视察。委员们就丰富校园文化、提升优质教育资源共享、调动教师积极性、防范校园暴力、加强师德师风建设等方面提出建议20多条。

2017年9月21日，对全县安全生产工作进行视察，通过实地视察极景门窗、新源建材、华泰化工厂、景阳冈酒厂等。委员们提出了强化制度管理、搞好专项整治、落实企业主体责任、加强业务培训、建设专职消防队伍等12条建议。

2017年12月6日，专题视察精准扶贫工作，实地视察了扶贫大道（阳金路）、金斗营镇扶贫加工车间汽车坐垫项目、金斗营镇西金村扶贫双孢菇大棚种植项目、寿张镇王楼村邻里互助情况。委员们提出注重动态甄别、培育内生动力、用活现有政策等13条建议，有力促进了全县脱贫攻坚工作。

县政协委员视察美丽乡村建设

2017年12月25日，视察美丽乡村片区建设工作，实地视察了博济桥龙虎寨村、博济桥街道商坑村、阎楼镇辛庄村、西湖镇胡庄村、高庙王镇仓子村。委员们就如何凸显乡村特色、保护乡土文化、留存集体情感记忆、留住乡愁、推进乡风文明建设共谋良策。

2018年，开展了5次视察调研活动。2018年4月18日，组织部分政协常委、委员视察全县农业新旧动能转换工作情况，实地视察了丰源现代农业示范园、鑫裕面粉、苹安耶果有限公司、赵王河生态农业发展有限公司，听取县农业局负责人介绍全县农业新旧动能转换工作情况。视察后形成了《关于我县农业新旧动能转换的视察报告》，报告中提出推进精致农业发展战略，加快落实农业“新六产”融合发展工程；加快农业结构调整，发展高质高效农业；立足农业多种功能的挖掘与拓展，发展休闲农业；完善农业社会化服务体系等建议。

县政协委员视察医养结合工作

2018年5月24日，对全县医养结合工作情况进行了视察，先后实地察看了福康医养院、县人民医院、鲁西南医院，听取了全县医养结合工作情况汇报。委员们提出了加强对医养结合工作的重视程度、建立医养结合工作推进机制、加强养老护理人员的队伍建设等意见与建议。

2018 年 11 月 13 日，县政协组织部分政协常委、委员，对县交警大队提案办理工作进行视察。先后在全县城区几个主要路段进行实地察看，听取交警大队的提案办理情况和主要工作情况介绍。委员们就提案办理工作和交警工作提出了高度重视提案办理工作、提高干部群众交通安全意识、做好停车泊位及停车场建设、完善交通信号设施、加强对行人非机动车管理等建议。视察后形成了《关于我县交警大队提案办理情况的视察报告》。

2018 年 11 月 27 日，围绕全县乡村旅游业发展情况，组织 40 余名政协委员实地察看了大布乡小城镇建设、渔林赵美丽乡村建设、苏海野生动物园。委员们就培育亮点工程、完善基础设施、加强人才培训等议题为乡村旅游发展共谋良策。

2018 年 12 月 6 日，县政协组织委员对全县创建省级食品安全先进县工作进行了视察。到山东凤祥股份有限公司、阳谷外国语学校食堂、赵王河路“明厨亮灶”示范街、南街市场、县食药监局智慧监管中心等进行了实地察看，委员们围绕加强源头监管、加大食品从业人员教育培训、提升群众食品安全意识等环节提出意见与建议。

协商工作

围绕经济社会发展中的重要问题进行协商，是人民政协在新形势下开展政治协商活动的一种新形式。2018 年 3 月，全国政协十三届一次会议对《中国人民政治协商会议章程》进行了修订，“制定年度协商计划，完善以专题协商为重点的常态化协商议政格局”写入政协章程。第十二届县政协围绕全县中心工作，制定年度协商计划，按照协商规程，扎实开展协商工作。2018 年开展专题协商、对口协商、界别协商共 13 项。

2018年5月25日，围绕“推进全县优秀传统文化传播基地建设”，县政协组织部分政协委员在前期调查研究的基础上，与6个相关部门开展了专题协商活动。委员们就制定《阳谷县传承发展中华优秀传统文化工作方案》、优秀传统文化融入生产生活、加强文化遗产保护与传承、优秀传统文化进校园、加大优秀传统文化弘扬传播提出意见建议。这次活动形成了《政协阳谷县委员会关于推进全县优秀传统文化传播基地建设的专题协商报告》，推动了阳谷县优秀传统文化的弘扬与发展。

2018年10月31日，围绕推进全县农村公路建设召开专题协商会。委员们就过路管涵问题、公路养护责任信息公开问题、农村公路排水设施问题、路肩绿化问题等与县交通局交流协商，形成了坚持科学规划、拓宽投融资渠道、加大监管和巡查力度、完善农村公路管养体系等建议。这次活动形成了《政协阳谷县委员会关于推进我县农村公路建设的专题协商报告》，进一步推进全县农村公路建设工作。

2018年11月13日，围绕城市交通管理方面的提案开展重点提案办理协商会。县交警大队负责人就十二届二次会议提案办理情况及今年来工作情况做了说明，部分政协委员就信号灯及交通标志管理、停车位划定及管理、交通法规宣传、增强执法力量等方面提出了建议。

2018年11月27日，在2017年视察美丽乡村片区建设的基础上，持续跟进，组织委员就“推进美丽乡村建设”进行专题协商，委员们在前期充分调研的基础上，提出了强化规划设计、融入特色文化内涵、进行集体产权制度和宅基地制度改革、找准产业定位、加强长效管护等建议。这次活动形成了《关于推进全县美丽乡村建设暨乡村旅游的专题协商报告》。

文化与文史工作

2017 年 1 月至 2018 年 12 月，第十二届县政协继续深化交往交流，做好了文史资料征编和阳谷县境内石刻的收集、拓印工作。2017 年，征集到《阳谷县最早黄埔军校生——孙芳兰传略》《孙膑拳历史渊源探秘》等文史资料 40 余篇。收集、拓印、整理阳谷石刻，为编辑出版《阳谷碑刻辑注》做好准备工作。

依托孟母祈蚕祠这一阳谷特色文化资源，2017年5月28日，阳谷县政协会同教育、文化等有关部门举办“母教传家风 书香育英才”系列主题活动。县委副书记丁洁清，县委常委、副县长王守柱出席活动启动仪式。主题活动包括播放《孟母与阳谷》宣传片、长卷签名、观看孟母祈蚕祠史料展、中小学生书画作品展、中老年书画作品邀请展、书画家现场书写、经典诵读等。活动中共展出优秀书画作品700余件。

孟母祈蚕祠是已知史料记载中最早修建的孟母专祀祠宇，也是全国唯一以祈蚕祠命名的祭祀孟母的祠庙。与此相关的孟母义学、孟母庙会、孟母教子故事，在阳谷有着深刻影响。为加快推进孟母祈蚕祠的保护、开发和利用，把孟母祈蚕祠所蕴含的母教文化思想、儒家文化精髓、中华人文精神全面阐述、诠释、展示出来，阳谷县政协组织力量对孟母祈蚕祠的价值内涵进行了深入的挖掘和整理。在“母教传家风 书香育英才”系列活动中，阳谷县政协将孟母祈蚕祠史料制成展板进行展览，并向全县发出了“弘扬母教 孝慈敬亲”的倡议。

“母教传家风 书香育英才”活动

国学诵读活动

市民观看孟母文化展览

2018年是中共中央发布“五一口号”70周年。2018年4月27日，阳谷县委统战部、县政协文史资料委员会、县文广新局、县文联、聊城国画院联合举办全县统一战线“纪念中共中央发布‘五一口号’70周年书画展”。县政协主席朱炳立，阳谷县委常委、统战部部长李超，县政府副县长杨廷军，县政协副主席潘景会、史晓莉出席开幕式。县无党派代表人士、部分企业统战联络员、各乡镇（街道）政协联络室主任、统战委员、文化站站长、城区学校美术教师等300余人参加活动。展览活动聚集了全县一大批书画人才进行创作，遴选出优秀作品120余幅，这批作品讴歌了党的统一战线伟大历史意义以及阳谷统战工作七十年来取得的辉煌成就，引导阳谷县统战干部、工商联、无党派人士等统一战线各界人士，重温历史，不忘合作初心，凝聚发展共识，巩固共同的思想政治基础。

县政协主席朱炳立在“纪念中共中央发布‘五一口号’70周年书画展”上致词

为贯彻落实《山东省传承发展中华优秀传统文化工作方案》，顺应人们留存家乡记忆需求，阳谷县政协于2018年组织开展《文化阳谷·乡村记忆》丛书征编工作。全县18个乡镇（街道）866个行政村（居委会）同步启动，成立县、乡、村三级征编队伍，搜集、整理、编辑村情、村史、村貌等相关资料。完成了省政协文史委《记忆黄河》《记忆大运河》和市政协文史委《聊城碑刻大全》的组稿工作。做好了市政协“迎春书画展”征稿工作。配合市政协完成优秀传统文化、大运河饮食文化等方面的专题调研3项，接待外地县市区政协到阳谷开展关于京杭运河、古阿井文化等方面的文化交流6次。

《文化阳谷 乡村记忆》征编工作座谈会

宣传信息工作

2017年1月至2018年12月，第十二届县政协利用省政协手机报、《联合日报》，联合网、市政协《政协信息》以及政协微信公众号及县电视台、县政协微信公众号等宣传媒介，报道政协组织履职实践，宣传政协委员履职风采。

2017 年，阳谷县政协宣传联络科更名为“宣传信息科”。发表新闻稿件 40 余篇。县政协委员于纪林提交的《关于构建“亲”“清”新型政商关系的几点建议》报送全国政协，建议中提出建立健全有关法规来明确党政部门、各级干部、企业的行为边界、底线，健全完善政商交往制度，坚持用制度管权、管事、管人，出台政商交往的监督意见，全面开展政商交往巡查监督；李新英、范英才、丁祥祺、付琦、王继坤、袁朝蓬、李文君、胡慧栋、崔欣欣等委员提交的社情民意信息报送省政协。

2018 年，制定《关于进一步加强反映社情民意工作的意见》，把委员反映社情民意信息列入了履职能力考核的重要内容。3 月，阳谷县政协被选为省政协信息直报点，代表聊城市县级政协参加全省政协会议。9 月，参加聊城市政协宣传信息工作会议，并作典型发言。2018，在省市以上媒体发表稿件 80 余篇，提交社情民意信息 50 余篇，其中，报送全国政协 2 篇，向省政协编报 30 余篇。宣传信息科李玉琳连续两年被省政协评为“宣传工作先进个人”。

委员联络工作

第十二届县政协为加强与委员沟通，规范委员履职的管理考核工作，2017 年设立委员联络科。委员联络科自成立以来，不断完善委员联络制度，健全委员管理和激励机制，制定出台了《阳谷县政协委员履职考核办法》，修订完善专委会、界别活动规则，建立委员履职档案，对委员出席会议、视察调研、提交提案等进行量化考核。在全市率先设立乡镇街道政协委员联络室，明确由乡镇街道副书记兼任联络室主任，为基层委员学习交流、履行职责、服务民生搭建了新平台。

2017 年，开展了道德模范和身边好人评选活动。司全才、付红英、张广锐、张淑敏、刘洪国 5 名委员被聊城市政协评为道德模范和身边好人，魏之伦、陈爱红、张平、胡慧栋、任荣华、朱丙良、宋珍、贺玉广、滕腾、冀红秀 10 名委员被阳谷县政协评为道德模范和身边好人。2017 年 7 月，全省基层政协工作会议在德州召开，阳谷县政协和阎楼镇政协委员联络室代表聊城作了大会发言。

2018 年，组织 25 名政协委员参加省政协开展的“政协委员谈履职”征文活动。其中，委员郑召秀的《在思考中履职尽责》征文荣获三等奖，委员王勇的《牢记初心使命，为民履职尽责》征文、委员吴兆斌的《政协委员谈履职》征文获得优秀奖。

自身建设

2018年，阳谷县政协进一步加强政协机关自身建设，研究制定《阳谷县政协机关市级文明单位创建工作计划》《县政协机关创建文明单位工作方案》，并逐一落实。开展“大学习、大调研、大改进”活动，研究制定《阳谷县政协机关关于进一步学习贯彻党的十九大精神的实施方案》和《阳谷县政协机关推进“两学一做”学习教育常态化制度化实施方案》，推进“两学一做”学习教育常态化、制度化。落实全面从严治党主体责任，严格执行“三会一课”制度，扎实做好“第一书记”双联共建、“1+1”好支部共建工作。开展“乡镇督导”“包村联户”“脱贫帮扶”活动，引导机关干部到基层实践中长见识、学本领。认真做好离退休老干部服务工作，保障老干部的身心健康。开办“道德讲堂”，评选政协系统道德模范，开展诗歌朗诵会、读书会、金水湖健步走、“迎新春”书画展、“庆七一·美丽乡村摄影展”等活动。为激发机关各科室的凝聚力和战斗力，做好县政协争创文明单位的基础工作，县政协开展“文明科室”创建活动，加强机关科室建设。为提高县政协机关干部职工依法履职工作水平，县政协开展普法教育活动，针对全体机关干部职工进行普法宣传。

2018 年 12 月，《聊城市精神文明建设委员会关于命名表彰 2018 年度市级文明单位的决定》授予中国人民政治协商会议阳谷县委员会（机关）市级文明单位称号。

2019 年 2 月，为进一步加强阳谷县政协日常管理工作，实现机关干部制度化、规范化管理，县政协制定《政协阳谷县委员会日常管理制度》，规定了机关考勤、学习、卫生管理、文印管理、节约耗材、工作人员文明守则和道德标准等一系列规定，保障政协工作有序开展。

刘邓大军强渡黄河战役纪念馆

第三编

政协人物

战国军事家孙膑

季札挂剑

博济桥

第一章　历届政协主席

刘传友　男，汉族，1917年9月出生，河南省台前县十里井村人，中共党员。政协第一届寿张县委员会主席、中共第八次全国代表大会代表。

青少年时期读书务农。1937年“七七事变”后在家乡发动民众参加抗日活动，任村抗日自卫队队长、小区抗日联防队队长。1941年2月，任十里井村抗日小学教师，同年加入中国共产党。1943年年初，任中共寿张县第七区区委书记。1943年5月后，历任张秋县第三区组织委员、区委书记。1948年1月后，历任寿张县县委委员、常委、宣传部部长、组织部部长。1951年10月，任寿张县委副书记。1952年4月，任寿张县委书记。1956年，当选为中共第八次全国代表大会代表。1957年冬，在济南参加毛泽东主席召开的农业生产座谈会。1958年8月，任聊城地委副书记兼寿张县委第一书记。1959年10月，在政协第一届寿张县委员会第一次会议上当选为主席。1960年4月，任聊城地委书记处书记兼寿张县委第一书记。1962年9月，任聊城地委委员、莘县县委书记。1963年10月，当选为第二届莘县政协主席。“文化大革命”期间受到错误批判，1970年2月恢复工作后，任莘县革委会副主任、党的核心领导小组成员。1972年8月，任茌平县革委会主任、党的核心领导小组组长，10月任县委书记。1976年1月，任聊城地区革委会农林水办公室主任、党组书记。1978年2月，任聊城地委组织部部长。1980年4月，任聊城地委委员、组织部部长。1982年12月离休。1994年5月20日逝世。

高　星　又名高大球，男，1920年5月出生，江苏省涟水县广桥高庄村人，中共党员。政协第一、二届寿张县委员会主席。

因家境不济，小学未毕业在家务农。1937年“七七事变”后，参加抗日同盟会、抗日自卫团。1940年10月，加入中国共产党。1941年9月，任国民革命军五十七军独立旅政治部民运科干事。1942年5月，任中共海陵县东安区委书记，中共滨南地委组织部城工干事、秘书、科长。新中国成立后，历任中共日照县委副书记、书记，中共沂水地委委员、秘书长，中共山东分局、省委党校组教处副处长、组织处长、校务委员、党校党委副书记等职。1960年，任中共山东省委驻寿张县工作组组长。1961年1月，任中共聊城地委委员、中共寿张县委第一书记。1961年1月，任政协第一届寿张县委员会主席。1963年7月，当选为政协第二届寿张县委员会主席。1963年9月，任中共山东省组织部部务委员、二处处长，山东省千佛山医院党委书记等职。1983年离休。

刘之忱　又名刘子忱，男，汉族，1926年2月出生，朝城县西丈八村（今属莘县）人，初中学历，中共党员。政协第一届寿张县委员会主席。

1940年6月至1943年3月，为朝北抗日完小学生。1943年3月至1945年7月，任元朝七区北小区青救会主任。1945年7月至1946年2月，任元朝七区青救会委员。1946年3月至1950年1月，任元朝县、莘县县委组织部干事。1950年1月至1950年11月，任莘县张鲁区委会书记。1950年12月至1952年8月，任莘县县委组织部副部长。1952年8月至1954年3月，任清平县委组织部部长。1954年3月至1956年3月，任清平县委副书记。1956年4月至1958年11月，任临清县委第二书记。1958年12月至1963年8月，任聊城市委第二书记、第一书记。1962年7月至1963年8月，兼任聊城市第三届政协主席。1963年8月至1964年4月，任寿张县委第一书记。1963年9月，兼任政协第一届寿张县委员会主席。1964年5月至1978年1月，任临清县委第一书记。1978年1月至1983年9月，历任山东省“五七”干校、农林干校、农业管理干部学院党委副书记、副校长。1983年9月至1985年10月，任山东省农业管理干部学院院长至离休。

许子厚　男，汉族，1915年11月出生，东阿县顾官屯镇新庄村人，中共党员。政协第一届阳谷县委员会主席。

1937年“七七”事变后参加抗日活动，1940年加入中国共产党。曾任新庄村党支部书记兼会计、自卫队队长。1942年1月与日伪军作战时受重伤。伤愈后，历任中共东阿县二、三、六、七区委组织委员、副书记。新中国成立后，先后任茌平县、阳谷县供销社主任、党组书记。1954年7月至1955年12月，任阳谷县人民政府县长。1955年12月至1958年12月，任阳谷县人民委员会县长。1958年12月至1961年6月，任聊城专署基本建设委员会副主任、党组书记兼城建局局长。1961年7月至1965年5月，复任中共阳谷县委书记处书记、县委副书记、县长、县政府党组书记。1963年9月至1965年5月，任政协第一届阳谷县委员会主席（兼）。1965年5月后，历任聊城地区基本建设委员会副主任、地区环境保护办公室主任等职。1983年离休。2011年12月29日逝世。

丛树鑫　男，汉族，1921年10月出生，山东省威海市环翠区桥头镇报信村人，大专学历，中共党员。政协第一届阳谷县委员会主席。

1944年11月在原籍参军，编入威海独立营一连任战士。1945年6月入党。1945年10月随部队调往东北，后到广东，曾任解放军班长、排长、连长指导员、营副教导员。1949年8月，入解放军第四高级步校学习。1952年10月毕业后，任营教导员。1955年5月，任广东省连县、翁源县兵役局政委。1960年8月转业到国家二机部设计院工作，11月调聊城专区，先后任中共寿张县、阳谷县委书记处书记、县委副书记。1965年5月至1967年3月，任中共阳谷县委常委、县长。1965年5月至1966年1月，任政协第一届阳谷县委员会主席。“文化大革命”期间，任阳谷县革委会副主任、党组成员。1985年3月离休。1995年11月逝世于聊城。

杨培祯　男，汉族，1922年9月出生，冠县白塔集乡杨赵庄人，中共党员。政协第二届阳谷县委员会主席。

1938年10月参加冠县抗日游击队当战士。1939年6月加入中国共产党。9月后历任冠县、莘县、聊堂、武训县区青救会干事、青救会主任、区抗联主任、区委书记等职。新中国成立后，任中共堂邑县委委员、团县委书记，共青团聊城地委组织部部长、副书记，中共聊城地委整党办公室主任。1956年4月，任中共东阿、茌平县委第二书记。1963年9月，任中共馆陶县委书记。1965年3月至1967年3月，任中共阳谷县委书记。1966年1月至1967年3月，任政协第二届阳谷县委员会主席（兼）。1973年8月至1976年12月，再次担任中共阳谷县委书记、县革委主任等职。1977年，任聊城地区水利局局长、党组书记。1979年4月，任聊城行署农业委员会主任、党组书记。1984年12月离休，2010年4月8日逝世。

王允仙 男，汉族，1929年9月出生，阳谷县张秋镇孟海村人，中共党员。政协第三、四、五届阳谷县委员会主席。

1945年2月加入中国共产党。1946年12月，任张秋县五区联合会工作员、寿张县五区青年委员。期间，在寿张参加土地改革和筹建共青团工作。1949年11月后，历任青年团寿张县宣传部部长、副书记，青年团阳谷县委书记。1956年5月，任中共阳谷县委办公室主任。同年12月，任阳谷县大布区委书记。1958年后，历任郭店屯、安乐镇公社党委书记。1961年后，历任中共阳谷县委农工部部长、县供销社党组书记、阿城区委书记等职。1970年后，历任阿城区革委主任、阳谷县革委政治部副主任、中共阳谷县委委员、莘县革委办公室主任等职。1978年9月，任中共阳谷县委常委、组织部部长。1979年2月，任中共阳谷县委副书记。1979年6月至1980年5月，兼任县纪委书记。1980年5月至1984年9月，历任中共阳谷县委副书记兼政协第三届阳谷县委员会主席、党组书记。1984年9月至1990年3月，任政协第四、五届阳谷县委员会主席、党组书记。1990年3月离休，2012年5月逝世。

杨智众 又名杨知重，男，汉族，

1935年10月出生，阳谷县十五里园镇狮子阁村人，中共党员。政协第六届阳谷县委员会主席。

1954年7月加入中国共产党。1956年聊城农校毕业后留校工作。1962年调寿张县工作，先后任马楼公社团委书记、团县委学少部部长。1964年4月，调任莘县团县委学少部部长。1971年，任莘县古城公社党委书记。1977年，任中共东阿县委副书记、革委会主任。1984年4月，任中共茌平县委副书记。1986年6月，任阳谷县人大常委会副主任。1990年3月至1996年3月，任政协第六届阳谷县委员会主席、党组书记。1996年3月离职。2006年1月逝世。

郭银德 男，汉族，1947年11月出生，山东莘县魏庄镇明公集村人，大学学历，中共党员，政协第七届阳谷县委员会主席。

1969年3月在莘县魏庄镇联中任教。1971年5月，调任莘县县革委宣传组干事，同年加入中国共产党。1975年5月后，历任莘县县委宣传部副部长、张鲁公社副书记、莘县县委办公室副主任、河店乡党委书记（期间，在山东省委党校干部专修科学习）。1987 年 2 月至 1993 年 2 月，先后任莘县县委常委、办公室主任，副县长，挂职龙口市副市长。1993 年 2 月，调任中共阳谷县委副书记。1996 年 3 月至 1998 年 4 月，任阳谷县委副书记、政协第七届阳谷县委会会主席。1998 年 4 月，调任聊城市计划生育委员会党组书记、主任。2002 年 2 月，当选为政协第十届聊城市委员会常务委员，任社会法制委员会主任。2008 年 2 月退休。

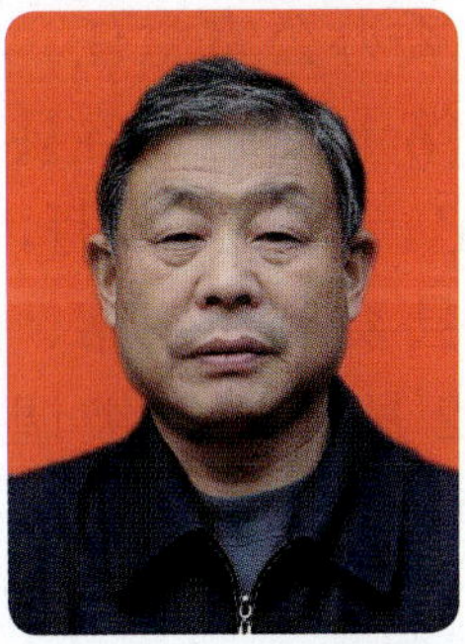

郭代荣 男，汉族，1945 年 9 月出生，阳谷县侨润街道老唐村人，中专学历，中共党员。政协第八届阳谷县委员会主席。

1963 年 5 月参加工作。1965 年 7 月加入中国共产党。曾任阳谷县财政局、阳谷县委办公室秘书，阳谷县李台公社党委副书记、公社管委（革委）主任，阳谷县四棚公社、高庙王乡、阎楼乡党委书记，中共阳谷县委委员，阳谷县委企业政治部部长，阳谷县监察局局长，阳谷县副县长，中共阳谷县委常委、常务副县长。1998 年 2 月至 2003 年 1 月，任政协第八届阳谷县委员会主席、党组书记。2009 年 6 月退休。

潘福章 男，汉族，1949 年 3 月出生，阳谷县侨润街道八里营村人，中共党员。政协第九届阳谷县委员会主席。

1971 年 6 月加入中国共产党，1974 年 1 月参加工作。历任石门宋公社八里营村党支部书记、公社党委副书记，十五里园公社党委副书记，张秋公社管委会副主任，李台公社党委副书记、管委会主任，郭店屯公社（1984 年改设为乡）党委书记等职。1990 年 3 月，任中共阳谷县委常委、阳谷镇党委书记。1996 年 12 月，任中共阳谷县委常委。1998 年 2 月，当选为阳谷县副县长。2003 年 1 月至 2007 年 12 月，任政协第九届阳谷县委员会主席。2013 年 12 月退休。

崔新厚 男，汉族，1953 年 11 月出生，阳谷县七级镇崔庄村人，中共党员。政协第十届阳谷县委员会主席。

1973 年参加工作。1975 年 8 月加入中国共产党。历任阳谷县定水镇公社农机站站长，七级公社管理区书记，范海乡党委副书记、乡长、党委书记等职。1996 年 3 月，任中共阳谷县人大常委会副主任，兼任范海乡党委书记。1998 年 2 月，任阳谷县副县长。2006 年 1 月，任中共阳谷县委常委、副县长。2007 年 1 月，任政协第九届阳谷县委员会副主席（正县级）。2007 年 12 月至 2012 年 1 月，任政协第十届阳谷县委员会主席、党组书记。2015 年 7 月逝世。

朱炳立 男，汉族，1962年8月出生，阳谷县高庙王镇朱施董村人，研究生学历，中共党员。政协第十一、十二届阳谷县委员 会主席。

1982 年 7 月，毕业于山东林业学校并参加工作。历任金斗营公社林业技术员，高庙王公社林业技术员、乡政府文书、党委秘书。1988 年 5 月，历任阳谷县监察局办公室主任，阳谷县国家机关工作人员违法违纪举报中心主任、副局长，县纪委常委、监察局副局长。1993 年 6 月至 1995 年 11 月，先后挂职任大布乡、石佛乡党委副书记。1995 年 11 月，任十五里园乡党委副书记、乡长。1998 年 5 月，任十五里园镇党委书记。2001 年 3 月，任西湖乡党委书记。2003 年 3 月，任阎楼镇党委书记。2006 年 1 月，任中共阳谷县委常委（同年 3 月，兼任县直机关工委书记）。2007 年 1 月，任中共阳谷县委常委、县委办公室主任。2012 年 1 月，任政协第十一届阳谷县委员会主席、党组书记。2017 年 1 月，任政协第十二届阳谷县委员会主席、党组书记。2019 年 12 月，任一级调研员。2020 年 6 月，任二级巡视员。

第二章 历届政协副主席、党组副书记

司振东 男，汉族，1921年11月出生，原山东省东阿县刘集公社司岗村人，初中学历，中共党员。政协第一届寿张县委员会副主席。

1941年10月入党。1943年，经东阿县一区区委宣委孙化三谈话，到东阿县一区抗日救国联合会工作。1943年4月至1944年2月，任东阿县一区抗日联救会工作员。1944年3月至1944年5月，任东阿县联合会工作队工作组组长。1944年6月至1945年11月，任东阿县四区抗日联合会工作组组长。1945年12月至1947年4月，任东阿县四区武装委员会主任（党内区委）、区委副书记（兼区武委会主任）。1947年5月至1947年11月，任东阿三区区委书记。1947年12月至1948年4月，任东阿县武装委员会副主任。1948年5月至1948年11月，任冀鲁豫六分区武装部政工科干事。1948年12月至1949年9月，任徐冀县武装部副部长。1949年10月至1950年9月，任寿张县武装部副部长。1950年10月至1951年1月，任寿张县武装部部长。1951年2月至1952年5月，任寿张县委常委、武装部部长。1952年6月至1960年3月，任寿张县人民委员会县委常委、县长。1959年10月，当选为政协第一届寿张县委员会副主席。1960年4月至1962年7月，任中共寿张县委员会书记处书记兼县长。1962年8月至1964年5月，任中共寿张县委员会副书记（1963年11月，任山东省第三届人民代表大会代表）。1964年6月至1965年3月，任聊城地区中级人民法院副院长。1965年4月，任中共临清县委员会副书记兼县长。1976年6月逝世。

刘登九 男，汉族，1903年5月出生，原籍河南省范县台前区刘庙村人，私塾四年半，省政协委员。政协第一、二届寿张县委员会副主席，政协第一、二届阳谷县委员会副主席。

1912年至1919年在家务农，其中上学五个月。1920年至1924年，在台前念私塾。1924年至1930年，在寿张城里杂货铺、香油坊、果子铺当学徒，1930年至1936年当师傅。1936年至1940年，在寿张城里开设“玉堂”钱号，任经理。1940年至1948年，在家务农。1948年至1949年，在寿张书店当会计。1949年至1951年，在家务农。1951年至1953年，任寿张县各界代表会议驻会常委。1953年至1956年，任寿张县卫生院副院长。1959年10月，当选为政协第一届寿张县委员会副主席（1956年至1964年，任寿张县副县长，兼任政协副主席）。1965年5月，在政协第一届阳谷县委员会第三次会议上增选为副主席。1966年1月，当选为政协第二届阳谷县委员会副主席。

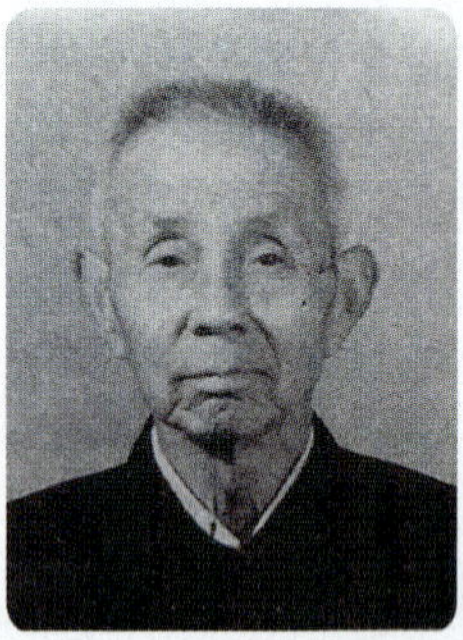

常立庭 男，汉族，1914年4月出生，泰安市东平县银山镇蔡沃村人。政协第一届寿张县委员会副主席，政协第一、二、三、四、五届阳谷县委员会副主席。

1944年7月参加教育工作，先后任张秋县穆杨庄抗日高小教员，张秋县第一“抗高”、寿张县第四高小校长。1951年至1980年，历任寿张县第一中学教师、副校长，寿张县文教科副科长，阳谷县文教局副局长，阳谷一中革委会副主任，阳谷县“五七”干校副校长等职。1959年10月，在政协第一届寿张县委员会第一次会议上当选为副主席。1965年5月至1990年3月，历任政协第一、二、三、四、五届阳谷县委员会副主席。

孙之瑞 男，汉族，1913年出生，阳谷县十五里园镇孙关村人，初中学历。政协第一、二届寿张县委员会副主席，政协第一、二届阳谷县委员会副主席。

1943年至1946年，在张秋镇西门村任工商组组长。1946年至1953年，任张秋县商联会主任。1953年至1954年，任寿张县工商联监察委员兼任张秋分会主任。1953年至1964年，任寿张县人民委员会委员。1954年至1955年，任张秋酱菜合作组组长。1955年至1956年，任县手工业联社张秋酱菜合作社主任。1956年至1964年，任寿张工商联合会副主任。1959年10月，当选为政协第一届寿张县委员会副主席。1962年，当选为政协第二届寿张县委员会副主席。1965年5月，在政协第一届阳谷县第三次会议上增选为副主席。1966年1月，当选为政协第二届阳谷县委员会副主席。1982年2月逝世。

高华山 又名高梦贵，男，汉族，1901年12月出生，阳谷县七级镇郑

庄村人，高小学历，中共党员。政协第一届寿张县委员会副主席。

1938年10月，入党并参加工作。1938年10月至1939年3月，任六中队中队长。1939年3月至1939年9月，任鲁西支队连长。1939年9月至1940年2月，任阳谷警纪连连副。1940年2月至1940年6月，任阳谷四区队队副。1940年7月至1941年10月，任阳谷交通局局长。1941年11月至1942年12月，简政回家。1943年7月至1944年8月，任阳谷收发员。1944年9月至1944年10月，任阳谷二区工作员。1944年11月至1945年7月，任阳谷七区组织委员。1945年8月至1948年2月，任阳谷战指挥部供应股长。1948年3月至1948年6月，任阳谷武装部供应股股长。1948年7月至1949年9月，任阳谷八区区长。1949年10月至1951年7月，任阳谷民政科科长。1951年8月至1951年12月，任阳谷人事科科长。1952年1月至1958年3月，任阳谷税务局局长。1958年3月至1960年，任寿张县委统战部部长。1959年10月当选为政协第一届寿张县委员会副主席。1960年至1965年，任阳谷县委统战部部长。

周云章 又名周锦，男，汉族，

1887年出生，山东省济宁市人，政协第一届寿张县委员会副主席。政协第一、二届阳谷县委员会副主席。

早年曾在天津、青岛等地参与过反蒋活动，1937年“七七”事变后，在济南支持韩复榘抗日。韩复榘弃守山东后周云章到聊城，在范筑先部任上校参议，协助其“守土抗战”。1938年11月，日军攻陷聊城，曾率部与敌展开巷战，因而负伤。聊城失守后，继续从事抗战工作。1942年年初，冀鲁豫军区在阳谷县七级镇大杨庄设聊阳阿总情报站，任站长，为根据地党政机关和抗日军队转送情报，掩护抗日工作人员。曾负责护送过刘少奇、周恩来、黄敬等人。1944年，受军分区司令员刘志远委派，做争取汉奸李宏图的工作，李宏图开枪威胁，周云章不为所屈。经纵论时势，晓之利害，终于使其放下武器。1947年以后，在阳谷负责卫生工作。1953年，被选为阳谷县各届人民代表会议常务主席。1957年，任县政府办公室主任。1959年10月，当选为政协第一届寿张县委员会副主席。1963年9月，当选为政协第一届阳谷县委员会副主席。1966年1月，当选为政协第二届阳谷县委员会副主席。1975年逝世。

刘镇南 又名刘振南、刘宪炳，男，

汝作民 男，汉族，1925年8月出生，原山东省东阿县黄屯公社汝道几村人，高中学历，中共党员。政协第三届阳谷县委员会副主席。

1944年1月，在东阿县六区参加革命工作。1944年1月至1947年6月，任东阿县解庄、郑屯村小学抗日教员。1947年7月至1948年10月，任东阿县凌山抗高教员。1948年11月至1950年6月，任东阿县黄屯高小政治教员。1950年7月至1951年4月，任东阿县铜城高小政治教员。1951年5月至1952年4月，任东阿县政府人事科科员。1952年5月至1952年12月，任东阿县四区副区长。1953年1月至1954年12月，任东阿县新华书店书记、经理。1955年1月至1956年1月，任聊城地区新华书店副书记、副经理。1956年2月至1958年1月，任聊城专区供销秘书、政保。1958年1月至1960年3月，任聊城地委直属机关党委干事。1960年4月至1961年7月，任茌平县杜郎口公社副书记。1961年8月至1966年12月，任茌平县委组织部副部长、部长。1970年1月至1972年7月，任茌平县化肥厂书记、主任。1972年8月至1979年9月，任茌平县县委常委、组织部部长、革委核心组成员、政治部副主任。1979年10月至1980年6月，任阳谷县委常委、革委副主任。1980年5月，任政协第三届阳谷县委员会副主席。

赵华毅 又名赵铭峰，男，汉族，1924年11月出生，原籍山东省聊城县于集公社哈庄村人，中学学历。政协第三届阳谷县委员会副主席。

1941年2月在聊城县参加革命工作。1941年2月至1942年3月，任聊城县财科出纳。1942年4月至1942年5月，在华北财校学习。1942年6月至1943年4月，任聊城县出纳。1943年5月至1946年12月，任聊城县一、三、五区财助。1946年12月至1947年10月，任聊城县财科行政科员。1947年10月至1948年1月，任聊阳县财科财会审计。1948年1月至1949年6月，任聊阳县战勤指挥部供给科科长。1949年6月至1952年10月，任阳谷县八区区长。1952年11月至1956年12月，任阳谷县粮食局局长。1957年1月至1958年8月，任阳谷县人委副县长。1958年9月至1960年1月，带3人到福建协作任厂长。1960年2月至1962年1月，任山东省劳动厅培训处财务科科长。1962年1月至1963年4月，任阳谷县粮食局局长。1963年5月至1967年，任阳谷县手工业联社副主任。1972年5月，任阳谷县粮食局副局长。1980年5月，任政协第三届阳谷县委员会副主席。

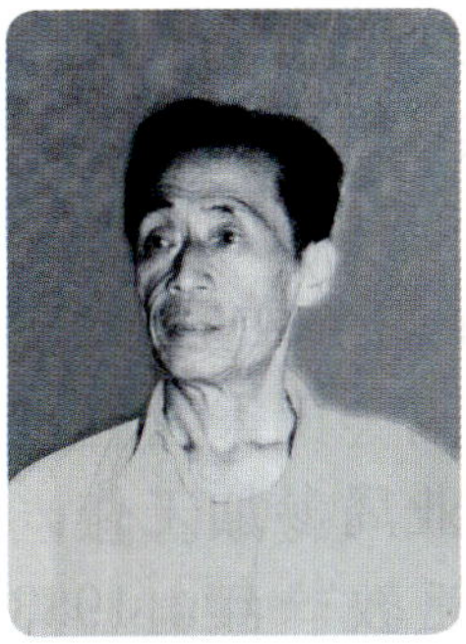

李寿南 男，汉族，1928年出生，阳谷县阿城镇朱楼村人，中共党员。政协第三、四届阳谷县委员会副主席。

1942年加入中国共产党，同年任朱楼村抗联主任，后改任农会主任。1945年，任地下情报站交通员。1946年后，历任徐翼县三区、一区青年书记。1949年，调任共青团阳谷县委员会宣传部部长。1957年后，历任石门宋乡、石佛公社、大布区党委副书记。1965年，任阎楼区委书记。1970年，调任城关革委党的核心领导小组组长。1972年，任县财政金融局局长。同年，调任阎楼公社党委书记并任中共阳谷县委委员。1975年，任中共阳谷县委组织部部长、县委委员。1978年，任县委统战部部长。1980年5月，当选为政协第三届阳谷县委员会副主席。1984年8月，任县政协党组副书记。同年9月，当选为政协第四届阳谷县委员会副主席。1990年离休，1995年逝世。

王其春 男，汉族，1931年3月出生，莘县古云镇孙堤口村人，中共党员。政协第四、五届阳谷县委员会副主席。

1948年4月加入中国共产党，同年参加革命工作。先后任孙堤口村支部委员会青年委员、村青年书记、小学教师。1952年，在平原省濮阳地委党校学习，结业后分配在濮阳县委组织部任干事。1956年年初，调阳谷县委组织部工作。1958年，阳谷县并入寿张后到寿张县委组织部工作。1961年7月，阳谷县恢复后仍回阳谷县委组织部任干事。1964年冬，任阳谷县人事监察局局长。1970年，任县革委计划办公室主任。1971年，调任县革委政治部组织组组长。1975年，任县人事局局长。1978年，调任阳谷县委组织部副部长。1980年5月，任中共阳谷县委常委、组织部部长。1984年8月，任县政协党组副书记。同年9月，当选为第四届阳谷县委员会副主席。1987年4月，当选为政协第五届阳谷县委员会副主席。1992年9月离休。

王之洲 男，汉族，1924年8月出生，河北省沧县李铺村人。政协第四届阳谷县委员会副主席。

为政协第七届阳谷县委员会副主席。1998 年 2 月，当选为政协第八届阳谷县委员会副主席。

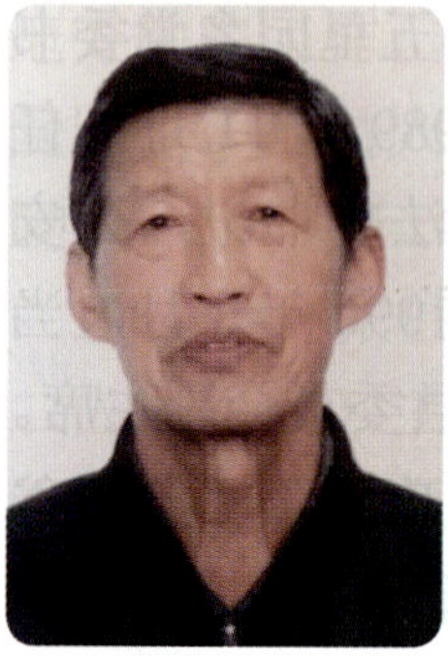

李贵勤　男，汉族，1934 年 11 月出生，阳谷县定水镇薛庄村人，大学学历。政协第五、六届山东省委员会委员，政协第六、七届阳谷县委员会副主席。

1953 年 8 月参加工作，在山东省临邑县任小学教师。1956 年 8 月，入山东速师专中文科进修。1957 年 8 月结业后分配到阳谷三中工作，先后任该校语文教师、教研组组长、工会主席、教工团支部书记。1962 年，调任阳谷一中任教。1963 年毕业于山东大学中文系函授班。1983 年，获全国儿童少年工作协调委员会“二十五年园丁”荣誉纪念章。1984 年，获省教育厅“三十年教师”荣誉证书。1988 年，被评为中学高级教师。先后当选为政协第四、五届阳谷县委员会委员、常务委员。1990 年 3 月，当选为政协第六届阳谷县委员会副主席。1993 年 3 月，当选为政协第七届阳谷县委员会副主席，并兼任阳谷县侨联主席、阳谷县台联会会长。1998 年 12 月退休。

王汉杰　男，汉族，1935 年 2 月出生，阳谷县阿城镇毛坊村人，中共党员。政协第六届阳谷县委员会副主席。

1948年3月，入冀鲁豫建国学院学习并参加工作。1960年3月加入中国共产党。历任小学教师、县扫盲办公室专职干部，中心小学校长，县文教局小学视导员，《阳谷县报》社记者，县委办公室干事兼新闻秘书，县委党校副主任，七级公社革委会办事组组长，县革委政治部办公室副主任、宣传组组长，县委宣传部部长、统战部部长。1991年3月，在政协第六届阳谷县委员会第二次会议上增选为副主席。曾当选为中共阳谷县第五、六届委员会委员。2006年1月逝世。

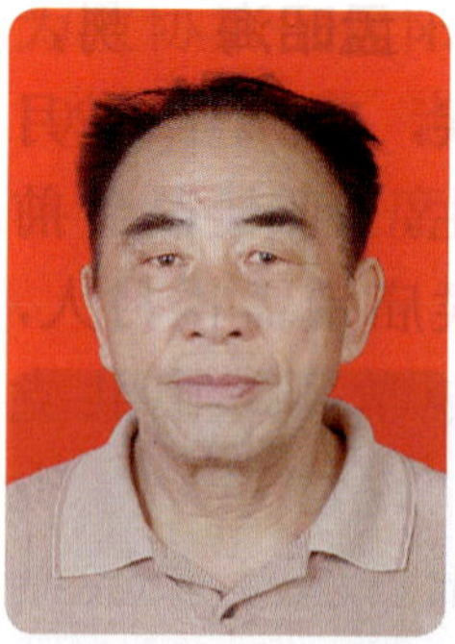

仝绪启　男，汉族，1941 年 4 月出生，河南省台前县孙口乡白蜡仝村人，大学学历，中共党员。政协第七、八届阳谷县委员会副主席。

1962 年参加工作，1970 年 8 月加入中国共产党。历任阳谷第二中学教员、山东矿业学院政治部宣传干事、马列主义教研室教员等职。1976 年到阳谷县委工作，先后任阳谷县委组织组干事，县纪律检查委员会秘书、副书记，县委统战部部长。1994 年 3 月，在政协第七届阳谷县委员会第二次会议上增选为副主席。1998 年 2 月，当选为政协第八届阳谷县委员会副主席。2003 年 5 月退休。

陈明诰 男，汉族，1947 年 8 月出生，阳谷县张秋镇杨武岳村人，中共党员。政协第七、八届阳谷县委员会副主席。

1966 年 4 月在十五里园区谭庄公社参加工作。1971 年 2 月，任十五里园公社团委书记。1973 年 7 月，调共青团阳谷县委，先后任常委、副书记。1976 年 11 月，任郭店屯公社党委书记、革委会主任。1978 年 8 月后，历任县多种经营办公室副主任、李台公社党委书记、阎楼公社党委书记、七级镇党委书记、县计划生育委员会主任。1996 年 3 月，在政协第七届阳谷县委员会第四次会议上增选为副主席。1998 年 2 月，当选为政协第八届阳谷县委员会副主席。2008 年 1 月退休。

陈保全 男，汉族，1942 年 1 月出生，阳谷县狮子楼街道赵庄村人，中共党员。政协第七、八届阳谷县委员会党组副书记。

1959 年 5 月参加工作，1976 年

12 月加入中国共产党。参加工作后，先后任县副食厂（酒厂）、烟酒公司、县农具厂会计。1973 年到县酒厂（后为山东景阳冈酒厂）工作，先后任会计、副厂长、厂长，兼任厂党总支书记等职。1993 年 11 月至 2003 年 1 月，任阳谷县政协党组副书记。主持县酒厂工作期间，开发了景阳冈陈酿酒；与贵州赖氏茅台传人合作，开发了赖茆酒。1982 年至 1992 年，酒厂上缴利税连续 10 年居全县各企业首位。2003 年 5 月退休。

苏永侠 男，汉族，1965 年 1 月出生，阳谷县大布乡苏海村人，大学学历。政协第七届阳谷县委员会常务委员，政协第八届阳谷县委员会副主席。

1984 年 9 月至 1988 年 7 月，在山东农业大学园艺系果树专业学习。1988 年 7 月至 1991 年 8 月，任阳谷县林业局果树站办事员。1991 年 8 月至 1994 年 8 月，任阳谷县林业局场圃站助理农艺师。1994 年 8 月至 1998 年 2 月，任阳谷县孟洼苗圃主任。1998 年 2 月至 2000 年 9 月，任阳谷县政协副主席。2000 年 9 月至 2011

年12月，任阳谷县政府副县长（其间，2008年12月获得山东农业大学农业推广硕士学位）。2011年12月至2013年8月，任聊城市经济开发区党工委副调研员。2013年8月至2016年12月，任聊城经济技术开发区管委会副主任。2016年12月，任聊城市人大常委会副秘书长。2017年2月，当选为聊城市第十七届人民代表大会代表、常委会委员、城乡建设环境保护委员会副主任委员。2019年7月，任聊城市人大民族侨务外事工作室主任。

吕顺成 男，汉族，1949年6月出生，阳谷县北街人，大专学历，中共党员。政协第八届阳谷县委员会副主席。

1964年月参加工作，1975年9月加入中国共产党。1964年9月聊城合作干校毕业后，历任东阿县城关供销社经理、副主任，东阿县城关大王管理区书记，阳谷县阎楼乡三教寺管理区书记，阎楼乡副乡长、党委副书记。1987年3月，任阎楼镇镇长。1990年1月，任阎楼镇党委书记。1993年3月，任阳谷县财政局局长、党组书记，兼任县国有资产管理局局长。1998年5月，任阳谷县委统战部部长。2000年1月，在政协第八届阳谷县委员会第三次会议上增选为副主席。2003年1月至2006年2月，任阳谷县人大常委会副主任。2013年12月退休。

王长亮 男，汉族，1950年7月出生，阳谷县博济桥街道谭庄村人，大专学历，中共党员。政协第七届阳谷县委员会委员，政协第八、九届阳谷县委员会副主席。

1969年1月参加工作，1975年7月加入共产党，历任小学教师，副校长，教育局干事，县委组织部干事、干部科副科长、科长、副部长兼县委老干部局局长等职。第八、九届县委委员。2001年2月，在政协第八届阳谷县委员会第四次会议上增选为副主席。2003年1月，当选为政协第九届阳谷县委员会副主席。2013年12月退休。

张长英 男，汉族，1953年11月出生，河南省台前县人，大专学历，国家一级教练。政协第八、九、十届阳谷县委员会副主席。

1974年参加工作。1987年，任体委副主任。2000年，任体育办主任。2001年2月，在政协第八届阳谷县委员会第四次会议上增选为副主席。2003

年1月，当选为政协第九届阳谷县委员会副主席。2007年12月，当选为政协第十届阳谷县委员会副主席。1999年至2013年，任聊城市第九届、第十届、第十一届政协常委。2009年，获山东省优秀体育局长称号。2010年，获山东省十佳体育局长称号。2012年退休。

杨廷军 男，汉族，1966年10月出生，阳谷县安乐镇西街人，研究生学历。政协第八、九、十届阳谷县委员会副主席。

1987年7月参加工作。历任阳谷县油棉一厂技术员，阳谷一中印刷厂厂长，阳谷县第一中学副校长、校长等职。2001年2月，在政协第八届阳谷县委员会第四次会议上增选为副主席。2003年1月，当选为政协第九届阳谷县委员会副主席。2007年12月，当选为政协第十届阳谷县委员会副主席。2012年1月，任阳谷县人民政府副县长。

王守良 男，汉族，1964年3月出生，阳谷县狮子楼街道王庄村人，研究生学历，中共党员，政协第九、十届阳谷县委员会副主席。

1981年12月参加工作，1985年11月加入中国共产党。历任翟庄乡计生专职干部、乡团委书记，县计生委办事员、办公室主任，县计生委副主任，阳谷县七级镇党委书记等职。2003年1月，当选为政协第九届阳谷县委员会副主席，兼任县委统战部部长。2007年5月，兼任县计生局局长、党组书记。2007年12月，当选为政协第十届阳谷县委员会副主席。2011年4月至2016年12月，任阳谷县人民政府副县长、党组成员。2016年12月，任政协聊城市委员会委员活动工作室副主任。2019年7月，任政协聊城市委员会综合四处处长。

1986年，被国家计生委授予“全国计生工作优秀调查员”称号。1993年被山东省委、省政府授予“先进工作者”称号。2001年，被聊城市委、市政府授予“全市社会治安综合治理先进个人”“全市优秀共产党员”称号。

王明惠 女，汉族，1956年7月出生，梁山县大路口乡王芝茂村人，大学学历，中共党员。政协第九届阳谷县委员会副主席。

山东省委经管系本科班毕业。1970年参加工作，1976年加入中国共产党。历任阳谷县化肥厂工会副主任、聊城地区工会委员、阳谷县工会副主任、新华书店副经理。1990年，任县工会党组成员、副主席。1993年，任政协第七届阳谷委员会委员。1993年3月，任县总工会党组书记。1997年，任县总工会主席、党组书记，聊城市工会常委，山东省《职业天地》常务理事。曾被全国总工会表彰为“先进女职工工作者”。1993年、1998年两次被山东省总工会授予“优秀工会工作者”荣誉称号。1998年，当选为第八届阳谷县政协常委。2003年1月，当选为政协第九届阳谷县委员会副主席。2015年1月退休。

潘景会 男，汉族，1963年8月出生，阳谷县侨润街道八里营村人，大学学历，主任医师。政协第九、十、十一、十二届阳谷县委员会副主席。

1984年7月，毕业于山东医科大学医疗系，阳谷县医院主任医师。2000年9月至2006年9月，任阳谷县人民医院副院长。2006年9月至2010年1月，任卫生局副局长。2010年1月至2015年9月，任县食品药品监督管理局局长。2003年1月，当选为政协第九届阳谷县委员会副主席。2007年12月，当选为政协第十届阳谷县委员会副主席。2012年1月，当选为政协第十一届阳谷县委员会副主席。2017年1月，当选为政协第十二届阳谷县委员会副主席。2017年2月，晋升为正处级职级。2019年1月退休。

李金山 男，汉族，1957年12月出生，阳谷县侨润街道国庙村人，研究生学历，中共党员。政协第九、十届阳谷县委员会副主席。

1975年参加工作，历任阳谷县财政局干事、预算股股长、副局长、城市信用社主任。1998年5月，任县财政局党组书记、局长。2002年8月，任县政府党组成员、县长助理。2006年2月，在政协第九届阳谷县委员会第四次会议上增选为副主席。2007年12月，当选为政协第十届阳谷县委员会副主席。2018年1月退休。

秦广胜 男，汉族，1957年5月出生，阳谷县狮子楼街道办事处秦庄村人，大学学历，中共党员，政协第九届阳谷县委会副主席。

1976年1月至1978年3月，任秦庄村民办教师。1978年3月至1980年7月，在山东省水利机电学校学习。1980 年 7 月至 1982 年 3 月，在山东省南四湖工程局工作。1982 年 3 月至 1984 年 8 月，任石门宋公社团委书记。1984 年 8 月至 1984 年 11 月，任石门宋乡党委组织委员。1984 年 11 月至 1989 年 3 月，任阳谷镇党委委员兼管理区书记。1989 年 3 月 至 1990 年 3 月，任阳谷镇党委委员兼计生办主任。1990 年 3 月至 1993 年 3 月，任阳谷镇副镇长。1993 年 3 月至 1995 年 11 月，任杨庄乡党委副书记、乡长。1995 年 11 月至 1998 年 5 月，任阳谷镇党委副书记、镇长。1998 年 5 月至 2002 年 12 月，任阳谷镇党委书记。2003 年 1 月至 2007 年 1 月，任县政府党组成员、阳谷县经济开发区党委书记。2007 年 1 月至 2007 年 12 月，任阳谷县政协副主席。2007 年 12 月至 2011 年 12 月，任中共阳谷县委特邀顾问、县总工会主席。2016 年 5 月退休。

徐怀谦 男，汉族，1957 年 8 月出生，阳谷县西湖镇孙楼村人，研究生学历，中共党员。高级经济师，山东省政协委员，政协第九届阳谷县委员会党组副书记。

1976 年 1 月参加工作。历任阳谷县良种厂工人、车间主任、阳谷电缆厂副厂长、副书记，阳谷电缆集团党委书记、总经理，兼任东方电缆有限公司总经理等职。1996 年 1 月，兼任山东景阳冈酒厂厂长、党总支书记后，组建了山东景阳冈酒业有限公司，任董事长、总经理、党总支书记。1997 年，被授予“山东省劳动模范”称号。1998 年 4 月至 2008 年 1 月，连任第八、九届山东省政协委员。2003 年 1 月至 2007 年 12 月，任政协第九届阳谷县委员会党组副书记。2014 年 6 月退休。

吴春凤 女，汉族，1956 年 2 月出生，阳谷县十五里园镇谢庄村人，大专学历，中共党员。政协第十届阳谷县委员会副主席。

1975 年 6 月参加工作。1975 年 6 月至 1980 年 8 月，任阳谷县十五里园公社计生干部。1980 年 8 月至 1987 年 1 月，任阳谷县西湖乡团委书记。1987 年 1 月至 1990 年 2 月，任阳谷县城关镇团委书记。1990 年 2 月至 2007 年 11 月，先后任阳谷县信访局科长、副局长、局长。2007 年 12 月至 2012 年 1 月，任政协第十届阳谷县委员会副主席。2016 年 3 月退休。

朱丙林 男，汉族，1964 年 1 月出生，阳谷县高庙王镇王申楼村人，大学学历，中共党员。政协第十、十一届阳谷县委员会副主席。

业，分配到山东鑫亚工业股份有限公司财务处工作。1995年5月考入阳谷县人民法院，历任助理审判员、审判员、高庙王法庭副庭长、西湖法庭庭长、副科级审判员、行政二庭庭长。2014年4月任阳谷县人民法院审判委员会专职委员。2020年5月，在政协第十二届阳谷县委员会第四次会议上增选为副主席。

刘文龙 男，汉族，1973年4月出生，阳谷县寿张镇烟墩村人，研究生学历，法学硕士学位。政协第十二届阳谷县委员会副主席。

1997年7月参加工作。1997年7月至2005年9月，历任阳谷县安乐镇中学、阳谷县第四中学教师。2005年9月至2008年6月，在河北大学研究生院就读。2008年12月至2015年9月，历任阳谷县人大常委会代表联络工委科员、副主任，主持财经委工作。2015年9月至2020年5月，任阳谷人民广播电台台长。2020年5月，在政协第十二届阳谷县委员会第四次会议上增选为副主席。

第三章 历届政协秘书长

张文 男，汉族，1930年12月出生，山东省齐河县于家屯人，初中学历，中共党员。政协第五届阳谷县委员会秘书长。

1951年6月参加工作，1954年6月入党。1951年6月至1954年5月，任阳谷县人民银行办事员。1954年6月至1961年11月，任安镇区委会计辅导员、区党委秘书。1961年12月至1978年4月，任七级副区长、公社副书记。1978年5月至1980年11月，任十五园公社副书记、书记。1980年12月至1984年6月，任阳谷县广播局局长。1984年6月至1987年11月，任阳谷县政协办公室主任。1987年12月，当选为政协第五届阳谷县委员会秘书长。2013年11月逝世。

王世全 男，汉族，1933年11月出生，阳谷县阎楼镇王庄村人，高小学历，中共党员。政协第六届阳谷县委员会秘书长。

1956年10月参加工作，1956年12月入党。1956年至1959年，任县委农村工作部干事。1959年至1971年，任石门宋革委会副主任。1971年至1981年，任定水镇公社革委会副主任、主任，党委副书记、书记。1981年至1984年6月，任阳谷县水利局局长、党组书记。1984年6月至1986年8月，任乡镇企业局局长、党组书记。1986年8月至1990年4月，任县政协联络科科长。1990年3月，当选为政协第六届阳谷县委员会秘书长。1993年12月退休。

赵运涛 男，汉族，1952年5月出生，河南省台前县侯庙镇黄堌堆村人，大学学历，中共党员。政协第七、八、九届阳谷县委员会秘书长。

1971年12月加入中国共产党。1969年9月至1972年3月，先后任北京军区内蒙古生产建设兵团战士、通信员兼保管员、文书。1972年3月，在山东化工学院橡胶工艺系学习。1975年8月，任航空航天工业部某所政治部人事科干事。1976 年 8 月，调航空航天工业部研究室从事科研工作。1980 年 5 月，调任阳谷县科委工作。1981 年 10 月，调任阳谷县委办公室工作。1984 年 7 月，任阳谷县政协办公室副主任，1987 年 10 月，任办公室主任。1993 年 3 月，当选为政协第七届阳谷县委员会秘书长。1998 年 3 月，当选为政协第八届阳谷县委员会秘书长。2003 年 1 月，当选为政协第九届阳谷县委员会秘书长。2013 年 6 月退休。

岳修航 男，汉族，1955 年 12 月生，阳谷县侨润街道老唐村人，中专学历，中共党员。政协第八届阳谷县委员会委员，政协第九届阳谷县委员会常务委员、秘书长。

1971 年 12 月参加工作，就职于阳谷县电影公司。1975 年 1 月至 1980 年 1 月在济南军区某部队历任战士、班长、排长职务。1980 年退役后在阳谷县文化系统工作。1990 年，调县政协工作，历任办公室副主任、文史科科长、办公室主任、秘书长。2006 年 2 月，在政协第九届委员会第二次会议上增选为秘书长。2015 年 1 月退休。

郑清铭 男，汉族，1968 年 12 月出生，阳谷县侨润街道北街人，大学学历，中共党员。政协第十、十一届阳谷县委员会秘书长。

1986 年至 1990 年，在山东师范大学历史系学习。1990 年 7 月，大学毕业分配到阳谷县一中从事教育工作。1991 年 1 月调入阳谷县政协，历任文史科科员、老干科科长、文史科科长、阳谷县政协秘书长。2003 年 1 月，当选为政协第九届阳谷县委员会委员。2004 年 2 月，增选为政协第九届阳谷县委员会常务委员。2007 年 12 月、2012 年 1 月，当选为政协第十届、十一届阳谷县委员会秘书长。2017 年 2 月，调阳谷县地震局任局长。

张克雷 男，汉族，1964 年 1 月出生，阳谷县郭屯镇辛集村人，大学学历，中共党员。政协第九届阳谷县委员会委员，第十、十一届常务委员，政协第十二届阳谷县委员会秘书长，四级调研员。

1983 年 7 月，聊城师专毕业后分配至四棚中学任教师。1991 年 7 月，考入阳谷县委办公室工作，先后任秘书、科长、副主任、政研室主任、常务副主任等职。2001 年，中央党校函授本科毕业。2010年11月，任阳谷县环保局党组书记、局长。2017年2月至2019年2月，任阳谷县政协党组成员、秘书长。

李贻贵　男，汉族，1965年3月出生，阳谷县博济桥街道金谷社区人，大专学历，中共党员。政协第十一、十二届阳谷县委员会委员，政协第十二届阳谷县委员会秘书长。

1983年9月至1985年7月，在聊城师范专科学校物理专业学习。1985年7月至1988年8月，任阳谷镇中学教师。1988年8月至1997年1月，任阳谷县土管局干事，人秘科副科长、科长，办公室主任。1997年1月至1998年11月，任大布乡党委副书记（挂职）。1998年11月至2001年12月，任大布乡党委副书记。2001年12月至2003年3月，任李台镇党委副书记、镇长。2003年3月至2004年5月，任安乐镇党委副书记、镇长。2004年5月至2008年1月，任金斗营乡党委书记。2008年1月至2011年12月，任阿城镇党委书记。2012年2月至2019年2月，任阳谷县房管局局长、党组书记。2019年2月至2020年5月，任阳谷县政协党组成员、秘书长。

王兰英　女，汉族，1968年2月出生，阳谷县阎楼镇王庄村人，大学学历，硕士学位，中共党员。政协第十、十一届阳谷县委员会常务委员，政协第十二届阳谷县委员会秘书长。

1990年7月参加工作，1993年8月加入中国共产党。1990年7月至1998年9月，任阳谷县总工会科员、宣传部部长、生产生活部部长。1998年10月至2004年9月，任阳谷县总工会副主席、党组成员、经费审查委员会主任。2004年9月至2007年6月，任阳谷县妇联副主席、党组副书记。2007年6月至2019年12月，任阳谷县妇联主席、党组书记。2019年12月至2020年5月，任阳谷县政协副秘书长。2020年5月，任阳谷县政协党组成员、秘书长。

第四章 委员撷英

作为社会各界优秀代表的政协委员，在社会主义革命和社会主义建设中，充分发挥着政治协商、民主监督、参政议政职能作用，为全县经济建设和社会各项事业发展献计献策，做出了可歌可颂的重要贡献。为反映县政协人才荟萃、俊彦辈出的盛况，谨从历届县政协委员及驻阳谷市政协委员中，遴选出98位人物入书。其中包括担任过副处级以上职务，具有副高级以上职称，获得过地厅级以上荣誉称号，受到过党和国家领导人接见，在各自行业中具有重大影响力的政协委员。

宋长生 男，汉族，1917年出生，阳谷县博济桥街道石门宋村人，中共党员。政协第一届寿张县委员会委员。

1945年12月加入中国共产党。1947年，带头成立阳谷县第一个临时互助组。1950年，被评为“平原省劳动模范”。1952年成立阳谷县第一个初级社，任社长兼党支部书记。1956年，任石门宋高级农业合作社社长。11月9日，毛泽东主席对石门宋合作社《我们一个社要养猪两万头》一文作了批示，号召全国“一切农业合作社”“仿照办理”，学习、推广石门宋农业合作社养猪经验。批示发表后，在全国引起强烈反响。1957年，宋长生被评为“全国劳动模范”。曾3次进京出席全国劳模会议，并受到毛泽东、周恩来等党和国家领导人的接见。1986年12月30日逝世。

刘秀印 男，汉族，1918年出生，原山东省寿张县城关区人，中共党员。政协第一届寿张县委员会委员。

1944年加入中国共产党。1947年，任村党支部书记，兼任民兵连指导员、村长。解放战争时期，曾任寿张县城关区支前大队长。新中国成立后，在寿张县率先创建第一个农业生产互助组、农业生产初级合作社和高级合作社。1957年，被授予“山东省农业劳动模范”称号。1958年7月，受到刘少奇委员长的接见。1958年8月，在济南向毛泽东主席汇报了有关农村工作和农业生产情况。1958年年底，被授予“全国农业劳动模范”称号。1959年，应邀参加国庆十周年庆典活动，受到毛泽东等党和国家领导人的接见。1986年逝世。

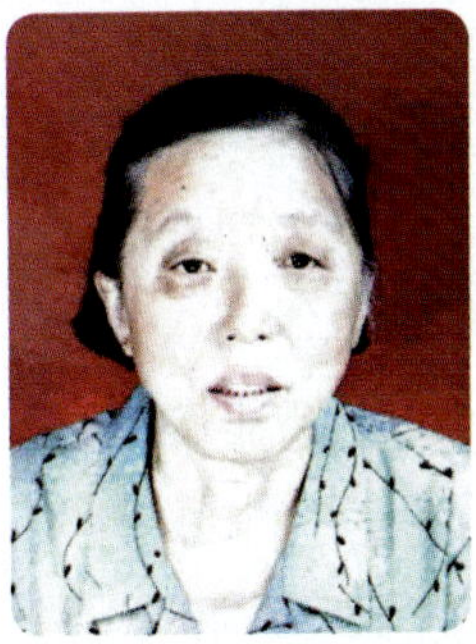

高庆莲 女，汉族，1941年12月出生，阳谷县张秋镇碧桃园村人，中共党员。政协第一届寿张县委员会常务委员。

1958年至1964年，任全国民兵先进单位“景阳冈民兵连”女民兵“花木兰班”（后称“钢铁十姐妹班”）班长。1959年9月28日，作为寿张县劳模代表赴京参加国庆活动，受到毛泽东、刘少奇、朱德、周恩来等党和国家领导人接见，并于10月1日登天安门观礼台参加国庆观礼。1960年10月，出席全国民兵大会，再次受到毛泽东等党和国家领导人接见。1964年6月、10月，带领女民兵班先后参加省军区和济南军区民兵比武大会，两夺射击比赛冠军，贺龙元帅称她们为“钢铁十姐妹”，并亲授半自动步枪一支。1966年，任阳谷县阿城公社妇联主任。后历任青岛市薛家岛公社妇联主任、湖北省崇阳县供销商场工会主席。1996年6月退休。

田健民 原名田道性，男，汉族，1922年7月出生，寿张县（今台前县）东田楼村人，幼年读私塾，高小毕业。中共党员。政协第一届寿张县委员会常务委员。

1939年在当地参加抗日联络工作，1941年年底，调任寿张县三区做抗日青救会工作。1943年3月加入中国共产党。1944年春，调任张秋县政工室做宣传工作。同年秋后，任张秋县三区青救会主任、三区区委组织干事、区公所助理员。其间，带领民兵、民夫参加了解放鄄城、金乡、鱼台和太湖战斗，担任支前政委，并荣立三等功，奖励匣枪一支。1947年后，任寿张县一区区长，寿张县政府一科科长，中共寿张县委统战部部长、宣传部部长。1956年9月，任寿张县委副书记、书记处书记。1955年至1956年，在济南中央中级党校学习两年。1960年春，作为先进集体单位代表参加了全国群英会，并受到奖励。同年9月，调任中共夏津县委书记处书记。1961年7月，任中共武城县委第二书记、县长。1964年12月为有利于南运河管理，武城县运河以西地区划归河北省故城县，遂调任中共故城县委副书记、县长。“文化大革命”初期受到错误批判。1968年8月，任故城县革委副主任、核心组副组长。1970年，任阜城县革委会副主任、县委副书记。1975年年初，任衡水地革委文办副主任兼卫生局局长。1977年，任中共衡水地委组织部副部长兼任地直机关党委书记。1984年离休。

孙镜清 男，汉族，1921年9月18日出生，阳谷县金斗营镇子路堤村人，中共党员。政协第一届寿张县委员会委员。

1937年7月寿张山东省第八乡村师范毕业后，在乡参加抗日活动。1939年3月，任子路堤村抗日小学教员并参加工作。1942年10月入党。1943年，在寿张县三区（莲花池）任民政助理员。1948年3月，任寿张粮库主任。1949年1月，任寿张县财政科科长。1953年10月起，历任中共寿张县财贸部副部长、部长。1958年6月，任中共寿张县委工业部部长。同年12月，任中共寿张县委常委。1960年8月，任寿张县委副书记。1962年10月，任寿张县政府副县长。1964年10月，为有利于黄河治理，寿张县建制撤销，旋任中共河南省范县寿张工作委员会书记。1965年5月，任河南省范县县委副书记。“文化大革命”期间，受到错误批斗。1974年1月，任河南省台前工作委员会副书记。1978年12月，任台前县委副书记。1980年离休。1996年2月逝世。

吕兰英 女，汉族，1938年8月出生，山东省阳谷县大布乡吕超凡村人，中共党员。政协第一届寿张县委员会委员。

1954年8月参加工作，1956年7月加入中国共产党。1954年8月至1958年10月，先后任大布区吕超凡乡团支部书记，农业社副社长、社长，乡团总支书记，高级农业社社长。1958年10月至1980年5月，先后任大布区党委委员、管理区书记、吕超凡大队革委会主任、管委会副主任。1980年5月至1987年3月，先后任阳谷县妇联副主任、主任。1987年3月至1990年2月，任阳谷县人大常委会专职常委。1990年2月至1998年12月，任阳谷县人大常委会副主任。曾当选为山东省第二届、三届人民代表大会代表。1998年12月退休。

张桂花 女，1932年出生，山东省济宁市金乡县杨山乡李堂村人，著名山东梆子演员。政协第一届寿张县委员会常务委员。

8岁学艺，受教于鲁西南名演员白牡丹（薛子玉，山东梆子著名乾旦）。

1949年，由郓城前进剧社（郓城县山东梆子剧团前身）调至山东省戏曲研究室，曾为反内战和抗美举行义演捐献。1952年，应聘参加聊城地区豫剧团（1964年划归寿张县豫剧团）。1956年，在山东省第二届戏曲观摩演出获一等奖，1957年，中国唱片公司灌制了她的代表剧目《盘夫索夫》中的主要唱段，其《蓝桥会》《三上轿》《拣豆种》《五风岭》中的唱段亦被中央和山东电台录音。1975年，调任台前县山东梆子剧团团长。1983年，中国唱片公司出版了她在《对花枪》中的大段唱腔。为中国剧协会员，河南剧协理事，河南文联委员。

杨作霖　字润生，男，汉族，1893年5月出生，台前县侯庙镇大杨村人。政协第一届寿张县委员会常务委员。

9岁随父亲（清末邑庠生）学习《四书》《五经》及诗词书画，得到其父真传，学识闻名乡里。“七七事变”后，日伪政府人员推荐其到伪政府任职，杨作霖毅然拒绝。为摆脱伪政府纠缠，弃笔从戎，加入地方抗日武装组织。其间，画关公像弘扬拯救民众的精神。所写请求解决军饷的报告受到上级领导的重视，军饷得以及时补给。抗日武装组织被编为冀鲁豫军区第二军分区寿张县抗日三支队后任参谋。其间，为部队多次编制作战计划，得到司令员张心泽、政委李仲勋好评。在冲破日伪军“铁壁合围”“拔钉子”“除据点”等战斗中屡建战功。后因身体原因退役故里教书育人，同时研究书画，以书画见长。当时的寿张县有“北有张稷臣，南有杨作霖”的说法。1958年，担任侯庙区各界人士学习会主任，写出数千字新旧社会对比的文章，刊登在《寿张县报》上，影响很大。同年，被推选为政协第一届寿张县委员会常务委员，并代表寿张县在山东济南召开的政协全国委员会现场工作会议上作典型发言，引起强烈反响。1960年，参加《寿张县志》编写工作。1976年9月逝世。

魏秀玲　女，汉族，1938年出生，阳谷县侨润街道西八村人，中共党员。政协第一届寿张县委员会委员。

魏秀玲出身于贫农家庭。1955年，在鲁坊养猪场当饲养员。1957年7月加入中国共产党。同年9月，任养猪场场长。《大众日报》以《养猪姑娘魏秀玲》为头条进行了报道。1957年10月，调任石门宋公社养猪场场长，引进良种猪，采用新技术，用青储发酵“以青代精”的办法对饲料进行了研究，开辟了养猪新路子。其经验在全国进行了推广，并向苏联出口肥猪470头，为国创汇争得了荣誉，国家赠送锦旗一面给予鼓励。同年，参加了全国各界民族社会主义建设积极分子代表会，在会上介绍了先进经验，受到了刘少奇、朱德、周恩来、邓小平等领导的接见，并合影留念。1958年，山东农展馆展出其养猪的先进事迹，并把《养猪姑娘魏秀玲》一文编入了小学语文课本。1958年上半年参加了全国妇女先进事迹报告会，下半年参加了全国青年建设社会主义积极分子代表大会。1959年，由县长张仲生带队参加了省劳模代表会，被省政府授予“省农业劳动模范”荣誉称号。1959年参加了省观摩团，在全省各地巡回介绍经验。

魏殿卿 又名魏金銮，字殿卿，男，汉族，1914年出生，阳谷县西湖镇任老伍村人。政协第一届寿张县委员会委员。

自幼从其父魏法堂学医，17岁随父应诊，师承家传，亦以妇科见长，并善治温热、伤寒诸杂症。对于妇女不孕症，更有独到见解、治法。他提出：“不孕之理大致有二，一曰淤、二曰虚。淤则气血壅塞冲任不调，如渠道之淤塞；虚则气血虚弱，冲任不固，如渠道之干枯，此二者皆不能坐胎。治当以活血化瘀，补气养血为主，以此为例，用药调治，常收良效”。对吴又可《瘟疫论》、叶天士《温热论》、雷少逸《时病论》等医著，均有较深研究。1956年至1957年，阳谷一带乙型脑炎流行，先后收治数百例，80%以上得到治愈。著有《魏殿卿医案》，先后授徒数十人，多成为县乡医院医疗骨干。1984年逝世。

肖道立 男，汉族，1927年3月出生，阳谷县十五里园肖店村人，中共党员。政协第二届寿张县委员会委员。

1944年8月参加工作，任寿张县抗日游击学校学救会主任。1947年至1950年，任牛吴中心校校长、张秋完小主任。1947年8月加入中国共产党。1951年至1952年，任寿张县党员训练班队长。1952年至1956年，任寿张第一区委副书记、书记。1956年至1958年，任中共寿张县委宣传部部长。1958年至1964年，任寿张县台前公社党委书记、寿张县委宣传部部长。1964年至1986年，先后任冠县县委宣传部部长、工办主任、革委生产指挥部副主任、革委副主任、县委副书记。1986年7月，任阳谷县人大常委会副主任，党组副书记。1990年离休，享受副厅级待遇，2007年3月逝世。

穆玉朋 男，1926年10月出生，冠县潘庄村人，中共党员。政协第二届寿张县委员会委员。

1943年参加革命工作，1947年加入中国共产党。曾任冠县四区抗日联合会工作员、农救会副主任，斜店区委干事，冠县县委宣传部干事，冠县梁堂区委书记。1954年5月，任中共聊城地委宣传部宣传科副科长、科长。1960年3月，任中共寿张县委副书记。1962年，当选为政协第二届寿张县委员会委员。1964年10月，任中共范县县委副书记。1970年5月后，任中共淇县县委常委、县革委副主任，中共范县县委副书记，中共台前县工委书记、办事处主任等职。1978年12月，以原寿张县黄河金堤以南地区组建台前县建制，旋任中共台前县委书记、县革委主任。1980年11月，任中共台前县委顾问。1983年离休，1986年9月逝世。

张稷臣 字绍农，男，汉族，1875年出生，阳谷县张秋镇桑营村人。晚清廪生，新中国成立后受聘为山东省文史馆馆员。政协第二届寿张县委员会委员。

幼时家贫，从学于增生陈锡朋。15岁通五经，能诗文。后又从学于秀才李恩鸿。应县童子试，位列前茅。18岁应兖州府试，中秀才而入廪。赴济南应乡试，因家母病重弃考，此后不复应试。

一生从教。曾任阳谷学堂校长。先后在濮阳黄委会及北京、天津、济南等地教专馆。20世纪20年代，曾受聘于山东督军张怀芝家教私塾。50岁后，在东阿县十里堡、蔡家山庄、张秋镇等地多处设馆，教不择人，重德重才，扶弱济贫，从教如流，在册学生达3000余人。抗日战争时期，积极支持抗日救亡，曾被选为冀鲁豫边区人民代表。新中国成立后，多次被选为县人民代表、政协委员。在村小学任教时，多次被评为“县模范教师”。毕生勤于书法，名重鲁西书坛。其书法以颜、柳为基础，兼习二王及欧、米诸名家。楷书遒劲润秀，刚柔相济，结体端庄舒展；行书飞扬流畅。时人奉为“张体”。民国期间，山东督军张怀芝立祖茔碑，名流云集，试笔后唯张稷臣之字为众家赞赏，故30通碑为其独书。1972年逝世。有高振康主编《张稷臣书法遗珍》行世。

武贵祥 男，回族，1924年出生，山东省莘县张鲁镇人，阿拉伯文大专学历，中共党员。政协第二届寿张县委员会委员，政协第三、四、五届阳谷县委员会常务委员，政协第六届阳

谷县委员会委员。

阳谷县体委武术教练，著名拳师，全国知名的阿訇之一。抗日战争爆发后，在马本斋回民支队参加抗日，后回民支队遭侵华日军破坏，他流落南京，拜全国著名查拳拳师常振芳为师练习多年。1962年，到张秋清真南寺担任族里阿訇职。1968年加入中国共产党。1982年，不再担任阿訇，到阳谷县体委专职从事武术教学活动。1983年，获全国武术运动会查拳、查枪一等奖。获第五届全运会查拳、查枪最佳奖。1986年，获全国少数民族运动会最佳奖。1994年，在全国民间健身舞蹈大会演中，其自编的综合太极剑获全国一等奖(兰花奖）。2009年7月逝世。

吕寻诗　男，汉族，1935年出生，阳谷县寿张镇吕街村人，中专学历，中共党员。政协第二届寿张县委员会委员。

毕业于聊城农校，先后任八里庙管理区青年书记、管理区副主任、吕街村支部书记、八里庙农业实验场场长等职。1988年，任寿张镇农机修理厂厂长。1953年成立互助组，1956年，在八里庙管理区调整出40亩土地成立了农业实验场，获得了农业大丰收。由此多次受到省委、省农科院的表扬和鼓励。1958年10月，参加了全国第二次社会主义建设积极分子代表大会，受到了周恩来、朱德等党和国家领导人的接见。

王继淇　男，汉族，1933年11月出生，梁山县大路口乡王芝茂村人，大专（后师）学历，中共党员。政协第一、二届阳谷县委员会常务委员。

1952年7月，原平原省第一师范（坡里师范）毕业后参加工作，1953年6月加入中国共产党。历任中共阳谷县委办公室干事，共青团阳谷县委员会部长、副书记、书记，七级区区长，李台公社生产组副组长，高庙王公社生产组组长，西湖公社党委副书记，石佛公社党委书记等职。1980年5月，当选为阳谷县副县长。1982年4月，兼任阳谷县地方史志编委会主任。1984年3月，任中共阳谷县纪律检查委员会书记。1990年3月，任阳谷县人大常委会主任、党组书记。在团县委工作期间，曾两次被选送到中央团校学习，受到毛泽东主席与其他党和国家领导人接见。任副县长期间，曾两次被评为“山东省计划生育先进工作者”，受到中共山东省委、山东省人民政府的表彰和奖励。1993年12月退休，1997年7月逝世。

刘永祜 男，1932年出生，原籍山东省胶州市人。政协第一、三届阳谷县委员会委员。

1952年毕业于山东医学院，被分配到省立医院妇产科。1958年，到阳谷县人民医院工作，先后任县人民医院医师、主治医师、副主任医师、主任医师。1978年以后，先后担任县人民医院副院长、院长，县卫生局调研员等职务。1987年，主动辞去院长职务退居二线。因工作成绩突出，多次受到省、地区、县业务主管部门的表彰和奖励。1982年，被评为“山东省劳动模范”。1983年，被卫生部授予“全国卫生先进工作者”称号。2008年4月5日逝世。

曹继彬 男，1923年出生，阳谷县高庙王镇郎集村人，中共党员。政协第三届阳谷县委员会常务委员，政协第四、五届阳谷县委员会委员。

1948年参加教育工作，先后在聊城师范、阳谷完小任教。1952年，调平原省师范学院学习，结业后分配至阳谷一中任数学教师，后调七级中学、阎楼中学任教。1978年，调回阳谷一中。1981年加入中国共产党。1991年离休。1984年，辅导学生参加全国中学生数学竞赛，1名获一等奖，1名获三等奖，阳谷一中被评为“全省优胜单位”。主编《高中数学复习资料》《高中数学教材》共8卷。1980年，被评为“中学特级教师”。1982年，被评为“地级优秀教师”。1985年，被评为“省级优秀教师”，出席省政府召开的第一个教师节庆祝大会。1988年被评为“县级拔尖人才”。1989年，被评为“全国优秀教师”。

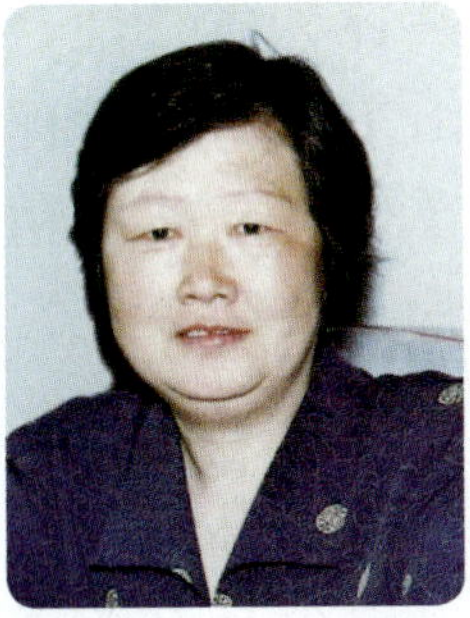

王利英 女，汉族，1945年9月出生，阳谷县张秋北街人。政协第四、五、六、七届阳谷县委员会常务委员。

1969年毕业于青岛医学院。1970年，分配至阳谷县人民医院任眼科医师。1987年至1993年6月，任阳谷县人民医院眼科主治医师、眼科主任。1993年7月至1998年2月，任阳谷县人民医院眼科副主任医师、眼科主任。1994年，被山东省人事厅、卫生厅授予“全省卫生系统先进工作者”称号。1995年3月，被授予“聊城地区三八红旗手”光荣称号。1998年，当选为阳谷县人大常委会副主任。2016年11月逝世。

胡福义 男，汉族，1938年出生，原阳谷县阳谷镇北街人，初中学历，中共党员。政协第四、五届阳谷县委员会委员，政协第六、七届阳谷县委员会常务委员。

1954年参加工作，先后任阳谷县饮食服务公司经理、长征饭店经理。首先完善了经营承包责任制，完善制度，加强管理，长征饭店连年超额完成各项经济指标，固定资产由1979年的不足3000元，增加到1989年的30万元。长征饭店连年被评为省、地、县先进单位，连年被山东省商业厅评为“食品卫生信得过单位”，被省精神文明协调委员会评为“文明单位”并发奖杯。胡福义连年被山东省商业厅评为“先进工作者”。1986年，被山东省人民政府评为“山东省劳动模范”。1987年，当选为山东省第七届人大代表。2006年10月逝世。

陈贵昌 男，汉族，1935年10月出生，阳谷县阎楼镇陈堂村人。政协第四届阳谷县委员会委员，政协五届阳谷县委员会常务委员。

1954年6月坡里师范毕业后参加工作，先后在阳谷实验小学、石门宋完小任教。1978年10月到科委工作。1980年5月，调至县政协，先后任副科长、科长等职。1989年7月，任县工商联筹备组组长。同年12月，当选为县工商联第四届执委会主任委员。1990年3月、1993年3月，连续当选为县十二届、十三届人民代表大会常务委员会副主任。先后被评为“县模范教师”“优秀辅导员”“地区沼气推广模范”和“先进个人”。1998年12月退休。

范福元 男，汉族，1946年2月出生，阳谷县阎楼镇范庄村人，大学学历，中共党员。政协第四届阳谷县委员会委员。

1968年6月参加教育工作。1970年11月加入中国共产党。1971年3月到山东大学学习。1974年7月毕业回阳谷县工作。历任四棚公社组织干事、县晶体管厂厂长、县委组织部干事、县总工会副主席、大布乡党委副书记（挂职）、石门宋乡党委书记等职。1990年4月，任县委党校党总支书记、常务副校长（1995年明确为副县职务）。曾连续被评为“全区党校系统先进工作者”“全区干部教育理论先进工作者”称号。1995年获“全省党校系统先进工作者”。2007年2月退休。

翟凤海 男，汉族，1946年10月出生，阳谷县西湖镇翟庄村人，大专学历，中共党员。政协第四、五、六、七届阳谷县委员会委员，政协第八届阳谷县委员会常务委员。

1963年至1966年4月，任王楼完小教师。1966年4月至1971年2月，先后任阳谷县李台区徐集公社、李台公社秘书。1971年2月，任李台公社团委书记。1976年10月，任共青团阳谷县委副书记、书记。1984年6月，任阳谷县工商局局长、党组副书记。1985年以来，阳谷县工商局先后14次被评为“全省工商系统先进单位”。曾两度被人事部、国家工商局授予“优秀工商管理人员”称号，连续14次被省工商局评为“先进工作者”，两次被省工商局评为“十佳职业道德标兵”。省人事厅记二等功2次，地委、行署记大功3次。2014年6月逝世。

杨月兰 女，汉族，1954年9月出生，阳谷县阿城镇朱楼村人，大学学历，中共党员。政协第四、五、六届阳谷县委员会委员。

1971年至1981年在朱楼村任职，1981年至1991年，任阿城镇阿胶管理区技术网长。1983年，创办了聊城地区第一个科普村。《大众日报》头版头条以《一花引来百花开》为题，《中国妇女报》以《传播火种，造福乡亲》为题报道其事迹。1984年9月，当选为政协第四届阳谷县委员会委员。1986年7月，被评为“山东省劳动模范”。1991年1月，在北京人民大会堂作典型发言，受到国家领导人的接见。同年，被录用为国家正式干部。1992年，任范海乡副乡长。1995年，任十五里园镇党委副书记。2009年，调县农业局工作。其承担的棉花育种科研项目，获省科委优秀成果奖。1986年，“棉花病虫害综合防治对策及关键技术”获农业部科技二等奖。2008年8月，在北京人民大会堂受到农业部表彰。

张合生 男，汉族，1956年7月出生，阳谷县石佛乡鲁庄村人，中共党员。政协第四、七届阳谷县委员会常务委员。

1974年6月参加工作，1984年加入中国共产党。先后任县皮鞋厂工人、车间主任、供销科科长、副厂长。1987年1月，调任县服装一厂（1988年5月更名为阳谷县标志服装厂）厂长。1990年，全厂固定资产总值逾百万元，为1987年年初的25倍多。年内共完成工业产值450万元，全员劳动生产率为59210元/年。实现利税81万元，全厂人均10658元，在县属各企业中名列前茅。1985年以来，先后被命名为“省新长征突击手地区青年标兵”“地区模范共产党员”。1990年12月，荣获山东省“富民兴鲁”劳动奖章和“优秀经营管理者”称号。2000年8月逝世。

穆广彬　男，汉族，1925年出生，阳谷县阎楼乡穆庄村人，中共党员。政协第五届阳谷县委员会委员。

1947年2月参加革命工作。1951年加入中国共产党。先后任阳谷县第五区青委书记、阳谷县青委副书记、县供销合作联社理事会副主任、县百货公司经理等职。1963年，以县副食厂制酒车间为基础建阳谷县酒厂。20世纪70年代末，与其他同志一起，用高、低温发酵相结合的方式试制新型白酒获得成功，取名“景阳冈陈酿”，深受消费者欢迎。1987年，任山东省景阳冈酒厂党支部书记，兼任阳谷县酿酒公司总经理。1988年，创利税734.3万元，居县内各企业之首。1983年以来，多次被地区、县授予“模范共产党员”“先进工作者称号”。1987年，获山东省“富民兴鲁劳动奖章”。2010年8月逝世。

魏之林　男，汉族，1931年12月（农历）出生，阳谷县博济桥街道后魏海村人，中共党员。政协第五、六届阳谷县委员会委员。

1947年10月到冀鲁豫建国学院学习。1950年毕业后从事教育工作，先后任小学教师、教导主任、校长、县文教科员等职。1952年加入中国共产党。1954年8月，保送山东师范学院中文系深造，毕业后在山东农学院、泰安林业学校、山东林学院工作。1961年10月调回阳谷县，历任阳谷一中教师，县教研室负责人，阳谷一中副校长、校长兼党支部书记。主持制定了《教职工责任制条例》《教职工奖惩条例》等规章制度，使学校各项工作逐步规范化。推行学校改革，率先在全校实行教职工结构工资制。魏之林多年被评为县先进工作者、模范共产党员，并两次受地区记大功奖励。1989年，被评为全国优秀教育工作者。1991年，被评为地、县模范政协委员。其先进事迹被收录入《中国当代教育名人辞典》《山东新时期杰出人物》等书刊。

张学峰 男，汉族，1935年出生，阳谷县侨润街道小迷阵村人，中共党员。政协第五、六、七、八届阳谷县委员会委员。

1954年坡里师范毕业后参加工作，历任完小教师、主任、校长，联合校长，师范学校副主任。1957年，调至县文化科工作，历任阳谷县文化局干部、副局长、局长和党组书记。1958年加入中国共产党。1996年退休。在工作之余从事创作，发表论文《论打虎英雄武松》《宋代商品经济》等12篇论文，在社科院主办的《文学遗产》发表《学术研究与经济开发》，获二等奖。当选为中国水浒学会常务理事、组织委员，《水浒争鸣》编委。中国金瓶梅学会会员、山东省水浒学会副秘书长、山东省金瓶梅学会副会长、山东省文联委员、山东省作家学会会员、山东省戏剧家协会会员。2012年5月逝世。

周素霞 女，汉族，1963年4月出生，山东省莘县人，研究生学历。中共党员。政协第六、七届阳谷县委员会委员。

1980年9月至1984年7月，在曲阜师范学院化学系学习。1984年6月加入中国共产党。1984年7月参加工作。1984年7月，任东阿县顾官屯乡政府文书。1987年4月，任东阿县顾官屯副乡长。1988年4月，任东阿团县委副书记。1989年1月，任阳谷团县委副科级干部、副书记、书记。1998年1月，任阳谷县阎楼镇党委副书记、镇长。1998年11月，任阳谷县高庙王乡党委书记。2001年3月，任阳谷县阎楼镇党委书记。2003年1月，任中共阳谷县委常委、宣传部部长。2007年12月，任阳谷县人大常委会党组书记、第一副主任。2017年1月起，任阳谷人大常委会党组书记、主任。先后被评为“山东省新长征突击手”“山东省优秀青年工作者”“山东省计划生育管理先进个人”“聊城市十佳乡镇女领导干部”“聊城市优秀党务工作者”，多次被市、县记功嘉奖。

李银起 男，汉族，1941年7月出生，阳谷县西湖镇郭寨村人，大专学历，高级经济师，中共党员。政协第六届阳谷县委员会委员。

1957年参加工作。曾任中共阳谷县委副书记，山东阳谷电缆集团有限公司党委书记、董事长。1984年，任县良种场场长。1986年，创建阳谷县电缆厂。同年8月，县电缆厂正式建成投产，当年即完成了产值313万元，实现利税102万元。1987年以来，县电缆厂先后被评为“地区先进企业”“地区特级信用企业”“省重合同守信用企业”“省级先进企业”，并被省机械厅列为定点生产厂。1996年，以阳谷县电缆厂为主体组建了山东阳谷电缆集团有限公司，是阳谷电缆集团创始人。山东阳谷电缆集团组建以来，一直是阳谷县经济支柱企业，利税大户。李银起先后被评为省、市劳动模范，并获得全国“五一劳动奖章”。1995年4月，被评为“全国劳动模范”，连续当选为山东省第七、八、九届人大代表。2001年9月在阳谷县委退休。

吕学堂 男，汉族，1944年8月出生，阳谷县大布乡吕超凡村人，大专学历，中共党员。政协第六届阳谷县委员会委员。

1958年10月参加工作，先后任山东超凡集团公司董事长、总经理，阳谷县大布乡科技副乡长、副书记、经委主任，阳谷县人大党组副书记等职。创建大型淀粉加工基地超凡集团。开发玉米胚芽分离榨油新工艺，从玉米浸泡废水中提取菲酊、从菲酊中提取肌醇等先进技术。研制开发的结晶果糖、L-谷氨酰胺两种新产品，分别被列入国家“星火计划”和省“火炬计划”。吕学堂先后被评为“聊城地区劳动模范”“山东省优秀共产党员”“山东省优秀厂长（经理）”。1998年，被评为山东省劳动模范。2015年1月逝世。

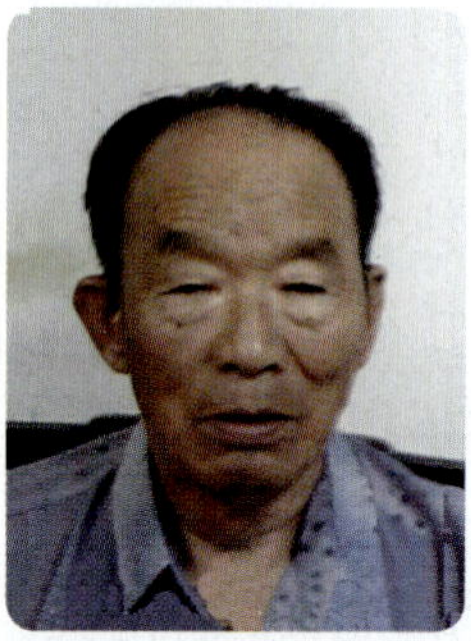

杜方刚 男，汉族，1930年12月出生，高唐县南街人，大学学历。政协第六届阳谷县委员会委员。

1948年参加工作。1949年8月，在济南参加黄河抗洪抢险。1949年8月，在高唐县李官屯完小担任教师。1952年，调至阳谷县安乐镇师范（后改为阳谷师范）任教。1956年，任师范工会主席。1962年，调到阳谷六中任教。1949年，获得“治黄功臣”奖章。1950年，被评为县文教模范。同年，被评为聊城专署特等文教模范。1951年，被评为“平原省劳动模范”。1956年，当选为“山东省社会主义建设积极分子”，并出席在济南召开的省代表大会。1981年离休。1982年，应阳谷县政府聘请从事县志编纂工作，执笔编写了教育、文化、体育、卫生、民政、劳动、科技等篇章。1992年，被评为“聊城地区史志先进工作者”。1993年，荣获阳谷县政府授予的“十年修志先进工作者”荣誉称号。

吴兆俊 男，汉族，1945年10月出生，阳谷县高庙王镇吴堂村人，中共党员。政协第六、七、八届阳谷县委员会常务委员。

1968年1月参加工作，1971年1月加入中国共产党。历任高庙王公社会计网长，阳谷镇管理区书记、党委副书记，范海公社党委副书记、管委会主任、党委书记，四棚乡党委书记，阳谷县第四、五届县委委员。1987年，调任阳谷县土地管理局局长、党组书记。1992年，获“山东省土地卫士”荣誉称号。1994年1月，任阳谷县城乡建设环境保护委员会主任。1994年，阳谷县被省政府命名为“齐鲁杯”城市“三上”先进县。曾获“省建委系统先进工作者”荣誉称号。参加工作以来，连续多年被评为地区、县优秀共产党员，获地委、行署、县委、县政府记功、记大功奖励。2005年10月退休。

高振康 男，汉族，1940年8月出生，阳谷县张秋镇曹堤口村人，中共党员。政协第六、七、八届阳谷县委员会委员。

先后任阳谷县公安局秘书股副股长，县委政法委秘书，司法局党组副书记、副局长，法院副院长、高级法官。现为中国楹联学会、省楹联艺术家协会会员，中国老年大学优秀教师，教育书画研究院特约研究员，中国老年书画研究会创作研究员，山东省书法家协会会员，山东法学会会员，县老年书画研究会常务副会长，县楹联书法学会副会长兼任《楹联与书法》副主编。曾任《老年生活园地》主编。主编出版《法律常识问答》《普法新编》《怎样用法律维护自己的权利》。书法与诗词著作有《书法漫谈》《书法基本功卮言》《墨香阁诗稿》《填词撰联与书联》。书法作品多次参加国内外大展赛获金、银奖。在国家、省级多家刊物发表诗词、楹联、文赋等，《新山东》曾作专门介绍。其诗《秋词》获中国诗人节东方诗学诗歌创作金奖。被中国楹联学会授予“全国楹联教育先进个人”称号，被阳谷县委、县政府授予“十佳文化人才”称号。《张秋镇志》主编。

刘学景 男，汉族，1951年9月出生，阳谷县安乐镇刘庙村人。1971年8月参加工作，1986年7月加入中国共产党，政协第七届阳谷县委员会委员。历任第九、十、

十一、十二届全国人大代表，现任第十三届全国人大代表，新凤祥控股集团有限责任公司党委书记、董事局主席。

1971年8月至1983年9月，任阳谷县安乐镇刘庙村植棉技术员、生产队员。1983年9月至1985年2月，任阳谷谷山贸易公司经理。1985年2月至1991年10月，任阳谷县植物油加工厂厂长。1991年10月至1994年6月，任山东阳谷畜牧实业公司经理。1994年6月至2005年12月，任山东凤祥（集团）有限责任公司董事长兼总经理。2005年12月至2009年10月，任山东凤祥（集团）有限责任公司董事长、阳谷祥光铜业有限公司董事长。2009年10月至2012年12月，任新凤祥控股集团有限责任公司董事局主席。2012年12月至今，任新凤祥控股集团有限责任公司党委书记、董事局主席。1994年，被评为"全国农村青年星火带头人标兵"。1995年，被评为"山东省劳动模范"。1995年，被评为"山东省优秀乡镇企业家"。1998年，被评为"全国优秀乡镇企业厂长"。2000年，被评为"全国劳动模范"。

张洪平　男，汉族，1947年11月出生，阳谷县阎楼镇张岩寨村人，大专学历，特二级面点师，经济师，中共党员。政协第七、八届阳谷县委员会委员，政协第九届阳谷县委员会常务委员。

先后任阳谷阎楼供销社副主任、副食加工厂厂长，掌握了600种糕点的加工技艺，开发出4大系列313个糕点品种，其中32个品种多次在省、市、县评比中获奖。参加工作后，连续30年被评为"阎楼供销社先进工作者"，连续28年被评为省、地、县供销社先进工作者，多次被县委、县政府授予"精神文明标兵""先进工作者"等称号。1989年，受到中国烹饪协会的表彰奖励，并被中国厨师编委会编入《中国厨师名人录》。1999年，荣获全国"五一劳动奖章"。2001年，入编《齐鲁劳模录》。

贾秀兰　女，汉族，1958年12月出生，山东省茌平县贾寨村人。大学学历，政协第七、八、十、十一届阳谷县委员会委员，政协第九届阳谷县委员会常务委员。

1983年从事敬老院工作后，发送的五保老人60余位，经她侍候的偏瘫老人10余位。1988年，被省民政厅老龄委授予"敬老爱老优秀院长"荣誉称号。1989年，被省、地、县老龄委授予"敬老爱老模范"荣誉称号。1994年，被省、地、县妇联授予"三八红旗手”和“巾帼建功先进个人”荣誉称号。2006年，被市总工会授予“十佳杰出职工”和“富民兴聊劳动奖章”荣誉称号。2007年，被省总工会、妇联、共青团、文明办授予省“道德模范”荣誉称号，被市总工会、妇联、共青团、文明办授予“十佳孝老模范”荣誉称号。2008年，被评为“全国好人”。2009年，被中央文明办授予“中国好人”荣誉称号。2015年，被山东省政府授予“优秀政协委员”荣誉称号。连年被市、县妇联授予“三八红旗手”和“岗位明星”荣誉称号。

李印元 男，汉族，1945年2月出生，阳谷县大布乡李堂村人，大学学历，中共党员。政协第七、八届阳谷县委员会委员。

1968年山东大学历史系毕业后参加工作，历任县革委办公室秘书、县政协文史委员会副主任、文史科科长。先后征集阳谷文史资料600篇、270余万字，编辑印发《阳谷文史资料》21辑。主编了《阳谷文史资料选编》《王伦起义史料》《阳谷文史集刊》及《阳谷诗刊》3期。主要著述有《刘琰诗文校注》《汤显祖与阳谷七级》《张秋挂剑台五体十三碑考释》等。其中，山东大学出版的《刘琰诗文校注》、齐鲁书社出版的《王伦起义史料》分别获得1994年、1996年全区精神文明建设精品工程入选作品奖，《汤显祖与阳谷七级》获第五次聊城市社会科学优秀成果奖。另有多篇论文在《文博论集》《春秋》等书刊发表。到县政协工作后，多次被评为“先进工作者”，先后获“省优秀文史工作者”“市政协先进工作者”荣誉称号。2015年9月逝世。

乔振霞 女，汉族，1955年出生，阳谷县狮子楼街道人。政协第八届阳谷县委员会委员。

1979年毕业于山东艺术学院国画系，受业于希宁、王企华、段谷风等国画艺术家。先后任阳谷文化馆馆长、聊城市美术家协会副主席、中国美术家协会山东分会会员、中国国画家协会理事，为国家一级美术师。作品多次参加全国、省、市书画展并获奖，多次在全国、省、市报纸杂志上发表。部分作品被毛主席纪念堂、人民大会堂、中国人民革命军事博物馆、国旗护卫队及美国、日本、韩国、新加坡等国内外单位和个人收藏。其中国画《牡丹》《紫藤》分别获国家二等奖和铜奖，2015年退休。

岳喜立 男，汉族，1963年12月

出生，阳谷县寿张镇北台村人，大学学历，中学高级教师。政协第七、八、九届阳谷县委员会委员。

在体育教育教学中应用“积极性教学法”“飞行员心品训练法”等先进的符合学生实际的教学模式，教学和训练效果显著。先后向高等学府和高水平运动队输送运动员400多名。1992年，被国家教委、国家体委评为“全国优秀体育教师”，获金质奖章一枚。在招飞工作中，1996年荣获全区第一，1996、1997、1998年连续三年被地区教育局、地区体委评为“优秀教练员”，并多次被评为先进个人。

付登雨 男，汉族，1958年1月生，阳谷县大布乡付唐村人，大学学历，农技推广研究员，中共党员。政协第七、八、九届阳谷县委员会委员。

1980年参加工作，历任安乐镇兽医站站长、县兽医院院长、县畜牧局副局长。1991年在县兽医站工作期间，主持阳谷县兽医站与山东农业大学联合在阳谷创建了畜禽疫病检测站。自参加工作以来，发表论文20余篇。举办各种类型畜禽养殖技术培训班千余次，指导各类专业学校毕业实习生达千余人，推广良种畜禽2000万头（只），治愈率达90%以上，送科技下乡指导畜牧饲养专业户2万多（户）次，帮建畜禽规模化、标准化饲养场60多个。先后承担完成了省、市、县十几项科研课题，并多次荣获省市县科技进步奖。先后荣获“中兽医事业先进工作者”“地区模范政协委员”“省畜牧兽医第一届中年科技奖”“全国畜牧兽医学会青年科技工作者”“全省畜牧技术推广先进工作者”“全市畜牧系统先进工作者”等荣誉称号。

杜梦华 男，汉族，1956年1月出生，阳谷县狮子楼街道刘立文村人，大学学历，中共党员。政协第八届阳谷县委员会常务委员。

1976年参加工作，历任公社蚕桑技术员、林业站站长，县人事局干事，县委组织部秘书、干部科长、副局级组织员、副部长，兼任党校副校长、常务副部长。2003年1月，当选为阳谷县人大常委会副主任、党组成员。2007年12月，任县政府党组副书记。2005年，任阳谷县蚩尤文化研究会会长。2010年，主持开发建设蚩尤陵，争创山东省旅游强县，2011年11月，退出县政府领导班子。2012年年初，负责刘邓大军强渡黄河战役指挥部纪念馆设计建设。2012年12月，担任阳谷县革命老区建设促进会会长。1997年，被评为“全省党员电化教育工作先进个人”。1998年、2001年，分别被评为“全市农村党建、普法教育工作先进个人”。2002年，被评为全县“十佳公仆”。2015年12月退休。

刘登华 男，汉族，1952年3月生，阳谷县寿张镇刘堂村人，大学学历，中共党员。政协第八、九届阳谷县委员会常务委员。

1972年1月参加工作。1975年加入中国共产党。历任县委宣传部干事、乡镇党委副书记、书记，县教委主任兼党委书记等职。2003年5月，任阳谷师范学校校长、党支部书记。在县委宣传部工作期间，每年有近百篇稿件被《人民日报》《大众日报》以及中央电视台等多家新闻单位采用。多次受到市委、市政府及县委、县政府记功，并被授予“先进工作者”称号表彰奖励。1999年，被评为阳谷县“十佳公仆”，聊城市“十佳公仆”。2002年，被评为“阳谷县‘学习孔繁森，实践三个代表’活动先进个人”。同年，被评为“阳谷县劳动模范”。2011年3月退休。

赵云才 男，汉族，1961年9月出生，山东省东阿县人。研究生学历，中共党员。政协第八届阳谷县委员会常务委员。

1977年12月参加工作。1985年9月加入中国共产党。历任东阿县五金公司业务员，阳谷县生资公司业务员，阳谷县七级镇供销社副主任，阳谷县油棉二厂副厂长，阳谷县油棉四厂厂长、支部书记，阳谷县棉麻公司副经理、总支委员，油棉四厂厂长、支部书记，阳谷县联社主任、党委书记、阳谷县棉麻公司经理，县造纸集团公司党委书记、董事长、总经理，阳谷县计划委员会主任(发展计划局局长)、党组书记，招商局局长，阳谷县长助理，县政府党组成员、副县长、党组成员。2003年1月，任阳谷县委委员。2012年1月，任阳谷县人大常委会党组副书记、副主任。多次被省供销社、省消防总队、县委县政府授予“先进工作者”称号，荣获“富民兴聊”劳动奖章，被聊城市政府记二等功。2018年10月退休。

刘光辉 男，汉族，1964年1月出生，阳谷县安乐镇刘庙村人，研究生学历，中共党员。

政协第八届阳谷县委员会常务委员。

1981年7月至1982年12月，任阳谷县西街小学教师。1982年12月至1984年4月，任阳谷镇经管员。1984年4月至1985年1月，任县农业局土管科科员。1985年6月加入中国共产党。1985年1月至1993年12月，任阳谷县外事侨务、民族宗教办公室副主任。1993年12月至1998年5月，任阳谷县旅游中心主任、旅游局局长兼县外事侨务、民族宗教办公室主任、县人防办主任。1998年5月至2001年12月，任阳谷县县长助理、县计委主任、县旅游局局长、县外事办主任、县人防办主任。2001年12月至2008年3月，任聊城市旅游局党组副书记、副局长。2008年3月至2016年11月，任聊城市旅游局党组书记、局长。2016年11月至2019年2月，任聊城市旅游发展委员会党组书记、主任。2019年2月至今，任聊城市文化和旅游局党组书记、局长。2000年，被评为“山东省旅游十大风云人物”。

唐宪明　男，汉族，1957年7月出生，高唐县南镇乡北街人，大学学历，中共党员。政协第八届阳谷县委员会常务委员。

历任阳谷黄河修防段政工股干事，阳谷县政府办公室秘书、副主任，阳谷县政府机要科科长，阳谷县政府党组成员、办公室主任，县人大常委会副主任。多年获得县委、县政府记功奖励，被授予“先进工作者”称号。1998年3月，当选为县第十届人民代表大会代表。同年，当选为中共阳谷县第九届一次全会委员。1998年2月，当选为中共聊城市第九次代表大会代表。1999年4月，被评为全县“十佳公仆”。

程仁国　男，汉族，1966年7月出生，阳谷县金斗营镇莲花池四村人，大学学历。政协第八、九届阳谷县委员会常务委员。

1989年7月毕业于聊城师范学院物理系。1989年7月，任张秋中学高中物理教师。1990年7月，在阳谷县计划委员会工作，历任项目办副主任、支援铁路办公室主任、计划委员会办公室主任等职。1999年8月起，在阳谷县政府办公室工作，任县政府驻京办副主任、主任。2007年12月，任阳谷县人大常委会副主任。在计划委工作期间，合作编写了《阳谷县农业区划实用手册》《阳谷县综合国土规划》等资料。担任驻北京办事处副主任、主任期间，做好在京同乡的联络信息工作及招商引资工作，为阳谷企业牵线搭桥。多次被评为“县级先进工作者”“县级精神文明先进个人”“市级先进工作者”。

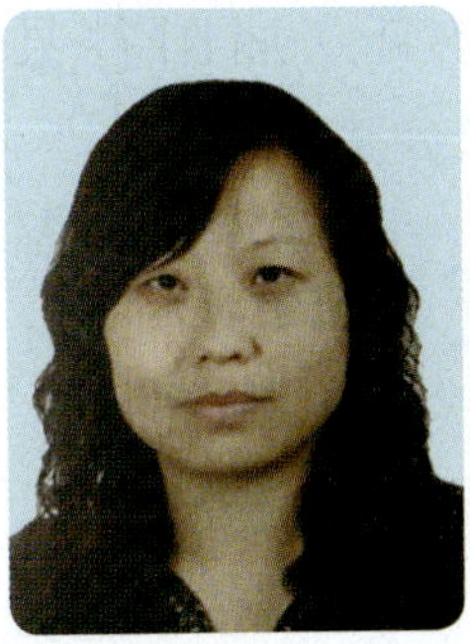

马 颖 女，汉族，1973年1月出生，山东省茌平县人，研究生学历，中共党员。政协第九届阳谷县委员会委员。

2003年3月，任共青团阳谷县委书记。2006年3月，任阳谷县安乐镇党委副书记、镇长。2008年1月，任阳谷县大布乡党委书记。2012年1月，任中共阳谷县委常委、宣传部部长。2014年8月，任中共阳谷县委常委、宣传部部长、统战部部长。2016年12月，任中共阳谷县委常委、宣传部部长。

范宪鸣 男，汉族，1957年7月出生，阳谷县七级镇西沈村人，中专学历，中共党员。政协第八届阳谷县委员会委员。

1970年12月参加工作。山东阳谷顺达纺织有限公司董事长、总经理、党总支书记。当选为阳谷县十五届、十六届人大常务委员，聊城市十次、十一次党代会代表，阳谷县企业家联合会副会长、聊城市工商联副主席。在全县率先为职工全员交纳“五险”，先后有400余名下岗职工在公司实现再就业。累计个人投入50多万元用于扶贫济困、赈灾救灾及社会公益事业。连年被评为市、县优秀厂长（经理）和“关爱职工的优秀企业家”，并先后被授予“‘富民兴聊’先进个人”、市级“优秀民营企业家”、市“优秀共产党员”、“省级劳动模范”和“山东省中国特色社会主义优秀建设者”等荣誉称号。

魏翊恩 男，汉族，1956年3月出生，阳谷县阿城镇东铺村人，大学学历，中共党员。政协第八、十届阳谷县委员会常务委员。

1975年参加工作，1982年8月加入中国共产党。先后在阿城镇颜营联中任教师、教导主任、校长。1984年10月，调任县教育局干事。1987年10月调入县委办公室，先后任秘书、科长、副主任。1997年12月，兼任县委研究室主任。在《求是》《党建》《山东通讯》《聊城日报》等报刊上发表文章100余篇。2001年11月，任阳谷县广播电视局局长。于1994年至1999年，4次被县委、县政府评为“先进工作者”，并给予记功奖励和嘉奖。1996年，被评为“全省党委研究室系统先进个人”。1997年至2000年，4次被市委政策研究室评为“先进工作者”。1999年，被市委、市政府记三等功，被山东省广播电视局评为“山东省广播电视系统先进个人”并记三等功。2005年，被县委、县政府评为“阳谷县劳动模范”。2004年，被山东省广播电视局记三等功。2005年、2006年，获县委、县政府履行职责嘉奖奖励。2007年，被县委、县政府评为“阳谷县十佳公仆”。

王传成 男，汉族，1954年12月出生，阳谷县博济桥街道人，工艺师。政协第八届阳谷县委员会委员。

中国民间艺术家协会会员，山东省阳谷县文化农具研究所所长。首创与北京九龙壁相对应的九凤图。先后创作了水浒家具、座右铭家具（即行业家具）、大型壁画、屏风连环画、城市雕塑等。部分作品被德、日、美、法等外国要员收藏。1996年4月，获“国家银奖”。木雕工艺品1996年10月获“省一等奖”，1998年8月获北京首届国际民间艺术博览会“优秀奖”，并获多项国家专利。先后出版了《圣贤故乡，英杰摇篮》《匡世孔子》及《聊城英贤》木版长卷。2003年2月，被推选为政协第十届聊城市委员会委员。

王传华 男，汉族，1962年6月出生，阳谷县阿城镇毛坊村人，大专学历，高级工程师。政协第八届阳谷县委员会委员。

1980年7月参加工作。历任阳谷县水利局技术员、阳谷县交通局汽车出租公司副总经理、阳谷县交通环保设备厂厂长、山东阳谷华泰化工有限公司董事长、山东阳谷华泰化工股份有限公司董事长。1994年，组建山东阳谷华泰有机化工厂。2000年，企业改制为山东阳谷华泰化工有限公司。2010年9月，公司首次发行股票并于创业板上市，是聊城市唯一上市的民营企业。2007年4月，组建了国家橡胶助剂工程技术研究中心。先后主持承担国家科技支撑计划、山东省科技成果转化等重大项目25项。主持完成并申报专利23项。主持完成12项专用技术并通过科技成果鉴定。先后获中国橡胶工业协会、省级、市级科技进步奖9项。2003年，获得中国石油化工协会科技进步三等奖。2005年，获得中国石油化工协会科技进步二等奖。2007年，获得山东省科技进步三等奖。领导企业成功开发多效蒸发和生化处理工艺在橡胶助剂废水处理中的应用新技术，被列入2009年国家科技支撑计划项目。参与社会公益事业，累计捐款达数百万元。系山东省第十届人大代表，中国民营科技实业家协会理事。获得“中国橡胶工业科技发展带头人”“中国橡胶助剂行业有突出贡献的带头人”“山东省星火计划先进工作者”等荣誉称号。

高宪武 男，汉族，1968年8月出生，阳谷县西湖镇孙楼社区人，博士学历，中共党员。政协第八、九届阳谷县委员会委员。

1991年毕业于烟台师范学院数学系，获数学学士学位。1992年，任东方电缆有限公司常务副总经理。1999年，任山东太平洋光缆有限公司总经理。2007年，任阳谷电缆集团常务副总经理。2011年，任山东太平洋光纤光缆有限公司董事长，兼任山东省特种光电线缆工程实验室主任、山东省特种光电线缆工程技术研究中心主任。1995年，被聊城市国家安全局评为“先进个人”以及“聊城市电子工业系统先进个人”。1997年，被省机械厅评为“机械系统劳动竞赛先进个人”。1998年后，当选为九届、十届聊城市政协委员。2011年11月，荣获“产业突出贡献奖”。2012年，被评为“山东省优秀企业家”。2013年，被评为“山东省二十一届优秀企业家”“山东省AAA级诚信企业经营者”。2014年1月，增补为聊城市第十六届人大代表。5月，荣获山东省第八届“发明创业奖”人物奖。2015年7月，被中国机械工业企业管理协会评为“第七届全国机械工业优秀企业家”称号。2016年，荣获“山东省富民兴鲁劳动奖章”。2017年6月，当选为山东省第十一次代表大会代表。2018年，被评为“山东省劳动模范”。

魏之伦 男，汉族，1965年9月出生，阳谷县西湖镇任老伍村人，大学学历，政工师，工程师，中共党员，政协第八届阳谷县委员会委员，第九、十二届常务委员，2003年2月，被推选为政协聊城市第十届委员会委员。

1988年毕业于山东建筑工程学院。后任阳谷县金盛塬房地产开发有限公司、阳谷县宝塬建筑有限公司董事长、中国城市规划研究会会员、《今日聊城》顾问。2014年，任中国收藏家协会会员。2016年，任中国书法家协会会员、山东省美协理事。2017年，任中华诗词家协会理事、山东省国画院副院长兼秘书长、聊城市国画院院长、巴黎国际艺术中心签约画家。受县政府委托，先后独立义务完成了谷山路规划、景阳冈狮子楼规划设计，设计方案通过国家级审定，为国家节省设计费20余万元。共获“市级文明施工现场”称号6个、“市级优良工程”称号14

个，还获得“市纳税先进单位”和“省建设系统先进企业”等多个荣誉称号。先后被市县授予“先进工作者”“优秀党员”“明星企业家”等荣誉称号。1999年，被省建委授予“省建设系统优秀工作者”称号。2000年，个人先进业绩载入《党旗飘飘》一书。2003年8月，被中国历史博物馆画廊艺术指导委员会评为客座教授、指导委员会委员。

刘进文 男，汉族，1964年4月出生，阳谷县西湖镇大刘庄人，硕士研究生学历，工程师。中共党员。政协第八届阳谷县委员会委员，2003年2月被推选为政协第十届聊城市委员会委员。

1984年参加工作，先后任教师、阳谷电缆集团办公室主任等职。1996年，任山东景阳冈酒厂副厂长。创新管理，1998年通过推行“比质比价采购”，当年实现管理效益近1000万元。在全市白酒行业首次推广磁化技术，开发研制了第四代景阳冈酒和清雅型白酒。先后荣获“聊城地区新长征突击手”、“聊城市十大优秀青年企业家”、“山东省科技星火带头人”、山东省“富民兴鲁”劳动奖章等众多荣誉称号。2002年12月，省委、省政府、省军区授予其“双拥先进个人”称号。

杨景随 男，汉族，1962年4月出生，阳谷县郭屯镇九杨村人，MBA工商管理硕士学历，中共党员。政协第八届阳谷县委员会委员，政协第九、十、十一届阳谷县委员会常务委员。

1984年7月至1994年4月，任阳谷县医院外科医师。1994年4月至2000年9月，任县医院外一科副主任。2000年9月至2006年7月，任县医院副院长。2006年7月至2017年10月，任县医院党总支书记、院长。2017年10月起，历任县医院党委书记、理事长。2004年12月，荣获“富民兴聊”劳动奖章。2007年，在《中国基层医药》发表小切口、小开窗治疗腰椎间盘突出症论文。2007年，出版《现代骨科疾病的诊断和治疗》专著一书。2008年，在《中国基层医药》发表后路椎间盘镜治疗腰椎间盘突出症临床分析论文。2009年，在《山东医药》发表闭合复位空心加压螺钉内固定治疗股骨颈骨折疗效观察论文。2015年4月，荣获“富民兴鲁”劳动奖章。2016年12月，荣获山东省医院协会“优秀医院院长”称号。2018年10月，荣获“‘山东健康卫士’杰出贡献奖”。

张义元 男，汉族，1962年8月出生，阳谷县十五里园镇张街村人，大专学历，副主任医师。1998年2月，

任政协第八届阳谷县委员会委员，政协第九、十、十一届阳谷县委员会常务委员。

1982 年 7 月参加工作，历任阳谷县金斗营乡卫生院医师，阳谷县医院内科住院医师、主治医师、副主任医师。从事内科临床治疗工作。完成了山东省省级科研课题《全封闭连续滤透回输器的研制及在腹水回输中的应用研究》，获聊城地区科技进步二等奖，同时获聊城市学术成果三等奖，另有三项科研成果获县科技进步一等奖。取得“快速抽洗器”“多功能偏瘫下肢康疗器”“便携式多用体检器”“一种全封闭回输器”和“种给药吸痒器”五项医疗器械方面的国家专利。在《山东医学》《综合临床医学》《新医学》等省级以上杂志发表论文 58 篇，并有 46 篇参加全国及省学术会议交流。在《健康报》《山东卫生报》等报刊发表医学科普文章 56 篇，有多篇获奖。参与编辑《实用肝炎病学》等专著 2 部。《中华腹部疾病杂志》特级编委。两度获聊城市青年科技奖，获得“‘阳谷县科技兴阳’先进个人”称号，是阳谷县专业技术拔尖人才。

张晓阳　男，汉族，1954 年 11 月出生，阳谷县大布乡张海村人，大专学历，中共党员。政协第八、九届阳

谷县委员会常务委员。

1970 年参军入伍，历任战士、班长、营部书记、连政治指导员、司令部参谋等职。1982 年 2 月，转业任阳谷县供销社政工科干事。同年 7 月，任县纪委检查科副科长、专职委员。1986 年 9 月，任纪委检查科科长。1987 年 11 月，任纪委专职常委。1990 年 8 月，任中共阳谷县委政法委副书记。1994 年，任中共阳谷县委政法委副书记、县综治办主任。在部队期间，受奖 5 次，荣立三等功一次。任县纪委检查室主任和常委期间，受到县委、县政府的记功表彰。任县政法委副书记、县综治办主任期间，1992 年至 1997 年连续六年受到县委、县政府的记功奖励。1998 年，县委、县政府给予其记三等功奖励。1993 年、1995 年，两次被地委、行署授予“社会治安综合治理先进个人”荣誉称号。2001 年，被省委、省政府给予记二等功奖励。

王广玺　男，汉族，1958 年 8 月出生，阳谷县阎楼镇王庄村人，大专学历，中共党员。政协第八、九届阳谷县委员会委员。

1974年6月参加工作，先后担任县农委副主任、机关党支部书记，县农业局党组副书记、副局长（正局级）等职。曾4次被省农委评为“先进个人”，2次被农业部评为“先进工作者”。受县委、县政府记功奖励一次。多次被评为“县优秀党员”“县先进工作者”“县精神文明标兵”“优秀党务工作者”等。2002年，被县委评为“实践‘三个代表’重要思想的先进工作者”。

宋义伦 男，汉族，1959年8月出生，阳谷县博济桥街道后金海村人，副主任医师。政协第八、九届阳谷县委员会常务委员。

1982年滨州北镇卫校影像诊断专业毕业。同年，分配到阳谷县医院放射科，从事放射诊断工作。1985年，组建县医院超声科并任主任。1994年到1996年7月，在泰山医学院影像专业学习。1998年5月至7月，参加北京大学医学部举办的全国介入超声诊断学习班。2000年9月至2001年2月，在首都医科大学安贞医院学习心脏彩色多普勒诊断。2003年6月，调阳谷县计划生育服务中心任主任。撰写了《流行性出血热累及脏器的声像图观察》等7篇论文，并在省级以上学术刊物上发表。主编《现代肿瘤诊疗学》、副主编《临床影诊断新进展》。2001年至2004年，连续被评为“县级专业技术拔尖人才”。聊城市超声诊断专业委员会委员、第五届全国计划生育超声专业委员会常务理事、第一届全国妇产科超声专业委员会委员。2010年12月，被国家人口和计划生育委员会评为“全国计划生育科技大练兵先进个人”。

李玉琳 女，汉族，1964年3月出生，山东省东阿县刘集镇梁庄村人，大学学历，中共党员。政协第八届委员会委员，政协第九、十、十一、十二届阳谷县委员会常务委员。

1981年参加工作，先后担任中国人民银行阳谷县支行信贷科科员、人事科副科长，县民政局办公室科员、人事科副科长，县政协办公室科员，县政协宣传联络科副科长、科长，县政协经济委员会，宗教委员会副主任。1990年以来，多次作为省、市典型，受到综合表彰奖励。多年被市政协评为“政协先进工作者”“政协优秀通讯员”。先后被省政协评为2010年度、2012年度、2015年度、2017年度“宣传工作先进个人”。多件新闻宣传作品荣获聊城市宣传人民政协好新闻一、二、三等奖，曾获得“山东省宣传人民政协好新闻奖”。多次被县委、县政府授予“先进工作者”“优秀党员”等荣誉称号。被聊城市妇联、计生委评为“三八”红旗手、“计划生育先进工作者”。2008 年 4 月，被县委、县政府评为“阳谷县劳动模范”。2019 年 3 月退休。

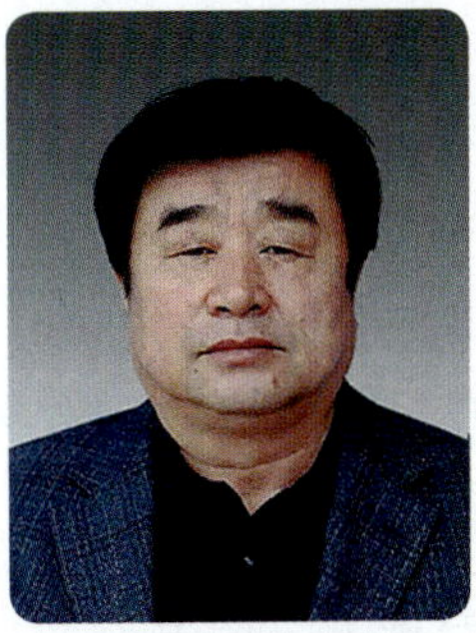

于智长　男，汉族，1956 年 10 月出生，阳谷县阎楼镇石狮子村人。大学学历，中共党员。政协第九届阳谷县委员会常务委员。

1974 年 5 月参加工作，历任阳谷县阎楼联中教师、校长，县委组织部组织科科长，副局级组织员，副部长，正局级组织员，县委组织部常务副部长兼老干局局长，县人大常委会副主任等职。兼任老干部局局长期间，解决了老干部看病难的问题。1986 年以来，多次被评为“县优秀共产党员”“精神文明建设标兵”“计划生育先进工作者”，受市委、市政府表彰。2002 年，被县委、县政府授予“先进工作者”称号，记功奖励。2005 年 4 月，被评为阳谷县劳动模范。2016 年 11 月退休。

张文芳　男，汉族，1964 年 9 月出生，阳谷县高庙王镇前马尔村人，大学学历，中共党员。政协第九届阳谷县委员会常务委员。

1984 年 7 月参加工作。历任西湖乡水利站技术员，乡政府文书、乡党委组织委员、副乡长、乡党委副书记，定水镇党委副书记、镇长、镇党委书记等职。2003 年 7 月，任阳谷县教育局党委书记、局长。连续四年被县委、县政府评为“优秀共产党员”“先进工作者”，并给予记功奖励。调到教育局工作后，在全县教育系统推行校长负责制、任期目标责任制、全员聘任制的“三制”改革。2003 年，任职期间，县教育局被评为“聊城市文明单位”。2017 年 1 月，任阳谷县人大常委会副主任。

林超美　男，汉族，1958 年 10 月出生，阳谷县阿城镇刘什庄村人，大学学历，中共党员。政协第九届阳谷县委员会常务委员。

曾任阳谷县农村信用合作社联合社主任。2004 年年底，阳谷县农村信用社联社存款达到 19.99 亿元，各项贷款达 19.25 亿元，分别是 1994 年 8 倍和 9 倍。资金实力和支农力度在全县金融机构中双双名列第一位。1995 年，被阳谷县委、县政府评为“先进工作者”。1996 年，被评为“全区学习孔繁森先进个人和县先进工作者”。1997 年，被县委、县政府评为“先进工作者”。1998 年，被县委、县政府评为“先进工作者”，并记三等功奖励，同时被选为聊城市第十三届人大代表。1999年至2002年，连续被评为“县先进工作者”。2001年，荣获聊城市“富民兴聊”劳动奖章。2002年，荣获聊城市“劳动模范”称号。2004年，荣获山东省“劳动模范”称号。2013年9月1日逝世。

秦广路 男，汉族，1955年7月出生，阳谷县博济桥街道紫荆街人，大学学历，中共党员。政协第九届阳谷县委员会常务委员。

毕业于南京地质学校。参加工作后，历任山东省地质矿产局物探大队分队书记，阳谷县水利局副局长、局长、党组书记等职。1997年，被省人事厅、省水利厅授予“全省水利工作先进个人”称号，并获记三等功奖励。2006年，获省人事厅、省水利厅记三等功奖励。

李恒涛 男，汉族，1956年12月出生，阳谷县石佛镇青杨李村人，大学学历，中共党员。政协第九届阳谷县委员会常务委员。

1975年5月参加工作。历任定水镇农业技术站站长、乡党委组织委员、乡党委副书记，十五里园乡党委副书记、乡长、乡党委书记，阳谷县土地管理局局长、党组书记等职。2007年12月，任聊城市国土资源局副调研员，兼任阳谷县国土资源局党组书记、局长。1988年，受到地委、行署记功奖励。1994年，被评为全区“八五”绿化先进个人、“廉洁勤政先进个人”，并被山东省行管协会吸收为委员。1998年至2000年，在职期间阳谷县连续三年被省政府评为“土地管理先进县”。1999年至2001年，李恒涛连续三年被省政府评为“刚正不阿、廉政勤政”土管局局长。1998年至2002年，连续被市国土资源局评为“土地卫士”“先进工作者”，同时受到县委、县政府的多次表彰。2016年在聊城市国土资源局退休。

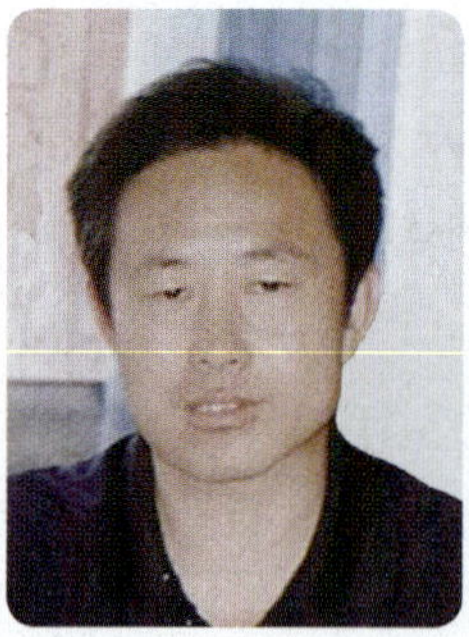

姜书达 男，汉族，1956年4月出生，阳谷县七级镇七三村人，大学学历，中共党员。政协第九届阳谷县委员会委员。

1982年参加工作，历任农业局技术员，县政府办公室综合科科长、副主任，调研室主任（兼）阳谷县畜牧局党组书记、局长等职。1994年，被省政府办公厅授予“全省政府系统先进个人”称号。到县畜牧局工作后，先后完善了良种繁育、疫病防治、兽药饲料供应、技术推广体系建设等工作，成立了动物疫病防控中心，建立健全了检疫和村级防疫队伍，制定了重大动物疫病应急体系，承担了农业部“万枚高产奶牛胚胎移植”富民工程、省肉鸡标准化示范基地县、全国农产品标准化示范基地县建设项目。

李秋生　男，汉族，1965年9月出生，阳谷县张秋镇孟楼村人，大专学历，中共党员。政协第九、十、十一届阳谷县委员会委员。

1986年7月至1991年3月，任张秋镇政府文书、党委秘书。1989年9月至1992年6月，在聊城地委党校党政管理专业（业余）学习。1991年3月至2003年6月，任县农委（办）办公室主任、党委办公室主任。2003年6月至2008年10月，任县农办副主任、党组成员。2008年10月起，任县老龄工作委员会办公室主任、党组书记。2012年，被省人社厅、省老龄办记“三等功”奖励。2014年，被全国老龄办等七部委授予“全国孝亲敬老之星”称号。

孟现壮　男，汉族，1974年10月出生，阳谷县张秋镇孟楼村人，大

专学历，中共党员。政协第九届阳谷县委员会委员，政协第十、十一届阳谷县委员会常务委员。

1996年任张秋镇良种猪繁育场场长。幼时患小儿麻痹症，腿部残疾。1996年创办了养殖场。在他的指导和扶持下，张秋镇刘楼、西街、阿城镇宋庄养猪场初具规模。1997年村里修路，2000年村建学校，他主动捐款6万余元。之后又捐款77万元，用于改造村校舍、修筑村柏油路、整修水渠。多次捐资捐物，拥军优属，救助困难适龄上学儿童。1998年起，连续六年被张秋镇评为“养猪模范专业户”。2001年12月，被聊城市人民政府授予“‘富民兴聊’劳动奖章”。2002年4月，获得“聊城市劳动模范”称号。2003年4月，共青团阳谷县委授予其“青年致富带头人”称号。2007年12月，被共青团山东省委、山东省农业厅、山东省财政厅评为“山东省十大杰出青年农民”。2009年4月，被中共山东省委、山东省人民政府评为“山东省十佳自强模范”。2012年2月7日，作为全国养殖业的唯一代表，到中南海参加《政府工作报告》征求意见座谈会并发言，受到温家宝总理、李克强副总理的接见。2012年3月，被山东省人民政府授予“山东省乡村之星”称号。2013年4月，被山东省人民政

府评为“山东省劳动模范”。2013年7月，被评选为中国残联第六次全国代表大会代表。2014年9月，被国家扶贫办授予“全国扶贫先进个人”称号。2016年1月，被农业部授予“全国十佳农民”称号。

王豫濮 男，汉族，1952年8月生，阳谷县李台镇张店村人，中共党员。政协第九届阳谷县委员会委员。

1995年5月，任阳谷县科学技术局局长、党组书记。在科技局工作期间，先后有75项科技项目通过了各级鉴定验收，获省级科技进步奖8项，星火计划奖3项，市级科技进步奖22项。先后多次受到县委、县政府和市委、市政府的表彰。1998年，被评为全省“十佳记者”，被省新闻出版局、人事局评为先进工作者。2001年，被省科技厅记二等功一次，被市委、市政府记三等功一次。

吕宗言 男，汉族，1956年7月出生，阳谷县李台镇关门口村人，大学学历，高级农艺师，中共党员。政协第九届阳谷县委员会委员。

历任阳谷县农业局种子站技术员、副站长、站长，阳谷县政协副局级干部等职。山东省种子协会会员。任县种子站站长期间，先后引进新品种130余个，阳谷县种子站工作跨入全省种子“十强”先进行列。1996年5月27日，《人民日报》曾对阳谷县种子管理工作的成功经验作了专题报道。1993年至1998年6月，主持完成农业科技项目7个，其中5个获得省市奖励。参与编写《植物生理与农业研究》专著1部。1994年、1996年，两度被省农业厅授予“全省农技推广先进工作者”称号。1995年，被省计委、省人事厅评为“世行山东农业综合开发项目先进个人”。2000年，被聊城市评为“第四批专业技术拔尖人才”。

林存贞 女，汉族，1954年9月出生，阳谷县张秋镇南街村人，大学学历，中共党员。政协第九届阳谷县委员会委员。

担任妇联主席、党组书记期间，开展创建“巾帼文明示范岗”“两队一校”活动，实施“春蕾计划”，救助贫困女童上学。林存贞先后被授予“省优秀妇女干部”、“三八”红旗手、“巾帼建功先进个人”称号。还获得普及农业科技“先进工作者”称号，“全省妇联系统先进个人”称号并记三等功，获得市“十佳”妇女工作者称号，并受县委、县政府表彰。先后当选为省九次、十次妇代会代表。2003年1月，当选为政协第十届聊城市委员会委员。2016年10月逝世。

曹保国 男，汉族，1960年10月生，阳谷县郭屯乡曹庄村人，大专学历，中共党员。政协第九、十届阳谷县委员会常务委员。

1981年7月参加工作。先后任阳谷县直武装部干事，阳谷县委宣传部秘书、副部长，阎楼镇党委副书记（挂职），县委宣传部副部长兼文体委主任、党组书记，阳谷县文化体育局局长、党组书记。1998年，被聊城市委评为“农村党建先进工作者”。1999年，先后被县委、县政府评为“双拥工作先进个人”“创省级卫生城先进工作者”。2000年，被县委、县政府评为“计划生育先进工作者”。2001年，被评为山东省“文化、科技、卫生”三下乡先进个人，被评为县“优秀党员标兵”。2002年5月，被推选为“县劳动模范”。2004年11月，被评为“山东省文化市场管理工作先进个人”。2005年、2008年，被县委评为“县级优秀共产党员”，被县政府评为“县十佳政协委员”。2006年，被市委、市政府评为“中国江北水城合唱节先进个人”。

郭振光 男，汉族，1974年11月出生，阳谷县侨润街道老唐村人，大学学历，中共党员。政协第十届阳谷县委员会常务委员。

1993年7月参加工作。1998年1月加入中国共产党。历任阳谷县财政局科员、国资局副局长、财政局纪检组组长、财政监督办主任、财政局副局长、国资办主任等职。2008年6月，任阳谷县财政局局长。2010年12月，被评为“全省财政系统先进工作者”，记三等功。2011年12月，任阳谷县政府副县长，分管财税、市场监管、食品药品安全等工作。2016年12月，任中共阳谷县委办公室主任。2017年1月，任中共阳谷县委常委、县委办公室主任。2020年4月，任聊城市财政局副局长。

丁连凯 男，汉族，1966年3月出生，阳谷县寿张镇东门村人，大学学历，中共党员。政协第十、十一届阳谷县委员会委员。

1989年7月毕业于山东师范大学政治系，同年分配到阳谷县卫生学校任教。1991 年，调任县委宣传部工作。2001 年 9 月，任县委政策研究室副主任。2002 年 9 月，任县委办公室副主任。2005 年 9 月，任县住房资金管理处主任。2006 年，住房资金管理机构撤并上划后任聊城市住房公积金管理中心阳谷县管理部主任。2000 年 11 月，被省委宣传部评为“全省优秀理论教育工作者”。2007 年，被市人事局、建委评为“先进工作者”，并给予嘉奖奖励。2013 年 7 月，被省住建厅、财政厅授予 2012 年度“全省住房公积金管理工作考核优秀个人”荣誉称号。2017 年 7 月，被省住建厅、省住房公积金协会聘为“山东省住房公积金专家委员会专家委员”。2018 年 3 月，被省住建厅授予“全省住房公积金行业文明服务标兵”称号。

付　坤　男，汉族，1962 年 5 月出生，东阿县牛角店人，大专学历，中共党员。政协第十届阳谷县委员会委员。

1980 年 10 月参加工作，1987 年 8 月加入中国共产党。历任聊城市公安局民警中队工人、办事员，聊城市公安局预审科办事员，聊城市公安局梁水镇派出所科员、所长（副科级），东昌府区铁路公安分局副局长，聊城市看守所政委（正科级）、副所长、副县级侦察员，阳谷县公安局党委副书记、政委，党委书记、局长。2007 年 12 月，当选为政协第十届阳谷县委员会委员。2016 年 6 月，任聊城市公安局经济犯罪侦察支队支队长。

王金福　男，汉族，1955 年 1 月出生，阳谷县张秋镇北街人，中共党员，大专学历。政协第十届阳谷县委员会常务委员。

1972 年参军，1988 年转业回到阳谷，先后任阳谷县机关招待所办公室主任、副所长、所长。2002 年，兼任阳谷县委办公室副主任。围绕餐饮搞创新，先后开发了“黄河文化风情、运河文化风情宴”“金瓶梅宴”和“水浒宴”等特色餐饮品牌。多次被县委、县政府评为“模范共产党员”和“先进工作者”。1999 年，被评为“聊城市劳动模范”。2000 年，被评为“市优秀企业思想政治工作者”。2001 年，获“富民兴鲁”劳动奖章。2008 年，被评为“山东省劳动模范”。

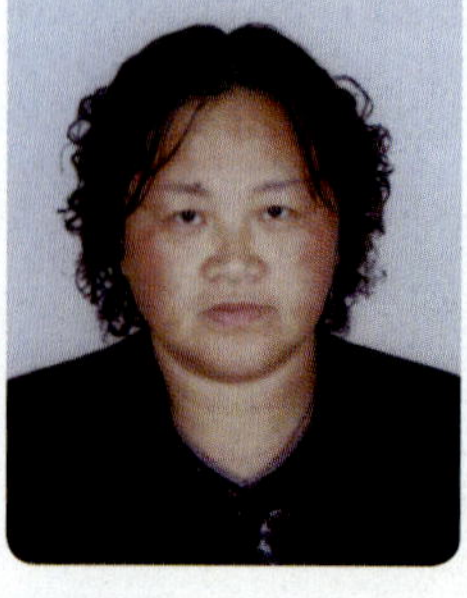

张　平　女，汉族，1964 年 11 月出生，阳谷县安乐镇南街人，大专学历，张平汽车饰品有限公司董事长。

政协第十、十一届阳谷县委员会委员，政协第十二届阳谷县委员会常务委员。

在电影公司下岗后，成立了“巾帼编织俱乐部”。2007年8月，正式注册“阳谷张平汽车饰品有限公司”，专业从事手编汽车坐垫的研发、制作和销售。带动周边汽车坐垫企业400余家，发展成为县第五大支柱产业，被聊城市列为特色产业扶持项目之一。公司被授予“全国女大学生创业实践基地”称号，还被评为“省巾帼创业示范基地”“市巾帼文明岗”“市‘三八’红旗集体”“省中小企业创业辅导基地”。牵头成立了阳谷县汽车坐垫行业协会，并当选为会长。当选为山东省妇联第十二届执委，被授予“省‘三八’红旗手”“省十大巾帼增收标兵”“省巾帼增收致富带头人”“省最具责任力十大女企业家”“聊城市2012年度全民创业十佳创业带头人”“聊城十大优秀女性”“阳谷首届巾帼创业十杰”“省‘富民兴鲁’劳动奖章”“山东省十佳女职工再就业标兵”“省劳动模范”等称号。

徐淑银　男，汉族，1962年6月出生，阳谷县定水镇徐庄村人，大专学历，中共党员。政协第十、十一届阳谷县委员会委员。政协第十二届阳谷县委员会常务委员。

1981年9月至1984年6月，在南京炮兵学院学习。1984年6月至1985年10月，任青岛警备区守备某师指挥排长。1985年10月至1996年3月，任阳谷县武装部作战参谋、军事科副科长（1994年4月至1996年3月在阳谷县西湖乡挂职副书记）。1996年3月至2017年3月，任阳谷县粮食局副局长、局长。

杨兆阁　男，汉族，1963年10月出生，阳谷县金斗营镇莲花池六村人，大专学历，中共党员。政协第十、十一、十二届阳谷县委员会常务委员。

1986年11月参加工作，历任阳谷县李台乡团委书记、共青团阳谷县委工农青年部部长、高庙王乡挂职副乡长、党委副书记、阳谷县经济开发区工会主席。2006年9月，任阳谷县工商联主席、党组书记。2017年3月，任港澳台侨和外事副主任。任职期间，杨兆阁屡获嘉奖。1992年，被阳谷县委、县政府授予“阳谷县先进工作者”称号。1994年，被共青团山东省委授予“山东省优秀青年工作者”称号。2000年，被聊城市政府授予“‘富民兴聊’劳动奖章”。同年，被共青团中央和国家科学技术部联合授予“全国杰出青年星火带头人”荣誉称号。

2002年4月，被聊城市政府授予“聊城市劳动模范”荣誉称号。2008年，被省人事厅、省工商联联合授予“全省工商联系统先进个人”荣誉称号，并给予记三等功奖励。2010年，被聊城市委、市政府评为“2010海内外知名企业家齐鲁行活动先进个人”。2016年，被省工商联授予“先进工作者”荣誉称号。

张　微　女，汉族，1982年11月出生，陕西省榆林市靖边县张伙杨村人，大学学历，体育运动学学士，中共党员。政协第十、十二届阳谷县委员会委员。

毕业于西安体育学院。2008年，任阳谷县体育局地掷球培训中心科长、国家地掷球队队员。参加工作后，所分管的工作多次获得上级部门的表彰。2008年，被阳谷县人民政府记个人三等功，并获阳谷县体育局集体三等功。2009年，荣获意大利世界女子地掷球锦标赛金牌。2009年，被阳谷县直机关工委授予“优秀共产党员”荣誉称号。2009年，被阳谷县总工会、阳谷县文明办评为“全县职工职业道德先进个人”。2009年，被国家体育总局小球运动管理中心评为“中国掷球运动先进个人”。2010年，被国家体育总局聘为国家队主教练。2010年，被评为“阳谷县首届阳谷英才”。2010年12月，被评为“聊城市劳动模范”。2010年12月，被山东省体育局授予“山东省体育运动荣誉奖章”。2011年，被阳谷县妇女联合会授予“县三八红旗手”和“阳谷县女子地掷球队集体三八红旗手”荣誉称号。

姚西栋　男，汉族，1965年9月出生，临清市松林镇姚庄村人，大学学历，中共党员。政协第十、十一届阳谷县委员会常务委员，政协第十二届阳谷县委员会委员。

1987年参加公安工作，历任临清市公安局派出所民警、副所长、所长。1996年，任临清市公安局副局长。2008年11月，调任阳谷县公安局政委。先后被山东省人民政府记个人二等功1次，被省公安厅和市委、市政府记个人二等功3次。

王　勇　男，汉族，1968年4月出生，阳谷县定水镇小坑王村人，大学学历，中共党员。政协第十一届阳谷县委员会常务委员，2012年、2017年分别当选为政协第十二、十三届聊城市

委员会委员。

1985年5月至1997年1月，历任阳谷县总工会科员、宣传部副部长、生产生活部部长。1997年1月至2009年9月，历任范海镇副书记，阿城镇副书记、镇长，七级镇党委书记，定水镇党委书记。2009年9月，任阳谷县人力资源和社会保障局党组书记、局长。任职期间，县人社局被评为“全国人力资源和社会保障系统2014—2016年度优质服务窗口”，个人先后获得“省人力资源社会保障系统先进个人”“市敬老模范”“县综合工作先进个人”等多项荣誉称号。2020年6月，任中共阳谷县委常委、县委办公室主任。

孙瑞柱　男，汉族，1965年6月出生，阳谷县阿城镇刘什庄村人，大专学历，中共党员。政协第十一届阳谷县委员会委员。

1987年7月参加工作，历任阳谷县财政局预算科科员、科长、工会主席，县财政监督办主任，县收费管理局局长，县财政局副局长。2013年12月，任阳谷县财政局局长。在其任职期间，个人1993年被授予“山东省农税征管先进个人”称号。2004年，被授予“聊城市职业道德先进个人”称号。2011年，被授予“全市财政系统先进工作者”称号。2012年，被授予“阳谷县劳动模范”称号。2014年，被授予“聊城市知识型职工标兵”称号。2015年，被授予“全省财政系统先进个人”称号。2018年，被授予“聊城市创建国家森林城市先进个人”称号。2003年至2005年连续3年、2012年至2017年连续6年被县委、县政府记三等功。

訾士勇　男，汉族，1968年8月出生，阳谷县大布乡訾海村人，大学学历，中共党员。政协第十一届阳谷县委员会委员。

1987年7月至1991年1月，任阳谷县实验小学教师。1991年2月至1991年11月，借调阳谷县委宣传部科员。1991年12月至2001年8月，任县委宣传部科员、新闻科科长。2001年9月至2004年4月，任县委宣传部副部长。2004年5月至2008年1月，任侨润街道党委副书记、办事处主任。2008年2月至2011年12月，任阿城镇党委副书记、镇长。2012年2月至2012年12月，任县文广新局党组副书记、副局长。2012年12月起，任县文广新局党组书记、局长。2010年12月，获聊城市委、市政府“金堤河防汛抢险”嘉奖。2011年6月，获县委、县政府“平安阳谷建设”三等功。2012年，获县委、县政府“争先进位年综合工作先进个人”称号，并记三等功。2014年12月，获省政府“申报大运河世界文化遗产工作‘先进个人’”称号。2016年5月，获聊城市“‘富民兴聊’五一劳动奖章”。2018年12月，获国家版权局2017年度查处侵权盗版案件有功个人二等奖。

袁　强　男，汉族，1962年5月出生，阳谷县阎楼镇四合村人，大专学历，中共党员。政协第十一届阳谷县委员会委员，政协第十二届阳谷县委员会常务委员，科教文卫体专委会主任。

1982年7月参加工作，历任县体委教练员、竞训科科长，县老年体协办公室主任，县体运办副主任，县体育局副局长、党组书记、局长。国家一级社会体育指导员，地掷球国家级裁判员。聊城市第十一次党代会代表。所送运动员孙昭稳分获2010年广州亚运会和2013年第12届全运会皮划艇比赛冠军，孙婷婷、潘建民等运动员在省运会田径、武术等比赛中获得10余枚金牌。个人先后获得“中华人民共和国体育运动奖章”“全国优秀裁判员”“中国掷球运动先进工作者”“山东省群众体育工作先进个人”“聊城市群众体育工作先进个人”等荣誉称号。

李　涛　男，汉族，1964年4月出生，阳谷县大布乡魏村人，研究生学历，高级工程师，中共党员。政协第十一、十二届阳谷县委员会委员。

1983年8月至1989年3月，任安徽六安国营第七六七厂研究所助理工程师。1989年3月至1991年9月，任阳谷县经委科员。1991年9月至1998年5月，任县经委副科长，挂职西湖乡副乡长。1998年5月至2003年5月，任县经委副主任、党委委员。2003年5月至2010年1月，任县经贸局党委副书记、副局长、技改办主任。2010年1月至2012年2月，任县科技局党组副书记、副局长。2012年2月，任县司法局党组书记、局长。1998年5月，被团省委授予“山东省青年岗位能手”称号。2008年12月，被山东省经贸委授予“2003至2008年度企业技术改造先进个人”称号。2009年4月，被山东省经信委授予“产学研结合创新先进个人”称号。2012年12月，被省司法厅、省人社厅记三等功。2015年1月，被省司法厅、省人社厅记二等功。

王春波　男，汉族，1972年8月出生，山东莘县魏庄镇甘寨村人，大学学历，中共党员。政协第十一、

十二届阳谷县委员会委员。

1996年3月在聊城地区国税局办公室工作。2003年7月，任聊城市国税局监察室副主任科员（2004年5月至2006年6月，挂职东阿县国税局党组成员、副局长）。2007年11月，任聊城市国税局办公室主任。2013年5月，任阳谷县国税局党组书记、局长。2017年11月，任聊城市国税局党组成员、总会计师，兼任阳谷县国税局党组书记、局长。2018年3月，任聊城市国税局党组成员、总会计师。2018年6月，任国家税务总局聊城市税务局联合党委委员、总会计师。2018年10月起，任国家税务总局聊城市税务局党委委员、总会计师。2011年、2014年，两次被聊城市国税局记三等功。2014年，被评为阳谷县劳动模范。2015年，获得全省国税系统“十佳县局长”称号。2016年，被评为聊城市优秀共产党员。

1980年9月至1982年7月在山东林业学院学习。1982年7月至1983年12月在石门宋乡政府工作。1983年12月至1986年9月，任阳谷镇团委书记。1986年9月至1988年7月，在北京电子工业管理干部学院学习。1988年7月至1988年12月，在阳谷县经委工作。1988年12月至1993年2月，在阳谷县委组织部工作。1993年2月至1998年5月，任定水镇党委副书记。1998年5月至2001年12月，任金斗营乡党委副书记、乡长。2001年12月至2003年1月，任西湖乡党委副书记、乡长。2003年1月至2008年6月，任西湖乡党委书记。2008年6月至2020年1月，任阳谷县审计局党组书记、局长。2010年3月，被聊城市总工会、聊城市人力资源和社会保障局等授予聊城市“知识型职工标兵”荣誉称号。2010年3月，被聊城市总工会授予聊城市“‘富民兴聊’劳动奖章”。2015年1月，山东省人力资源和社会保障厅、审计厅、公务员局给予其记二等功奖励。

张景伟 男，汉族，1963年8月出生，阳谷县博济桥街道金谷社区人，大专学历，中共党员。政协第十一届阳谷县委员会委员。

1983年12月加入中国共产党。

张建利 男，汉族，1964年3月出生，阳谷县西湖镇张楼村人，大学学历，中共党员。政协第十一届阳谷县委员会委员。

1981年12月至1996年10月，

任中国农业银行阳谷县支行会计、信贷员。1996年10月至1999年11月，任中国农业发展银行阳谷县支行信贷员。1999年11月至2002年4月，任中国农业发展银行阳谷县支行信贷部副主任。2002年4月至2003年10月，任中国农业发展银行阳谷县支行行长助理、党支部委员。2003年10月至2011年1月，任中国农业发展银行阳谷县支行副行长、党支部委员。2011年1月起，任中国农业发展银行阳谷县支行行长、党支部书记。2011年7月，被中国农业发展银行总行评为“优秀共产党员”。2017年4月，被中国农业发展银行总行评为“贷后管理年活动先进个人”。2018年2月，被中国农业发展银行山东省分行评为“先进工作者”。

赵传新 男，汉族，1969年5月出生，阳谷县西湖镇赵王楼村人，研究生学历，中共党员。政协第十一届阳谷县委员会委员。

1992至1998年，任山东东方电缆有限公司现金会计、财务科副科长、科长。1999年起先后任景阳冈酒业财务科副科长、科长、总经理助理、副总经理、总经理。2007年4月，荣获“聊城市十大杰出青年”称号。2008年，被聊城市总工会授予“‘富民兴聊’劳动奖章”。2015年8月，被聊城市企业联合会、聊城市企业家协会授予“聊城市优秀企业家”称号。2015年12月，被山东省总工会、山东省教育厅等联合授予“‘德耀齐鲁’道德公民”荣誉称号。2016年10月，被山东省白酒协会授予“山东工匠·鲁酒大师”称号。在2016中国酒业年度人物评选活动中被评为“2016年中国酒业年度新锐人物”。2017年，荣获“山东省食品行业优秀企业家”称号。2017年，被省委宣传部授予“齐鲁文化之星”称号。2018年，在中国酒业年度盛典上被评为“2017中国酒业年度经济人物”。2018年，荣获“改革开放40周年山东酒类行业风云人物”称号。

岳彩祥 男，汉族，1970年12月出生，阳谷县阎楼镇勾庙村人，研究生学历，中共党员。政协第十一、十二届阳谷县委员会委员。

2001年10月至2004年12月，任阳谷县质量技术监督局党组成员、纪检组组长。2004年12月至2009年6月，任阳谷县质量技术监督局党组书记、局长。2009年6月至2012年3月，任东阿县质监局党组书记、局长。2012年3月至2014年5月，任阳谷县质监局党组书记、局长。2014年5月至2017年1月，任阳谷县市场监管局党组书记、局长。2017年2月起，任阳谷县食品药品监督管理局党组书记、局长。2012年，荣获“全省质监系统十佳公务员”称号。2008年，被聊城市政府评为“专项整治先进个人”。2009年，荣获聊城市“杰出青年卫士”称号，并记三等功。2008年，被授予“阳谷县劳动模范”称号。

司全才 男，汉族，1966年4月出生，阳谷县侨润街道司营村人。阳谷县金三角美食广场总经理，中共党员。政协第十一、十二届阳谷县委员会委员。

所在企业先后获得“中华营养健康型示范企业”“山东餐饮业十佳品牌”“山东省优秀老字号”“聊城市消费者满意单位”“食品安全优秀店”等诸多荣誉称号。2011年，被全国产业发展调研小组和中国饮食业协会评为“中国餐饮名店”。2014年，被山东省食品药品监督局认定为“食安山东品牌店”。2015年，被省药监局授予“省级清洁厨房”“省级食品安全优秀店”双项荣誉称号。2018年，被县药监局、县爱国卫生运动委员会授予“健康（示范）餐厅”荣誉称号。由于业绩突出，司全才2004年被阳谷县工商行政管理局评为“先进个体劳动者”。2010年12月，山东省工商业联合会农业产业商会、山东省民营企业家协会授予其“山东省餐饮业优秀民营企业家”荣誉称号，被聊城市政协授予“身边好人·道德模范”政协委员称号。2015年，被中共聊城市委统战部等五部门授予“聊城市非公有制经济人士优秀中国特色社会主义事业建设者”光荣称号。

赵希强 男，汉族，1964年2月出生，阳谷县李台镇赵台村人，大学学历，中共党员，政协第十二届阳谷县委员会常务委员。

1986年7月至1994年7月，任阳谷县第一中学教师。1994年7月至1999年7月，任阳谷县教育局高中数学教研员。1999年7月至2006年7月，任县教育局高中教研室主任。2006年7月至2011年12月，任阳谷第二中学校长、党总支书记。2011年12月起，任阳谷第三中学校长、党总支书记。2000年，获“阳谷县拔尖人才”称号。2004年，获“山东省优秀教研员”称号。2009年，获“山东省优秀教育工作者”称号。2011年，获“聊城市优秀共产党员”称号。2012年，获“聊城十佳科技校长”称号。2015年，获“聊城市功勋校长”称号。

周建国 女，汉族，1972年11月

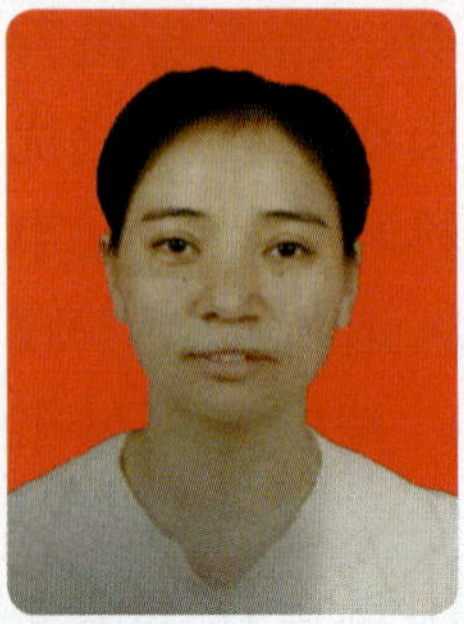

出生，莘县东鲁街道人，大专学历。政协第十二届阳谷县委员会委员。

1999年参加工作。现任阳谷县文化馆副馆长。2012年创作歌曲《妈妈我爱你》，在山东省群众艺术作品评选中获得三等奖并获聊城市第十届精神文明建设“文艺精品工程”优秀作品奖。2015年，在《山东省群众文艺》上发表作品《运河情》。2016年，创编舞蹈《中华美德》在山东省“四德”健身广场舞海选暨展示大赛中获一等奖。2010年，被聊城市妇联授予“三八”红旗手荣誉称号。2011年，被山东省文化厅评为“山东省农村优秀文化人才”。2014年，被中国舞蹈家协会山东省考级中心评为“优秀指导教师”。2015年，被中共聊城市委宣传部评为全市“文化、科技、卫生‘三下乡’活动先进个人”，被中共山东省委宣传部评为“齐鲁文化之星”。2017年，被聊城市妇联评为“聊城市城乡巾帼建功标兵”。

吕运生 男，汉族，1963年4月出生，阳谷县十五里园镇火炮王村人，大学学历，中共党员，高级工程师。政协第十二届阳谷县委员会常务委员。

1983年7月至1990年10月，任阳谷县师范学校教师、教务主任。1990年10月至1991年10月，在十五里园乡政府工作。1991年11月至1994年2月，任县外经委科员。1994年2月至2006年9月，任县新华书店副经理。2006年9月至2015年11月，任县新华书店支部书记、经理。2015年11月起，任山东新华书店集团有限公司阳谷分公司支部书记、经理。2009年，被评为“山东省新华书店先进工作者”。2012年12月，荣获“‘富民兴聊’劳动奖章”。2016年，被评为“山东新华书店集团有限公司先进个人”。2017年，被评为山东出版集团管理“双效”先进个人。

王庆森 男，汉族，1963年5月出生，阳谷县石佛镇冯营村人，大学学历，中共党员。政协第十二、十三届聊城市委员会委员。

历任阳谷县安乐镇团委书记、管理区书记、计生办主任，金斗营乡党委副书记，寿张镇党委副书记，高庙王乡党委副书记、乡长，十五里园镇党委副书记、镇长，寿张镇党委副书记、镇长，寿张镇党委书记，县畜牧局党组书记、局长，县卫生局党组书记、局长。2014年9月，任县卫生和计划生育局党组书记、局长。2018年，县卫计局被评为“全省卫生计生系统先进集体”。2003年，被省委、省政府记三等功。2014年，被评为阳谷县劳动模范。2015年，被评为“国家脑卒中高危人群筛查和干预项目先进个人”。2017年，被市委、市政府记三等功。

钟希和 男，汉族，1968年8月出生，阳谷县狮子楼街道钟海村人，中共党员，大学学历。政协第十三届聊城市委员会委员。

1989年7月参加工作，历任阳谷县公安局刑警大队侦查员、副中队长、中队长，阳谷县公安局党委委员、刑警大队大队长。2005年后，他带领干警成功打掉重大犯罪团伙、飞车抢夺犯罪团伙、拦路抢劫犯罪团伙39个。先后荣立一等功2次、二等功1次、三等功7次，被授予“全国优秀人民警察”“全省人民满意政法干警”“全省优秀青年民警”“全省严打整治斗争先进个人”“山东省优秀青年卫士”“聊城市十大杰出青年”“聊城市十佳职业道德标兵”“全市优秀共产党员”“全市创人民满意政法先进个人”“阳谷县十佳公民”“阳谷县劳动模范”等29个荣誉称号。2007年5月，作为全国公安系统英雄模范代表，受到胡锦涛、温家宝、曾庆红、罗干等党和国家领导人的亲切接见。2008年，被选拔为第29届北京奥运会火炬手。建党九十周年之际被山东省委授予“全省优秀共产党员”荣誉称号。

七级运河古镇

第四编

文献资料

阳谷文庙

紫汇湖公园

紫汇湖

第一章 重要文献

关于进一步加强人民政协工作的意见

（1988年9月4日）

县委：

为加强和改善人民政协工作，最近省委、地委分别下达了鲁发〔1988〕8号、聊发〔1988〕38号文件，我们结合全县政协工作实际，进行了学习研究。我们认为，近几年在县委的领导下，县政协认真贯彻党的路线方针政策，紧紧围绕统一祖国、振兴中华的总目标，履行政治协商、民主监督的基本职能，开展为“四化”服务活动，在“两个文明”建设中做出了一定成绩。当前，政协工作存在的主要问题是：在党内外还有不少同志对人民政协的性质、地位和作用缺乏应有的认识，甚至存在一些模糊观念；政治协商、民主监督没有形成制度化、经常化，执行起来随意性很大；政协机关办公条件和自身建设等方面也存在一些问题。为进一步做好政协工作，根据全国政协七届一次会议精神和省委要求，现提出如下意见：

一、在党内外广泛深入地进行统战、政协工作的宣传教育

人民政协是包括各民主党派、各人民团体与社会各方面代表的具有广泛代表性的爱国统一战线组织，是发扬社会主义民主进行政治协商、民主监督的政治机构，是中国共产党领导下实现多党合作和协商制度的重要组织，人民政协在我国的民主政治建设、经济建设和社会生活的各个方面，在统一祖国、振兴中华的伟大事业中，发挥着越来越大的作用。实践证明搞好这些工作，对于改善和加强党的领导，实现领导决策的科学化和民主化，建设社会主义民主政治，团结社会各阶层，调动各方面的积极性，实现党在社会主义初级阶段的基本路线有着重要的意义。为此，建议通过有关会议、文件，深入宣传共产党领导下的多党合作和政治协商制度是我国社会主义政治制度的特点与优势之一，宣传新时期人民政协的性质、地位与作

用，使广大干部，特别是各级领导干部增强民主意识，树立全党做好统战、政协工作的新观念。各级党校应按照上级有关文件的规定，把统战理论和方针政策纳入教学内容。宣传、文化、新闻等部门应面向社会，多层次、多渠道、多形式地宣传人民政协的重要活动，宣传政协委员和各界人士在改革中的先进事迹，宣传党委、政府重视支持统战、政协工作的典型经验。通过宣传教育，为搞好政协工作创造良好的社会环境。

二、逐步使政治协商、民主监督经常化、制度化

政治协商、民主监督，既是党的统一战线的优良传统，又是人民政协的基本职能。党的十三大把共产党领导下的多党合作和政治协商作为我们国家的一项基本政治制度固定下来，并提出逐步使政治协商、民主监督经常化、制度化的要求。协商的内容省委规定了八个方面：城乡建设总体规划；经济发展的宏观战略决策；经济、科技和教育体制改革的重大措施；法制建设方面的重大措施；群众生活方面的重大问题；精神文明建设重大事宜；重要的机构改革和人事变动；统一战线方面的重大问题。我们建议县委、县政府进一步贯彻“长期共存、互相监督”“肝胆相照、荣辱与共”的方针，按照“协商在决策之前，监督于实施之中”的要求，重视发挥人民政协的基本职能作用。为使人民政协做到知情出力，除政协党组书记列席县委有关的常委会、政协负责人列席人大有关的常委会外，政协分管副主席要列席有关的县长办公会。县委要坚持和改善政协委员、党外人士对话会或双月座谈会制度。政协常委会是参政议政的重要形式，在开展政治协商、民主监督中发挥着重要作用，县委、县政府根据情况派员参加政协的常委会，通报情况，听取意见。乡镇召开人代会时，应邀请政协委员列席，县直有关部门的党政领导也要注意听取单位政协委员的意见，发挥他们的作用，对于政协委员的提案、政协建议案，党委、政府和有关部门应认真研究，及时办复。

三、充分发挥政协的人才优势，为全县的中心任务服务

党的十三大提出了在社会主义初级阶段以经济建设为中心，坚持四项基本原则，坚持改革开放，为建设富强民主文明的社会主义现代化国家而奋斗的号召，人民政协聚集着各方面的人才，充分调动和发挥他们的积极性、主动性与创造性，服务于这一战略任务。根据省委、省政府提出的“东部大开放，西部大开发”战略方针，县政协紧紧围绕县委、县政府的统一部署，发动、组织委员和各界人士广泛开展服务活动。通过送技术下乡下厂、传递信息、牵线搭桥、人才培训等多种形式进行技术咨询服务。抓住改革开放中的一些重要问题和紧迫课题，搞好专题调查，写出有情况、有分析、有建议的专题报告，提高参政议政水平。抓中心带业务，做好政协联络点的工作。牢固树立为委员服务的宗旨，帮助农民委员开发商品经济，积极支持有条件有专长的委员和各界人士发挥各自的优势，兴办经济实体，承包租赁国营集体企业。利用政协委员社会联系广、关系多的优势，立足大陆，面向台湾，积极开展联谊交友活动，促进人才技术资金的引进，为发展外向型经济服务。

县政协还要把鼓励和帮助委员、各界人士胸怀全局，立足本职，努力工作，作为一项经常性的任务来抓，使他们在商品经济大进军中不断做出新贡献。

四、加强政协自身建设

几年来，随着人民政协工作的不断发展，我县政协组织得到加强，各项工作发展较快。但是，从目前情况看，仍存有人员偏少、各项制度不够健全等不合理现象，影响着工作的开展。为适应新形势、新任务的需要。一是加强思想建设。要经常组织有关干部认真学习社会主义初级阶段的理论和党的方针政策，增强民主意识，树立自尊自重自强的观念和为委员、各界人士服务的思想，不断提高做好政协工作的自觉性与责任感。二是加强组织建设。要根据目前我县政协机关的工作需要，按照地委规定的编制和选配干部“四化”的标准，解决政协机关人员配备问题。三是要建立健全各项制度，包括定期举行主席办公会、常委会、全委会等会议制度，使各项工作逐步形成规范化、制度化。

五、加强和改善党对政协工作的领导

在各项改革和振兴阳谷经济中，人民政协肩负着重要历史使命。我们建议县委把人民政协工作列入重要议事日程。定期听取政协工作情况的汇报。围绕全县的中心工作，不断给政协出题目，鼓励和支持政协做文章。为有计划、有准备地开展政协工作，要建立由县委办公室主任牵头，政府、政协办公室主任参加的联席会议制度。对于政协工作中遇到的困难，应从保证人民政协开展正常工作的需要出发，予以妥善解决，以利于推动我县政协工作的开展。

以上意见如无不当，请各单位贯彻执行。

中共阳谷县政协党组

1988年9月4日

政协阳谷县委员会
关于政治协商、民主监督、参政议政的规定

（1995年8月16日县政协七届十六次常委会通过）

中国人民政治协商会议是中国人民爱国统一战线的组织，是中国共产党领导的多党合作和政治协商的机构，是我国政治生活中发扬社会主义民主的重要形式。中国共产党领导的多党合作和政治协商制度，是我国的一项基本政治制度，体现了我国政治体制的特点和优势。为加强社会主义民主政治建设，逐步实现政治协商、民主监督和参政议政的规范化、制度化，根据《政协全国委员会关于政治协商、民主监督、参政议政的规定》和《政协山东省委员会关于贯彻执行〈政协全国委员会关于政治协商、民主监督、参政议政的规定〉的实施意见》，在《政协阳谷县委员会关于政治协商、民主监督的暂行规定》的基础上，制定本规定。

第一条 政协阳谷县委员会是中国人民政治协商会议的地方组织，在中共阳谷县委的领导和上级政协的指导下，按照政协章程开展工作。其主要职能是政治协商、民主监督和参政议政。

第二条 政治协商、民主监督、参政议政的目的是：发扬社会主义民主，反映社会各方面的意见和要求，为政协委员发挥作用开辟畅通的渠道，集思广益，促进我县重大决策的科学化与民主化；监督国家宪法、法律和方针政策的贯彻执行，协助并推动国家机关改进工作，提高效率，克服官僚主义，反对腐败现象；推动社会主义物质文明、社会主义精神文明和社会主义民主法制的建设，促进社会主义市场经济与社会生产力的发展；协调社会各方面的关系，促进各方面的相互沟通和理解；贯行执行“和平统一、一国两制”的方针，促进祖国统一大业的实现。

第三条 政治协商是对全县大政方针以及政治、经济、文化和社会生活中的重要问题，在决策之前进行协商及就决策执行过程中的重要问题进行协商。主要内容包括：(1) 全县社会主义物质文明、精神文明、民主法制建设和改革开放中的重大方针政策及重要部署。(2) 县政府工作报告，县财政预算、国民经济与社会发展年度计划以及中长期规划。(3) 全县政治生

活方面的重大事项。(4) 重大行政措施和重要的地方性法规草案。(5) 关乎全局的重大经济建设项目。(6) 县委提出的人大、政府、政协的有关重要人事安排和调整。(7) 群众生活中的重大问题。(8) 政协内部的重要事务以及爱国统一战线中的其他重要问题。(9) 经有关方面商定需要协商的其他重要问题。

政治协商的形式有：(1) 例会协商。一般每年一次政协全委会，每季度一次政协常委会，每月一次主席会议。(2) 列席协商。中共党员主席或党组书记列席县委常委会和其他有关重要会议，政协分工副主席列席县人大常委会与县长办公会。(3) 对口协商。政府各职能部门与政协各专门委员会建立对口联系协商制度，研究重要事务时视议题需要，专门委员会主任可应邀列席会议。(4) 专题协商。根据需要协助县委或政府就某个专题开好各界人士座谈会、协商对话会、意见听取会，政协也可根据需要召开专题讨论会、献策献计会。

第四条 民主监督是对国家宪法、法律和法规的实施，重大方针政策的贯彻执行，国家机关及其工作人员的工作，通过建议与批评进行监督。主要内容包括：(1) 全县法律、法规的执行情况。(2) 对党和国家及省、地重要方针政策的贯彻执行情况。(3) 全县国民经济和社会发展计划及财政预算执行情况。(4) 国家机关及其工作人员履行职责、遵守法纪、为政廉洁等方面情况。(5) 参加政协的单位位和个人遵守政协章程及执行政协决议的情况。

民主监督的主要形式有：(1) 政协全委会、常委会或主席会议向县委、县政府提出建议案。(2) 各专门委员会提出建议或有关报告。(3) 委员视察、考察或参加县委、县政府有关部门组织的调查或检查。受聘担任特约检查员、监察员、审计员、教育督导员的政协委员，应积极参加有关检查、考察和评议政府部门工作的活动。(4) 委员提案。县政协要认真做好提案的收集、整理、转送、督办工作，承办单位要认真办理，并把办理情况及时进行反馈，做到委员提案件件有答复、项项有着落。政协提案在全委会议、常委会议期间或平时均可提出。(5) 政协委员还可以举报形式或其他形式，对有关部门的工作提出意见和建议。

第五条 参政议政是政治协商和民主监督的拓展与延伸。参政议政的内容与形式除第三、四条规定的以外还包括选择人民群众关心、党政部门重视、政协有条件做的课题，组织调查和研究，积极主动地向党政领导机关提出建设性的意见，通过多种方式，广开言路，广开才路，充分发挥委员专长与作用，为改革开放和社会主义现代化建设搞好献计献策及咨询服务等。

第六条 政治协商、民主监督、参政议政的程序：政协主席会议根据县委、县人大常委会、县政府、各人民团体以及其他党政部门的提议，安排协商活动并决定协商的形式和参加范围。

政协主席会议认为需要协商的问题，也可以建议县委、县人大常委会、县政府、各人民团体以及党政有关部门将问题提交政协协商。

协商的议题与会期确定之后，政协机关要提前将会议通知或有关文件送达参加会议人员，以便与会人员事先做好准备，充分反映各有关方面的意见。

第七条 县政协进行政治协商可视情况邀请县委、县政府以及县直党政有关部门的负责人员参加会议，通报有关情况，听取委员的意见和建议。

第八条 政协委员的民主权利应受到保护。在政协的各种会议上，各种意见都可以充分发表。

第九条 县政协的全委会、常委会以及其他形式的协商会议和重要活动，应做新闻报道。

第十条 县政协各专门委员会在常委会的领导下，组织委员参加各项经常性活动，做好专题座谈、专题调查、委员提案和委员举报工作，并同县党政有关部门取得密切联系，相互支持，相互配合。

第十一条 各专门委员会的重要建议和委员的重要提案，可由有关专门委员会通过后提交常务委员会议或主席会议讨论。经常务委员会议或主席会议通过，得以县政协常务委员会或主席会议建议案的形式向有关方面提出。

第十二条 以县政协常务委员会、主席会议或以各专门委员会名义提出的建议、意见和批评，均由县政协办公室以正式文件形式送达有关方面或部门。有关方面或部门应积极负责地进行研究处理，并将结果尽快以正式文件形式做出答复。

第十三条 为切实履行政治协商、民主监督、参政议政主要职能，县政协要通过各种形式帮助委员了解有关情况，为委员参政议政创造良好的条件；政协委员要努力学习，深入实际，调查研究，密切联系自己所代表的界别及有关方面的群众，积极反映群众的意见和要求，在参政议政中更好地发挥应有的作用。

中共阳谷县委关于进一步加强人民政协工作的意见

阳发〔1996〕70号

近几年来，我县认真贯彻落实中央和省地委关于加强人民政协工作的一系列重要指示，全县政协工做出现了党委重视、政府支持、政协主动、部门配合的局面。县政协围绕县委、县政府的中心工作，切实履行职能，工作更加活跃扎实，在我县“两个文明”建设中做出了新贡献。为进一步加强人民政协工作，特提出如下意见。

一、进一步提高对新时期人民政协工作重要性的认识

人民政协是我国人民爱国统一战线的组织，是共产党领导的多党合作和政治协商的重要机构，是我国政治生活中发扬社会主义民主的重要组织形式。政协工作是我们党工作全局的重要组成部分，做好新时期的人民政协工作，对于发扬社会主义民主，实现最广泛的爱国统一战线，维护社会稳定，推进经济发展，具有十分重要的意义和不可替代的特殊作用。各级党委、政府一定要从建设有中国特色的社会主义，实现党的总任务、总目标，维护国家长治久安的高度，充分认识做好新时期人民政协工作的重要性。各级领导干部，尤其是县、乡领导干部，要深入学习老一辈无产阶级革命家和中央领导同志关于统一战线、人民政协工作的重要论述，进一步增强大团结、大统战的观念，增强同各界人士合作共事的观念，自觉把政协工作摆到重要议事日程。各级党校、党政干培训班都要把学习统战理论和政协知识作为必修课。各新闻单位要利用多种形式，宣传人民政协的性质、地位和作用，宣传政协组织和各界人士为推动改革开放和经济发展献计出力的先进事迹。要创造全党全社会重视、关心、支持人民政协工作的社会环境。

二、充分发挥人民政协的职能作用

人民政协的重要职能是政治协商、民主监督和参政议政。中国共产党中央委员会（通知）（中委〔1995〕13号）和《政协全国委员会关于政治协商、民主监督、参政议政的规定》，明确提出了政协履行职能的原则、内容和形式，我们要认真贯彻执行，充分发挥政协的作用。一是凡中央和省、地委规定的协商内容，都必须提交政协协商，做到一些重大决策要协商在党委决定之前，人大通过之前，政府实施之前。要主动地安排协商议题，并尽量扩大协商范围，广泛征求意见。对需要协商的问题提前通报，使委员有充分的调查和思考时间，提高协商效果，以促进决策的民主化、科学化。二是要自觉接受人民政协的民主监督。人民政协的民主监督是一种高层次、有组织的监督。各级党政领导要热情欢迎和鼓励政协委员、各界人士讲实情、说真话，及时反映社情民意。坚持重要会议邀请政协有关人员参加，及时批阅政协的调查、视察报告和建议案、提案等。对政协所提意见、建议和批评，都要认真对待，及时研究办理，并将办理结果及时向政协反馈。要维护政协委员的合法权益，任何单位及个人，都不得对提出批评与反对意见的政协委员进行排斥打击。政协组织要以对党的事业高度负责的精神，积极组织委员开展民主监督，努力做到敢于监督、善于监督。要大胆探索，不断总结经验，拓宽监督渠道，完善监督机制，提高监督质量。三是积极支持政协进一步参政议政。参政议政是对政治协商、民主监督的拓展和延伸，是衡量人民政协工作成绩的重要标准。县委、县政府要及时提出对政协工作的指导意见，坚持重要会议邀请政协有关人员参加，重要情况及时向政协通报，为政协参政议政创造良好的条件。政协要充分发挥自身优势，对全县的重点、热点、难点问题，开展调查视察活动，促进党委科学化、民主化决策。

要完善协调运作机制，促进各项制度的落实。履行政协职能的规范化、制度化，既取决于政协自身的努力，更需要党委的重视，政府的支持，各方面的配合。要进一步建立健全县委、县政府、人大、政协办公室主任联席会议制度，把研究、安排、组织政协的政治协商、民主监督和参政议政活动，协调解决有关问题，作为会议的重要内容。要加强相互间的情况通报和信息交流，积极为政协知情出力创造条件。要逐步建立健全双向约束机制，用规范化、制度化保证协商、监督的经常化，克服工作中的随意性。

三、积极支持人民政协搞好自身建设

要实现政协履行职能的规范化、制度化，必须切实加强政协自身建设。一是加强政协的思想建设。政协要组织及引导委员认真学习邓小平同志建设有中国特色社会主义的理论和党的基本路线，目前要组织好对江泽民同志四篇重要文章的学习，要学习统战理论与政协工作知识，坚持正确的政治方向。要紧紧围绕全县经济建设这个中心，自觉服从、服务于这个中心。要密切联系委员和群众，注意倾听群众的呼声，体察群众的情绪，反映群众的愿望，维护群众的利益，使政协成为党和政府联系群众的纽带与桥梁。二是加强政协的组织建设。为适应新时期政协工作的需要，在安排政协委员、常委和调整政协领导班子时，县委及组织、统战部门要认真听取政协党组的意见，注意其广泛性、代表性、政治素质、知识结构、党内外比例和参政议政的能力，并严格按政协章程的规定办事。在政协兼任副主席的党员干部和党外人士，应享受同级干部的政治、生活待遇。在机构改革中，要从政协工作实际出发，按照“精简、效能、统一”的原则和上级的统一规定，合理确定政协机关的机构编制及人员编制。选配政协机关工作人员，要坚持干部“四化”方针，挑选那些党性观念强、熟悉党的统战政策、民主作风好的同志从事政协工作。要体现政协机关的统战特色，注意安排和提拔一些党外人士担任领导职务。对政协机关干部的培养、管理和使用，要同党政机关干部一视同仁，注意做好交流与选拔工作，做到有进有出、合理流动。对一些长时间在政协工作的优秀干部要提拔重用。三是要热情帮助政协解决工作中的实际困难和问题。中共中央通知强调：“各级党委要为政协开展工作积极创造条件，对政协干部编制、活动经费等方面存在的困难，要切实帮助解决。”对于政协机关正常行政经费，要予以保证；对于政协组织的调查、视察考察经费，要作为专项经费列入财政预算；对政协的职工住房、交通工具等问题，要从实际出发，认真加以解决，并要考虑政协老同志多、活动多、对外交往多的情况，尽力给予照顾。

四、切实加强党对政协工作的领导

加强党的领导是做好新时期政协工作的关键。县委要进一步把政协工作列入重要议事日程，及时听取政协党组的汇报，定期研究解决政协工作中的一些实际问题。县委有一位领导同志联系政协工作，政府也要有一位领导同志联系政协工作。政协副主席可参加县委、县政府重要会议和重大活动。党委统战部在履行“了解情况，掌握政策，协调关系，安排人事”的职能过程中，要加强同政协的经常性联系，及时听取政协党组的意见。各乡镇党委要仿照县委的做法采取多种措施，切实加强对政协工作的领导。

政协党组在政协贯彻执行党的路线、方针、政策中，要发挥保证和核心作用。政协委员和政协机关中的中共党员，要起模范带头作用，廉洁勤政、密切联系群众，广泛团结各界人士，推动我县政协工作再上一个新台阶。

中共阳谷县委办公室

1996 年 7 月 31 日

县政协关于进一步搞好民主监督工作的报告

（2000年6月15日）

县委：

几年来，县政协通过例会、调查视察和提案等渠道，在履行民主监督职能方面做了大量工作，为促进我县改革、发展和社会稳定发挥了积极的作用。但由于种种原因，在实际工作中，存在着民主监督力度不够，监督方式不够完善等问题。这也是"三讲"教育活动中，群众对政协反映的主要问题之一。为了进一步发挥民主监督的职能，更好地推动我县"两个文明"建设的发展，经县政协主席会议研究，提出了工作意见，现报告如下：

一、深化认识，搞好宣传，为民主监督工作创造良好的环境

民主监督是政协的主要职能之一，是各级政协组织要逐渐加强的一项工作。为了进一步搞好这项工作，首先要搞好学习宣传，使社会各部门和广大干部群众从思想上提高对政协民主监督工作的认识。人民政协的民主监督是我国整个监督体系的重要组成部分，在我国整个监督体系中具有独特的优势。民主监督是党赋予政协组织光荣而神圣的职责，它是以宪法和政协章程为依据的，保证政协委员的民主监督权，就是维护中国共产党领导的多党合作和政治协商制度的严肃性。民主监督工作对发扬社会主义民主，促进党政决策的科学化、民主化和反腐倡廉都具有重大的意义。民主监督主要是对国家法律、法规的实施情况、党的各项方针政策的贯彻执行情况和机关工作人员履行职责为政清廉等方面的情况进行监督。我们正处于计划经济向市场经济体制的转型时期，各种利益重新调整，矛盾交错。发挥政协的民主监督作用，促进法律、法规和各项方针政策以及县委、县政府决策的贯彻落实，有助于化解社会矛盾，协助党委和政府解决前进中出现的暂时困难，促进社会稳定和经济的发展。因此，加强民主监督既是党委、政府和广大人民群众的殷切希望，又是改革开放新形势的迫切要求，也是政协委员义不容辞的职责。政协组织和全体政协委员要提高认识，加大力度，切实搞好民主监督工作。

二、充分利用调查、视察、提案、评议等形式，加强民主监督工作

调查、视察、提案、评议是政协开展民主监督工作的重要形式。要充分利用这些形式，选准民主监督的切入点，切实有效地开展民主监督。一是认真搞好调查视察工作，加大民主监督力度。要紧紧围绕人民群众普遍关心的社会热点、难点问题和党委、政府重要工作部署的贯彻实施，针对社会上“上有政策、下有对策”“有令不行，有禁不止”的现象，选准题目，组织委员调查视察；力求提出一些对党委、政府决策具有重要价值的意见和建议，推动党委、政府政策措施的贯彻落实，促进各项工作的顺利开展。二是切实发挥提案的民主监督作用。政协提案是一种覆盖面广，而且经常有效的民主监督形式。要提高提案质量，增强提案的监督效能，引导委员要在全县重要工作的贯彻落实等重大问题上提出高质量的提案。要加强提案办理，对提案的落实情况进行跟踪检查和监督，采取召开座谈会、通报会等形式，督促提案办理落实，从而提高民主监督的成效。三是搞好民主评议。组织委员和各界人士对党政部门的工作进行评议，是搞好民主监督的有效措施。要认真组织有关委员开展民主评议活动。事先要制定计划，并经党委同意，在认真调查研究的基础上进行评议。评议中要做到知情、知理、知法、知度。充分肯定被评议者的工作成绩，实事求是地反映群众的批评意见，进一步改善被评议部门的工作。

三、发挥委员的重要作用，增强民主监督的实效性

政协的民主监督能否取得成效，关键在于发挥委员的作用，这是有效实施民主监督的前提和基础。首先要组织委员搞好学习，提高政治业务素质，加深对民主监督的重要性和必要性的认识，增强搞好民主监督的自觉性。其次采取召开座谈会、接访、走访、政协常委联系委员等形式，利用委员联系广泛的优势，广泛听取社情民意，掌握大量的第一手资料，为民主监督奠定良好的基础。再次要开好例会，邀请党政负责同志通报全县工作情况，直接听取委员的意见、建议，同时使委员及时了解全县和有关部门的工作情况，从而能够有针对性地开展民主监督工作。另外，要注意发挥政协专门委员会和委员中的监督员、检查员的作用，积极有效地开展民主监督工作。

四、坚持民主监督的原则，保证民主监督工作的顺利进行

民主监督是政协的一项具有创造性和主动性的工作，要积极、主动地发挥民主监督职能，必须坚持好民主监督的原则，以保证这项工作的顺利进行。一是必须取得党委重视和政府支持。对重大的民主监督内容和工作部署都要主动向县委请示汇报；对监督工作的进展情况和遇到的重大问题，及时反映给县委、县政府，自觉接受县委领导。不论是建言献策，还是批评、建议，我们都应注意从有利于加强和改善党的领导，帮助和支持政府的工作出发，从而使调查视察和评议等活动成果及时进入党的决策。二是民主监督工作必须服从和服务于全县工作的大局。民主监督要围绕推动全县改革和发展、维护安定团结的政治局面进行，既要找问题，更要出主意、献良策；既要大胆触及社会生活中的热点、难点，又要为县委、县政府提出对策和建议；既要了解社会生活中出现的各种矛盾和问题，又要及时疏导化解矛盾，积极沟通党委、政府与人民群众之间的关系，增强相互之间的理解、信任和支持。三是密切同有关部门的配合。政协的民主监督工作和各职能部门的工作有着广泛、密切的联系，要依靠各职能部门的支持和配合。要主动加强与有关部门的沟通协调，把各方面的关系理顺，为政协民主监督工作创造良好的条件。以上报告如无不当，请批转执行。

政协第八届阳谷县委员会
2000 年 6 月 15 日

中共阳谷县委
关于加强人民政协工作的意见

阳发〔2003〕94 号

人民政协是中国人民爱国统一战线组织，是共产党领导下的多党合作和政治协商的重要机构，是我国政治生活中发扬社会主义民主的重要形式。为了更好地贯彻落实党的十六大精神，充分发挥政协组织在阳谷经济发展中的重要作用，调动政协委员的积极性、主动性、创造性，解放思想，干事创业，服务于“加快阳谷跨越发展步伐”的大局，现就进一步加强人民政协工作，提出如下意见：

一、充分认识新形势下人民政协工作的重要性

1. 做好新形势下的人民政协工作，对于巩固和发展新时期爱国统一战线，促进党委、政府决策的民主化、科学化，巩固党的执政地位，实现长治久安，都具有十分重要的意义。各级党委要充分认识新形势下人民政协工作的重要意义，高度重视人民政协工作，为人民政协工作提供良好的环境和条件，使人民政协工作更好地为全县大局服务。

2. 省、市、县委全委会议和工作

会议，对当前和今后一个时期如何进一步解放思想，干事创业，加快现代化建设步伐做出了全面部署。新的形势、任务向政协工作提出了新的更高的要求，也为政协发挥作用提供了新的机遇和更大的空间，政协要围绕全县跨越发展的目标，创新思路，大胆工作，为阳谷经济实现跨越发展献计献策。

二、进一步发挥新形势下人民政协的职能作用

1. 在参与重大问题的决策中，发挥好政协政治协商的作用。各级党组织要支持政协做好政治协商工作。事关全局的重大决策的制定，事先都要广泛听取县政协和社会各界人士的意见。县政协要强化搞好政治协商的职责意识，要坚持重大决策协商在党委决定之前，人大通过之前，政府实施之前，以所提意见、建议进入党政决策为目标，紧紧围绕我县加快跨越发展步伐的各项任务，主动搞好协商。要在充分运用现有协商形式的基础上积极探索新的有效形式，进一步发挥政治协商的作用。

2. 在贯彻落实党的路线方针政策方面，发挥好人民政协民主监督的作用。人民政协的民主监督是我国监督体制的重要组成部分，具有其他监督形式不可替代的作用。各乡镇、县直各部门都要主动接受政协的民主监督，建立提案领导审批制度，努力提高政协提案、建议案的办理水平，并及时反馈办理结果。各乡镇、县直各部门要聘请政协委员为民主监督员，并主动邀请政协委员参加党委、政府和有关部门组织的调查研究、督促检查活动。为政协委员进行民主监督提供一切条件。县人事部门要将每年政协委员的民主评议结果作为岗评的重要依据。

3. 在围绕中心、服务大局方面，发挥好人民政协参政议政的作用。围绕中心，服务大局，是人民政协工作必须遵循的原则。各级党组织要尽心竭力地为政协参政议政敞开各种渠道，提供必要的场所，并及时向政协和政协委员通报重要情况，邀请政协委员参与本单位与部门组织的重大活动，确保政情通达，民意畅通，为政协组织和政协委员参与中心、参政议政提供便利。要通过多种形式，广开言路、才路，充分发挥委员的专长与作用，为改革开放和社会主义现代化建设积极献计献策。

三、突出团结和民主两大主题，努力维护全县的政治稳定

1. 人民政协作为爱国统一战线组织，在政治上具有巨大的包容性，可以通过调整界别和人员构成等多种形式，把个体业主、民营企业人员、中介组织人员等新的社会代表人物吸纳到政协组织中来，并积极加强与无党派、工商联和各族各界人士的联系及沟通，协调关系，凝聚人心。

2. 要继续坚持政协领导接访日制度。各级党组织要支持政协领导接访制度的实行，支持政协向来自行政事业的干部、来自企业的职工、来自农村的群众，做好解疑释惑、化解矛盾、协调解决问题的工作，切实保障政协委员发表不同意见的自由。

3. 各级党组织要重视政协委员视察工作，要支持政协通过专题视察调查等形式，及时反映群众关心的难点、热点问题，稳定群众的情绪。

四、切实加强和改善党对政协工作的领导

1. 人民政协工作是党的工作的重要组成部分。加强和改善党对政协工作的领导，充分发挥政协职能作用，是做好新形势下人民政协工作的根本保证。各级党组织要进一步提高认识，把政协工作作为事关全局的重要工作，摆上重要议事日程，充分发挥政协的职能和优势，把政协工作同全局工作紧密结合起来，达到相互促进，相得益彰。

2. 各级党组织要明确专人分工联系人民政协工作。乡镇党委由政工书记、县直各部门由政工负责人分工联系新时期的人民政协工作，对政协安排的工作任务及时完成。在行动上实实在在地关心和支持人民政协做好视察调查、民主评议等各项工作，及时完成人民政协交办的诸如提案、文史资料征集、宣传等各项工作任务。

3. 各级党组织要认真研究处理政协提出的意见和建议。人民政协知识密集、人才荟萃、不乏真知灼见。政协委员无论由哪种渠道，用哪种方式提出的意见和建议，各级党组织都要认真研究，凡是合理可行的，都要予以采纳。对于政协请示的问题，该批复的要及时给予批复，该发文的要及时发文件。

4. 政协委员中的共产党员以及政协机关中的共产党员，都是受党组织的委派从事统一战线工作的，都必须身体力行地贯彻党的路线、方针、政策。真心实意地搞好同党外朋友的团结合作。按照“肝胆相照，荣辱与共”的精神，满腔热情地同党外人士交朋友，做合作共事的模范、廉洁奉公的模范和发扬民主作风的模范。要充分尊重和支持担任领导职务的党外人士，使他们心情愉快地发挥所长，有职、有责、有权地开展工作。

5. 各级党组织要为政协的宣传提供强有力的保证。各级新闻单位要大力宣传人民政协的性质、地位和作用，宣传政协组织的重大活动和政协委员的先进事迹，让社会各界更好地了解、支持政协工作，充分调动一切力量，为全面建设小康社会，加快我县跨越式发展步伐而努力奋斗！

中共阳谷县委办公室

2003 年 7 月 7 日

中共阳谷县委
关于加强人民政协协商民主建设的实施意见

阳发〔2015〕56号

人民政协是社会主义协商民主的重要渠道和专门协商机构，是国家治理体系的重要组成部分。为深入贯彻落实中央和省、市委关于加强协商民主建设的有关文件精神，结阳谷实际，现就进一步加强我县人民政协协商民主建设提出如下实施意见。

一、加强人民政协协商民主建设的重要意义、指导思想和基本原则

1．重要意义。人民政协协商民主是在中国共产党领导下参加人民政协的各族各界人士和各人民团体履行政治协商、民主监督、参政议政职能，围绕改革发展稳定重大问题与涉及群众切身利益的实际问题，在决策之前及决策实施之中广泛协商、凝聚共识的重要民主形式。加强人民政协协商民主建设，有利于广纳群言、广谋良策、广聚共识；有利于促进党和政府决策科学化、民主化；有利于扩大公民有序政治参与、更好地保障公民的知情权、参与权、表达权、监督权；有利于畅通各种诉求的表达渠道，理顺情结、化解矛盾，促进社会和谐稳定；有利于彰显我国社会主义民主政治的优势和特点，巩固和发展最广泛的爱国统一战线，推进国家治理体系和治理能力现代化。

2．指导思想。高举中国特色社会主义伟大旗帜，以马克思列宁主义、毛泽东思想、邓小平理论、“三个代表”重要思想，科学发展观为指导，深入贯彻落实中共十八大和十八届三中、四中全会精神，深入贯彻落实习近平总书记系列重要讲话精神，坚持围绕协调推进“四个全面”战略布局，坚持和完善中国共产党领导的多党合作和政治协商制度，坚持团结和民主两大主题，认真总结经验，深入研究人民政协协商民主建设面临的新情况、新问题，以广泛多层制度化发展为着力点，不断拓展协商内容、丰富协商形式、规范协商程序、增加协商密度、提高协商成效，广泛凝聚各族各界人士的智慧和力量，为实现阳谷的争先进位、科学发展做出更大贡献。

3．基本原则。加强人民政协协商民主建设，必须坚持党的领导，坚定不移走中国特色社会主义政治发展道路；坚持宪法和政协章程确定的人民政协性质定位，始终围绕中心服务大局；坚持协商于决策之前和决策实施之中，切实提高协商实效；坚持民主协商、平等议事、求同存异、体谅包容，努力营造良好协商氛围。

二、政协协商的主要内容、协商议题和年度协商工作计划

4．政协协商的主要内容。主要包括：国民经济和社会发展中长期规划、政府工作报告、国民经济和社会发展计划报告、财政预决算报告，人民法院、人民检察院工作报告；区域总体规划、重大体制改革；县委、县政府或有关部门（单位）需要在政协与政协各参加单位、政协委员等进行协商的经济、政治、文化、社会、生态文明建设中的重要问题；本级政协主席会议成员、常委、委员的建议人选，县委提请政协协商的其他重要人事事项；县委、县政府制定的事关全局的其他重大决策以及有必要进行协商的其他重要问题；政协内部的重要事务，以及有关爱国统一战线的其他重要问题等。

要根据形势任务的发展和工作需要，结合实际丰富协商内容，拓宽协商范围。充分发挥政协委员、工商联、无党派人士、人民团体等在协商中的作用。

5．协商议题的提出。落实由县委、县人大、县政府、人民团体等提出议题的规定。议题可由县委、县政府提出，可由县委办公室主任召集的县委办公室、县政府办公室主任和政协秘书长（办公室主任）联席会议研究提出，可由县政协与县委、县政府及有关部门（单位）沟通协商提出，可由县政协通过常务委员会会议、专门委员会会议以及座谈会、发函等形式征集议题建议，可由界别、委员联名、委员小组提出议题建议。在此基础上，县委会同县政府、县政协确定协商议题。

6．政协年度协商工作计划的制定。县委会同县政府、县政协制定年度协商计划，对明确规定需要协商的事项必须经协商后提交决策实施。每年年底，在广泛征集议题的基础上县委办公室主任牵头召开县委办公室、县政府办公室主任和县政协秘书长（办公室主任）联席会议，酝酿提出下一年度重点协商活动议题，经县政协主席会议审议后由县委常委会会议专题讨论。之后，由县政协形成年度协商计划草案（包括协商议题、活动形式、时间安排、人员范围、责任部门等），按照政协有关程序，依次提交县政协常委会议、全体会议审议通过后，报县委常委会议并列入县委年度工作要点。协商计划由县委、县政府、县政协办公室联合印发。

政协专题议政性常务委员会会议议题、专题协商会议题及其他协商形式的重要议题，应分别以专题协商、对口协商、界别协商和重点提案办理协商列入年度协商计划，协商议题要和协商形式相匹配。

县政协年度协商计划按照省委办公厅、省政府办公厅印发的《政协年度协商工作计划制定办法（试行）》（鲁厅字〔2015〕4号）要求执行。对列入协商计划的每项协商课题，政协专门委员会、办公室会同党政相关部门制定协商工作方案，落实工作责任；全县各有关部门（单位）围绕协商议题进行必要准备，并提供有关资料；政协组织委员围绕议题深入开展调研，讨论研究协商意见。

三、政协协商的主要形式

7．政协全体会议。政协全体会议期间，县委、县人大常委会、县政府和人民法院、人民检察院领导同志出席开幕会闭幕会，参加界别联组和委员小组讨论；县委和县政府有关领导同志听取大会发言；有关部门（单位）负责同志参加界别联组和委员小组讨论、听取意见。可安排跨界别联组讨论，界别联组和小组会议应安排时间讨论界别提案、推荐界别大会发言，完善大会发言遴选机制，提高发言质量。改进会议成果报送工作，如实反映委员意见建议。

8．专题议政性常务委员会会议。县政协每年视情安排1～2次专题议政性常务委员会会议。会议可围绕专题分组讨论、进行大会发言。根据议题需要，政协邀请党政有关领导同志出席会议通报情况，听取意见，并可与委员互动交流，邀请有关部门（单位）负责同志到会听取意见，参加讨论。

9．专题协商会。县政协每年视情安排1～2次专题协商会。根据议题需要，政协邀请县委或政府负责同志及有关部门（单位）负责同志出席会议、听取意见，与委员互动交流。政协主要负责同志、政协有关部门负责同志、相关政协委员和专家、学者参加。会议发言应充分反映政协专题调研、委员视察等成果。

10．对口协商。明确政协各专门委员会对口联系的职能部门（单位），建立健全政协各专门委员会与对口联系的有关部门（单位），以协商议题为纽带的对口联系工作机制和对口协商机制。重要协商活动由政协负责同志，有关部门（单位）负责同志，有关政协委员参加。对口部门（单位）根据情况邀请政协相关专门委员会参加重要工作会议或重要活动，政协组织的视察和调研活动可邀请对口部门（单位）参加。

11．界别协商。界别可通过视察、调研、提案、大会发言、反映社情民意信息等途径在协商中发挥作用。完善政协领导同志、委员联络机构和专门委员会联系界别的制度。委员联络机构和专门委员会根据协商活动整体部署，协调界别委员开展专题调研，举行界别协商会、座谈会等活动。重要界别协商活动由县委、县政府、政协有关部门（单位）负责同志和界别委员参加，政协主席会议成员根据工作需要参加。

12. 提案办理协商制度。县政协有关职能部门加强与全县各级各部门以及政协委员的协商沟通，协商征集提案线索、确定选题方向。加强对提案的协商审查，完善立案标准，提高立案提案质量。加大专门委员会和界别提交提案力度，增加集体提案比重。协商做好提案的交办、办理、督办工作，召开提案协商交办会，落实办理责任；建立健全提案办理询问、研讨交流机制，把沟通协商作为提案办理的必经环节，承办单位要通过座谈会、上门走访、电话、邮件等形式与提案者进行深入沟通协商，及时通报办理情况，主动征求提案者意见，共同协商解决难点问题。涉及重点提案的调研座谈活动，应邀请提案者参加，未经沟通协商特别是重点提案未经面对面协商，提案复文不得进入报批程序，加强提案督办，建立健全跟踪督查和成果反馈机制，促进成果转化。建立和完善台账制度，把提案办理纳入县委、县政府年度督查计划，提案复文须抄送县委办公室、县政府办公室，每年由县委、县政府、县政协联合采取抽查、重点督办等形式对部分承办单位办理工作进行督促检查。对提案答复后又有新情况的，或提案者对办理答复不满意的，承办单位须进行二次办理并及时向提案者做出二次答复。完善提案办理协商考核评价机制，开展提案和提案办理双向评议，围绕办理工作开展协商监督，每年对县政协优秀提案和先进承办单位进行表彰。制定和落实提案及办理结果公开的规定，逐步向社会公开提案及办理结果。制定政协提案办理协商办法，完善县委、县政府部门（单位）办理政协提案办法。建立健全县委、县政府领导同志和政协主席会议成员阅批、领办重点提案制度，建立与完善政协主席会议成员协商督办重点提案机制。积极推进提案信息化工作平台建设。

13. 协商形式和载体创新。在政协视察、调研、考察等活动中开展协商。通过视察报告、调研报告、考察报告、建议案等形式开展协商。积极探索政协协商与政党协商、人大协商、政府协商、人民团体协商、基层协商、社会组织协商等相结合的有效方式。充分发挥传统媒体在政协协商中的作用。县委、县政府及有关部门（单位）制定关系经济社会发展的重要文件，事前视情以书面形式征求政协意见，县政协应以书面意见建议形式予以回复。切实用好函件协商、电话协商等形式，积极探索网络议政、远程协商等形式，构建广泛多层、灵活多样的协商平台。

四、政协协商活动的组织、成果转化和协商成效评估

14. 调研论证。坚持不调研不协商、先调研后协商、边调研边协商，每项协商议题在协商会议前开展集中调研，制定加强和改进调研工作的办法，协商活动的牵头或负责部门（单位）会同参与调研的委员、专家等研究制定协商活动主要安排和调研工作方案。调研课题要与政协年度协商工作计划和政协重点工作相衔接。可以会同各类研究机构、智库和专业研究人员以多种方式开展调研论证。提倡与工商联、各人民团体以及政协联合开展调研论证。有关部门（单位）应主动配合，根据需要派员参加相关调研论证等活动。

15. 协商会议的组织。协商活动由县政协组织实施。县政协应在协商会议举行前通知与会人员，可在本级新闻媒体或官方网站发布协商预告。因需要临时召开的协商会议，也应提前通知与会者。县委、县政府有关部门（单位）应在协商会议前将相关材料送交县政协办公室。协商会议主要采取委员发言和互动交流相结合的方式进行，有关部门（单位）一般以书面形式介绍情况，保证委员发言和协商各方互动交流有充足时间。探索对协商过程进行网络和电视直播，视情邀请专家、群众代表等旁听或参与协商活动。

16. 协商成果的转化落实。将决策前和决策实施中的协商纳入县委议事规则和政府工作规则，并制定协商成果采纳、运用和反馈办法，从制度上保障协商成果落地。每次协商会议结束后政协办公室要形成协商纪要，主要通过协商专报等形式报送县委、县政府及有关职能部门。协商后形成的视察报告、调研报告、政协信息、大会发言专报、重要提案摘报等成果，对县委、县政府集体研究或领导同志要求有关部门（单位）落实的，由县委、县政府督查机构和政协有关机构负责督促落实，并将结果书面反馈政协办公室；对领导同志要求有关部门（单位）落实的，应将落实情况抄送政协办公室。县政协可通过组织专项视察、调研、座谈、走访或与县委、县政府督查机构联合检查等方式，对协商成果采纳落实情况进行“回头看”。建立健全县委、县政府督查机构向县委、县政府负责同志报告，向县政协通报有关协商成果转化落实情况的制度。

17. 协商成效评估。探索建立政协协商工作评价指标体系，引入第三方评估机构，探索对年度协商活动开展情况进行委员评估、专家评估和协商会议现场评估，并将评估情况在一定范围内进行通报。年度协商工作计划执行情况包括协商成效评估结果，应向县委、县政府进行专题汇报，并向政协全体会议做出报告。

五、完善政协履职制度，不断提高政协协商能力

18. 加强政治协商制度建设。把政治协商作为重要环节纳入决策程序，进一步明确县委、县政府和政协在协商活动中的职责。党政领导要根据工作需要和分工出席县政协的协商活动、有关部门（单位）负责人要参加有关协商会议通报情况、听取意见、与委员协商交流。

19．完善民主监督工作机制。适时制定民主监督的专项规定，规范民主监督的内容程序，完善民主监督的组织领导、权益保障、知情反馈、沟通协调、跟踪督查机制，重视发挥协商会议、视察、提案、建议案、专题调研、大会发言、反映社情民意信息、委员举报等在民主监督中的作用。年度协商计划和视察调研计划应当包含监督性议题。各级政协要拓宽民主监督渠道，加大民主监督的力度，参加县委、县政府有关部门（单位）组织的调查和检查活动，同时注重完善民主监督员制度，县政协可应有关部门邀请推荐特约监督员，也可经县委、县政府同意，向有关部门派遣民主监督员。要密切与县委和县政府监督机构及新闻媒体的联系，加强工作协调和配合。根据县委统一部署，选择社会各界比较关注与人民群众切身利益密切相关的政府部门或专项工作开展民主评议活动。

20．提高参政议政实效。各级各有关部门可委托县政协开展重大课题调研，邀请县政协委员参与重大项目研究论证；支持政协对涉及群众利益的重大决策收集社情民意，进行风险评估，为县委、县政府决策提供参考。健全党政部门与政协专门委员会对口联系制度，建立信息共享机制和汇集分析机制，加强工作沟通联系。发挥专门委员会在政协工作中的基础作用，完善和落实专门委员会工作通则、视察工作条例与委员视察办法。

21．完善委员履职管理和联络制度。进一步明确委员的权利与义务，规范委员履行职责和服务管理，严格会议请假制度，建立健全委员履职档案，委员出席会议和参加活动的情况书面通知本人并在一定范围内通报。将委员履职情况作为换届时继续提名的重要参考。强化廉洁自律，逐步建立委员履职的利益冲突回避机制，制定本级政协委员违反政协章程的处理办法。完善委员履职规定，制定发挥委员主体作用的意见。进一步健全委员联络机构，完善委员联络机制，发挥主席会议成员、专门委员会，以及界别、召集人、机关等联络服务委员的作用，形成覆盖全体委员的联系网络。配合专门委员会，联系政协参加单位和界别组召集人，及时通报政协会议精神与工作情况。做好接待委员信访的工作，依法维护委员依照政协章程履行职责的权利。加强对委员的学习培训，采取多种形式，确保每位委员每届至少接受一次培训。委员要不断增强政治意识、委员意识、担当意识，努力提高政治把握能力、调查研究能力、联系群众能力、合作共事能力，练好履职基本功，切实做到讲政治、守纪律、讲规矩，切实做到懂政协、会协商、善议政。

22．健全知情明政制度。县政协主席应列席县委常会议和其他有关重要会议；根据需要，县政协党组成员列席县委全体会议和县委有关会议，参加县委组织的调研活动及中心组的学习。县委召开涉及全局性的工作会议、组织重大活动，应安排县政协党组、专门委员会和机关部门负责人参加，涉及政协工作的重大事项，要通过一定形式听取县政协党组的意见和建议。县政府召开全体会议及有关会议，可视情邀请县政协领导同志列席。人民法院、人民检察院及县政府部门（单位）召开的重要会议，可视情邀请政协有关方面负责同志参加。建立有关部门（单位）定期通报情况制度，为政协委员履职提供便利、创造条件。政协全体会议召开前，根据需要可组织情况通报会，请有关部门（单位）通报情况；协商活动举办前，有关部门（单位）也应根据需要，及时提供相关工作情况、交换意见。

六、切实加强党对人民政协协商民主建设的领导

23．把人民政协协商民主建设摆在重要位置。把人民政协协商民主建设纳入总体工作部署和重要议事日程，及时研究并统筹解决政协工作中的重大问题。按照党总揽全局、协调各方的原则，支持人民政协依照宪法法律和政协章程独立负责、协调一致地开展工作，支持政协制定并实施政治协商、民主监督、参政议政的专项制度。建立、健全县委常委会会议听取政协党组工作汇报，讨论政协常务委员会工作报告和年度协商工作计划等制度。坚持党政领导班子成员联系政协工作制度，每届县委任期内至少召开一次政协工作会议，县委常委会每年至少听取一次政协工作汇报。要把提案办理工作纳入科学发展综合考核体系或绩效考核体系，把是否重视政协工作、能否发挥好人民政协作用作为考核领导班子、领导干部的重要内容。

24．发挥政协党组领导核心作用。县政协党组要认真落实《中国共产党党组工作条例（试行）》，自觉服从县委领导，认真履行政治领导责任，确保党关于人民政协的方针政策、有关重大决策和工作部署在政协得到全面贯彻落实，发挥好把方向、管大局、保落实的重要作用。要按照民主集中制原则，确保协商依法、有序、有效进行。要健全政协重大工作向县委报告制度，重大问题、重要事项及时请示汇报，按照县委的要求抓好落实。认真落实党风廉政建设主体责任，抓好委员队伍建设和政协机关干部队伍建设，强化正风肃纪、反腐倡廉。要完善工作机制，搭建更多平台，加强县政协与县委统战部的沟通协调，为无党派人士委员在政协履行职能、协商议政、发挥作用创造条件。

25．重视支持政协加强自身建设。统筹政协领导班子和党政领导班子配备，把政治坚定、领导经验丰富、作风民主、廉洁自律、热心、熟悉政协工作的同志选配到政协领导班子中来，进一步完善委员推荐提名工作机制、优化委员构成。改进委员产生机制，要严把委员素质关，坚持广泛协商，对继续提名的政协委员要充分听取政协党组的意见。要健全委员履职经费保障制度，其活动经费要纳入财政预算，由政协安排使用，修订有关政协委员履职经费报销办法。适应经济社会发展需要，根据中央和省委、市委要求，适时对政协界别进行调整。健全乡镇（街道）政协委员联络室，配备专职工作人员，要认真总结规范推广在街道社区设立政协委员活动室的做法，进一步扩大政协工作覆盖面和影响力，推动协商民主向基层延伸。要加强政协领导班子与干部队伍建设，按照习近平总书记提出的“五个坚持”和好干部“二十字”标准，加大对政协干部的教育、培养力度，有计划地加强政协干部的交流、选拔、使用，建立良好的用人导向，形成有进有出、能进能出的好局面，激发政协干部干事创业，服务发展的热情。支持政协整合各级政协组织、政协委员等各方面智力资源，运用现代信息技术手段，加强“智慧政协”建设。要着力解决政协在办公经费、人员力量和开展工作等方面存在的实际困难与问题，为政协履行职能提供有力保障。

26. 努力营造重视和支持人民政协协商民主建设的良好氛围。坚持“不打棍子、不扣帽子、不抓辫子”的方针，营造畅所欲言、各抒己见、理性有度、合法依章的良好协商氛围。要认真学习人民政协理论，切实增强领导干部开展协商民主的自觉性和主动性。大力推动人民政协协商民主的理论研究，将其列入县委党校的教学计划，加大对领导干部有关统一战线和人民政协理论知识的教育培训力度。把宣传人民政协工作纳入县委宣传计划，加大对人民政协协商民主理论和实践的宣传力度，有计划、有步骤、有重点地宣传政协与政协委员履职的生动实践和创新做法，努力营造更加有利于人民政协协商民主建设的良好氛围。

中共阳谷县委办公室

2015 年 10 月 30 日

第二章 工作报告

中国人民政治协商会议 第一届寿张县委员会常务委员会工作报告

（1963 年 7 月 22 日在政协第二届寿张县委员会第一次会议上）

副主席 刘登九

主席、各位委员：

我受常务委员会的委托向大会作工作报告，请予审议。

（一）

政协寿张县委员会自1959年建立以来，已经四年了。在这四年中，国际形势正朝着更加有利于各国人民的方向发展，“敌人一天天烂下去，我们一天天好起来”，东风继续压倒西风。在国内，全国人民在党中央和毛主席的正确领导下，在总路线、人民公社等三面红旗照耀下，贯彻执行了“调整、巩固、充实、提高”的方针，顽强地克服了连续几年的困难，纠正了工作中的某些缺点和错误，在各条战线上都取得了巨大的成绩，整个国民经济的情况，正在一天一天地好起来。以工农联盟为基础的人民民主统一战线，有了进一步的巩固和扩大，由于积极参加了政治运动，使社会主义大家庭各民族的团结日益增强。政协委员、民主人士、医务界、知识界和工商界的自我改造大有进步，为社会主义服务、支持农业生产、巩固集体经济的积极性有了不少提高。随着这样大好形势的发展，我县政协开展了一系列的政治活动；传达学习了周总理的国内外形势和政府工作报告、党的八届十中全会公报等文件，组织了座谈会、报告会、学习讨论会，帮助大家进一步认清了当前形势，明确了阶级和阶级斗争的存在，看到了祖国工农业生产的辉煌成就，领会了党的各项方针政策。提高了自我改造的积极性。接着，在全县范围内广泛地进行了社会主义、爱国主义和集体主义思想教育，提高了各界人士的觉悟，各界人士积极参加了国家的政治生活和社会主义建设事业；密切了同劳动人民的联系，不仅对恢复与发展农业生产起了一定的积极作用，而且也加速了各界人士的自我改造。政协委员会的工作情况主要是：

一、政治协商工作：政治协商工作有了进一步的加强，协商的方式、方法和内容较前均有所发展。近几年来，共举行各种政治协商会25次，其中：常务委员会议7次，列席县人民委员会议3次，列席人民代表会议3次，知识分子报告座谈会2次，召开小型座谈讨论会10次。关于重大问题的协商，比较大的11次。协商的内容大体分为：形势和中心工作任务的报告，党的方针政策；关于区划问题；关于开展增产节约运动，发奋图强、自力更生的问题；关于1961年农业生产的总结和1962年农业生产的意见；《党中央关于农村人民公社当前政策问题的指示信》（十二条）、《农村人民公社工作条例（修正草案）》，以及生产队为基本核算单位的指示；关于市场管理和市场物资供应问题；关于贯彻知识分子的政策问题：关于贯彻“调整、巩固、充实、提高”的方针，进行精兵简政，压缩非农业人口，充实农业生产战线问题；关于党对民主、宗教、信仰政策问题；关于调整集体学习组转为分散学习组问题；关于大力开展增产节约，转变服务态度问题。总之凡是党和政府的比较重大的问题，一般都进行了协商。通过协商，进行了学习讨论，反映了各方面的建议201条，协同有关部门，采取书面或口头等方式做了解答。对政府和各部门改进工作起了不少作用。通过协商，沟通了政策思想，交换了意见，扩大了社会主义民主生活，吸收了有益的积极性建议，宣传了党和国家的方针政策，调动了各方面的积极因素。在这当中，委员们都起到了应有的桥梁作用，团结和带动了爱国民主人士、华侨、宗教界人士宣传政策、参加社会主义建设的积极性。

二、组织各界人士进行时事政治和政治理论的学习，建立了政协学习委员会，有委员13名；8个区建立了8个政协学委会，有委员44人。现有各界人士学习组29个，学员360人。先后学习了中共中央八届全委会的公报、《关于农村人民公社当前政策指示信》、《农村人民公社工作条例（修正草案）》、周总理在第二届人民代表大会第三次会议上所作的政府工作报告，还学习了《莫斯科宣言》和《莫斯科声明》《全世界无产者联合起来反对我们共同的敌人》《陶里亚蒂同志同我们的分歧》《列宁主义和现代的修正主义》等文章。目前正在学习中共八届十中全会的公报、农业决议及中共中央复苏共中央的信。

在学习中，普遍的采用“神仙会”的方法，贯彻了“三不”精神，即：一是不抓辫子、二是不打棍子、三是不戴帽子。参加学习的成员自觉自愿，独立思考，自由争辩，以理论联系实际。因而，个个精神愉快，畅所欲言，各抒己见，互相帮助，从而提高认识。为了帮助大家学习，我们曾分别请书记、县长、宣传部部长、统战部部长、县团委书记等负责同志作了启发报告，召开了现场会议，交流学习心得，并组织参观了工农业生产的情况。

为了帮助政协委员、县人民代表、工商联执行委员、民主人士和非党干部学习，还举办了离职理论学习自修班，学习了 38 天，学员 85 人。在学习内容上，主要开设了四个单元：①国际形势；②国内形势；③八届十中全会公报和农业决议，及农村人民公社工作条例；④自我改造。通过学习提高了觉悟，认清了形势，明确了方向，增强了信心。学员们一致表示：积极地参加政治活动，宣传好方针政策，以实际行动来反对帝国主义的战争政策和侵略政策，反对现代修正主义，参加力所能及的劳动，来巩固人民公社集体经济，发展农业生产，起到团结和桥梁作用、政治协商作用、第二个联盟作用、监督和调整关系作用，政协委员起到了各民主人士总部的作用。

虽然如此，但还存在一些问题。主要是：对国内外形势学习认识不够，有些认识还不全面系统；某些人士和某些方面对党的方针政策领会还不够深透；对委员提出的问题有时答复的不够及时，联系较少；各组学习中的经验推广还不够及时等。这些都有待今后转变作风，努力改进。

（二）

各位委员：目前，国际形势正在朝着有利于各国人民的防线发展；国内的经济情况在一天天好起来；寿张县的人民，在夺取夏季丰收的基础上，正在继续发奋图强，开展秋季超产运动，为争取全年农业丰收而奋斗着。面对着如此大好形势，政协工作必须在县委、县人委和上级政协的领导下，继续巩固和扩大人民民主统一战线，团结一切可以团结的力量，调动一切积极因素，为社会主义建设贡献力量。

一、继续组织各界人士进行整治理论学习：

1. 学习的内容：以党的八届十中全会公报为纲，学习好《农村人民公社工作条例修正草案》、《全世界无产者联合起来反对我们共同的敌人》、《分歧从何而来》、《陶里亚蒂同志同我们的分歧》、《莫斯科宣言》、《莫斯科声明》、《列宁主义和现代修正主义》、中国共产党的声明和复苏中共中央的信，以及《大众日报》刊登的宣传讲话等材料。

2. 学习的方法：贯彻执行“三不”方针（即：不抓辫子、不打棍子、不扣帽子），本着“三自”的原则（即：自己提问题、自己分析问题、自己解决问题）。采取理论联系实际的方法，认真读书，独立思考，自由争辩。提倡实事求是，摆事实，讲道理，开展批评与自我批评。从而相互帮助，共同提高，进行自我教育和自我改造。

3. 学习的方式：根据情况，采取多种多样的方式。可以集体听报告、学文件、讨论发言；也可以三三两两自由结合，谈谈学习心得。在学习中，要发扬民主，各抒己见，畅所欲言，允许提不同意见。以辨明是非，提高认识。

4. 学时的时间：根据各区和个学习组的具体情况，民主讨论制定。可以5天学习一次，也可以10天学习一次；可以学习一天，也可以学习半天；可以学习三个小时，也可以学习两个小时。具体时间各组可以讨论决定。最好有个定期时间，便利集合学习。

5. 学习的要求：通过学习，要使各界人士深透地领会文件精神实质。明确目前国际国内形势是好的，从总的方面来看对社会主义建设是有利的；党的方针政策是正确的；从而，继续沿着党所指引的道路，更高地举起三面红旗，同心同德，团结一致，作好岗位的工作，为争取社会主义的新胜利而积极贡献力量。通过学习划清马克思列宁主义和现代修正主义的界线，弄清现代修正主义的本质，从而，并未保卫马克思列宁主义纯洁性，反对帝国主义和各国反动派和现代修正主义，进行长期的斗争。

二、继续贯彻“长期共存、互相监督”的方针，作好政治协商工作，进一步巩固和扩大人民民主统一战线。协商的方式很多，范围很广，协商的重大问题有：1. 关于形势和党的中心工作；2. 关于形势和任务的报告，如农业生产安排意见；3. 关于方针政策和重大问题的措施，如农村人民公社的方针政策、市场供应和市场管理的问题；4. 关于农村社会主义教育和政治活动问题，以及调整民主团体的人员等问题。通过协商可以宣传贯彻党和政府的政策法令，反映各方面的意见，沟通政策思想，调整观念。从而，调动各方面的积极因素，为社会主义建设贡献力量。

三、继续组织政协委员、工商联执行委员和各界民主人士，深入的学习党的八届十中全会公报和有关时事政策，进行爱国主义、国际主义、社会主义和集体主义思想教育。各机关单位的政协委员、人民代表，除参加本单位学习外，还要参加政协学习。通过学习马克思列宁主义和毛主席的著作，认清帝国主义的本质，认清修正主义是披着马克思列宁主义的外衣，反对马克思列宁主义，自己不革命，还支持反革命。以坚决反对帝国主义的侵略政策和战争政策，同现代修正主义作长期斗争。通过学习阶级、形势、矛盾，正确认识在整个过渡时期中，社会主义与资本主义两条道路，无产阶级与资产阶级两种思想的斗争，是时起时伏的，有时甚至是激烈的。以提高觉悟，决心走社会主义道路，积极为社会主义服务。学习八届十中全会对农业决定，正确认识以农业为基础，以工业为主导的发展国民经济的总方针，进一步巩固人民公社集体经济，搞好农业生产，发展集体经济，为实现农业机械化、电气化而努力，为争取社会主义新胜利而奋斗。

四、贯彻政策，调整关系，我们

应当积极响应党的一切号召，协助党和政府宣传贯彻党和国家的各项方针政策，密切同各方面人士联系，广泛进行统一战线。大家知道人民政协是密切联系各界民主人士的重要纽带，通过各委员经常活动，及时的反映各方面对党和国家的意见，反映社会各阶层相互关系中的问题；以便很快地反映到党和国家的有关部门。只有这样，才能广泛的开展政协工作，才能服务于党的中心工作。

五、争取党的领导，是加强自我改造的决定关键。怎样改造？改造哪些？主要是过好“五关”：1. 过好政治关，就是跟着党走，走社会主义道路；2. 过好思想关，也就是去掉资产阶级思想，树立无产阶级思想，改造立场，改造世界观；3. 过好亲友关，所谓亲友关就是划清界限，亲友是革命者还是反革命者，革命者是好亲友，反革命者则是敌人；4. 过好生活关，俭省节约，艰苦朴素，富日子要当穷日子国；5. 过好封建迷信关，要去掉封建迷信，不信鬼、不信神、不算命、不拜佛、不修庙、续家谱等封建的东西。只要能过好“五关”，就有可能改造好的可能。这样才能积极投入增产节约运动中去。

六、为了及时了解情况，收集建议和意见，交流学习中的经验，就必须加强上下级的联系。有事向县委统战部、县人委、县政协联系。联系方式：书面、电话、来访交谈均可。前来交换意见，我们不怕麻烦，我们也下去走访串联，必要时组织委员参观访问。

总之，实现上述任务的关键，在于要紧紧依靠党的领导，反对分散主义、个人主义、乱出点子、事前不请示，事后不报告。加强政策理论学习，加强调查研究。在工作方法上要抓点带面，用解剖麻雀的方法，不断参观评比，推广和交流经验，作好我们的工作。

各位委员，让我们紧密地团结在党的周围，同全县人民一道，更高地举起总路线、人民公社等三面红旗，同心同德，勤勤恳恳，鼓足干劲，力争上游，为争取今年农业丰收，为争取社会主义建设的新胜利而奋勇前进！

最后，祝各位委员身体健康。

中国人民政治协商会议
第三届阳谷县委员会常务委员会工作报告

（1984年9月12日在政协第四届阳谷县委员会第一次会议上）

主席 王允仙

各位委员、各位同志：

我受县政协第三届常务委员会的委托。向第四届委员会作工作报告，请予审议。

中国人民政治协商会议阳谷县第三届委员会第一次会议，是一九八〇年五月份召开的，到现在已经四年多了。四年多来，我们伟大的社会主义祖国，发生了巨大变化。全国人民在党中央的正确领导下，清除了长期存在的“左”的错误影响，完成了指导思想上拨乱反正的艰巨任务，果断实行了工作重点的战略转移，实现了伟大的历史性转变，出现了前所未有的大好形势。我县也同全国一样，呈现出一派政治上安定团结，经济上蒸蒸日上，各项事业兴旺发达的大好局面。特别是农村，认真贯彻落实了党的十一届三中全会路线、方针、政策，农业生产连年大幅度上升，群众生活有了很大改善，整个农村欣欣向荣，正在日趋发展。几年来，县政协在中共阳谷县委的领导下，在省政协及统战部门的指导下，经过全体委员和各界爱国人士的共同努力，认真贯彻执行了党的三中全会以来的路线、方针和政策，不断清除“左”的错误影响，建立、加强了同党外朋友的新型关系，逐步把工作的重点转移到为“四化”建设服务的轨道上来。在服务经济建设，巩固发展安定团结的政治局面，发扬社会主义民主，健全社会主义法制，推动社会主义物质文明、精神文明建设事业的发展，促进祖国统一大业等方面，做了大量工作，取得了很大成绩。人民政协的地位有了显著提高，工作一年比一年活跃，出现了生气勃勃的新局面。

四年来，我们主要进行了以下几个方面的工作：

一、组织推动委员和各界人士学习党的路线、方针和政策，大大激发了为“四化”建设服务的积极性

几年来，我们根据政协章程规定，经常把组织、推动委员和各界人士学习党的路线、方针及政策作为一项重要任务来抓。首先在八〇年五月三届一次会议闭幕后，常委会做

出了建立政协学习组的决定。经过实践，先后进行了充实、调整。目前，学习组已发展到四十五个，学员增加到二百四十多人。先后召开了学习组长会、经验交流会、座谈会和报告会二十多次；购买、翻印学习文件二十三种，计四千余册；编印《阳谷政协会讯》十六期；订阅报刊一百余份。二是紧紧围绕党和国家在政治思想、经济建设等方面一系列重大部署，及时安排学习内容，还多次采取了集中学习的方法。例如，八〇年十月，针对政协恢复后委员的思想情况，组织学习了党的三中全会文件，学习了全国人大、全国政协五届三次会议文件以及省人大五届四次和省政协四届四次会议文件，还学习了《做好政协工作，为建设现代化社会主义强国服务》的辅导材料；八一年八月组织学习了六中全会公报和《关于建国以来党的若干历史问题的决议》；八二年五月至九月先后组织了对宪法和政协章程修改草案的学习讨论活动；八二年十月集中学习了十二大文件；八三年七月组织了对《邓小平文选》的学习活动，并结合学习了党的二中全会公报和整党决定；今年三月，及时组织学习了中央一号文件，学习贯彻了全国和全省农村工作会议精神。我们还对全国人大、政协和全省人大、政协历次会议文件以及党在新时期的统一战线理论、政策都及时安排了学习。通过学习，加深了大家对三中全会以来党的路线方针政策的理解，提高了对新时期统一战线和人民政协工作重要性的认识。三是坚持自学和集体讨论相结合的方法。在学习过程中，我们提倡以自学为主，自己提出问题，自己分析问题，然后带着问题定期进行集体学习讨论，互相启发，互相帮助，发扬理论联系实际的优良学风，贯彻了不抓辫子，不戴帽子、不打棍子的“三不”原则，使大家都能敞开思想，自由讨论，及时了解国内外形势的发展，正确理解了党的各项方针政策，进一步解放了思想，开阔了视野，振奋了精神，纷纷为“四化”建设和开创政协工作新局面争做贡献。

二、积极开展了政治协商活动，充分发挥了民主监督作用

通过各种形式，参与国家大事和地方重要事务的协商讨论。发挥民主监督作用，是人民政协的主要职责。三届一次会议以来，本会先后举行了三次全委会、十七次常委会，并列席了县人民代表大会的历次会议。在这些会议上，委员们认真学习了党的路线、方针和政策，对国家和地方重要事务、群众生活和统一战线内部关系等重大问题，进行了充分的协商讨论，提出了许多有益的意见与建议。在举行一系列政治协商会议的同时，政协领导人还多次参加了县委、人大、政府举行的重要会议和统一活动，针对我县“两个文明”建设、经济改革、机构改革、民主与法制建设等大事，提出了许多建议，促进了我县各项建设事业的发展。

为了有效地发挥民主监督作用、本会还通过办理提案、专题调研、小型座谈会等多种方式，了解情况，反映意见，推动了各项工作的开展。例如，八一年春，在配合统战部调查宗教活动情况中，发现个别地方的信教群众，因受外地影响出现了一些异常现象，影响了生产和社会秩序，本会随即向县委写了报告，提出了对宗教加强管理的意见与措施，使宗教纳入了正常活动。八二年十月，与统战部联合召开了两次中、高级知识分子座谈会，针对大家反映的情况和提出的要求，又立即向县委写了会议情况的报告，提出了关于落实知识分子政策问题的七条建议。县委十分重视，以县委正式文件批转各单位贯彻执行，并加了按语，推动了落实知识分子政策工作的开展。在打击经济犯罪、刑事犯罪斗争中，在开展“五讲四美三热爱”活动中，我们积极鼓励和组织委员参加各项活动，督促本单位的工作，促进了我县社会主义精神文明建设。

三、协助党和政府落实各项统战政策，进一步调动了各界人士的积极性

几年来，本会根据上级有关文件精神和县委的统一部署，积极协助有关部门，认真落实了各项统战政策。为贯彻胡耀邦总书记关于“知情、出力、落实政策”的三项重要指示和邓颖超主席的重要讲话请神，去年八月与县委统战部联合召开了全县统战工作和政协工作会议，组织力量，对全县落实各项统战政策工作进行了全面检查。对于一些遗留问题，会后逐步进行了落实。在落实各项统战政策工作过程中，本会做了大量工作，取得了一定成绩。(1)协同县委统战部和有关部门，先后为受迫害的二十一名委员平反纠正了冤假错案。其中五七年被错划为右派的六人；六十年代初被错误处理失掉公职的三人；“文化大革命”中被错误审查处理的十一人；历史遗留问题的一人。不仅为他们平反了冤假错案，恢复了名誉，而且还做了妥善安置。(2)配合有关部门，认真落实了知识分子政策。在摸清知识分子情况的基础上，着重对落实非党知识分子政策做了以下几方面的工作：一是对过去曾被错误审查处理的人，按照有关政策平反纠正了他们的冤假错案；二是积极向有关党组织建议，吸收符合条件的知识分子入党；三是建议有关部门，为符合条件的知识分子评定了技术职称；四是积推荐德才兼备的非党知识分子担任各级领导职务；五是协助有关部门，为非党知识分子解决了工作和生活中的一些实际困难。通过上述工作，不仅广泛团结了党外人士，密切了合作共事关系，而且进一步激发了他们为“四化”建设服务的积极性，在不同的岗位上争做贡献。(3)在落实民族、宗教、侨务和台属等方面政策中，也做了大量工作，协助有关部门，先后为六名台属、两名侨属和四名原工商业者落实了政策。在落实宗教政策中，有计划地开放了宗教活动点，使宗教活动纳入了正常轨道。在落实民族政策方面，进一步加强民族团结教育，帮助回民集中居住的地方发展经济文化事业。

四、积极开展了对台宣传和侨务工作

台湾回归祖国，实现和平统一大业，是全国人民的共同愿望，做好对台工作和侨务工作，是人民政协的重要职责。几年来，我们组织委员和各界人士认真学习了全国人大常委会《告台湾同胞书》、叶委员长对台提出的九条方针、胡耀邦总书记在纪念辛亥革命七十周年大会上的讲话、廖承志副委员长《致蒋经国先生信》和邓小平主任提出的六条方针等，提高了对于做好对台工作、完成祖国统一大业重要意义的认识。

为了做好对台宣传工作，本会还先后召开了台属、侨属和原国民党起义投诚人员等七次座谈会。在学习文件、交流思想、反映情况、征求意见的基础上，认真讨论了如何做好对台工作的问题。目前，全县已有七十五户侨台属，同在台或海外的亲人取得了联系。他们以通信活动的方式，热情地介绍了祖国“四化”建设的大好形势和家乡的新面貌，宣传了党和国家的对台方针与来去自由的政策，邀请他们回乡探亲团聚，激发了他们的思乡爱国之情，盼望祖国早日统一。

五、认真办理了委员提案，做好来信来访工作

三届一次会议以来，共收到委员提案一百四十四件。其中，属于文教卫生方面的四十二件，工交财贸方面的三十一件，农、林、水方面的十七件，劳动人事方面的十一件，统战方面的五件，其他方面的六件。上述提案，涉及我县的有关重要事务和群众生活的各个方面，反映了群众的意见与要求，体现了委员关心国家大事以及高度负责的精神。经提案审查委员会审查后，都及时转交了政府，现已全部办理完毕。在办理过程中，我们多次协助政府召开了提案工作经验交流会议，安排了专人进行联系和催办，并把办理情况随时函告了提案人。每次会议的提案办理完毕后，还分别写出了办理情况的报告，印发到全体委员，做到了件件有着落，条条有答复。对实行民主监督、改进部门工作，促进“两个文明”建设，发挥了应有的作用。

对于处理人民来信来访工作，我们本着热情接待、认真处理的精神，根据反映的问题，或直接办理，或及时转交有关部门，逐件认真地进行了落实。

六、组织委员开展了有益的社会活动

动员和组织委员在做好本职工作的同时，积极开展有益的社会活动，是开拓政协工作新局面的一个重要方面。几年来，我们充分利用了委员们来自各个方面而又生活在群众中间的特点，在各学习组的组织推动下，大家围绕党的中心任务，深入街头巷尾、田间地头或班组车间，宣传党的方针政策。在推动农业改革、搞好计划生育、学习宣传宪法、打击刑事犯罪和开展“五讲四美三热爱”等各项活动中，都能够及时向群众宣讲，促进了各项工作的开展。

本会还利用了人民政协的人才优势，组织委员积极开展为“四化”服务活动，有的委员为帮助农民科学种田，主动在村里办起了技术夜校；有的委员为抢救危重病人主动献血；有的委员不怕艰苦的环境，在荒碱滩上创高产；还有的委员，带头勤劳致富，帮助群众发展商品生产。县兽医院李贵兴同志自学成才，被评为助理畜牧兽医师，他利用业余时间，编著了一部二十多万字的《中兽医方剂选解》一书，由山东人民科技出版社出版，荣获地区科技成果一等奖。在为农村工作服务活动中，他还先后写了数十篇家畜、禽饲养管理与常见病防治的材料，印发饲养专业户，并同饲养专业户建立了联系，经常深入农村，积极开展咨询服务活动，进行技术指导，对发展我县畜牧业、饲养业做出了一定贡献。

七、认真开展了文史资料的征集、整理和编印上报工作

县政协三届一次会议之后，本会即成立了文史工作组。四年来，已征集到各方面的史料一百八十一篇，五十八万七千多字，共编印《阳谷文史资料》十一辑，共计二十四篇，八万六千余字，为省、地有关部门和我县党史、地方志编纂提供了资料。

征集文史资料，是我县政协的一项新工作。为了提高认识，本会多次召开了常委会和老干部座谈会，通过学习讨论全国、全省文史资料工作会议精神，大家认识到，搞好文史资料工作，不仅可为编写县志提供重要史料，而且也是教育后代、惠及子孙、承前启后、服务“四化”的一件大事。为搞好这项工作，曾组织人员赴临沂、枣庄、邹县、济宁等县（市）参观学习，并同郓城、巨野以及台前等十多个兄弟县（市）建立了联系，交流了经验，推动了工作。

在工作中，认真贯彻“广征博采”“重点抢救”的精神，多方面收集、整理、编辑史料。为了搞好征集，拟定了《征集文史资料参考题目》，印发有关部门和人士，采取因题找人或因人定题的办法，制定了征稿计划。对在外地工作的老同志，主动联系，发了征稿信，力争取得他们的支持。截至目前，来住信件已六十多封，有的介绍了线索，有的撰写了资料。对本地的老同志，采取“走出去访问，请进来座谈”的办法，抢救了一些活资料，仅今年上半年就征集史料四十九篇。同时，还收集移植了外地有关我县的成文史料。在广泛征集的基础上，整理了专题，本着“多说并存”“文责自负”的原则，经调查核实，将一部分有参考价值的稿件编印了《阳谷文史资料》。由于文史资料工作涉及面广，一开始就注意了同有关部门密切配合与协作。县党史和地方志办公室成立后，相互之间既有分工，又有合作，扩大了征稿范围，避免了重复劳动，推动了征集工作。

我县文史资料工作，得到了县委、县政府的高度重视，给本会配备专职文史干部，专拨经费，成立了文史资料征集研究委员会，设置了文史办公室。在实践中，我们联系了一批热心文史工作的骨干，扩大了线索，增强了力量，逐步形成了一支文史工作队伍。全省第二次文史资料工作会议，我县作为典型发言单位，得到了省政协重视，印发了我们的材料。这对本会的工作，是一个很大的鼓舞和鞭策。

各位委员、各位同志：虽然我县政协工作有了新的发展，取得了成绩，但同开创社会主义现代化建设新局面的要求，还不够适应，主要是思想还不够解放，缺乏创新精神，一般号召多，具体指导少，特别是对政协工作组如何开展活动的问题，始终解决的不好，致使专题调查、视察检查和咨询服务等活动开展不力。今后，必须加强学习，以改革的精神做好工作。

各位委员、各位同志：我们的国家已进入了全面开创社会主义现代化建设新局面的新的历史时期，人民政协也已进入了一个新的历史阶段。宪法中明确指出：“中国人民政治协商会议是有广泛代表性的统一战线组织，过去发挥了重要的历史作用，今后在国家政治生活、社会生活、对外友好活动中，在进行社会主义现代化建设、维护国家统一和团结斗争中将进一步发挥它的重要作用。”人民政协的地位和作用在宪法中作了明确规定，我们必须充分认识她的重要作用和自己肩负的光荣职责。中共十二大确定了新的历史时期的总任务，提出了二十年经济建设战略目标和战略措施。我县也制定了全县社会发展规划和确立了近期奋斗目标。摆在我们面前的任务，就是要在中共阳谷县委的领导下，以中共十二大精神为指针，组织全体委员，团结各界人士，积极参加“两个文明”建设，努力开创人民政协工作新局面，进一步巩固和发展爱国统一战线，调动一切积极因素，团结一切可以团结的力量，为社会主义现代化建设，为完成祖国统一大业做出新贡献。为实现上述任务，对今后工作提出如下意见：

一、高举爱国主义旗帜，进一步巩固与发展大团结、大统一的新局面

中共十二大报告中指出：“我们党要继续坚持‘长期共存，互相监督’，‘肝胆相照，荣辱与共’的方针，加强同各民主党派、无党派民主人士、少数民族人士和宗教界爱国人士的合作，必须尽一切努力进一步巩固和加强由全体社会主义劳动者、拥护社会主义的爱国者和拥护祖国统一的爱国者组成的，包括台湾同胞、港澳同胞和海外侨胞在内的最广泛的爱国统一战线。”党中央这一重要方针实施，已越来越显示出了强大的力量。近几年，我国团结统一的局面不断发展，爱国统一战线不断扩大，社会主义事业兴旺发达。人民政协是有最广泛代表性的统一战线组织，本会必须认真贯彻党中央的指导方针，高举爱国主义的旗帜，团结各界力量，密切联系各方面的人士，为促进祖国的大团结、大统一贡献力量，尤其是要加强对台工作，通过多种渠道宣传党和国家的对台方针、政策，做好港、澳、台属与华侨眷属工作，加强同台湾同胞、港澳同胞和海外侨胞的联系，争取、团结一切拥护祖国统一的爱国人士，以促进祖国统一大业的实现。

二、组织、推动委员和各界人士，加强对政治理论、时事政策和科学技术的学习

组织、推动委员学习，是政政协工作的重要任务之一，也是加强自我教育，不断提高思想的重要方法。尤其在新的历史时期，情况不断变化，形势不断发展，更需要加强学习。学习内容要围绕爱国主义和社会主义教育以及党的中心任务进行安排。当前主要是：（一）要继续深入学习中共十二大文件。中共十二大文件是进行社会主义现代化建设的纲领，要联系实际学，把中共十二大精神作为指引各项工作的方向；（二）学习中共十二大文件要同学习马克思列宁和毛泽东著作结合起来，同学习《邓小平文选》《陈云文选》结合起来，同学习《三中全会以来重要文献选编》结合起来，加深对党的路线、方针、政策的理解；（三）学习党中央、地方各级党委重要指示和国内外重大时事政治；（四）进一步加强学习党在新时期的统战理论和政策；（五）加强对农业、工业等先进科学技术的学习，提高服务“四化”建设的本领。随着形势的发展，要不断增加学习内容，特别是学习好党的各项重要指示、方针、政策，以便协助各级领导贯彻落实。

学习中，要坚持自愿的原则，贯彻“三自”“三不”的方针，提倡解放思想，自由讨论，要发展理论联系实际的优良学风，把学习与社会调查、参观访问结合起来，与反映情况、献计献策结合起来。与落实政策、解决问题结合起来。当前，要重点结合学习中央和各级党委关于彻底否定“文化大革命”的文件、领导人的有关讲话以及报刊的有关论述，联系实际，领会精神，彻底肃清“左”的影响。通过学习，使大家充分认识党的十一届三中全会以来的路线、方针、政策的正确性，增强实现“四个现代化”的信心，进一步提高做好政协工作，为社会主义建设事业服务的自觉性。

由于换届和建乡后行政区划变动，对学习组要及时调整、健全，根据学习计划，要及时安排具体的学习内容。继续坚持自学和集体学相结合的方法，把学习组办成讨论问题、交流思想、反映情况、开展有益活动的阵地。

三、进一步发挥人民政协在新时期的政治协商与民主监督作用，协助党和政府做好工作

政治协商和民主监督是人民政协的主要职能，我们应该充分运用这个职能，为实现新时期奋斗目标贡献力量。政治协商和民主监督主要是围绕国家及地方的重大方针、政策、法律、法令的实施，“四化”建设及群众生活等重大问题进行协商讨论、民主监督，同时，也商讨统一战线内部各方面的问题。政治协商和民主监督是通过多种形式和渠道进行的。一是要定期开好全委会、常委会、主席会，列席人民代表大会，进行政治协商。二是召开各种小型专题座谈会、报告会等，邀请有关部门介绍工业、农业、财贸、文教卫生等各方面情况，提出意见和建议。三是有计划地组织委员深入调查、视察等活动，了解情况，反映意见。四是认真处理好委员的提案和来信来访工作。这项工作，是联系各方面人士，搞好民主协商的一个重要形式，也是政协的一项重要任务，这对协助政府和有关部门搞好工作，有着积极的促进作用，今后要加强这方面的工作。对委员的提案要专人负责，认真审理，检查督促，件件有着落。还要通过各种形式和渠道，调查了解情况，反映意见，向政府和有关部门提出建议，只要我们人民政协的每一个成员都能本着对国家及人民高度负责的精神，广开言路，畅所欲言，积极参加政治协商与民主监督活动，将大大有利改进、推动我县各项工作的开展。

四、继续协助党和政府落实各项统战政策

落实统战政策，是关系到巩固和发展安定团结的政治局面，调动各方面的积极性，为“四化”建设服务的大事。几年来，本会虽然在这方面，协助党和政府做了大量的工作，取得了显著成绩，但还有一些问题尚未解决，今后要更加积极主动的协助党和政府落实好各项统战政策。主要工作任务是：(1) 要深入广泛地宣传党的各项统战理论和政策，进一步落实委员政策中存在的遗留问题。目前在委员中还有些应该落实的政策尚未落实，尽管有各种原因，但主要是“左”的思想影响。因此，今后要继续深入宣传党的统战政策，用党的政策统一思想，清除“左”的影响，积极解决遗留问题。

(2) 做好知识分子工作。知识分子是我国社会主义现代化建设中所绝对必要的智力因素，是我们国家的宝贵财富。现在我国进入了新的历史发展时期，能否掌握现代化科学知识，是关系到“四化”建设成败的关键。那种至今还在轻视知识分子以至歧视知识分子的做法是错误的。要广泛宣传党在新时期关于知识分子的政策，宣传知识分子在“四化”建设中的重要作用，造成重视知识和知识分子的社会风气。

本会新的一届委员会知识分子委员占有相当多的数量，今后运用人才优势，服务于“四化”建设是人民政协的工作方向。人民政协与知识界有着密切的联系，各位知识分子委员要在政协组织的各类会议、各种活动中广开言路，献计献策；要利用各种形式加强同各方面知识分子的联系，充分发挥自己和大家的聪明才智，根据“四化”建设的需更，积极开展咨询服务活动；在同各方面知识分子的联系中，还要充分发扬民主，听取他们的意见，了解情况，反映问题，发现人才，荐贤举能，并帮助他们解决工作和生活中的实际困难。

(3) 要进一步宣传和贯彻执行党和国家的民族政策、宗教政策、侨务政策、台属政策、原工商业者政策，原国民党起义投诚人员的政策等，加强各界人士的大团结，为社会主义建设做出贡献。

五、进一步搞好文史资料的征集和整理研究工作

文史资料工作是爱国统一战线的一个重要组成部分，是政协的一项重要工作。全国和省政协先后召开的文史资料工作会议，提出高举爱国主义旗帜，开创文史资料工作新局面的号召。本会要认真贯彻两个会议精神，推动我县文史资料工作的开展。

要高举爱国主义旗帜，坚持“实事求是”“存真求实”的原则，广征博彩，放手征集，抓紧抢救，及时做好研究整理工作。按照全省文史工作会议精神和我县拟定的征集题目尽快整理出一批资料，努力做好征集整理工作。今后要继续加强领导，充实健全力量，扩大文史队伍。政协委员要同自己联系的各界人士，自觉地承担起做好文史征集工作的任务。要按照邓颖超主席的要求，凡在政协的工作人员，特别是领导层人员，对文史资料工作应当比过去更为重视，充分发扬文史资料征集研究委员会的作用，继续同有关部门搞好协作。只要我们解放思想，扩大视野，依靠广大文史工作者，就一定能够开创我县文史工作新局面。

六、加强领导，充分发挥政协工作组的作用

政协工作组是在政协闭会期间，经常联系委员并使其发挥专长和才能的好形式。过去，由于缺乏经验，忽视领导，工作比较薄弱，今后必须加强。各工作组按委员的专长、专业，在自愿的基础上尽快组织起来，在组长的领导下积极开展工作。针对“四化”建设中的某些问题，进行小型、多样的专题调查，提出意见和建议。还要运用自己的有利条件，积极开咨询服务工作，探索出一条为社会主义现代化建设服务的新路子，开拓政协工作的新领域。

七、加强政协机关自身建设，努力做好各项工作

本会新的一届委员会，通过民主协商将选举产生主席、副主席、常务委员。按照政协章程规定，闭会期间，由主席、副主席、常务委员会主持工作。但是，日常工作要依赖于政协机关的同志们开展。因此，根据改革精神，必须加强机关建设，以适应新形势发展的需要。要加强学习，清除“左”的思想，近一步解放思想；要按照民主集中制的原则，建立健全各种会议制度和工作制度；要树立新的工作作风，克服官僚主义，提高工作效率；要深入基层调查研究，加强同委员和各界人士的联系，不断总结经验，使我们的工作取得更大成绩。

各位委员、各位同志：我们国家的形势一片大好，本会肩负着更加光荣而艰巨的任务。让我们在中共阳谷县委的领导下，高举爱国主义旗帜，同全县人民一道，同心同德，团结奋斗，为完成我县本届政协会议提出的各项任务，努力开创人民政协工作的新局面，为加快社会主义现代化建设的步伐做出新的贡献。

中国人民政治协商会议
第四届阳谷县委员会常务委员会工作报告

（1987 年 4 月 26 日在政协第五届阳谷县委员会第一次会议上）

主席　王允仙

各位委员、各位同志：

我受县政协第四届委员会常务委员会的委托，向第五届委员会作工作报告，请审议。

县政协第四届委员会第一次会议到现在将近三年了。在此期间，在中共阳谷县委的领导下，我县政治上安定团结，经济上持续、稳定、协调发展，各项改革正在深入进行，社会主义民主和法制建设不断加强，人民生活有较大改善，爱国统一战线更加巩固和壮大。与此同时，常委会根据政协的职能和特点，高举爱国主义旗帜，围绕全县的中心工作，为社会主义物质文明与精神文明建设，为促进祖国统一做出了一定成绩，出现了前所未有的生动活泼的新局面。现将这一期间所做的几项主要工作报告如下：

一、积极发挥政治协商、民主监督的作用

发挥政治协商、民主监督的作用，是人民政协的主要职能。四届一次会议以来，本会开展了多层次、多方面的政治协商、民主监督工作。举行了三次全委会、十七次常委会和多次主席办公会，讨论贯彻了党和国家的重

要部署及历次政协、统战会议精神，协商决定了全县有关工作与政协工作的重要问题。委员列席了每年的人民代表大会，县政协负责人列席了有关县委常委会、人大常委会和参加了县内一些重大活动，并召开了二十余次专题座谈会。利用会议的形式，参与了全县大政方针和重要事务的协商讨论，向县委、县政府及有关部门提出了不少切实可行的建议。例如为贯彻落实《中共中央关于经济体制改革的决定》召开的工商财贸工作组经济体制改革座谈会，每年春节后的党外人士座谈会、农民委员座谈会，针对大力发展乡镇企业举行的政协委员献策献计会等都产生了较好的效果。

在举行和参加一系列会议的同时，我们把组织委员搞好调查、考察、参观活动作为积极发挥职能作用的重要渠道。我们先后组织了十六次专题调查、八次视察活动、七个方面问题的专题研讨，就调整农村产业结构，发展经济林、农村畜牧业、乡镇企业及农村小学教育等方面的问题，向政府有关部门提出了十几项工作意见和改进措施，受到党政及有关方面的重视。比如针对农村小学教育落后的现状，我们会同教育组的委员和教育局的同志，对六个乡镇不同类型的五十一所农村小学进行了考察，向县委、县政府写出了考察报告。县委将其印发各乡镇、县直部门党组织，并在教育工作会议上把这一工作列为重点议题研究，采取措施。我们还组织了部分委员和政协机关人员，先后七次到三省、十五个市、县参观学习政协工作经验，及时向县委提出了有关加强政协工作的建议，取得了党委对政协工作的重视与支持。

为了更好地发挥民主监督作用，帮助党和政府改进工作，我们狠抓了提案工作。四届一次会议以来，共收到委员提案287件，比三届委员会期间的144件增加近一倍。其中，关于经济建设和科教文方面的提案占60%。提案的内容逐年丰富，质量也逐步提高。这充分表现了委员关心“四化”建设的热情和国家主人翁的精神。这些提案在县委、县政府及有关部门的大力支持下基本办复完毕，有不少提案已被采纳。在办理提案中，我们采取了邀请提案人共同“会诊”，疑难提案组织办案单位和提案人见面的办法，改变了过去“文来文去”的做法。1986年还建立了委员与政协机关信件联系制度，将委员提出的意见、建议部分逐个审理，及时提出处理和落实意见。

通过上述方式开展政治协商、民主监督工作，对于我县的“两个文明”建设，党政领导实现决策民主化和科学化都发挥了一定的作用。

二、围绕经济建设开展服务活动

经济建设是全县的中心工作，我们发挥人才优势，把服务经济建设作为一项重点任务来抓。一是进行生产技术咨询服务。我们组织和推动委员到40余个乡村或工厂开展了技术咨询活动，召开了10多次技术传授会、印发了4500份技术资料。在咨询服务活动中，力求既传授技术，又解决生产中的疑难问题。去年5月，为了提高翟庄乡1300亩苹果园的经济效益，组织有苹果管理经验的政协委员技术人员，在该乡举办了果树管理技术传授会，受到当地党政领导的支持和干部群众的欢迎。科技组的负责同志在帮助磷肥厂“利用棉籽粕生产蛋白发泡粉”中试期间，联合化工、机械行业具有技术的委员对该项目有关技术进行了分析、研究和指导，加快了项目的进展。农业组的委员还积极协助农牧局组办集镇技术咨询服务站，解决了一些农民需要的技术问题。二是举办农业技术广播讲座。根据农事活动的需要，由县政协机关牵头，农业组具体安排撰稿，共举办了50多次各类农业技术有线广播讲座，收到了较好的效果。三是开办农业技术训练班，我们协助有关单位和推动委员先后举办了葡萄、花生、山楂、蔬菜训练班，共受训两百余人，为发展农村商品生产培训了骨干。四是加强与农民委员的联系，及时为农民委员提供技术和生产信息，联系解决了部分资金与生产资料。五是搞好政协机关联系点的工作。按照县委的部署，我们以翟庄乡为联系点，保持经常联系，抓中心，带业务，促进了各项工作的开展。

三、利用多种方式，推进社会主义精神文明建设

几年来，我们响应党中央提出的在建设物质文明的同时，努力建设社会主义精神文明的战略决策，为推进我县的社会主义精神文明建设做出了贡献。

第一，认真组织好委员及有关人士学习。为使委员及时掌握党的方针政策，了解县内有关情况，各乡镇都因地制宜地建立健全了学习小组，县直有关部门以工作组为学习单位，规定了学习时间和内容，推广了寿张镇学习组的先进经验，并在自愿的基础上，组织了学习活动。主要学习了中共中央关于经济体制改革、科技体制改革、教育体制改革的三个决定，全国党代会精神，中共中央关于社会主义精神文明建设指导方针的决议，中共中央反对资产阶级自由化的重要指示以及新时期统战、政协工作的一系列方针政策。为充实学习内容，还为每位委员订阅了《人民政协报》，购买了学习资料，印发了《会讯》《简报》。通过学习，使委员对坚持四项基本原则，对改革、开放、搞活，有了更清醒的认识，为参政议政、出力献策奠定了基础。

第二，加强了新时期政协工作的宣传。印发统战、政协工作学习材料4000份，编印12期《阳谷政协会讯》3600余册；在政协机关开辟了政协工作宣传栏，撰写了70多篇宣传稿件；

与省内外40多个市、县建立了工作联系；召开或协助县委召开了12次由乡镇党委、县直部门党组织负责人参加的会议，大讲人民政协的性质、地位和重大作用。去年全国地方政协工作座谈会和全省市、县政协工作座谈会结束后，我们先后召开了政协机关工作人员会、部分驻城委员参加的常委扩大会、农民委员会、乡镇宣传兼统战委员会议。在这些会议上重点贯彻了中办发〔1986〕10号文件，中共中央政治局委员习仲勋、全国政协主席邓颖超同志的重要讲话和鲁办发〔1986〕16号文件，省委副书记、省长李昌安，省政协主席李子超的重要讲话。还结合我县政协工作实际，明确了任务，制定了工作措施，通过对政协工作的宣传，使各界人士对人民政协的性质、任务和作用以及统战工作的长期性、重要性有了进一步的认识，为更好地开展统战、政协工作创造了有利条件。

第三，努力开展文史资料工作，进行爱国主义、革命传统的宣传教育。我们从实际出发，将原来由有关单位参加的县文史资料征集研究委员会调整为县政协文史委员会，建立了文史科，召开了两次文史资料工作会议，拟定并修改了《征集参考题目》，逐步扩大了文史业余队伍。在采取多种形式进行征集的基础上，积极选编部分资料。截至目前，共征集各方面的稿件329篇、84万字，编印《阳谷文史资料》18辑，计71篇、19万字。我们还充分利用通信、走访、赠阅资料等形式加强了对外联系和宣传。《阳谷文史资料》发至省内100多个市、县和省外20余个单位。自去年省文史工作会议以后，我们把文史书刊发行作为政协工作的重要内容。召开了发行会议，建立了文史书刊发行服务部，确定了两名机关在编干部兼任发行员，形成了一个书刊发行网。这期间，共发行书刊1300册，书款达2200余元。文史资料工作的深入开展，活跃充实了政协工作，促进了“两个文明”建设。

四、促进祖国统一有了新的发展

随着统一战线新形势的发展，特别“一国两制”方针的贯彻实施，我们组织委员和有关人士，认真学习了党和国家关于实现祖国统一的方针政策及中央领导同志的重要讲话，提高了大家做好促进祖国统一工作的认识。为适应新形势、新格局的需要，我们协同县委统战部等有关部门召开了多次侨台属参加的茶话会、小型座谈会，经常走访侨台属委员，还参加接待了部分回国旅游、探亲的“三胞”，鼓励、帮助侨台属与海外亲人加强联系。利用这些机会，宣传党和国家的方针政策，介绍祖国建设成就，激发了他们的爱国热情，增强了为促进祖国统一做贡献的自觉性与责任感。

五、加强了机关建设

政协机关是政协的办事机构，是上呈下达、左右联系的枢纽，是协助领导决策议事、科学安排工作的参谋部，也是委员聚会开展联谊活动的场所。为此，1984年9月换届后，特别是县、乡两级整党后，我们把加强机关建设放到了重要位置。一是加强机关思想建设。通过各种会议、每周学习日、谈心交心等方式学习党的一系列方针、政策和统战理论，深刻认识新时期政协工作的重要作用，牢固树立自尊、自重、自强的思想，树立为委员与统战工作服务的思想，提高了大家做好政协工作的自觉性。二是加强机关组织建设。为适应工作需要，建立了党内生活制度、工作制度，增设了科室，调配了工作人员，使工作机构设置逐步趋向合理。健全了岗位责任制，明确了机关工作人员职责范围，卓有成效地进行工作。三是加强了机关作风建设。我们围绕工作重点，经常深入到委员的单位和家庭调查研究，认真听取他们的意见与要求，积极主动地为他们解难排忧。我们还利用实行信件联系制度、建立固定联系点、办理提案等渠道多接触委员与各界人士，从而增进了团结，扩大了统一战线队伍。在去年9月召开的全省市、县政协工作座谈会上，我们就广泛联系委员，推动整个政协工作，作了典型发言，受到省政协的表扬。

几年来，随着整个政协工作的进展，各位委员也都在各自的岗位上做出了新的成绩。有28人被评为县以上模范人物，23人加入了中国共产党，19人被提拔到领导岗位上。

总之，四届常委会的各项工作取得了一定成绩。我们所以能够取得这些成绩，工作实践使我们体会到，党委领导是做好政协工作的根本保证，有关部门的支持是做好政协工作的重要条件，委员们的高度热情是做好政协工作的坚实基础。我们的工作成绩是各个方面团结奋斗、积极努力的结果。在这里，我代表政协常委会对上届委员，为我县政协工作做出的积极努力表示衷心感谢！值得提出的是，上届委员会有29名老委员，因政协组织的构成比例限制等原因，退出了政协，这是工作的需要。希望这些老委员继续加强与政协机关的联系，为我县的“两个文明”建设献计出力。

几年来，我们虽然取得了一定成绩，但还存有不少问题。主要是对新时期政协统战工作的宣传做得不够深入，发挥政治协商、民主监督作用还没有形成经常化、制度化，为“四化”服务活动还不够普遍，开展政协工作组、乡镇政协联络组的工作还是一个薄弱环节。所有这些问题今后应努力改进。

各位委员、各位同志：今后的三年，将是我国政治体制和经济体制发生重大变革的三年，是经济建设有重大突破的三年，是精神文明建设有重大进展的三年。在最近召开的全国人大五次会议上的政府工作报告中提出今年要集中力量抓好两件大事：一是在经济领域，坚持正确的建设方针，广泛开展增产节约、增收节支运动，深入体制改革和扩大对外开放，努力保证整个国民经济的持续稳定发展；二是在政治思想领域，深入进行坚持四项基本原则的宣传教育，坚决反对资产阶级自由化，加强社会主义精神文明建设，进一步巩固和发展安定团结的政治局面。对于这一重大决策，我们必须坚决贯彻执行。现在我就今后本会的几项主要工作提出如下初步意见。

一、认真组织好委员学习，更好地贯彻党的路线、方针和政策。要认真贯彻中共中央关于反对资产阶级自由化的重要指示和全国人大常委会关于加强法制教育维护安定团结的决定，重新学习十一届三中全会以来党中央关于坚持四项基本原则、反对资产阶级自由化的一系列重要论述。深刻认识坚持四项基本原则，反对资产阶级自由化，是立国治国之本。要学习全国人大、全国政协会议精神，认真贯彻近期召开的全国、全省统战会议精神，继续学习中共中央十二届六中全会关于社会主义精神文明建设指导方针的决议。为推动委员的学习，要整顿学习组织，健全学习制度，注重学习效率，使委员能够自觉地贯彻执行党的路线、方针、政策，提高政治素质和业务素质，增强做好政协工作的光荣感和责任感。

二、积极参加全县大政方针的讨论，进一步搞好政治协商、民主监督，逐步做到经常化、制度化。要围绕全县的中心工作，通过开好各种例会，参加全县的重要会议和重大活动的方式，组织好参观考察、专题调查、办理提案等工作，充分发挥政治协商、民主监督的职能作用。

三、发挥人才优势，积极为“两个文明”建设服务。在为物质文明建设服务方面，要通过举办各类技术训练班，印发技术资料，提供技术和经济信息，组织技术人员赴现场指导等形式,开展工农业生产咨询服务活动。要协助有关经济部门开展外引内联、发展横向经济联系等工作贡献我们的力量。在为社会主义精神文明建设服务方面，要配合有关部门，开展理想纪律教育、革命传统教育、民主法制教育、职业道德教育，为培养“四有”新人做贡献。要积极参加思想建设和文化建设，为进一步促进党风和社会风气的根本好转贡献力量。

四、大力开展乡镇政协工作。开展乡镇政协工作，是人民政协工作的新课题,也是新时期统战工作的需要。要充分发挥乡镇政协联络组的作用，采取灵活多样的形式，团结各界爱国人士，积极搞好政治协商、民主监督，开展各种服务活动，为实现政治生活的民主化，促进“两个文明”建设献计出力。

五、进一步做好文史资料工作。文史资料在进行爱国主义教育和促进祖国统一中有着重要的作用，我们要进一步抓紧抓好。要充分利用专业队伍和社会力量，采取开座谈会、调查、当面约稿或发函约稿等形式搞好征集工作。做好史料的重点抢救，继续编印好《阳谷文史资料》，提高编印质量。进一步做好文史书刊的发行工作。还要加强对文史资料工作的领导和宣传，使文史工作更好地为精神文明建设服务。

六、积极开展海外联谊活动，做好民族、宗教工作。要贯彻党中央关于把统战工作做到海外去的指示，大力推进“一国两制”的实施。深入宣传党和国家关于统一祖国的方针政策，本着大团结大统一，求大同存小异的精神，进行爱国主义的宣传教育，加深各界人士对这些重大决策的认识。要加强同我县海外人员及其眷属的联系，做好回乡探亲、旅游的海外人员的接待工作，积极开展海外联谊活动，为促进祖国统一继续努力。同时，要把帮助少数民族发展经济和增强民族团结作为重点来抓。要切实贯彻中央有关宗教工作的方针政策，引导、鼓励宗教人士和信教群众发扬宗教道德的积极因素与爱国爱教的优良传统，在“两个文明”建设中发挥积极作用。

七、加强机关建设。为适应统一战线新形势、新格局的需要，我们要进一步加强机关自身建设。要组织机关工作人员认真学习，经常进行坚持四项基本原则的教育，旗帜鲜明地反对资产阶级自由化，自觉维护安定团结的政治局面。经常教育机关工作人员忠于职守、公正廉洁、全心全意为人民服务。要进一步完善和落实岗位责任制，继续转变工作作风，深入基层调查研究，抓好典型，进一步密切与委员的联系，求实务实，促进各项工作的开展。

各位委员、各位同志：当前我国正处在一个经济体制和政治体制全面改革的新时期，各项社会主义建设事业蓬勃发展，蒸蒸日上。我们要在中共阳谷县委的领导下，尽职尽责，为巩固和扩大我县爱国统一战线，实现祖国统一，为加强社会主义民主和法制建设，维护安定团结的政治局面，为搞好“两个文明”建设，振兴阳谷做出新的贡献。

中国人民政治协商会议
第五届阳谷县委员会常务委员会工作报告

（1990年3月27日在政协第六届阳谷县委员会第一次会议上）

副主席 李印逵

各位委员：

我受政协阳谷县第五届委员会常务委员会的委托，向大会作工作报告，请审议。

政协第五届阳谷县委员会，自1987年3月举行第一次会议以来，到现在已3年届满。三年来，我们在中共阳谷县委的领导和上级政协的指导下，认真贯彻执行党的各项方针、政策，围绕党和政府的中心任务，积极履行政治协商、民主监督的基本职能，为巩固和发展广泛的爱国统一战线，维护安定团结的政治局面，推动治理整顿与深化改革做出了积极的贡献。

一、加强学习，深化认识，提高贯彻党的路线方针政策的自觉性

认真组织委员学习，不断提高委员的政治理论水平和思想政治觉悟。是人民政协工作的一项重要任务，也是提高委员参政议政能力的一个重要环节。五届一次会议以来，我们适应形势与任务的需要，发扬人民政协重视学习的优良传统，积极地组织和推动委员开展了以中共十三大和三中、四中、五中全会精神为中心内容的学习活动。3年来，共召开有关学习的主席会议38次，常委会议7次，举行学习座谈会、形势报告会及录音辅导报告会等20多次，印发学习材料6000余份，购买学习资料2000多册。还根据上级精神，为每位委员订阅了《人民政协报》《联合周报》。在学习的组织领导中，我们着重抓了“及时”“带头”两个环节，根据每个时期的学习重点，都及时部署和检查；坚持领导机关带头学，领导干部先学一步，政协常委会成了中心学习组。如去年春夏交接的一场政治风波中，我们及时召开主席扩大会和常委会，认真组织学习中央指示和有关材料，印发了“认真学习中央指示、维护安定团结局面”的通知。中共十三届四中、五中全会以后，我们首先把学习贯彻全会及中央领导人讲话精神作为头等大事来抓，先后召开多次党组会、主席扩大会以及五届十四次和十五次常委会，认真学习贯彻，并研究下发了《政协阳谷县委员会关于学习贯彻中共十三届四中、五中全会精神的意见》。出于政协委员的责任感和使命感，大家的学习积极性很高，在坚持业余自学的基础，还坚持了集体学习制度，尤其寿张镇学习联络组，每月初一学习日，坚持9年，从未间断。该组广泛联系各界人士，逐步扩大学习阵容，1989年按时到组学习的达十八九人。

通过学习，大家提高了觉悟，澄清了模糊认识。一是深刻理解了党关于社会主义初级阶段的基本理论和基本路线，提高了坚持"一个中心，两个基本点"的自觉性，进一步明确了党中央"治理经济环境、整顿经济秩序、全面深化改革"这一方针的重大意义。二是提高了坚持四项基本原则、反对资产阶级自由化的自觉性，在去年的敏感时期中经受了考验，表现了很高的政治觉悟。大家不信谣，不传谣，坚守工作岗位，努力工作，坚定不移地与党中央保持一致。三是进一步认清了坚持中国共产党领导的多党合作和政治协商制度的重大意义，促进了爱国统一战线的巩固和发展。广大政协委员广泛团结各界人士，自觉地维护和接受中国共产党的领导，以实际行动为党排忧解难，为维护我县政治经济和社会的稳定做出了积极的努力。

二、积极履行基本职能，参政议政水平显著提高

政治协商、民主监督是政协的基本职能。三年来，我们经过积极的实践和探索，不断完善制度，拓宽领域，协商监督工作有了新的进展。一是例会协商。本届共举行三次全体委员会，十七次常委会和几十次主席会议。每次例会，都坚持抓大事、议大事，围绕党委和政府的中心任务，出谋献策，提出批评、意见和建议。全委会增设了大会发言，常委会邀请党、政领导通报情况，为委员知情出力创造了条件。二是政协领导人列席县委、县政府及县人大的有关重要会议，参与国家和地方大事的讨论，并及时反映各界人士的意见和要求。此外，还协助县委、县政府召开党外人士座谈会和情况通报会，以沟通党和政府与人民群众的联系。三是广泛开展调查研究、专题考察、专题论证等形式的协商监督活动，写出了不少调查或考察报告，提出的意见和建议，多数受到党政领导机关及有关部门的重视，产生了积极的影响与良好的效果。四是努力做好提案工作。政协的提案工作是政协委员应当享受的民主权利，是参政议政的一种重要形式，也是政协委员应尽的当家做主的义务。几年来，委员提案质量明显提高，注重了抓大事、要事，不光提出问题，而且分析问题，提出解决问题的办法，真正起到了党和政府的参谋助手作用。办理提案的方式也有了重大改进，注意了提案的分类，归纳整理，选登重要提案，会同县委、县政府举办由县委、县政府主要领导人，承办单位负责人和提案人参加的提案承办对话会，尤其对那些影响大、反映强烈而又急待解决的问题，抓住不放，领导人亲自督办。由于党政领导的重视，有关部门在财政较困难的情况下，仍补发了全县医务人员奖金8万元，减免校基申报费4.6万元。五届一次会议以来，我们共收到委员提案448件，全部办复完毕，采纳率达80%。

为了实现协商监督的规范化、制度化，去年，我们依据全国政协和省政协关于协商监督的暂行规定，结合我县实际，经反复讨论研究，拟定了《政协阳谷县委员会关于政治协商、民主监督的暂行规定》，县委以〔1989〕44号文件批转全县贯彻执行。

三、围绕全县中心任务，积极开展服务活动

三年来，我们认真组织委员和各界人士，紧紧围绕全县的中心任务，有计划、有重点地开展各项服务活动，充分发挥了委员的聪明才智和政协的整体功能。

第一，深入调查研究，为振兴阳谷经济献计出力。近几年，我们围绕全县的工作重点，每年都抓住关系全局，有战略意义的问题匐下身子深入调查，形成立论准确，数据确切，建议可行的报告，提供党委、政府作为决策问题的参考和依据。1987年，为配合全县商品经济大合唱，深入调查了我县庭院经济开发情况，召开了有60多人参加的庭院经济研讨会，形成的会议纪要，县委以〔1987〕61号文件批转全县，地委的《情况反映》也进行了转发。1988年，为实现我县畜牧业发展目标，先后调查了十多个乡镇的有关农户，还分别与农牧、商业、供销、粮食、外贸等单位的负责人座谈，写出的《关于全县畜牧业发展情况的调查和几点意见》，县委和地委都进行了转发。1989年，为了解决粮棉争地的矛盾，实现保粮上棉的目标，写出了《关于调整全县农业种植结构的调查》，秋种前县委批全县，对促进秋种改革和今年的棉花生产起到了积极作用。

第二，各工作组，充分发挥自己的优势，积极开展了咨询服务活动。农业组通过印发资料、举办广播讲座，走村串户传播农业技术，提出的“搞好秸秆还田、注重使用农家肥的报告”，还被县政府转发全县。医药卫生组配合有关部门，开展查禁伪劣药品的活动，为三中高中学生、教师及张秋、安镇敬老院的老人义务查体，科技组为发展乡镇企业提供技术和信息等。

第三，鼓励和推动委员立足本职，争先创优，在各自的岗位上充分发挥作用。如针对近两年种棉积极性不高的现象，全委会期间专门召集农民委员进行座谈，坚定他们种足种好棉花的信心。利用下乡调查的机会，深入农民委员家庭宣传党的政策，传播致富信息。去年下半年，我县工业出现滑坡，我们召开工业界委员座谈会，互通情况，商讨对策，激励他们尽智尽力，协助企业共渡难关。三年来，活跃在各条战线上的政协委员，不仅积极履行政协委员的职责，而且在生产、工作中起到了模范带头作用。不少委员成绩突出，贡献较大，受到了省、地、县的表彰。

此外，我们还努力抓了机关联络点的工作，政协主要领导经常到翟庄乡调查指导，抓中心带业务，协助该乡党委和政府每年都较好地完成各项任务。同时，积极参加县委、县政府组织的重大活动和中心工作，有力地配合与支持各级党委、政府各项工作的开展。

四、文史资料工作取得了新成绩

我县文史资料工作起步较早，征集编印数量较大。本届政协在原来的基础上加强了组织领导，拓宽了征集渠道，聘任了文史委员，密切了和有关部门的联系，使征编工作又有了新的突破。文史资料稿件不仅数量不断增加、质量不断提高，而且正向专题化，系统化方向发展。五届委员会期间，共征集文史资料157篇，近39.4万字，整理编印了《阳谷文史资料》第19、20辑，发行各类文史书刊2869册，去年，在已编印的前20辑中，精选86篇，22.63万字，在经费紧、人员少的情况下，高标准、高质量地出版了《阳谷文史资料选编》铅印本。大家反映，这是了解阳谷历史的丛书，是进行爱国主义和革命传统教育的教材。同时受到外地不少单位和史料专家的好评。在去年11月份召开的全省政协文史工作会议上，我们作了典型发言，受到省、地政协领导的赞许。

五、加强了政协机关的自身建设

三年来，我们有计划地抓了政协机关的自身建设，保证了政协各项工作的顺利开展。一是加强了思想建设。通过党的建设，机关整顿以及加强学习和开展深入细致的思想政治教育，政协机关干部的政治素质与业务素质不断提高，搞好政协工作的光荣感，责任感不断增强。二是加强了组织建设。根据工作需要，健全了一室三科，调配了工作人员，完善了规章制度，明确了职责范围，提高了工作效率。三是加强了机关的作风建设，通过认真开展“为政清廉、强化服务”活动，政协机关进一步转变了工作作风，密切了同委员的联系，机关上下基本形成了民主团结、廉洁勤政的良好风气。政协机关1989年被评为县先进集体，政协党支部连续两年受到地、县党委的表彰。

三年来，我们各项工作都取得了明显成绩，这是县委和上级政协正确领导与支持的结果，是全体委员竭诚团结、勤奋工作的结果，也是各有关部门，各界人士密切配合和真诚合作的结果。但是我们也要看到，在新形势下，我们的思想水平和工作机制还不能完全适应形势发展的需要，在协商监督中提出的意见、建议有些还缺乏应有的深度，全国政协、省政协和县政协关于“政治协商、民主监督”的暂行规定还没有得到全面落实，上述问题，都有待于我们在今后的工作中进一步探索和改进。

各位委员：

今后的三年，是我国治理整顿、深化改革的攻坚阶段，也是我县经济发展的关键时期，摆在我们面前的任务，就是要在中共阳谷县委的领导下，以中共十三届四中、五中、六中全会精神为指针，认真贯彻《中共中央关于坚持和完善中国共产党领导的多党合作和政治协商制度的意见》和全国政协、省政协关于“政治协商、民主监督”的暂行规定，以经济建设为中心，坚持四项基本原则，坚持改革开放，紧密围绕全县的中心任务，进一步巩固和发展最广泛的爱国统一战线，认真履行“政治协商、民主监督”职能，为推进我县的社会主义民主政治建设，实现治理整顿、深化改革的任务和目标，促进和平统一祖国的事业，做出新贡献。现就今后我县政协的几项主要工作提出以下几点建议。

一、加强学习，提高参政意识和参政议政水平

提高参政议政水平，从根本上讲，有赖于广大政协委员参政议政意识和能力的提高，为此，我们要进一步抓好委员的学习。要及时组织学习马克思列宁主义、毛泽东思想，学习党的十三届四中、五中、六中全会和中央有关重要文件，学习党和国家的方针政策、时事政治，学习全国政协、省政协会议精神及统战理论。学会用马克思主义的立场、观点、方法来分析问题和解决问题。弄通“四项基本原则”和“改革开放”的辩证关系，认清西方垄断资本势力推行“和平演变”战略的实质，坚信中国共产党的正确领导，坚定社会主义最终会取得胜利的信念，使委员的政治觉悟、政策水平和工作能力等自身素质不断提高。

二、认真贯彻中共中央《意见》，巩固和发展广泛的爱国统一战线

《中共中央关于坚持和完善中国共产党领导的多党合作和政治协商制度的意见》，是推进我国政治体制改革，加强社会主义民主政治建设的一个纲领性文件。这个文件的贯彻实施，对于我国政治局面的长期稳定，对于推动治理整顿、深化改革和经济建设的长期持续、稳定、协调发展，对于爱国统一战线的巩固和壮大，都具有十分重要的意义。它将使我国多党合作和人民政协的政治协商、民主监督工作跨入经常化、制度化的新阶段。人民政协是中国共产党和各民主党派在长期的革命斗争中共同创建的爱国统一战线组织，也是共产党领导的多党合作和政治协商的一种组织形式，贯彻落实中共中央的《意见》，是人民政协肩负的重要使命。我们要进一步密切与各界人士的联系，在政协各项活动中努力创造更加团结、民主的气氛，进一步促进各方面的沟通理解和团结合作，真正使人民政协成为各党派、各人民团体、各界代表人士合作共事，参政议政的重要场所。我们要认真贯彻执行全国政协、省政协以及县政协关于“政治协商，民主监督”的暂行规定，组织委员通过多种形式，参与我县发展经济规划、重大改革方案、治理整顿措施、重点项目等带有战略性的地方重大事情以及重要人事安排的讨论和协商，不断拓宽社会主义民主渠道，扩大参与范围，对党委、政府重大决策的形成和贯彻发挥更大的作用。

推行“一国两制”，促进祖国统一，是人民政协的一项重要任务，我们要继续高举社会主义和爱国主义旗帜，进一步加强同我县台胞、侨胞及其眷属的联系，协助有关部门做好回乡探亲、旅游的台胞、侨胞的接待工作，进一步发挥政协联系面广的优势，积极开展海外联谊活动，为促进祖国统一、振兴中华发挥更大作用。

三、加强调查研究，积极为治理整顿和深化改革献计出力

人民政协有社会各个方面的代表人士参加，是一个高层次的智力库，有责任，有义务协助党委和政府治理好经济环境，整顿好经济秩序，使我县的经济工作沿着持续、稳定、协调的轨道发展。我们要认真学习贯彻《中共中央关于进一步治理整顿和深化改革的决定》，结合我县实际，为搞好治理整顿，推进社会主义改革开放事业献计献策。要更好地发挥政协的整体功能和人才优势，围绕强化农业基础、抓好棉花生产、提高工业经济效益等中心任务，组织好调查研究、委员考察、科技咨询等活动，为发展经济竭诚尽智。全体委员要立足本职，以雷锋、铁人及其他英雄、模范人物为榜样，发扬埋头苦干、任劳任怨、不计名利的无私奉献精神，团结带领各自所联系的群众，为我县的工农业生产和各项建设事业做出新贡献。

四、进一步做好文史资料工作

文史资料工作是人民政协工作的重要组成部分，是一项具有统一战线特色的社会主义文化事业。我们要以十一届三中全会以来的路线、方针、政策和十三届五中全会精神为指针，继续贯彻“高举爱国主义旗帜，坚持实事求是原则”的工作方针，确立文史资料工作为社会主义“两个文明”建设服务，为爱国统一战线服务，为历史研究服务的思想。对新中国成立前的史料要积极抢救；对港澳台及海外史料要千方百计征集；对民族史料要认真挖掘；对建国后史料的征集要有计划有步骤地进行。同时要加强对经济和科技、教育、文化史料的征集。要发挥文史资料工作的优势，着重征集编选有助于对人民群众进行爱国主义、社会主义教育的资料，对我国经济、文化事业和改革开放具有借鉴作用的资料。

五、继续加强政协自身建设

继续加强政协自身建设，是做好新形势下政协工作的一项重要的基础建设。我们要进一步做好政协自身的思想建设、组织建设、制度建设和作风建设。要进一步加强学习，自觉地在思想、政治上与党中央保持一致。要继续发扬统一战线的优良传统和作风，始终不渝地坚持党的领导原则，自觉地坚持为经济建设服务的原则，使政协工作始终保持坚定正确的政治方向，并注入新的生机和活力。要进一步完善政协常委会议制度，提案、文史工作制度，完成组改委的工作，完善机关岗位责任制。要求全体从事政协工作的同志，都要扎实工作，廉洁勤政，形成爱党、爱国、顾大局、做贡献、奋发向上、改革创新的精神风貌，使全县政协的各项工作更有活力，更有成效，更有起色。

县政协第五届委员会已经完成了它的使命，借此机会向一贯支持关心政协工作的党政各个部门、各人民团体和各界爱国人士表示衷心的感谢。

在这里，还要特别指出，五届委员会中有一些同志不再担任委员，他们在任职期间，做了大量工作，取得了很大成绩，对他们表示感谢，并希望他们继续与政协保持友谊和联系。

各位委员：作为一名县政协委员是光荣的，但是政协委员绝不只是一个光荣的头衔，也是一种责任的重托。过去我们有着与共产党风雨同舟，患难与共的光荣传统。在当前国际风云变幻，国内还存在暂时困难的情况下，我们要更加紧密地团结在以江泽民同志为核心的党中央周围，在中共阳谷县委的领导下，振奋精神，同心同德，自力更生，艰苦奋斗，为稳定局势、发展经济做出新的更大贡献。

中国人民政治协商会议
第六届阳谷县委员会常务委员会工作报告

（1993 年 3 月 7 日在政协第七届阳谷县委员会第一次会议上）

主席　杨智众

各位委员、各位同志：

我受政协阳谷县第六届委员会常务委员会的委托，向大会作工作报告，请审议。

政协第六届阳谷县委员会，自 1990 年 3 月举行第一次会议以来，至今已三年届满。三年来，我们在中共阳谷县委的领导和上级政协的指导下，高举爱国主义和社会主义旗帜，坚定不移地贯彻执行党的基本路线，围绕经济建设切实履行政治协商、民主监督的基本职能，广泛开展服务活动，为巩固和发展爱国统一战线，推动深化改革、扩大开放和全县各项工作做出了贡献。

一、认真组织委员学习，提高贯彻执行党的路线、方针、政策的自觉性

组织和推动委员学习，不断提高委员的政治理论水平和政治思想素质是政协的一项重要任务，也是增强参政议政能力的重要前提。六届一次会议以来，我们为适应改革开放新形势的需要，把组织和推动委员学习当作一项首要任务来抓。一是坚持经常性的学习。我们采取主席会、常委会先学一步，乡镇学习组、县直委员活动小组定期学习和委员自学的方式，贯彻自己提出问题，自己分析问题，自己解决问题的“三自”原则，深刻领会精神实质，提高思想认识。重点组织学习了党的六中、七中、八中全会精神，邓小平同志视察南方重要谈话和中共十四大精神；学习马克思列宁主义、毛泽东思想和邓小平同志等老一辈无产阶级革命家的有关著作；学习贯彻历次全国统战会议和各级政协会议精神。在此过程中，努力把学习县委、县政府的重要文件、时事政治，开展读报用报活动相结合，联系实际，明确了我县不同阶段的指导思想、目标和任务。二是运用多种形式推动学习工作。为搞好学习，我们下发关于加强政协学习工作意见的文件，制定学习计划，及时听取学习汇报，检查学习情况，购买、印发学习材料 5000 多份，订阅《联合周报》和《联合报》3800 余份。根据需要召开学习经验交流会、学习现场会、统战政协理论座谈会，探讨学习工作的新路子，有力地推动了学习工作。三是根据不同时期的任务要求，及时组织委员学习党的路线、方针、政策。每次党的重要大政方针公布后，我们均发出学习通知，尽快传达贯彻，以使委员更好地知情出力。邓小平同志视察南方重要谈话发表后，我们召开六届十二次常委会学习，围绕解放思想，加快改革开放和经济建设步伐，联系思想和政协工作实际，深入座谈讨论，提高了认识。中共十四大召开后，我们又召开六届十三次常委会，传达会议文件，联系实际进行了讨论，并就组织委员学习进行了认真部署。

通过学习，使委员和各界人士认识到建设有中国特色社会主义理论是马克思列宁主义基本原理与当代中国实际和时代特征相结合的产物，是毛泽东思想的继承和发展，是全党全国人民智慧的结晶，是中国共产党和中国人民最可珍贵的精神财富。通过学习，进一步解放了思想，逐步改变了头脑中旧思想、旧观念的束缚，使思想不断适应变化了的新形势和社会主义市场经济的要求，创造性地开展工作；认识到党的十一届三中全会以来的经验，集中到一点，就是毫不动摇地坚持以建设有中国特色社会主义理论为指导的党的基本路线，牢固树立以经济建设为中心的思想，夺取了经济建设的新成就。中共十四大提出坚持党的基本路线一百年不动摇，就是说要坚持以经济建设为中心一百年不动摇，目前要抓紧建立社会主义市场经济，为实现90年代改革和建设的战略目标而奋斗；认识到在改革开放和经济建设中人民政协具有其他组织不可替代的作用，政协委员的职责光荣而艰巨，要增强为经济建设服务意识，积极投入到经济建设的主战场。思想的更新，提高了委员贯彻执行党的路线、方针、政策的自觉性，也为充分发挥协商、监督职能作用奠定了良好的思想基础。

二、积极履行协商、监督基本职能，推进党政决策的科学化、民主化

人民政协是具有统战性质的协商监督组织，在为经济建设服务中，只有充分发挥好政治协商、民主监督的主要职能作用，才能突出特点，显示自身的价值。三年来，我们牢牢把握政协工作的这一特点，本着协商不决策，监督不指挥，咨询不包办，出力不越位的原则，使协商、监督的内容、形式和制度上有了新的发展。一是集中精力开好例会。本届共举行了3次全委会、16次常委会、40次主席会和各种形式的座谈会、专题工作会。我们把发展经济作为会议的主要内容，并注重选准会议议题，会前做好准备，保证与会人员充分发表意见，使例会成为参政议政的主渠道。每次全委会都安排大会发言，常委会邀请党政领导通报情况，听取意见，为委员知情出力创造了条件。1990年第四季度，针对我县国民经济和社会发展“八五”计划，我们召开主席扩大会，组织委员论证，提出11个方面的修改意见；1991年又围绕“八五”计划及十年规划（草案）举行座谈会，提出八条建议，这些意见和建议大都被县委、县政府采纳。二是政协主席、副主席分别列席县委常委会、人大常委会、县长办公会，参加县委、县政府组织的重要活动，参与重大事务的决策和领导；全委会列席县人代会，对全县国民经济及社会发展和其他大政方针进行协商讨论；乡镇政协工委正副主任、政协机关科室负责人参加党委、政府的有关会议。我们抓住这些参与机会，对全县政治经济及群众生活中的重大问题提出了可行的意见、建议，为制定经济政策，实行宏观调控，推动全县经济建设起到了积极作用。三是专题调查和视察工作进一步深化。调查研究是发挥好职能作用的基础，我们围绕全县的经济工作和群众关心的重大问题每年都开展几项重点专题调查，做到选题准，具有超前性，认真组织实施，切实发挥调研成果作用。例如，1990年，我们围绕推进耕作制度改革，组织力量调查了8个乡镇，形成了《关于继续推进耕作制度改革，搞好秋种工作的几点建议》，县委转发全县。1991年围绕农村社会化服务问题，我们印发调查提纲，组织委员深入部分乡镇的村户调查，召开乡镇及县直有关部门负责人座谈会，形成的《关于全县农村社会化服务问题的调查报告》，县委以〔1991〕44号文件印发，地委向全区作了转发。关于全县农村卫生工作的调查报告，引起省政协的重视，作为典型材料上报全国政协。1992年为开发我县旅游事业，我们对全县名胜古迹及有关情况作了多方位调查，写出了《关于开发我县旅游业的调查报告》。报告中概括了我县文物古迹的现状及丰富内涵，阐述了开发旅游业的重要性、迫切性和有利条件，向县委、县政府提出5条建议，为发展我县旅游事业提供了较为全面合理的参考意见。三年来，我们共进行了15项重点调查研究活动，写出了有价值的调查报告。委员视察是政协委员参政议政的重要形式，我们本着“小型、专题、节约、实效”的原则，积极组织委员进行活动，做到视察前搞好题目选择、思想动员、组织准备工作，视察中推动委员独立思考，从不同角度提出看法和意见，视察后做好追踪和落实。1991年，我们在视察大布、安乐镇、阿城的乡镇企业后，提出饲养业要搞好防疫、重视产品质量和效益、搞好技术改造和产业产品结构调整的三项建议，并向县委、县政府主管领导汇报反映、督促落实，促进了全县乡镇企业的发展。去年年底，我们会同县政府、教育局对一中、二中、三中、四中、农业中专和实验小学集资建校情况视察，通过听、看、访、议，在视察报告中向县委、县政府提出推进城市学校改貌工作的三项措施，有力地推动了校貌改革。四是认真抓好提案工作。搞好委员提案工作，是委员行使协商监督的一条主要渠道。我们在认真总结经验的基础上，进一步改进和加强这项工作。政协机关建立了提案信访科，制定了提案委员会工作简则，建立了提案情况通报会，提案交办会、提案承办对话会、提案落实汇报会等会议制度，实行了提案征集审理、编号、登记、交办复文、立卷归档和反馈等一系列规章制度。1991年采取政协分管领导带领办案人员与提案人、承办单位、有关部门“三见面”的工作方法。1992年协助县政府实行县长按照分工抓提案、严把质量关的措施，使委员提案办复质量高，进度快，受到了地区政协工委的通报表扬。六届一次会议以来立案的471件提案全部办复完毕，75%得到落实。去年的175件提案，仅用了20天就办复完毕。当林业局接到关于“加强枣树管理理，提高大枣产量”的提案后，立即召开会议研究，采取举办广播电视讲座、向农民讲授枣树病虫害防治知识、定期向农民发放枣树病虫害防治知识资料、组织枣树多的乡镇成立枣树病虫害防治专业队四项得力措施，控制了枣树病虫害的发生，《聊城日报》《联合周报》均作了报导。为更好地发挥职能作用，我们还推动有关部门，聘请了9名非党政协委员担任兼职监察员、检察员、审计员和教育督导员，积极发挥他们的作用，切实保证了委员行使民主监督的权力。

三、抓住经济工作重点，广泛开展服务活动

经济建设是一切工作的中心，我们运用政协人才汇集的优势，紧紧服从和服务于这个中心，努力形成“宏观抓大事，微观搞服务”的工作格局。根据县委安排，政协领导分别参加了棉花、林业、水利、计划生育、村级规范化管理、城内规划等中心工作的领导，并以翟庄、安乐镇、西湖三个乡镇为联系点，较好地帮助其完成了各项任务。政协机关每年下派包村工作组，积极工作，成绩突出。去年派往翟庄乡八里桥村工作组帮助该村建立健全规章制度，修建桥涵，解决长期存在的民事纠纷，受到群众的拥护和县委的多次表扬。为发展工农业生产，我们积极牵线搭桥，多次专程赴外地联系项目和原料，引进技术。政协领导按照县委挂一个厂的分工，联系机械厂，做到了出主意，想办法，协助他们解决资金问题。当该厂液化石油气钢瓶产品通过省技术鉴定，发放生产许可证后，我们帮助组织新闻发布会，并撰稿在《聊城日报》《聊城科技报》上宣传，提高了该厂的知名度和声誉，促进了生产的发展。政协分管领导组织委员举办经济管理人才培训班，参与农业技术开发和咨询服务，都取得了明显效果，我们去年应邀参加了齐河县政协举办的小麦高产新品种观摩联谊会，推动金斗营、高庙王乡引进“双抗”小麦新品种5万多斤，为两乡的高亢沙碱瘠薄土地的粮食增产提供了保证。我们推动委员强化为经济建设服务意识和参与意识，立足本职，面向社会，积极开展智力开发，技术培训和咨询服务，争先创优，做出了突出成绩。不少委员年年被评为先进工作者，有的还光荣地被授予全国、省、地、县的荣誉称号。

四、文史资料、海外联谊、宣传工作成绩显著

文史工作是政协工作的重要组成部分。三年来，我们认真贯彻全国、全省文史工作会议精神，遵循实事求是，广征博采和重点抢救的原则，运用专业和社会力量相结合，积极向乡镇延伸，抓好经济、科技、文化、教育、民族宗教史料的征集，突击抢救全国解放前、新中国成立初期和老字号史料，注重向中国港澳台地区及海外征稿，共征集各类史料72篇、72.6万字，累计532篇、185.3万字，编印了《阳谷文史资料》第21辑。在查阅大量材料的基础上，编辑出清初翰林《刘琰诗文校注》，已交出版社审稿出版。

以我们为主，参与了由地区牵头，本会、临清政协和聊城师院关于《王伦起义史料》一书校勘编辑工作，该书也将正式出版。我们通过多种渠道发行文史书刊3000册，居全区发行数量之首，受到地区政协工委的表扬。我县文史工作还与省内外100多个县市交流资料，保持联系。文史资料工作的积极开展，不仅为文艺创作、地方史志提供了重要资料，也在社会主义和爱国主义教育、发展壮大爱国统一战线中产生了较好的社会效益。

统一祖国，振兴中华，立足国内，面向海外，搞好“三胞”联谊，一直是政协的重要任务。我们多次举行侨台属委员座谈会、茶话会，接待了政治上有影响，经济上有实力的侨台胞。宣传祖国改革开放和经济建设的大好形势，介绍家乡的巨大变化与我县的优惠政策，激发了他们思乡爱国之情。

为扩大政协工作的影响，我们加强了宣传工作，召开有关部门参加的政协通讯工作座谈会，制定计划，发挥政协机关通讯报道组、乡镇政协工委的作用，在省地以上报刊发表25篇文章，运用广播、电视等形式及时报道政协的重要会议和重大活动。应广大诗词爱好者的要求，我们于1991年组建了阳谷诗社，广泛联系着阳谷籍文化界、教育界的知名人士，来稿数量越来越多，质量越来越高，已出版2期诗刊，共4000余册，成为阳谷和全区影响面较大的具有统战性质的文学社团组织，《聊城日报》《联合周报》均作了报导。我们继续加强政协的横向联系，坚持与省内外县市政协互赠资料，先后接待了20多个县市政协的来访，十几次赴外地学习考察，联络了感情，增进了友谊。

五、加强自身建设，工作效率明显提高

加强自身建设，努力提高政协各机构和机关干部的政治思想和业务素质是新形势下政协工作的客观需要。三年来，我们始终不断加强机关自身建设。一是加强思想建设。我们认真组织机关干部职工学习马克思列宁主义、毛泽东思想，学习邓小平同志具有中国特色社会主义的理论和党的改革开放政策，学习邓小平同志视察南方重要谈话和中共十四大精神，积极参加社会主义教育活动及其他政治活动，政协机关每周定期学习，人人建立学习笔记，使机关思想教育和政治学习走上了规范化、制度化；为提高政协干部思想素质和工作能力，我们采取组织干部培训、到基层锻炼等方法，提高了干部职工做好政协工作的自觉性。二是加强组织建设。我们建立健全了学习、提案、文史资料、经济科技、文教卫生、祖国联谊6个专门委员会，以及办公室、宣传联络科、文史科和提案信访科，配齐了中层干部，增加了适量工作人员，加强后勤工作，制定了机关全年工作计划，建立健全岗位责任制和各项规章制度。

在县直机关建立了14个政协委员小组。按照地区政协工委要求，在全县21个乡镇建立了政协工作委员会，制定出乡镇政协工作条例和乡镇政协工委年终考核试行办法，推动了各乡镇政协工委抓中心、带业务，在乡镇各项工作中发挥了重要作用。三是加强作风建设。政协领导经常带领人员深入基层调查研究，了解基层和委员参政议政的情况，倾听各种意见、建议和批评，及时反映和帮助解决问题，政协机关科室经常与委员加强联系，完善了委员信访和接待制度，进一步加强了政协机关同政协委员及社会各界人士的联系。四是政协机关办起经济实体。为适应经济发展的需要，我们去年四月到东阿、冠县、临清、河北威县四个县市政协学习办经济实体的经验，经过充分的准备和考察，于五月建立起“阳谷县三胞联谊服务中心”，下设橡塑制品厂、龟山珠绣厂和熔铸厂。该中心按县属企业管理，从政协机关中选配了经理和有关人员，制定出《关于阳谷县三胞联谊服务中心几个问题的暂行规定》及有关规章制度，积极开展生产经营，初见成效。实践证明，政协机关办实体，有利于发挥自身优势，有利于增强服务功能，也为机构改革、人员分流创造了条件。由于我们注重机关自身建设，政协机关团结一致，工作效率明显提高，机关支部也被选为模范党支部，受到县委的表彰。

总之，在过去的三年里，我们的工作有了新的发展，取得了一定成绩，这些成绩的取得，是在中共阳谷县委的领导下，全体委员和机关工作人员共同努力的结果，也是我县党政有关部门和各界人士大力支持和帮助的结果。在此，我代表县政协六届委员会常务委员会，向大家表示衷心的感谢！在总结成绩的同时，也要看到，我们的工作仍有不少差距，主要是我们的思想认识还不能够完全适应新形势的需要，缺乏敢闯敢冒的精神，协商多，监督少，开展服务活动不深入，所有这些都要在今后工作中加以改进。

各位委员、各位同志：今年是全面贯彻落实中共十四大精神的第一年，做好今年的工作至关重要，在新的一年里，我们新的一届委员会，要在邓小平同志建设有中国特色社会主义理论和党的基本路线指导下，深入贯彻中共十四大精神，围绕改革开放，发展经济，积极履行基本职能，深入开展服务活动，为振兴阳谷经济，促进“两个文明”建设，推进祖国统一做出新贡献。为此，提出如下工作意见：

1. 认真学习贯彻中共十四大精神，提高委员的政治素质和参政议政水平。我们要适应新形势新任务的需要，组织委员、各界人士继续认真学习邓小平同志视察南方重要谈话和中共十四大精神，并与学习马克思列宁主义、毛泽东思想、党的各项方针政策、时事政治结合起来，与我县实际结合起来，使委员在思想上冲破过去长期以来形成的自然经济、产品经济、小农经济思想的束缚，把思想统一到中共十四大精神上来，自觉地为建设有中国特色的社会主义服务。只要有利于发展社会生产力，有利于增强社会主义国家的综合国力，有利于提高人民群众的生活水平，就要大胆地闯，大胆地干，大胆地试。

2. 进一步发挥政治协商、民主监督职能作用。我们要在总结以往协商监督工作的基础上，努力做到想全局、议大事，克服协商多、监督少，协商监督就事论事、拾遗补阙的旧框框，围绕县委、县政府工作的重点，关系改革和建设的难点，群众关心的热点问题，认真协商讨论，献策献计，为县委、县政府正确决策提供可靠的信息与依据。要集中精力抓好全委会、常委会、主席会议，真正把例会作为参政议政的重要渠道。调查研究工作既要做到选题准，针对性和实效性强，又要向专题化、系列化发展，注重专题研讨，提出高质量、深层次的见解。要搞好委员举报和来信来访工作，进一步发挥特约监察员、检察员、审计员和教育督导员的作用，发挥各专门委员会的职能作用，力求在协商、监督两个方面都有新发展。

3. 更加紧密地围绕经济建设开展工作。我们要进一步增强为经济建设服务的意识，组织和推动委员，投入经济建设的主战场。要为建立社会主义市场经济，发挥政协联系面广，人才汇集的优势开展智力开发、技术培训、咨询服务等活动。通过加强海外联谊工作，搞好“三引进”。全体委员要牢固树立市场经济意识，在科技种田、文明经商、提供信息等方面做些实实在在的工作，有条件的可领办和创办经济实体，发挥模范带头作用。鼓励推动委员在各自的岗位上要履职尽责，争先创优，注意发挥政协整体功能，更好地为经济建设服务。

4. 广泛团结各界人士、各个方面，巩固和发展安定团结的政治局面，保持稳定的社会环境是发展经济的基本前提。做好团结稳定工作是政协工作的重要内容。我们要加强与各界人士、各个方面的联系，发挥团结协作功能，通过举行座谈会、通报会、走访谈心，沟通思想，增进共识，努力为改革开放、发展经济创造一个良好的环境。

5. 继续抓好政协机关自身建设。为适应新形势，把政协工作提高到一个新水平，必须继续抓好政协机关建设。组织政协机关工作人员和乡镇政协的同志加强学习，提高政治及业务素质；牢固树立为委员服务，为统战工作服务，为党的中心工作服务的指导思想，针对换届后乡镇的政协工委领导班子变动大的情况，抓好乡镇政协工委主任的培训，以适应工作任务的需要；要进一步完善岗位责任制和各项规章制度，加强后勤工作，做好接待和服务，认真履行职责，搞好团结与协作，不断提高工作效率，要在机关工作人员中，大力提倡团结、务实、廉洁、奉献的精神，保证政协工作的顺利进行；要解放思想，总结经验教训，遵循围绕服务办实体，办好实体促服务，搞好服务促发展的原则，加大措施把实体办好，为繁荣我县经济做出应有的贡献。

各位委员、各位同志：今年全党和全国人民最重要的任务，是要积极、全面、正确地贯彻落实中共十四大精神，夺取改革、开放和现代化建设的更大成就。我们人民政协在贯彻党的总路线，实现党的总目标中负有光荣的历史使命，任务艰巨，责任重大。让我们在中共十四大精神的指引下，在中共阳谷县委的领导下，继续高举社会主义、爱国主义旗帜，认真贯彻“长期共存、互相监督、肝胆相照、荣辱与共”的基本方针，同心同德，艰苦奋斗，为夺取改革开放和经济建设的新胜利，为统一祖国，振兴中华做出新的贡献。

谢谢大家！

总结经验，积极进取，努力开创政协工作新局面

（1998年2月13日在政协第八届阳谷县委员会第一次会议上的报告）

副主席 仝绪启

各位委员：

现在，我受政协阳谷县七届委员会常务委员会的委托，向大会作工作报告，请予审议，并请列席会议的同志提出意见。

政协阳谷县委员会八届一次会议是在全县人民深入贯彻中共十五大精神，各项工作全面取得进步的新形势下召开的一次大会，这是全县人民政治生活中的一件大事。大会的指导思想是：高举邓小平理论伟大旗帜，认真贯彻中共十五大精神，总结经验，积极进取，在中共阳谷县委的领导下，开创政协工作的新局面。

一、过去五年的政协工作

政协阳谷县第七届委员会，今年已五年届满。自1993年3月举行第一次会议以来，七届阳谷县政协走过了不平凡的五年，这是我县政协工作开拓进取卓有成效的五年。在中共阳谷县委的领导和上级政协的指导下，在政府的大力支持和有关部门的密切配合下，我们认真贯彻党的各项方针政策，紧紧围绕全县的中心工作，积极履行政治协商、民主监督、参政议政职能，在许多方面都取得了瞩目的进

展和显著的成绩。

（一）学习宣传工作不断深入。加强学习，是人民政协的光荣传统，是认清形势、辨别方向、统一思想、增加共识的关键，也是做好人民政协工作的前提和保证。因此，几年来我们一直把学习放在政协工作的首位，做到精心组织、全面安排、联系实际、突出重点，不断总结经验，改进学习方法，努力提高学习效果。我们建立了学习委员会和24个政协委员学习小组，制定学习意见，提出学习要求，编印了学习材料，为各位委员征订政协报刊6000余份。组织委员参加各种会议，认真学习会议精神。政协领导和机关人员参加了全国、省、地、县的培训班。我们强调加强自学，联系实际，学以致用，认真交流学习经验，提高了学习效果。几年来，我们组织委员学习了邓小平理论、统战理论、政协知识，以及香港基本法有关法规，中共十四大和四、五、六中全会文件，学习讨论了江总书记的重要讲话和李瑞环主席关于政协工作的讲话。学习贯彻中共十五大精神是去年下半年以来的主要任务，我们召开主席会、常委会，认真学习了中共十五大报告，并结合政协工作实际，部署了学习贯彻中共十五大精神的意见。我们还在政协机关和委员中开展了向孔繁森等模范人物学习的活动。

通过学习，大家进一步解放了思想，更新了观念，增强了对改革、发展、稳定等一系列重大问题的共识，提高了贯彻执行党的基本路线的自觉性，增强了做好新形势下人民政协工作的光荣感、责任感，为政协工作的开展奠定了坚实的基础。

政协的宣传工作是党的宣传工作的重要组成部分。做好政协宣传工作，对于扩大政协的影响，提高政协的声誉，促进政协工作的开展具有重要的作用。我们在宣传舆论工作上，下了很大的功夫。密切了与新闻单位的关系，充分利用会议、报纸、电视、广播等媒介，对本届政协5次全委会、29次常委会、50次主席会，几十次委员调查、视察、座谈活动做了宣传报道。组织召开了关于贯彻全国政协《政协全国委员会关于政治协商民主监督参政议政的规定》、庆祝政协成立45周年等规模较大的宣传工作会议十多次。对政协的地位、性质、作用和我县政协工作进行了广泛的宣传，加深了各界对政协的认识。县政协3名领导，在电视台做了关于学习《中国人民政治协商会议章程》的电视讲话。我们搞了“委员风采”专栏，对我县十二名模范委员的事迹，在电视上做了报道。我们组织人员，用半年多时间，对我县陈明诰、吕寻林、徐怀谦、刘学景等十名政协委员的事迹进行整理，被地工委《委员写真》一书收录。五年来，在全国、省、地各类报刊上发表反映委员的事迹和我县经济社会发展大好形势的文章100多篇。1996年，

《人民政协报》专版刊载了我县县委书记、县长、政协主席的署名文章，以及我县电缆、超凡集团等六大企业发展情况，向全国和海外介绍了阳谷，提高了阳谷的知名度。

（二）例会质量有了明显提高。政协例会是政协履行职能，开展工作的重要渠道，因而我们十分重视提高例会的质量。本届共举行了5次全委会议、29次常委会议、50多次主席会议和多次各种形式的座谈会、专题工作会议。会议坚持规范程序、突出重点、增强针对性、提高实效和质量的原则，并注重选准会议议题，会前做好准备，保证与会人员充分发表意见，使例会真正成为参政议政的主渠道。每次全委会议期间，除组织好委员听取政府工作报告和其他报告，进行协商讨论外，还根据需要安排了大会发言，增强了政协履行职能的力度。政协常委会议，做到会前精心确定议题，并坚持邀请县委、县政府主要领导和有关部门负责人参加，通报情况，听取意见，为委员知情出力创造条件。政协例会坚持抓大事、议大事，紧紧围绕全县的工作中心和群众关心的热点难点问题建言献策。先后就全县国民经济和社会发展计划、工农业生产情况、我县“九五”规划及2010年远景目标、精神文明建设、科技教育等重大问题进行了广泛的协商，提出了大量的意见和建议。许多意见和建议被县委、县政府及有关部门采纳，发挥了重要作用。

（三）调查视察力度逐步加大。调查研究是提高参政议政质量的基础性工作，我们一直把调查研究作为政协工作的“重头戏”来抓，围绕全县经济建设的宏观问题，促进经济和社会发展的重大问题，以及人民群众普遍关心的热点问题，开展调查研究。几年来，我们分别以“农村产业结构调整”“发展农业科技”“加强林果管理”“发展多种经营”“完善农村社会化服务体系”“发展个体私营经济”“搞好棉花生产”“减轻农民负担”“加强企业管理”“农村移风易俗”“农村卫生医疗事业”“文化市场管理”“加强土地管理”等为专题，由政协领导牵头，吸收政协委员、有关部门领导、科技人员参加，组成调查组，深入农村、工厂、企事业单位，开展广泛深入地调查，写出了近20篇调查报告，多数被县委、县政府采纳，有的被批转全县，形成县委政府的文件。我们搞的“农村产业结构调整”和“发展个体私营经济”的调查报告被地委采纳，转发全区。我们搞的“农村医疗卫生工作”和“农村科技工作”的调查报告，分别被卫生部与农业部采纳。1997年，我们安排21个乡镇的政协工委，组织政协委员，就本乡镇的某些方面，开展了调查视察，写出了30多篇调查报告，县政协将其综合，送到县五大班子和有关部门，这是我县政协有史以来规模最大的一次调查视察活动。我们的调查视察工作，受到了党委、政府的充分肯定，对我县有关的方面和工作，起到了积极的作用。

（四）提案工作成效显著。委员提案是政协履行职能的重要渠道。我们坚持以提高提案质量和办理质量为目标，做了大量工作，较好地发挥了提案在参政议政中的作用。七届一次会议以来，共收到委员提案814件，到目前为止，已有700件提案得到了落实。在提案工作中，我们注重提高提案质量，组织委员搞好调查研究，提出有情况、有分析、有建议的提案，力争使提案为党政部门和有关单位的科学决策起到重要的参谋作用。努力提高办案质量是提案工作的重要环节。为了搞好这项工作，我们对提案审理、选编、交办、催办、反馈等环节，制定了具体的制度，健全和完善提案交办、办理、办复的工作程序，形成了提案办理的规范化、制度化。通过办理这些提案，有力地促进了全县物质文明和精神文明建设，取得了明显的经济效益和社会效益。如“开发景阳冈，发展旅游业”“关于保护耕地”“关于制止三乱”“关于搞好城市建设”和“大力发展个体私营经济”等问题的提案，这些提案得到县委、县政府和有关部门的高度重视，委员所提意见被采纳，所反映的问题基本上得到了解决，受到广大人民群众的称赞。

（五）文史工作取得进展。政协的文史资料工作是政协工作的重要组成部分，是开展统一战线工作的有效形式。我县政协文史工作，高举爱国主义旗帜，坚持实事求是原则，突出文史资料的“三亲”（即：亲历、亲见、亲闻）和“三性”（即：统战性、史料性、可读性）的特点，开拓进取，勤奋工作，在统战政协工作中和“存史、资政、团结、育人”方面产生了广泛的社会影响。五年来，共征集了《刘琰诗文校注》《闻见实录》《儆世漫言》《方泉文集》《民初侠影》《汤显祖与阳谷》等多篇近百万字的历史文化方面的资料。编辑出版了《刘琰诗文校注》《王伦起义史料》《阎锡山军阀揭秘》三部高质量、高品位，并具有较高学术价值的书籍。荣获聊城地区精神文明建设精品工程奖。《王伦起义史料》出版后，地区政协工委专门召开了新闻发布会，《大众日报》、《联合日报》、《聊城日报》、聊城电视台等单位作了报道。《汤显祖与阳谷》即将出版。我们还给上级有关部门提供了十几篇文史稿件。文史刊物和资料的发行工作在全区名列前茅。我们先后被省、地政协评为文史工作先进单位。此外，我们重视搞好文史交流，与全国10省、市近200个县、市保持联系，对搞好我县的文史工作起到了积极作用。

（六）反映社情民意工作有了新突破。反映社情民意，是坚持群众观点，充分发扬社会主义民主的重要体现，是全国政协开辟的一项新工作。

因而我们十分重视这项工作，把它当成重要工作来抓。为广泛深入地反映社情民意，我们发挥委员的主体作用，密切政协委员同群众的联系，深入了解民情、民意。运用政协的例会、调查、视察、座谈、走访等形式，利用提案、建议案、简报、信件等渠道，广辟信息来源。我们创办了《政协委员之声》，及时、迅速、准确地将收集的社情、民意刊载，送到县五大班子领导和有关部门。目前已印发了《政协委员之声》17 期。我们反映社情民意的工作，对各级党委和政府体察群众情绪，掌握实际情况，做出体现人民群众愿望的决策，起到了积极的作用。

（七）“两化”建设日趋规范。九五年，全国政协制定了《人民政协政治协商、民主监督、参政议政的规定》，对各级政协政治协商、民主监督、参政议政的目的、内容、方式方法都做了明确的规定，实现了政协履行职能的规范化、制度化。对全国政协的规定，中共中央以正式文件批转全国。省政协和省委也都下达了贯彻意见。根据中共中央、省委和全国政协的意见，我县政协制定了《政协阳谷县委员会关于政治协商、民主监督、参政议政的规定》，县委以〔1995〕62 号文件批转全县。对此，我们召开会议进行了学习贯彻，在广播电视上进行了集中报道，使我县的协商监督、参政议政在规范化、制度化方面迈出了可喜的一步。我们注重把实现政协工作的规范化、制度化与具体工作结合起来，制定了具体的工作制度。如各种例会制度、政协各工作委员会制度、组织委员学习视察制度、接待处理委员来信来访制度、督办委员提案制度以及乡镇政协工委责任目标考核细则和政协机关目标考评方法等制度。政协履行职能的规范化、制度化，克服了政协工作的盲目性和随意性，有效地促进了政协的工作。

（八）联谊活动更加广泛。人民政协是统一战线组织，搞好联谊交友、促进团结是政协的重要任务之一。五年来，我们这项工作不断得到加强。县政协同乡镇工委、政协委员保持着密切的联系，及时听取委员和他们所在的界别群众的意见及要求，帮助解决一些实际问题，缓解了许多矛盾，密切了党群干群关系。我们同全国200 多个县市政协保持着密切联系，交换材料、文史资料，沟通信息，增进了解，促进工作。我们组织政协机关人员和部分政协委员到九省十八个县市参观学习，并热情接待了十省、二十多个县市政协和各界人士四百人次的来访，把它作为学习外地经验与介绍阳谷的良机，收到交流经验、增进友谊、联络感情的良好效果。我们加强了海外联谊。多次召开侨台属委员座谈会，在侨台属委员中开展“三个一”（即：发一封信、提供一条信息、引进一个项目）活动，邀请和热情接待了“三胞”亲属，向他们宣传江泽民同志关于推进祖国统一进程的八项主张，介绍家乡的巨大变化，增进了他们的爱国爱乡之情，鼓励他们为建设祖国和家乡多做贡献。去年，我们召开了“迎香港庆回归”座谈会，激发了委员的爱国热忱，坚定了祖国统一的信念。

（九）服务中心，积极主动。围绕中心，搞好服务，是人民政协开展工作的基本原则。五年来，我们本着求实务实的精神，注重办实事，积极参与了我县的中心工作。政协主席、副主席分别列席了县委常委会、人大常委会和县政府有关重要会议，参与了我县一些重大问题的讨论决策。政协领导参与了县委“六个一”（即：一个县级干部带一个局级干部、包一个乡镇、挂一个企业、联系一个村、抓好一个产业）工程的工作。直接参与领导了城建、政法、教育、计划生育、水利、林业、秋种、旅游业等项工作，发挥了积极的作用。政协机关下派工作组，努力工作，完成了各项工作任务。各乡镇政协工委的同志积极配合所在党委、政府的中心工作，努力拼搏，积极进取，有力地促进了各项工作的开展。各位政协委员除了参加政协统一组织的活动外，都坚持在本职工作岗位上建功立业，争先创优，做出了突出成绩。几年来，有80多名政协委员被地、县评为先进工作者、先进个人等荣誉称号。有的被授予全国和省先进个人等荣誉称号。委员的良好表现得到社会的公认和各级领导、部门的好评，为促进我县经济快速持续发展和社会的全面进步做出了突出成绩。

（十）自身建设进一步加强。加强自身建设，努力提高服务水平，是搞好政协工作的前提。我们始终把政协的自身建设当成大事来抓。加强学习，健全制度，努力提高委员的整体素质，保持和发扬政协的优良传统和作风。除此之外，我们还及时把在政治上有觉悟、群众中有基础、经济上有头脑、社会上有声望、专业上有特长，在我县具有代表性和做出突出成绩的模范人物吸收到政协中来，提高政协组织的整体水平。政协机关建设是保证政协工作顺利开展的关键。我们围绕“为政协委员服务，为统战工作服务，为党的中心服务”这一目标，加强了政协机关的思想、组织和作风建设。组织机关干部认真搞好学习，积极参加全县社会主义教育活动和其他政治活动。政协机关建立了学习制度，工作制度、组织生活制度、后勤制度以及对机关工作人员实行“德、能、勤、绩”的百分考核制度等。通过加强政协机关建设，极大地提高了全体工作人员的积极性，出现了比学习、比工作、比成绩的新局面，保证了政协各项活动的顺利开展。政协机关每年都有多名同志被评为全县和政协模范党员、先进工作者。机关党支部被评为模范党支部，多次受到县委的表彰。政协办公室被地区评为全区政协系统先进集体。

回顾五年的工作，我们深深感到，上述成绩的取得，是在阳谷县委的正确领导下，全体委员齐心协力、团结奋斗的结果；也是与几大班子的支持和社会各方面的积极配合分不开的。在此，我谨代表阳谷县政协七届委员会，向关心、支持政协工作的党政领导、有关部门和社会各界朋友们，表示衷心的感谢！

李瑞环同志指出，总结经验是推动工作的重要方法，任何一项工作要想不断地提高，必须坚持及时总结，发扬成绩，纠正错误，深化认识。几年来，我县政协工作有了新的发展，也积累了一些基本经验。概括起来有以下几点：第一，高举邓小平理论伟大旗帜，坚持正确的政治方向，这是政协工作的灵魂。人民政协工作是党和国家整个事业中重要的一部分，必须以邓小平理论为指导。邓小平同志对人民政协工作有一系列的重要指示和论述，是邓小平理论的重要组成部分，是新时期人民政协工作的指南。要确保政协工作沿着正确的方向不断前进，就必须始终坚持用邓小平理论指导政协工作。第二，党委的领导和政府的支持是政协履行职能的保证。政协工作是双向行为，必须依靠党委的领导，依靠人大政府的支持，依靠社会各方面的积极配合，造就政协工作的良好环境。这是我们通过工作实践得出的基本结论。第三，坚持服从大局和服务中心，把政协工作同全县的工作融为一体，才能有效地发挥作用。总结几年来的经验，政协工作什么时候与全县的工作中心结合得好，政协发挥的作用就大，政协各项工作就前进。这是全体政协委员都必须把握好的一条基本经验。第四，加强政协自身建设，努力提高整体服务水平，是搞好政协工作的关键。几年来，我县政协工作之所以能取得好的成绩，是我们加强自身建设的结果。没有高素质的政协队伍，是很难搞好政协工作的。因此我们还需要在今后工作中加强政协机关的思想、组织和作风建设，以保持政协的生机与活力。第五，努力推进履行政协职能的规范化、制度化，是克服政协工作盲目性、随意性，确保政协工作有序健康开展的基本措施。如果说，过来“两化”建设有效地推动了政协的工作，那么今后我们更要把“两化”建设放到重要位置，认真总结经验，深入探索规律，不断完善制度，进一步提高履行职能的水平。

五年来，我县政协工作虽然取得了一些成绩，但与新形势、新任务的要求相比还有一定的距离。在结合我县县情，加大履行职能力度方面，在发挥各专门委员会和政协委员的主体作用方面，在适应改革开放新形势，探索政协工作新路子，创造新经验等方面还有很多不足之处，这些问题有待于在今后的工作中，努力加以解决。

二、以党的十五大精神为指导，开创政协工作的新局面

各位委员，今年是全面贯彻落实中共十五大精神的第一年，做好今年的工作至关重要。在新的一年里，我们新的一届政协委员会，要在邓小平理论和党的基本路线指导下，深入贯彻中共十五大精神，围绕改革开放，发展经济，积极履行基本职能，努力维护团结稳定的政治局面，积极促进我县“两个文明”建设的健康发展。为此，提出如下工作意见。

1. 继续贯彻学习中共十五大精神，牢牢把握政协工作方向。我们要适应新形势新任务的需要，组织委员、各界人士深入学习贯彻中共十五大精神。学习贯彻中共十五大精神，要重点学好邓小平理论。要把学习邓小平理论同学习马克思列宁主义、毛泽东思想和党的各项方针政策结合起来，同学习党的统战政策和政协知识结合起来，努力提高理论水平。学习贯彻中共十五大精神，要突出政协特色，就是要充分发挥政协优势，做好中共十五大精神与政协工作结合的文章。充分发挥人民政协自我学习、自我提高的优良作风，把广大政协委员和各界人士的思想统一到中共十五大精神上来，把各方面的力量凝聚到实现中共十五大确定的各项任务目标上来，这是我们面临的头等重要的大事。

2. 努力推进“两化”建设，提高履行职能的成效。中共十五大报告指出“要继续推进人民政协政治协商、民主监督、参政议政的规范化、制度化”，反映了党中央对政协工作的高度重视，为我们进一步做好政协工作指明了方向。我们要紧紧围绕改革开放和经济建设以及新形势下政协工作的实际，不断加强政协的“两化”建设。围绕县委、县政府提出的各项战略任务，积极献计出力，提高政治协商的质量，扩大民主监督的效果，拓展参政议政的领域，使“两化”建设再上新的台阶。

3. 积极反映社情民意，充分发挥政协的桥梁纽带作用。江泽民同志在中共十五大报告中指出：“要逐步形成深入了解民情、充分反映民意、广泛集中民智的决策机制，推进决策科学化、民主化，提高决策水平和工作效率。”这对政协发挥优势，反映社情民意，积极参政议政提出了要求。我们要发挥政协联系面广，代表性强，包容性大的特点，深入群众，同广大人民群众做知心朋友，广泛地听取他们的意见、要求和呼声，利用各种形式向县委、县政府提出意见与建议，使政协真正成为党和政府同人民群众联系的桥梁及纽带。

4. 搞好调查研究和提案工作，积极参政议政。目前，我县的改革建设正处在攻坚阶段，我们既面临着严峻的挑战，更面对着前所未有的有利条件和机遇。我们要围绕全县的中心工作，按照“议大事、抓重点、办实事、讲实效”的工作思路，围绕转换经济体制、调整所有制结构和产业结构、转变经济增长方式，促进企业发展、发展非公有制经济和加强农业基础地位等重大问题，开展调查研究，积极参政议政。要进一步提高提案质量，加强提案办理，使提案真正成为政协履行职能的重要渠道。

5. 加强委员联系，切实发挥委员的主体作用。我们要牢固确立委员是政协工作主体的观念。政协的优势在委员中，政协的工作要靠委员来做，政协履行职能要通过委员的活动来实现，政协要成为“党团结各界的重要渠道”，也要依靠委员来发挥作用。所以要做好政协工作，就必须首先做好委员工作，我们要把发挥广大委员的主体作用放在开展政协工作、发挥政协作用的根本立足点上去思考、去开展工作。加强与委员的联系，把走访委员作为一项经常性的工作，了解情况，征求意见，增进与委员的感情交流。我们的任务就是千方百计地创造条件，想办法使委员高质量地去履行职能。各位委员的自身工作要做到位，要密切联系自己所代表的群众，充分反映各方面人士的呼声和建议，热情宣传党的方针政策，踊跃参加各种社会活动，认真履行职能。要干好本职工作，遵纪守法，多做贡献，维护政协委员的光辉形象。

6. 突出时代特色，搞好文史工作。我们要认真贯彻省、地政协文史工作会议精神，突出时代特点，使文史工作为“两个文明”建设服务。要以李瑞环主席“文史工作大有可为”的指示精神激励自己，总结经验，发扬传统，搞好文史资料的收集、整理和编辑工作。近期要积极完成山东省政协新中国成立后史料近中期专题协作规划所布置的任务，完成我县文史资料专集的出版工作。

7. 加强政协机关建设，提高服务水平。为适应新形势，把政协工作提高到一个新水平，必须抓好机关建设。要组织政协机关工作人员和乡镇政协的同志加强学习，提高政治和业务素质。要认真贯彻落实全国政协和省政协的会议精神，充实并完善工作运行机制，在机关人员中大力提倡团结、务实、廉洁、奉献的精神，密切配合，尽职到位，精心组织好各项活动，为委员知情出力提供优质的服务，保证政协工作的顺利进行。

各位委员，各位同志，今年全党和全国人民最重要的任务是全面、正确地贯彻落实中共十五大精神，夺取改革开放和现代化建设的更大成就。实现中共十五大提出的各项战略任务，这既是各级党委和政府的神圣职责，也是人民政协的光荣任务。让我们在中共阳谷县委的领导下，进一步解放思想，实事求是，振奋精神，为实现中共十五大绘制的宏伟蓝图，为实现县委、县政府提出的各项工作任务而努力奋斗！

总结经验，与时俱进，努力开创政协工作的新局面

（2003年1月20日在政协第九届阳谷县委员会第一次会议上的报告）

主席　郭代荣

各位委员、各位同志：

现在，我受政协第八届阳谷县委员会常务委员会的委托，向大会作工作报告，请予审议，并请列席会议的同志提出意见。

阳谷县政协九届一次会议是在全国上下深入学习贯彻中共十六大精神、阳谷县第十次党代会刚刚闭幕的新形势下召开的一次承前启后、继往开来的重要会议。为开好这次会议，县委非常重视，多次做出指示，有关部门的同志做了大量工作，并按照政协章程的规定，从不同的界别、不同的行业，遴选了一批高举邓小平理论伟大旗帜、带头实践“三个代表”重要思想，在本职岗位上做出显著成绩，具有广泛代表性的优秀同志，担任新一届政协委员。在此，谨代表政协阳谷县委员会，表示热烈的祝贺！

这次大会的指导思想是：全面贯彻落实中共十六大精神，努力实践“三个代表”的重要思想，总结经验，继往开来，与时俱进，开拓创新，在中共阳谷县委的领导下，努力开创政协工作的新局面，为加快推进社会主义现代化，全面建设小康社会而奋斗！

伴随着新中国的成立，人民政协走过了50多年的发展历程。毛泽东、周恩来等老一辈革命家缔造了人民政协，为人民政协的长期存在和发展奠定了坚实的基础。邓小平同志推动人民政协工作进入了新的历史时期，阐明了新时期人民政协的性质、任务和作用等重要问题。以江泽民同志为核心的第三代中央领导集体，结合新实践，进一步丰富和发展了统一战线与人民政协的理论、方针和政策。当人类社会跨入21世纪的时候，我们进入全面建设小康社会，加快推进社会主义现代化的新的发展阶段，人民政协也进入历史上又一个蓬勃发展的好时期。牢牢把握团结和民主两大主题，为实现全面建设小康社会的目标，切实履行政治协商、民主监督、参政议政职能，这是历史与时代赋予我们的庄严使命。

一、五年来的工作回顾

政协第八届阳谷县委员会，今年已五年届满，这是时逢世纪跨越的一届政协。世纪交替的这五年，是国民

经济持续稳定协调发展，城乡面貌明显改善，人民生活更加殷实的时期；是改革开放进一步扩大，精神文明建设取得丰硕成果，各项社会事业全面进步的时期；是社会保持安定团结、政通人和的时期；是政协八届委员会团结带领广大政协委员高举邓小平理论伟大旗帜，认真贯彻党的各项方针政策，自觉实践“三个代表”重要思想，履行职能求实效十分明显的时期；是把团结和民主两大主题贯穿于政协一切工作的始终，与时俱进，不断开拓创新的时期；也是围绕中心、服务大局、成效显著，社会影响力不断增强的时期。五年来，八届政协坚持在继承中发展，在开拓中前进，走过了不平凡的发展历程，各方面都取得了瞩目的进展，形成了民主和谐、扎实深入、活跃有序、蓬勃发展的局面，在改革和发展中发挥了重要作用。

（一）围绕党政中心履行职能，取得了可喜成效。围绕中心，服务大局，是人民政协履行职能必须遵循的原则。几年来，八届政协从有利于积极建言献策，给县委政府当好参谋的角度出发，努力做到政协工作与党委政府的目标同向，工作同心，行动同步，自觉服从和服务于我县改革和发展的大局。利用政协全委会，围绕《阳谷县国民经济和社会发展“十五”计划纲要》、每年的政府工作报告及其他报告进行充分的讨论协商，努力把党政的主张化为全体政协委员及所联系各界群众的共同意志和自觉行动；利用常委会，围绕县委确定的“全党抓经济，重点抓工业，农业抓调整，旅游抓开发”的战略部署和“3210”“33866”重点工程以及其他经济发展、城市建设、社会事业发展中的重大问题，围绕县委、县政府正在思考或迫切需要解决的一些重大问题，邀请党政领导及有关部门搞好专题协商，直接听取委员的意见和建议；就下岗职工再就业、村级班子建设、土地管理、农村合作医疗、离退休干部养老保险、城市建设、企业改制、创建省级卫生城、发展个体私营经济、优化私营经济外部环境、中小学生素质教育、基础教育体制改革、民营经济、小城镇建设、城区供水工程、农村税费改革、农村产业结构调整、农业应对入世、城区计生管理体制改革等诸多关系改革发展稳定的重要问题，视察调研、建言立论、议政献策，向党政领导机关提出了大量的意见和建议。八届期间，共召开常委会22次，开展视察调研活动42次，报送专题调研报告和专项建议48件，为党政领导机关知情决策及改进工作提供了重要参考和依据。

（二）发挥提案和反映社情民意的作用，代表和反映了各界群众的利益诉求。人民需要政协，政协服务人民，这是政协产生和发展的基础。八届政协按照“提高质量、讲求实效、服务人民”的要求，充分发挥提案在履行职能中的作用，不断加大提案的征集力度。八届一次会议以来，共收到提案478件，立案451件。同时，高度重视提案的办理工作，通过协商座谈、跟踪督办等多种形式，转化提案成果求实效，提案办理质量不断提高。由于一批事关全县大局的提案办理，使群众的意愿变成了现实，取得了良好的社会效果。

与此同时，把了解和反映社情民意作为政协履行职能的重点之一，强调人民群众的利益和愿望是人民政协议政建言的出发点，深化、拓展了社情民意工作。要求每位委员每年至少反映一条社情民意，提出一条有价值的建议，了解和反映社会的真实情况与群众密切关注的问题，并注重加强联系沟通、重点收集及反映各党派团体带有界别性、代表性的经济、政治诉求。五年来，共报送反映社情民意的各种信息310余条，绝大多数得到党政领导的肯定，受到各界委员的欢迎，在人民群众中产生了广泛影响。

（三）牢牢把握团结和民主两大主题，努力维护了社会政治稳定。把各界人士凝聚团结稳定上来，是政协的一项重要任务。发挥政协作为爱国统一战线组织的巨大包容性，通过调整界别和人员构成等多种方式，把个体业主、民营企业人员、中介组织人员等新的社会阶层的代表人物吸纳、凝聚、团结到组织中来；积极加强与无党派、工商联和各族各界人士的联系与沟通，协调关系，凝聚人心；坚持政协领导接访日制度，为来自行政事业单位的干部、来自企业的职工、来自农村的群众，做了大量解疑释惑、化解矛盾、协调解决问题的工作；通过专题视察调研等形式，及时处理解决群众反映强烈的难点、热点问题，稳定了群众情绪。例如，2001年，受县政府委托，政协领导多方协调，积极引导，妥善处理了基督教活动场所问题，化解了矛盾，避免了事态扩大。总之，通过扎实有效的工作，各方面团结合作的政治基础更加巩固，形成了“大联合、大团结、促进大发展”的良好局面。

（四）积极探索，不断创新，履行民主监督职能取得了新进展。按照江泽民同志提出的“完善监督机制，畅通上传下达的渠道，加大民主监督力度”的要求，通过例会专题视察、专题座谈等形式，进一步加强了民主监督。坚持不断创新，积极探索并拓展民主监督的新渠道，使政协履行民主监督的方向更加明确，效果更加明显。2000年，在充分调查研究的基础上，向县委呈交了《县政协关于进一步搞好民主监督工作的报告》，县委对此非常重视，以阳发〔2000〕51号文件进行了批转。根据文件精神，组织市、县两级政协委员针对17个职能部门服务个体私营经济的情况进行了为期5个多月的调查评议活动，调查个体私营业者700余人，召开各种形式的座谈会70余次，提出问题和建议200多条，印发各种调查评议材料1200余份，起到了十分明显的监督实效，促进了各职能部门的工作，优化了个体私营经济的发展环境。除此之外，把发挥特邀监督员作用作为政协民主监督工作的一种有效形式，先后有部分政协常委或委员，分别被公检法、工商税务、电管、物价等执法执纪部门应聘为特邀监督员，参与部门监督，促进了行风建设。

（五）扩大宣传联谊，存史资政育人，取得了累累硕果。利用报刊、电视、广播等新闻宣传媒介，加强了对全委会、常委会、座谈会、视察调研活动的宣传报道。1999年，与县电视台联合创办了《政协工作宣传专栏》，聊城市电视台、《聊城日报》、聊城广播电台、聊城市影像中心四大新闻媒体，对我县部分民营企业界政协委员，进行了专题报道，展示委员风采的《武松故乡的木雕人》在省电视台展播。在《联合日报》《人民政协报》等报刊上发表通讯报道共计260余篇，2000年，有3人被市政协评为优秀通讯员。最近，《联合日报》又专版刊发和介绍了我县的文史精粹、旅游文化，扩大了对外宣传，提高了我县的知名度。进一步扩大对外联谊交往，参加了“京九沿线政协联谊会”“晋冀鲁豫政协联谊会”，与全国100多个县市政协建立了密切联系，在交流信息、增进友谊、推介阳谷、招商引资等方面收到了良好效果，促进了我县的对外开放和经济发展。以“存史、资政、育人”为目的，积极挖掘阳谷文史资料资源，加强文史资料整理工作，先后编辑出版了《王伦起义史料》《回忆范筑先将军六记》《阳谷文史集刊》《汤显祖与阳谷七级》《张秋挂剑台五体十三碑专辑》等益于今人、惠及后世的文史资料。配合省市政协编撰了《山东省重点文物保护纪实》《齐鲁戏曲春秋》《山东农村经济改革亲历记》《齐鲁百年名碑集》《中央领导人在山东》等涉及阳谷的部分史料。1999年、2002年省政协在本届期间举办的两次文史评奖工作中，我县政协均被授予“全省文史工作优秀集体”称号。积极做好了《春秋》《联合日报》《人民政协报》的发行工作，巩固了政协的舆论宣传阵地。

（六）积极参与改革和建设的实践，增强了政协的社会影响力。宏观上献策，微观上出力，力所能及地为人民群众办实事、谋利益，是八届政协的一个鲜明特色。县政协领导除参加全县一些重大问题的协商讨论外，积极跻身于经济建设的主战场，较好地完成了县委、县政府交办的各项工作任务。坚持主席、副主席联系乡镇制度，积极协助他们做了大量实实在在的工作。在政协委员中，广泛开展了每位委员每年创办或服务一个项目、搞一项调查、至少提出一条合理化建议的“三个一”活动。2001年，我县实施“大开放、大招商、促进大发展”

的战略后，县政协及时召开了全委会进行动员部署，号召全县政协委员充分发挥自身优势，利用各种关系、各种渠道宣传我县的投资环境和优惠政策，大搞招商引资，积极引进项目，有力地支持了经济建设。与此同时，充分发挥政协人才荟萃、智力雄厚的优势，在政协委员中广泛开展了立足本职、建功立业活动，展示了跨世纪委员的风采。有的身居教坛勤耕耘、育得桃李遍天下，有的秉公执法治邪恶、搏击风雨铸金盾，有的扎根农村第一线、带头致富奔小康，有的治病救人显身手、丹心为民保安康，有的艰苦奋斗办企业，发展经济当尖兵，有的兢兢业业当公仆、廉洁勤政做表率，有的推广技术到农家、黄土地上谱华章……

（七）注重学习，创新机制，推进了政协工作的规范化、制度化建设。为不断适应改革与发展新形势的需要，把学习作为政协工作的重要组成部分常抓不懈。八届政协届初，针对换届后新委员多、对政协业务不熟的情况，举办了由全体政协委员和政协工作人员参加的学习培训班，系统学习了政协章程、统战理论，为政协委员履行职责奠定了基础。为进一步加强规范化、制度化建设，建立健全了专门委员会，并研究制定了《关于进一步发挥专委会作用的意见》《政协领导接访日制度》《关于进一步搞好机关学习的意见》《常务委员会工作规则》《专门委员会组织通则》以及其他一些规章制度，使政协的每项工作有章可循、有条不紊。较好地坚持了常委联系委员制度，闭会期间注重加强同委员的联系与沟通，扭转了“一年一次会，会后再没事”的局面，激发了委员履行职能的热情。把为统一战线服务、为政协工作服务、为政协委员服务作为机关工作的主旨，全面加强了机关思想、组织、作风建设和道德素质教育，提拔交流了一批中青年干部，形成了“团结谋事，民主和谐，一心一意谋工作，心情舒畅干事业”的工作氛围，树立了政协机关良好的社会形象。

回顾五年来的发展历程，我们深深体会到：

坚持党的领导，争取政府支持、部门配合是做好政协工作的根本保证。人民政协是中国共产党领导的多党合作和政治协商的重要机构，必须坚持在党委的领导下履行职能、开展工作。遇到重大问题和重大事项、组织重大活动及重要会议时，及时向县委请示汇报，接受县委的指导。同时积极争取政府支持、部门配合，为政协履行职能，开展工作创造了良好的环境。

围绕中心、服务大局是政协工作的基本原则。围绕中心，服务大局是人民政协的优良传统。只有围绕党政中心、服从和服务于改革发展稳定的大局，政协才会更有作为，才能在政治、经济、文化和社会生活中发挥更重要的作用。要不断增强中心意识，大局意识，责任意识，正确认识和把握大局，找准服务大局的切入点和着力点，做到“围绕中心转，按照职能干”。

深入实际、调查研究是做好政协工作的关键环节。调查研究是政协工作的基本功。政协工作只有在调查研究上多下功夫，才能做到言之有理，论之有据，参政参到关键处，议政议到点子上，意见和建议才能得到县委政府的重视和采纳，在决策中得到体现。

与时俱进、开拓创新是做好政协工作的不竭动力。创新是增强政协活力的基础。人民政协事业要适应时代，不断发展，必须与时俱进，开拓创新。要克服因循守旧、故步自封，不断增强创新意识，用发展的观点分析、观察、解决问题，善于总结新经验，开拓新局面。

营造民主、和谐、宽松的环境氛围，是做好政协工作的基础。人民政协是协商议事的机构，是合作共事的组织，是交友联谊的场所，必须努力营造一个民主、和谐、宽松、活跃的氛围，把委员的积极性、主动性和创造性调动好、保护好。鼓励讲真话、谏诤言、做到知无不言、言无不尽。允许提出批评，允许发表或保留不同意见。在各个界别之间、委员之间提倡相互尊重、相互学习、多联系、多交流，在合作共事中加强了解，消除误解，增进共识，加深友谊。

政协工作者良好的自身修养，是做好政协工作的重要条件。古人讲“褚小者不可以怀大，绠短者不可以汲深”。人民政协作为具有广泛代表性的政治协商组织，把不同党派、不同团体、不同民族、不同宗教的各界人士，团结起来，必须要有宽广的胸襟、包容、豁达的态度，能求同存异，能够吸取与自己不同的意见。要练就良好的形象，做到人品好、人缘好，具有人格力量，善于用人品、人缘、人格影响和感染各界人士，为政协工作的开拓发展，为全县“两个文明”建设做贡献。

各位委员、同志们，过来五年，我们之所以能够取得可喜成绩，是在中共阳谷县委的正确领导下，全体委员齐心协力、共同奋斗的结果，是与几大班子的支持和社会各方面的积极配合分不开的。在此，我谨代表阳谷县政协八届委员会，向关心支持政协工作的党政领导，有关部门及社会各界朋友，表示衷心的感谢！

应当看到，我们工作中还有不少有待于进一步研究解决的问题，与新形势对政协工作的要求还有不少差距。主要表现是：提案质量有待进一步提高，民主监督有待进一步强化，反映社情民意的渠道有待进一步拓展，开展经常化的委员活动有待进一步研究和探索。对此，必须引起高度重视，采取有力措施逐步加以解决。

二、以党的十六大精神为指导，紧紧围绕阳谷县第十次党代会提出的各项任务履行职能，努力开创政协工作的新局面

今后5年，是贯彻落实中共十六

大精神，与时俱进，加快发展，全面建设小康社会的关键时期。我们要紧紧围绕县第十次党代会提出的各项任务，积极履行政治协商、民主监督、参政议政的职能，为实现建设小康社会的宏伟目标而努力奋斗。

第一，加强学习，不断提高履行职能的能力。搞好学习，是政协的优良传统，是提高政治素质和参政议政能力的重要前提。尤其是针对换届后新委员多的状况，更需要加强学习。要采取一切行之有效的形式，深入学习中共十六大精神和县第十次党代会精神，把政协委员与各界人士的思想统一到会议精神上来，增强作好新时期人民政协工作的责任感、使命感；要系统学习政协知识与统战理论，增强坚持中国共产党领导的多党合作和政治协商制度的自觉性。同时，要结合我国入世后面临的国际国内新形势、新任务，加强对社会主义市场经济理论、世贸规则、法律法规和现代科技知识的学习，拓宽知识视野，增加知识储备。在学习中，要弘扬理论联系实际的学风，善于学习，勤于思考，注重研究和解决改革发展中出现的新矛盾、新问题，为提高履行职能的质量与水平打下坚实的基础。

第二，努力提高参政议政的质量和成效。参政议政是人民政协的重要职能。因此，要围绕全县大局和工作重心，发挥政协优势，积极参政议政。要认真贯彻为中心服务的思想，一切从加快阳谷发展的实际出发，坚持“想全局，议大事”的原则，紧紧围绕“全党抓经济、重点抓工业、农业抓调整、全民抓招商、旅游抓开发”的总体要求，充分运用例会、提案、建议案、调查视察、反映社情民意等形式，组织委员精心选题，深入调研。特别要围绕入世后面临的新情况、新问题，开展广泛的调研论证，力求形成高水平、高质量的建议案和调查报告，为党政决策提供借鉴。要从维护最广大人民群众的根本利益出发，把议大事、谋大计与群众办实事、办好事结合起来。要把搞好调查研究作为提高参政议政水平的着力点抓实抓好，倡导以开拓创新的精神，科学研究的方式，组织委员深入实际，深入群众，开展重点调研、超前调研和跟踪调研，力求多出精品，不断提高参政议政的质量与实效，在履行职能中，切实体现党委、政府的中心意志，体现最广大人民群众的意愿。

第三，及时了解和准确反映社情民意。了解和反映社情民意是人民群众的愿望，是党委、政府的需要，也是人民政协的重要职责。要按照“三个代表”重要思想的要求充分发挥政协联系面广、代表性强的优势，把了解和反映社情民意作为一项经常性的基础工作，认真扎实地开展起来。要突出真实性、民主性、界别性，注重建议性、前瞻性与预示性，及时准确反映贯彻上级党委重大决策的情况，反映事关群众切身利益的重要问题，反映改革、发展与稳定的深层次矛盾。政协委员要把反映社情民意作为自己应尽的义务，认真开展社情民意的收集和研究，及时准确地反映社情民意，自觉保持同本界别群众的联系，关心群众疾苦，体察群众情绪，帮助群众排忧解难。要发挥自身优势，协助党委和政府正确处理新时期人民内部的矛盾，多做协调关系、化解矛盾、凝聚人心、鼓舞士气的工作，确保社会政治稳定。要加大提案的办理力度，提高提案的质量，做到“一案即立，质量第一”“一言既出，有理有据”；采取领导督办、跟踪办理、舆论监督等多种有效办法，促使各项提案落到实处。通过了解和反映社情民意，加强提案的办理工作，进一步加大民主监督的力度，为县委、县政府了解民情、掌握民意、集中民智、科学决策提供参考。

第四，做好文史资料征集、宣传和联谊工作。文史资料工作是周恩来总理倡导的带有统战特色的工作，具有存史、资政、团结、育人的作用。今年，我县的文史工作要在调整文史征集队伍的基础上，加大对新中国成立后史料征集工作的力度，使史料征集工作有一个突破性进展。政协宣传工作是党的宣传工作的重要组成部分，也是政协工作的一项重要任务。今年，我们要坚持开拓创新，使宣传工作有新变化、新起色。要根据政协广泛联谊，广交朋友的特点，发挥融官方、民间为一体的优势，采取“请进来”与“走出去”相结合的方式，积极开展对外联谊活动。努力筹办好今年上半年在我县召开的“晋、冀、鲁、豫”四省十六县市区的联谊会，借以扩大交流，宣传阳谷，加深友谊，促进工作。

第五，进一步加强自身建设。加强自身建设，是当前我们面临的一项十分紧迫的任务。一要加强委员队伍建设。李瑞环同志指出：“政协委员是地位、是荣誉、更是责任。”新一届政协委员要自觉加强实践，自觉加强修养，力求无愧于政协委员的光荣称号，以实际行动维护政协组织的形象。二要重视抓好机关建设。进一步推进机关的思想、组织、作风和制度建设，提高机关干部的政治和业务素质，着力增强政治意识、大局意识、统战意识、创新意识及服务意识，把政协机关建设成委员之家，为委员履行职能提供高质量的服务。三要进一步加强专委会建设。合理调整专委会设置、充实专委会办事机构，建立健全专委会工作制度，为专委会开展工作创造良好的环境条件。

各位委员、同志们，让我们在中共阳谷县委的领导下，以中共十六大精神为指导，全面贯彻“三个代表”重要思想，不忘责任、不辱使命，调动各方面的积极性，团结各方面的社会力量，万众一心，众志成城，与时俱进，开拓创新，为实现阳谷县第十次党代会提出的各项任务，为实现全面建设小康社会的宏伟目标而努力奋斗！

中国人民政治协商会议
第九届阳谷县委员会常务委员会工作报告

（2007年12月17日在政协第十届阳谷县委员会第一次会议上）

主席 潘福章

各位委员，同志们：

我受政协第九届阳谷县委员会常务委员会的委托，向大会报告五年来的工作，请予审议，并请列席会议的同志提出意见。

县政协十届一次会议是在全县上下认真学习贯彻中共十七大精神，深入贯彻落实科学发展观，推动经济又好又快发展，促进社会和谐的新形势下召开的一次承前启后、继往开来的重要会议。为开好这次会议，县委非常重视，多次做出指示，有关部门的同志做了大量工作，并按《中国人民政治协商会议章程》的规定和上级有关精神，从不同的界别，不同的行业，遴选了一批高举中国特色社会主义伟大旗帜，坚持以邓小平理论和“三个代表”重要思想为指导，认真贯彻落实科学发展观，在本职岗位上做出显著成绩，具有广泛代表性的优秀同志，担任新一届政协委员。在此，谨代表政协第九届阳谷县委员会，向新一届政协委员表示热烈的祝贺！

一、五年来的工作回顾

政协第九届阳谷县委员会，今年已五年届满。九届政协任期的五年，是在中共阳谷县委的坚强领导下，继承和发扬历届政协的好传统、好作风、好经验，在继承中开拓，在开拓中前进的五年；是不断推进政治协商、民主监督、参政议政制度化、规范化、程序化建设，使政协工作积极、稳定、活跃、有序向前发展的五年；是服从和服务于全县工作大局，为我县改革开放及现代化建设做出重要贡献的五年。通过五年的努力，人民政协的工作迈上了一个新台阶，各方面都取得了新的进展。

（一）坚持把学习摆在突出位置，保持政协工作的政治方向

保持正确的政治方向，是新形势下人民政协履行职能必须坚持的首要政治前提。九届县政协始终坚持把学习摆在突出位置，紧密结合时代要求和形势发展，利用常委会议、委员定期分组集中学习、政协机关定期集中学习等方式，组织各界委员和机关干

部认真学习贯彻邓小平理论、“三个代表”重要思想、中共十六大和历次全会以及中共十七大精神，学习贯彻县委的重大决策部署，始终使政协工作保持坚定正确的政治方向，努力使党的主张变为政协工作的实践。坚持以高度的政治责任感积极开展“加快建设强市名城，我们怎么办”解放思想大讨论活动，使政协组织在思想观念、精神状态、工作作风、工作机制等方面有了更好的改善和提高。九届县政协还十分注重委员履职能力的培养，届初邀请省政协的专家、学者，对政协委员进行了全员培训，在《中国人民政治协商会议章程》修订、胡锦涛总书记发表庆祝人民政协成立55周年大会上的讲话，以及中共中央自新中国成立以来第一次颁发《中共中央关于加强人民政协工作的意见》等人民政协的重要发展时期，及时组织委员认真开展集中学习，并编印了供委员系统学习和使用的《政协委员手册》，不断深化委员对人民政协地位、理论、性质、任务的理解与认识，为更好地履行委员职能、更好地开展政协工作打下了坚实的基础。

（二）围绕中心履行职能，自觉为经济社会又好又快发展议政建言

九届县政协认真贯彻落实科学发展观，坚持把促进经济社会又好又快发展作为履行职能的第一要务，紧紧围绕全县中心工作，抓住事关全县经济社会发展的综合性、全局性、前瞻性的问题，认真搞好调研视察和协商议政活动，取得明显成效。五年来，九届县政协认真开好每年一次的全委会议，就每个年度的县政府工作报告及其他重要报告，就我县国民经济和社会发展第十一个五年规划，进行充分的协商讨论，努力把党政主张化为全体政协委员及所联系各界群众的共同意志和自觉行动。发挥常委会专题议政的作用，围绕贯彻落实科学发展观、加强党的执政能力建设、大力推进工业立县战略、推进文化大县建设、建设社会主义新农村、平安建设、构建和谐社会、丰富农村精神文化生活等经济社会发展中的重点问题，邀请党政领导及相关部门开展专题协商议政，直接听取委员的意见与建议，为党政决策、部门开展工作提供了重要依据和参考。专题调研是政协履行职能的基础环节，九届县政协进一步强化了专题调研工作，围绕县委、县政府迫切需要解决的重大问题以及人民群众普遍关注的热点问题，先后就建设文化大县、促进“三农”工作、加强高中阶段教育、加快发展职业教育、推动招商引资工作、促进村干部工资保障机制建设等深入开展调查研究，积极建言立论，形成了《抓龙头带产业促增收的建议》《加快文化大县建设的建议》等5个质量较高的建议案，受到县委、县政府的高度重视，并得到很好的采纳和落实。视察是政协履行职能的重要形式，也是推动工作落

实的有效手段。针对县委政府不同时期的重大决策，紧扣全县工作中心，适时组织委员就迎千年共建美好家园、出生人口性别比综合治理、文化遗产保护和旅游资源开发、村村通公路工程、新型农村合作医疗以及商贸流通、城市建设等开展专题视察，有力地推动了县委政府重大决策的贯彻实施。五年来，九届县政协共召开专题性常委会议18次，开展调研视察活动35次，向县委、县政府报送建议案、调查视察报告32份，对全县改革开放和现代化建设起到了十分积极的促进作用。

（三）充分发挥政协组织的优势作用，积极致力于社会主义和谐社会建设

人民政协具有广泛代表性和包容性，在构建社会主义和谐社会中发挥着独特的优势作用。九届县政协牢牢把握团结和民主两大主题，发挥组织优势，积极致力于和谐社会建设。坚持以促进团结稳定为己任，通过自身工作，积极推动大团结、大联合，发展新时期爱国统一战线。充分发挥人民政协的界别优势，主动加强同社会各界的联系，深入基层，深入群众，畅通反映社情民意的渠道，及时如实地反映各个方面的真实情况与不同群众的利益、愿望及要求，协助党和政府作了许多协调关系、化解矛盾、理顺情绪、促进和谐的工作。充分运用政协独特的民主形式，通过广泛的协商讨论，保障各界人士充分发表意见的权利，营造知无不言、言无不尽、民主和谐、生动活泼的政治局面，促进了党委政府决策的民主化和科学化，推进了社会主义民主政治建设。主动加强与不同民族、不同信仰以及无党派人士的联系和沟通，努力增进各界人士对党的方针政策和工作部署的共识。发挥民族宗教界委员的积极作用，协助党委贯彻执行党的民族宗教政策，促进了民族团结、宗教和睦。

提案是反映群众呼声、密切党群关系最直接、最有效的方式，也是政协为构建和谐阳谷有所作为的重要领域。九届县政协按照“围绕中心、服务大局、提高质量、讲究实效”的提案工作方针，以提高提案质量和办理质量为重点，不断加大提案督办落实力度，使提案成为广大基层群众反映问题解决问题的重要途径。五年来，县政协共收到提案792件，立案785件，所有提案已全部办复。这些涉及社会各个领域，牵涉群众生产生活方方面面的提案，坦诚指出问题，中肯提出建议，为协助党委、政府解决群众生产生活中的实际困难和问题发挥了积极作用。

（四）积极探索履行职能的新形式，民主监督取得新突破

民主监督是政协的一项重要职能。为更好地服务于县委政府的中心和大局，九届县政协在运用视察、调研、会议、提案以及政协委员担任部门特邀监督员等形式，加强民主监督的同

时，围绕贯彻落实县第十一次党代会精神，立足推动我县经济社会新跨越这一工作大局，着眼于解决经济发展中存在的环境问题，积极探索更加直接、针对性更强的履行民主监督职能的新形式，及时组织百名政协委员对30个重点执法服务部门实施民主监督，并把其作为贯穿今年全年的一项重点工作来抓，此项活动得到县委的高度重视，县委、县政府专门转发了《实施意见》，县委、县纪委的领导直接参与活动的领导和实施。期间，广大政协委员以反映各界群众的真实意愿和呼声为己任，认真履行职能，对不同行业、不同层面的知情人士进行走访调查和座谈，共召开座谈会37次，发放调查问卷860余份，直接或间接走访4800余人次，搜集部门问题和意见建议450余条，遵照“原汁原味”的原则，分门别类地逐一向相关部门进行了反馈。为促进问题整改和建议落实，先后采取听取部门整改情况汇报、组织开展部门视察等方式，不断加大促改力度，取得了明显成效，环境建设引起社会的普遍关注，30个被监督部门高度重视反馈意见，结合解放思想大讨论活动，逐条进行研究分析，认真查找根源，使一些群众反映强烈的问题和建议得到很好的解决和落实，有力地促进了部门工作效能的提高、工作作风的转变、服务意识的增强、执法水平的提升。

（五）认真做好政协宣传文史联谊工作，不断扩大政协的社会影响

政协宣传工作是党的宣传工作的重要组成部分。五年来，以宣传我县改革发展的新成就，党委重视支持政协工作的好经验，政协履行职能的好做法，政协委员的先进事迹为重点，先后在《人民政协报》《联合日报》《春秋》《聊城日报》等市级以上报纸杂志上发表稿件50余篇，其中有4篇稿件在山东省“宣传人民政协好新闻”评选活动中获奖，有15篇稿件在聊城市“宣传人民政协好新闻”评选活动中获奖。

文史工作是政协独具特色的工作，在改革开放和现代化建设中，发挥着“存史、资政、团结、育人”的重要作用。五年来，坚持广征博采，不断加强文史资料的收集整理工作，先后编辑出版了《委员风采》《教育专辑》，为市政协出版《聊城重要历史事件》《聊城重要历史人物》《聊城文史》提供稿件16篇。在2007年全省文史“三优”评选中，《教育专辑》被评为“全省政协优秀文史书刊”获三等奖，文史科被评为“全省优秀文史工作先进集体”，2人被评为“全省优秀文史工作者”。

对外联谊是政协的一项重要工作。九届县政协成功承办了晋冀鲁豫十六县（市区）政协二十次联谊会，和长清、肥城等周边六县（市区）政协第三次书画联谊会，并通过参加京九沿线县级政协联谊会、晋冀鲁豫政协联谊会

等联谊活动以及热情接待全国各地政协来阳谷学习考察团组等，做了大量宣传阳谷、推介阳谷的工作，对树立好我县对外形象、扩大对外开放发挥了重要作用。

(六)履行职能与办实事相结合，积极为我县改革发展出实力

九届县政协在认真履行好自身职能的同时，结合县级政协面向基层的实际，发挥人才智力优势，突出了直接参与的特点。县政协领导不但参与重大问题的协商讨论，而且受党委政府委托，分工抓几个方面的工作，与党委政府一条心、一股劲，同唱一台戏，齐心协力促发展。建立并推行了主席、副主席、政协常委联系委员企业制度，积极帮助他们协调解决生产经营中遇到的实际困难。在政协委员中，广泛深入地开展了“提一件高质量的提案，反映一条有价值的社情民意，自选课题搞一次调研，引进一个项目、技术和人才，办一件利民之事”为内容的“五个一”活动，取得显著成效。广大政协委员时刻把群众的安危冷暖挂在心上，开展了多种形式的公益资助活动。在2003年抗击“非典”的关键时期，政协委员和机关干部踊跃参加抗击非典捐款捐物、奉献爱心活动，其中，臧爱民委员无偿捐献了168套价值6万余元的抗“非典”防护服，有力地支援了我县的防“非典”工作。广大政协委员时刻关注教育，心系贫困学子，积极开展了“献委员爱心，助寒门学子”活动。2003年、2004年连续两年对100多名贫困大学新生进行了资助。这一活动，不仅弘扬了我县扶贫济困的传统美德，而且对促进我县教育事业的发展起到了重要作用，同时在使资助活动成为经常性的政府行为方面发挥了积极的先导作用。大力倡导和组织委员以智力参政、以优势服务、以奉献立业，在各自岗位上创造了一流业绩，涌现出贾秀兰等一大批干事创业、成绩突出的优秀委员。自2004年开始评选“十佳”政协委员以来，已有30名优秀委员在全委会上受到隆重表彰。

(七)适应新形势、新任务的要求，不断加强自身建设

加强自身建设，是做好政协工作的前提条件。九届县政协采取多种形式，加强委员队伍和机关建设，使政协整体功能得到较好发挥。认真贯彻落实《中共中央关于加强人民政协工作的意见》和省、市政协工作会议精神，协助县委召开了我县政协发展史上规格最高、规模最大的政协工作会议，加强和改善了党对政协工作的领导，建立了党政与政协加强联系沟通的制度，规范了履行政治协商、民主监督、参政议政三大职能的内容、形式和程序，使政协在履行职能的制度化、规范化、程序化建设方面取得了重大进展。加强常委会建设，不断提高常委会的整体领导能力和参政议政水平。加强专门委员会建设，根据形势发展

及时调整充实了专委会组成人员，建立、落实了专门委员会与政府对口部门的联系制度。注重机关干部的培养和选拔，努力改善机关干部的工作生活条件，很好地调动了机关工作人员为委员服务的积极性和主动性。以建设“学习型”“服务型”“和谐型”政协机关为目标，着力加强了机关的思想政治建设、作风建设、制度建设和党的建设，努力为各项工作的开展提供优质高效的服务。2006 年，县政协机关党支部被县委授予“五个好基层党组织”和“先进基层党组织”称号，2004 年、2005 年、2006 年连续三年被县委、县政府授予“县直部门年度考核一等奖”和“全面工作综合奖”，2007 年被授予“热心慈善事业先进单位”称号。

回顾五年来的工作，主要体会是：坚持党的领导，全力支持政府的工作，是做好新时期人民政协工作的根本保证；坚持围绕中心服务大局，把促进发展作为履行职能的第一要务，是做好新时期人民政协工作的基本原则；突出团结民主两大主题，把民主协商贯穿于政协各项工作之中是做好新时期人民政协工作的有力保障；坚持开拓创新，不断研究新问题，总结新经验，是做好新时期人民政协工作的不竭动力；发挥委员的主体作用，充分调动委员的积极性，是做好新时期人民政协工作的关键环节。

各位委员、同志们，九届县政协的工作能够取得一定的成绩和新的进展，是中共阳谷县委正确领导的结果，是县政府及其他几大班子领导大力支持的结果，是各部门积极配合和社会各界帮助的结果，是全体政协委员和机关干部齐心协力、共同努力的结果。同时，也与历届政协工作打下的良好基础分不开的。在此，我谨代表九届县政协，向关心支持政协工作的各位领导、有关部门和社会各界朋友，表示衷心的感谢！

在回顾过去五年工作成绩的同时，我们也清醒地认识到，县政协的工作还有不少有待于进一步探索解决的问题，主要表现是：政协的界别作用有待进一步发挥；建议案、调查视察报告的跟踪督办的力度有待进一步加强；参政议政的水平有待进一步提高；委员的联系渠道有待进一步拓展等。这些问题要在今后的工作中逐步加以改进。

二、对今后工作的建议

中共十七大确立了党的重大理论观点、重大战略思想，对全面建设小康社会提出了新目标、新要求，对经济建设政治建设、文化建设、社会建设四位一体的中国特色社会主义事业总体布局进行了战略部署，为我们做好政协工作指明了方向，提供了根本保证。在新阶段、新形势下，人民政协肩负着光荣而艰巨的任务。在中共阳谷县委的领导下，全面贯彻落实中共十七大精神，高举中国特色社会主义伟大旗帜，以邓小平理论和“三个代表”重要思想为指导，深入贯彻落实科学发展观，继往开来，与时俱进，为建设经济强县、文化大县、全面建设小康社会竭诚尽智，是十届县政协的历史使命和神圣职责。值此换届之际，我们向十届县政协建议：

（一）认真学习贯彻中共十七大精神，把思想和行动统一到中央的决策部署上来

要把学习贯彻中共十七大精神，作为当前和今后一个时期的首要政治任务。要围绕主题，把握灵魂，抓住精髓，狠抓落实，在开拓创新上下功夫，在务求实效上下功夫。学习贯彻中共十七大精神，要紧密联系政协工作实际，与深入贯彻《中共中央关于加强人民政协工作的意见》相结合，不断增强用中国特色社会主义理论体系和中共十七大精神指导实践，解决问题，推动工作的自觉性；通过学习，不断增强致力于巩固和完善中国共产党领导的多党合作和政治协商制度的使命感，切实用中共十七大精神把各界人士的思想统一起来，精神振奋起来，力量凝聚起来，形成促进经济社会又好又快发展的强大合力。

（二）坚持以科学发展观统领政协工作全局，为推动我县经济社会又好又快发展做出新贡献

深入贯彻落实科学发展观，是中共十七大提出的明确要求，也是政协履行职能开展工作的行为指南。要进一步增强服务大局，促进科学发展的责任感和使命感，紧紧围绕贯彻落实中共十七大对全面建设小康社会提出的新目标、新要求和对经济建设、政治建设、文化建议、社会建设与其他建设做出的新部署，围绕贯彻落实县十一次党代会精神和“十一五”规划的实施，按照县委总体工作部署和要求，切实把政协工作的着力点放在对经济社会发展趋势的把握上，放在对改革发展稳定深层次矛盾的分析上，放在对事关全面建设小康社会的宏观性、战略性、前瞻性问题的思考上，放在对党委政府关注的大事要事和群众关心的热点难点问题的对策研究上，积极为促进经济跨越发展、社会和谐、文化繁荣做出新贡献。

（三）坚持团结和民主两大主题，积极促进社会主义民主政治建设

人民政协是我国政治体制的重要组成部分，在发展社会主义民主政治，建设社会主义政治文明中肩负着重要使命。要切实搞好参政议政的各党派团体、无党派人士的团结合作，适应新形势新任务的要求，不断扩大团结面和联系面，努力促进民族关系、宗教关系、阶层关系以及海内外同胞关系的团结和谐。要坚持民主协商、平等议事、求同存异、体谅包容的原则，不断扩大政协工作的社会开放度。要深入贯彻落实中共中央加强人民政协工作的意见和省、市、县政协工作会议精神，进一步规范和完善政治协商

的内容、形式和程序，强化政协的民主监督，提高政协参政议政的实效，使人民政协这一政治组织和民主形式在推进社会主义民主政治建设中发挥更大作用。

（四）切实加强自身建设，努力提高履行职能的能力和水平

要在认真学习中共十七大精神，学习邓小平理论、“三个代表”重要思想和中国特色社会主义理论体系的基础上，大力加强思想理论建设。要通过举办新委员培训班等各项学习活动，努力提高政协委员队伍的整体素质和履职能力。要注重发挥委员主体作用，尊重和依法保护政协委员的各项民主权利，调动、保护好委员履行职能的积极性。要继续推进履行职能的规范化、制度化和程序化，增强政协内部活动，提高履行职能的成效。要高度重视并切实加强政协机关干部队伍建设，努力造就一支政治坚定、作风优良、学识丰富、业务熟练的高素质政协干部队伍。

各位委员、同志们，九届县政协已经完成了历史使命，十届县政协将承担起新的历史责任，开创我县政协工作的新未来。我们衷心祝愿十届县政协，紧密团结在以胡锦涛同志为总书记的中共中央周围，在中共阳谷县委的坚强领导下，认真贯彻落实中共十七大精神，高举中国特色社会主义伟大旗帜，以邓小平理论和“三个代表”重要思想为指导，深入贯彻落实科学发展观，与时俱进，开拓进取，扎实工作，为建设经济强县、文化大县、全面建设小康社会做出新贡献，谱写新篇章。

中国人民政治协商会议
第十届阳谷县委员会常务委员会工作报告

（2012年1月11日在政协第十一届阳谷县委员会第一次会议上）

主席 崔新厚

各位委员、同志们：

我受政协第十届阳谷县委员会常务委员会的委托，向大会报告四年来的工作，请予审议，并请列席会议的同志提出意见。

县政协十一届一次会议是在县第十二次党代会刚刚闭幕，全县上下坚持以党代会精神为指导，深入贯彻落实科学发展观，解放思想，坚定信心，抢抓机遇，乘势而上，建设幸福和谐新阳谷的新形势下，在县、乡两级全面换届的重要时期召开的一次承前启

后、继往开来的重要会议。县委对会议的召开非常重视，多次做出指示，并按照《中国人民政治协商会议章程》的规定和上级有关精神，从不同的界别、不同的行业遴选了一批高举中国特色社会主义伟大旗帜，以邓小平理论和“三个代表”重要思想为指导，深入贯彻落实科学发展观，在本职岗位上做出显著成绩，具有广泛代表性的优秀同志，担任新一届政协委员。在此，谨代表政协第十届阳谷县委员会，向新一届政协委员表示热烈的祝贺！

一、四年来的工作回顾

政协第十届阳谷县委员会任期的四年，是我县认真贯落实科学发展观，实现科学发展、加快发展、和谐发展，经济、文化强县建设取得显著成就的四年，也是人民政协事业继承和发扬历届政协的好传统、好作风、好经验，在继承中开拓，在开拓中前进，不断实现新发展的四年。四年来，在中共阳谷县委的坚强领导下，十届县政协高举爱国主义、社会主义旗帜，牢牢把握团结和民主两大主题，坚持“维护核心、服务中心、反映民心、凝聚人心”的总体思路，认真履行政治协商、民主监督、参政议政职能，以创新精神推动政协各项工作扎实有效的开展，为阳谷经济、政治、文化、社会建设做出了积极贡献。

（一）坚持党的领导，不断推进人民政协事业新发展

人民政协事业是中国特色社会主义事业的重要组成部分。进入新时期、新阶段，中共中央就深入贯彻落实《中共中央关于加强人民政协工作的意见》做出重要部署，胡锦涛总书记在庆祝人民政协成立60周年大会上发表了重要讲话，去年8月、12月，省委、市委先后召开了政协工作会议。这些都为推进人民政协事业新发展进一步指明了方向，注入了强大动力。十届县政协紧紧把握机遇，把学习贯彻加强政协工作的一系列重大决策部署作为重大政治任务，围绕推进履行职能制度化、规范化、程序化，加强政协自身建设等开展调查研究，完善工作制度，规范工作程序，创新工作载体，使中央和省、市精神在县政协各项工作中得到认真贯彻，有力地促进了全县政协工作的深入开展，形成了“党委重视、政府支持、部门配合、政协主动、委员积极”的可喜局面。特别是在加强自身建设方面，按照省委、市委的统一要求，各乡镇、街道都恢复建立了政协工作机构，这将更加有利于促进人民政协事业更好更快的发展。

（二）立足科学发展，服务大局议政建言彰显新成效

推动科学发展是政协履行职能的第一要务。十届县政协坚持以科学发展观为统领，把贯彻落实科学发展观贯穿于履行职能的全过程，落实到具体工作中。一是立足全局工作开展协商议政。利用每年一次的全委会议，对《县政府工作报告》以及其他重要

报告、《阳谷县国民经济和社会发展第十二个五年规划纲要》等事关全县经济社会发展的综合性、全局性、前瞻性课题，进行充分的协商讨论，努力把党政主张化为全体政协委员及所联系各界群众的共同意志和自觉行动。二是围绕重点问题积极建言献策。发挥常委会专题议政的作用，先后围绕推进文化强县建设、转变经济发展方式、招商引资和重点项目建设、千年古城建设、东夷之都建设、祥光生态工业园建设等重要议题，邀请党政领导及相关部门开展专题协商议政，直接听取常委或委员的意见建议，为党政民主科学决策和部门开展工作提供了重要参考及依据。四年来，共召开专题议政性常委会议 8 次，听取部门工作情汇报 20 余次，提出有价值、有分量的建议 80 余条，不少建议得到很好的采纳和落实。三是围绕重要课题深入调查研究。分别就县污水处理厂中水回用、中小企业发展、企业应对金融危机、加快发展四大主导产业、加快发展汽车坐垫产业等问题，开展广泛深入的调查研究，形成了《关于县污水处理厂出水作为县城区水系水源的建议》《关于发展壮大中小企业，推进经济强县建设的调研报告》《抢抓发展机遇，实现弯道超越》《关于推进我县四大主导产业发展提升的调研报告》《关于加快汽车坐垫产业发展的调研报告》等 10 余篇调研报告，得到党政主要领导的重视，并做出重要批示，为党政科学决策提供了重要参考依据。特别是县污水处理厂出水作为县城区水系水源的建议，党政领导高度关注，有关部门认真落实，很好地解决了城区沟渠用水问题，对美化城市环境发挥了重要作用。四是围绕部门工作搞好专题视察。四年来，共组织委员开展专题视察活动 70 余次，对部门工作提出意见建议 300 余条次，有力地促进了党政决策的贯彻落实和相关工作的开展。另外，在全体政协委员中先后开展了“建设经济强县，打造文化强县，全面推进生态文明建设大调研活动”和“情系发展、关注民生建言献策活动”，均取得很好的效果。

（三）着眼提升部门工作，不断拓展和深化民主监督呈现新特点

人民政协的民主监督是我国社会主义监督体系的重要组成部分，十届县政协把履行民主监督职能与促进部门作风转变、工作提升有机结合起来，采取民主评议等有效方式，不断强化和拓展民主监督。比如，2008 年着眼于服务经济发展大局，组织政协委员开展了“优化经济发展环境服务年”活动，对重点部门进行民主监督。整个活动历时 6 个月，共开展走访调查 2000 余人次，收回有效调查问卷 1600 余份次，召开专题会议 6 次，原汁原味地向 50 个重点部门反馈综合意见建议 380 余条，组织开展视察促改活动 7 次，取得显著成效，对优化和改善我县经济发展环境、促进经济又好又

快发展产生了积极而深远的影响。同时，充分发挥委员担任特邀监督员的作用，及时反映群众的意见和呼声，促进部门不断改进工作作风、提升服务水平。积极组织委员开展对部门半年和年度工作岗位目标完成情况的民主测评，结合视察活动有针对性地开展对视察部门的民主评议，及时向有关部门反馈社会各界的评议意见及建议，不断提升履行民主监督职能的成效。

（四）坚持履职为民，惠民生办实事取得新成绩

坚持以人为本、关注民生，是贯彻落实科学发展观的核心内容，也是人民政协固有属性的体现。十届县政协牢固树立履职为民的理念，把关注民生与履行职能紧密结合起来，积极为人民群众解难事、办实事。一是积极为改善民生建言献策。围绕医疗卫生、教育、民政、劳动就业、社会保障、食品安全、环境保护、城市建设等涉及人民群众切身利益的问题，积极开展专项视察，提出对策建议，促进问题解决和工作提升。二是切实关注和反映民生问题。委员提案是社会各界意愿和要求的集中反映，在改善民生中发挥着独特作用。四年来共征集提案741件，审查立案680件。通过推行县级领导阅批重点提案、带案视察、在县电视台开办《提案追踪》专题栏目、评选十佳提案和十佳提案承办单位等，不断加大提案办复和落实的力度。截至目前，所有提案已全部办复，落实率达90%以上，对于推动全县经济社会发展特别是民生问题的解决发挥了重要作用。三是积极开展送温暖献爱心活动。广大政协委员把关注民生、履职为民作为自身的职责要求，时刻把人民群众的安危冷暖挂在心上，采取多种形式，关爱社会，奉献爱心，特别在2008年四川地震灾区抗震救灾的关键时期，广大政协委员和机关干部以及离退休老领导、老同志发扬“一方有难、八方支援”的传统美德，踊跃捐款捐物达100余万元，其中臧爱民委员一次性捐赠了价值23万元的服装，充分彰显了政协委员心系群众、扶贫济困的良好社会形象。另外，县政协领导坚持履行职能与办实事相结合，围绕县委、县政府的中心工作，积极参与了一些重点工作、重点项目建设的组织领导，参与了一些部门、一些行业的重大活动，有力地支持了党政部门的工作。

（五）把握两大主题，凝心聚力构建和谐发挥新作用

团结和民主是人民政协工作的永恒主题。十届县政协高举爱国主义和社会主义旗帜，充分发挥人民政协的特点与优势，坚持把团结和民主体现在履行职能的各项活动中，积极协调各方，广泛汇集力量，为营造我县团结、稳定、和谐的社会环境发挥了应有的作用。加强与社会各界的联系及沟通，及时掌握社会各个层面的情况和热点问题，倾听群众呼声，反映群众意愿，

积极协助党委、政府做好理顺情绪、化解矛盾、增进共识、促进团结的工作。积极开展宣传联谊，对重大活动及时宣传报道，在《人民政协报》《联合日报》《春秋》《聊城日报》县电视台等新闻媒体上发表新闻稿件100余篇，在电视台播放《委员风采》和《提案追踪》60余期，编发《阳谷政协》期刊18期，开通了阳谷政协网站，参加了“京九沿线县级政协联谊会”“晋冀鲁豫二十县（市区）政协联谊会”，并成功承办了“京九沿线县级政协第十三次联谊会”，制作播发了《东夷之都、千年古城、武松故乡——山东阳谷》专题宣传片，热情接待了运河文化与中国古代文学全国学术研讨会、区域跨区域与文化整合国际学术研讨会、京杭大运河保护与开发等上级政协的视察团组以及其他外地政协的考察团组60多批次，在宣传阳谷、扩大影响、交流经验、促进合作等方面发挥了积极作用。加强与党派团体的合作共事，重视发挥工商联和无党派人士在政协中的重要作用，积极邀请他们参加视察调研等活动，为他们表达主张、议政建言创造条件。认真贯彻党的民族宗教政策，充分发挥民族宗教界委员的作用，促进民族团结、宗教和睦。注重发挥政协文史“存史、资政、团结、育人”的作用，征集、编辑和出版了以“东夷之都、千年古城、武松故乡”为主体内容的《阳谷文史》第三十二辑和《阳谷诗词》《景阳冈酒都赋》等文史资料。坚持以活动为载体，顺应不同时期的发展要求，先后成功举办了“纪念改革开放30周年座谈会、摄影展”“庆祝新中国成立60周年暨人民政协成立60周年庆祝大会、文艺演出、书画展”“千年古城、水浒文化旅游节摄影展”“庆祝建党90周年暨纪念辛亥革命100周年庆祝大会”，还制作了《同风雨·向明天》专题片等，对团结社会各界坚定发展信心、鼓舞发展干劲、凝聚发展力量产生了重大而积极的影响。

（六）适应形势要求，加强政协自身建设取得新进展

加强政协自身建设，是政协工作创新发展的根本保障。十届县政协始终把自身建设摆在重要位置，不断提高履职能力和工作水平。加强委员参政议政能力建设，届初邀请省政协专家、学者对全县政协委员进行了集中培训，系统学习了人民政协统一战线理论、《中国人民政治协商会议章程》等方面的加识；利用十届三次、四次全委会议，分别举办了全体政协委员参加的“打造文化品牌，提升阳谷形象”“转方式、调结构，促进我县经济又好又快发展”专题讲座；利用常委会议，邀请专家、学者围绕“加强文化品牌建设”“发展低碳循环经济”等主题举办专题讲座，使常委、委员拓宽了视野，增长了知识，提升了能力。在政协组织中扎实有效地开展了深入学习实践科学发展观、“全面提升年”

等活动，开展了以“政协和诸、和谐政协”为主题的文明和谐组织创建工作。大力开展了“十佳”政协委员评选活动，调动了委员参政议政，建功立业的积极性。推进履行职能“三化”建设，先后制定和修订了《常委会工作规则》《专门委员会组织通则》《提案工作条例》《加强常委会建设的决定》《政协机关学习工作制度》《政协委员考核办法》等规章例度，使政协履行职能的各项工作进一步制度化、规范化、程序化。重视做好老干部工作，积极为老领导、老同志开展活动、发挥作用搞好服务。认真履行一岗双责，广大政协委员坚持以智力参政，以奉献立业，在各自不同的岗位做出了不平凡的业绩，树立了十届政协委员良好的社会形象。任期内，县政协机关连年被县委、县政府授予“全面工作综合奖”。

回顾四年来的工作，我们的主要体会是：(一)毫不动摇地坚持和依靠党的领导，争取政府支持、部门配合是人民政协事业发展壮大、兴旺发达的根本保证。(二)自觉围绕党和政府的中心工作履行职能，自觉围绕党和政府的决策部署谋划工作，始终做到同党和政府在思想上同心同德、目标上同心同向、行动上同心同行，始终做到服从发展、服务发展、促进发展，是人民政协履行职能必须始终遵循的重要原则。(三)牢牢把握时代脉搏，适应新形势新任务的发展变化，不断探索履行职能的新形式、新内容、新机制，是保持人民政协事业旺盛活力、不断发展前进的不竭动力。(四)充分发挥委员的主体作用，注重发挥专门委员会的基础性作用，调动和保护好各方面的积极性和创造性，营造团结、民主，和谐的氛围是做好政协工作的基础。

各位委员、同志们，十届县政协所取得的成绩，是中共阳谷县委正确领导的结果，是县人大、县政府和社会各界大力支持的结果，是各级各部门积极配合的结果，是全体政协委员与机关干部团结协作、共同努力的结果，也是历届政协老领导、老同志及委员关心支持的结果。同时，也是与历届政协工作打下的良好基础分不开的。在此，我谨代表十届县政协常委会，向所有关心支持、帮助、配合政协工作的领导和同志们表示崇高的敬意和衷心的感谢！

回顾四年来的工作，我们也清醒地认识到工作中存在的差距和不足。比如，政治协商开展的不够主动；议政建言的质量和水平有待进一步提高；政协的界别作用有待进一步发挥，等等。这些问题都需要在今后的工作中切实加以解决。

二、对今后工作的建议

当前，我县正处于加快发展的机遇期，全面建设小康社会的关键时期。刚刚闭幕的县第十二次党代会为我县今后五年的发展绘制了新的蓝图，明确了奋斗目标和发展重点。新时期、新形势、新任务为人民政协的发展提供了新的机遇，提出了更高的要求。十一届县政协要在新一届中共阳谷县委的坚强领导下，继续认真贯彻中共十七大及十七届三中、四中、五中、六中全会精神，以邓小平理论和“三个代表”重要思想为指导，深入贯彻落实科学发展观，以崭新的姿态、昂扬的斗志、奋发的作为，不断把人民政协事业继续推向前进。为此，向十一届县政协委员会建议：

（一）认真学习贯彻全省、全市政协工作会议精神。近期省委、市委相继召开了政协工作会议，明确提出了今后一个时期政协工作的指导思想、目标任务和方针原则，制定了《关于加强人民政协政治协商制度建设的意见》，对进一步推进政治协商，实现政协工作的制度化、规范化、程序化以及加强政协自身建设提出了严格明确的要求，在推进人民政协事业发展中具有里程碑的意义。要把学习贯彻好全省、全市政协工作会议精神作为当前和今后一个时期的重要政治任务，着力推动各项政策措施的落实，努力实现人民政协事业的跨越发展。

（二）要把贯彻落实县第十二次党代会精神作为履行职能的首要任务。人民政协人才荟萃、智力密集，能够为贯彻县第十二次党代会精神提供强大的智力支持，奠定坚实群众基础。要充分发挥这一组织优势，围绕党代会提出的今后五年总体实力跨入全省中上游发展行列的目标任务，坚持围绕中心、服务大局，切实把广大政协委员的思想统一到党代会精神上来，把积极性、主动性、创造性引导到推动加快发展、科学发展上来，形成推动科学发展的强大合力。要按照党代会提出的“发展为先、生态为重、创新为魂、民生为本”的发展理念，围绕大力实施“农业稳县、工业强县、三产兴县、城建靓县、民生安县”的五大战略，注意选择具有综合性、全局性、前瞻性的重大课题开展专题调研和协商议政活动，多想加快发展大事，多谋加快发展大计，努力为实现以人为本、全面协调可持续的科学发展建睿智之言、献务实之策。

（三）要在促进社会和谐中发挥重要作用。坚持团结和民主两大主题，更好的协助党委、政府协调社会关系、化解社会矛盾、维护社会稳定，创建更加有利于发展、有利于群众生产生活的环境与条件。坚持求同存异、体谅包容的原则，不断增进各族各界人士的共识，在政协组织中营造民主协商、合作共事的政治氛围。要关注各阶层的利益诉求，协助党和政府妥善处理好各方面的利益关系。要坚持以人为本，倾听群众呼声，关心群众疾苦，围绕群众普遍关心的民生问题开展调查研究，反映社情民意，积极建言献策，推动形成社会和谐人人有责、和谐社会人人共享的生动局面。

（四）要切实加强政协自身建设。要把加强自身建设作为开创政协工作新局面的根本举措，切实加强思想作风建设，始终保持奋发有为的工作激情、务实创新的工作作风、高效快捷的工作节奏。要切实抓好委员的学习培训，不断提高委员的政治理论素质和参政议政能力，不断增加做好新时期政协工作的责任感与使命感。要不断加强政协机关干部的培养、选拔及交流，调动好政协干部工作的积极性。要切实加强政协机关建设，着力提高全局观念、服务意识，增强政务性服务能力和统筹协调能力，为人民政协有效履行职能、顺利开展工作提供有效保障。

各位委员、同志们，新时期、新任务赋予人民政协新的使命。我们衷心祝愿新一届政协在中共阳谷县委的坚强领导和县政府的大力支持下，更加紧密地团结在以胡锦涛同志为总书记的党中央周围，深入贯彻落实科学发展观，锐意进取，开拓创新，努力开创政协工作新局面，为建设幸福和谐的新阳谷做出新的更大的贡献！

中国人民政治协商会议
第十一届阳谷县委员会常务委员会工作报告

（2017年1月21日在政协第十二届阳谷县委员会第一次会议上）

主席　朱炳立

各位委员、同志们：

我受政协第十一届阳谷县委员会常务委员会委托，向大会报告过去五年的工作，并对十二届县政协工作提出建议，请予审议，并请与会的领导和列席的同志提出意见。

县政协十二届一次会议是在县第十三次党代会刚刚闭幕，全县上下坚持以党代会精神为指导，全力打造实力强、结构优、百姓富、生态美的新阳谷的形势下，召开的一次承前启后、继往开来的重要会议。县委对会议的召开非常重视，多次做出指示，并按照《中国人民政治协商会议章程》的规定和上级有关精神，从不同界别、不同行业遴选了一批认真践行党的群众路线，在本职岗位上做出显著成绩，具有广泛代表性的优秀同志，担任新一届政协委员。在此，谨代表政协第十一届阳谷县委员会，向新一届政协委员表示热烈的祝贺！

五年来的工作回顾

十一届县政协任期的五年，是我县全面深化改革和建设幸福和谐新阳谷取得显著成就的五年，也是人民政协事业继承发展、开拓创新的五年。

五年来，县委先后 2 次召开政协工作会议，对做好新时期政协工作做出了一系列重要部署。我们以县委政协工作会议精神为指导，坚持团结和民主两大主题，紧紧围绕全县中心工作，扎实履行政治协商、民主监督、参政议政职能，广泛凝聚智慧服务转型发展，充分发挥优势助推民生改善，积极协调关系促进社会和谐，为全县经济社会改革发展做出了积极贡献。

（一）加强学习，凝聚共识，政治定力不断增强

五年来，我们始终坚持把思想建设放在首位，继承和发扬人民政协重视学习的优良传统，认真落实各项学习制度，通过举办专题讲座、委员培训、界别活动等多种形式，组织广大委员深入学习中共十八大和十八届三中、四中、五中、六中全会精神，深入学习习近平总书记系列重要讲话以及省、市、县委重要会议精神，深入学习有关政协工作的理论及文件，引导广大委员进一步增强政治意识、大局意识、核心意识、看齐意识，自觉讲政治、守规矩、做表率。

深入开展党的群众路线教育实践活动、“三严三实”专题教育和“两学一做”学习教育，坚决落实从严治党要求，持续转变作风，努力锻造务实肯干、风清气正的政协队伍。改进调研视察专题议政的方式方法，更加深入群众、贴近基层、求真务实开展工作，拉近了政协与各界群众的距离，增强了社会各界对政协工作的认知认同，形成了广大委员维护核心、服务中心、反映民心、凝聚人心的思想共识。

（二）围绕中心，致力发展，服务大局成效显著

五年来，我们始终坚持把围绕中心、服务大局作为履行职能的第一要务，紧紧围绕县委、县政府的重大决策部署，围绕事关全局的重要问题，综合运用全委会议、常委会议、视察调研等方式，广泛协商议政，积极出力谋为，共开展界别小组讨论 180 余次，召开专题议政性常委会议 10 次，视察调研 80 余次，形成视察调研报告 50 余篇。

聚焦“十三五”规划编制，领导班子成员分组到相关部门进行专题调研，通过召开不同层面的座谈会，广泛听取社会各界的意见建议，向县委、县政府提出了“高度重视招才引智”“探索推进精准医疗”“加快新能源汽车推广应用”“推进医养融合发展”等 10方面 26条建议，为县委、县政府科学决策提供了重要参考。

聚焦“文化强县”建设，立足于弘扬优秀传统文化，组织多方力量对孟母祈蚕祠进行文史资料挖掘整理，并在深入调研、科学论证、广泛协商

的基础上，向县委政府提出了《恢复孟母祈蚕祠、建设孟母文化园的建议》，得到高度重视，并做出重要批示。围绕加快文化产业发展，组织开展专题协商，提出了“加强文化产业管理人才培养和引进”“搞好文化产业项目招商”“推进文化场馆建设”“加强文化遗产保护与开发”等建议，得到有关部门的采纳落实，有效促进了我县文化产业发展。发挥政协文化联谊会、书画院、收藏家协会的作用，组织开展了“保护生态环境，建设绿色家园”环保书画展、以“书香相伴、感恩母爱”为主题的读书交流等文化联谊活动；组织书画名人开展中小学生书画培训指导和企业文化宣传，有力地助推了文化强县建设。

聚焦经济转型升级，组织委员围绕三产服务业、招商引资重点项目、民营经济、优化中小企业发展环境等开展调研视察，提出了许多有价值的意见与建议，为激发经济发展活力、提升经济发展质量贡献了智慧和力量。围绕发展现代农业，针对培育新型农业经营主体、健全土地流转保障机制、发展农村专业合作社加快实施农业品牌战略等问题，提出建议，促进农业发展方式转变，助推农业转型升级。

聚焦新型城镇化建设，组织城建部门在外出考察、深入调研的基础上，围绕搞好城市规划提出了“聘请名家高手修编城市总体规划”“做好城市水系文章”“加强城市绿化建设”“找准城市发展拉动点”等建议，得到县委、县政府的高度重视，为推动我县新一轮城市总体规划的编制和实施发挥了重要作用。五年来，我们持续关注新型城镇化建设，围绕城乡环卫一体化、小城镇提升、城区棚户区改造、新农村建设、加强城市管理等城镇化建设中的重点问题，组织委员每年开展一次综合视察活动，为提升我县城镇化发展水平做出了积极努力。

聚焦精准扶贫，组织专门力量深入扶贫重点乡镇、产业项目基地、贫困村和贫困户，与扶贫干部、第一书记、村支部书记及贫困群众沟通交流，提出了“加大产业扶贫力度”“集中整合扶贫资金”“大力发展光伏发电扶贫”等建议，聚智聚力精准扶贫。

我们还围绕推进“法治阳谷”建设，组织开展专题议政，引导和号召广大政协委员积极履职尽责，争做“法治阳谷”建设的坚定拥护者、自觉推动者、积极弘扬者与忠实践行者。

（三）关注民生，助推和谐，为民履职深入推进

五年来，我们始终坚持履职为民，把人民对美好生活的向往作为履行职能的方向，关注民情，反映民意，切实为改善民生、维护民利知情出力。

围绕改善民生议大事、商难事。选择教育、城区交通、医疗卫生、食品药品监管、环境保护、社会保障等事关民生的重点工作，开展多种形式的履职活动。围绕教育均衡化发展开

展调研提出建议，助推我县中小学新校建设，增强师资配备。围绕发展和完善城区公交开展委员视察，促进公交线网进一步优化，公交站点设置更加合理。围绕全面提升医疗服务水平，为推进分级诊疗弘扬中医药文化、大力支持社会办医献计支招。针对城乡居民饮水安全，深入开展调研，向县委、县政府提出了《关于加强城区供水水源地保护的建议案》，得到县委主要领导的批示，推动我县出台了《饮用水水源保护区污染防治管理办法》。围绕提升城市绿化水平，就顺河公园改造提出建议。深入了解我县食品药品安全监管状况，积极为提升食品药品检测水平、健全安全监管体系建言献策。

围绕改善民生重提案、抓督办。充分发挥委员提案反映民生民利的主渠道作用，积极探索创新提案办理的新思路、新方法，采取重点提案领导督办、难点提案联合督办、热点提案现场督办等措施，切实加大提案督办力度，促进提案办理落实。五年来，共收到委员提案1062件，立案989件，提案办复率达到100%，一大批事关民生民利的热点问题得到很好解决。

围绕改善民生听民情、畅民意。坚持把了解和反映社情民意作为维护群众利益的重要途径，认真践行党的群众路线，不断深化政协的群众工作，建立主席、副主席联系委员制度，定期分片召开乡镇委员座谈会，积极开展界别活动，不断加强与委员的联系沟通，及时反映人民群众的愿望诉求。五年来，共召开乡镇委员座谈会40余次，开展界别活动60余次，收集反映社情民意信息600余条，协助党委政府做了大量惠民生的工作。

围绕改善民生做好事、解民忧。发挥政协联系广泛的优势，积极引导、大力支持委员开展扶贫济困、捐资助学等慈善惠民活动。根据县委统一部署，结合党的群众路线教育实践活动、“三严三实”专题教育、“两学一做”学习教育，县政协领导班子成员深入帮扶联系村，着力做好驻村蹲点调研、“一对一关爱孤儿”、走访慰问困难群众、修建村级道路、建设文化活动广场等工作，力所能及地帮助群众协调解决了生产生活中的实际困难和问题。认真做好政协机关“第一书记”双联共建，加强村级班子和基础设施建设，极大地改善了群众的生产生活条件。扎实做好政协机关“百千帮扶”，深入帮包69户贫困户，讲政策、理思路、解难题、办实事，努力促进贫困户精准脱贫。

（四）增强包容，凝聚力量，团结民主氛围日益浓厚

五年来，我们始终坚持团结和民主两大主题，调动一切积极因素，努力寻求最大公约数，增进最大共识度，为我县改革发展和谐稳定，凝聚智慧、汇集力量。

密切社会各界联系。注重加强与

工商联、各人民团体和无党派人士的团结合作，支持他们开展各类履职活动，认真协调解决他们在履职过程中遇到的困难与问题，做到有事多沟通、遇事多商量，努力营造融洽、和谐、民主、团结的浓厚氛围。立足政协的界别优势，发挥界别纽带作用，组织开展系列活动，密切与社会各界的联系和沟通，及时掌握社会各个层面的热点问题，协助党委政府做好理顺情绪、化解矛盾、凝聚共识、促进团结的工作。关心关注民族宗教事业，加强与民族宗教人士的联系，促进民族团结、宗教和睦。

挖掘文史团结育人。积极发挥政协文史“存史、资政、团结、育人”的作用，高度重视文史资料的整理编辑工作。深入挖掘整理我县深厚的历史文化资源，编辑出版的《阳谷文史》第三十二辑，被省政协评为“全省优秀文史书刊”；围绕“纪念抗日战争胜利70周年”，广泛征集抗战史料，编辑出版了《我的抗战》；以延续阳谷历史记忆为主题，着眼于展现阳谷历史演化、人文地理、名胜古迹、逸闻趣事、风土民情，编辑出版了《阳谷掌故》；着眼于保护和传承碑刻这一历史文化遗产，完成了《阳谷碑刻辑注》的整理编辑。

加强宣传扩大影响。充分利用各种新闻媒体，多形式宣传政协的性质、地位和作用，及时报道政协的重要活动及有关会议，大力宣传党委政府重视支持政协工作及政协委员献计出力、干事创业的先进事迹。五年来，先后在《联合日报》、《春秋》、省政协手机报、《政协信息》、县电视台等媒体发表稿件300余篇，营造了全社会关注、重视、支持政协工作的良好氛围。

（五）务实创新，固本强基，自身建设全面加强

五年来，我们始终坚持以提升履职效能为重点、以完善机制为关键，全面加强自身建设，着力筑牢履职基础，不断提升政协履职的规范化、制度化、程序化。

不断健全体制机制。贯彻落实中共阳谷县委关于《加强人民政协政治协商制度建设的意见》和《加强人民政协协商民主建设的实施意见》，制定出台了《委员履职工作规则》《协商工作规程》《进一步加强反映社情民意信息工作的若干意见》《提案办理协商办法》等工作制度。修订完善了专委会、界别活动规则，推动各项履职活动规范有序开展。开展了评选表彰优秀提案和先进承办单位活动，很好地发挥了示范带动作用。五年来，各乡镇、街道政协工委认真履职，在服务中心工作、推动民生改善联系服务委员、促进基层协商等方面，成效显著，不断推进政工作向基层拓展和延伸。

不断加强委员队伍建设。遵循“一年一培训，年年有提升”的总体思路，坚持每年开展一次委员培训，加强委员履职管理，建立委员履职档案，对委员出席会议、视察调研、提交提案等进行量化考核，有效调动了委员履职的积极性。积极搭建委员履职平台，创造履职条件，让更多的委员参与视察调研活动。大力支持政协委员担任特邀监督员，积极开展对价格听证、事业单位人员招聘、环境监察等社会高度关注的重点工作，以及执法部门的民主监督。五年来，广大委员坚持以智力参政、以奉献立业，在各自不同的岗位上做出了不平凡的业绩，树立了十一届县政协的良好形象。

不断提升政协机关保障服务水平。按照“学习型、服务型、创新型、和谐型”机关建设的要求，全面加强机关干部思想建设、作风建设和能力建设，注重机关干部的培养交流，认真做好老干部工作，不断提升机关的服务效能。2015 年，代表我市县级政协先后在全省政协调查研究工作座谈会、全省政协工作经验交流会上作了经验交流发言；县政协机关先后被省政协评为“全省政协文史工作先进集体”“全省政协宣传工作先进集体”，有 4 名同志分别被授予“全省政协文史先进工作者”“全省政协宣传工作先进个人”“全省政协提案工作先进个人”等荣誉称号。

回顾五年来的工作，我们的主要体会是：必须坚持正确的政治方向，始终服从服务于县委、县政府的中心工作；必须坚持改革创新，找准工作切面，打破思维定式，大胆探索新的工作机制和领域；必须坚持为民宗旨，深入接触基层和界别群众，始终把关注民生作为政协履职的出发点与落脚点；必须发挥大团结、大联合的优势，聚集正能量，传播好声音，讲述好故事，团结一切可以团结的力量，调动一切积极因素，投身阳谷的改革发展。

各位委员、同志们，五年来，十一届县政协取得的成绩，是中共阳谷县委正确领导的结果，是县政府及各部门大力支持、全体委员共同努力的结果，也是历届政协老领导、老同志关心支持的结果。在此，谨代表政协第十一届阳谷县委员会常务委员会，向所有重视、关心、支持、参与政协工作的各级领导、同志们和朋友们，表示衷心的感谢与崇高的敬意！

回顾五年来的履职实践，我们也清醒地认识到：协商民主广泛多层制度化发展还需要深入推进；民主监督工作还有待进一步加强；重点协商和对口协商机制还不够完善。这些都需要认真研究，在今后的工作中切实加以改进。

今后五年的工作建议

今后五年，是全面建成小康社会的关键时期，也是阳谷实现科学发展、转型升级的攻坚时期。刚刚闭幕的县第十三次党代会描绘了我县未来五年的发展蓝图。新形势、新任务为人民政协事业发展提出了新的更高要求，提供了新的更大机遇。希望新一届县政协常委会深入贯彻中共十八大，十八届三中、四中、五中六中全会精神和习近平总书记系列重要讲话精神，按照“五位一体”总体布局与“四个全面”战略布局，积极践行“创新、协调、绿色、开放、共享”发展理念，在中共阳谷县委的坚强领导下，紧紧围绕县第十三次党代会确定的目标任务，团结带领广大政协委员，不忘初心为民，不忘初衷履职，努力做到协商民主有新加强、民主监督有新举措、参政议政有新突破，为全力打造实力强、结构优、百姓富、生态美的新阳谷，谱写全面建成小康社会新篇章贡献智慧和力量。

（一）强化学习，努力在推动人民政协事业发展上有新作为

深入学习贯彻中共十八大和十八届三中、四中、五中、六中全会精神，不断增进社会各界的政治认同；加强对《中国人民的政治协商会议章程》、政协理论的学习，不断深化对政协性质、作用、地位的认识；认真学习县第十三次党代会精神，准确把握好县委、县政府的决策方向、发展思路和工作重点，寻找履职的切入点，提高履职服务的精准度。不断创新学习方式，通过举办学习培训班、专题报告会和情况通报会，为委员知情明政创造条件。注重增强学习实效，围绕县委、县政府的决策部署开展专题学习讨论，把学习成果转化为谋划工作的思路、促进工作的措施、履行职能的成效。

（二）求实重效，努力在服务改革发展上取得新成就

把握党政工作大局，找准政协工作与党政工作的结合点和切入点，深处着力，精准发力，持续用力，为助推我县经济社会改革发展多建睿智之言、多献务实之策、多谋创新之举。准确把握“十三五”时期经济社会发展的主题主线，按照县第十三次党代会决策部署，围绕“打造实力强、结构优、百姓富、生态美的新阳谷”这一目标任务，就产业转型升级、脱贫攻坚、现代农业建设、城乡协调发展、生态文明建设等工作重心，认真搞好专题协商、对口协商、界别协商，努力为县委政府寻找“好方子”，提供“妙法子”，献出“金点子”。秉承以人为本、履职为民的理念，积极关注创业就业、棚户区改造、教育医疗、社会保障、养老服务等问题，更好地听民意、知民情、解民忧、化民困，助推民生改善，实现共享发展。

（三）发挥优势，努力在助推文化强县建设上取得新进展

依托政协文史委、文化联谊会、书画院和收藏家协会，发挥政协组织文化名人多的优势，坚持把助推文化强县建设作为履行职能的一项特色工作，奏响文化强县建设的“最强音”。着力推进孟母文化园建设，打造母教文化的学习基地、中华优秀传统文化

的传播基地、青少年思想品德教育基地、党员干部政德教育基地。大力倡导委员读书活动，推动全民阅读进机关、进学校、进企业、进社区、进农村。深入挖掘季札挂剑、紫荆堂等历史文化资源,弘扬诚信文化、倡导和睦家风。加强运河历史文化研究，助力古运河遗产保护和开发。

（四）团结联谊，努力在凝聚各方力量上做出新贡献

把团结各界、凝聚人心、汇聚力量摆在政协工作的突出位置，倍加顾全大局，倍加珍视团结，倍加维护稳定。加强与工商联各人民团体和无党派人士的经常性联系，有计划地安排他们参与政协组织的学习、调研、视察、座谈、协商等重大活动，不断增进思想共识、加强合作共事。以委员为主体，进一步完善委员联系机制，通过委员了解各阶层、各利益群体的呼声，吸纳各方面的智慧，促进党委、政府科学民主决策。认真落实党的民族政策和宗教政策，丰富、拓展对外友好交往，“不忘老朋友、结交新朋友、多交挚友和诤友”,不断扩大阳谷的“朋友圈”,最大限度地调动一切积极因素，广泛凝聚改革发展的正能量。

（五）创新发展，努力在增强履职实效上实现新突破

创新是推动人民政协事业发展的不竭动力和源泉。大力弘扬勤于探索、勇于实践的改革创新精神，不断探索政治协商的新路子、民主监督的新渠道、参政议政的新方法。进一步完善我县协商民主建设的相关制度，丰富协商形式，规范协商程序，扩大协商范围，促进协商的广泛多层制度化发展。进一步探索政协民主监督的有效形式，努力做到“尽职不越位”“帮忙不添乱”“切实不表面”，使民主监督更加扎实有力。进一步改进调研视察的方式方法，注重科学选题，将集中调研与个别走访有机结合，着力提高调研视察成效；狠抓提案督办，通过面对面答复、协商交流、跟踪督办、民主评议等方式，切实提高提案办理效果。积极探索服务委员的新方法、新途径,拓展交流平台,创造宽松氛围,让每位委员在政协组织中都能充分发挥作用、施展才干。

（六）固本强基，努力在加强自身建设上迈上新台阶

政协自身建设水平，关系到履行职能的成效。按照习近平总书记和俞正声主席提出的政协委员要“懂政协、会协商、善议政”和“守纪律、讲规矩、重品行”的要求，不断提高政治把握、调查研究、联系群众与合作共事的能力，为政协履职奠定坚实基础。组织好委员学习和培训，为委员履行职责、发挥作用创造条件。进一步落实委员履职工作规则，完善委员履职考核机制，激发委员履职活力。进一步加强机关建设，优化机关运行机制，不断提高统筹协调能力和服务水平，切实发挥机关在政协工作中的服务保障作用。

各位委员、同志们，集众智才能成伟业，聚合力方可谱新篇。让我们紧密团结在以习近平同志为核心的中共中央周围，高举中国特色社会主义伟大旗帜，在中共阳谷县委的坚强领导下，群策群力、和衷共济，不忘初心、继续前进，努力开创政协事业新局面，为全力打造实力强、结构优、百姓富、生态美的新阳谷，谱写全面建成小康社会新篇章而努力奋斗！

第三章 领导讲话

中共阳谷县委副书记王允仙在政协第三届阳谷县委员会第一次会议上的讲话

（1980年5月17日）

各位委员、各位同志：

中国人民政治协商会议阳谷县第三届委员会第一次会议今天胜利开幕了。这是全县人民政治生活中的一件大事，是发展和壮大我县革命的爱国的统一战线工作的一件大事，我们热烈祝贺这次会议的胜利召开。

中国人民政治协商会议，是中国共产党领导下的革命的爱国的统一战线组织，团结各界人民群众，共商国家大事，为我国革命和社会主义建设做出重大的贡献。政协这个组织是伟大领袖毛主席和老一辈无产阶级革命家亲自创建的，敬爱的周总理在具体领导全国政协工作的过程中，坚定不移地执行了党的路线和政策，发展和壮大了革命的爱国的统一战线，建立了不朽的功勋。在召开我县政协第三届委员会第一次会议的时候，我们对政协组织的创始人和领导人毛泽东主席、周恩来总理以及老一辈已去世的无产阶级革命家更加缅怀，铭记不忘。

各位委员，各位同志，粉碎江青反革命集团以来，特别是贯彻党的十一届三中全会精神以来，我们国家形势发生了根本变化。在政治路线上深入批判了林彪、江青反革命集团的极“左”路线，摧毁了林彪、江青反革命帮派体系；全面落实了党的各项政策，平反纠正了大量冤假错案，特别为刘少奇同志平反昭雪恢复名誉，是一个根本性的拨乱反正，全国安定团结，结束了江青反革命集团的掌控，社会主义民主和社会主义法制正在逐步健全起来；党中央决定全国工作着重点转移到社会主义现代化建设上，集中地反映了人民群众的愿望。随着工作重点的转移，经济战线也取得了很大成就，国民经济从崩溃的边缘得到了较快地恢复和发展，人民群众生活逐步改善，教育、科学、文化、公安、检察、司法、民族、统战工作等，都逐步走向正轨；党中央抓了整顿党风党纪，党的优良传统和作风得到恢复与发扬。在外交战线，我国高举反对霸权主义、维护世界和平旗帜，发展了同各国人民的友好关系，打击了霸权主义，进一步提高了我国的国际威望，为维护世界和平做出了贡献，为我国的社会主义现代化建设创造了有利的国际条件。我们阳谷县同全国一样，形势发展的很快很好，全县经过揭批林彪、江青反革命集团的斗争，经过落实党的各项政策，特别是经过贯彻党的十一届三中全会及四中、五中全会精神，广大干部群众精神振奋，社会主义建设积极性空前高涨，工农业生产迅速发展，科学、文教、卫生等各条战线都取得了新的成绩。全县呈现出政治上安定团结，经济上欣欣向荣的大好局面。

我县人民政协自1959年10月第一届委员会建立以来，至今已有二十多年。在这二十多年中，在中共阳谷县委的领导下，在全国政协、全省政协指导下，做了许多工作，对团结各界群众，团结一切爱国力量，巩固和扩大人民民主统一战线，对调动一切积极因素，支援工农业生产发挥了很大作用，做出很大贡献。1966年1月，我县政协召开了第二届委员会第一次会议，大家为发展我县经济建设事业积极工作。但不久之后，在“文化大革命”中统战组织和政协机构被取消了，在林彪、江青反革命集团极“左”路线的影响下，不少作过统战、政协工作的同志，被加上了莫须有的罪名，受到打击和迫害。尽管这样，仍有不少同志关心统战工作，为统战工作尽了自己应尽的责任。1976年10月粉碎江青反革命集团以后，党中央恢复了全国政协组织，认真落实了统战工作的路线和政策，使统战工作得到了恢复与发展。中共阳谷县委根据当前新的形势和同志们的急切愿望，报请上级批准，确定恢复我县政协组织，并在召开阳谷县第九届人民代表会议的同时，召开阳谷县政协第三届委员会一次会议，请大家集聚一堂，共商全县人民大事，这是中央英明正确领导的结果，这是粉碎江青反革命集团，拨乱反正的结果，

我们政协的工作，要适应新的形势，要为党的中心工作服务，中共十一届三中全会决定把全国工作重点转移到四个现代化建设上来，我们国家进入新的历史时期。在新的历史时期，统一战线的性质、方针和任务，也必须随着政治、经济形势的变化而变化。新时期的统一战线，是革命的爱国的统一战线，是工人阶级领导的、以工农联盟为基础的、全体社会主义劳动者和一切爱国者的广泛联盟。它的方针任务是：团结一切可以团结的力量，调动国内外一切积极因素，全力化消极因素为积极因素，全力维护和发展安定团结的政治局面，为把我国建成现代化的社会主义强国，为台

湾归回祖国，实现祖国统一的大业而共同奋斗。人民政协，是中国共产党领导的发扬社会主义民主，联系各方面人民群众和各方面爱国力量的重要的统一战线组织，它对于巩固和壮大革命的爱国统一战线，担负着光荣而重要的责任，因此，我们一定要明确地树立起为“四个现代化”建设和统一祖国大业服务的根本指导思想，认真贯彻“团结全国各族人民，调动一切积极因素，同心同德，鼓足干劲，力争上游，多快好省地建设现代化的社会主义强国”的总路线，紧紧围绕四个现代化建设这个中心，从台湾回归祖国，团结港澳同胞和国外华侨，发展国际反霸统一战线着眼，深入贯彻党的十一届三中、四中、五中全会精神与五届人大二次会议、五届全国政协二次会议精神，发展革命的爱国的统一战线，发扬民主协商的优良传统，动员、团结全县各界人士，在“四个现代化”建设中发挥更大的作用，为加快我县“四化”建设的步伐，为促进我国的统一而努力。为此，要求切实做好以下几方面的工作：

（一）要积极认真地学习马克思列宁主义、毛泽东思想和贯彻中共十一届三中全会精神，全国五届人大二次会议和五届全国政协二次会议精神。当前，要继续学习华国锋主席的政府工作报告、邓小平副主席在五届全国政协第二次会议上的开幕词和关于“目前形势和任务”的报告，学习七个重要法律以及全国统战工作会议精神。通过学习，正确认识我国社会状况的根本变化，正确认识我国当前的形势与现阶段主要矛盾，正确认识国民经济实行“调整、改革、整顿、提高”的方针，打好“四个现代化”建设第一个战役的伟大意义，正确认识和估价新中国成立三十年来经验教训，充分认识发扬社会主义民主，加强社会主义法制的重要性，充分认识统一战线、人民政协在新时期的重要作用和任务，努力提高为“四化”建设与统一祖国大业服务的自觉性、积极性，同时，要组织和维护各界人士学习马克思列宁主义、毛泽东思想，继续发扬自我教育、自我改造的传统，坚持四项基本原则，加强政治思想工作，端正思想路线，增强团结，取得新的进步。

（二）要紧紧围绕经济建设这个中心，努力为这个中心服务。中共十一届五中全会，要求全国人民一心一意服务四个现代化。我们一定要全力以赴地抓经济工作，其他各项工作都要紧紧围绕经济建设这个中心，努力为这个中心服务。实现“四个现代化”，关键是科学技术的现代化，科技队伍是工人阶级的知识分子队伍，是党的依靠力量，是国家民族的精华和宝贵财富，我们县政协应该大力动员和组织全县各行各业的科技人员，发挥科技专长，积极为“四个现代化”建设事业服务。

（三）要进一步加强民主协商，充分发挥人民政协在国家政治生活中的重要作用。邓小平同志指出：“中国的社会主义现代化建设事业，继续需要政协就有关国家的大政方针，政治生活和四个现代化建设的各项经济问题，进行协商、讨论，实行互相监督，发挥对宪法和法律实施的监督作用”。我们一定要恢复和发扬毛主席、周总理为我们树立的同党外人士民主协商的优良传统。广开言路，广开才路，坚持“三不主义”，实行民主协商，把各方面的意见、要求、批评和建议充分反映出来，以利于政府集中正确的意见，及时发现和纠正工作中的缺点、错误，把我们的各项事业推向前进。

（四）要协助党和政府把各项政策落实好。粉碎江青反革命集团以来，我县在落实各项政策方面做了大量的工作，进一步加强了团结，调动了各方面的积极性。但还有一些工作需要继续做，政协组织和各委员要协助党和政府进一步落实好各项政策，特别是统一战线方面的政策，如知识分子政策、民族政策、宗教政策、侨务政策、原工商业者政策、原国民党起义投诚人员政策，等等，解决历史遗留问题，调整好各方面的关系。同时要做好人民来信来访工作，巩固和发展我县安定团结的政治局面。

（五）要大力开展对台工作，积极扩大祖国统一战线。争取台湾回归祖国，是统一战线负担的又一方面的重要任务。全国政协五届二次会议政治决议指出：“人民政协对台湾回归祖国的统一大业，肩负着重要的神圣职责”。目前国际国内形势，对实现祖国统一大业十分有利。我国政府已经明确宣布了对台湾回归祖国的大政方针，对其在大陆的家属也明确规定了政策，就是应在政治、经济、社会生活等方面，一视同仁，平等相待，不得歧视。台湾是中国的地方，不能把在台湾的亲友说成是“海外关系”。政协组织要动员和组织各方面的人士，积极开展对台工作，通过各种渠道，争取、团结台湾各界人士。在我们联系的各界人士中，不少人在台湾、港澳和国外有亲属、朋友、老同学、老同事，我们要进一步发挥他们的影响，组织和帮助他们参加对台各界人士的宣传、争取、团结工作，推动爱国统一战线的发展，为祖国统一大业做出更多的贡献。

各位委员，各位同志：

新的历史时期，人民政协的任务是重大而光荣的。我们一定要坚定不移地贯彻新时期的总路线，在中共阳谷县委的领导下，积极动员和团结一切可以团结的力量，进一步发展和壮大革命的爱国统一战线，同心同德，群策群力，为加快“四个现代化”建设的步伐，把我国建设成现代化的社会主义强国，为台湾早日归回祖国，实现统一祖国大业而努力奋斗。

并祝大会圆满成功。

中共阳谷县委书记秦安良
在政协第四届阳谷县委员会第一次会议上的讲话

（1984 年 9 月 12 日）

各位委员、各位同志：

中国人民政治协商会议阳谷县第四届委员会第一次会议，今天开幕了，我代表中共阳谷县委、人大、政府和人民武装部向大会表示热烈的祝贺，向到会的全体委员、全体同志表示亲切的问候！

我们这次政协会议，是在全面开创社会主义现代化建设新局面的大好形势下召开的。目前我县县级和县直机构改革基本完成，社改乡的工作已经结束。经济改革正在深入进行，各条战线，各项事业正在蓬勃发展。在这种情况下，我们在召开全县人民代表大会的同时，召开新的一届政协全体委员会议，大家齐集一堂，共商我县政治、经济、文化建设大事，这对于动员和团结全县各族人民、各界人士及一切爱国力量，建立广泛的爱国统一战线，促进“四化”建设的发展，必将产生积极的影响与巨大的推动作用，对于开创统一战线以及人民政协工作的新局面，有着极为重要的意义。

我县是建立政协比较早的一个县。1959 年，我县即建立了第一届政协委员会，1966 年举行了第二届政协委员会。“文化大革命”中，政协工作遭到了破坏，被迫中断。“文化大革命”结束后，在党的三中全会精神指引下，1980 年 5 月县政协恢复了工作，相继召开了第三届政协委员会第一次会议，至今已四年多的时间。三届政协建立以来，我县政协工作日趋活跃。在这届期间，认真贯彻执行了三中全会以来党的路线、方针和政策，进行了拨乱反正，围绕党的工作重点的转移，为社会主义现代化建设，进行了大量的调查研究，对发展我县安定团结的政治局面，调动各方面的积极因素，推动社会主义物质文明与精神文明建设，都发挥了很好的作用。四年来，我县政协通过各种形式，积极参与了我县有关大政方针和人民生活中的重大问题的协商与讨论，提出了许多好的意见及建议，发挥了民主监督的作用，协助党委与政府落实了各项统战政策，大力开展了重视知识分子、民族宗教、侨务、对台宣传、文史资料等项工作，取得了很大的成绩。新的一届政协委员会要在上届取得显著成绩的基础上，在新的形势下为全面做好政协各项工作而努力。

换届后的我县政协第四届委员会具有广泛的代表性。委员总数为141人，比上届增加22%，委员的构成较上届有了较大的变化，代表范围更加广泛，非党委员大量增加，知识分子明显增多，并选进了一批在“四化”建设中做出显著成绩的年轻代表和农村专业户、重点户。这个新的阵容，生动地体现了社会主义建设事业的蓬勃发展和全县人民的大团结，标志着我县统一战线的进一步发展及壮大。我们相信，新的一届政协委员会将为全面开创社会主义现代化建设新局面，推动我县各项事业的蓬勃发展做出新的更大贡献。

人民政协是中国共产党领导下的爱国统一战线组织。在我国长期革命建设事业中，统一战线是取得胜利的三大法宝之一。在新的历史时期，统一战线仍然是我国各族人民团结奋斗、建设祖国、统一祖国的一个重要法宝，仍然具有强大的生命力。但是当前党内、党外还有不少人对统一战线和人民政协的地位、作用缺乏应有的了解，这说明一方面还有“左”的思想影响，另一方面我们的宣传工作也做得不够。邓颖超主席在全国政协六届二次开幕会上的讲话中指出：“为了巩固和发展爱国统一战线，做好人民政协的工作。在今后一段长时期内，我们必须在党内外普遍深入地进行统一战线的宣传教育。”“既要从理论上讲清楚新时期统一战线的重要性和党对统一战线的方针政策的正确性；又要通过各种形式、各种渠道、运用各种宣传工具，宣传报道统一战线工作成就的生动事例和人民政协、各民主党派、无党派人士的各种重要活动。”我们要遵照邓颖超同志的重要指示，大讲老一辈无产阶级革命家和国家领导人历来对统一战线及政协工作的重视与关怀，要加强学习，广泛宣传，用党的统战理论和统战政策统一思想，提高认识。

各位委员、各位同志：在当前深入进行改革的新形势下，希望新的一届政协委员会，要继续认真贯彻党的“长期共存，互相监督”“肝胆相照，荣辱与共”的方针。进一步加强、扩大共产党和党外同志、各界爱国人士的最广泛的大团结，发扬民主，广开言路，更好地发挥政治协商和民主监督的作用。要积极协助党和政府加强民主法制建设，有效地进行经济、文化事业的建设和改革。要紧紧围绕经济建设这个中心，充分发挥人民政协的作用，把为社会主义现代化建设服务的工作，提高到一个新水平。各位委员要进行深入的调查研究，积极献计献策，开展为“四化”做贡献的活动。要重视和加强知识分子的工作，切实落实知识分子政策，努力为国家发现和推荐人才，特别是富有科学专业知识、有能力的人，务必使他们各得其所，人尽其才、才尽其用。要进一步贯彻落实党的民族政策、宗教政策、原工商业者的政策、原国民党起义投诚人员的政策，港澳台属的政策等各项统战政策，调动各方面的积极因素，为“四化”建设和祖国统一尽心尽力。要发扬政协的优良传统，组织和推进全体委员及各界人士时事政治与业务知识的学习，使大家的思想觉悟、工作水平更好地适应新时期赋予的崇高使命。

各位委员、各位同志：“四化”建设任重道远，人民政协前程远大，大有可为。政协委员肩负着全县人民的重担和期望，一定要以国家主人翁的姿态，担负起这一光荣的历史使命，在大好形势下，高举爱国的旗帜，“勿忘团结奋斗，致力振兴中华”，同全县人民一道，立志改革，勇于创新，齐心协力，做好工作，为迎接新中国成立35周年，为加快我县社会主义现代化建设，为开创我县统一战线和政协工作的新局面，实现80年代以至90年代的三大任务而努力奋斗！

最后，预祝大会圆满成功！祝各位委员、各位同志身体健康，在今后工作中取得更大的成绩。

中共阳谷县委书记王宪章在政协第五届阳谷县委员会第一次会议上的讲话

（1987年4月26日）

各位委员、各位同志：

今天，我们阳谷县政协第五届委员会召开第一次全体委员会议，我谨代表中共阳谷县委、县人大、县政府向大会表示热烈祝贺。

从县政协四届一次会议以来，已近三年的时间了。三年来，我县认真贯彻党的十一届三中全会以来的路线、方针和政策，狠抓经济体制改革、农村产业结构调整、整党与精神文明建设，全县进一步出现了社会安定团结，党风明显好转，改革逐步深入，经济协调发展的新局面。去年，工农业总产值达到47143万元，其中，工业总产值20990万元，比1984年增长6.1%；农业总产值20153万元，比上年增长4.7%；农民人均收入381元，比上年增加48元。此外，文化、教育、卫生、科技、体育等项事业都有新的发展。这些成绩，是我们认真贯彻执行党的十一届三中全会以来的路线、方针、政策的结果，是全县广大人民群众团结奋斗，积极努力的结果。特别值得提出的是，这些成绩与我县的统战、政协工作是密不可分的。凝聚着从事统战、政协工作的党内外诸同志的心血。

几年来，我县政协工作发展很快，成绩显著，从政协的领导到全体政协委员以及机关工作人员，大家积极热情，以求实、创新的精神，不断开拓新的工作领域，使政协工做出现了从政治领域向服务“四化”的方向延伸、从城镇向基层延伸、从各界老的代表人物向中青年知识界延伸的令人鼓舞的新局面。由于工作日趋活跃，政协的影响和作用越来越大，地位越来越高，政协工作的重大意义越来越被社会所认识，同全国全省一样，成为自建立政协以来最好的时期。正如人们所说，“统一战线是个宝，政协工作不可少”。为了继续活跃政协工作，巩固和发展大好局面，在新的一届政协开始工作之际，我对政协工作提出几点意见：

（一）继续广泛深入地进行宣传教育，提高干部和群众对人民政协重要作用的认识。对人民政协的性质、地位和作用，对新时期统战、政协工作的重要性，还有不少同志没有真正认识到，甚至存有偏见。这是影响我们开创新局面的阻力，我们一是要通过实际工作，二是要通过加强宣传，来达到克服工作阻力，澄清糊涂观念和错误思想的目的。使广大干部群众认识到，政协工作是党的统一战线工作，无论在国家政治生活和社会生活中，还是在实现社会主义现代化建设以及争取实现一国两制的祖国和平统一中，都是大有可为的。

（二）充分发挥人民政协的职能，加强政治协商和民主监督。政治协商、民主监督，是我国多党合作的主要形式和实际体现，是我国政治生活中发扬社会主义民主的重要形式、重要渠道。人民政协作为具有中国特色的发扬社会主义民主的重要组织，根据自身的职能及特点积极开展的活动与工作，是我国政治制度和政治生活中的重要组成部分并有其特殊作用。通过政协组织广泛联系群众，征求、听取社会各方面代表特别是党外人士的意见，实行政治协商，对进一步扩大社会主义民主，健全社会主义法制，实行群众监督，改正工作中的缺点和错误，克服以权谋私与官僚主义是极其重要的。从协助党政部门搞好重大问题的决策来看，它不仅能够帮助领导减少和纠正重大决策与指导上的失误，而且是实现领导决策民主化、科学化的重要途径。从当前改革发展的趋势来看，加强政协的工作，发挥政协的职能作用，不但对于坚定不移地进行经济体制改革、加强精神文明建设具有重要的现实意义，同时也是我国政治体制改革的一项重要内容。因此，我们在实际工作中要切实把这一工作做到经常化、制度化。

（三）进一步发挥人民政协综合人才库的优势，为“两个文明”建设服务。政协集中了各方面的精英，可谓人才济济。就我县政协来讲，新一届委员165名，其中，大中专（包括高中）以上学历102名，占62%，有助理工程师以上技术职称的专业人员40名，占24%。这是一支非常宝贵的力量！我们一定要树立高度的尊重知识、尊重人才的观念，充分调动和发挥这方面的积极性。

当前，我国经济和政治生活中有两件大事，一是大力开展增产节约、增收节支运动，一是开展反对资产阶级自由化斗争。关于反对资产阶级自由化斗争，党中央已申明政策，严格限于党内，而且主要在政治思想领域内进行，关于改革开放的基本国策，关于统一战线的各项方针政策，中央领导同志表示保证不变，“一切照旧干下去”。我们政协组织和各位委员要把握党中央的精神，坚持四项基本原则，紧密围绕党和政府的中心任务，开展工作，献计献策，贡献力量。

要做好政协工作，党委首先要重视，要切实加强和改善党对政协工作的领导。政协支持了县委的工作，县委也一定大力支持政协开展各项活动。要将政协的工作列入党委议事日程，定期听取汇报，研究解决问题，已经建立的联系党外人士的制度，要坚持下去，随着政协工作向基层延伸，县委要求各乡镇和县直部门党组织也要重视政协工作，明确专人负责，抓好政协联络组和学习组，切实把党的这一工作做好。

最后，我相信，在我们全体同志的积极努力下，不但能把我们这次会开好，而且大会以后，一定能把我们政协工作推向一个新高度，创出新水平。

祝同志们精神愉快，身体健康！

中共阳谷县委书记吕绍勤
在政协第六届阳谷县委员会第一次会议上的讲话

（1990年3月27日）

各位委员、同志们：

在全县人民深入贯彻落实党的十三届四中、五中全会精神的新形势下，在省人大六届三次会议、省政协六届三次会议刚刚结束不久和全国人大七届三次会议、全国政协七届三次会议胜利召开的日子里，全县政协委员齐集一堂，共同总结新时期政协工作经验，共商振兴阳谷大计，这对于促进我县政治稳定和经济持续、稳定、协调发展具有重要的意义。我代表被邀出席会议的县委、纪委、人大、政府、人武部的同志向大会表示热烈的祝贺。

1989年，我县各级党组织、政府和广大干部群众，在政治上经受了重大的政治斗争考验，在农业上经受了多年罕见的自然灾害和严重经济困难考验，实现了政治稳定、社会安定和经济稳步发展。工农业总产值达到7.69亿元，比上年增长22.9%；财政收入达到2361.5万元，比上年增长32%；农民人均纯收入达到576元，比上年增加87元。文教、卫生、科技、体育、社会治安等各项事业都取得了可喜的成绩。这是我县各级党组织、政府坚定不移地贯彻党的路线、方针、政策的结果，是全县广大人民群众团结奋斗、辛勤劳动的结果，也是与战斗在各条战线上的各界人士、政协委员的积极努力密不可分的，我代表县委、县政府向大家表示崇高的敬意和衷心的感谢！

我们在充分看到成绩的同时，也必须清醒地看到存在的问题和困难。主要表现在农业中产徘徊，工业基础薄弱，经济秩序紊乱等。但是，这些都是前进中的困难，我们相信，有中国共产党的领导，有各人民团体、各界人士和全县人民的共同努力，我们面临的暂时困难，完全可以克服，而且正在有效地克服中。现在我着重就大家关心的东欧形势和贯彻落实《中共中央关于坚持和完善中国共产党领导的多党合作和政治协商制度的意见》讲两个问题。

一、正确认识国际国内形势，坚定走社会主义道路的信念（略）。

二、认真学习贯彻《中共中央关于坚持和完善中国共产党领导的多党合作和政治协商制度的意见》（以下简称《意见》），巩固和发展广泛的爱国统一战线。

中国共产党以它一贯对国家和民族的前途高度负责的态度，于1989年12月30日公布了《中共中央关于坚持和完善中国共产党领导的多党合作和政治协商制度的意见》，这是中共和各民主党派长期合作，并肩战斗，共同致力于社会主义事业的历史总结，是新的历史条件下关于统战、政协工作的马克思主义纲领性文件，是我国政治生活中的一件大事。认真学习、落实这个文件，对于巩固和发展爱国统一战线，维护安定团结的政治局面与长治久安，对于指导政治体制改革的深化，促进社会主义现代化建设及祖国统一，都具有重要的意义。

我国实行的中共领导的多党合作的政治体制，是经过长期实践形成的，是我国政治制度的特点和优点，是马克思列宁主义同中国革命相结合的一个创造。早在民主革命时期，特别是抗日战争和解放战争时期，中共与各民主党派就为争取新民主主义革命的胜利共同奋斗。新中国诞生前夕，我国现有的八个民主党派都响应了"五一号召"参加了中国人民政治协商会议第一次全体会议，参与了《中国人民政治协商会议共同纲领》的制定和中华人民共和国的创建，正式形成了中国共产党领导的多党合作。新中国成立后，中国共产党继续坚持并发展了同各民主党派的合作，各民主党派参加了人民政权和人民政协的工作，为促进社会主义革命与社会主义建设及改革开放的发展做出了重大贡献。去年春夏之交发生在北京的政治风波等，对我国民主建设的正常进程形成了严重的干扰。对此，国外有人说我们的统一战线收缩了，事实相反，通过制止、平息风波，各民主党派同共产党共同经受了严峻的考验，再次证明了我们的党同各民主党派团结合作的基础是稳固的，共产党领导的多党合作和政治协商制度是符合我国国情的。中共领导的多党合作和政治协商制度已有四十年的历史了，其间虽然经历了曲折，但它总是保持着旺盛的生命力。实践证明，坚持中共领导的多党合作，我们的社会主义事业就能顺利发展，否则，革命和建设事业就会受到干扰和破坏。

《意见》系统地总结了新中国成立四十年来，特别是十一届三中全会以来中共领导的多党合作和政治协商的成功经验和优良传统，肯定了中国共产党领导的多党合作和政治协商制度是我国一项基本的政治制度，是符合中国国情的社会主义政党制度。文件明确指出，中国共产党是社会主义事业的领导核心，是执政党；各民主党派是接受共产党领导的，同中共通力合作，共同致力社会主义事业的亲密友党，是参政党；强调了“四项基本原则”是多党合作的政治基础，我国宪法是中共同各民主党派的根本活动准则；规定了中共同各民主党派合作的基本方针；明确了民主党派参政的基本点和发挥监督作用的原则，并就民主党派的参政议政提出了各项措施。这是对民主党派的信任、支持和关怀。《意见》的发表为共产党领导的多党合作和政治协商开辟了更加广阔的前景。

《意见》贯串了两条主线：一是加强和完善中国共产党的领导；一是发扬社会主义民主，充分发挥各民主党派的作用。共产党的领导地位不是自封的，是在长期革命和建设的实践中，以它自己路线、方针、政策的正确和全心全意为人民服务的实践，赢得全国人民的支持与拥护，赢得各民主党派的信任及拥护的。中国的政党制从辛亥革命至今八十年的历史，先后实行过三种类型的政党制度：一种是学西方国家实行多党制；一种是一党制，即国民党的独裁统治；再就是新中国成立以来实行的中国共产党领导的多党合作和政治协商制度。历史证明，只有共产党才是与人民血肉相连的党，没有共产党就没有新中国。各民主党派只有自觉接受，坚持共产党的领导与中共风雨同舟、和衷共济，才有今天和未来的前途。去年发生的风波，最近东欧形势的巨变，更使我们看清楚了中国共产党的正确与伟大。

中国共产党领导的多党合作和政治协商制度具有中国特色，它既不同于西方资本主义国家的多党制和两党制，也不同于一些社会主义国家的一党制。它是符合中国国情的政党体制。今后在前进的道路上不管遇到什么风浪，都要一如既往地坚持共产党的领导，坚持社会主义方向，反对任何企图在中国实行多党制的言行。

中国共产党是一个领导着拥有十一亿人口的执政党，它非常需要听到各种意见和批评，需要接受广大人民群众的监督。民主党派是各自所联系的一部分拥护社会主义的爱国者的政治联盟，是反映人民群众的意见，发挥监督作用的重要渠道。因此，在坚持“四项基本原则”，强调坚持中共领导的同时，要发扬社会主义民主，进一步发挥人民政协和各民主党派在参政议政和民主监督方面的作用。这是关系政治体制改革和社会主义民主政治建设的大事，绝不可等闲视之。要团结一切可以团结的力量，调动一切积极因素，在社会主义和爱国主义的旗帜下，共图统一祖国，振兴中华大业。参加政协的党外人士，是我们的挚友和诤友，要予以充分的尊重、信任与支持。使他们能够知情出力，有职有权有责地进行工作。

人民政协是我国广泛的爱国统一战线组织，是共产党领导的多党合作和政治协商的重要组织形式。人民政协在我国的政治生活中曾发挥过重要的作用。在新的历史条件下，人民政协的地位将越来越重要，作用会越来越大。一是人民政协是统一战线组织，是发扬社会主义民主的重要渠道，是联系各方面群众的一个重要纽带。在促进对外开放，完成祖国统一大业，实现民族大团结方面，能起到其他组织无法替代的作用。二是人民政协是一个具有雄厚群众基础的组织，接触面广，因而具有广泛的代表性。它可以及时的反映各阶层人民的意见、要求和建议，发挥民主监督作用。这对于加强和改善共产党的领导，健全社会主义民主政治，保持国家的长治久安，具有十分重要的作用。三是人民政协人才济济，是“智囊团”，又有一套比较适宜于各界人士献计献策的组织体系。通过博采众长，集思广益，充分发挥其聪明才智，对于推动社会主义的发展极为重要。

我县自1980年5月恢复政协以来，组织不断发展，工作领域逐渐扩大，各项规章制度日趋完善，政协委员参政议政水平不断提高。目前的六届委员会共设18个界别，173名委员，充分体现了我县爱国统一战线的空前壮大和发展。三年来，政协通过各种形式发挥其“政治协商、民主监督”的职能作用，为社会主义民主建设，为振兴我县经济做出了重要贡献。

今年是90年代的第一年，也是我

国治理整顿和深化改革的关键一年。中共中央总书记江泽民同志最近指出，今年要抓两件大事，一是保持国内政治局势的持续稳定，二是保持国民经济的持续稳定、协调发展。省、地委也都提出了稳定局势、发展经济是今年的两项基本任务，县委最近举行的第七次党代会上提出了为完成这两大任务的具体要求和措施。人民政协要围绕这两大任务，充分发挥政协的优势，围绕“反演变”“反渗透”“反颠覆”的斗争，大力加强思想政治工作，巩固、扩大社会主义思想阵地，发展和壮大爱国统一战线，进一步贯彻落实中共中央的《意见》和《政协全国委员会关于政治协商、民主监督的暂行规定》及《政协阳谷县委员会关于政治协商、民主监督的暂行规定》，对全县的大政方针和群众生活的重大问题进行政治协商，并通过建议与批评，对宪法、法律的实施，对国家机关的工作进行民主监督，使民主监督逐步形成制度化、规范化，以推动治理整顿和深化改革的顺利进行，促进我县经济持续、稳定、协调发展，促进社会主义精神文明建设。

搞好政协工作，党委、政府重视支持是关键。县委将进一步贯彻执行中央的《意见》精神，把政协的工作列入议事日程，定期听取汇报，研究解决问题，坚持召开政协委员及党外人士座谈会的制度。县委要求各乡镇和县直部门党组织也要真正重视政协工作，明确专人负责，抓好政协委员的学习与活动，使人民政协在全县工作中发挥应有的作用。政协中的共产党员，特别是担任领导职务的共产党员，是受组织委托从事统一战线工作的，应该是统一战线工作的自觉战士，希望你们成为宣传贯彻党的方针政策的模范，与党外人士合作共事的模范，廉洁奉公和保持民主作风的模范。

各位委员，各位同志：中共十三届五中全会、六中全会向我们提出了新的任务和要求。摆在我们面前的任务光荣而艰巨。希望我县政协组织和全体委员们，要以党的十三届五中全会和六中全会精神为指针，紧密团结在以江泽民同志为核心的党中央周围，充分发挥自己的聪明才智，带领推动各界人士认真贯彻执行治理整顿和深化改革的方针，为全面完成我县1990年的各项任务，夺取社会主义建设的新胜利做出应有的贡献。

中共阳谷县委书记孔昭信在政协第七届阳谷县委员会第一次会议上的讲话

（1993年3月7日）

各位委员、各位同志：

在全县上下深入学习贯彻党的十四大精神，加快改革开放和现代化建设步伐的新形势下，县政协召开七届一次会议，聚集全县政协委员，共同总结新时期政协工作经验，共商振兴阳谷经济大计，这对于团结全县各界人士，发展扩大爱国统一战线，推进我县改革和建设事业的发展，必将产生重要的促进作用。我代表应邀出席会议的县委、纪委、人大、政府、人武部的同志，向大会表示热烈的祝贺！向来自全县各条战线上的政协委员表示亲切的问候！

借此机会，根据当前形势，结合我县实际，就政协工作谈几点看法。

一、认真贯彻落实十四大精神，团结一致把我县经济搞上去

1992年，我县各级党组织和人民政府，带领广大干部群众，认真贯彻落实邓小平视察南方重要谈话精神和省、地的一系列工作部署，围绕经济建设这个中心，积极努力，开拓进取，克服重重困难，较好地完成了经济和社会发展的各项任务。农业在遭受多年未遇过的旱、虫等自然灾害的情况下，仍然获得了较好收成，总产值达到6.33亿元，比上年略有减少，工业保持了适度增长，总产值达到9.26亿元，比上年增长了12%，工农业总产值达15.59亿元，比上年增长了8.3%。教育、科技、文化、卫生、城乡建设和计划生育等项事业也都取得了可喜的成绩。这是我县各级党组织和人民政府坚定不移地贯彻党的路线方针、政策的结果，是全县广大人民群众团结奋斗、辛勤劳动的结果，也是与战斗在各条战线上的政协委员及各界人士的密切配合、大力支持分不开的。一年来，我县政协积极履行政治协商、民主监督职能，为促进全县政治经济形势的发展，提出了许多可行性意见和建议。在宏观抓大事、微观搞服务方面，做了大量富有成效的工作。尤其是各位政协委员，立足本职，放眼全县，尽职尽责，发挥优势，为我县经济的发展和社会的进步做出了较大贡献。对此，县委是十分满意的，在此，我代表县委、县政府向各位委员、各界人士表示崇高的敬意和衷心的感谢！

同志们，我们取得的成绩是肯定的，我们存在的问题还不少，差距还很大，我们面临的任务还相当艰巨，按照十四大确定的宏伟目标，根据全省经济工作会议精神，结合阳谷实际和奔小康规划，今年乃至今后一个时期，我县经济发展总的指导思想是：全面贯彻党的十四大精神，坚持“一个中心，两个基本点”，以改革开放为动力，以提高经济效益为目的，围绕发展社会主义市场经济，进一步深化改革，扩大开放，大力推进科技进步，放手发展高产高效优质农业，重点突破二、三产业，继续走强农、重工、活商、兴教的路子，实现经济的跳跃式、超常规发展。今后几年，我县经济发展的总体目标是工农业总产值年递增速度保持在18.4%，其中，农业总产值8%，工业总产值23.8%，农民人均纯收入每年递增12.16%。经过奋斗，到“八五”期末，全县工农业总产值达到26.5亿元，其中，工业总产值18亿元，农业总产值8.5亿元，农民人均纯收入达到750元。到1997年，全县工农业总产值达到36.3亿元，其中，工业总产值27亿元，农业总产值9.3亿元，农民人均纯收入达到900元。实现上述奋斗目标今年是关键，初步安排，今年工农业总产值达到18.85亿元，比上年增长20.9%，其中工业总产值11.35亿元，比上年增长22.5%；农业总产产值7.5亿元，比上年增长18.5%。粮食总产达到36.75万吨，比上年增长9%，棉花总产1.25万吨，比上年增长92.3%，农民人均纯收入620元，比上年增加113元。实现上述战略目标，是一项艰巨复杂的社会系统工程。我们必须团结一切可以团结的力量，调动一切积极因素，动员全县人民，一个目标、一条心、一股劲，共同努力奋斗，推动我县经济工作再上一个新台阶。

二、充分发挥政协参政议政作用，为振兴阳谷做出新贡献

1993年是党的十四大后的第一年，也是实现我县第二个翻番的关键一年。新的形势和任务，向全县广大干部群众提出了新的更高的要求，也赋予人民政协更为艰巨而光荣的使命。搞好改革开放与经济建设，县政协以及全体委员和各界人士义不容辞，责无旁贷为使政协更加卓有成效地发挥协商监督的职能作用，实现我们共同的战略目标，向大家提几点希望和要求。

（一）进一步解放思想，积极履行协商监督职能。人民政协的职能是多方面的，但基本职能是围绕党的中心工作搞好政治协商和民主监督。当前县政协要围绕经济建设这个中心任务，进一步解放思想，冲破自然经济、产品经济和传统计划经济的陈旧思想观念，打消从事政协工作怕“超权越位”、怕监督惹事、怕开拓探索担风险的思想顾虑，按照邓小平同志提出的“三个有利于”的标准，放手大胆地去闯、去试，去履行协商监督职能。县政协要利用各种例会和专题讨论会，积极参与重大问题的协商监督，做到在服务中参与决策，在实施中进行监督，协助县委、县政府做好各方面的工作。各专门委员会要按照自己的分工，进一步密切同政府各职能部门的联系，围绕建立社会主义市场经济体制，加大改革力度，搞好农业和农村工作，加快产业升级等重大问题，精心选择题目，深化调查研究，坚持少而精的原则，写出有情况、有分析、有建议的调查报告，在参谋和服务上发挥更大作用。各位委员要广泛联系群众，征求人民群众对我县经济建设和社会发展的愿望和要求，在调查研究、深思熟虑的基础上，提出更多更好的提案，为我县繁荣富强贡献自己的聪明才智。

（二）充分发挥人才智力优势，为振兴阳谷献计出力。人民政协汇集了各方面的代表人物，是一个多学科、高水平、综合性的“智囊团”“人才库”。许多政协委员是经济方面的专家，科技教育战线上的骨干，这些特有的优势是其他任何组织和社会团体所不能比拟的，希望各位委员和各界人士在做好本职工作的前提下，充分发挥自己的专长与优势。农民委员要发挥科技示范户、专业户的带头作用，搞好粮食高产开发、科技兴棉工作，大力发展多种经营，为发展高产优质高效农业做出新贡献。企业战线上的委员要以主人翁精神，围绕阳谷工业和乡镇企业的发展，献良策、办实事，在开展技术改造、加强企业管理、提高经济效益等方面，发挥重要作用。教科文卫等岗位上的委员，要积极参加业余讲学，举办文化补习学校，开展老年查体和卫生防疫等活动，以精神文明建设的丰硕成果，促进物质文明建设的健康发展。

（三）广泛开展联谊活动，为稳定局势、发展经济服务。人民政协具有交往多、联系广的优势，不少政协委员同各界人士和港澳台同胞、海外侨胞有广泛的联系，要充分发挥这一优势，广泛开展联谊活动，一方面要配合党和政府处理并协调好各阶层、各团体和各界人士的不同利益、矛盾，同各族各界各方面的人士，交流思想，统一认识，协调关系，搞好团结，为我县经济建设创造安定祥和的社会环境，另一方面要广泛联络团结港澳台同胞和海外侨胞，调动他们参加我县经济建设的积极性，大力开展对外关系，开拓对外开放的路子，积极为引进人才、技术、资金穿针引线、铺路搭桥，促进我县外向型经济的发展。

三、加强和改善党的领导，支持人民政协创造性地做好工作

人民政协是中国共产党和各民主党派在长期的革命斗争中共同创建的爱国统一战线组织，是共产党领导的多党合作和政治协商的重要组织形式。因此，政协工作是党的工作的一个重要组成部分，是社会主义现代化建设的一条不可缺少的重要阵线，各级党组织对政协工作必须给予高度重视，切实加强和改善党对政协工作的领导。

（一）在思想上要高度重视。各

级党委、政府既要从尊重老同志的角度出发对待政协工作，又应从党的“三大法宝”、国家的“基本政治制度”和实现党的总任务、总目标的高度，进一步认清人民政协的性质、地位和作用。在这方面，对于近些年走上领导岗位的中青年干部来讲，尤其重要。同时，要继续加强对党的统一战线理论，政协工作知识的宣传教育，增强全党、全社会对政协工作的理解和共识。按照江泽民总书记在中共十四大报告中所提出的任务和要求，进一步完善共产党领导的多党合作与政治协商制度，巩固和发展新时期的爱国统一战线，充分发挥人民政协在政治协商和民主监督中的作用。树立与各界人士合作共事的观念，继续发扬“长期共存、互相监督、肝胆相照，荣辱与共”的优良传统。

（二）在工作上要大力支持。中国共产党作为执政党，不仅需要把自己的主张通过人民代表大会的法律程序变成国家意志，由政府组织实施，还需要通过政协这个党与非党的政治联盟，把自己的主张同党外人士协商，并变成各党派、各界人士的行动。所以，各级党委，必须自觉而又积极地把政协工作作为党委工作的一个重要方面，列入重要议事日程，及时提出指导性意见，支持政协创造性地开展工作，县委、县政府、人大等部门要同政协加强联系，互相配合，互相列席必要的会议，共同进行某些重大问题的调查研究，为政协履行基本职能创造良好的环境和条件。各级党委、政府要定期召开政协委员及各界人士座谈会和情况通报会，支持和协助委员搞好调查研究、视察和考察，为委员“知情”“出力”提供尽可能多的机会。对于政协的意见、建议、来信、来访要高度重视，安排专人，认真办理，做到件件有着落，事事有回音，使其发挥应有的作用和效益。另外，要关心在政协工作的同志，做到政治上信任，思想上帮助，工作上支持，生活上照顾，要积极帮助政协机关和干部解决实际困难，努力为他们创造较好的工作条件。

（三）在组织建设上要加强。加强政协组织建设和干部队伍建设，是做好政协工作的前提，也是政协充分发挥政治协商、民主监督作用的保证。在今年政协换届工作中，我县各级党委及统战部门，在酝酿，协商、组建新一届政协时，精心挑选了政治上强、有工作能力、有较强代表性和参政议政能力的人士担任政协委员和常委，县委也选派了自觉坚持党的基本路线，熟悉党的统战政策，民主意识、合作共事意识，联谊交友意识强的同志，担任政协工委的领导职务。今后，我们还要进一步加强政协的组织建设，搞好政协委员的新老交替，尽量把那些在经济建设、改革开放、科教事业和发展外向型经济方面有作为、有贡献的代表人物，吸收到政协中来。同时，要本着“精简、统一、效能”的原则，合理设置政协的工作机构，搞好机关干部队伍建设。对政协机关干部的培训、管理、使用要同党政部门的干部一视同仁，并积极推动“双向”交流，使政协机关的干部队伍增强活力，为更好地履行职责创造条件。

各位委员、各位同志，新的形势和任务，为全县各级党组织和广大干部群众提出了新的要求，同时也为大家施展才能开辟了广阔的领域，让我们在党的十四大精神指引下，进一步解放思想，紧密合作，真抓实干，勇于开拓，为巩固和发展爱国统一战线，振兴阳谷，促进祖国统一做出更大贡献。

中共阳谷县委书记安世银
在政协第七届阳谷县委员会第三次会议上的讲话

（1995年3月28日）

各位委员、各位同志：

政协阳谷县第七届委员会第三次会议今天隆重开幕了。这是全县人民政治生活中的一件大事。在此，我代表县委、县纪委、县人大、县政府、县人武部，向大会表示热烈的祝贺！并向来自全县各条战线上的政协委员以及关心、支持我县改革和建设事业的各界人士，致以亲切的问候！

这次会议，是在全县大力推进改革开放和现代化建设的新形势下召开的。认真开好这次会议，对于团结动员全体政协委员和各界人士，进一步解放思想，群策群力，实现县八次党代会提出的奋斗目标和战略任务，必将起到重要的促进作用。下面，结合我县政治经济形势和政协工作实际，讲三个问题。

一、我县政协组织在改革开放和经济建设中发挥了重要作用

1994年，全县政治稳定，经济快速发展，各项事业都有新的起色。完成国民生产总值12.6亿元，比上年增长60.45%；工业生产持续快速发展，经济效益显著提高。全年完成工业总产值18.1亿元，比上年增长53%；农业全面发展，农民收入大幅度增加，实现农业总产值9.9亿元，比上年增长36.8%；农民人均纯收入904元，比上年增加269元；商贸、财税和对外经贸工作取得了新进展，实现社会消费品零售总额3.5亿元，增长26.7%；外贸出口商品供应总额达9820万元，增长102%，翻了一番；县级财政收入7144万元，支出7139万元，实现了收支平衡，略有节余；

人口出现负增长，各项社会事业发展较快，城建完成了齐南、聊阳两条主要公路建设，交通条件有了较大改善；邮电新开通了国际、国内直拨，21个乡镇全部程控化，部分村也安上了电话；电力方面全县上了2座3.5万伏的变电所，供电容量达到了4亿千瓦；科技方面，在全区唯一通过了“全国科技先进县”的验收；文化、教育、卫生、广播电视等各方面也取得了令人瞩目的成绩。可以说，过去的一年，是我县解放思想、开拓进取、勇于探索的一年，是加快改革、扩大开放取得重大进展的一年，是经济建设和各项事业迈出大步的一年，是全县人民团结奋斗、迎战困难、取得重大胜利的一年。

这些成绩的取得，从根本上说，是上级正确领导的结果，是县委协同几大班子及各级党组织带领广大干部群众开拓进取、团结奋斗的结果，也是与县政协尽职尽责，全体政协委员和各界人士的积极努力分不开的。这主要表现在：第一，坚持以经济建设为中心，认真履行了政治协商和民主监督的职能。一年来，县政协围绕县委、县政府的中心工作，就一些事关全局的重大问题，做了大量的调查研究，提出了许多富有见地的意见和建议，为县委、县政府正确决策提供了科学依据。第二，以团结和民主为主题，为维护、发展安定团结的政治局面做出了积极贡献。尤其在凝聚人心，团结合作以及协调关系、化解矛盾方面，发挥了其他组织和部门不可替代的作用。第三，充分发挥自身优势，为“两个文明”做了大量富有成效的工作。通过政协领导人直接参与全县中心工作的领导以及组织委员开展咨询服务、科技推广、海外联谊、编辑出版文史资料，在本职岗位上争先创优等活动，把政协的人才智力优势，直接运用于“两个文明”建设，收到了明显的经济效益和社会效益。总之，在过去的一年里，县政协以自己卓有成效的工作，在全县改革开放、经济建设和各项社会事业的发展中发挥了十分重要的作用，得到了各级领导的充分肯定，县委对政协的工作是满意的。借此机会，我代表县委、县政府，向全体政协委员及各界人士表示崇高的敬意和衷心的感谢！

二、对政协工作和政协委员提几点希望和要求

1995年是实现“八五”计划的最后一年，也是为“九五”计划做准备的重要一年，全县人民既面临着良好的发展机遇，也面着严峻的挑战。今年我们的主要奋斗目标是：完成国民生产总值16.38亿元，比1994年增长30%；工农业总产值达到35亿元，增长25%；社会商品零售总额实现4.4亿元，增长25.7%；财政灶内收入实现7500万元，增长21.7%；农民人均纯收入1150元，增长27.2%。实现上述目标和任务，必然会遇到许多新情况、新问题，这就要求人民政协充分发挥职能作用，团结一切可以团结的力量，调动一切积极因素，为促进全县国民经济和各项社会事业持续、快速、健康发展，做出新的贡献。为此，我向大家提三点希望和要求：

首先，要坚持正确的政治方向，继续加强学习。要用建设有中国特色社会主义理论武装政协委员和各界人士的头脑，进一步统一思想，增进共识，积极投身发展社会主义市场经济的伟大实践。要坚定不移地贯彻执行党的基本路线，自觉运用辩证唯物主义和历史唯物主义的观点研究问题、分析问题，在一些事关全局的重大问题上自觉地同各级党委保持一致。

其次，要进一步解放思想，更新观念。广大政协委员和从事政协工作的同志，要树立使命观念，进一步增强事业心和责任感，更好地担负起历史赋予的重任；要树立职能观念，紧紧围绕全县改革和建设中的重大问题，积极开展多种形式的参政议政活动；要树立统战观念，鼓励大家畅所欲言，广泛听取各方面意见，努力创造团结、民主和谐的政治环境；要树立创新观念，大胆探索，勇于实践，不断开创政协工作新局面。

其三，要切实加强自身建设。要正确处理好宏观献计和微观出力的关系，既要搞好对重大问题的参政议政，又要认真做好党委、政府交办的事项，以及牵线搭桥、咨询服务等工作；要处理好发挥委员个体作用和发挥委员整体功能的关系，既要鼓励委员在本职工作岗位上建功立业，又要通过有效的形式和机制，更好地集中大家的智慧与力量；要广泛开展向孔繁森、韩素云、王廷江学习的活动，为树立社会主义新风尚做出积极努力；要正确处理好团结民主主题和以经济建设为中心的关系，充分发挥人才集中，联系广泛，消息灵通的优势，在团结和调动人的积极性上多下功夫，加大为经济建设服务的力度，推动全县改革开放及经济建设快速发展。

三、切实加强党对政协工作的领导

政协工作涉及政治、经济、文化和社会各个领域，具有战略性、全局性，需要各级党委、政府的重视，需要有关部门和社会各方面的支持。为此，县委要求各级各部门切实做到以下几点：

第一，要进一步提高对人民政协重要地位和作用的认识。中国共产党领导的多党合作与政治协商制度，是我国的一项基本政治制度。人民政协是实现这一基本政治制度的重要组织形式，是发扬社会主义民主的重要渠道，是各党派、各人民团体和各界代表人物团结合作、参政议政的重要场所。加强人民政协工作，对巩固和发展爱国统一战线，发挥中国共产党领导的多党合作的优势，发扬社会主义民主，推进社会主义现代化建设，具有十分重要的意义和作用。各级党委和政府一定要从建设有中国特色的社会主义，实现党的总任务、总目标，维护国家长治久安的高度，充分认识人民政协工作的重要地位和作用，自觉把政协工作摆上重要议事日程，并作为部署、检查、总结工作的一项重要内容。要及时听取政协工作汇报，认真分析研究政协工作情况，定期研究解决政协工作中的一些重要问题，切实加强党对政协工作的领导。今后，要把重视不重视政协工作，把政协作用发挥得如何，作为检验一级党委的执政能力和领导水平的重要内容之一，作为衡量各级领导干部全局观念和民主作风的一条重要标准，严格考核。

第二，要把政治协商、民主监督纳入决策程序，充分发挥人民政协的主要职能作用。人民政协的主要职能是政治协商、民主监督和参政议政。当前，我国正处在改革开放和现代化建设的关键时期，尤其需要充分发挥人民政协的职能作用，齐心协力做好各项工作。江泽民同志指出："关系国计民生的重大问题，要通过人民政协进行协商，广泛听取各民主党派、各人民团体以及各族各界代表人士的意见，由人民代表大会行使国家权利进行决策，由人民政府执行实施。"这是在多年革命和建设实践中形成的优良传统和制度，各级党委、政府要认真贯彻落实，并长期坚持下去。要坚持重要情况及时向政协及各界人士通报，要坚持重大决策及重大事项决策前提交政协协商，并以民主、平等、真诚的态度倾听各方面意见，要切实保障人民政协参政议政的民主权利。在政协的各种会议上，政协委员对党委、政府的工作有提出批评的权利和发表不同意见的自由。对政协提出的建议案、提案、调查和视察报告，以及以其他形式提出的意见、建议或批评，各级党委、政府和有关部门都要认真对待，及时研究处理，对重大问题的办理结果应向政协反馈。

第三，要积极支持人民政协搞好自身建设。在实现党的总任务、总目标的伟大事业中，人民政协负有重要责任。要履行好政治协商、民主监督和参政议政职能，必须大力加强自身建设。政协机构改革，既要服从党政机构改革的总体部署和要求，又要适应加强社会主义民主政治建设的需要，按照精简、效能、统一的原则和中央的统一规定，合理确定政协机关的机构设置与人员编制。选配政协机关工作人员，要坚持"四化"方针，挑选那些党性观念强、熟悉党的统战政策、民主作风好的同志从事政协工作。对政协机关干部的培养、管理和使用，要同党政机关干部一视同仁，并注意做好交流和选拔工作，做到有进有出，合理流动。对政协的办公用房、职工宿舍、交通工具等问题，要统筹考虑，妥善解决。政协例会、委员视察、专题调查、外出考察、咨询服务、港澳台胞知名人士来往接待和收集、整理文史资料等所需经费，要在坚持勤俭节约的前提下，由财政部门根据情况统筹安排，尽量予以保证，以保证政协工作顺利开展。

各位委员、同志们，这次政协七届三次会议，和以往一样，要围绕几个重要的工作报告及全县的有关重大问题，展开广泛讨论，这是政协最重要、最集中的一次参政议政，也是每一位政协委员行使自己权利的最好时机。坦诚的意见，是集思广益的可靠基础；中肯的批评，是兴利除弊的有效武器；积极的建议，是利国利民的宝贵财富。在会议上，希望各位委员畅所欲言，踊跃发表意见、建议，这对于进一步团结全县人民巩固和发展已有的成绩，认识和解决前进中的问题，促进改革、发展、稳定，利莫大焉。我相信，在全体委员的共同努力下，“长期共存、互相监督、肝胆相照，荣辱与共”的好传统，一定会再次得到生动的体现。祝这次会议圆满成功。

中共阳谷县委书记徐淑满
在政协第八届阳谷县委员会第一次会议上的讲话

（1998年2月13日）

各位委员、同志们：

政协第八届阳谷县委员会第一次会议，是在全县人民深入学习贯彻党的十五大精神，高举邓小平理论伟大旗帜，加快改革开放和“两个文明”建设步伐的形势下召开的，是全县人民政治生活中的一件大事。在此，我代表应邀出席本次大会的县委、县纪委、人大、政府、人武部的同志向大会表示热烈的祝贺！向来自全县各条战线的政协委员以及关心支持我县改革和建设事业的各界人士致以亲切的问候！

认真开好这次会议，团结动员政协委员和各界人士，共商阳谷的振兴大计，这对于巩固和发展广泛的爱国统一战线，促进我县国民经济和各项事业的发展，必将起到十分重要的作用。

借此机会，根据当前形势，结合我县实际，就政协工作，我谈以下两个问题。

一、认清形势，抓住机遇，团结奋斗，全面推进我县“两个文明”建设的健康发展

1997年，是我国历史上具有重要意义的一年，我国政府恢复对香港行使主权和中共十五大胜利召开，使我县人民受到极大的鼓舞。全县人民在各级党委、政府的领导下，认真学习贯彻党的路线、方针、政策，发扬“团结拼搏，奉献开拓，求实廉洁，敢于争先”的阳谷精神，抢抓机遇，扎实苦干，确保了我县经济持续快速的发展。

1997年，全县国内生产总值（90年不变价）达到16.2亿元，农业在遭受百年不遇的大旱情况下，仍然获得了较好的收成，总产值达到10.3亿元；工业保持了稳步上升，总产值达到29.78亿元，工农业总产值达到40.08亿元，财政灶内收入1.01亿元。人民生活水平明显提高，全县农民人均纯收入达到1827元，各项存款余额达到19亿元。科技、教育、文化、卫生、城乡建设、公路建设、计划生育、农村基层组织建设也取得了可喜的成绩。可以说，全县获得了“两个文明”建设的双丰收，各项事业都取得了长足发展。这些成绩的取得是与我县政协以及工作在各条战线上的政协委员和各界人士的密切配合、大力支持分不开的。在此，我代表县委、县政府向全体政协委员及各界人士表示崇高的敬意！

同志们，1998年是全面贯彻落实中共十五大提出的各项任务的第一年，是实现跨世纪宏伟目标十分关键的一年。按照中共十五大确定的宏伟目标，根据全国、全省和地区经济工作会议精神，结合阳谷实际和2010年远景规划，今年至今后一个时期，我县经济、社会发展总的指导思想是：全面落实中共十五大精神，高举邓小平理论伟大旗帜，坚持党在社会主义初级阶段的基本路线和纲领，解放思想，实事求是，锐意创新。继续强化农业基础，千方百计搞活县属和集体企业，大力发展乡镇企业与个体私营经济，努力增加财政收入、集体收入，推动国民经济及社会各项事业快速发展。今后五年，我县经济发展的总体目标是：全县国民生产总值（90年不变价）达到35亿元，年递增18%。工农业总产值达到96亿元，年递增17%；其中，工业总产值81亿元，年递增19%；农业总产值15亿元，年递增7%。粮食总产量保持在50万吨左右。农民人均纯收入力争超过3000元，年递增10.3%。财政收入力争超过2亿元，年递增15%。人口自然增长率控制在6‰以内。实现上述宏伟目标，是全党的大事，是包括各界人士在内的全县人民的大事。在过去几年的工作中，我县政协委员和同志们在加强学习、把握方向，围绕中心、履行职能，服务中心、服从大局，拓宽渠道、广泛联谊，团结协作、凝聚人心，立足本职、建立功业，加强自身建设、提高服务质量等方面做出了成绩，为我县“两个文明”建设做出了贡献，现在更需要各位委员和从事政协工作的同志们，认清形势，明确任务，充分认识自己肩负的光荣使命，发挥人民政协的自身优势，同全县人民一起，为我县的经济和各项事业的发展做出更大的贡献。

二、解放思想，开拓进取，努力做好新形势下的政协工作

（一）进一步提高对新时期人民政协工作重要性的认识。人民政协是我国人民爱国统一战线的组织，是中国共产党领导的多党合作和政治协商的重要机构，是我国政治生活中发扬社会主义民主的重要组织形式，是我们党工作全局的重要组成部分。做好新时期的人民政协工作，对于发扬社会主义民主，实现最广泛的爱国统一战线，维护社会稳定，推进经济发展，具有十分重要的意义和不可替代的作用。各级党委、政府、各级政协领导和有关部门，一定要从建设有中国特色的社会主义，实现党的总任务、总目标，维护国家安定团结的高度，充分认识人民政协工作的重大意义。

（二）我县政协要积极主动地履行职能，充分发挥作用。政治协商、民主监督、参政议政，是人民政协的主要职能。充分发挥人民政协的职能作用，既要靠外部环境的优化，更要靠政协自身的努力。一要加强学习，这是搞好政协工作的先决条件。要以中共十五大精神为指针，以邓小平理论为指导，牢牢把握正确的政治方向，做好政协工作。要了解有关政协理论、统战知识，了解政协的主要职能有哪些。特别对新任的政协委员，加强学习尤为重要。二要围绕党委的重要决策，搞好政治协商。党中央要求："对国家和地方的大政方针，以及政治、经济、文化和社会生活中的重要问题，要在决策之前在政协进行政治协商。"这是党赋予政协的光荣使命。所以，政协要抓住全局性的重大问题，拟定协商方案，确定协商项目，做好协商准备，使协商进入党委、政府的决策层，促进党委、政府决策的民主化、科学化。三要在贯彻落实党的路线、方针、政策方面，发挥民主监督作用。人民政协的民主监督，是我国监督体系的重要组成部分，搞好监督是政协的责任。因此，要求政协委员自觉加大力度，把民主监督的着力点，放在促进党的路线、方针、政策的贯彻落实上，推进各项工作的健康发展。四要着眼我县大局，拓宽参政议政渠道。人民政协的参政议政活动，贵在主动，重在实效。因此，我们要充分发挥政协委员的代表性、广泛性和人才智力的优势，积极主动地参与我县的政治、经济、文化建设及各项社会活动，在参与活动中参政议政，努力使参政议政活动更加活跃，更加扎实有效。另外，反映社情民意，搞好新时期的统一战线，加强联谊、交友、提案工作、文史工作、政协机关建设等都是人民政协的重要工作，这些任务我们都要很好地完成，为政协工作做出新的贡献。

（三）各级党委、政府要进一步重视和支持人民政协的工作。政协工作是党的全局工作的重要组成部分。重视支持政协工作，既是党委、政府的重要职责，也是不断提高自身执政能力和水平的需要。因此，各级党委、政府要把重视支持政协工作放到十分重要的位置。一是各级党委要从政治原则、政治方向和重大方针政策上加强对政协工作的领导，提出指导性意见。要根据不同时期的工作重点，给政协提出任务目标，使政协紧紧围绕党委、政府的中心工作，卓有成效地开展活动。二是要坚持“三在前”的原则，对于重大的决策，在党委决定之前、人大通过之前、政府实施之前，要主动安排协商议题，并尽量扩大协商范围，广泛征求意见。要坚持重要会议邀请政协有关人员参加的制度。各级党委、政府要主动邀请政协负责同志参加有关的重要会议，要明确县委和政府有一名领导同志联系政协工作，落实县委、纪委、人大、政府、政协几大班子主任联席会议制度，互相通报情况，交流信息，为政协知情创造条件。要认真听取政协的意见和建议，对政协的建议案、提案和调查、视察报告，以及通过其他形式提出的意见、建议，党委政府有关部门要认真对待，及时研究办理，并做好信息反馈。在加强政协组织建设上，要贯彻精简、统一、效能的原则，体现政协工作只能加强，不能削弱的精神和上级的统一规定，全面确定政协机关的机构及人员编制。对政协机关干部的培养、管理和使用，要同党政机关一视同仁，做好交流和选拔工作，做到有进有出，合理流动。对一些长期从事政协工作的优秀干部要重用提拔。根据政协老同志多、活动多、对外交往多的特点，注意改善政协机关的工作条件和生活条件，对办公用房、职工宿舍、交通工具等实际问题，要全盘考虑，妥善解决。政协的例会、委员视察、专题调查、外出考察、咨询服务和外来接待等所需经费，要予以保证，努力为政协开展工作创造良好的条件。

各位委员，我们正处在世纪之交的历史时期。中共十五大为我们绘制了宏伟蓝图，赋予了我们重要的历史责任和光荣使命，让我们更加紧密地团结在以江泽民同志为核心的党中央周围，在县委的领导下，解放思想，振奋精神，团结拼搏，奋勇开拓，不断开创政协工作新局面，为我县的政治、经济建设和各项事业的发展，做出更大贡献。

预祝大会圆满成功！

中共阳谷县委书记汪文耀
在政协第九届阳谷县委员会第一次会议上的讲话

（2003年1月20日）

各位委员、同志们：

今天，政协第九届阳谷县委员会第一次会议隆重召开了。这是在全县人民深入学习贯彻中共十六大精神的时候召开的一次重要会议，是全县人民政治生活中的一件大事。在此，我代表县委、人大、政府、纪委、人武部向大会表示热烈祝贺！向来自全县各界的政协委员以及关心支持我县改革和建设事业的各界人士致以亲切的问候！认真开好这次会议，对于动员和团结各族各界有志之士，全面贯彻“三个代表”重要思想，努力开创全县政协工作新局面，促进我县经济持续健康快速发展，必将起到十分重要的作用。

自1998年换届以来，我县各级党委、政府认真贯彻落实中共十五大、十六大精神和江泽民同志“三个代表”重要思想，抢抓机遇，奋力开拓，扎实工作，带领全县人民战胜了前进道路上的各种困难和风险，改革开放和现代化建设取得了辉煌成就。五年来，我县国民经济持续快速健康发展，城乡人民生活水平进一步改善；各项改革稳步推进，经济结构调整取得明显成效；工业经济快速发展，主导地位初步确立；农村经济繁荣稳定，农民增收渠道不断拓宽；招商引资成效显著，民营经济取得较快发展；外经外贸迈出新步伐，对外开放实现新突破；财政收支实现平衡，金融信贷平稳发展；基础设施建设成效显著，经济发展的硬环境进一步优化；依法治县水平明显提高，各项社会事业全面发展。圆满完成了“九五”计划，“十五”计划开局良好，人民生活总体达到小康。2002年，预计全县国民生产总值达到43.21亿元，较1997年增长74.45%，年均递增11.77%。其中第一产业由1997年的11.81亿元增加到13.63亿元；第二产业由9.17亿元增加到19.63亿元；第三产业由4.75亿元增加到9.95亿元。三次产业比例由1997年的45.9:35.6:18.5调整为31.5:45.4:23.1。2002年，地方一般预算收入达到10860万元，按可比口径比1997年增长80.07%，年递增率12.48%。全县农民人均纯收入达到2528元，比1997年增加701元；

各项存余额达到34.88亿元，比1997年底增加15.6亿元；城乡居民储蓄余额达到31.04亿元，比1997年增加13.7亿元，各项贷款余额为28.89亿元，比1997年年底增加11.33亿元。这些成就的取得，从根本上说是邓小平理论和江泽民同志“三个代表”重要思想指引的结果，是全县人民艰苦奋斗、努力拼搏的结果，也是与我县政协充分发挥政治协商、民主监督、参政议政的职能，扎实有效地开展工作分不开的。

五年来，在中共阳谷县委领导下，在政府各部门的支持下，我县政协解放思想，实事求是，开拓创新，坚持和完善共产党领导的多党合作和政治协商制度，坚持团结、民主两大主题，坚持服从、服务于改革发展稳定大局，各项工作取得了新的进展。政治协商、民主监督、参政议政稳步推进，建言立论、服务中心成果显著，反映社情民意、协调关系、化解矛盾富有成效，对外联谊和交往不断扩大，例会、视察、调研、提案等各项工作活跃有序，政协委员联系群众的桥梁纽带作用得到较好发挥，政协机关的思想、组织、作风建设得到加强。可以说，县政协在全县的社会、政治、经济、文化生活中发挥了不可替代的作用。在此，我代表县委、县政府向全体委员和各界人士表示亲切问候与衷心感谢！

同志们！今后五年将是我们党和国家历史上具有重大意义的五年。中共十六大的召开为我们确立了“全面建设小康社会”的奋斗目标。我们要以中共十六大精神为指导，进一步增强责任感、使命感和紧迫感，振奋精神，齐心协力，扎实工作，全面落实中共阳谷县第十次代表大会提出的各项任务。要适应经济全球化的新形势，按照“全党抓经济，全民抓招商，重点抓工业，农业抓调整，旅游抓开发”的总体思路，进一步深化改革，加快调整，全面提高对外开放水平，积极发展农业产业化，大力推进新型工业化，加快城市化进程，努力实现县乡财政增收、城乡居民增收和扩大就业三大目标；坚持科教兴县、依法治县、依德治县，切实加强和改善党的领导，确保全县国民经济和社会事业持续健康发展。今后五年的奋斗目标是，全面建设小康社会，实现物质文明、政治文明和精神文明的协调发展，建设富裕、民主、文明的新阳谷。总体设想是：到2007年，实现国民生产总值87.5亿元，年均增长15%。力争经过五到十年的努力，经济运行质量明显提高，支柱产业和重点企业在国内市场竞争中处于优势地位，社会主义市场经济体制和对外开放格局更加完善，经济发展充满活力，中心城镇的集聚辐射功能显著增强，区域经济快速发展；科技教育事业繁荣，城乡居民素质全面提高，人民群众生活更加殷实。实现上述目标是加速推进我县现代化进程的需要，是县委、县政府的职责和全县人民的心愿，也是我们在座的全体委员和各界人士义不容辞的义务和责任。

人民政协是中国人民爱国统一战线组织，是共产党领导下的多党合作和政治协商的重要机构，是我国政治生活中发扬社会主义民主的重要形式。人民政协事业是建设中国特色社会主义事业的重要组成部分，始终与国家和民族的命运，与人民群众的奋斗紧密联系在一起，风雨同舟，荣辱与共。以毛泽东、邓小平、江泽民为首的三代中央领导集体分别创建、发展和完善了人民政协思想。去年11月召开的中共十六大明确将坚持、完善共产党领导的多党合作和政治协商制度写入了党章总纲。因而，可以说如何做好新时期的政协工作，事关我县发展的大局。我希望县政协和全体委员要以学习贯彻十六大精神为动力，继往开来，与时俱进，把“三个代表”重要思想贯穿于政协履行职能的全过程，落实到政协的各项工作中，努力做好本届政协的各项工作。

一、围绕中心，服务大局，为实现“发展”集中全县人民的智慧和力量。江泽民同志在庆祝人民政协成立五十周年大会上的讲话中指出“围绕中心、服务大局，是人民政协履行职能必须遵循的原则，是政协工作不断开创新局面的基础”。我们县政协组织和委员要紧密围绕经济建设这个中心来思考问题，开展工作。针对我县改革开放和现代化建设中的重要决策和部署，县政协要通过举行全委会、常委会等各种协商会议，在党委决定之前、人大通过之前、政府实施之前进行充分协商，努力把党的决策化为政治协商、民主监督和参政议政的共识，化为全体委员及所联系各界群众的共同意志和自觉行动，促进决策的科学化、民主化。各族各界的政协委员要立足本职，充分发挥各自的聪明才智，抓住我县社会经济发展的重点问题，选准题目，深入调研，利用提案、建议案、调研报告等多种形式，积极建言献策，提出有针对性、科学性、可行性的意见和建议，为全面推进我县的改革开放和现代化建设履行自己应尽的职责。

二、充分发扬人民政协在加强先进文化建设中的独特优势和作用，大力弘扬先进文化。政协队伍中集中了一大批社会各界、各领域的专家和知名人士，知识密集，人才荟萃，是传播科学思想，倡导科学精神，普及科学知识，生产精神产品，塑造人类灵魂，倡导爱国精神、民族精神的重要方面军。新一届政协要继续积极鼓励和支持广大政协委员参与全县精神文明创建活动，多提建设性意见，多做实实在在的工作，大力弘扬爱国主义、集体主义和“团结统一、爱好和平、勤劳勇敢、自强不息”的民族精神，推进思想道德建设，培养“四有”公民，使全县人民始终保持奋发有为、昂扬向上的精神状态。努力推进科教兴阳战略，大力宣传“科学技术是第一生产力”、科学技术的发展关键在教育的思想，动员各界、各阶层和各团体的力量，推动科教事业发展，提高人民群众的科学文化水平。

三、充分发挥人民政协作为共产党联系群众、团结各界的重要渠道作用，维护全县人民的最根本利益。人民政协作为党领导下的最广泛的爱国统一战线组织，具有联系广泛的优势和特点。县政协要把增进团结作为政协工作的基本出发点，坚持多沟通、多商量、多联谊，加强与各人民团体、无党派人士、工商联的合作，加强与海内外各界人士的联系，注意倾听他们的呼声，了解群众的疾苦，反映群众的愿望和要求。同时，要注意体现社情民意的广泛性、警示性、建议性特点。既要反映广大人民群众的愿望要求，又要反映各界人士的真知灼见；既要反映各种问题，又要分析问题的原因，提出解决问题的办法，努力提高政协反映社情民意的质量和水平，使党和政府准确了解社情民意，使政协真正成为党和政府联系各界群众的桥梁和纽带，协调关系，凝聚人心，团结各方，共同维护全县人民的根本利益。

四、要把与时俱进、开拓创新作为政协工作的动力。与时俱进是贯彻“三个代表”重要思想的关键所在，开拓创新是一个民族进步的灵魂，是一个国家兴旺发达的不竭动力。人民政协事业要适应时代，不断发展，就必须坚持与时俱进、开拓创新。要克服因循守旧、故步自封，不断增强创新意识，用发展的观点分析、观察、解决问题；要大力倡导勤于思考、大胆探索、勇于实践、善于实践的风气；要积极探索新形势下发挥政协作用的新途径、新方法；要充分发挥政协组织和委员的积极性、主动性，创造性地做好新一届政协工作。

同志们，做好新一届政协工作，既需要政协自身的积极努力，更需要进一步加强和完善党对政协工作的领导。坚持党的领导，是政协工作必须遵循的一条基本原则。一方面，县政协要自觉接受县委的领导，另一方面各级党委要站在全局的高度充分认识政协的地位和作用，继续加强党对政协工作的领导。要坚持定期听取政协工作汇报，及时研究政协工作，把政协工作与其他各项工作综合考虑，统筹安排，要尽心竭力地为政协履行职责敞开各种渠道，坚持“社情”和“民情”的双向交流；要及时向政协和政协委员通报重要情况，确保政情通达，民意畅通；要围绕全县工作的大局为政协出题目，出思路，并在行动上实实在在地关心、支持和帮助县政协搞好例会、调查、视察等各项活动，以便使国家的基本政治制度在我县落到实处。各乡镇要明确政工书记分工联系新时期的人民政协工作。各新闻单位要大力宣传人民政协的性质、地位和作用，宣传政协组织与政协委员的先进事迹，让社会各界更好地了解、支持政协工作。组织部门要将政协机关干部与党政机关干部交流制度长期坚持下去，以保持政协机关的活力。政协委员中的共产党员以及政协机关中的共产党员，都是受党的委派从事统一战线工作的，都必须身体力行地贯彻党的路线、方针、政策，真心实意地搞好同党外朋友的团结合作。在团结合作中，一定要旗帜鲜明地坚持党的原则，坚持真理，采取平等协商的办法，以诚恳的态度做好沟通思想、增进共识的工作，按照“肝胆相照、荣辱与共”的精神，满腔热情地同党外人士交朋友，做合作共事的模范，廉洁奉公的模范和发扬民主作风的模范，要充分尊重和支持担任领导职务的党外人士，使他们心情愉快地发挥所长，有职、有责、有权地开展工作。

各位委员、同志们，中共十六大为我们绘制了全面建设小康社会的宏伟蓝图。让我们以中共十六大精神为指导更加紧密地团结在以胡锦涛为总书记的党中央周围，高举邓小平理论伟大旗帜，全面贯彻“三个代表”重要思想，同心同德，继往开来，与时俱进，开拓创新，扎实工作，共谋发展，为共同推进我县现代化进程做出更大贡献！

预祝大会圆满成功！

中共阳谷县委书记关华
在政协第十届阳谷县委员会第一次会议上的讲话

（2007年12月17日）

各位委员、同志们：

中国人民政治协商会议第十届阳谷县委员会第一次会议今天隆重开幕了。开好这次会议，对于贯彻落实中共十七大精神，团结和动员各方面力量，同心同德，开拓进取，共同致力于全县改革发展任务目标的实现，努力开创我县政协工作新局面，必将起到十分重要的作用。在此，我代表中共阳谷县委，向大会的召开表示热烈的祝贺！向新一届政协委员和同志们致以亲切的问候和良好的祝愿！

今年，九届县政协已五年届满。五年来，全县上下坚持以邓小平理论和“三个代表”重要思想为指导，深入贯彻党的十六大、十六届四中、五中、六中全会和十七大精神，全面贯彻落实科学发展观，紧紧围绕建设“经济强县，文化大县”和构建社会主义和谐新阳谷的发展目标，大力实施工业强县战略，不断扩大改革开放，加快推进社会主义新农村建设和城市化进程，有力地促进了经济社会又好又快发展。2007年，全县GDP预计实现106.88亿元，年均增长16.81%；固定资产投资完成163.45亿元；全县规模以上企业达到130家，比2002年增加74家，实现增加值58亿元。财政收入预计达到1.95亿元，按可比口径比2002年年均增长21.17%；城镇居民人均可支配收入预计达到8200元；农民人均纯收入预计达到4350元，平均增长11.47%。五年来，我们以构建社会主义核心价值体系为主线，挖掘历史文化、弘扬现代文化、打造品牌文化，不断推进文化大县建设。同时，各项改革稳步推进，城乡面貌明显改善，社会事业全面进步，党的建设、政治建设、精神文明建设和社会建设进一步加强，全县上下呈现出经济科学发展、社会和谐稳定、人民安居乐业的良好局面。这些成绩的取得，是全县各级坚持以邓小平理论和“三个代表”重要思想为指导，深入贯彻落实科学发展观的结果，是全县广大干部群众团结拼搏、开拓创新、干事创业的结果，也是政协组织和衷共济、共同奋斗的结果。

五年来，人民政协盛事叠起。全国政协通过了新的《中国人民政治协商会议章程》，中共中央颁布了《中共中央关于加强人民政协工作的意见》（以下简称《意见》），省、市、县相继召开了政协工作会议，为人民政协事业蓬勃发展，指明了前进的方向，注入了强大的活力。在中共阳谷县委的领导下，九届县政协认真贯彻中央《意见》和政协工作会议精神，坚持解放思想，实事求是，与时俱进，开拓创新，各项工作取得了新的进展，政治协商、民主监督、参政议政稳步推进；围绕中心、服务大局，议政建言成效显著；反映民意、协调关系、化解矛盾富有成效；坚持工作创新，履职形式实现了新突破；突出特色，宣传、文史、联谊工作取得新成绩；不断加强自身建设，履行职能的能力和水平得到不断提高。广大政协委员牢记职责，不负重托，不辱使命，围绕阳谷发展大局，围绕党委政府中心工作，围绕建设“经济强县，文化大县”这一共同目标，建肺腑之言，献务实之策，立发展之论，在本职岗位上干事创业，为我县的改革发展付出了大量的心血，贡献了自己的智慧和力量，树立了委员的良好形象，赢得了各级党委政府的赞誉和人民群众的好评。对于九届县政协的工作，县委是满意的。借此机会，我谨代表中共阳谷县委，向九届县政协及其委员表示衷心的感谢！

中共十七大报告着眼党和国家事业发展全局，就统一战线和人民政协提出了一系列新思想、新观点、新要求，对于做好新形势下的政协工作具有非常重要的指导意义。进入新时期，站在新起点，新一届政协面临着新形势、新任务。十届政协和全体委员要以中共十七大精神为指导，紧紧围绕全县改革发展大局，切实把握政协工作的特点和规律，牢牢把握团结和民主两大主题，认真履行政治协商、民主监督、参政议政职能，充分发挥好政协组织的优势和作用，为全面推进我县的经济、政治、文化和社会建设做出新的贡献。

一、要认真贯彻落实中共十七大精神，推动政协工作在新起点上实现新发展

中共十七大是在我国改革发展关键阶段召开的一次十分重要的大会，确立了党的重大理论观点、重大战略思想、重大工作部署。政协组织和广大政协委员要把认真学习、全面贯彻中共十七大精神作为首要的政治任务，周密安排，精心组织，把学习贯彻中共十七大精神活动不断引向深入，推向持久。要深刻领会中共十七大对人民政协事业发展和人民政协工作提出的新要求，把学习贯彻中共十七大精神同贯彻落实《中共中央关于加强人民政协工作的意见》结合起来，同进一步落实全县政协工作会议精神结合起来，切实把思想和行动统一到中共十七大精神上来，把智慧与力量凝聚到落实中共十七大提出的重大战略部署及各项重大任务上来。要把学习贯彻中共十七大精神与充分履行政协职能结合起来，紧密联系实际，坚持学以致用，用以促学，自觉用中共十七大精神武装头脑、指导实践、推动工作。要把学习贯彻中共十七大精神与加强自身建设结合起来，切实提高履行职能的能力和水平，在坚持科学发展，构建和谐阳谷的实践中充分发挥“协调关系、汇聚力量、建言献策、服务大局”的重要作用。

二、要充分发挥政协人才荟萃、智力密集的优势和作用，积极致力于“经济强县，文化大县”建设

发展是党执政兴国的第一要务，也是政协工作的第一要务。政协组织和广大政协委员要立足经济建设的大格局，充分发挥政协人才荟萃、智力密集的优势和作用，积极主动地献计出力。要组织政协委员深入贯彻科学发展观，紧紧围绕转变经济发展方式、优化经济结构和提高经济增长质量、加大改革开放力度、加强节能减排和生态环境保护、提高城镇化水平、推进工业立县战略的实施等事关经济发展的重大问题，开展专题调研，进行专题论证，向党委、政府提供针对性强、操作性好的意见和建议，为促进我县经济的科学发展、跨越发展贡献力量。广大政协委员要在做好本职工作的同时，大力开展科技咨询、技术培训、项目论证、牵线搭桥等活动，充分利用各自的特长，更多、更好地服务于经济建设。当前，我县建设“经济强县，文化大县”的进程不断加快。政协组织汇聚了科技、教育、文化、新闻、艺术等众多的专家、学者，具有广泛的社会影响力，是倡导民族精神、时代精神、弘扬先进文化的重要力量。政协组织要发挥大团结的功能，联系和团结各界人士，为建设文化大县提供广泛的力量支持。要积极组织好社会各界人士，就加强文化基础设施建设、文化遗产保护、抵制封建落后文化、建设社会主义核心价值体系等进行深入调研，积极为建设“文化大县”献计献策。要发挥文化体育新闻界委员专长，积极进行文化创新，在时代的新起点上，不断推动文化内容形式、体制机制、传播手段创新，增强文化发展活力。从事经济工作和文化工作的委员，要按照发展先进文化的要求，大力推动文化产业建设，做推进我县文化产业发展的排头兵。要积极挖掘和弘扬我县深厚、独特的历史文化，大力倡导和谐文明的社会风尚，促进人与人之间的和谐相处，建设我们共同的精神家园。广大政协委员要以身作则，率先垂范，带头做“八荣八耻”基本要求的践行者，用自己的模范言行，弘扬社会主义荣辱观，引领社会风尚。

三、要充分发挥政协民主协商、参政议政的优势和作用，积极致力于推动社会主义民主政治建设

人民政协是实现共产党领导的多党合作和政治协商制度的重要政治形式和组织形式，是发扬社会主义民主的重要渠道。政协组织要始终坚持长期共存、互相监督、肝胆相照、荣辱与共的方针，支持无党派民主人士参与重大方针政策的讨论协商及其履行职责的活动。要坚持民主协商、求同存异的原则，拓宽民主渠道，努力营造良好的民主氛围，使各界各方的不同意见、建议得到充分发表，促进科学决策和民主决策。要坚持服务、配合、支持的原则，重点对党政决策部署的贯彻执行情况、党政机关工作中存在的突出问题进行监督，增强民主监督的针对性，促进政府依法行政，促进党委政府中心工作的开展和落实。要在政协这个大家庭里，大力倡导并形成一种相互尊重、团结民主、和谐共事的合作关系，在县委的领导下，使政协真正成为各民族、各团体、各界人士团结合作、参政议政的重要场所。

四、要充分发挥政协团结各方、包容各界、位置超脱、渠道畅通的优势和作用，积极致力于和谐社会建设

公平正义是社会和谐的基本条件。要充分发挥人民政协作为政治组织和民主形式的优势，努力促进机制与制度建设，切实保障社会的公平正义，最大限度地激发和调动社会各方面的积极性，增强全社会的创造活力。以人为本、民生为先是和谐社会建设的主线。政协组织要充分发挥渠道畅通、位置超脱的优势，把人民群众最关心、最现实、最直接的问题作为履行职能的出发点和落脚点，扑下身子，深入基层，搞好调查研究，体察群众疾苦，听取群众意见，积极为民立言；要通过提案、建议案、调研报告、视察报告、政协信息等形式，向各级各有关部门反映社情民意，提出改进工作的意见和建议，积极为民建言；要关注党的惠民政策的落实，鼓励和组织政协委员积极开展社会公益活动，多为人民群众办实事、做好事、解难事。团结和睦是社会和谐的重要标志。政协组织要高举爱国主义和社会主义伟大旗帜，突出团结、民主两大主题，为促进民族关系、宗教关系、阶层关系和海内外同胞关系的和谐多做工作，增进社会团结和睦，努力形成社会和谐人人有责、和谐社会人人共享的生动局面。

各位委员、同志们，政协组织是建设阳谷、发展阳谷的一支重要力量。要进一步加强和改善党对人民政协的领导，充分发挥人民政协的作用，为实现我县发展的总任务、总目标贡献智慧与力量。要进一步规范和完善人民政协的政治协商，切实把政治协商纳入决策程序，做到重大问题主动协商在党委决策之前、人大通过之前、政府实施之前。要进一步支持政协通过提案、建议案、调研视察、民主评议等形式，对各项工作进行民主监督，认真听取来自政协的批评和建议。要进一步推动人民政协开展参政议政，各级党委政府要加强与政协的联系和沟通，重视政协参政议政成果的转化及吸收，对政协提出的重要意见、建议，要认真研究，积极采纳，抓好落实。要切实解决政协在办公设施、各项会议和活动以及机关建设等方面的经费问题，不断改善政协工作条件，切实为政协开展工作提供支持，确保政协履行职能的活动不因经费问题受到影响。政协委员所在部门和单位要充分尊重政协委员的权利，从时间、经费、工作等方面，切实保障政协委员正常参加政协的活动。要重视和关心干部队伍建设，加大对政协机关干部的培养、选拔、交流的力度。新一届政协要主动适应新形势、新任务的要求，全面加强自身建设，提高思想理论水平、政策水平和依法履行职能的能力。新一届政协委员要不辱使命，牢记责任，自觉围绕党政中心工作，找准着力点、把握结合点，在关注民生、参与国是、服务发展、奉献社会中，认真履行好委员职能，为我县改革开放和现代化建设贡献自己的力量。

各位委员、同志们，我县经济社会已经进入了新的发展阶段，全县上下正在解放思想，开拓创新，抢抓机遇，乘势而上，掀起了新一轮科学发展、和谐发展、跨越发展的热潮，让我们在中共阳谷县委的坚强领导下，更加紧密地团结在以胡锦涛同志为总书记的中共中央周围，认真贯彻落实中共十七大精神，高举中国特色社会主义伟大旗帜，以邓小平理论和“三个代表”重要思想为指导，深入贯彻落实科学发展观，万众一心，开拓奋进，为建设“经济强县、文化大县”、构建社会主义和谐社会而努力奋斗。

预祝大会圆满成功！

中共阳谷县委书记田中俊
在政协第十一届阳谷县委员会第一次会议上的讲话

（2012年1月11日）

各位委员、同志们：

中国人民政治协商会议第十一届阳谷县委员会第一次会议今天隆重开幕了！这是全县人民政治生活中的一件大事。开好这次会议，对于贯彻落实好县第十二次党代会精神，凝聚全县智慧和力量，建设幸福和谐新阳谷，必将产生十分重要的推动作用。在此，我代表中共阳谷县委，向大会的召开表示热烈的祝贺！向新一届政协委员及与会同志致以诚挚的问候！

五年来，县委、县政府坚持以科学发展观统领全局，围绕“经济强县，文化强县”建设目标，团结带领全县广大干部群众，不断解放思想，开拓创新，圆满完成了县第十一次党代会和“十一五”规划确定的各项目标任务，并实现了“十二五”良好开局，开创了阳谷科学发展、跨越发展的新局面。2011年，预计全县生产总值197.2亿元，比2006年增加109.57亿元，年均增长14.6%；总财力16.64亿元，比2006年增加12.88亿元，年均增长29.4%，其中，地方财政收入5.14亿元，比2006年增加3.52亿元，年均增长26%，境内单位和个人缴纳税收总量大幅度提升，实现了由补贴县向税收贡献县的历史性转变。在经济建设上，按照科学发展观的要求，确立了“培植壮大优势产业、发展企业集群、形成区域竞争优势”的思路，培植发展了千亿铜产业和机械加工、塑料化工、绿色食品加工三个百亿产业。特别是千亿铜产业的发展得到了省委、省政府的大力支持，并列入了全省“十二五”发展规划。阳谷祥光生态工业园被环保部、科技部、商务部批准创建国家级生态工业示范园区。在文化建设上，通过研究挖掘阳谷的历史文化资源，唱响了“东夷之都、千年古城、武松故乡”三大文化品牌，展现阳谷独特人文魅力，提升了阳谷的知名度和影响力。坚持用先进文化教育引导群众，全县人民干事创业、共谋发展的氛围更加浓厚。制定了《阳谷县文化强县建设规划纲要（2010—2020年）》，明确了今后一段时间阳谷文化发展的目标和方向。在民生事业上，实施了教育、卫生、社会保障等一大批民生工程，使广大人民群众充分享受改革发展成果。当前，我县经济快速发展，社会和谐稳定，人民安居乐业。这些成绩的取得，是上级党委、政府正确领导的结果，是全县人民齐心协力、奋力拼搏的结果，也是政协组织和社会各界人士和衷共济、共同奋斗的结果。

十届政协一次会议以来，县政协围绕中心、服务大局，充分发挥政治协商、民主监督、参政议政职能，在我县的经济建设、政治建设、文化建设和社会建设中发挥了十分重要的作用。对于十届县政协的工作，县委是满意的。借此机会，我谨代表中共阳谷县委，向十届县政协及委员表示崇高的敬意和衷心的感谢！

各位委员、同志们，刚刚闭幕的县第十二次党代会，选举产生了新一届县委领导班子，确立了今后五年的奋斗目标和主要任务，确立了“农业稳县、工业强县、三产兴县、城建靓县、民生安县”的发展战略。以项目建设为抓手，加快新型工业化、新型城镇化、发展生态化、农业农村现代化进程，奋战五年，使我县的总体实力跨入全省中上游发展行列。蓝图已经绘就，发展只争朝夕。建设幸福和谐新阳谷，需要我们誓立赶超之志、勇走探索之路、大兴苦干之风，需要举全县之力、纳各方之策、聚万众之心，需要人民政协切实履行自身职能，充分发挥协调关系、汇聚力量、建言献策、服务大局的重要作用，调动全县一切积极因素，把思想统一到县委、县政府的决策部署上来，把力量凝聚到实现我县十二次党代会和“十二五”规划目标任务上来，为全县经济社会更好更快发展做出新的、更大的贡献。

一、发扬民主，团结各界，为建设幸福和谐新阳谷凝聚合力

民主越充分，智慧越涌流；团结越紧密，力量越聚集。新的历史条件下，十一届县政协要切实巩固和发展我县当前民主团结的良好政治局面，积极引导和推动参加政协组织的各团体、各民族、各阶层以及各界人士，深入学习中国特色社会主义理论体系，学习胡锦涛总书记“七一”重要讲话精神，不断增进对中国特色社会主义事业的政治认同和思想认同，进一步夯实各族各界人士团结奋斗的思想基础。牢牢把握团结和民主两大主题，按照民主协商、平等议事、求同存异、体谅包容的原则，积极拓宽民主渠道进一步提高政协工作的社会开放度和公众参与度，营造良好的民主氛围，使各界各方的意愿、诉求与见解，得到有组织、有秩序的表达，把社会各方面的思想统一起来，智慧集中起来，力量调动起来，形成推动建设幸福和谐新阳谷的强大合力。

二、围绕中心，服务大局，为加快推进经济文化强县建设献计出力

促进科学发展是人民政协履行职能的第一要务。希望新一届政协组织找准服务大局、服务科学发展的切入点、着力点和结合点，充分发挥人才荟萃、智力密集的优势，以科学发展为主题，以加快转变经济发展方式为主线，多出推动发展之力。当前，尤其要认真贯彻落实县第十二次党代会的决策部署，重点围绕调整经济结构、提高发展质量、统筹城乡规划、推进生态文明建设、发展先进文化等事关全县经济社会发展的关键环节和重大问题，主动搞好调研视察和建言献策活动，提出可行的方案和措施，形成更多更好、切实管用的议政成果，为县委、县政府科学民主决策提供参考依据。

新一届政协委员中汇集了众多文化名人，大家在文化建设上有发言权，有号召力，有推动力。因此，要把学习贯彻十七届六中全会精神作为当前和今后时期的重要政治任务，充分认识自身肩负的文化使命，充分发挥自身优势，用社会主义核心价值体系凝聚各界人士共识，不断巩固团结奋斗的思想道德基础；要紧紧围绕文化改革发展中的重大问题开展调查研究，为推动文化强县建设出主意、想办法、献计策；要充分发挥政协的组织优势和资源优势，以科教文卫体委员会和文史资料委员会为依托，努力使政协成为文化建设出成果、出人才、出效益的“高地”。

三、履职为民，服务群众，为保障改善民生贡献力量

政协工作是特殊的群众工作。人民政协要始终把实现、维护和发展好广大人民群众的根本利益作为工作的出发点和落脚点，进一步协助党委、政府做好保障和改善民生工作。要强化以人为本、履职为民的理念，进一步畅通反映社情民意的渠道，丰富和活跃履行职能的内容和形式，鼓励和组织政协委员深入基层，体察民情、了解民意，倾听群众呼声，了解群众疾苦，及时准确、客观全面地反映各阶层、各界别、各群体的意愿和诉求，为党委政府了解真实情况、实现科学决策提供依据和参考；围绕广大群众最关心、最直接、最现实的利益问题，特别是教育、就业、医疗、社会保障以及环境保护等与群众生活密切相关的重点难点问题，通过调研，视察，民主评议和提案等多种形式，积极建言议政，推动党委政府各项惠民政策的落实。要把社会中带有典型性、预警性、突发性的社情民意，通过提案、信息、意见建议等方式及时准确地向党委、政府及有关部门反映，并协助做好宣传政策、解疑释惑、理顺情绪、化解矛盾的工作，推动社会管理创新，促进社会和谐稳定。

四、加强学习，开拓创新，为提高履职能力夯实基础

新一届政协组织要进一步加强自身建设，不断加强常委会、委员队伍和机关干部队伍建设。注重加强委员的学习和培训，让广大政协委员不断拓展观察视野、优化知识结构、提升思维层次、提高议政建言能力。要在继承发扬政协工作的优良传统、保持工作连续性和稳定性的同时，坚持解放思想、开拓创新，根据时代发展和形势任务的变化，努力把创新的理念、创新的要求、创新的精神贯穿到政协工作的各个方面、各个环节，注意发挥人民政协界别优势和专门委员会的独特作用，使政协工作观念常新、内容常新、方式常新，始终充满生机与活力。

各位委员、同志们，政协组织是建设阳谷、发展阳谷的一支重要力量。县委始终高度重视政协工作，认真贯彻落实中央和省、市关于加强人民政协工作的一系列指示精神，积极创造条件，支持政协富有成效地开展工作。近期，省市政协工作会议相继召开，县委认真贯彻落实《中共山东省委关于加强人民政协政治协商制度建设的意见》，在县乡换届中，乡（镇、街道）均设立了政协工作机构，完善了政协基层组织建设。新的历史时期、新的伟大征程，县委将继续一如既往的重视、支持、关心政协工作，不断加强和改善对政协工作的领导，更好地发挥人民政协政治协商、民主监督、参政议政职能，推进阳谷在科学发展中全面崛起。一是切实把政治协商纳入决策程序。充分发挥好党委在政治协商中的主导地位，坚持在决策之前和决策执行过程中进行协商，自觉把政协的政治协商纳入党委、政府决策程序，支持人民政协依据政协章程开展协商活动，使政治协商的各个环节按序开展，形成健全规范、科学严谨的政治协商工作机制。二是要自觉接受政协的民主监督。切实支持各级政协把监督工作融入履行职能的全过程，寓民主监督于委员提案、视察、调研、民主评议等工作中，把政协的民主监督与有关部门组织的调查、检查和行风评议等活动结合起来，不断提高民主监督的针对性和实效性。三是积极支持人民政协参政议政。各级党委、政府要主动加强同政协的联系与沟通，积极为政协参政议政创造良好条件。要积极推动参政议政成果转化，对政协报送的参政议政成果，党委、政府要认真研究，积极吸收采纳，努力使优秀成果及时转化为决策依据和政策措施。

各位委员、同志们，新形势新任务对政协工作提出了新的更高的要求，也为政协组织发挥作用提供了更加广阔的舞台。让我们更加紧密地团结起来，高举中国特色社会主义伟大旗帜，深入贯彻落实科学发展观，以更加饱满的激情、更加创新的锐气、更加高昂的斗志、更加务实的作风，进一步解放思想，攻坚克难，扎实工作，为建设“经济强县、文化强县”，构建幸福和谐新阳谷而努力奋斗！

最后，预祝大会圆满成功！祝各位委员、同志们身体健康、工作顺利、合家欢乐！

中共阳谷县委书记田中俊
在政协第十二届阳谷县委员会第一次会议上的讲话

（2017年1月21日）

各位委员、同志们：

中国人民政治协商会议第十二届阳谷县委员会第一次会议今天隆重开幕了！这是全县人民政治生活中的一件大事。开好这次会议，对于凝聚全县人民的智慧和力量，加快全面建成小康社会进程具有重要意义。在此，我代表中共阳谷县委，向大会的召开表示热烈的祝贺！向新一届政协委员及与会同志致以诚挚的问候！

过去的五年，我县牢牢把握稳中求进的总基调，在做大总量中优化结构，在加快发展中提高效益，经济社会发展实现了新跨越。全县生产总值由2011年的198.79亿元，增长到2016年的315.28亿元，年均增长9.96%；一般公共预算收入由5.14亿元增长到13.45亿元，年均增长21.22%；城镇居民人均可支配收入由16975元增长到21812元，年均增长10.32%；农村居民人均可支配收入由7600元增长到11301元，年均增长11.59%。我县先后荣获全国粮食生产先进县、国家级出口食品农产品质量安全示范区、国家新型工业化产业示范基地、农田水利产权改革国家级试点县、全国国土资源节约集约模范县、全国法制宣传教育先进县、山东省双拥模范县、山东省土地执法模范县等一批含金量高、有影响力的“国”字、“省”字头招牌。这些成绩的取得，是市委、市政府坚强领导的结果，是全县广大党员干部群众同心同德、奋力拼搏的结果，也是政协组织和社会各界人士和衷共济、共同奋斗的结果。

五年来，十一届县政协牢牢把握团结和民主两大主题，认真履行政治协商、民主监督、参政议政职能，为促进全县经济社会发展做出了积极贡献。围绕“深化改革”、“转型升级”、“新型城镇化建设”、“十三五”规划编制等中心工作，综合运用政协全委会议、常委会议、视察调研的方式协商议政，促进了党政决策的民主化、科学化。聚焦民生改善，对教育、就业、医疗、精准扶贫等事关民生问题，通过调研报告、委员提案和社情民意等形式建言献策，协助县委、县政府做好听民意、惠民生工作。立足于优秀传统文化的研究，开展了孟母祈蚕祠的史料挖掘和保护传承工作，提高了阳谷文化软实力。县政协过去五年来的工作，是卓有成效的，县委是充分肯定的。

刚刚闭幕的阳谷县第十三次党代会，提出了“全力打造实力强、结构优、百姓富、生态美的新阳谷，谱写全面建成小康社会新篇章”的奋斗目标。我们将始终坚持发展第一要务，以项目建设为主抓手、以改革创新为主动力、以质量效益为主方向、以群众幸福为主目标，坚决打赢精准扶贫攻坚战，统筹推进经济建设、政治建设、文化建设、社会建设、生态文明建设和党的建设，坚定发展信心，抢抓发展机遇，厚植发展优势，奋力实现新跨越，努力再创新辉煌。政协组织和广大政协委员要清醒地认识到肩负的时代责任和历史使命，发挥好优势，履行好职责，为全县经济社会发展做出新的更大贡献。

一、围绕中心，服务大局，发挥好政协职能作用

围绕中心、服务大局是政协工作的基本要求。县政协要自觉服从服务全面建成小康社会大局，履行好政协工作职能。

（一）政治协商要有新进展。要发挥好专门协商机构的作用，不断提高政协民主协商的制度化、规范化、程序化水平。拓展协商内容，丰富协商形式，建立健全协商议题提出、活动组织、成果采纳落实和反馈机制。更加灵活、经常地开展专题协商、界别协商、对口协商、提案办理协商活动，提高协商实效，努力营造既畅所欲言、各抒己见，又理性有度、合法依章的良好氛围。

（二）民主监督要有新举措。要紧紧围绕县十三次党代会的部署要求，把握定位，找准切入口，积极开展会议协商监督、提案监督、民主监督员监督等各种富有实效的履职监督活动。加大对各部门贯彻执行县委、县政府决策以及有关工作情况的民主监督力度，加强对各部门依法行政、效能建设等重要工作的监督，推进重大决策的落实力度。

（三）参政议政要有新成效。参政议政是人民政协履行职能的重要形式。县政协要围绕全县经济社会的重点工作，开展调查研究，通过召开政协全委会、政协常委会，开展调研视察等形式，向各级各有关部门提出意见和建议。要切实提高调研实效，扎实进行协商讨论和科学论证，力求参政参到点子上，议政议到关键处。

二、发挥优势，积极作为，为全面建成小康社会贡献力量

政协组织联系广泛、人才荟萃、智力密集，是建设阳谷、发展阳谷的重要力量，要充分发挥好政协优势，为经济社会发展贡献力量。

（一）为经济发展建言献策。促进科学发展是人民政协履行职能的第一要务。县政协要围绕全县深化改革、城乡统筹、民生保障、生态建设、社会文明等重点工作，开展调查研究、议政建言，汇集各方面专业人才，集中优势智力资源，从不同的角度提出可行的意见和建议。

（二）为民生改善积极作为。要强化以人为本、履职为民的理念，深入基层群众，及时掌握第一手资料，充分运用提案这一民主监督的重要渠道，把与群众生活密切相关的重点难点问题，及时向党委政府和有关部门反映，使政协工作更接地气、更贴民心。

（三）为文化建设献计出力。政协汇聚着众多的优秀文化人才，积淀着深厚的文化资源。要自觉担当起弘扬中华民族优秀传统文化、培育社会主义核心价值观的重任，扎实做好阳谷历史传承下来的运河文化、诚信文化、和睦文化的研究，推进孟母文化园的规划设计。引导全社会注重家庭，注重家教，注重家风，用传统的美德弘扬正气、引领风尚，促进家庭和睦，社会和谐。

三、继往开来，接力前行，把政协事业不断推向前进

人民政协事业是薪火相传、永续发展的事业，需要一届又一届政协委员继往开来，接力前行。希望新一届政协组织不辜负党和人民的重托，继承发扬人民政协的优良传统，把我县政协事业不断推向前进。

（一）牢记使命与担当。中国共产党领导的多党合作和政治协商制度，赋予了人民政协更重大的责任、更光荣的使命。政协委员要准确认识和把握人民政协的性质、地位、职能与作用，不断增强责任感、使命感，培养政协情怀，奉献政协事业，积极作为，勇于担当，以实实在在的业绩实现自身价值。

（二）推进履职能力建设。适应全面深化改革的要求，以改革思维、创新理念、务实举措大力推进履职能力建设。继续扎实有效履行好政治协商、民主监督、参政议政职能，探索新的协商形式和监督方式。进一步完善提案、视察、反映社情民意信息等工作机制，创新发挥界别作用的方法和途径，注重加强委员队伍建设，增强政协机关服务能力与协调能力。

（三）树立政协委员良好形象。政协委员是界别群众的优秀代表，是政治身份的重要象征，社会知名度大，关注度高，一言一行都具有影响力和示范性。希望广大政协委员珍惜自身荣誉，守纪律、讲规矩、重品行，自觉践行社会主义核心价值观，锤炼道德品行，改进工作作风，在政协工作中履职尽责，在本职岗位上建功立业，在界别群众中示范引领，言必真、策必实、行必正，要无愧政协委员的光荣称号。

各位委员、同志们，团结凝聚力量，奋斗成就伟业。让我们更加紧密的团结在以习近平同志为核心的党中央周围，在县委的坚强领导下，攻坚克难，开拓进取，为全力打造实力强、结构优、百姓富、生态美的新阳谷做出新的更大贡献！

最后，预祝大会取得圆满成功！

第四章 制度建设

政协阳谷县委员会
关于充分发挥政协委员作用的意见

阳协发〔1999〕2号

政协委员是政协工作的主体。为了充分发挥政协委员的作用，努力推进我县政协工作的规范化、制度化，促使政协委员更好地履行职能，为我县的“两个文明”建设献计出力，特提出如下意见。

1. 加强学习，进一步提高履行职能的能力。要认真学习邓小平理论和党的各项方针政策，提高理论水平和政治素质；认真学习党在新时期人民政协理论的基本观点和政协工作知识，客观准确地理解政治协商、民主监督、参政议政主要职能的内容、形式及要求；加强科技知识学习，不断扩大知识面，掌握协商监督的主动权；同时要认真学习我县重要会议精神，认清全县政治经济形势和县委、县政府的工作思路，把思想和行动统一到全县的工作大局上来。

2. 政协委员必须遵守《中国人民政治协商会议章程》《中共中央关于坚持和完善共产党领导的多党合作和政治协商制度的意见》，认真贯彻执行《政协全国委员会政治协商、民主监督、参政议政的规定》。必须参加县政协和乡镇政协工委举办的会议和活动，并按照要求，做好充分准备，以便更好地履行政协委员的职责。如有事不能参加政协的会议和活动，要向县政协办公室或乡镇政协工委请假。

3. 政协委员要树立强烈的参政意识和团结意识。要关心国家与全县的重要事情，并在条件具备的情况下，积极参与这些重要事情的研究讨论工作，发表自己的真知灼见，反映所联系和代表的各界人士的意见及建议，促进决策的民主化、科学化。政协委员做事情想问题，要从有利于全县的大局，有利于各方面的团结，有利于县委、县政府决策的实施和政协工作的开展出发，多做理顺情绪、化解矛盾、凝聚人心、鼓舞士气的工作，及时有效地消除、防止不利于团结的因素，维护社会的稳定与发展。

4. 认真开展调查研究，积极反映社情民意。政协委员除参加政协组织的专题调查视察活动外，要结合本职工作，针对群众关心的热点、难点问题，广泛开展社会调查。在充分调查研究的基础上，以调查报告或提案等形式提出合理化意见和建议。认真开展“三个一”活动，即：每位委员每年争取创办或服务一个项目，搞一项调查，至少提出一条合理化建议。

5. 努力做好本职工作。政协委员在积极做好政协工作的同时，要尽心尽职地干好本职工作。要积极进取，勇于开拓，发挥好自己在本岗位的作用，争先进，当模范。政协委员中的单位主要负责人，要力争使本单位成为先进单位，其他委员要争当先进工作者。农村委员除带头致富外，要努力帮助困难群众脱贫致富。

6. 政协委员要利用自己的知识和才智，为我县的改革建设事业服务。通过咨询服务、办班讲学、研讨论证等形式，在引进技术、人才、资金上，在开发新项目、新产品、进行企业改造上，在推动文化教育事业上，积极献计出力。侨台属界的委员，要利用自己联系面广的优势，为实现祖国统一大业积极工作，做出应有的贡献。

关于印发县政协各专门委员会工作职责的通知

阳协发〔2003〕5号

各乡镇、县直各部门：

政协专门委员会是在县政协常务委员会和主席会议领导下，分别组织委员进行经常性活动的工作机构。根据工作需要和形势发展的要求，经九届县政协主席会议研究，对县政协专门委员会进行了重新补充和调整，成立了文史资料委员会等六个专门委员会。现把各专门委员会工作职责印发下去，望全县各单位按照本单位的工作职责与县政协专门委员会加强联系，积极支持县政协专门委员会工作，进一步促进我县政协工作的开展。

文史资料委员会工作职责

第一条　文史资料委员会是在县政协常务委员会和主席会议领导下，组织推动委员征集、整理、编辑、出版文史资料的工作机构。

第二条　文史资料工作的宗旨是，以邓小平理论和江泽民“三个代表”重要思想为指导，高举爱国主义旗帜，坚持实事求是原则，以亲历、亲见、亲闻为特色，做好文史资料工作，在“两个文明”建设中发挥自己的独特作用。

第三条 文史资料委员会的主要职责：

（一）负责计划、组织和推动近现代重大历史事件和历史人物回忆等文史资料的撰写、征集、整理、研究、编辑、出版及发行交流工作，做好文史资料的专题化工作。

（二）本会根据工作需要，聘请热爱并熟悉文史资料工作的政协委员或各界人士为文史资料征集研究员。本委员会负责编辑的资料，可视任务需要，由本委员会并邀请其他有关人士，组成专题征编组，具体筹划这一工作的进行。

（三）认真贯彻省、市政协召开的文史工作会议精神和有关规定要求，做好《春秋》杂志和《联合日报》的发行工作。

（四）与县委、县人大、县政府有关部门，如党史办、史志办、档案局、文体局等建立经常性的联系，了解情况，沟通信息。

（五）根据县政协全委会和常委会精神，制定“文史资料年度工作计划”，并组织实施。做好年终工作总结，向主席会议或常委会议报告工作。

第四条 县政协文史科是文史资料委员会的办事机构。

人口资源环境和社会保障委员会工作职责

第一条 人口资源环境和社会保障委员会，是在县政协常务委员会和主席会议领导下，组织联系人口、资源、环境和社会保障方面的委员和各界人士开展经常性活动的工作机构。

第二条 人口资源环境和社会保障委员会的主要职责：

（一）根据常委会议和主席会议精神，制定本委员会的年度工作计划，并认真做好年终总结，按照要求向常委会和主席会议报告工作。

（二）就我县人口、资源、环境和社会保障中的重大问题，组织所联系委员开展专题调研、视察、考察等活动，经讨论研究提出意见、建议，为党政领导机关及有关部门决策提供参考，为我县正确处理人口资源环境和社会保障的关系，实施可持续发展战略贡献力量。

（三）承办上级政协专委会、县政协常委会议、主席会议交办的任务。

（四）加强与计生局、国土资源局、水务局、环保局和劳动社会保障局等部门的联系，适时举行情况通报会、座谈会，了解社情民意，并收集人口、资源、环境和社会保障方面的信息、资料，为委员开展活动、献计出力创造条件。

第三条 县政协办公室是本委员会的办事机构。

社会法制委员会工作职责

第一条 社会法制委员会是在县政协常委会和主席会议领导下，联系政法、少数民族、宗教、人民团体等方面的县政协委员和有关人士，组织开展经常性活动的工作机构。

第二条 社会法制委员会的各项活动，要坚持“长期共存、互相监督、肝胆相照、荣辱与共”的方针，要坚持民族平等、宗教信仰自由和祖国和平统一的原则。集思广益，广泛听取各界人士的意见，协调关系，维护团结稳定。

第三条 社会法制委员会的主要职责：

（一）根据常委会议和主席会议精神，制定本委员会的年度工作计划，并认真搞好年终工作总结。按照要求，向县政协常委会和主席会议报告工作。

（二）组织所联系的政协委员认真学习贯彻党和国家社会法制方面的重大方针、政策和各项法律法规，围绕国家、省、市和我县地方法规的实施情况、重大方针政策的贯彻执行情况，国家机关及其工作人员履行职责的情况等，通过视察、调查、研讨论证，写出提案和建议案，提出切实可行的意见和建议，推动我县社会法制各项工作的改革与发展。

（三）与县委、县人大常委会、县政府有关部门以及县人民法院、县人民检察院、人民团体建立经常性的联系，了解情况，沟通信息。

（四）不断开拓新的工作领域、探索新的工作方法。

第四条 县政协办公室是社会法制委员会的办事机构。

经济委员会工作职责

第一条 经济委员会是在县政协常务委员会和主席会议领导下，组织联系工交财贸界、农业界、农民界、非公有制经济界的县政协委员开展经常性活动的工作机构。

第二条 经济委员会的主要职责：

（一）根据全委会和常委会的精神，制定年度工作计划。每年向政协全委会或常委会报告工作，就重要问题的讨论或调查结果向政协主席会议或常委会议提出报告。

（二）组织所联系界别的委员，围绕全县经济工作中的“热点”“难点”问题，通过不定期地召开情况通报会、座谈研讨会、组织调查视察活动，帮助委员了解我县经济建设形势，倾听委员的呼声，写出有情况、有分析、有建议的调查视察报告、提案和建议案，向党政领导提出建设性的意见与建议，为我县社会稳定、经济建设积极献计献策。

（三）组织所联系界别的委员开展经济咨询、项目论证、牵线搭桥等活动，直接为经济建设贡献力量。

（四）加强同县委、县人大、县政府及所属有关部门特别是经济、农业部门的联系，通过日常联系、参加会议等形式，向有关部门反映委员对某项工作的意见和建议，参与对有些重要问题的协商讨论。

（五）与市经济委员会保持经常联系，与兄弟县（市）、区政协经济委员会加强交往与合作，互通信息，交流经验，共同促进。

第三条　县政协办公室是经济委员会的办事机构。

科教文卫体委员会工作职责

第一条　科教文卫体委员会是在县政协常委会和主席会议的领导下，组织和联系科技、科协、教育、文化、医药卫生、体育、新闻出版界的政协委员进行经常性活动的工作机构。

第二条　科教文卫体委员会的主要职责：

（一）组织和推动委员、有关各界人士学习宣传马克思列宁主义、毛泽东思想、邓小平理论和江泽民同志“三个代表”重要思想，学习宣传党的方针、政策和时事政治，学习统战、政协知识和经济科技知识等。负责了解委员学习情况，及时向有关部门反映他们在学习中提出的意见和建议。

（二）通过各种方式和渠道宣传人民政协的性质、地位和作用，宣传我县政协参政议政的新成绩、新经验，宣传政协委员的先进事迹与奉献精神，使社会各界更多地了解和支持政协工作，为开创政协工作新局面创造良好的社会舆论环境。

（三）全面贯彻县政协常委会议和主席会议精神，制定本委员会年度工作计划。

（四）加强同县委、县人大、县政府及所属有关部门的联系，特别是加强同科协、科技局、教育局、卫生局、文体局、体育办等有关部委办局的联系，适时举行情况通报会和座谈会，保持双向交流，了解社情民意，为委员献计出力创造条件。

（五）有计划地组织所联系界别的委员及有关人士，进行视察和专题调查，就我县科教文卫体方面的重大问题及群众共同关心的热点问题提出批评和建议。

（六）发挥委员的业务专长，组织开展不同的咨询服务活动。要突出政协特点，灵活多样，不断开拓新的工作领域，探索新的工作方法。

第三条　县政协宣传联络科是科教文卫体委员会的办事机构。

提案委员会工作职责

第一条　提案委员会是在常务委员会和主席会议领导下，负责提案工作的工作机构。

第二条　提案委员会的职责：

（一）制定全委会议提案工作方案和年度工作计划。

（二）征集、审查、交办全委会议期间和日常的提案。

（三）督促并协助承办单位办理与落实提案。

（四）组织对重要提案的专题调查，使之进一步深化，并协助承办单位检查落实情况。

（五）开展调查研究，总结交流经验，搞好宣传报道，评选优秀提案和先进承办单位，指导和推动全县政协提案工作，向提案单位和提案委员反馈办理信息。

（六）每次县政协全委会议提案办理工作结束后，提案委员会要将提案原件、承办单位答复件、委员反馈意见以及有关提案工作的报告、文件、会议纪要等资料，按规定立卷归档。

（七）向全委会、常务委员会和主席会议报告工作。

第三条　提案委员会依靠各方面力量共同做好提案工作。特别要加强与县委办公室、县政府办公室、县人大办公室及各承办单位的联系和协作；加强与政协委员、有关人民团体及政协各专门委员会的联系和配合；加强与兄弟县（市）、区政协的联系与沟通，交流经验，认真做好提案工作。

第四条　县政协提案信访科是提案委员会的办事机构。

阳谷县政协办公室

2003年3月21日

政协阳谷县委员会关于加强委员活动的意见

（经县政协九届六次常委会审议通过）

阳协发〔2004〕4号

政协委员是人民政协工作的主体。加强委员活动是充分发挥委员作用，做好新形势下政协工作的重要保障。为学习贯彻全国“两会”精神，按照中共十六大和“三个代表”重要思想的要求，围绕阳谷县“建设经济强县、文化大县”的奋斗目标，依据新修订的政协章程对委员提出的基本要求，现就加强县政协委员的基层活动，提出如下意见。

一、认真履行职责

1. 委员必须坚持中共阳谷县委的领导，立足本职，放眼全县，围绕中心，服务大局，努力维护我县安定团结的政治局面，增强为全面建设小康社会服务的自觉性和坚定性，为促进全县社会主义物质文明、政治文明和精神文明协调发展献计出力。

2. 委员要热爱政协工作，不断增强做好政协工作的责任感和使命感，加强学习，拓展视野，全面提高理论水平与业务素质，提高参政议政能力。

3. 委员要认清自身特点和优势，树立正确的委员观，发挥界别和团体的群体功能优势，结合实际工作，切实搞好参政议政。尤其要注重密切联系各界群众，用科学的发展观，分析研究自身所在行业的发展问题，搞好调查研究，适时提出高质量的建议和意见。

4. 委员要积极参加县政协、各专门委员会、各委员活动小组组织的会议和各项活动，积极就我县的政治、经济、文化和社会生活中的重要问题以及人民群众关心的热点、难点问题进行充分协商讨论，提出意见与建议。

5. 委员要通过提案、视察、调研等方式，对国家及我省的法律、法规在我县的实施，重大方针政策的贯彻执行，各职能部门及其工作人员的工作提出建议和意见，进行民主监督。要敢于揭露与批评各种违法违纪现象以及违反公民道德的行为。

二、委员活动制度

6. 成立委员活动小组。按照委员界别和行政区划相结合的原则，划分若干委员活动小组。小组召集人由政协指定。各委员活动小组召集人负责组织小组活动，并推荐一名联络员，负责本小组的具体联络事宜。

7. 活动方式。政协集体活动与各小组自选题目开展活动相结合；专委会的视察、调研活动，根据内容适当选择界别中有关知情委员参加；各专委会、各委员活动小组组织的重要活动，根据需要邀请住阳省、市政协委员参加。各委员活动小组要积极组织小组的学习、视察、调研活动，年初制定活动计划，原则上每半年组织一次“委员活动日”。

8. 活动内容。邀请党政有关部门负责人通报工作情况；安排政协知识、经济知识、法律知识、科技知识和国际国内形势的学习和讲座；围绕建言献策的题目，组织委员进行讨论和论证；交流学习发挥委员职能作用的经验，提出做好政协工作的建议；根据群众普遍关注和关心的问题，开展视察、调研活动；开展知识性、趣味性的书画、摄影和文体娱乐活动；组织委员积极开展扶贫帮困，科技、文化、卫生“三下乡”等咨询服务活动。

9. 活动通报。各委员活动小组联络员把活动情况整理成书面材料，活动后通报给县政协宣传联络科，以便于交流经验，进一步改进活动的方式方法，解决委员在活动中遇到的实际问题，提高活动的实效。

三、联系委员制度

10. 主席接待日制度。定于每月10日（遇节假日顺延）由主席、副主席轮流接待委员，让委员当面反映有关建议和意见。

11. 主席参加“委员活动日”制度。由主席、副主席带领机关工作人员，参加委员活动小组的活动，与委员谈心交友，征求委员意见；与委员所在单位领导座谈，了解委员工作、生活情况。

12. 常委联系委员制度。为了更直接与委员沟通思想，交流信息，每位常委根据阳协发〔2003〕6号文件精神，要及时了解委员对政协工作的意见和建议并反馈给常委会。

13. 县政协机关加强与委员联系。政协机关工作人员要情系委员，为委员参政议政提供认真、规范、热情、周到的服务。委员也要关心和支持县政协机关建设，帮助其转变工作作风，改进工作方法，提高工作质量。委员对县政协机关发出的征询函、调查表及索取有关资料，应及时回复；委员的职务、职称、学历、工作单位、通讯地址如有变动，或者建功获奖等重要情况，应及时告知县政协宣传联络科。

四、委员考评及表彰

14. 建立考核制度。对委员参加政协会议和活动的情况进行考核。对无充分理由不出席会议，不参加视察调研等活动的委员，连续三次以上者，实行诫勉（常委会通过）。

15. 健全委员政绩档案。县政协宣传联络科要及时记载委员在本职岗位和政协活动中的重要政绩，为县政协确定或调整委员、常委、专委会成员的人选提供翔实的依据，并按年度把委员参加政协活动的情况在一定范围内公布，同时通报有关单位，作为评选十佳政协委员和对委员重用、提拔的依据。

16. 宣传表彰。对于在参政议政、为建设经济强县、文化大县献计出力活动中做出突出贡献的委员，县政协应及时给予宣传和表彰。

政协阳谷县委员会办公室
2004 年 4 月 8 日

政协阳谷县委员会
关于加强常务委员会自身建设的意见

（2008 年 2 月 28 日县政协十届一次常委会议审议通过）

阳政协发〔2008〕4 号

十届县政协常务委员会肩负着新时期、新阶段全面贯彻中共十七大精神、开创阳谷政协工作新局面的艰巨任务和神圣使命。为更好地承担起这一历史重任，特就加强常务委员会自身建设提出如下意见：

一、坚持共产党的领导，保持坚定正确的政治方向

坚持共产党的领导是做好政协工作的根本保证，要在思想上、政治上、行动上同以胡锦涛同志为总书记的中共中央保持高度一致，自觉接受中共阳谷县委的领导，维护支持县委的工作，努力把党的主张变为政协工作的实践，化为各人民团体和各界人士的共识和行动。常委会的各项工作都要有助于加强和改善党的领导，有助于党政决策的科学化、民主化。要始终坚持和不断完善中国共产党领导的多党合作和政治协商制度，增强政治敏锐性与政治鉴别力，始终保持常委会坚定正确的政治方向。

二、大兴学习之风，全面提高理论素养和领导水平

开展好常委会的工作，必须有一支高素质的常委队伍，必须重视常委会的学习工作和理论建设。要在常委会中大兴学习之风，努力把常委会建设成学习型组织。当前和今后一个时期，深入学习贯彻中共十七大精神和省、市“两会”精神是常委会自身建设的首要任务。常委会组成人员要深刻领会、全面贯彻其科学内涵和精神实质，在武装头脑、指导实践和推动工作三个方面取得新的成效。要适应时代和人民政协工作不断发展的需要，自觉主动地学习党和国家的重大方针、政策，学习《中国人民政治协商会议章程》、党的统一战线和人民政协理论，学习经济、科技、法律、文化、历史等知识，全面提高理论水平。要建立常委会定期学习制度，有计划地组织和举办各种理论报告会或专题讲座。要坚持理论联系实际的学风，学以致用，在研究和解决实际问题中，不断提高科学判断形势的能力，提高驾驭政协全局工作的能力，提高凝聚人心、凝聚力量的能力，提高履行职能的能力。

三、围绕科学发展大局，积极建言献策

坚持科学发展观，把促进经济社会又好又快发展作为履行职能的第一要务。常委会要切实把履行职能的出发点和落脚点集中到建设经济强县、文化大县，构建社会主义和谐社会的发展目标上来，自觉服从和服务于这一大局。要坚持议大事、谋全局的原则，充分发挥政协人才荟萃、智力密集的优势，选择全县经济、文化、社会建设中带有综合性、全局性、前瞻性的重大问题，认真搞好调查研究，充分进行协商议政，积极建言献策，为县委、县政府决策提供科学依据。常委会组成人员要深入基层，深入群众进行调查研究，每年至少提交一份高质量的提案，撰写一篇有分量的调研报告。

四、密切联系委员，积极反映社情民意

政协常委来自社会各界别，植根于人民群众之中，应牢固树立以民为本、为民谋利的观念。要认真执行常委联系委员制度，密切同委员的联系和沟通，广泛集中民智，充分反映民意，把群众关心的热点、难点问题以及社会生活中的苗头性、倾向性的问题及时向县委、县政府做好反映，促进问题解决。要注意了解和掌握各界别群众的思想变化，有针对性地做好宣传政策、统一思想、理顺情绪、化解矛盾、增进团结、促进稳定的工作。要加强同社会新兴阶层和弱势群体的联系，加强海内外联谊工作，不断拓展团结联合的新领域。

五、加强团结合作，营造和谐议政氛围

人民政协担负着促进社会主义民主政治和社会主义政治文明建设的重要责任。要牢牢把握团结和民主两大主题，坚持“求同存异、体谅包容”的原则。加强同各人民团体和各界人士的合作共事，努力营造愿意发表意见、充分发表意见的环境。常委会成员要讲原则，顾大局，相互尊重，相互学习，相互支持，平等议事，在共同的政治基础和共同的大目标下，同心同德，群策群力，形成民主和谐、生动活泼的议政局面。

六、恪尽职守，严格自律，切实发挥表率作用

常委会成员是各界别的优秀人士，要模范地遵守国家宪法和法律、法规，自觉执行政协章程和政协的有关决议、规则、制度和规定，不辱使命、不负众望、恪尽职守、努力工作，为政协组织增光添彩。要严格要求自己，积极参加县政协组织的各种会议和活动，因公、因病或其他原因不能参加的，必须事先请假。要建立常务委员参加政协常委会议到会情况通报制度。在本届县政协任期内，如果严重违反政协章程和政协有关决议、规定，视情节分别给予通报批评或提请县政协全体会议免去其常委职务。一年内两次无故不参加政协常委会议或政协活动者，要作为协商调整其常委职务的重要依据。常委会成员要加强自身修养，自觉做“两个务必”和“八荣八耻”的践行者，以高度的责任感和使命感，以昂扬向上、奋发有为的精神风貌做好各项工作，努力把常委会建设成为一个学习型、创新型、和谐型的领导集体。

阳谷县政协办公室
2008年2月29日

政协阳谷县委员会政协委员考核办法

（2009年5月8日县政协主席会议审议通过）

阳政协发〔2009〕14号

为加强政协工作制度化、规范化、程序化建设，调动政协委员参政议政、履行职能的积极性，更好地服务于“经济强县、文化强县”建设，经县政协主席会议研究决定，对政协委员任期内本职工作和履行职能情况实行年度考核。根据政协章程有关规定，就委员年度考核工作，制定本考核办法。

一、考核范围

县政协委员。

二、考核内容及标准

考核的内容包括：(一)政协委员履行职能情况考核；(二)政协委员本职岗位工作考核。在考核过程中，要充分考虑政协委员不同界别、不同职业、不同岗位等因素，正确把握考核的公正性和客观性，坚持定量划分与定性评定相结合，重点考核委员履行职能、参政议政、建言献策等情况。

考核基础分为 100 分，其中：

（一）政协委员履行职能情况考核 60 分。

1. 参加政协召开的会议 15 分（无故缺席不得分，请假一次扣 1 分，经主席批准的不扣分）。

2. 参加政协组织的学习、调研、视察活动 15 分（无故缺席不得分，请假一次扣 1 分，经主席批准的不扣分）。

3. 撰写提交提案并予以立案的 20 分。联名提案的，第一提案人得 16 分，其余提案委员每人得 2 分。

4. 参加县政协专委会活动、各界别活动 10 分（无故缺席不得分，请假一次扣 1 分，经主席批准的不扣分）。

（二）政协委员本职岗位工作考核 20 分（优秀 20 分、称职 16 分、基本称职 12 分、不称职不得分）。

（三）委员年终民主测评 20 分（优秀 20 分、称职 16 分、基本称职 12 分、不称职不得分，优秀比例不超过 30%）。

（四）加分因素

1. 政协委员本年度受省级以上表彰的加 15 分，市级表彰的加 5 分，县级表彰的加 3 分（如有两项以上表彰选最高项加分）。

2. 委员所提交的提案被市或县评选为优秀提案的加 5 分。

3. 积极宣传政协工作，在市级以上报刊书籍发表文章或提供政协文史资料被采用的加 5 分。

4. 积极参与公益救助活动，或对经济社会发展做出突出贡献的适当加分。

加分项目超过 20 分的，按 20 分计算。

政协委员年度考核，按优秀（90 分以上）、称职（70 ～ 89 分）、基本称职（60 ～ 69 分）、不称职（59 分以下）四个等次确定考核结果。

三、考核的方法步骤

考核分为平时考核和年终考核。

（一）平时考核

建立政协委员参会记录簿和委员履职档案，并明确专人负责，主要记录一年来委员参加政协会议、参加政协组织的学习、调研、视察活动情况；记录委员了解和反映社情民意，积极建言献策，提交提案情况；记录委员积极宣传政协工作以及提供政协文史资料情况。

（二）年终考核

1. 政协委员本职工作考核，由委员所在单位或主管部门组织实施，从政协委员德、能、勤、绩、廉等方面进行考核，考核等次为优秀、称职、基本称职、不称职。其考核结果由政协委员所在单位或主管部门报县政协备案。

2. 政协委员履行职能情况考核，采取个人述职、民主测评、实绩考核和领导小组评定等方法步骤进行。

（1）县直政协委员按所属界别分组进行，由各界别召集人主持进行；乡镇（街道）政协委员按所属乡镇依就近区城分组进行，由乡镇政工书记主持进行。

（2）政协委员要认真准备个人思想工作总结，在本考核小组进行工作述职，并进行民主测评。

（3）考核工作小组走访委员所在单位或界别小组，通过召开座谈会或个别谈话的方式，进一步了解委员情况。

（三）委员考核工作领导小组对平时考核和年终考核进行综合评定。

四、考核的组织实施及奖惩

成立政协委员考核工作领导小组及办公室（名单附后），负责对考核工作的领导和实施。

（一）考核结果确定后，存入委员履职档案，将此作为推荐连任下届政协委员人选的重要条件，同时将考核结果向委员所在单位反馈。

（二）从考核结果为优秀等次的委员中，按考核分数的多少，择优提名本年度“十佳”政协委员候选人，报主席会议、常委会议审议。

（三）对考核为基本称职的委员，对其进行诫勉谈话；对考核不称职的委员，视具体情况按有关程序撤销委员职务，是常委的撤销常委职务。

五、附则

本办法经县政协主席会议审议通过后施行。

附件：政协委员考核工作领导小组名单

阳谷县政协办公室

2009 年 5 月 15 日

附件

政协委员考核工作领导小组名单

组　长：崔新厚　县政协主席
副组长：张长英　县政协副主席
　　　　杨廷军　县政协副主席
　　　　王守良　县政协副主席
　　　　　　　　县委统战部部长
　　　　潘景会　县政协副主席
　　　　李金山　县政协副主席
　　　　吴春凤　县政协副主席
成　员：郑清铭　县政协秘书长
　　　　孙喜臣　县政协办公室主任
　　　　李玉琳　县政协宣传联络科科长
　　　　许春生　县政协提案科科长
　　　　杨世钟　县政协文史科科长

领导小组下设办公室，吴春凤兼任办公室主任，郑清铭、赵东峰、张亦臣兼任办公室副主任，黄庆民、王红飞任成员。

中共政协阳谷县委员会党组
关于完善阳谷县政协委员履职考核办法的意见

阳政协党组发〔2014〕8号

（2014年11月17日）

为进一步加强我县政协委员队伍建设，充分发挥政协委员在政协工作中的主体作用，推进政协履行政治协商、民主监督、参政议政职能的制度化、规范化、程序化建设，根据《中共中央关于加强人民政协工作的意见》《中国人民政治协商会议章程》和《中共阳谷县委关于加强人民政协政治协商制度建设的意见》要求，制定本意见。

一、考核对象

县政协全体委员。

二、考核内容与记分标准

（一）履职基本分100分

1. 参加会议（50分）

委员按要求参加每年的政协全委会，认真听取和审议全委会各项报告和决议，计35分；积极参加界别讨论，计15分。特殊情况需请假的向大会秘书处报告经县政协主席批准，每缺席一天扣减5分。无故不参加的不得分。委员培训会参照全委会考核计分。

政协常委除参加全委会外，要按时参加常委会议（原则上每年4次）。特殊情况需请假的经县政协主席批准，每次扣减5分。无故不参加的，每次扣减10分。

民主评议会、专委会会议、座谈会、研讨会等其他会议每缺席一次扣减5分。

2. 提交提案（50分）

委员每年至少提交一件提案，不提交的不得分。

单独提交并审查立案的计50分；联名提交，作为第一提案人的计30分，其他提案人共计20分。

（二）履职奖励分

1. 提案被列为重点提案的或被评为优秀提案的，每件提案加10分（不重复加分）。提两件以上（含两件）提案并审查立案的，每件加5分。

2. 积极参加各种视察调研活动，加2分。

3. 在视察、调研、专题会议上作会议发言，加5分。

4. 每撰写一篇有一定参考价值的调研报告，加10分。

5. 撰写文史资料以及宣传人民政协的理论文章、新闻稿件被县级采用的加10分，市级采用的加20分，省级采用的加30分，国家级采用的加40分（不重复加分）。

6. 在本系统、本行业取得显著成绩，受到县级表彰的加10分，市级表彰的加20分，省级表彰的加30分，国家级表彰的加40分（不重复加分）。

三、考核办法

（一）成立由县政协主席任组长，副主席任副组长，科室主任（科长）任成员的委员考核领导小组（名单附后）。领导小组下设委员考核办公室，负责对委员考核工作的组织实施。委员考核工作在委员考核领导小组领导下进行，具体实施由县政协分管主席牵头负责，各专门委员会、办公室、宣传联络科、提案信访科和文史科积极配合，各负其责。

（二）委员考核办公室建立委员档案，一人一档，一年一表，如实记载委员履行职责情况并记分存档。定期向委员考核领导小组汇报委员履职情况。

（三）委员考核责任具体分工：

1. 政协委员参加全委会情况、常委参加全年常委会情况，由县政协办公室负责考核登记。

2. 政协委员参加县政协视察和各专门委员会活动情况，由相关科室和专门委员会负责考核登记。

3. 政协委员参加委员培训活动情况，由县政协宣传联络科负责考核登记。

4. 政协委员参加民主评议活动情况，由各相关科室负责考核登记。

5. 提交提案情况由县政协提案信访科负责考核登记；撰写文史资料情况由县政协文史科负责考核登记；撰写人民政协理论文章、调研报告等由县政协办公室负责考核登记；撰写政协活动信息、宣传政协工作新闻稿件等由县政协宣传联络科负责考核登记。

6. 乡（镇、街道）政协工委协同县政协相关科室及各专门委员会做好住本乡（镇、街道）县政协委员的考核工作。

（四）委员参加活动履行职责情况，由活动组织方工作人员统计、负责人审核签字，于活动结束后2天内报县政协委员考核办公室。

（五）考核等次。90分以上为优秀，70～89分为称职，69分以下为不称职。

四、结果运用

（一）委员考核结果每年向委员本人、委员所在单位、政协全委会通报。

（二）委员考核结果作为评选优秀政协委员的依据。

（三）对年度考核不称职的委员进行告诫谈话；连续两年不称职的劝其辞去委员职务。

（四）严重违法违纪的，或在社会上有不良影响的撤销委员职务。

本办法自印发之日起实行。

附件：阳谷县政协委员考核领导小组

政协阳谷县委员会办公室

2014年11月17日

附件：

阳谷县政协委员考核领导小组

组　长：朱炳立　县政协主席
副组长：潘景会　县政协副主席
　　　　孙兰华　县政协副主席
　　　　史晓莉　县政协副主席
　　　　闫邦一　县政协副主席
　　　　冯继勇　县政协副主席
成　员：郑清铭　县政协秘书长
　　　　孙喜臣　县政协办公室主任
　　　　李玉琳　县政协宣传联络科科长
　　　　杨世钟　县政协文史科科长
　　　　陈　玲　县政协提案信访科科长

领导小组下设委员考核办公室，孙兰华兼任办公室主任，郑清铭、李玉琳、王红飞兼任办公室副主任，陈丽、胡志强任成员。

政协阳谷县委员会委员履职工作规则

（2016年8月11日县政协十一届二十四次常委会议审议通过）

阳政协发〔2016〕6号

第一章　总　则

第一条　为加强和规范政协阳谷县委员会委员履职工作，根据中共中央、中共山东省委、聊城市委、阳谷县委有关文件和《中国人民政治协商会议章程》《中国人民政治协商会议全国委员会委员履职工作规则（试行）》《政协山东省委员会委员履职工作规则》《政协聊城市委员会委员履职工作规则》有关规定，结合县政协工作实际，制定本规则。

第二条　委员是人民政协工作的主体，是党和政府联系群众的桥梁和纽带，要增强责任感和使命感，在政协履职中认真行使权利，积极履行义务，充分发挥主体作用。

第三条　委员履职工作，要高举中国特色社会主义伟大旗帜，以马克思列宁主义、毛泽东思想、邓小平理论、“三个代表”重要思想、科学发展观为指导，深入贯彻习近平总书记系列重要讲话精神，服从服务于“五位一体”总体布局和“四个全面”战略布局，牢固树立和贯彻落实创新、协调、绿色、开放、共享的发展理念，为实现“两个一百年”奋斗目标，如期实现中华民族伟大复兴的中国梦，建设富强美丽幸福新阳谷做出应有贡献。

第四条 委员履职遵循的原则：

（一）高举爱国主义、社会主义旗帜，热爱中华人民共和国，拥护中国共产党的领导，拥护社会主义事业，拥护祖国统一，坚持和巩固共同思想政治基础，坚持团结和民主两大主题，为推进我县经济、政治、文化、社会、生态文明建设发挥作用。

（二）恪守宪法、法律，恪守政协章程，遵守全体会议、常务委员会会议、主席会议决议或决定，依法依规行使表决权、选举权、批评和建议权等权利。

（三）围绕中心，服务大局，认真履行政治协商、民主监督、参政议政职能。着力提高能力素质、保持良好形象，做到懂政协、会协商、善议政。

（四）深入调查研究，密切联系界别群众，宣传国家方针政策和县委、县政府重要决策部署，反映群众意愿诉求，接受群众监督。

（五）增强责任意识，做到守纪律、讲规矩、重品行，积极履职尽责，珍惜自身荣誉，发挥在本职工作中的带头作用、界别群众中的代表作用。

（六）委员中的共产党员要自觉践行“三严三实”和“四讲四有”要求，增强政治意识、大局意识、核心意识、看齐意识，积极贯彻党的路线方针政策，严格遵守政治纪律、组织纪律、廉洁纪律、群众纪律、工作纪律、生活纪律，继承和发扬党的统一战线和人民政协的优良传统，善交朋友、广交朋友、深交朋友，以自己的模范行为，更好团结广大委员和各界人士为实现党的总目标总任务共同奋斗。

第二章　履职内容

第五条 政治协商。主要内容是我县政治生活方面有关重大事项，事关我县改革发展稳定全局和涉及群众利益问题的重要决策，县委、县政府有关重要文件，各界别参加县政协工作的共同事务，政协内部的重要事务，有关我县爱国统一战线的重要问题等。

第六条 民主监督。主要内容是宪法、法律和法规在我县的实施，党和政府重大方针政策的贯彻执行，人民群众普遍关注的重要问题，国家机关及其工作人员的工作等。

第七条 参政议政。主要内容是我县经济建设、政治建设、文化建设、社会建设和生态文明建设等方面的重要问题，涉及群众切身利益的实际问题。

第三章　履职方式

第八条 参加政协会议。委员或常务委员出席政协全体会议、常务委员会会议、专门委员会会议、各种协商会议、界别活动组会议及政协组织的其他有关会议，积极建言献策。

第九条 提交提案。以个人名义或委员联名方式提交提案。全体会议期间，可参加以界别小组或联组名义提出集体提案。参加提案办理协商或提案办理座谈会。

第十条 参加政协组织的视察、考察和调研活动。

第十一条 通过政协组织反映社情民意信息，每年每人不少于 3 条。

第十二条 大会发言。包括在全体会议或常务委员会会议上的口头发言和书面发言。

第十三条 由政协组织推荐，以政协委员身份到邀请单位担任特邀监督员等职务或应邀参加部门有关会议、检查、民主评议等。

第十四条 开展团结联谊。发挥自身优势，加强与界别群众的联系，做好解疑释惑、增进团结、凝聚人心工作。

第十五条 参加政协理论研究、新闻宣传、文史资料工作以及其他履职活动。

第四章 履职保障

第十六条 维护委员履职权利。县政协要充分尊重和保障委员按照政协章程履行职责的权利，营造畅所欲言、各抒己见、理性有序、合法依章的良好履职氛围。

第十七条 健全履职制度。推进政治协商、民主监督、参政议政制度化、规范化、程序化，建立健全委员履职各项工作制度和保障制度，明确履职要求、规范程序、成果运用、保障措施和协调机制等，着力构建结构合理、层次清晰、科学规范的履职制度体系。

第十八条 完善履职平台。精心组织政协各项会议和活动，加强提案、视察、考察、调研、反映社情民意信息、大会发言、界别履职等经常性工作。探索运用网络议政、远程协商等履职方法，建立和完善县政协门户网站、手机短信平台、微信平台等服务平台，扩展履职渠道，丰富履职方式。结合阳谷县重大决策咨询委员会的工作，加强政协协商与党政工作的有效衔接，进一步拓宽委员履职渠道。就政协有关工作充分征求委员意见建议。

第十九条 提供履职服务。广泛征求委员对协商活动和视察考察调研选题意见，扩大委员参与面，提高履职成效。全体会议、常务委员会会议、各种协商会议、专门委员会会议和重大活动安排等应提前告知委员、常务委员。协商活动前应向委员提供相关文件材料，并根据需要邀请县委、县政府领导或有关部门负责同志通报情况，保障委员知情权。如实反映委员意见建议，完善委员履职成果报送和反馈机制。加强委员履职宣传工作。做好委员参加政协会议和活动的组织协调、经费保障等服务工作。

第二十条 加强委员联络工作。建立由县政协宣传联络科牵头，政协机关相关科室分工配合的委员联络工作机制，完善各专门委员会、各界别联系委员制度，听取委员意见建议并帮助解决履职工作中的困难。

委员应及时向县政协宣传联络科提供工作单位、个人职务、联系电话、通信地址等基本信息变化情况，确保委员信息完整准确、沟通联系顺畅。

第二十一条 进一步发挥住各乡（镇、街道）县政协委员履职作用。

县政协党组成员、主席会议成员及有关方面负责同志，到乡（镇、街道）开展视察、调研时，应注意加强同住当地县政协委员的联系，了解委员履职情况，听取对县政协工作的意见建议。

县政协各科室、各专门委员会、各界别组组织各项履职活动，应注意尽可能广泛地邀请委员参加，在乡（镇、街道）开展委员履职活动，要注意吸收住当地县政协委员参加。

充分发挥各乡（镇、街道）政协工委主任为当地县政协委员召集人的优势，委托各乡（镇、街道）政协工委做好住当地县政协委员的联络服务工作，努力为委员履行职责创造条件。

第二十二条 加强委员履职能力建设。完善委员学习培训制度。加强委员对中国特色社会主义理论、宪法法律、统一战线和人民政协理论、形势政策及履职知识的学习，引导委员增进政治共识，提高政治把握能力；坚持问题导向、深入实际，提高调查研究能力；创新群众工作方法，提高联系群众能力；贯彻民主协商、平等议事原则，提高合作共事能力。制定届内委员学习培训工作规划，每年对全体委员开展一次集中培训。

第二十三条 委员协商产生后，县政协应及时向委员所在单位发函明确其委员身份，并告知委员权利义务，推动委员所在单位支持其履行职责，并在时间和工作安排等方面予以保障。

第二十四条 县政协机关要增强政协意识、学习意识、规范意识、服务意识，坚持一流的标准、一流的作风、一流的服务，努力建设成为政协委员之家、各界人士之家、机关干部职工之家，为委员履职提供更好的服务保障。

第五章 履职管理

第二十五条 建立委员履行职责档案，实行委员参加政协会议、提交提案、大会发言、反映社情民意信息、视察、考察、调研、学习培训等履职情况统计。定期汇总分析，将委员履职情况通报有关方面，作为届内委员、常务委员调整和换届时是否继续提名的重要依据。

第二十六条 规范委员履职行为。建立委员履职利益冲突回避机制。加强思想引导，防止利用委员身份或影响谋取私利的行为。引导委员主动配合县政协履职管理服务工作，认真负责地反馈相关工作安排和征询事项。

第二十七条 严格参加政协会议和活动请假制度。委员、常委要按时出席全体会议、常务委员会会议。因病或其他特殊原因不能出席会议时，委员或常委本人要在会前以书面形式向会议工作机构请假，经县政协主席或分管副主席批准并正式答复后有效。全体会议和常务委员会会议期间，委员或常委因故临时不能参加某次会议或分组讨论时，要提前提出书面请假报告，由本组召集人批准并报会议工作机构备案；请假时间超过一天，要将书面请假报告经本组召集人审签并向会议工作机构提交，经县政协主席或分管副主席批准并正式答复后有效。确因特殊情况不能提前请假，事后五个工作日内需向县政协办公室说明情况，由县政协办公室汇总，经县政协宣传联络科登记，报县政协主席或分管副主席审批。未履行请假手续或未经批准并正式答复的，视为无故缺席会议。

受邀但不能参加政协其他会议和履职活动的委员，要向政协承办部门请假，由政协承办部门负责汇总登记，报县政协分管副主席审批。

第二十八条 严肃会风会纪。严格落实中央八项规定和省委、市委、县委、县政协有关规定，厉行勤俭节约，杜绝不正之风，保持风清气正。

第二十九条 严肃纪律规定。深入贯彻落实中共中央《关于加强和改进人大代表、政协委员有关工作的通知》要求，对不认真履行职责或违反社会道德、存在与政协委员身份不符行为的委员，有关方面应当及时对其约谈。经提醒仍不改正的或严重违反政协章程和政协有关决议、决定、规定的委员，依据情节，经有关程序，由县政协常务委员会会议对其做出警告、责令辞去委员职务或撤销委员资格处分。

第三十条 委员对警告或撤销委员资格等处理决定不服，可以申请复议。复议决定由县政协主席会议做出，书面通知申请复议人。

附 则

第三十一条 本规则由县政协办公室、宣传联络科负责解释。

第三十二条 本规则自县政协常务委员会会议审议通过之日起施行。

阳谷县政协办公室
2016 年 8 月 18 日

政协阳谷县委员会协商工作规程

（2016 年 8 月 11 日县政协十一届二十四次常委会议审议通过）

阳政协发〔2016〕7 号

为深入贯彻落实中共阳谷县委《关于加强人民政协协商民主建设的实施意见》（阳发〔2015〕56 号）精神，根据县委要求，参照省、市政协做法，为不断提高政协协商民主工作制度化、规范化、程序化水平，不断增强科学性、实效性，结合县政协工作实际，制定本规程。

第一章 年度协商工作计划的制定和公布

第一条 第四季度，秘书长召集会议对制定下一年度协商工作计划的有关工作进行安排部署，提出工作要求。

第二条 以县政协办公室名义，向县政协各科室、各专门委员会、各界别组下发《关于征集县政协 ×× 年度协商议题的通知》。

第三条 县政协各科室按照分工在梳理专门委员会、界别组意见，分析提案线索、社情民意信息的基础上，与县委、县政府相关部门单位进行沟通，提出协商议题意向，以书面形式说明选题理由、沟通情况等，送县政协办公室。

第四条 县政协办公室汇总各方面提出的协商议题意向，起草《县政协 ×× 年度协商议题建议（送审稿）》，按程序报秘书长、分管副主席、主席。

第五条 将《关于县政协 ×× 年度协商议题的建议（送审稿）》分别提交县委、县政府办公室主任、县政协秘书长（办公室主任）联席会议以及县政协主席会议审议后，提交县委常委会议讨论。

第六条 根据县委常委会研究意见，由县政协办公室起草《县政协 ×× 年度协商工作计划（草案）》，经秘书长、分管副主席、主席审定后，依次提交县政协常委会议、全体会议审议通过。

第七条 年度协商工作计划以县委办公室、县政府办公室、县政协办公室联合发文印发执行。

第八条 以县委办公室、县政府办公室、县政协办公室联合发文印发后，县政协各专门委员会和界别组等协商活动牵头部门（以下简称“牵头部门”）根据年度协商工作计划和任务分工，拟定出每项协商活动的具体实施方案，包括方法步骤、主要协商活动出席人员、成果报送形式等内容。

第九条 列入年度协商工作计划的重点提案办理协商题目，由提案委员会提出，经分管副主席审议，报主席会议研究审定。

第十条 未列入年度协商工作计划又确需在县政协协商的议题，由县委、县政府有关部门和县政协办公室共同商定，报县委、县政府、县政协负责同志审定。

第二章 协商议题的调研论证

第十一条 县政协各专门委员会、各界别组根据委员自身工作实际、专业特长和界别划分等具体情况，推荐委员参与协商活动。

第十二条 参与议题协商的委员，于协商会议前 20 个工作日，向牵头部门提交有关调研书面材料，字数一般在 1500 字左右。

第十三条 每项协商议题的集中调研一般应在协商会议前至少 1 个月开展，调研方案应于实施前 5 个工作日内报分管副主席、主席审批。

第十四条 调研活动结束后，一般应在 7 个工作日内形成调研报告。

第十五条 适时召开专题会议，根据议题内容邀请有关方面专家，会同参与调研人员对调研报告进行专题论证，提出协商重点和下一步工作安排。

第十六条 鼓励和支持重大决策咨询委员会专家、学者参与相关议题调研论证活动。

第三章 协商活动的组织

第十七条 牵头部门一般应在协商会议前至少20个工作日拟定协商会议方案，并按程序审批。

第十八条 牵头部门应于协商会议前15个工作日通知与会部门单位和与会人员，应于协商会议前3个工作日将会议材料发至与会人员手中。

第十九条 协商会议一般安排半天时间，主要采取委员预约发言、即席发言和互动交流相结合的方式进行，对每次发言时间提出明确要求。县直部门（单位）一般以书面形式进行议题相关情况的介绍。

第二十条 积极探索网络议政、远程协商等其他协商形式。

第二十一条 临时召集的协商会议，牵头部门应根据领导要求和实际需要，认真做好报批方案、准备材料、下发通知和其他有关组织工作。

第四章 协商成果的报送和落实

第二十二条 协商活动结束后，牵头部门应及时汇总整理协商成果，一般应在协商会议后7个工作日内，以县政协或县政协办公室名义通过书面形式报送县委、县政府及有关部门。

第二十三条 协商成果要充分体现“短、实、新”的要求，充分体现针对性、指导性和可操作性。建议案、调研报告正文一般不超过5000字，正文前附500字左右的内容摘要，后附参加协商和调研人员名单；所有协商活动均需形成协商纪要，协商纪要一般不超过2000字；协商纪要应在协商结束后一周内，送县政协办公室。

第二十四条 县政协办公室应加强与县委、县政府督查部门的联系和沟通，在协商成果报送一个月左右，了解和跟踪落实协商成果的采用情况，及时收取承办单位协商意见的书面通报。

第二十五条 对协商意见建议落实情况，可商请县委、县政府督查部门，通过组织专项视察、调研、座谈、走访或联合检查等方式，及时进行跟踪了解。

第五章 协商成效的评估

第二十六条 各工作机构应对年度协商活动开展情况进行评估，写出专题总结报告，提出改进和加强的具体措施。

第二十七条 积极探索开展委员评估、专家评估和协商会议现场评估，研究引入第三方评估机构，探讨建立健全协商工作指标体系和评估机制。

第二十八条 将评估情况在一定范围内通报，并作为部门年度工作考核的重要依据。

第二十九条 县政协办公室汇总各工作机构专题总结报告和评估情况，向县委以及县政协常委会议、全委会议书面报告年度协商工作计划执行情况。

附 则

第三十条 本规程由县政协常委会议审议通过之日起试行。

第三十一条 本规程由县政协办公室负责解释。

阳谷县政协办公室

2016 年 8 月 18 日

政协阳谷县委员会
关于进一步加强反映社情民意信息工作的若干意见

（2016 年 8 月 11 日县政协十一届二十四次常委会议审议通过）

阳政协发〔2016〕8 号

为进一步加强反映社情民意信息工作，充分发挥社情民意信息工作在人民政协履行职能中的基础性作用，根据《中国人民政治协商会议全国委员会反映社情民意信息工作条例》和省、市政协关于反映社情民意信息工作的相关规定，结合我县实际，提出以下意见：

一、反映社情民意信息工作应遵循的原则

1. 围绕中心，服务大局。要深入贯彻落实中共十八大和十八届三中、四中、五中全会精神，深入贯彻落实习近平总书记系列重要讲话精神，坚持团结和民主两大主题，充分发挥社会主义协商民主重要渠道和专门协商机构作用，紧紧围绕党委、政府工作大局，着力反映事关经济建设和社会发展的焦点问题与群众关注的热点、难点问题，按照政协章程及政协履行职能的有关规定开展工作。

2. 力求真实。坚持实事求是，反对弄虚作假，真实地反映政协委员和各界人士的意见与建议。

3. 注重质量。坚持注意对分散的信息进行梳理综合，并加以由表及里、由浅入深、去伪存真的分析，揭示重点、关键问题，提高信息为党政领导了解社情民意和科学决策的服务作用。

4. 注重时效。要减少环节，提高效率，及时做好信息的收集、整理和报送工作，有关重大事件、重要情况的信息要一事一报，急事急报，必要时进行跟踪续报。

二、反映社情民意信息工作应关注的主要内容

1. 中央、省、市、县重大政策实施后群众的反映及意见；

2. 事关改革发展稳定的重要情况和意见；

3. 对突发事件的情况分析和防治对策；

4. 统一战线内部有识之士的前瞻性、倾向性、警示性意见；

5. 与社会群体、界别利益相关，需从政策层面上解决的问题；

6. 群众关注的热点、难点问题，关系群众利益的突出问题。

三、不断完善反映社情民意信息工作机制

1. 建立健全反映社情民意信息工作制度。县政协宣传联络科具体负责。一是建立和完善信息来稿的登记、分类、筛选、编辑、审稿、签发、传送、存档制度，保证收发有序、有案可查。二是建立通报、反馈制度。坚持每季度一次通报、半年一次分析，年终一次总结，及时反馈中央、省、市、县领导对反映社情民意信息的指示和已报信息的批示及落实情况。县政协宣传联络科室要加强与县委办公室、县政府办公室、县委宣传部及有关部门的协调与沟通，及时了解已报送信息的采纳和办理情况。

2. 规范反映社情民意信息的方式和工作程序。《社情民意信息专报》是县政协向县委、县政府和上级政协反映以社情民意为主要内容的内部刊物，由县政协宣传联络科科长审核，秘书长签发，特别重要的由分管副主席审核后报主席签发。要严格编报程序，讲究报送方式。对涉及全县范围以外的内容，进行调查研究提出具体建议后，通过《阳谷政协社情民意信息专报》上报市政协；对涉及全县的内容，应通过《社情民意信息快报》报送县委、县政府主要领导和有关领导；对涉及某个职能部门的内容，应直接转送有关部门。

3. 拓宽社情民意的信息来源。政协委员，政协各参加单位、人民团体、县政协各专委会、界别小组是社情民意信息的主要提供者，要在参与或开展调研视察、座谈讨论时，有组织地收集和反映可供党委、政府决策参考的重要情况及意见建议。特别是政协委员作为反映社情民意信息的主体，要强化履职意识，不断提高反映社情民意信息的积极性，每位委员每年至少应提供3条反映社情民意的信息。县政协各专委会和机关工作人员要增强信息工作责任意识，主动为委员反映社情民意做好服务。开通社情民意热线电话和邮箱，多渠道搜集民情民意。

4. 加强政协信息队伍建设。县政协各科室、各专委会、各乡镇（街道）政协工委作为信息联络单位，要明确一名专门人员作为信息员负责此项工作。信息员要增强责任意识，主动开展反映社情民意信息工作，认真做好信息的收集、整理和报送，每月报送信息不少于2条，信息要注明采编者姓名及单位。各科室负责人、各专门委员会主任、各乡镇（街道）工委主任要做到经常研究、部署和检查，帮助他们解决工作中的实际困难，尽可能为他们开展工作提供便利条件。县政协宣传联络科要加强与信息员的联系，不断提高反映社情民意信息的工作质量。

四、反映社情民意信息工作的评比表彰

县政协宣传联络科要根据信息报送情况，每年开展一次总结评比活动。对评选出的优秀社情民意、反映社情民意信息工作先进单位、优秀信息员在全委会上予以表彰。

阳谷县政协办公室

2016 年 8 月 18 日

政协阳谷县委员会常务委员会工作规则

（2017 年 3 月 10 日县政协十二届一次常委会议审议通过）

阳政协发〔2017〕3 号

为了进一步推进政协阳谷县委员会常务委员会（以下简称常务委员会）工作的规范化、制度化、程序化建设，根据《中国人民政治协商会议章程》（以下简称《政协章程》），参照全国政协、省、市政协有关规定，结合我县实际，制定本规则。

第一章 总 则

第一条 常务委员会高举中国特色社会主义伟大旗帜，以《中华人民共和国宪法》为根本准则，以《政协章程》为依据，以邓小平理论、“三个代表”重要思想、科学发展观为指导，深入学习贯彻习近平总书记系列重要讲话精神，围绕团结和民主两大主题，坚持和完善中国共产党领导的多党合作和政治协商制度，贯彻“长期共存、互相监督、肝胆相照、荣辱与共”的方针，促进参加政协阳谷县委员会的各族各界人士的团结合作，进一步巩固和发展我县的爱国统一战线，积极履行政治协商、民主监督、参政议政职能，深入推进协商民主广泛多层制度化发展，不断促进阳谷县经济、政治、文化、社会、生态文明建设，为全力打造实力强、结构优、百姓富、生态美的新阳谷，谱写全面建成小康社会新篇章贡献智慧和力量。

第二条 常务委员会主持政协阳谷县委员会的会务，在政协阳谷县委员会全体会议闭会期间，处理县政协的工作。

第三条 常务委员会由政协阳谷县委员会主席、副主席、秘书长和常务委员组成。主席主持常务委员会的工作，副主席、秘书长协助主席工作。

第四条 常务委员会的职权：

（一）召集并主持政协阳谷县委员会全体会议。每届第一次全体会议前，由上一届常务委员会委托主席会议主持召开全体委员参加的预备会议，选举第一次全体会议主席团后，由主席团主持第一次全体会议。

（二）组织实施《政协章程》规定的任务；执行政协全国委员会、政协山东省委员会、政协聊城市委员会、政协阳谷县委员会的有关决议及决定。

（三）审议通过提交中共阳谷县委、县人民政府的重要建议案。

（四）协商决定本届政协阳谷县委员会参加单位、委员名额和人选的变更；协商决定下届政协阳谷县委员会的参加单位、界别设置、委员名额和人选。需经常务委员会会议协商决定的有关人事任命事项，经主席会议审议后，由常务委员会协商通过。

（五）常务委员会组成人员增减或者变更时，由常务委员会会议提出建议名单，由政协阳谷县委员会全体会议决定。大会闭会期间，常务委员会组成人员的辞职或撤职，由常务委员会会议决定，并向全体会议备案。

（六）决定政协阳谷县委员会专门委员会的设置和变动。

（七）根据《政协章程》规定，决定对委员的纪律处分事项。

第二章 常务委员会会议

第五条 常务委员会会议一般每季度举行一次，必要时可临时举行。

第六条 常务委员会会议的主要任务：

（一）审议政协阳谷县委员会及常务委员会会务和工作中的重大事项。

（二）协商讨论中共阳谷县委、县人民政府重大方针政策及经济、政治、文化、社会和生态文明建设中的重大问题，听取中共阳谷县委、县人民政府及有关部门负责人对重要问题的通报或说明，提出意见和建议。

（三）审议通过政协阳谷县委员会全体会议议程和日程草案，审议提交政协阳谷县委员会全体会议的文件。

（四）审议重要的建议案、提案、视察报告、调研报告和其他报告。

第七条 常务委员会会议的议程草案和日程由主席会议拟定，于会前将会议的有关事项通知常务委员会组成人员；临时举行的会议，可以临时通知。

第八条 常务委员会会议由主席会议成员主持。

第九条 常务委员会会议必须有全体组成人员的三分之二以上出席方能举行。会议要充分发扬社会主义民主，对议题进行充分协商讨论，全面反映各方面的意见和建议；会议的建议案或其他需要表决的事项，须经常务委员会全体组成人员过半数通过方能生效。表决可采用举手或其他方式进行，并当场宣布表决结果。

第十条 常务委员会会议可采取实地视察等方式进行。

第十一条　常务委员会会议可根据需要安排各团体、专门委员会、委员个人或联名在会上发言。

第十二条　常务委员会会议举行时，视会议内容和需要，可邀请下列人员列席：

（一）各乡（镇、街道）政协委员联络室主任；

（二）不是常务委员的政协阳谷县委员会专门委员会主任、副主任；

（三）不是常务委员的县政协机关科室负责人；

（四）县党政领导和县党政部门负责人；

（五）住本县的市政协委员；

（六）有关方面人士。

第十三条　常务委员会可根据需要举行专题座谈会，就有关专题进行协商，提出意见和建议。

第十四条　常务委员会会议闭会期间，由主席、副主席、秘书长组成的主席会议主持常务委员会的日常工作。

第三章　纪　律

第十五条　常务委员会组成人员要认真遵守《政协章程》和政协阳谷县委员会有关制度，认真执行政协阳谷县委员会常务委员会的决定、决议，积极参加常务委员会的活动，加强同各方面人士的联系，及时反映群众的意见和要求。

第十六条　出席全体委员会议和常务委员会会议是常务委员会组成人员的应尽义务，也是履行职责的主要形式。全体组成人员必须树立高度的责任感，妥善安排工作，按时出席会议，认真履行职责。

第十七条　因特殊原因不能出席政协会议或活动时，应向县政协办公室说明请假原因，并报主席批准。无故缺席会议的，按规定程序处理。

第十八条　建立和完善常务委员会学习、调查研究、视察、考勤等制度，促进常务委员会工作的制度化、规范化、程序化。

第四章　文　件

第十九条　常务委员会做出的决定，提出的建议、意见和批评，须经政协阳谷县委员会主席或主席委托的副主席、秘书长签发后，以政协阳谷县委员会或办公室文件的形式送达有关方面或部门。

第二十条　常务委员会会议、常务委员会专题座谈会，应安排新闻报道，并视需要编发简报、信息或会议纪要。

第五章　附　则

第二十一条　本规则自常务委员会会议通过之日起施行，其解释权和修改权属常务委员会。

阳谷县政协办公室

2017 年 3 月 13 日

政协阳谷县委员会专门委员会通则

（2017年3月10日县政协十二届一次常委会议审议通过）

阳政协发〔2017〕4号

为充分发挥政协阳谷县委员会专门委员会的基础作用，促进专门委员会有效开展工作，根据《中国人民政治协商会议章程》（以下简称《政协章程》），参照全国政协、省、市政协有关规定，结合我县实际，制定本通则。

第一章 总 则

第一条 根据《政协章程》的规定和工作需要，政协阳谷县委员会设立若干专门委员会。

第二条 专门委员会的设立和变动，由常务委员会决定。

第三条 专门委员会是常务委员会和主席会议领导下的工作机构，是政协广泛联系委员和各界人士的重要渠道。专门委员会是政协工作的重要基础，是政协履行职能的重要方式。

第四条 专门委员会高举中国特色社会主义伟大旗帜，以马克思列宁主义、毛泽东思想、邓小平理论和“三个代表”重要思想、科学发展观为指导，深入学习贯彻习近平总书记系列重要讲话精神，贯彻“长期共存、互相监督、肝胆相照、荣辱与共”的方针，紧紧围绕团结和民主两大主题，服务协调推进全面建成小康社会、全面深化改革、全面依法治国、全面从严治党的战略布局，发挥联系广泛、智力密集的优势，切实履行政治协商、民主监督、参政议政职能，发挥在政协协商民主中的重要作用，更好地协调关系、汇聚力量、建言献策、服务大局，为促进阳谷经济社会改革发展稳定贡献力量。

第二章 工作任务

第五条 组织委员认真学习宣传贯彻马克思列宁主义、毛泽东思想、邓小平理论和“三个代表”重要思想、科学发展观、习近平总书记系列重要讲话精神、宪法法律和各项方针政策、统一战线理论和人民政协理论，认真学习中共中央、中共山东省委、中共聊城市委和中共阳谷县委的重大决策部署，巩固团结合作的共同思想政治基础。

第六条 根据《政协章程》的要求，贯彻执行政协阳谷县委员会全体会议、常务委员会会议和主席会议提出的各项任务，从实际出发创造性地开展工作。

第七条 根据政协阳谷县委员会和常务委员会会议精神、县政协工作要点，围绕全体委员会议、常务委员会议、专题协商会议和本专门委员会的对口协商、界别协商及提案办理协商等工作任务，组织委员开展调查研究，形成建议案、调研报告或提出提案，为县委、县政府科学决策提供智力支持。

第八条 围绕县委、县政府的重要决策部署和重点工作的贯彻落实情况，通过视察、提案、建议、专项监督性调研等形式，开展民主监督。

第九条 围绕我县经济、政治、文化、社会、生态文明建设中的重要问题以及人民群众普遍关心的问题，组织开展调研、视察、考察、召开座谈会等多种形式的参政议政活动，通过调研视察报告、提案、社情民意信息等，向党政部门提出意见和建议。

第十条 团结联系委员及各族各界人士，维护民族团结、宗教和谐、社会稳定。开展文史资料征集、研究和出版工作，发挥存史、资政、团结、育人作用。组织各种活动，积极为委员知情明政、履行职责创造条件，创造性地做好各项工作。

第十一条 加强履职能力建设，提高政治把握能力、调查研究能力、联系群众能力、合作共事能力，推进人民政协理论创新、工作创新、制度创新，不断提高专门委员会工作科学化水平。

第三章 组织制度

第十二条 各专门委员会的设立，一般应在本届政协第一次常务委员会会议上决定。

第十三条 各专门委员会设主任一人，副主任若干人。工作领域较宽的委员会可适当增加组成人员。

第十四条 专门委员会的组成人员，应按照有利于联系各界、各方面人士的原则，从县政协委员中产生，一般应具有相关工作经历、专业知识水平，符合本专门委员会开展工作的需要。

第十五条 专门委员会人选由主席会议审定，主任、副主任由常务委员会决定。

专门委员会组成人员需要调整或增补时，按专门委员会产生程序办理，专门委员会主任会议可提出建议。

第十六条 对未参加专门委员会的政协委员，专门委员会可根据工作需要，邀请其参加活动，发挥作用。委员也可根据本人专业和意愿，同某一专门委员会建立联系。

第十七条 每届政协第一次全体会议成立的提案审查委员会，闭会后可根据情况作必要调整，经常务委员会第一次会议决定，作为提案委员会列入专门委员会序列。提案委员会主任、副主任和委员的调整，与其他专门委员会办理程序相同。

第十八条 专门委员会在开展履职活动中，可邀请有关部门负责同志和专家、学者参加，并以本专门委员会的名义发送邀请函。

第四章　工作制度

第十九条　专门委员会全体会议审议本专门委员会年度工作计划、年度工作总结及其他重要事项。专门委员会一般每季度开展一次履职活动，由主任或主任委托的副主任主持。

专门委员会重要会议、重要活动以及重要事项，须向分管主席报告。年度工作任务完成情况，要向常务委员会报告。

第二十条　专门委员会主任会议审议提交本专门委员会全体会议审议的文件和重要事项，研究审定本专门委员会重点调研方案和调研、视察报告，审定本专门委员会提交的提案，审议专题协商、对口协商报告。主任会议根据工作需要召开，由主任或主任委托的副主任主持。

第二十一条　专门委员会工作由主任主持，副主任协助主任工作。秘书长负责协调。

第二十二条　专门委员会应实行联系相关界别活动组的工作制度，充分发挥界别委员的作用，协助委员界别活动组开展活动。

第二十三条　以专门委员会名义形成的文件，须经该委员会全体会议或主任会议讨论，由主任或主任委托的副主任审定；重大问题可提出建议，提请主席会议或常务委员会会议审议。需以政协阳谷县委员会和政协阳谷县委员会办公室名义发出的文件，按规定程序办理。

第二十四条　专门委员会应注重发挥委员主体作用，建立同委员的联络机制，通过开展履职活动，密切与委员的联系，主动听取他们的意见建议。

第二十五条　专门委员会应主动与县委、县政府的有关部门以及工商联、人民团体、乡（镇、街道）政协委员联络室沟通情况，密切工作联系。

第二十六条　专门委员会应根据政协阳谷县委员会委员履职的相关规定，对参加专门委员会组织活动的委员履职情况进行统计、归档。

第二十七条　专门委员会组织调研等活动，要严格落实中央八项规定精神，厉行节约、深入基层、深入群众，广泛听取并反映各方面的意见。

第五章　办事机构

第二十八条　根据精简、统一、效能原则，政协机关设立相应的办事机构，为专门委员会开展工作提供服务。

附　则

第二十九条　各专门委员会依据本通则修订工作简则。

第三十条　本通则自常务委员会会议通过之日起施行，解释权和修改权属常务委员会。

阳谷县政协办公室

2017 年 3 月 13 日

第五章 调研报告、建议案

关于开发我县旅游业的调查

阳协发〔1992〕5号

为开发我县旅游事业，进一步促进我县经济的迅猛发展，今年10月下旬以来，我们对全县的名胜古迹及有关情况开展了广泛的调查，并和有关单位的负责人进行了座谈，分析了我县在改革开放的大好形势下开发旅游业的广阔前景，提出了一些意见和对策。我们认为，抓住京九铁路开通，市场经济大潮迅猛涌来这一有利时机，迅速而稳妥地对我县旅游业进行开发，已是一项刻不容缓的重大任务。

一、我县旅游资源丰富，开发旅游业大有可为

阳谷县历史悠久，文化源远流长，地上地下文化内涵丰富，有众多名胜，有神奇传说。全县共有省、地、县三级文物保护单位26处。其中景阳冈、狮子楼、古阿井等，在《中国名胜古迹概览》《中国名胜词典》中均有记载。尤其是阳谷是《水浒》《金瓶梅》两部古典名著的故事发生地，又是驰名中外的古代军事家孙膑的出生地，更使阳谷闻名遐迩。

《水浒》描述发生在阳谷的故事，最为著名的地方是景阳冈、狮子楼、祝家庄等。据《阳谷县志》记载：“景阳冈在县城东40里，沙丘起伏，莽草无涯，古木参天，人烟稀少。”附近有九岭十八崮堆。景阳冈在东沙崮堆和西沙崮堆之间。随着历史的变迁和解放后几次平整，到20世纪70年代，除保留两处作为龙山文化遗址的沙岗外，其余已全部整平。岗上3间起脊的武松庙为1958年重修，庙内有武松打虎的泥塑和有关武松故事的壁画。庙前立一石碑，碑上“景阳冈”三字是当时任山东省委书记的舒同所书，冈周翠柏环绕，系省重点文物保护单位。冈东200米处有一碑亭，碑上刻有“武松打虎处”字样，为南宋所制，1958年出土。闻名中外的狮子楼位于县城大隅首西南角，始建于宋代。1958 年重修，1985 年投资 170 余万元再次重修，系上海同济大学古建筑学教授陈从周进行造型和技术指导，按宋代风格设计建造的。楼分两层，青砖绿瓦，雕梁画栋，楼前置有两对石狮，颇为壮观。楼上所悬“狮子楼”匾额，为已故文学大师沈雁冰手笔。电视连续剧《武松》第三回“斗杀西门庆”，就是在这里拍的外景，武松提刀跃楼而下，杀死西门庆的镜头也是在此处所拍。楼上曾设水浒文学戏剧纪念馆，收有不少中外文艺界名人为景阳冈、狮子楼所做的字、画、诗词。宋江三打祝家庄的故事发生在阳谷城南十五公里处。清初进士、中书令曹玉珂《过梁山记》中写道：“祝家庄者，邑西之竹口也。关门口者，李庄也”，因当地人忌说三打祝家庄，后改称竹口或祝口。现在的祝口包括大寺、临河、李杨、明堤、甄台、凤凰台六村。村中原有 18 层 8 角古塔 1 座（据传说始于唐朝），1969 年“文化大革命”中被毁。祝口附近有个莲花池村，传说曾是祝家的后花园；有个小炉里村，传说是祝家锻造兵器的地方；祝口西北胡沙窝村，传说即是扈家庄。此外，李逵寿张乔坐衙的故事，在阳谷寿张一带至今广为流传，《水浒传》第七十四回《燕青智扑擎天柱 李逵寿张乔坐衙》中对这一故事也有较详尽的描述。

阳谷县是孙膑的故乡。当年孙膑智斗庞涓的古战场—迷魂阵，位于阳谷城北六公里处。这里现有两个邻村，一个叫大迷魂阵，一个叫小迷魂阵。据传，这里以前叫枣林庄，自孙膑在这里摆阵以后，才叫迷魂阵。当时齐魏相争，孙膑为齐国军师，他看中这里是“无魂山”，于是在这个地面上摆了迷魂阵，把庞涓大军围困并迷糊住。后来，孙膑在迷魂阵的西南角开了个口，放庞涓逃出，到了马陵道口，孙膑又设一阵，庞涓终至兵败自杀。现在人们到迷魂阵，仍然有如进迷宫，尤其是小迷魂阵，至今仍保持奇特的建筑格局。全村民居途径斜曲，村的西南角仍有一出口。这里素有“十人进村九人迷之说”。迷魂阵有关于孙膑的许多传说，并且曾修有纪念性建筑物——孙膑阁，但在“文化大革命”初期被拆毁。在其遗址上现有 1938 年的一通碑倒卧地下，另有清顺治元年（公元 1644 年）的一个小断碑在农户家。根据碑文记载及村中老者讲，孙膑阁早修于清顺治元年，后曾几经修整。解放前，孙膑阁曾有护庙地 12 亩，并有专人看护。阁坐北朝南，3 间两层，上下有楼梯相通。孙膑泥像塑于上层靠北墙中间，一人多高，头戴升帽，脚踏云靴，手托“天书”，两旁是站班，左边是侄孙燕，手持拂尘，右边是徒弟毛遂，手捧太极图。东北靠北墙角有一卧牛，是孙膑的坐骑青牛，传说是神牛，能日行万里，叫万里牛；还有一个孙膑的拐，是他的兵器。墙上画有多幅彩色壁画，都是孙膑的故事。

阁前院内有3通碑，都建有碑楼；大门外约100米处建有戏楼。来到这里，人们都爱做一个游戏，闭上眼从大门朝戏楼方向走，几乎人人都走偏方向，摸不到地方。

位于阳谷城东30公里的阿城是有名的齐国古邑，这里保留较好的古迹有古阿井、东阿故城址、海会寺等。海会寺位于阿城的南端，系华北五大寺院之一。该寺于清康熙年间创建，后经扩建续修，建筑雄伟，气势雄壮，形成了包括东西两侧刘公祠和运司会馆在内的大型古建筑群。远望即可见“殿宇巍峨，楼阁连亘”。院内植有柏、槐、桧、皂角树，古木森森，高耸云天，碑亭矗立，一派庄严肃穆清净气象。建筑占地共50余亩，原有殿宇楼阁等168间，因历经多代风雨沧桑，不少部分已被损毁，现存81间，所幸主体建筑尚在，整体布局依然可见。同济大学建筑系教授、中国著名古建筑学家陈从周，北京大学副教授陈传康及其研究生，山东省政协组织的省政协委员，文物考古专家等人到阳谷考察文物管理和旅游资源开发，都先后到阿城海会寺实地考察，对之都叹为观止，评价很高，并提出了保护修复意见。坐落在镇西北2公里的古阿井，俗称阿胶井，现保存尚完好。对该井的记载最早于东汉时的《本草纲目》：“真胶产于古齐国之阿地，又以阿井水煮之最佳”。北魏郦道元《水经注·河水》载：“东阿城北门内西侧皋上，有大井，其巨若轮，深七丈，岁常煮胶入贡。”相传，唐代大将尉迟恭曾为钦使重修阿井。明天顺七年（公元1463年）建亭井上，明万历及清康熙年间均曾重修。现存清光绪五年（公元1879年）年重建六角石亭，额题“济世寿人”四字，道旁石柱镌刻楹联：“圣代即今多雨露；仙乡留此好泉源”。廷内石碑篆书“古阿井”三字。据《阳谷县志》记载，李白、杜甫、赵培征、吴铠等都曾为阿井赋诗。今年河北保定电视台拍摄的电视剧《藏龙井》，就是有关古阿井的故事。在古阿井以南不远处，有一东阿故城址，现存高达丈余的旧城垣，上植果树和松柏，筑有陵园。当地俗称“城岭子”，远远望去，城墙突兀，立于田野，自有一番古城遗址的风味。1973年，中国科学院考古研究所及省地考古工作者，对这座残存的故城址，进行了全面考查，认定此处系原始社会晚期氏族村落。据《晏子春秋》记载，战国时期的著名政治家晏子，曾在此当过6年之久的东阿宰，当时指“东阿”，即今“东阿故城”。春秋战国时期有关治阿的三则故事，就发生在这里。此外，阿城镇至今尚保留一条旧式街道，俗称剪子股街。1982年电视剧《武松》在此拍过外景。

阳谷城南十三公里的寿张，由于历史悠久，出现了不少名垂青史的人物。其中有因九世同居、震惊唐高宗的张公艺。其故里在寿张东关，原建有张公祠，祠内壁上绘有多幅画图，正中端坐张公艺一高大泥塑，这座祠在“文化大革命”中被毁，现尚存遗址。有忠肝义胆、骁勇善战、保持全节的五代后梁名将王彦章。宋欧阳修《新五代史》，作死节传，首列彦章，极赞他忠肝义胆，死得有骨气。蔡东藩所著《五代史通俗演义》，对王彦章的勇气和气节，作了详尽的介绍及描述。其故乡为纪念王彦章，特在寿张东关立碑，上书“王彦章故里”，现在这通碑仍埋于地下。在寿张南关，还有王伦起义的发祥地显庆寺和在民间有广泛传说的凤凰台等遗址，北关原有明代著名文学家殷云霄之墓，现被迁到了四棚乡沙河崖村。

王伦故里在阳谷城东南十五公里党后王村（属十五里园乡）。清代乾隆年间，王伦以白莲教、清水教宗教团体为掩护，通过“运气治病教拳勇”等活动，广泛吸引团结骨干分子，以寿张凤凰台显庆寺为秘密联络基地，于清乾隆三十九年（公元1774年）农历八月二十八夜在党店起义，并很快攻占了寿张县城，杀死知县沈齐义，劫库放粮。接着攻阳谷、陷堂邑、掠冠县，杀死堂邑县官陈枚、阳谷县丞刘希焘等贪官污吏。打败了兖州镇总兵谯一，起义军继续北上，一举攻占了临清土城，并以此为基地开始了十七天的临清新城（砖城）围城战。朝廷大为震惊，急派三路大军进剿，起义火焰在临清遂被扑灭。王伦起义虽遭失败，但对清朝是个有力的打击，在整个清王朝兴亡史上也有不可低估的意义，同时在地方史上也有光辉的一页。王伦起义在国外也有较大影响，日美都有专著出版。1957年，当时的寿张县人民政府在王伦的故乡——党后王村刻石立碑，上书“王伦故里”四个大字。在党后王村现在居住着王伦的后裔，已传到第八代。该村东头有东西两个大坑，相传长达150米的西坑，是当年王伦练舞的地方，村子里仍流传着王伦的许多动人故事，不少还带有传奇色彩。由此村往西北五里之遥有个皇姑冢，呈高台崮堆状。1973年夏，中国科学院考古研究所对其试掘，出土了新石器时代遗物。经考证，定为仰韶文化遗址。

此外，阳谷还有许多引人向往的名胜古迹，如阳谷东关有明代万历年间所建的博济桥，西街有始建于宋代的文庙，城南门处有春秋时期的会盟台遗址；有《今古奇观》描述的“紫荆堂”，还有清波涟漪的指挥洼；张秋也是历史上有名的古镇，那里有古运河及镇河铁牛、传说久远的黑龙潭、古建筑南大寺及春秋时期的挂剑台遗迹等；定水镇有1882年德国造的教堂，这里系共产党在山东领导最早的一次农民暴动纪念地。还有南宋高宗初封处遗址；安乐镇有后五代周世宗养疴处、孟母庙、老君堂遗址；寿张还有八乡师建党纪念地等。这些都为我们留下了宝贵的人文资源。

二、开发旅游业的重要性，迫切性和有利条件

旅游业是一项经济产业，是一种“无烟工业”，具有强烈的经济属性。国际经济学家预测，五年之后，世界性的第二大产业是旅游业。不少知名人士认为：阳谷应该考虑如何变历史文化的优势为经济的优势。阳谷要真想振兴经济，走向世界，必须依靠旅游资源的优势。只有把如此丰富的旅游资源开发好、利用好，才能吸引国内外人士前来，带动起经济的发展。从一些开发旅游业较早的县市看，其效果也异常明显：一是地方知名度能大大提高；二是城镇改造建设的速度能迅速加快；三是第三产业会很快被带动起来，从而促进整个经济的繁荣。不少旅游资源不如我县，但旅游开发搞得好的县市，其旅游业的收入竟占财政收入的三分之一甚至二分之一。可见，开发我县的旅游业，对于振兴我县经济同样会有着重要的意义。再则，我们相邻的县市，如梁山、临清、聊城等已经对其旅游资源进行开发，甚至已形成一定规模。同时，有的县市也在与我县争旅游资源，如鄄城、郓城在争孙膑故里，临清、清河在争《水浒》《金瓶梅》故事发生地。平阴、东阿在争阿胶正宗等。如果我们贻误时机。不尽快开发，就要落伍，在经济上也将会吃大亏。据说，明年10月份在聊城召开国际水浒文化节，这对于吸引有识之士到阳谷经商、投资，也是一个好机会。由此可见，阳谷县的旅游业确实急待开发，开发的越早越好。有人说，阳谷县的旅游业开发已迫在眉睫、到了背水一战的地步，这话一点都不过分。

开发我县的旅游业，现已具备许多有利条件。一是中共十四大确定了社会主义市场经济的路子，我们完全可以放开手脚，多形式、多渠道的筹资发动社会办旅游，切实做好“文化搭台，经济唱戏”的文章。二是我县交通通信方便，而且将有大的改观。公路四通八达，每天有发往北京、天津、石家庄、安阳、邯郸、济南、泰安、曲阜等地的班车。特别是京九铁路在我县城东建站，1994年年底通车，交通条件将更为优越。目前直拨电话已安装160门，两年之内将全县普及，5000门的程控电话明年5月份将并网，国内外通信将更加迅捷而便利。三是我县经济形势较好，年财政收入3600余万元，而且，农业生产条件大为乐观，工业生产增长较快，第三产业发展迅速，开发旅游业已有了一定的物质基础。四是地区已将水浒旅游线的建设列入“八五”规划，全县各界人士都认识到了发展旅游业的重要性，初步形成了一种“群众热心搞旅游，领导重视搞旅游，业务部门主动抓旅游，全国学术界倡导阳谷搞旅游”的局面，我县开发旅游业的时机已经成熟。我们必须在京九铁路通车之前，把我县的旅游业搞出一个眉目来，并要初具规模。否则，我们就要坐失良机，犯历史性的错误。

三、科学合理规划，努力开发治理

阳谷县境内文物古迹、名胜风物从不同侧面反映了阳谷古老文明的风貌。这些古迹,目前有的已经修复(如狮子楼);有的残缺不全,“文化大革命”中遭破坏,年久失修;有的已无踪影,只存遗址,要全面治理,需要花很大的气力。我们经现场察看,认为,对目前尚存的,要尽快利用,随开放、随开发,随完善、随配套;对残缺不全的要按原来的面貌,有计划地进行修补;对无踪影的,应采取先易后难,先急后缓的原则分期分批完成重建任务。无论哪种情况,都应本着“古要古到底,洋要洋到家”的指导思想,使经典既集中又分散,造假像真,让人相信。任务完成之后,阳谷就可以搞他个“一日游”“几日游”,并纳入整个水浒旅游线,对于搞好阳谷经济将起到重大作用。

为了使规划付诸实施，在京九铁路开通的一两年内,要抓紧办好几件事。

一是景阳冈的修复。景阳冈中外驰名，但现在已失去本来面目，建筑也简陋。令游人乘兴而来，扫兴而归。对景阳冈，我们应采取积极态度，尽快修复。阳张公路向景阳冈拐弯处立个“景阳冈”标志的牌坊。要通过清淤挖渠，调土筑岗，岗上及周围遍植各种树木，恢复荒野形象。岗南坑洼处可深挖整修，改造成人工湖。武松庙要重修，旁边可建展馆、酒馆等，展馆内可搞“武十回”泥塑，以增加观赏内容。

二是进一步开发利用狮子楼及其周围的旅游点。狮子楼于1985年重新修建，开放以来，前来观赏的游客络绎不绝，但多数对这一寂寞无偶的古楼感到惋惜。下一步要对狮子楼及其周围进行配套建设。楼西要设西门庆药铺、当铺，楼南建《水浒》《金瓶梅》展馆，陈列《水浒》《金瓶梅》的各种版本，各种书画雕塑和音像制品，阳谷的风土人情，土特产品和文化典籍及概况介绍。到酒厂去的那条街为紫石街，该街临街房屋要搞仿古建筑，恢复紫石街古貌，并使该街集观赏、经贸于一体。现在的直属库面积二百亩,建七进七出的西门庆庭院。东街按照规划要建成融旅游、购物、娱乐为一体的宋式步行街,青砖灰瓦,板打门，以再现宋式风貌。旧街改造难度很大，应统一设计，统一基础设施建设（给水、排水、电缆等），统一监督管理，分别出资修建。不论国家机关，企事业单位，城镇居民，地皮属谁使用，由谁出资施工。东街工作量大，城建委和阳谷镇要配合，协助东街居委会做好工作，保证施工顺利进行。

三是最近县规划的三个公园，要尽快圈定，尽快动工，不要再拖。指挥洼目前还有六七十亩水面，条形公园已留出地段，这两个公园今冬明春要树立标记，圈定范围，修路植树，打好基础。并明确宣布,不准建房起土。

谷溪公园占地画积较大，是一座突出阳谷人文特色和地方特色具有多功能的综合公园，工程量大，需要花一定的力气。但近期可以搞些土方工程，把院墙圈起来，种植花草树木，尔后逐年完善。

迷魂阵村的地块、种植走向及道路、房屋要重新规划，进一步恢复原来令人迷糊的格局，并力争尽快重修孙膑阁。对于阿城古街，阿城镇要抓紧组织修复，保持它原来的古朴别致的风貌。骆驼巷水浒郜的建设和古阿井的开发，要力争外商投资，争取早日上马。两三年内，建成“狮子楼—水浒郜—景阳冈”旅游线。

四、广辟资金来源，全社会办旅游

开发旅游业，是全社会的事情，社会各阶层、各部门都要支援旅游业，有钱的出钱，有力的出力。土方工程可以通过义务劳动和出河工的办法解决。资金问题是最大的难题，对此，我们要广开思路，多想办法，力争上级拨一部分，县里拿一部分，外商及港澳台同胞投一部分，社会各界集一部分。据说，台湾已筹备同乡会，我们要主动联系，有条件的单位，为建委、旅游、建行等部门，可以承包开发项目。单位和个人也可以采取入股形式参加开发。要本着谁开发、谁受益的原则，实行企业化管理。县里要搞些鼓励政策，如表扬、奖励、入纪念册，立碑等。

五、及早开发旅游经济，组织土特产生产

张秋有两种特产，一是印花布，原来有二十多种，构图造型都相当精彩。二是年画，题材三百多种，线条简洁，流畅有力，人物造型丰满古朴、曾远销东北三省，山西、河北、河南等地。这两种传统工艺在全国有名气，应抓紧恢复生产，把产品打出去。20世纪50年代曾在北京抢购一空的“阳谷哨”，是我县四棚农民李保正继承开发的，当时受到一些知名人士的接见和指导，《北京日报》记者曹尔泗特别为他写过一篇专栏文章。这种乐器制作简单，成本很低，我们应认真发掘，组织批量生产，力争尽快打进北京，销往全国。

六、切实加强领导，尽快实施规划

开展旅游事业工作量大，涉及面广。各级领导要高度重视，当成大事来抓，摆到重要议事日程上来。要广造舆论，上下发动，形成各级领导重视旅游，业务部门主动抓旅游，广大群众支持搞旅游的局面。建议县里要成立专门班子，吸收建委、计委、侨办、文化局、教育局，公安局、建行和阳谷镇的主要领导同志参加，下设专门办公室。县委、县政府及时听取汇报，指导工作，亲自靠上，一抓到底，使规划付诸实施，使古老文明的阳谷县再添风采。

关于扩建实验小学问题的建议案

阳协发〔2000〕1号

县委、县政府：

根据广大群众和政协委员对实验小学校舍问题的普遍反映，县政协为充分反映社情民意，于年初组织部分政协委员和有关人员，通过看、听、议、访等形式，对实验小学及周围情况进行了视察。现将视察情况报告如下：

实验小学是我县县属重点小学，位居城区中心，是全县小学教育的龙头，是党政机关及城区居民子女就近入学的理想场所。建校50多年来，给国家培养了大批优秀人才，为我县经济建设和社会发展做出了重大贡献。可是，随着我县经济的快速发展和城区人口的日益增多，该校师生人数近几年大量增加。截至目前，该校已拥有33个教学班，在校学生2947人，教职工125人。由此，暴露了一系列的矛盾和问题：一是教学空间拥挤。每班90多名学生，在不足60平方米的教室内学习，两张课桌坐6名学生，拥挤不堪，学生出入困难，教师难以辅导，上下课拥挤状况更加严重，如不加强管理，极易发生事故。按照“普九”标准，小学生均校舍面积不得低于3.3平方米，而该校生均校舍面积只有1.8平方米，仅占“普九”标准的47%。二是操场面积太小。所设操场不能承受全体学生上操或集合，上课间操也必须分成两批，隔天轮流活动。《山东省城镇普通中小学校舍改造及验收标准》第十二条规定：“位于城市中心的老校改造运动场地至少能保证全校学生同时上课间操用，其面积为小学每生不少于2.3平方米。”而该校生均运动场地面积现有0.8平方米，仅占规定面积的35%。三是教师办公困难。100余名教师集中在10多个房间里办公，平均8名教师一间20平方米的办公室，存有严重相互影响现象，致使部分教师只好在家里办公，既不便于学校管理，又不利于教学研究的开展。四是教师住房紧张。125名教职工只有83名有住房，其余42名都是借住亲友的房子或者租住民房。

经过对实验小学校舍情况的调查了解，视察人员一致认为，该校急需扩建。围绕扩建问题，视察人员又到实验小学周围进行了实地察访，现状是实验小学西北两面临街，东面是县政府住宅楼群，已无扩展的可能，只有南面东街居民区有部分平房和一片空地，南北宽约70米，东西长约110米，总面积约11亩，可以征作校园扩建用地。这片平房共有居民18户，正配房100余间。因此处地势低洼，多数住户没有长久居住的打算，有些居民早有实验小学扩建征地的心理准备，现有住房多属旧房，房屋赔偿及征地资金不会太多，粗略估算约200万元左右。经调查走访，大多数居民表示支持实验小学扩建，同意出卖其房屋及住宅。

实验小学的校舍现状，严重地制约校教学质量的提高，影响了学生的健康成长，不符合当前“普九”工作的要求，更不适应将来人口城市化教育大发展的需求。对此，学生家长反映强烈，整个社会非常关注。根据以上情况，经政协主席办公会研究，特提出以下两点建议：

（一）为全面落实科教兴阳战略，促进我县基础教育的发展，保证实验小学学生的健康成长，满足广大城区居民的长久愿望，县委、县政府应尽快做出实验小学扩建规划，实施扩建工程，及早征得该校南面的土地，作为校舍的扩建用地，以适应该校教育和教学工作的需要。

（二）实验小学扩建资金可采取多种渠道解决。一是从教育费附加中逐年拨付。据悉，前些年我县教育费附加大都投入到一中、三中和职业中专的校舍建设方面，目前这些学校校舍建设已基本完成，近期应从教育费附加中拿出一部分投入到实验小学扩建上来。二是可以借鉴外地、外校筹措资金的经验，采取向该校学生借款的办法。实验小学如果向每生借1000元（学生入校时交纳，离校时退还），即可筹集资金近300万元，用于解决校舍的征地和扩建问题。以上建议案，请尽快研究，给予批复。

2000年4月20日

关于职业教育和招商引资工作的建议

（2006年8月4日县政协九届十七次常委会议审议通过）

阳协发〔2006〕9号

县委、县政府：

建设社会主义新农村，经济发展是基础，人才培养是关键。鉴于此，县政协潘福章主席于5月31日至6月

2日带领农业、劳动、职业中专、二职专等部门的负责同志以及科教文卫体委员会的部分委员赴青岛平度市、烟台莱山区等地就职业教育、招商引资工作进行了为期3天的专题考察，在此基础上，结合我县实际，提出了一些建议。

一、关于职业教育工作

（一）平度市职业教育发展状况及主要做法

平度市隶属于青岛市，是全国职业教育先进县，总面积3166平方公里，辖26个乡镇、4个街道办事处、1个经济开发区，总人口135万人。近几年来，大量外资涌入平度，海尔、海信、统一、韩国LG等上百家国内外大型企业集聚平度投资建厂。一个重要原因是平度具有高素质的劳动力，并成为外商投资建厂的一个重要砝码。正像海尔首席执行官张瑞敏在介绍为何到平度建厂时说的：“平度无明显的区位优势，税收政策与全国大致相同，而平度发达的职业教育能够为企业提供高素质的劳动力资源！”大量企业的进入带动了当地经济的发展，2005年地方财政收入9.6亿元，综合实力进入全省30强，县域经济基本竞争力位居全国第34位，荣膺全国最具投资潜力中小城市50强称号。这种在全国引起关注的“平度现象”，引发了众多的思考和探究。

平度曾是一个传统的农业大市，农业在整个经济中占有相当大的比重。面对这一现实，早在1996年，该市就清醒地认识到：平度的经济要发展，老百姓要富裕，既要搞好人才的培养、输送和引进，更需要培养本地留得住、用得上的高素质劳动者，实现农村劳动力向二、三产业的顺利转移。确立了“立足本市农村劳动力资源丰富的实际，全面提高劳动者素质，切实将人口负担变成人才优势，以丰富的人才资源作为经济发展和招商引资的重要条件”的发展思路，树立了“抓经济必须抓职业教育，抓职业教育就是抓经济，把职业教育当成平度的品牌来经营和发展”的思想。根据这一发展战略，近10多年来，平度市始终坚持大力发展职业教育的方针不动摇，坚持普职协调发展的方针不动摇，将职业教育纳入全市经济社会发展的总体规划，列入市委、市政府的重要议事日程和市、镇两级领导岗位目标责任考核。目前，平度拥有各类中等职业学校8所，专业设置60多个，在校生近2万人。职业教育的发展为平度培养了大批有用人才，全市73%的农村劳动力接受了长短期实用技术培训，农村技术人员85%是职校毕业生，1788个行政村中由职校毕业生担任三职干部的占总数的45%，企业中70%以上的职校毕业生已成为技术骨干和企业领导，全市23.5%的个体私营业主是职校毕业生或受过职业技术培训。

平度的职业教育之所以能够长期健康发展，为经济建设提供了坚实的人力资源基础，培养造就了一支雄厚的技术工人队伍，并由此成为国内外企业投资的热土，其做法主要体现在以下两个方面：

一是推广实施“双元制”办学模式是平度职业教育快速发展的核心。所谓“双元”，一元是学校，一元是企业，双元有机结合，共同完成对学生的培养培训。这是一种以培养高素质技术工人、技术农民为目标，以实践为核心，以企业为重点的世界上最为成功的职业教育办学模式之一，被誉为德国经济腾飞的“秘密武器”。平度市从1991年开始积极引进借鉴实施德国的“双元制”办学模式，“双元制”能在平度落户，经历了5个阶段近14年的运作，即借鉴—引进—吸收—发展—创新。“双元制”推行伊始，该市把这项工作作为一种政府行为、企业行为来对待，积极提供政策和物质保障，建立了推广工作班子，落实了企业参与“双元制”培训的责任、义务与待遇，调动了企业的积极性。经过多年来的发展和创新，“双元制”办学模式已成为平度职业教育的一大特色。目前，全市实施“双元制”办学的专业已达15个，85%的专业借鉴实施了这一模式。借鉴实施“双元制”办学，有效提高了人才培养的针对性和实用性，加大了教育与经济紧密结合的力度，使职业技术学校的毕业生就业率达到95%以上。

二是政府的强力统筹是平度职业教育快速发展的关键。平度市政府在发展职业教育方面重点抓了6个统筹：一是统筹专业设置和设学布局调整。根据市场需求来开设专业、调整布局和培养人才。市场缺什么样的人才，就培养什么样的人才。在各学校的专业设置上实施了审批制，较好地解决了专业重复建设和资源浪费的问题。在布局调整上，本着“撤弱扶强”的原则，集中资金用于发展重点学校。二是统筹经费投入。在及时拨付职业学校专业经费的同时，设立了职业教育专项经费，每年将城镇教育费附加的25%用于发展职业教育。三是统筹师资培养配备。坚持多渠道培养配备教师的办法，定期安排在职专业教师到各大中型企业及省内高校脱产培训。为解决专业教师不足问题，市政府在全市范围内选聘技术人员担任兼职教师，实行统一管理、按需调配。四是统筹实习基地。把效益较好、设备先进、管理严格的企业作为职业学校的挂牌实习基地。五是统筹招生。坚持普高、职高不低于5:5的招生比例不动摇，制定了招生管理办法和奖惩制度，把三率（即报考率、录取率、入学率）作为考核镇(处)教育工作的重要内容，使中职招生人数年年有新提高，2005年占整个高中阶段招生总数的50%。六是统筹技术等级考核。结合就业准入制度的实施，平度提前介入，要求所有学生必须参加劳动部门组织的技术等级或岗位合格考核，不合格者不予毕业。

（二）我县职业技术教育存在的差距和面临的发展机遇

与全国职业教育先进县平度市相比，我县的职业技术教育主要存在以下几个方面的差距：一是没有形成全社会重视支持发展职业教育的先进理念，不少人对职业教育存有偏见。二是普高、职高招生比例不协调。目前，我县的招生比例约为7:3，而平度市普高、职高比一直保持在5:5，有的年份甚至出现了倒挂达到4:6。三是“双元制”办学模式虽在我县试行多年，但“双元”还没有真正扎根落户，最突出的表现是企业参与“双元制”培训的积极性没有调动起来，没有实现学校与企业的有机结合来共同完成对学生的培养培训。四是面向“三农”、服务“三农”的力度不够。突出地表现在专业的示范带动功能不强，没有建立自己的专业对口示范基地。五是职业技术学校的硬件设施和师资力量与先进地区有很大差距，突出表现在硬件设施落后，骨干教师和名师少。六是人力资源市场管理不规范，人才培养与农村劳务输出没有达到有机结合，很大一部分是低素质的人力输出。我县企业用工随意性大，私招滥用现象比较突出。

在正视差距的同时，我县职业教育也面临难得的发展机遇。一是政策机遇。职业教育已逐步得到国家和省、市的重视，并且提出2007年普职招生比例要达到5:5。二是市场对高素质技术工人的需求增加。从全国来看，随着我国新型工业化的推进，人力市场对高素质技术工人需求增加，人才短缺的矛盾日益凸显。从我县看，随着工业立县战略的推进，工业企业迅速膨胀，我县同样急需大批高素质的技术工人。另外，建设社会主义新农村也急需培养有知识、懂技术的新型农民。这些都使我县职业教育面临难得的发展机遇和广阔前景。

（三）加快我县职业教育发展的建议

1. 重新认识和定位我县的职业教育。职业教育是教育与经济的一个重要结合点，是将人力资源转化为智力优势的桥梁和纽带。平度市发展职业技术教育的成功实践证明，发展职业技术教育不仅是输出几个人的问题，而是解决好“三农”问题，促进农村劳动力向二、三产业大转移的有效途径，在经济社会发展中发挥着举足轻重的作用。我县和平度市一样具有劳动力资源丰富的优势，通过职业技术教育，把这一资源优势转化为人才优势，既有利于劳务输出，更有利于培养本地经济发展所急需的留得住、用得上的高素质劳动者，更有利于招商引资和企业发展。因此，要重新认识和定位我县的职业教育，像平度那样树立“抓经济就必须抓职业教育，抓职业教育就是抓经济”“普教兴国，职教强县”的理念，把职业教育列入党委政府的重要议事日程，放到经济社会发展的大格局中，像抓经济一样重视抓好职业教育。

2. 突破我县职业教育“招生难”的制约瓶颈。当前，我县的职业教育面临的最大的问题是招生难。克服招生难的难关，首先要转变升学就业观念。长期以来，由于受“劳心者治人，劳力者治于人”传统思想的影响，很多人不愿意子女就读职业学校，以至于出现了千军万马挤高考独木桥的局面。因此，要采取多种有效形式，大力宣传高等教育培养的是人才，职业教育培养的职业技术工人也是人才的思想，大力宣传高素质技术工人供不应求，高等院校本科生甚至研究生难就业，即“拖垮了一个好家庭，培养了一个失业者”的形势，大力宣传职校毕业生就业发展的成功典型，让人们充分认识到上职业技术学校，升学有希望，就业有门路，创业有能力，调动学生报考职业技校的主动性。其次是调整高中阶段教育结构，搞好普高、职高的统筹招生。多年来，平度市始终坚持普高、职高不低于5:5的招生比例不动摇，这一做法并没有影响高考成绩，平度的高考升学率一直在全省名列前茅。要结合我县实际逐步提高职高招生比例。县教育局要加强各中学的职高升学考核，在确保全县前3000名优等生进入普高的前提下，对送入普高、职高的中学按同等分数进行考核，调动好各中学组织报考职高的积极性。

3. 进一步加强教师队伍建设。职教的师资既要有深刻的理论水平，更应有示范的操作能力。要制定相应的政策和措施，鼓励教师参加各类在职进修，培养一批特级教师、名师和高水平专业带头人。加强与有关高校的合作联系，建立职校教师培训基地。鼓励吸收企事业单位工程技术人员和有特殊技能的人员到职校担任专兼职教师。

4. 进一步加大服务“三农”的力度。为“三农”服务是职业教育的一项重要任务。要坚持以农村产业结构调整为导向，增设和调整专业设置。同时，将专业作为产业来运作，推行“学校＋基地＋农户”的办学模式，结合相关专业，筹建实验基地和试验场，发挥基地的示范带动效应，促进职业学校与农村经济紧密结合。

5. 进一步加大职业教育的领导力度。发展职业教育，政府承担着义不容辞的责任。建议成立县职业教育中心，对全县各职业学校实施统一管理。出台加快发展职业教育的支持政策，成立由县政府分管县长任组长、劳动局、财政局、经委、教育局、职业学校共同参与的领导协调小组，分工负责我县人力资源的调查统计、教育培训、就业安排等工作，对外全力打造景阳冈人力品牌。将各中学向职业学校的送生数纳入各乡镇劳务输出目标考核。深入推行“双元制”办学模式，重点协调解决学校与企业联合办学问题，建立企业与职业学校全面合作的培养机制。借鉴胶东地区高中阶段各学校进城的经验做法，出台政策，吸引社会资金，解决二职专移址搬迁进城问题，建立职校间的平等竞争机制，激活职校发展活力。进一步规范我县人力资源市场秩序，打击非法劳务中介组织，严格控制我县企业私招用工行为。抓住国家重视发展职业教育的机遇，积极争取上级资金，多渠道筹措社会资金，提高职业教育的硬件装备水平。

二、关于招商引资工作

（一）莱山区、平度市招商引资工作情况及主要做法

1. 莱山区招商引资工作情况及主要做法

莱山区成立于1994年，全区面积253平方公里，辖2个镇，3个街道，2个园区，人口19.2万人。2005年全区完成生产总值63亿元，地方财政收入3.5亿元。

近几年来，莱山区按照落实科学发展观的要求和“招强扶优”的新思路，狠抓招商引资。2000年以来，每年引进的外资项目都在200个以上，内资项目300个以上。2005年，完成合同利用外资5.5亿美元，实际利用外资3.24亿美元。在工作摆布上，突出了“三个重点”：一是明确工作重点。着力引进投资过500万美元和亿元人民币以上的较大项目，引进财政贡献率高、单位投资密度大的骨干项目，引进科技含量高、发展潜力大的科技型、创税型项目。近年来全区每年都引进500万美元和亿元人民币以上项目20多个，今年引进投资3000万美元和3亿元人民币以上项目7个。二是突出产业重点。抓住山东省建设胶东半岛制造业基地、烟台市建设北部沿海产业带的机遇，立足已形成的产业基础，充分发挥区域载体优势，重点围绕汽车及零部件的机械制造、电子信息、医药及食品加工等产业集中用力，努力形成集群优势。三是突出区域重点。按照巩固韩国、开拓日本、突破欧美的工作思路，努力加强与上述国家地区的大商社、大企业的联系。

莱山区招商引资的主要做法主要体现在考核奖惩措施硬、力度大。一是实行招商引资“一票否决”。对未完成招商引资任务50%的单位，党政主任负责人向区委、区政府作书面检查，连续两年未完成全年任务50%的单位，经组织考察后，对党政主要负责人进行诫勉或调整工作岗位。二是对完成招商引资任务的单位分别给予5~10万元的现金奖励，同时实行单体项目奖励，根据引资数额划档设奖，奖励数额为3‰、4‰、6‰不等。对完成招商引资任务的单位，对单位全体工作人员按每人每月150元的标准，发放招商引资奖励。三是实行招商引资项目举报制度。对虚假项目进行经济处罚，并奖励举报者，同时从引进

单位招商引资任务中双倍扣除。

2. 平度市招商引资工作情况及主要做法

平度市今年一季度实际利用内资8.82亿元，新开工亿元以上项目4个；到账外资1108万美元；新批准项目19个，总投资4227万美元，合同外资2320万美元；在谈过千万美元的外资项目27个，过亿元内资项目12个，5000万元以上项目22个。

平度市招商引资除具有高素质技术工人的优势外，还具有以下几个显著特点：一是领导重视程度高。历届市委市政府都高度重视招商引资工作，把实施招商引资作为加快平度新型工业化的活水源头、首选路径和重要支持，实施招商引资“一把手”工程，乡镇和部门主要负责同志亲自组织重大招商活动，亲自参与重大项目的运作。二是压力大、竞争意识强。教育每一位领导干部都要树立如履薄冰、如临深渊的危机感和压力感。增强竞争意识，树立“抢糖”论，把项目比作是“糖”，谁抢到了，谁抢得多，谁就是好手。三是理念新。按照第三代投资促进理论，大力开展“目标聚焦”的投资促进活动，即锁定招商具体目标领域、行业、区域和目标企业，对关键的投资者开展营销活动。四是方法多。跳出政府招商引资的传统模式，善于借助各种招商力量，不失时机地跟踪紧贴领事机构、知名企业、高层中介机构、行业协会、工团组织和主流媒体，向高层招商介入渗透，开辟高质量的项目源。实行“小队伍、快节奏、高频率”，主动出击拜访客商，收集和储备项目信息。树立“细节决定成败”的思想，追求精细化服务，以完美服务展示合作诚意。建立专业招商机构，配齐配强专业招商队伍，把精兵强将派上招商一线。五是讲诚信。不随意做出自己难以做到的承诺，不违法出台优惠政策，一旦做出承诺，就要切实履行。六是考核实、奖惩力度大。加强实绩考核，“不看数字看项目，不听汇报看现场”。对招商引资任务完成好、贡献大的予以奖励，奖金兑现到个人。对完不成招商引资任务的进行“问责”，下发监察建议书或诫勉谈话，严重的要引咎辞职或降级使用。

（二）加大我县招商引资工作力度的建议

1. 坚定不移地继续加大招商引资的力度。对一个地区而言，项目和外资是经济工作的生命线。莱山区、平度市是我省东部发达的市区，近年来每年至少有几十个大项目落户，财政收入以每年2亿元的速度增长，最关键的一点就是坚定不移地不断加大招商引资力度，并且领导力度大，理念新，措施硬，方法多。因此，我县作为欠发达县，更应当自我加压，奋起直追，发起新一轮招商引资工作的强大攻势。

2. 组建专业招商班子。随着招商工作难度的加大，领域的不断拓展，以往的政府招商和大呼隆招商已不能适应形势发展的要求，组建专业化的招商队伍，推行“小队伍、快节奏、高频率”的招商尤为必要。实施招商引资“一把手”工程，乡镇、街道和部门主要负责同志要亲自抓招商。县招商、经济部门、工业园区要作为县级专业招商部门发挥好主体作用，全力以赴抓招商。其他部门作为相关部门积极参与招商工作，并明确专人做好招商工作。各乡镇和街道都要建立专业招商队伍。积极引进高层次专业招商人才，加强专业招商力量。邀请招商引资先进单位和专业招商人才，搞好对招商队伍的培训。

3. 创新招商方式。面对日趋白热化的招商竞争，招商工作必须向更高层次迈进。要遵循“目标聚焦”的投资促进理论，树立新的招商理念，并以此促进招商方式的创新：一是突出专业队伍招商。乡镇、街道、部门获取项目信息，特别是承接大项目后，首先要与招商、经贸部门衔接和沟通，共同制定完善的承接方案，确保成功率。二是突出以商招商。苏州招商的经验是三个“三分之一”：一是自己招商三分之一，二是以商招商三分之一，三是外商增资扩股三分之一。这就意味着苏州的招商引资有三分之二是外商给完成的。韩国企业到平度投资，大部分也是以商招商的结果。三和电子的老总曾说过：“你们说千言万语，不如企业说一句话”。因此，要充分认识招商理论中以商招商所产生的“扎堆效应”，善于发挥外商的作用，委托外商招商，以外商说服外商。三是突出以企招商。每一个企业都是他所在产业链上的一环，每个企业手中都有大量的客户和信息，与相关企业交往非常密切，因此企业招商具有得天独厚的优势。要积极创造条件，促进企业对外合资合作，增资扩股。积极有针对性地了解国内外的大商社、大财团、大企业，分行业、分类别排出单子，编制招商目录和招商指南，为招商引资创造条件。要进一步发挥好我县企业的优势，突出抓好产业链招商和产业集群招商。四是突出中介招商。商会、协会联络着很多会员企业，有的甚至直接受到政府资助负责帮助企业开拓市场。抓住了地区商会和行业协会，往往能起到事半功倍的效果。要加强与商会、协会的联系、沟通和洽谈，搞好对口交流和合作，建立长期沟通的信息平台。五是拓展招商领域，敢于突破不熟悉的地区、不熟悉的领域，抢占招商引资的“新高地”。六是推进园区招商。“欲致鱼者先通水，欲致鸟者先树木，水积而鱼聚，木茂而鸟集”。要进一步加强园区配套建设，改善投资环境，增强园区的吸引力。各乡镇、街道和部门特别是区位较差的乡镇在进行招商宣传时，要丢掉本位主义，放弃各自为政，坚持全县一盘棋，将项目向园区引，实现利益共享。

4. 加大考核奖惩力度。实行招商

引资举报查实制度，对虚假项目给予经济处罚，并从招商任务中双倍扣除，同时，对举报人给予经济奖励。实行招商引资“一票否决”，对成绩突出的给予政治和经济上奖励，对连续两年完不成招商任务50%的乡镇、街道和部门的党政主要负责人进行诫勉或调整工作岗位。

政协阳谷县委员会办公室

2006年8月4日

关于加快汽车坐垫产业发展的调研报告

（2011年8月4日县政协十届二十一次常委会议审议通过）

为充分发挥政协的建言献策作用，更好地服务于县委、县政府确定的继续提升年活动，根据县政协主席会议的安排，县政协组成专题调研组，会同县民营经济发展局，围绕促进我县汽车坐垫产业的发展与壮大，先后到博济桥、侨润、安乐镇、李台、高庙王、狮子楼、金斗营等乡镇办事处，与30多家不同规模、不同档次、具有代表性的汽车坐垫企业、编织收放点的负责人以及部分编织户进行了走访座谈，了解了我县汽车坐垫产业的发展现状、存在的困难和问题，并就如何促进我县汽车坐垫产业的发展进行了探讨。现将调研情况报告如下：

一、全县汽车坐垫产业发展现状

我县的汽车坐垫编织产业经过近10年的发展，据不完全统计，各种规模的汽车坐垫生产企业已发展到200余家，其中取得工商注册的有50余家。生产坐垫上游原料产品丙纶丝的企业8家，坐垫手工编织收放点600余个。为我县解决下岗职工和农村富余劳动力近10万人。全县汽车坐垫年生产加工能力达500多万套（件），花色品种已形成四大系列、上百种图案、近千种花色，每年为全县增加纯收入近3亿元，上缴税收近千万元，市场占据全国手工编织汽车坐垫市场的1/3，在手工编织坐垫领域位居全国汽车坐垫产业集散地第二名，成为阳谷富有朝气的特色产业集群。具体讲，我县汽车坐垫行业的发展主要呈现以下几个特点：

1. 发展速度快。汽车坐垫行业属劳动密集型产业，市场准入门槛低，新上汽车坐垫生产厂家多，发展迅速快。2008年上半年，全县的加工户还不到20家，到目前已猛增到200多家，因坐垫产业发展迅速，在我县特设直销办事处销售编织机、坐垫辅料、涤纶丝的外地厂家不断增多，从2009年

2月到现在，围绕坐垫上下游产品生产，来阳谷做生意的浙江、福建、河北等省市的客商不断增加。

2. 行业前景好。国家把汽车产业作为十大振兴行业，因此包括汽车坐垫在内的汽车用品行业是目前国内最具发展潜力的朝阳行业之一。专家预测，中国在未来十年之内将成为世界第一大汽车消费国、第一大汽车产能国，由此带来汽车用品行业将有每年15%以上的增长空间，10年内汽车用品的预期发展空间将会递增3倍以上，这都给汽车用品行业的发展带来了前所未有的机遇。另外，与浙江天台、黑龙江兰西相比，我县具有劳动力资源充足、地理位置优势的优势，发展前景很好。

3. 企业信心足。良好的市场前景，使企业经营者扩规模、上项目的信心十足。张平汽车饰品公司利用安乐镇原破产企业场地，扩大生产规模，在县经济开发区新征40余亩土地，投资兴建高标准厂房，扩大现有规模，提高产品档次；博达汽车坐垫制品公司投资近千万元新上汽车坐垫用抽丝项目，向上游产品延伸，现全县已有8家企业15条生产线生产坐垫用丝，拉长了坐垫加工产业链条；驰达坐垫在经济开发区新征20余亩地投资800多万元新建厂房、办公楼，不断扩大生产规模，提升企业发展实力；树森汽车用品等企业也在寻求合适建设用地，继续加大投资，进一步规范企业生产，规范各生产工序，向规范化、标准化的现代化企业努力。

4. 社会效益明显。汽车坐垫编织不受时间、空间约束的随意性，为广大农村留守妇女、下岗职工提供了很大的便利，吸引了众多的富余劳动力从事手工编织工作，为农民增收、农村劳动力就业提供了保障，目前全县从事坐垫编织加工大约有10万人，人均月收入在400元左右，全县有数亿元的收入增加，且编制收放区域辐射到附近县市区。

5. 品种规格齐全。从汽车坐垫企业数量和生产规模上比较，我县仅次于浙江的天台，居全国第二位，坐垫生产已有棉、麻、丝等上百个种类，近千种花色图案，出现了巾帼宝丽幔、百峰、博达、丝美达、鲁冰花、天龙等10多种品牌的汽车坐垫，并且品牌有过硬的知名度和很好的市场信任度。从规格上看，汽车坐垫分三件套、五件套、八件套，规格也较为齐全。

二、存在的困难和问题

尽管我县汽车坐垫产业发展迅速，但在调查中也了解到一些困扰企业发展的困难，发现了一些影响产业健康有序发展的问题。

1. 生产场地小。走访调查的汽车坐垫企业，大部分是租用的场地，业主普遍反映，现在坐垫市场需求量大，想扩规模、建厂房，提高生产能力，但没有属于自己的建设用地，受现有场地制约严重，生产和储存无法分开，新进设备无处安放。有的租用多个场地作为生产加工车间，既不便于管理，也存在很多的安全生产隐患。

2. 创新能力低。绝大多数企业缺少设计能力，很多产品依靠模仿，或者委托别的院校和企业设计产品样式，产品更新速度慢，生产效率不高，在汽车坐垫竞争日趋激烈的情况下，只能被动应对，依靠低价跻身市场。

3. 品牌意识淡。全县200多家企业中，只有不到20%的厂家拥有自己的品牌，多数坐垫企业科技含量低，知名度小，竞争力弱，产品单一，缺少驰名品牌和名牌产品，不少厂家靠借牌生产，部分有出口订单的企业也只是境外品牌的加工厂，高额利润被国外代理商获取。

4. 企业规模小。在全县坐垫生产企业中，初具规模的企业13家，占全县坐垫企业的11%左右，上档次、上规模，具有龙头带动作用的企业相对缺乏。

5. 隐性风险大。全县编织厂家的迅速发展，使产品市场的竞争变得异常激烈。目前几个具有一定规模的厂家自发重视独家材料的定位和寻找，在产品设计上注重体现各种新的元素及理念，高中档产品出现明显的分化，但规模较小的厂家，盲目造仿，无产品品牌，以生产仿品为主，而且在生产过程中为了赚取丰厚利润，降低生产成本，部分企业存在以次充好、竞争压价、相互抄袭等恶性竞争问题。这种行为，无论是对企业本身，还是对整个产业的发展，都存在许多隐形风险。

6. 低成本优势弱化。阳谷汽车坐垫产业之所以得到快速的发展，主要得益于我县较为低廉的劳动力，加工一套丙轮丝坐垫的手工费用只有80元左右（随季节、供求变化浮动）。但是现在，随着我县工业经济的快速发展、农村产业结构的调整，收入途径越来越宽，工资水平越来越高，加工坐垫已不是许多农村妇女和下岗职工等空闲人员的选择，靠低工资支出减少生产成本的优势逐渐减弱。

7. 发展环境有待优化。在调研中发现，发展环境方面主要存在以下问题：一是涉企收费特别是对外地客商收费有待规范；二是运输过程中，由于收放点较多，运输零散，受到的处罚较多；三是企业扩大规模受到用地限制，发展壮大受到制约；四是行业协会的作用发挥的还不够充分，整体对外宣传不够，本地展会有待进一步提升。

三、对发展提升汽车坐垫产业的几点建议

1. 继续优化发展环境。企业用地上，在不违反国家土地政策的基础上，采取土地置换、利用农村闲散空地等多种措施解决企业用地问题，为企业扩规模、规范发展提供土地支持。深入落实2009年县委政府对于优化经济发展环境做出的一系列保护企业的政

策规定，强化《关于进一步规范对企业检查收费处罚行为的暂行规定》的实施力度，切实减轻企业发展压力和提升成本。开辟扶持坐垫产业发展的绿色通道，减少对坐垫企业运输过程中的检查与处罚。

2. 以商引商，不断延伸产业链条。要充分调动企业招商引资的积极性，通过合作、合资，不仅把上游的原料供应商与下游的销售客户引进来，而且要把一些中介服务商引进来，如我县的“阳谷之江汽车辅料总汇 ”项目，搭建了阳谷坐垫中小企业与浙江厂商的联络桥梁，把台州流行的面料、式样介绍给我县厂家，并做好外销工作，有力促进了我县汽车坐垫企业的发展。

3. 加快协会组织建设和完善。由协会组织企业加强与先进地区汽车坐垫生产企业的联系与沟通，利用高校先进的设计能力、理念和最新设计成果，积极开展产学研活动，引导企业提高自主创新能力，加大品牌建设力度，培育几家地方名牌和国内知名品牌，同时加强行业自律，打击假冒伪劣产品制造商，制止不正当竞争，使汽车坐垫产业形成良性循环发展。

4. 建立汽车坐垫专业化市场。鉴于我县汽车坐垫生产厂家较多，生产经营相对分散，慕名而来的客户寻找生产厂家困难的情况，建议由县里规划场地，通过招商引资等方式建立专业市场或汽车坐垫专业街，凡在市场和专业街内生产经营的厂家，适当减免税费，集中店面，整合资源，聚拢成拳，由协会或成立专门管理机构，对汽车坐垫市场进行统一管理和协调，发挥市场带动作用，培植这一优势产业，努力形成汽车坐垫加工业的规模化、产业化，树好阳谷品牌。

5. 搭建营销平台，继续办好展销会。去年，首届阳谷汽车坐垫展销会召开，这个办在家门口的展会为企业提供了与客户交流与合作的平台，为企业捕捉市场信息提供了良好机会，也为阳谷创建“中国汽车坐垫之乡”奠定了基础。建议政府、坐垫协会、坐垫企业继续加大力度，全力配合，从参展面积、参展阵容、服务系统着手，真正打造更高层次的品牌化、专业化的展览会，使展会的集聚销售效应充分发挥。

关于恢复孟母祈蚕祠 建设孟母文化园的建议

阳政协发〔2015〕1号

县委、县政府：

近期，县政协组织力量对石佛镇平坊村孟母祈蚕祠（孟母庙）遗址遗迹进行考察考证，对相关史料进行挖掘整理，并先后到孟子故里邹城、孟母家乡山西太谷和江西九江中华贤母园等地学习，对阳谷孟母祈蚕祠的文史脉络、兴建修葺、历史沿革、社会影响有了清晰的了解。县政协主席会议研究，认为孟母祈蚕祠包涵了深厚的文化意蕴，恢复孟母祈蚕祠建设孟母文化园有着深远的历史意义和现实意义，为此，提交建议如下：

一、孟母与阳谷

（一）孟母其人

孟母仉氏（约公元前392年—公元前317年），亚圣孟子的母亲，战国时期山西太谷县人，以教子有方著称。孟子三岁时，父亲去世。孟母以女工自给，鞠养其子，她以“三迁择邻、断机喻学、买肉示信、为子择师、教子明礼、劝子远行”等举措教育孟子，使孟子悟学理、明礼节，旦夕勤学不息，终成大儒。孟母慈爱、质朴、勤劳、坚强的美德倍受后人传颂，她注重选择良好的学习环境、重德垂范、动情晓理、言传身教的教子理念，更是受到后人推崇，被誉为“母教一人”“母仪第一”“中国四大贤母之首”。

（二）春秋战国时期的阳谷

1. 阿邑重镇。阳谷春秋时置邑，名“柯”，战国时称“阿”，城址在今阳谷县阿城镇西，为齐国和鲁国交界重镇，史书有“齐鲁盟柯”“晏子治阿”“子奇治阿”“齐威王烹阿大夫”的记载。

2. 儒家先贤活动的重要区域。一是孔子周游列国时，曾宿于阳谷县后屯村，现有孔子宿处碑。二是孔子弟子冉子曾在这一带讲学，阳谷曾建有冉子书院。三是孔子弟子颜辛因为在阳谷一带活动，宋代封为阳谷侯。四是孔子的两个弟子葬于阳谷，一个是高子羔，第二个是孟敬叔。需要特别说明的是，孟敬叔是鲁国孟孙氏孟僖子的儿子、孟懿子的弟弟，是孔子收的第一个贵族出身的弟子。而孟懿子正是亚圣孟子的先祖，他们的代系关系为：孟懿子—孟武伯—孟敬子—孟庐墓—孟子敏—孟孙激—孟子（见《孟子世家谱》）。

3. 蚕桑丝绸业的主产区。春秋战国时期，阳谷这一带丝绸业非常发达，当地产的丝绸叫作“阿缟”，《史记·李斯列传》有“阿缟之衣，锦绣之饰”的记载。到三国时期，这里更有“田则一州之膏腴，桑则天下之甲第”（曹植《社颂序》）的赞誉。

（三）孟母故里在阳谷

战国田齐宣王二年（公元前319年），孟子第二次到齐国，被聘为“客卿”，第二年，孟子迎接母亲就养于齐国。由于孟子的政治主张得不到宣王的推行，孟子便想离开齐国，但是又担心母亲年事已高，心怀忧虑而愁眉不展。孟母知道了儿子的心事，便以男子要行乎于义，要胸怀大志，志在四方，不可为一己之身而谋的道理教导孟子。这便是著名的“劝子远行”的故事。听了母亲的话，孟子携家人弟子离开齐都临淄，准备周游列国。途经阳谷（时为齐国之阿邑，是边境要地），寻访先贤孔子及其弟子遗踪并祭祀其先祖孟敬叔。孟母见此地桑麻植于野，五谷宜其地，便留此居住。她在这里兴德化、劝农桑，祈求蚕神以佑蚕事，留下圣迹。田齐宣王四年（公元前317年），因孟母年事已高，病逝于阳谷，葬于石佛镇平坊村南，《孟志摘要》记有《孟母故里图》，清晰的标明了孟母故里和孟母墓的方位。不久，孟子扶柩归鲁，葬母于凫村马鞍山之麓。《三迁志·年表》有“甲辰五十六岁母仉氏卒于齐扶其丧归葬鲁”的记载。

二、千年相承祈蚕祠

“唐玄宗天宝七年，诏历代忠臣义士孝妇烈女史籍所载德行弥高者，并令郡县长官，随其所在立为祠宇，岁时致祭。孝妇七人，邹孟轲母居其五”（见《三迁志》）。孟母祈蚕祠遂建于阳谷。

（一）历世修葺

孟母祈蚕祠历经多次修葺，有明确史料记载的有四次：一是亚圣四十三代裔孟忠于北宋初年，携眷由邹县迁居阳谷奉守孟母庙。适值庙貌倾颓，孟忠日见心伤，随即叩募，将孟母庙修葺一新。二是金天眷三年（公元1140年），知县杨用道重修。此次重修，《阳谷县志》康熙五十五年本、民国25年、民国31年本皆有记，并附有知县杨用道所撰《孟母庙记》。三是明万历四年（公元1576年）知县李荫及士绅重修。现平坊村西留有残存《重修孟母庙并凿井买香火田地碑》，为东阿进士许用中所撰。第四次是清康熙五十三年（公元1714年），知县王时来重修（见民国31年本《阳谷县志》）。

（二）社会影响

1. 一邑之光。旧时，孟母祈蚕祠被列为阳谷“八景”之一。明万历二年（公元1574年），孟母祈蚕祠从阳谷八景之中请出，转列为阳谷四圣迹之一，被誉为“一邑之光”（清康熙五十五年本《阳谷县志》）。

2. 桑女祈祷。孟母圣迹留阳谷，她兴德化、劝农桑，祈神以兴蚕事。后人多忆其德，“每岁蚕月，桑女以祈祷而来，趾错于道”（清康熙十二年本《阳谷县志》）。

3. 士民谒拜。每逢二月初二，祈蚕祠举行盛大庙会，四乡孟氏及远近士民，是时纷纷而至，前来谒拜，以祀孟母，并祈福许愿，企盼圣贤福佑。庙前搭台唱戏，四方商贩云集，热闹非凡。

4. 寒门沐教。历代以来，孟母庙内便“延儒设教”，至清光绪十八年（公元1892年），于庙之西侧，建灰顶平房十数间，创立义学，以孟母庙香火田28亩招租，作为义学基金。一时寒士多就之，被称为盛举（民国31年本《阳谷县志》）。

5. 设乡纪念。为纪念孟母，民国25年至28年（公元1936年至1939年），阳谷县曾设置孟母乡，将孟母祈蚕祠周围的陈集、平坊、朱家庄等十几个村划入境内，隶属阳谷县第四区管辖（1991年《阳谷县志》第一编）。

（三）遗迹遗物

经历代修葺，至康熙年间，孟母祈蚕祠占地25亩，由大门、仪门、宣献夫人大殿、亚圣后殿组成中轴建筑，前后殿两侧设有两庑，大殿东有曝书台，西有断机处，后有蚕室。红墙护围，古树参天，布局严整，气象威严。

至清末宣统年间，孟母祈蚕祠房宇倾圮，只剩宣献夫人大殿残存。土地改革时，大殿拆除，现祈蚕祠旧址有大殿废墟一处，形成一个南北长约7米、东西宽约8米、高约3米呈椭圆形的堌堆；有古井一眼，目前井体基本完好，当地人称“孟母井”，为明万历四年（公元1576年）重修时所凿之井；平坊村西有万历四年重修孟母庙并凿井置香火田地残碑一块，有圆柱形石座一个，为宣献夫人大殿内孟母雕像底座。

三、恢复孟母祈蚕祠 建设孟母文化园创意提出的时代背景

（一）孟母文化园的创意提出是全面贯彻落实中共十八大和习近平总书记一系列重要讲话精神的需要。

中共十八大明确指出：全面建成小康社会，实现中华民族伟大复兴，必须推动社会主义文化大发展大繁荣，兴起社会主义文化建设新高潮，提高国家文化软实力，发挥文化引领风尚、教育人民、服务社会、推动发展的作用。

习近平视察山东时强调：“国无德不兴，人无德不立。必须加强全社会的思想道德建设，激发人们形成善良的道德意愿、道德情感，培育正确的道德判断和道德责任，提高道德实践能力尤其是自觉践行能力，引导人们向往和追求讲道德、尊道德、守道德的生活，形成向上的力量、向善的力量。”[1]

习近平在纪念孔子诞辰2565周年

1 习近平：《习近平在山东考察时强调：认真贯彻党的十八届三中全会精神 汇聚起全面深化改革的强大正能量》，《人民日报》，2013年11月29日。

国际学术研讨会上讲话时指出："儒家思想同中华民族形成和发展过程中所产生的其他思想文化一道，记载了中华民族自古以来在建设家园的奋斗中开展的精神活动、进行的理性思维、创造的文化成果，反映了中华民族的精神追求，是中华民族生生不息、发展壮大的重要滋养"。[1]

（二）孟母文化园的创意提出是弘扬中华优秀传统文化的需要。

我国传统文化博大精深、源远流长，是中华民族共同的精神记忆和中华文明特有的文化基因。从古至今的贤母们知书达理、深明大义、教子有方，形成的以"贤德、母教、慈幼、仁智"为主要内涵的母教文化已经融入中华优秀传统文化的精髓里，成为中华文化的重要组成部分。儒家思想对中华文明产生了深刻影响，作为儒家文化的集大成者，孟子的仁政学说、民本思想、用人理念、教学方法，以及他身上体现的经世致用的入世精神、厚德仁民的人道精神、崇尚气节的文人风采、"富贵不能淫、贫贱不能移、威武不能屈"大丈夫本色，都是我们十分珍贵的精神财富。建设孟母文化园，把以孟母教子为代表的"母教文化"传承下来，把弘扬儒家精髓文化与发展现实文化有机统一起来，有着十分重要的时代意义。

（三）孟母文化园的创意提出是新时代背景下传统道德回归的理性呼唤。

当前，人们的道德观念不断受到社会变更的冲击，我们面临着许多突出的社会问题，贫富差距持续扩大，物欲追求奢华无度，个人主义恶性膨胀，社会诚信不断消减，伦理道德每况愈下，人与自然关系日趋紧张，原有的道德系统支离破碎，社会新的道德评判标准没有建立，社会呼唤一种新的时代秩序。中共十八大提出的培育和践行的社会主义核心价值观，正是要立足中华优秀传统文化，恢复我们优秀的传统美德和精神，培育国家的价值目标、社会的价值取向和公民的价值准则。新时代需要正确的价值引领和道德支撑，孟母文化园的建设正是在此背景下提出。

（四）孟母文化园的创意提出适应了人民群众的迫切需求。

当今，多元思想的交融冲击，家庭、学校、社会对青少年思想品德教育的缺失，导致众多的青少年张扬个性、鼓励叛逆、宣扬自由、追求平等，出现了许多社会乱象。如何教育好孩子，提高他们的思想道德素质，培育他们善良的道德意愿、道德情感，正确的道德判断和道德责任，使他们从小就树立起热爱祖国的坚定信念、自强不息的奋斗精神、昂扬向上的开拓意识，成为家庭、社会和学校教育的迫切需求。孟母文化园的创意提出，正是要为未成年人创造良好的文化环境，提供更好的文化服务，让他们在此感受

1 习近平：《在纪念孔子诞辰2565周年国际学术研讨会暨国际儒学联合会第五届会员大会开幕会上的讲话》，新华网，2014年9月24日。

中国传统文化的魅力，领略修身、做人、谋事的道理。

四、恢复孟母祈蚕祠 建设孟母文化园项目创意提出的文化支撑

（一）母教文化。

好孩子是母亲的希望，好母亲则是孩子的天堂，爱子必然教子，母爱必然提升为母教，母教文化就是母亲这一社会群体在抚养教育子女的社会实践活动中所形成的思想观念、行为经验等精神文化成果。

中国有着悠久的母教传统，对那些教子有方的母亲，人们称作贤母，她们教子励学、教子修德、教子忠信、教子治国、教子廉正，有“三十六贤母”“四大贤母”“三大贤母”的说法。中华多贤母，孟母为翘楚。孟母作为教子有方的典范，历代朝廷封谥、文人敬仰、百姓争颂，可以说家喻户晓，人人皆知，被称为“母教一人”“母仪第一”。孟母教子的思想与精神，是母教文化的重要内容和典型代表，是孟母文化园创意提出的最根本的文化支撑。

（二）儒家思想。

儒家思想深深影响了中国社会两千多年，它已经深深融入中华民族的血脉之中。山东是儒家思想的发源地，受儒家文化的熏陶影响最深，山东人继承周孔遗风，坚持孔孟人格，以德为美、以孝为先、以和为贵、以礼为范，经济社会各方面都深深留有儒家文化的烙印。

孟母以其贤德，培育了“功不在禹下”的亚圣孟子，儒家思想得到继承和发扬。孔子提出了“仁”，孟子发展到了“义”，并提出了一系列的论断，形成了《孟子》，世有“半部《论语》治天下，一部《孟子》定江山”的说法。作为儒家文化的集大成者，孟子的处世理念和做人准则、哲人风采与文人本色，是一条汲之不尽的精神源泉，是厚重孟母文化园文化底蕴的强力支撑。

（三）特色资源。

阳谷孟母祈蚕祠始建于唐天宝七年（公元748年），历经千年，迭经重修，文史脉络非常清晰。并且，阳谷孟母祈蚕祠是已知史料记载中最早修建的孟母专祀祠宇，也是全国唯一一个以祈蚕祠命名的祭祀孟母的祠庙，与此相关的孟母庙义学、孟母庙会、孟母教子故事，都在阳谷产生了深远的影响。

孟母圣迹留阳谷，千年相承祈蚕祠。孟母祈蚕祠是阳谷的特色文化资源，是阳谷珍贵的文化遗产，是能够彰显阳谷文化品位的精神财富，这也正是我们恢复孟母祈蚕祠建设孟母文化园的资源优势和文化支撑。

五、恢复孟母祈蚕祠 建设孟母文化园的实践意义

建设孟母文化园，就是要挖掘我们的历史文化资源，彰显地方文化特色，以孟母祈蚕祠的恢复为依托，以建设母教文化的学习基地、中华优秀传统文化的传播基地、青少年思想品

德的教育基地为目标，构建集文化展示、生态休闲、旅游观光为一体的寓教于乐、寓教于游的文化主题公园。

（一）社会效益。

1. 普及推广母亲教育，着眼于民族未来。

母亲的素质决定着人类和民族的未来，推动摇篮的手就是推动世界的手。母亲与孩子血脉相连，朝夕相处，是孩子的人生第一教师，也是终身教师，母亲不仅能满足孩子的生理需求和情感饥饿，更是孩子灵魂的塑造者和人生的引路人。把孩子教育成为一个什么样的人，不取决于母亲拥有多少知识，而取决于母亲拥有怎样的人生态度和道德操守，从古到今，多少优秀的母亲，她们或深明大义，或知书达理，或以身垂范，或教子有方，陶冶着子女们的精神境界，树立起孩子们的道德信仰，进而影响他们一生的行为。

“多一个教师，就少一个警察；多一所学校，就少一座监狱；多一个合格的母亲，就少一个社会的负担”。实践证明中国需要母亲教育，时代需要母亲教育。孟母文化园的建设，正是着眼于普及推广以孟母教子文化为重要内容的母教文化，用贤母的榜样力量感召母亲教育、感恩教育，呼唤人间最美的亲情，进而服务于创建幸福家庭，构建和谐社会，其社会效益不言而喻。

2. 落实中共十八大和习总书记讲话精神，壮大文化软实力。

在中共十八大和习近平总书记关于文化建设的一系列讲话精神指引下，阳谷县正切实推进文化强县建设，健全完善文化发展体系，打造特色文化品牌、大力发展文化产业、积极繁荣文化事业，用先进文化教育人民、引导社会、推动发展。

以孟母祈蚕祠的恢复为切入点，建设孟母文化园，一是把这一宝贵的文化资源传世未来，向世人推崇和宣传贤母的高尚品德。二是弘扬母教文化、母爱文化和廉孝文化，这些都将对阳谷的文化品牌打造、文化产业的发展、文化软实力的壮大产生重要的影响。

（二）经济效益。

形象也是一种生产力。产业的发需要注入文化的推动力，需要“文化搭台，经济唱戏”。孟母文化园建成后，将作为我县文化产业的支柱项目，打造出有竞争力、影响力和吸引力的品牌文化，从而夯实阳谷的文化基础，提升阳谷的城市品位，为文化强县建设，为推动经济社会又好又快发展增添强劲动力。

（三）发展定位。

孟母文化园的发展定位为：优秀传统文化展示地、居民生态休闲娱乐地、学习观光的必游地。

（四）三大基地。

1. 母教文化的学习基地。孟母教子的思想与精神，是中华民族传统美德与伦理文化的母教文化的重要内容。建设孟母文化园，以孟母殿、贤母堂的建设为载体，把古今贤母知书达理、教子有方、以身垂范和深明大义展现出来，把当今母亲教子存在的误区展现出来，把当今母亲教子的正确方法方式提炼出来，让每位母亲在这里强化母亲意识、母亲责任，知道如何做一个合格的母亲。

2. 中华优秀传统文化的传播基地。儒家文化是中华民族生生不息、发展壮大的重要滋养，是中华优秀传统文化的主流，至今为人们所认可。建设孟母文化园，以亚圣殿、圣迹展、习儒馆的修建为载体，展示孟子的思想与成就，展示孟子的哲人风采和文人本色，从中学习儒家文化的精华，了解儒家文化对中国当今的现实意义。

3. 青少年思想品德教育基地。以贤母堂、感恩堂、习儒馆等场馆为载体，通过声、光、电等现代手段，用较强的历史感、艺术感和互动性，让青少年在这里感受到浓浓母爱、悠悠古韵，呼唤人间最美的亲情，学会知恩，学会感恩。并且通过对儒家文化精髓的学习，懂得中华民族基本的伦理道德，强化责任意识与担当意识，从而培育青少年爱国、诚信、自强、好学、进取的优良品格。

（五）五大馆区。

1. 孟母祈蚕祠展区。展区以碑亭、蚕室、孟母祈蚕祠三个部分建筑组成，主要展示孟母祈蚕祠的文史脉络和历史沿革，展示中国的桑蚕文化和蚕事习俗，展示孟母的历史地位和教子故事，让人们对阳谷孟母祈蚕祠这一先贤圣迹有所了解。

2. 贤母堂展区。展区以贤母堂为主建筑，由母范天下展、四大贤母展、母亲教育展三个展区组成，展区弘扬母范，树立母教楷模，用贤母的榜样力量感召每位母亲，用正确的育子方法引导每位母亲，同时激励子女奋发有为，以实际行动报答母爱。

3. 感恩堂展区。展区以感恩堂为主建筑，以感恩母亲为主题，并借此延伸于感恩师友、感恩同事、感恩自然、感恩祖国，让人们在此能够知恩感恩。

4. 孟子圣迹展区。展区以亚圣殿、圣迹展两个部分建筑组成，图文并茂的展示亚圣孟子的生平故事、主要思想、名言名句及其历史地位，借此展示孟子的人格风范、传播儒家文化的精髓思想。

5. 儒家文化学习区。以习儒馆的建设为载体，把习儒馆建设成一个修学基地，让青少年在此学儒习礼，并通过举行成人礼、开笔礼、排演历史剧目等各种活动，多角度多层次学习了解中华优秀传统文化。

六、恢复孟母祈蚕祠 建设孟母文化园的几点提议

（一）成立规划建设协调领导小组。

孟母文化园的建设，是落实县委、县政府建设“文化强县”战略部署的正确决策，是为建设幸福和谐新阳谷

提供强有力的价值引领和道德支撑，其策划设计、规划选址事关文化、旅游、教育、规划、国土等诸多部门，建议县委、县政府成立孟母文化园规划建设协调领导小组，统一协调领导这项工作的开展。

（二）高起点规划，总体设计，分期建设。

为把孟母文化园建成我县文化产业的支柱项目，打造出有竞争力、影响力和吸引力的品牌文化，实现母教文化的学习基地、中华优秀传统文化的传播基地、青少年思想品德的教育基地“三大基地”建设目标，建议聘请国内顶尖水平的设计院所进行创意策划和建筑规划设计、陈展脚本编制，实行总体设计，分期建设，确保高质量高标准的建设孟母文化园。

（三）开放管理，公益性定位。

建成的孟母文化园是集文化展示、生态休闲、旅游观光于一体的寓教于乐、寓教于游的文化主题公园，属于公益性文化产业项目。建议在建设过程中，注重生态绿化，强化基础配套，按照“参与性、趣味性、教育性和吸引力、影响力、感召力”要求，将人文景观与园林景观有机结合，开放式管理，为全县人民提供一个中华优秀传统文化、母教文化和青少年思想品德教育的平台，提供一个便捷舒适的旅游休闲好场所、健身娱乐的绿色新空间。

（四）多措并举，筹集建设资金。

鉴于孟母文化园定位于公益性文化项目，社会效益为主，因此，建设资金应以政府投资为主。另外，由于孟母祈蚕祠是文化资源、是历史文化遗产，可以以文化遗产保护与开发项目、城市文化品牌打造项目积极争取上级文化部门的资金扶持。资金筹集的第三条途径便是以孟氏宗亲联谊会为主的社会捐助。

政协阳谷县委员会

2015 年 1 月 26 日

关于推进全县优秀传统文化传播基地建设的专题协商报告

阳政协发〔2018〕5 号

根据《阳谷县政协 2018 协商计划》，5 月 25 日，县政协召开专题协商会，就“推进全县优秀传统文化传播基地建设”开展专题协商。

围绕经济社会发展中的重要问题进行专题协商，是人民政协在新形势下开展政治协商活动的一种新形式。2018年3月，全国政协十三届一次会议对《中国人民政治协商会议章程》(以下简称《政协章程》)进行了修订，“制定年度协商计划，完善以专题协商为重点的常态化协商议政格局”写入《政协章程》。

中共十八大以来，习近平总书记就弘扬中华优秀传统文化做出一系列重要论述。2017年1月，中央办公厅、国务院办公厅印发《关于实施中华优秀传统文化传承发展工程的意见》，标志着民间的传统文化热正式上升成为国家文化发展战略。2017年9月，山东省委印发《山东省传承发展中华优秀传统文化工作方案》，五大体系八项工程，涵盖了文化阐发、普及教育、实践养成、保护传承、传播交流等方方面面。阳谷县《2018年深化改革工作要点》第27条，把深入实施中华优秀传统文化传承发展工程列入今年的改革任务。围绕这一主题，聚焦推进我县优秀传统文化传承发展体系建设，县政协召开此次专题协商会。

专题协商会由县政协副主席史晓莉主持，县政协主席朱炳立、县政府副县长马明、县政协秘书长张克雷、县政协文史资料委员会全体委员、县政协各科室主任、部分委员和县政府有关部门负责人共40余人出席会议。

会上，县教育局、文广新局、规划局、住建局、财政局、国土局负责人就各部门依据自身职能推进我县优秀传统文化的弘扬与传承情况作了说明。政协委员张校昌、魏之伦、陈爱红、任荣华、赵希强、林洋等委员分别围绕文化场馆建设、优秀传统文化进校园、文化遗产保护、文化元素融入城市建设等议题提出建议。政协委员赵希强、林洋、崔存龙、李健、王守兴、魏之化分别与文广新局、市政中心、旅游局、财政局等部门负责人交流协商，各部门积极作出回应。马明副县长要求各相关部门要逐一研究委员们的意见建议，主动与各位委员联系，进一步探讨意见建议的可行性，推进我县优秀传统文化传播基地建设。朱炳立主席在总结讲话中，就实施好阳谷的优秀传统文化传承发展工程讲了意见。

根据协商情况，现将有关意见建议综述如下：

一、对“制定《阳谷县传承发展中华优秀传统文化工作方案》”的建议

县委宣传部、县文广新局等相关部门对我县优秀传统文化资源有着十分清晰而全面的了解，家底十分清楚。应根据《山东省传承发展中华优秀传统文化工作方案》的部署要求，结合我县丰富的传统文化资源，会同有关部门，尽快研究制定《阳谷县传承发展中华优秀传统文化工作方案》，待聊城市方案出台后，同步实施。

二、对“优秀传统文化融入生产

生活”的建议

1. 把现有的城区、乡镇的大小广场，全部赋予不同内容的文化内涵，建成文化广场，建成文化传播基地，让文化展示与健身娱乐融为一体，让市民在锻炼休闲过程中，耳闻目染的受到教育和启发。要深入挖掘我县具有地方特色的优秀传统文化，提炼精选一批凸显阳谷地方特色的经典性元素，合理应用于广场这一公共空间，通过设置文化雕塑、文化墙等形式，符予每个广场以特有的文化内涵。如廉政文化广场、诚信文化广场、母教文化广场、和睦文化广场、运河文化广场、水浒文化广场、红色文化广场等。

2. 进一步提升城区文化景观。运用丰富多彩的艺术形式，对社会主义核心价值观、阳谷地方特色优秀传统文化进行当代表达，应用于公园绿地、机关外墙、道路两侧、灯柱路牌等场所，以喜闻乐见的形式（如故事、漫画等），把现代科技、时尚元素有效运用进去，使其艺术地融入城市建设，形成新的城市文化热点，增添文化气息。

三、对“加强文化遗产保护与传承”的建议

1. 对石佛镇平坊村孟母祈蚕祠旧址，启动原址保护工程，设置基本隔离带，清理出部分农田，周围植栽松柏，对古井进行清淘，建石亭等予以保护。

2. 加快季札挂剑台的修复，配套季子祠建设。在张秋镇政府驻地规划诚信广场。

3. 在阳谷第一小学北校区对过广场紫荆堂原址，规划重建紫荆堂。

4. 推进阳谷博物馆、展览馆建设，加强对阳谷历史文物的保护与展示。

四、对“优秀传统文化进校园”的建议

1. 优秀传统文化对孩子的浸润需要时间和过程。教育部门要保证优秀传统文化进校园活动的常态化、持久化，在学校教学非常紧张的情况下，适度把优秀传统文化纳入学校的教学计划。

2. 育人要先达已，传统文化进校园，教师要先行。学校要打造一批能传播优秀传统文化的高素质教师队伍，让老师的文化素质得以提升，能要跟得上，带得动，要积极组织教师参加相关培训活动，为传统文化教育的开展提供了有力的支撑。

3. 传统文化进校园，要吸纳我们阳谷优秀传统文化元素。身边的文化更能吸引人、感染人和教育人。建议宣传、文化部门从阳谷优秀传统文化中提炼题材，推出如宣传册、剪画、小说、故事、情景剧等艺术形式，为中小学生的传统文化教育提供好的素材。

4. 营造呵护“传统美”的氛围。中小学生还处于思想未成熟期，因此在甄别信息和获取知识方面难免存在着自身难以克服的局限性。培养孩子，需要家长、学校、老师、社会，共同努力，打造一个呵护“传统美”的氛围。母亲是孩子教育的启蒙者，言传身教者，是传统文化入心入脑的引导者。因此，要充分利用我县特色的孟母文化，在全社会倡树家风、弘扬母教。

五、关于“加大优秀传统文化弘扬传播”的建议

1. 加快推进文化场馆建设。发挥图书馆、文化馆、博物馆、展览馆、美术馆等公共文化机构在传承发展中华优秀传统文化的作用。

2. 利用各个节点，组织各个部门开展各式各样的文化活动。充分利用中国传统节日、重大历史事件纪念日、国家公祭仪式、烈士纪念日，充分利用各类爱国主义教育基地，举办文艺演出、书画展览、诗歌朗诵、红歌传唱等活动，滋养文艺创作，开展文化交流，弘扬中华人文精神。

3. 规划建设四德公园、孟母文化公园。“四德”工程是社会主义核心价值体系建设的有效载体和道德建设的品牌。建设四德公园，展示我县公民在个人品德、家庭美德、职业道德、社会公德建设方面涌现的凡人善举。启动孟母文化园建设，弘扬传承以“孟母教子”为代表的母教文化，强化家庭、家教、家风教育，为青少年创造更好的文化环境，为全社会提供更好的文化服务。

政协阳谷县委员会

2018 年 6 月 10 日

关于推进我县农村公路建设的专题协商报告

阳政协发〔2018〕6 号

为进一步加强我县农村公路建设，全面改善农村群众出行条件，助推打赢脱贫攻坚战和乡村振兴战略实施，县政协将推进我县农村公路建设列入 2018 年度协商计划。10 月 31 日围绕此议题召开了专题协商会。现将协商情况报县委政府领导，供决策参考。

一、协商前期调研情况

为将协商会开出实效，县政协主席朱炳立召开主席会议听取协商前期筹备情况，强调一定要把情况摸透、问题找准、建议提实，真正帮助协商部门查找不足、解决问题。县政协经济委员会积极落实会议要求，一是选取提案和社情民意信息中关心关注农村公路建设的委员组成调研队伍，保证人员质量；二是采取部门情况通报、查阅资料了解相关办法条例、发放调查问卷听取民声民意、深入基层实地察看与群众交流、召开座谈会讨论等多种形式进行前期调研，做到知情明政；三是协商会前就前期调研报告与协商部门再沟通再交流，增强建议的科学性、可行性、前瞻性。通过认真准备，收集了情况，发现了问题，总结出了解决问题的建议和措施。

二、协商会召开情况

专题协商会由县政协副主席冯继勇主持。县政协主席朱炳立、县政府党组成员李庆峨、县政协秘书长张克雷、县政协经济委员会委员、部分委员和有关协商部门负责人出席会议。

会上，县交通局、县财政局负责人依据部门职责通报了推进我县农村公路建设情况；县政协经济委员会主任黄祥杰代表经济委员会汇报前期调研情况，提出建议措施；县政协委员马先锋、国海宽、张太芳、朱来贺分别围绕过路管涵问题、公路养护责任信息公开问题、农村公路排水设施问题、路肩绿化等问题与县交通局负责人交流协商，部门积极做出回应。县政府党组成员李庆峨讲了意见，要求会后协商部门要逐一逐项地拿出具体措施，结合工作实际，扎扎实实地落实到今后的全县农村公路建设工作中。最后，县政协主席朱炳立就如何进一步推进我县农村公路建设工作作总结讲话。

三、推进我县农村公路建设的建议

协商会上，委员们认为，我县深入贯彻习近平总书记对农村公路的重要指示精神，积极对接省市计划，紧密联系工作大局，集中攻坚，稳步推进“村级公路网化示范县”、扶贫大道等农村公路工程建设，极大改善了农村地区出行条件，推动了当地群众致富。但在农村公路建设过程中还存在路网有待优化、配套建设资金缺口大改造任务艰巨、建设等级标准低、养护管理滞后等一些突出问题亟须解决。根据协商情况，将推进我县农村公路建设建议综述如下：

（一）科学规划，着力打通农村公路的“最后一公里”。要因地制宜，坚持以人为本，结合我县农村公路建设实际情况，对现有路网进行完善，逐步形成一个合理便捷的农村路网结构。要对人口、车辆等增幅情况深入调研统计，根据农村公路使用功能、交通流量的不同，确定相应建设标准，做到适度超前和节约投资相结合。要紧紧围绕我县发展目标定位，聚焦产业发展、生态发展要求和各乡镇实际，把农村公路建设与乡村振兴战略实施、美丽乡村建设、脱贫攻坚战等通盘考虑，统筹推进，高起点、高标准编制完成我县综合交通中长期发展规划（2018 年—2035 年）。

（二）拓宽投融资渠道，减少建设资金缺口。《山东省农村公路条例》明确，要建立以公共财政投入为主、多渠道筹措为辅的农村公路建设资金筹措机制，并在筹措资金方式、使用方式上提供了制度保障。交通局等相关部门要继续深化农村道路建设融资问题的研究，用足用好上级政策，积极争取资金；同时探索企业参与建设、土地开发、社会公益捐资等多元融资结构，把农村公路建设与经济发展项目建设进行捆绑等办法解决配套资金，打破公路建设资金等、靠、要上级补助的局限，拓展多种渠道筹资，充分调动各方积极性。

（三）加大监管和巡查力度，提升农村公路的质量安全。一是对正在建设施工中的农村公路，交通部门要结合农村经济快速发展的实际，高标准设计并加强对施工现场的检查和指导，落实施工单位、乡镇以及村级组织的责任，发动群众积极参与质量监督，严把建设源头质量关。二是对已建成路段的排水设施、路肩培土、急弯和危险地段的警示标志及安全防护等附属设施补救到位，对路面破损严重的公路和危桥有计划地进行修缮，提升农村公路等级，改善车辆通行条件，减少交通隐患。三是加强执法和监管，不间断实施整治行动，遏止各类侵害路产路权、超限超载违法行为，杜绝和减少占道经营、乱堆乱放等现象的发生，确保农村公路安全畅通、路域环境整洁优美。

（四）完善农村公路管养体系，建立养护长效机制。一是积极发挥乡规民约、村规民约约束作用，加大农村公路法律法规宣传，增强群众爱路、护路意识教育。二是健全落实农村公路管理和养护责任机制，逐步实现农村公路养护正常化、规范化。三是做好养护资金预算，建立稳定的农村公路养护经费渠道，确保养护工作的可持续开展。四是完善农村公路建设土地征用补偿措施，建议出台农村公路特别是村道建设土地补偿办法，给农民适当补偿，解决现有乡村公路过窄又无法增加路肩的问题。

2018 年 11 月 19 日

关于推进全县美丽乡村建设暨乡村旅游的专题协商报告

阳政协发〔2018〕7 号

根据《阳谷县政协 2018 协商计划》，11 月 27 日，县政协召开专题协商会，就“推进全县美丽乡村建设暨乡村旅游”开展专题协商。现将专题协商情况报县委政府领导，供决策参考。

一、协商前期调研情况

县政协委员联络工作委员会按照协商计划安排，认真做好前期调研工作。一是组织协商部门的政协委员召开会议，明确调研议题、调研时间、调研要求，确保形成高质量的调研报告。二是协商会前就前期调研报告与协商部门沟通交流，增强建议的科学性、可行性、前瞻性。通过认真准备，了解了情况、发现了问题，总结出了解决问题的建议和措施。

二、协商会召开情况

专题协商会由县政协副主席魏庆银主持，县政协主席朱炳立、县政府副县长王霞、县政协秘书长张克雷、县政协各科室主任、部分委员和县政府有关部门负责人共50余人出席会议。

会上，大布乡、县旅游局、县住建局、县农业局、县林业局负责人依据自身职能就推进我县美丽乡村建设和乡村旅游情况作了说明。政协委员于纪林、刘晓燕、岳喜鹏、赵含栋、丁祥祺等委员分别就美丽乡村建设要强化规划设计、融入特色文化内涵、进行集体产权制度和宅基地制度改革、找准产业定位、加强长效管护等议题提出建议。王霞副县长要求各相关部门要逐一研究委员们的意见建议，主动与各位委员联系，进一步探讨意见建议的可行性，推进我县美丽乡村和乡村旅游工作。朱炳立主席在总结讲话中，就如何进一步推进我县美丽乡村建设讲了意见。

三、推进我县美丽乡村建设暨乡村旅游的建议

（一）抓住发展机遇，用足用活上级政策。国家大力实施乡村振兴战略，各级围绕乡村振兴战略也相继出台了具体的实施意见和发展规划，为美丽乡村建设提供了政策支持，同时也为乡村旅游迎来了前所未有的发展机遇。一是要站在推进城乡融合发展、加强城乡统筹的高度，提高推进美丽乡村建设的重要性的认识。二是要认真学习深刻领会中央和省、市相关政策，研透用足用活上级政策，特别是资金、土地等方面的政策，结合实际，积极争取对接。三是要扎实推进农村集体产权和宅基地等制度改革，积极鼓励引导，支持探索创新，为进一步推进美丽乡村建设提供有效政策保障。

（二）因地制宜，完善村庄规划。各相关部门要注重把规划摆在美丽乡村建设工作的首要位置，坚持先规划、后实施。一要组织村民全过程参与。发挥村民自主性，改变过去规划中的“政府干，村民看”的现象，通过座谈、走访、问卷等多种形式，了解村庄，给村庄发展定好位，摸准村庄迫切需要解决的问题。二要多规融合。开展村庄规划、土地利用总体规划、产业发展规划联动调整，促进“三规合一”、多规融合，实现一张图管理。三要凸显个性设计。要结合各村地理区位、资源禀赋、历史文化、产业发展、村民实际需要等，对村庄进行分类梳理，

实施差异化指导，坚持个性化塑造，充分挖掘地方特色和历史文化内涵，营造田园风光与乡土风情。

（三）找准产业定位，发展特色产业。要客观分析当地现状，积极推进农业产业结构调整，大力发展精品农业、生态农业和农家乐等特色产业，开发安全优质农产品，走出一条符合当地实际的生态农业发展之路。一是在产业布局上“多线”发展。努力克服产业单打独斗，只扶持一两个行业的发展思路，追求多产业发展。充分利用政府政策机遇，加大项目资金投入力度，加快基础设施建设，合理扩张产业基地面积，实现规模化生产。二要在规模壮大上“多点”扶持。在企业的规模上多下功夫，努力培养壮大多个规模型农业企业，增强企业抗风险能力，走规模化道路。三要在积聚人气上“多面”引导。以加快推进标准化生产为重点，推广应用先进实用新技术新措施，广泛开展农民教育培训工作，培养一大批有技术、懂经营、会管理的农民致富带头人。引导农民领办、创办、合办包括来料加工业在内的民营企业，在致富自己的同时实现共同富裕。

（四）抓好记忆传承，丰富文化内涵。要充分利用和发挥村庄特有的文化资源，尤其是当地的古民宅、名木古树、民俗文化、文化遗产等发掘保护的规划设计，发掘每个村庄的人文、生态特色内涵，注重文化场地设施统筹安排，打造文化长廊、文化产业品牌，搞好“一村一特色、一村一品牌”规划设计。比如，阎楼镇辛庄村，选取了一处保存完好的，具有鲁西特色的土房民居改造成党员纪念馆，既充分利用了原有建筑，又极大地提高了群众的参与积极性。再比如，我县是古运河的流经之地，始祖文化、水浒文化、运河文化、军事文化、母教文化等众多文化相互交织，文化遗址很多，非物质文化遗产丰富，这些内容通过挖掘和提升，都可以融合到美丽乡村建设当中。

（五）强化机制保障，确保常态长效。一是完善投入机制。建立政府、社会资金参与的多元化投入机制，引导企业、社会资金投入。如设立“美丽乡村”贡献荣誉奖，倡导社会各界捐赠、赞助村级公益事业建设。二是完善长效管护机制。建立排污、垃圾处理、绿化、护栏、供水等公共设施长效管护制度，做到有专人来管、有制度来理、有村规民约来约束。三是完善宣传教育机制。大力宣传先进经验典型范例，营造氛围，使美丽乡村建设家喻户晓，提高我县美丽乡村对外知名度和影响力。四是完善督查考评机制。将美丽乡村建设工作纳入乡镇部门年度工作目标绩效考核，严格实行领导负责制和责任追究制，通过“月通报、季考评”等方式强化督查，强化排名动态管理，扎实推进美丽乡村建设。

阳谷县政协办公室

2018 年 12 月 10 日

蚩尤陵

附　录

古阿井

蚩尤陵

蚩尤宝殿

蚩尤铜像

附录一：

1959 年—2019 年政协阳谷县委员会（含原寿张县政协）领导成员沿革表

附表 1

届别	职 务	姓 名	任 职 时 间	备 注
第一届寿张县政协	主 席	刘传友	1959.10—1961.1	由县委书记兼任
	主 席	高 星	1961.1—1963.7	由县委书记兼任
	副主席	司振东	1959.10—1963.7	由县长兼任
	副主席	刘登九	1959.10—1963.7	由副县长兼任，无党派
	副主席	常立庭	1959.10—1963.7	无党派
	副主席	孙之瑞	1959.10—1963.7	工商联代表
	副主席	高华山	1959.10—1961.7	由统战部部长兼任
	副主席	周云章	1959.10—1961.7	无党派
	副主席	刘镇南	1959.10—1961.7	无党派
	副主席	高澄波	1959.10—1961.7	无党派
第二届寿张县政协	主 席	高 星	1963.7—1963.9	由县委书记兼任
	主 席	刘之忱	1963.9—1964.11	由县委书记兼任
	副主席	施 财	1963.7—1963.11	由县长兼任
	副主席	刘登九	1963.7—1963.11	由副县长兼任，无党派
	副主席	常立庭	1963.7—1963.11	县文教局副局长，无党派
	副主席	孙之瑞	1963.7—1963.11	县工商联副主任，无党派
第一届阳谷县政协	主 席	许子厚	1963.9—1965.5	由县长兼任
	副主席	高华山	1963.9—1966.1	原寿张县政协副主席，县委统战部部长
	副主席	周云章	1963.9—1966.1	原寿张县政协副主席，无党派
	副主席	刘镇南	1963.9—1966.1	原寿张县政协副主席，无党派
	副主席	高澄波	1963.9—1966.1	原寿张县政协副主席，无党派
	主 席	丛树鑫	1965.5—1966.1	由县长兼任，一届三次会议补选
	副主席	杨培祯	1965.5—1966.1	由县委书记兼任，增选
	副主席	常立庭	1965.5—1966.1	原寿张县政协副主席，无党派，一届三次会议增选
	副主席	刘登九	1965.5—1966.1	原寿张县政协副主席，无党派，一届三次会议增选
	副主席	孙之瑞	1965.5—1966.1	原寿张县政协副主席，工商联代表，无党派，一届三次会议增选

续附表 1

届别	职　务	姓　名	任　职　时　间	备　注
第二届阳谷县政协	主　席	杨培祯	1966.1—1967.3	由县委书记兼任
	副主席	丛树鑫	1966.1—1967.3	由县长兼任
	副主席	周云章	1966.1—1967.3	连任，无党派
	副主席	刘镇南	1966.1—1967.3	连任，无党派
	副主席	高澄波	1966.1—1967.3	连任，无党派
	副主席	常立庭	1966.1—1967.3	连任，无党派
	副主席	刘登九	1966.1—1967.3	连任，无党派
	副主席	孙之瑞	1966.1—1967.3	连任，无党派
	副主席	唐兴周	1966.1—1967.3	
第三届阳谷县政协	主　席	王允仙	1980.5—1984.9	由县委副书记兼任，1984 年 2 月改为专职政协主席
	副主席	汝作民	1980.5—1984.2	
	副主席	李寿南	1980.5—1984.9	
	副主席	唐兴周	1980.5—1984.2	连任
	副主席	王心诚	1980.5—1983.11	
	副主席	赵华毅	1980.5—1984.9	无党派
	副主席	常立庭	1980.5—1984.9	连任，无党派
	副主席	王其春	1984.2—1984.9	补选
第四届阳谷县政协	主　席	王允仙	1984.9—1987.4	连任
	副主席	李寿南	1984.9—1987.4	连任
	副主席	王其春	1984.9—1987.4	连任
	副主席	常立庭	1984.9—1987.4	连任，无党派
	副主席	王之洲	1984.9—1987.4	无党派
	副主席	冯际功	1984.9—1987.4	无党派
	副主席	韦燕福	1984.9—1987.4	无党派
	副主席	李印逵	1986.5—1987.4	补选
第五届阳谷县政协	主　席	王允仙	1987.5—1990.3	连任
	副主席	王其春	1987.5—1990.3	连任
	副主席	李印逵	1987.5—1990.3	连任
	副主席	常立庭	1987.5—1990.3	连任，无党派
	副主席	韦燕福	1987.5—1990.3	连任
	副主席	冯际功	1987.5—1990.3	连任，无党派
	秘书长	张　文	1987.12—1990.3	补选

续附表 1

届别	职 务	姓 名	任 职 时 间	备 注
第六届阳谷县政协	主 席	杨智众	1990.3—1993.3	
	副主席	李印逵	1990.3—1993.3	连任
	副主席	孟昭海	1990.3—1993.3	
	副主席	韦燕福	1990.3—1993.3	连任
	副主席	杜元亮	1990.3—1993.3	无党派
	副主席	李贵勤	1990.3—1993.3	无党派
	副主席	王汉杰	1991.3—1993.3	补选，由统战部部长兼任
	秘书长	王世全	1990.3—1993.3	
第七届阳谷县政协	主 席	杨智众	1993.3—1996.3	连任
	主 席	郭银德	1996.3—1998.2	补选
	副主席	李印逵	1993.3—1998.1	连任
	副主席	孟昭海	1993.3—1998.2	连任
	副主席	韦燕福	1993.3—1998.2	连任，无党派
	副主席	杜元亮	1993.3—1998.2	连任，无党派
	副主席	李贵勤	1993.3—1998.2	连任，无党派
	副主席	仝绪启	1994.3—1998.2	补选，由统战部部长兼任
	副主席	陈明诰	1996.3—1998.2	补选
	党组副书记	陈保全	1993.11—1998.2	县委任命
	秘书长	赵运涛	1993.3—1998.2	
第八届阳谷县政协	主 席	郭代荣	1998.2—2003.1	
	副主席	仝绪启	1998.2—2000.1	连任
	副主席	陈明诰	1998.2—2003.1	连任
	副主席	韦燕福	1998.2—2001.2	连任，无党派
	副主席	杜元亮	1998.2—2001.2	连任，无党派
	副主席	苏永侠	1998.2—2000.9	无党派，调任县政府副县长
	副主席	吕顺成	2000.1—2003.1	补选，由统战部部长兼任，调任县人大常委会副主任
	副主席	王长亮	2001.2—2003.1	补选，无党派
	副主席	张长英	2001.2—2003.1	补选，无党派
	副主席	杨廷军	2001.2—2003.1	补选，无党派
	党组副书记	陈保全	1993.11—2003.1	连任
	秘书长	赵运涛	1998.2—2003.1	连任

续附表 1

届别	职　务	姓　名	任职时间	备　注
第九届阳谷县政协	主　席	潘福章	2003.1—2007.12	
	副主席	崔新厚	2007.1—2007.12	补选，正县级
	副主席	王长亮	2003.1—2006.2	连任
	副主席	张长英	2003.1—2007.12	连任，无党派
	副主席	杨廷军	2003.1—2007.12	连任，无党派
	副主席	王守良	2003.1—2007.12	由统战部部长兼任
	副主席	王明惠	2003.1—2007.12	女
	副主席	潘景会	2003.1—2007.12	无党派
	副主席	秦广胜	2007.1—2007.12	补选，调任县总工会主席
	副主席	李金山	2006.2—2007.12	补选
	党组副书记	徐怀谦	2003.1—2007.12	县委任命
	秘书长	赵运涛	2003.1—2006.2	连任
	秘书长	岳修航	2006.2—2007.7	补选
	秘书长	郑清铭	2007.7—2007.12	补选
第十届阳谷县政协	主　席	崔新厚	2007.12—2012.1	
	副主席	张长英	2007.12—2012.1	连任，无党派
	副主席	杨廷军	2007.12—2012.1	连任，无党派，调任县政府副县长
	副主席	王守良	2007.12—2011.4	连任，由统战部部长兼任，调任县政府副县长
	副主席	潘景会	2007.12—2012.1	连任，无党派
	副主席	李金山	2007.12—2012.1	连任
	副主席	吴春凤	2007.12—2012.1	女
	副主席	朱丙林	2011.4—2012.1	补选，由统战部部长兼任
	秘书长	郑清铭	2007.12—2012.1	连任
第十一届阳谷县政协	主　席	朱炳立	2012.1—2017.1	
	副主席	潘景会	2012.1—2017.1	连任，无党派
	副主席	朱丙林	2012.1—2014.3	由统战部部长兼任
	副主席	孙兰华	2012.1—2017.1	
	副主席	史晓莉	2012.1—2017.1	女
	副主席	闫邦一	2012.1—2017.1	无党派
	副主席	冯继勇	2012.1—2017.1	无党派
	副主席	魏庆银	2015.3—2017.1	补选
	秘书长	郑清铭	2012.1—2017.1	连任

续附表 1

届别	职　务	姓　名	任　职　时　间	备　注
第十二届阳谷县政协	主　席	朱炳立	2017.1—	连任
	副主席	潘景会	2017.1—2019.1	连任，无党派
	副主席	史晓莉	2017.1—	连任，女
	副主席	闫邦一	2017.1—2019.10	连任，无党派
	副主席	冯继勇	2017.1—	连任，无党派
	副主席	魏庆银	2017.1—	连任
	副主席	王凌峰	2017.1—2019.7	民建会员，调任聊城市外事办副主任
	副主席	范新立	2020.5—	补选，无党派
	副主席	刘文龙	2020.5—	补选，无党派
	秘书长	郑清铭	2017.1—2017.2	连任，调任县地震局局长
	秘书长	张克雷	2018.1—2019.2	补选
	秘书长	李贻贵	2019.2—2020.5	补选
	秘书长	王兰英	2020.5—	补选，女

附录二：

1980 年—2019 年政协阳谷县委员会机关人员一览表

附表 2

姓　名	性别	从事政协工作时间	历任职务
张立正	男	1980.05—1990.12	办公室主任
陈贵昌	男	1980.05—1989.12	办公室科员，联络科副科长、科长，调任县工商联主任
李印元	男	1981—2005.10	办公室科员，文史科副科长、科长
张德平	男	1981—1997.07	办公室科员、会计、宣传联络科副科长
邵广芹	男	1982.03—1997.04	会计，提案信访科副科长、科长，调任县政府法制办副主任
张建华	男	1982.03—至今	档案员
王凤学	男	1984.01—2014.06	驾驶员
宋义星	男	1984.03—1996.05	通讯员、打字员，调任县地税局科员
赵运涛	男	1984.07—2013.06	办公室副主任、主任，秘书长
张　文	男	1984.07—1993.04	办公室主任、秘书长
王　廷	男	1986.08—1997	办公室科员、副主任、主任，调任县委党校副校长
王世全	男	1986.09—1993.12	联络科科长、宣传科科长、秘书长
郭春英	女	1988.04—1995.07	提案信访科副科长、科长
李韶辉	男	1989.12—2001.12	办公室科员、副主任、主任，调任七级镇镇长
王玉祥	男	1990.03—2003.05	宣传联络科科长
张云生	男	1990.06—至今	驾驶员
岳修航	男	1990.07—2015.01	办公室科员，老干科科长，办公室副主任、主任，秘书长
侯朝鲁	男	1990.11—1992.09	办公室科员，入山东省人民武装学校就读
李玉琳	女	1990.12—2019.03	办公室科员，宣传联络科副科长、科长
郑清铭	男	1991.01—2017.02	文史科科员、老干科科长、文史科科长、秘书长，调任县地震局局长
杨传民	男	1991.01—2002.08	提案信访科科员、副科长、科长，调任县计生局副局长
黄庆民	男	1992.06—至今	办公室科员
王长健	男	1992.09—至今	驾驶员
杨世钟	男	1996.02—至今	办公室科员，文史科副科长、科长
许春生	男	1997.12—2013.05	办公室科员、宣传联络科副科长、提案信访科副科长、科长，调任县侨办书记
王泽文	男	1997.12—2000.11	办公室科员，调任石门宋乡副乡长
姜来芳	男	1998.01—至今	驾驶员

续附表 2

姓　名	性别	从事政协工作时间	历任职务
史代菊	女	1998.09—2002.10	主任科员
吕宗言	男	1998.12—2011.08	提案信访科副主任科员、联谊中心主任
白宗常	男	1999.07—至今	办公室科员、老干科科长、主任科员
赵东峰	男	2000.03—2013.05	办公室科员、宣传联络科副科长，调任县司法局副局长
孟昭峰	男	2001.10—2012.06	主任科员
陈　玲	女	2002.08—至今	办公室科员，提案信访科副科长、科长
岳喜锦	男	2002.12—至今	办公室科员
王立光	男	2004.05—至今	办公室科员、副主任、主任
董经路	男	2004.05—至今	宣传联络科科员、文史科副科长、宣传信息科科长
张亦臣	男	2004.05—至今	提案信访科科员、老干科科长、提案信访科副科长
孙喜臣	男	2004.06—2018.08	办公室科员、副主任、主任，调任县科协主任
高宝金	男	2004.09—2008.11	办公室副主任、主任，调任县计生局副局长
陈　丽	女	2005.12—至今	宣传联络科科员
王胜军	男	2006.01—至今	办公室科员
高宝兴	男	2006.01—至今	驾驶员
李连军	男	2006.10—至今	驾驶员
岳彩贺	男	2007.10—至今	驾驶员、办公室科员
王　伟	男	2007.10—至今	办公室科员
王红飞	女	2008.11—至今	老干科科员、宣传联络科副科长
杨乐天	男	2008.11—2009.02	办公室科员，调任山东工艺美术学院
潘瑞政	女	2009.12—至今	提案信访科科员、老干科科长、委员联络科科长，2017 年 9 月挂职大布乡党委副书记
张　旭	男	2010.09—至今	办公室科员、提案信访科科员、机关老干部服务中心主任
梁永胜	男	2011.12—至今	办公室科员、文史科科员
胡志强	男	2011.12—2017.09	办公室科员，调任县财政局科员
闫光阳	男	2012.12—至今	办公室科员
黄　凯	男	2013.02—2015.09	办公室科员，调任李台镇政府科员
张克雷	男	2017.02—至今	党组成员、秘书长、政协常委
商兆辉	男	2017.06—2019.06	老干科科长，调任县纪委监委信息中心副主任
庞素静	女	2018.11—至今	办公室科员、文史科副科长
国殿梁	男	2018.11—至今	办公室科员
李贻贵	男	2019.02—2020.05	党组成员、秘书长
王兰英	女	2019.12—至今	副秘书长、秘书长、党组成员

附录三：阳谷县政协表彰的先进集体和先进个人

1991 年度模范政协委员

（1992 年 3 月 7 日县政协六届十次常委会通过）

于志安	王敬祥	王洪祺	王友庆	王秀环	王树功	付登雨
申季润	申跃鲁	吕学堂	吕效英	吕端重	刘洪俊	许志新
阎金生	李月萍	张凡秀	张忠民	杨忠贤	吴兆俊	邱方振
侯兆民	胡福义	郭建鸿	郭景朗	郭宗莲	袁云杰	秦新笑
惠金为	段延世	熊天光	魏之林	魏洪魁	臧玉凤	

1994 年度乡镇政协工委先进单位

七级镇政协工委	范海乡政协工委	高庙王乡政协工委
西湖乡政协工委	寿张镇政协工委	

1994 年度乡镇政协工委先进个人一览表

附表 3

姓　名	单位职务	姓　名	单位职务
王春平	阳谷镇政协工委主任	司绍松	十五里园乡政协工委主任
孙子龙	李台乡政协工委主任	阮厚华	阎楼乡政协工委主任
孙洪祥	定水镇乡政协工委主任	王继海	石佛乡政协工委主任
张义福	张秋镇政协工委主任	陈兰英	翟庄乡政协工委副主任
张学法	安乐镇政协工委主任	阎庆宏	阿城镇政协工委主任

1999 年度县政协八届二次会议优秀提案名单一览表

附表 4

提案名称	提案委员
建议改造邵楼、曹庄低洼盐碱地	陈焕云
关于丰徐沟治理问题的建议	周振光
关于发展畜牧业引进良种牛问题的建议	惠金为　张登兰
关于改制企业退还工人集资问题的建议	王明惠
制止婚丧嫁娶大操大办问题的建议	李月明
要求教育费附加真正实行乡征县管 保证教师工资按时发放	袁振清
建议取缔学校门口不卫生食品摊点	申培军　张义元
建议加强县城环境治理 改造城东臭水沟	李生林

1999 年度县政协八届二次会议提案先进承办单位名单

阳谷县政府办公室
阳谷县建委
阳谷县环保局
阳谷县水利局
阳谷县畜牧局
郭屯乡人民政府

2000 年度县政协八届三次会议优秀提案名单一览表

附表 5

提案名称	提案委员
关于加强改制企业税收管理的建议	魏翊恩
关于发展小尾寒羊问题的建议	梁永春　惠金为
关于实验小学扩建问题的建议	杜梦桐
建议建立小麦良种试验示范田	杨忠贤
关于兴建实验中学的建议	胥清明　胡秀青
建议搞好生猪品种改良	付登雨
关于搞好县城卫生问题的建议	张淑惠
建议继续搞好郭屯乡盐碱地改造	陈焕云

2000 年度县政协八届三次会议提案先进承办单位名单

阳谷县政府办公室
阳谷县教委
阳谷县多种经营办公室
阳谷县环保局
阳谷县畜牧局
阳谷县农业局
阳谷县建委

2001 年度县政协八届四次会议优秀提案名单一览表

附表 6

提案名称	提案委员
关于保证新修公路质量问题的建议	张洪平　贾秀兰
关于农村电费问题的建议	李生林　董道平
关于严厉打击邪教组织的建议	申培军
关于加强各广场娱乐活动管理的建议	张义元
建议修建定水镇双楼徒骇河大桥	李守臣
建议整顿中小学门口网吧站点	聂亦民
关于加快县城建设的建议	冯修杰
关于修建县博物馆的建议	张学峰

2001 年度县政协八届四次会议提案先进承办单位名单

阳谷县政府办公室
阳谷县教委
阳谷县交通委
阳谷县水务局
阳谷县电业管理公司
阳谷县文体委
阳谷县建委

2003 年度“十佳”优秀提案名单一览表

附表 7

提案名称	提案委员
县乡公路路宽桥窄	王长华　姜兴玉
整修阳谷北环路北街菜市场路段	孙保忠
引水进城区，改善生活环境	王代明
进一步加强人才队伍建设	杨士生
组建大型畜牧专业综合市场	付登雨　秦增军
金融等职能部门加强对民营企业的扶持	马　颖
如何保护非公有制企业的发展	吕寻林
继续将社会保险工作纳入县直部门和乡镇岗评考核目标	董令广
政府统一实施开发城市	魏之伦
加强农村治安管理，狠狠打击盗窃犯罪活动	惠金为

2004 年度阳谷县“十佳”政协委员名单一览表

附表 8

姓　名	工作单位及职务
于智长	中共阳谷县委组织部常务副部长、县老干局局长
刘玉存	山东省方舟集团公司总经理
刘进文	山东景阳冈酒业有限公司副总经理、工会主席
宋义伦	阳谷县计生局副局长、县计划生育技术服务中心主任
张传立	山东立鑫裘革服装有限公司经理、安乐镇南街村党支部书记、村委会主任
孟庆平	阳谷县农业局党组书记、局长
胥清明	李台中学校长
贾秀兰	寿张镇敬老院院长
臧爱民	阳谷县税务标志服装厂厂长

2004年度县政协九届二次会议“十佳”优秀提案名单一览表

附表9

提案名称	提案委员
关于金堤河流域沿线灌溉、排水问题的建议	张庆生
关于发展阳谷经济的几点建议	魏之伦
关于治理城区学校门口摊点的建议	蒋景标
关于加强“网吧”管理问题的建议	杜晓慧
关于加强市区交通管理问题的建议	于之庆
关于加强对农民科技培训的建议	申培社
关于整顿、规范农资市场，确保农民利益的建议	袁本厚
关于落实下岗职工再就业有关优惠政策的建议	潘宗富
关于加强文化基础设施建设的建议	张志鸿
关于如何树立科学发展观，优化经济结构调整的建议	王文水

2004年度县政协九届二次会议“十佳”先进承办单位名单

阳谷县水务局
阳谷县交警大队
阳谷县交通局
阳谷县科技局
阳谷县畜牧局
阳谷县建设局
阳谷县文体局
阳谷县广电局
阳谷县工商局
阳谷县目标管理责任制办公室

2006年度阳谷县“十佳”政协委员名单一览表

（2007年1月21日县政协九届十九次常委会议审议通过）

附表10

姓　名	工作单位及职务
孙兰华	阳谷县交通局党组书记、局长
汤洪斌	山东阳谷鲁信清真食业有限公司总经理
闫明元	阳谷县委组织部常务副部长、老干部局局长
张校昌	阳谷县政府办公室副主任、体改办主任
李文刚	阳谷县中医院副院长
陈洪震	阳谷县第二职业中专校长
孟宪东	阳谷谷山建筑工程有限公司经理
郝继发	阳谷县公路局党组书记、局长
徐兴成	山东阳谷建新助剂化工厂厂长
秦广禄	阳谷县水务局党组书记、局长

2006 年度县政协九届四次会议“十佳”优秀提案名单一览表

附表 11

提案名称	提案委员
在居民区增设健身器材的建议	侯　兵
加强社会诚信建设	冷庆臣
关于扩大机关事业单位养老保险覆盖面的建议	董令广
假化肥真是让农民伤透了脑筋	朱海慧
防止校园暴力事件发生	魏清霞
建立有效机制，关心教师身心健康	李正池
关于丰富农村文化生活的建议	邱方振
农村文化落后是造成目前低俗现象发生原因之一	韩丙宪
建议医疗部门设立医德奖	司美成
尽快开发蚩尤冢的建议	刘广涛

2006 年度县政协九届四次会议提案“十佳” 先进承办单位名单

阳谷县政府办公室　　阳谷县建设局
阳谷县卫生局　　阳谷县农业局
阳谷县交通局　　阳谷县教育局
阳谷县文体局　　阳谷县劳动局
阳谷县国土资源管理局　　阳谷县水务局

2008 年度阳谷县“十佳”政协委员名单一览表

（2009 年 1 月 17 日县政协十届四次常委会议审议通过）

附表 12

姓　名	工作单位及职务
曹保国	阳谷县文体局局长
宋义伦	阳谷县计划生育服务中心主任
布庆国	阳谷县目标办主任
吕寻林	山东阳谷鲁燕化工公司总经理
郎佃华	阳谷县七级镇后郎湾村党支部书记
臧爱民	山东阳谷税务标志服装厂厂长
李金健	阳谷县蓝天幼少儿教育中心主任、校长
张太芳	阳谷县园林管理处主任
李　蕾	阳谷县共青团书记
王兰英	阳谷县妇联主任

2008年度县政协十届一次会议“十佳”优秀提案名单一览表

附表13

提案名称	提案委员
切实加强农村文化建设的建议	刘德民
尽快建立废旧电池回收点的建议	李龙军
关于加强小区物业管理的建议	付红英
加强网络管理，净化网络环境的建议	王占元
关于加强坡里教堂保护的建议	高新普
加强民营企业安全生产管理工作的建议	闫学锋
整合闲置资产，促进项目孵化的建议	金德长
加强对农民的科技培训，增强农民科学素质的建议	申培社
切实保障农民工各项权益的建议	王　宏
治理整顿学校门口摊点的建议	王寿梅

2008年度县政协十届一次会议提案“十佳”先进承办单位名单

阳谷县电业公司
阳谷县水务局
阳谷县公安局
阳谷县建设局
阳谷县农业局
阳谷县交通局
阳谷县财政局
阳谷县执法局
阳谷县教育局
阳谷县卫生局

2009年度阳谷县“十佳”政协委员合影

2009年度阳谷县“十佳”政协委员名单一览表

附表14

姓　名	工作单位及职务
王金福	阳谷宾馆总经理
孟现壮	阳谷景阳冈良种猪繁育养殖场总经理
杨景随	阳谷县人民医院院长
贾秀兰	阳谷县寿张中心敬老院院长
杨绍凯	阳谷县实验小学校长
杨洪伟	山东省维尔康三阳食品有限公司总经理
李秋生	阳谷县老龄办主任
付红英	阳谷县城市管理行政执法局副局长
刘玉存	山东省方舟集团公司总经理
闫明元	阳谷县委组织部常务副部长

2009年度县政协十届二次会议“十佳”优秀提案名单一览表

附表15

提案名称	提案委员
加强村级卫生室建设的建议	张克雷
进一步加强食品卫生工作管理的建议	李言义
关于阳谷县城区环保问题的建议	顾冠中
关于加强对返乡农民工技术培训的建议	申培社
加强对农村油坊食用油生产销售管理的建议	雷学荣
关于聊阳沟环境治理问题的建议	陈晓新
关于加强学校安全保卫工作的建议	张良涛
整治学校周边环境的建议	杨传民
加强对道路建设质量监督的建议	杨兴云
重视城区水环境和河道景观建设的建议	王　宏

2009年度县政协十届二次会议“十佳”提案先进承办单位名单

阳谷县财政局
阳谷县交通局
阳谷县农业局
阳谷县教育局
阳谷县国土资源局
阳谷县建设局
阳谷县劳动和社会保障局
阳谷县计生局
阳谷县工商局
阳谷县公安局

2009年度阳谷县"十佳"提案先进承办单位合影

2010年度阳谷县"十佳"政协委员名单一览表

附表16

姓　名	工作单位及职务
张　平	阳谷汽车坐垫行业协会会长、阳谷张平汽车饰品有限公司总经理
张　微	阳谷县体育局地掷球培训中心科长
姚西栋	阳谷县公安局政委
孙瑞柱	阳谷县财政局副局长、收费管理局局长
王　峰	阳谷县医院干部病房主任
张　静	阳谷县交巡警办公室内勤
冯广智	景阳冈运输公司经理
朱月成	阳谷侨润建筑工程公司经理
杨清洁	阳谷县外侨办主任
郝继发	阳谷县公路管理局局长

2010年度阳谷县“十佳”政协委员合影

2010年度县政协十届三次会议“十佳”优秀提案名单一览表

附表17

提案名称	提案委员
进一步加快蚩尤陵建设的建议	王晓霞
建立汽车坐垫生产基地的建议	杨兆阁
地方教材增设弘扬阳谷文化内容的建议	杨绍凯
改进集中供暖服务的建议	李秋生
加快狮子楼景区建设的建议	黄淑霞
在黄山路设置交通通行标示设施的建议	徐保章
关于农村食品安全问题的建议	周忠华
加强烧烤市场管理，创建文明卫生城市	王世乾
加强新农村建设中环境保护工作	岳彩虹
推进产业集聚发展的建议	于继民

2010 年度阳谷县“十佳”优秀提案委员合影

2010 年度县政协十届三次会议提案“十佳”先进承办单位名单

阳谷县住房和城乡建设局
阳谷县人力资源和社会保障局
阳谷县旅游局
阳谷县民政局
阳谷县交警大队
阳谷县水务局
阳谷县文化广电新闻出版局
阳谷县行政执法局
阳谷县交通局
阳谷县财政局

2010 年度阳谷县“十佳”提案先进承办单位合影

2012 年度县政协十一届一次会议优秀提案名单一览表

附表 18

提案名称	提案委员
禁止在娱乐广场周围摆摊的建议	吴彩云
加强城区交通环境综合整治的建议	张校昌
提高冬季集中供暖质量的建议	王晓霞
加强农村文化建设的建议	马德印
规范接送学生车辆管理的建议	王玉鹏
加强乡村公路的建设与维护的建议	孟淑惠
进一步加强七级镇古镇开发建设的建议	高永远
加强中小学生思想道德教育的建议	仝绪俭
加强小区物业管理的建议	高新普
加大食品安全监督、检查、处罚力度	李龙军

2012 年度县政协十一届一次会议提案先进承办单位名单

阳谷县财政局　阳谷县人力资源和社会保障局
阳谷县文化广电新闻出版局　阳谷县交通运输局
阳谷县住房和城乡建设局　阳谷水务局
阳谷县工商行政管理局　阳谷县交警大队
阳谷县畜牧局　阳谷县张秋镇人民政府

2013 年度县政协十一届二次会议“十佳”提案名单一览表

附表 19

提案名称	提案委员
治理载客三轮车，大力发展公交事业	肖　斌
农村垃圾进行集中收集处理	张蔚云
稳步推进农村新居建设	孙瑞柱
加强乡村文化场所管理	王　伟
进一步加强城区交通环境治理	曹振峰
加强民间融资管理	张建利
加强居民小区物业管理	杨清洁
加强食品安全监督	李秋生
张秋水源地的保护工作	董长侠
厉行节约，反对浪费，建设节约型机关	张景伟

2013 年度县政协十一届二次会议“十佳”提案承办单位名单

阳谷县人力资源和社会保障局
阳谷县卫生局
阳谷县农业局
阳谷县交通运输局
阳谷县交警大队
阳谷县教育局
阳谷县住房和城乡建设局
阳谷县财政局
阳谷县房管局
阳谷县执法局

2014 年度县政协十一届三次会议“十佳”提案名单一览表

附表 20

提案名称	提案委员
加强农村住宅新区污水处理建设工作	张克雷
聊阳沟（阳谷段）水污染问题	白志宏
加大假冒伪劣食品的打击力度	刘继民
加强交通干线及重点路段交通管理	王秋正
加强城区工程车辆管理	吴彩云
接通农村公交“最后一公里”	魏东存
关于县级医院人才队伍建设的建议	张义元
加强小餐饮业规范管理的建议	黄祥杰
关于推进文化旅游业发展的建议	杨希玉
道路施工分段实施制止扬尘	付红英

2014 年度县政协十一届三次会议“十佳”提案承办单位名单

阳谷县环境保护局
阳谷县财政局
阳谷县卫生和计划生育局
阳谷县食品药品监督管理局
阳谷县农业局
阳谷县教育局
阳谷县人力资源和社会保障局
阳谷县城市管理行政执法局
阳谷县城市规划局
阳谷县交警大队

2015 年度县政协十一届四次会议优秀提案名单一览表

附表 21

提案名称	提案委员
推进文化旅游业发展	杨希玉
加强中小学生素质教育	张一星
加强城乡社区服务机构建设	王　勇
关于张秋水源地划定永久保护的建议	朱耀庭
加强对城区客运机动三轮车的管理	侯胜利

续附表 21

提案名称	提案委员
繁荣农村文化建设	白志宏
进一步加强食品药品监督管理的建议	张克雷
加强我县城区公厕建设的管理	张校昌
中小学生法律知识和自我防范意识提升	高宝金
建立城区环境综合整治长效机制	李　涛

2015 年度县政协十一届四次会议提案先进承办单位名单

阳谷县人力资源和社会保障局
阳谷县交警大队
阳谷县财政局
阳谷县环境保护局
阳谷县农业局
阳谷县教育局
阳谷县文化广电新闻出版局
阳谷县民政局
阳谷县卫生和计划生育局
阳谷县住房和城乡建设局

2017 年度县政协十二届一次会议优秀提案名单一览表

附表 22

提案名称	提案委员
关于实施宁津路及顺河公园规划改造的建议	中共界
依托孟母祈蚕祠建设青少年思想品德教育基地的建议	李　凯
关于推进“美丽乡村”建设的建议	李耀国
关于加快推进社区建设，提升社区管理水平的建议	杨清洁
关于规范住宅小区物业管理的建议	杨茂合　闫邦敏 于学清　孙凤芹　李　浩
关于正确引导和积极推进我县移风易俗工作的建议	冯修国　王继然 徐新玲　饶玉霞
关于整治公园绿地环境，建设现代生态城市的建议	谷　琦
关于加强城区谷山路交通管理的建议	吴彩云
关于进一步加强对民办幼儿园管理与扶持的建议	李秀玲　王闫明
关于抵制市场保健品风靡泛滥，维护中老年利益的建议	孟　芬

2017 年度县政协十二届一次会议提案先进承办单位名单

阳谷县人民政府办公室
阳谷县交警大队
阳谷县城市管理行政执法局
阳谷县人力资源和社会保障局
阳谷县教育局
阳谷县市政园林公用事业服务中心
阳谷县文化广电新闻出版局
阳谷县卫生和计划生育局

阳谷县食品药品监督管理局　阳谷县农业局

2018 年度县政协十二届二次会议优秀提案名单一览表

附表 23

提案名称	提案委员
关于进一步改善城区交通的建议	国海宽　张 涛　范英才 苏继周　李 志
关于加强农村公益性墓地规划建设的建议	孙建刚
关于加快建设乡镇（社区）污水处理的建议	杨庆军　丁祥祺
关于整治乱占公共免费停车位问题的建议	王闫明　张嘉良
关于加强市场监督保障农民工权益的建议	吴彩云　布乃宾
关于优化城区交通，倡导绿色出行的建议	李 涛　李新智
关于进一步推动阳谷光电信息产业园区配套设施建设工作的建议	高宪义
关于整治占道经营保障道路畅通的建议	王广哲
关于创建特色小镇的建议	杨茂合
关于加强农民产业升级指导，助推乡村振兴的建议	王纪昌

2018 年度县政协十二届二次会议提案先进承办单位名单

阳谷县人民政府办公室　阳谷县交警大队
阳谷县教育局　阳谷县食品药品监督管理局
阳谷县人力资源和社会保障局　阳谷县市政园林公用事业服务中心
阳谷县住房和城乡建设局　阳谷县城市管理行政执法局
阳谷县卫生和计划生育局　阳谷县交通运输局

附录四：阳谷县政协机关荣誉榜

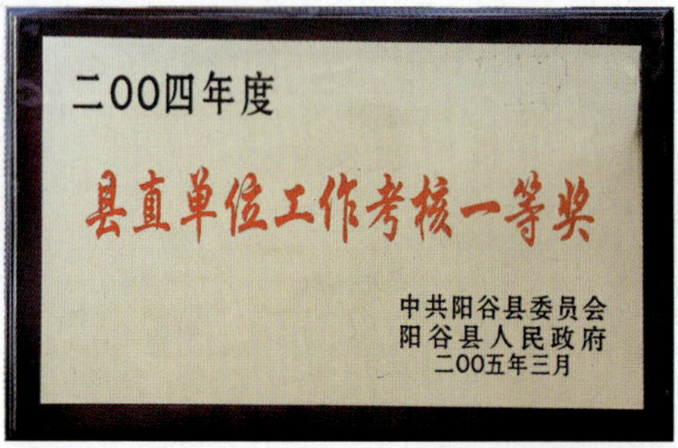

2004 年度县直单位工作考核一等奖

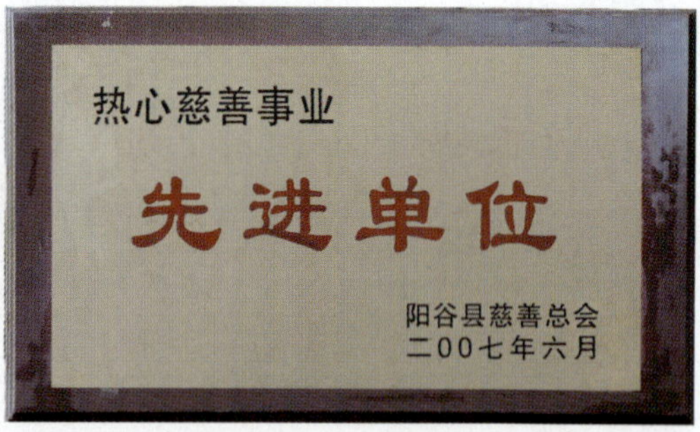

2007 年热心慈善事业先进单位

2006 年度先进基层党组织

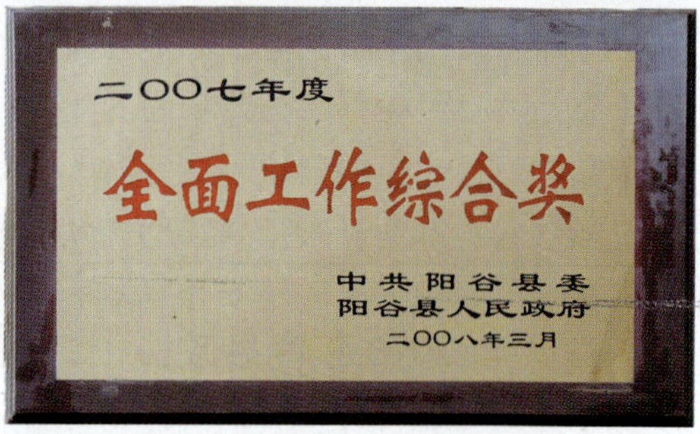

2007 年度全面工作综合奖

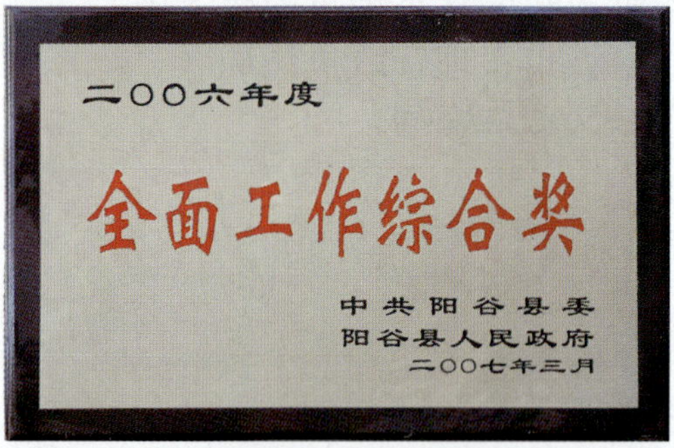

2006 年度全面工作综合奖

2008 年度全面工作综合奖

2007 年“五个好”基层党组织

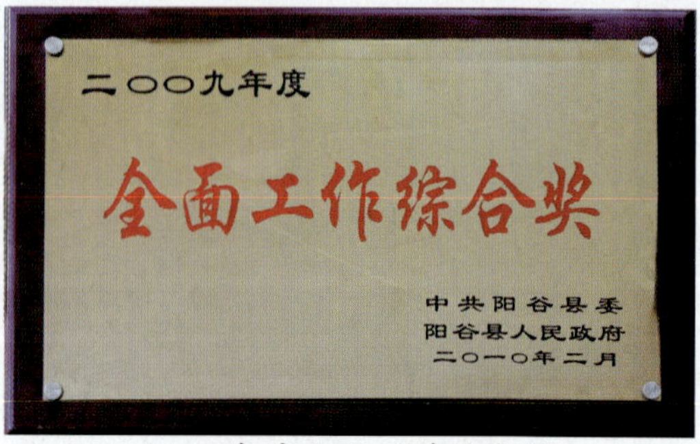

2009 年度全面工作综合奖

2010 年度全面工作综合奖

2010 年平安阳谷建设先进单位

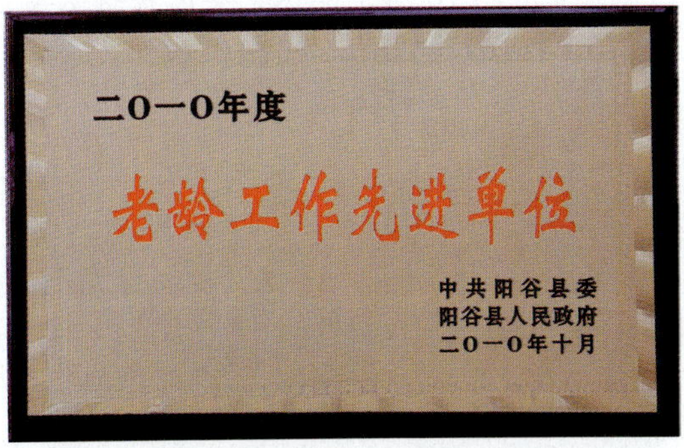

2010 年度老龄工作先进单位

2011 年度平安阳谷建设先进单位

2012 年度信访维稳工作先进单位

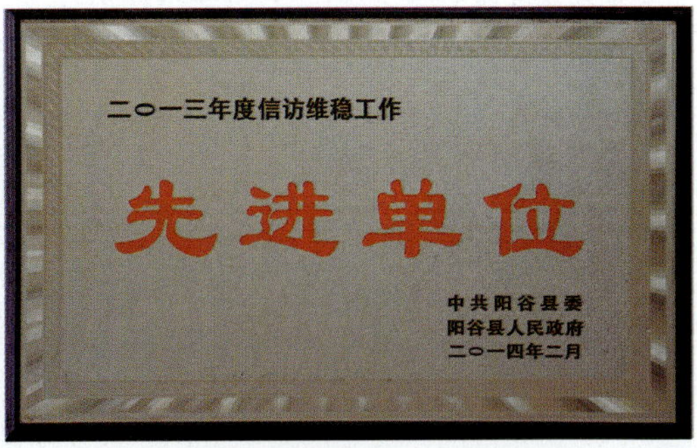

2013 年度信访维稳工作先进单位

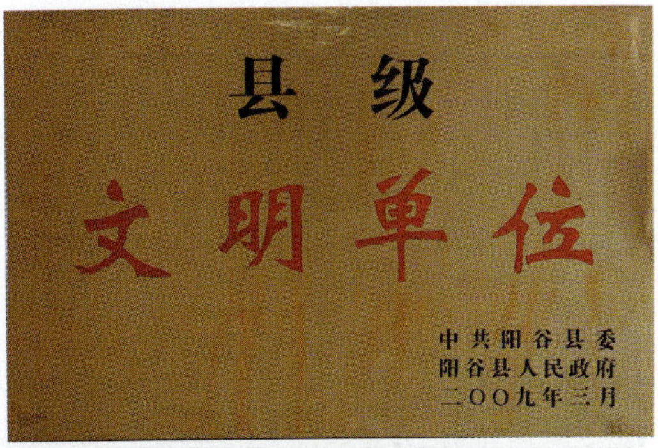

2009 年县级文明单位

2019 年市级文明单位

2013年度全省政协宣传工作先进集体

2015年纪念中国人民抗日战争暨世界反法西斯战争胜利70周年知识竞赛优秀组织奖

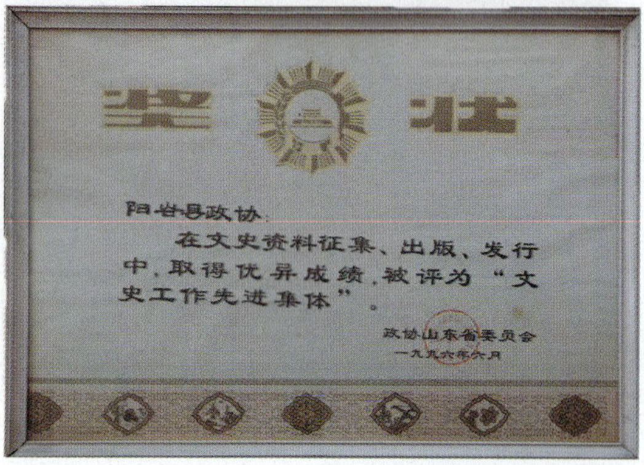

1996年度文史工作先进集体

1999年度文史工作优秀集体

2002年度文史工作优秀集体

2007年度文史工作优秀集体

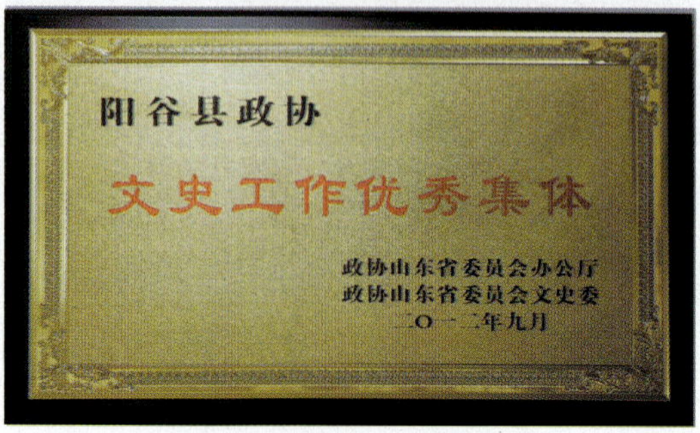

2012年全省文史工作优秀集体

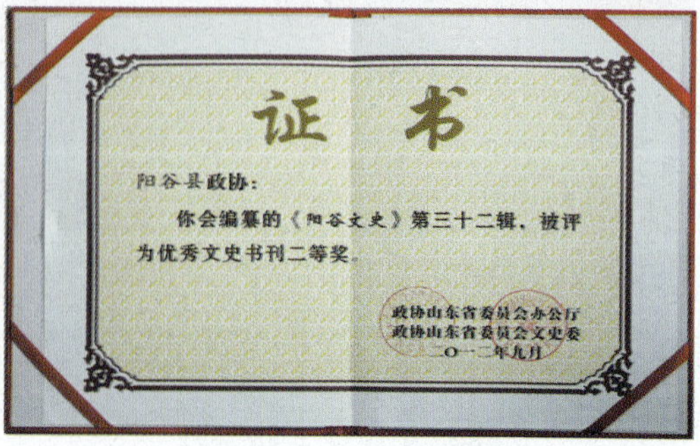

2012年，《阳谷文史》第三十二辑被评为优秀文史书刊二等奖

附录五：

阳谷县政协文史书刊出版及获奖情况一览表

附表 24

名 称	字 数（万）	出版（印刷）时间	出版社（获奖情况）
阳谷文史资料（第 1 辑）	—	1981 年 10 月	油印本
阳谷文史资料（第 2 辑）	—	1982 年 6 月	油印本
阳谷文史资料（第 3 辑）	—	1982 年 8 月	油印本
阳谷文史资料（第 4 辑）	—	1982 年 11 月	油印本
阳谷文史资料（第 5 辑）	—	1983 年 5 月	油印本
阳谷文史资料（第 6 辑）	—	1983 年 6 月	油印本
阳谷文史资料（第 7 辑）	—	1983 年 6 月	油印本
阳谷文史资料（第 8 辑）	—	1983 年 8 月	油印本
阳谷文史资料（第 9 辑）	—	1983 年 9 月	油印本
阳谷文史资料（第 10 辑）	—	1983 年 10 月	油印本
阳谷文史资料（第 11 辑）	—	1984 年 1 月	油印本
阳谷文史资料（第 12 辑）	—	1984 年 12 月	油印本
阳谷文史资料（第 13 辑）	—	1985 年 6 月	油印本
阳谷文史资料（第 14 辑）	—	1985 年 7 月	油印本
阳谷文史资料（第 15 辑）	—	1985 年 11 月	油印本
阳谷文史资料（第 16 辑）	—	1985 年 12 月	油印本
阳谷文史资料（第 17 辑）	—	1986 年 6 月	油印本
阳谷文史资料（第 18 辑）	—	1986 年 11 月	油印本
阳谷文史资料（第 19 辑）	—	1987 年 7 月	油印本
阳谷文史资料（第 20 辑）	—	1988 年 6 月	油印本
阳谷文史资料（第 21 辑）	—	1991 年 3 月	油印本
阳谷文史资料 1~20 辑选编	23.7	1989 年 10 月	山东省新闻出版局
阳谷诗刊（创刊号）	—	1992 年 1 月	聊城地区新闻出版局
阳谷诗刊（第二期）	—	1992 年 12 月	聊城地区新闻出版局
刘琰诗文校注	22	1993 年 8 月	山东大学出版社 聊城地区精神文明建设“精品工程”入选作品
阳谷诗刊（第三期）	—	1994 年 2 月	聊城地区新闻出版局
阎锡山军闹揭秘	14.5	1995 年 11 月	百花文艺出版社
王伦起义史料	53.4	1995 年 12 月	齐鲁书社

续附表 24

名　称	字　数（万）	出版（印刷）时间	出版社（获奖情况）
汤显祖与阳谷七级	7.8	1997 年 12 月	聊城地区新闻出版局
回忆范筑先将军六记（周云章遗稿专辑）	11.6	1998 年 12 月	聊城市新闻出版局
阳谷文史集刊（上、下）	52.9	1999 年 4 月	聊城市新闻出版局 山东省政协优秀文史书刊二等奖
张秋挂剑台五体十三碑考释	18.8	2001 年 6 月	聊城市新闻出版局
景阳冈记九家四体书		2003 年 9 月	
阳谷文史资料·政协委员专辑（第 30 辑）	15	2005 年 1 月	聊城市新闻出版局
阳谷文史资料·教育专辑（第 31 辑）	23	2007 年 9 月	聊城市新闻出版局 山东省政协优秀文史书刊三等奖
阳谷文史——庆祝建国 60 周年暨人民政协成立 60 周年（第 32 辑）	25	2009 年 9 月	山东省新闻出版局 山东省政协优秀文史书刊二等奖
阳谷诗词	10	2011 年 5 月	
弘扬优秀传统文化　建设三大传播基地——阳谷县恢复孟母祈蚕祠　建设孟母文化园构想	—	2015 年 3 月	
阳谷县环保书画作品集		2015 年 5 月	
我的抗战	18	2016 年 2 月	聊城市新闻出版局
阳谷掌故	15	2016 年 5 月	聊城市新闻出版局
楹联与书法（总第十七期）	—	2017 年 1 月	
全县中小学师生书画展作品集	—	2017 年 5 月	
全县中老年书画邀请展作品集	—	2017 年 5 月	
阳谷县统一战线书画展作品集	—	2018年 5月	

阳谷文史资料选编
山东省出版总社聊城分社

阳谷诗刊
创刊号
1992.1

陽谷詩刊
第二期

阳谷诗刊
第三期

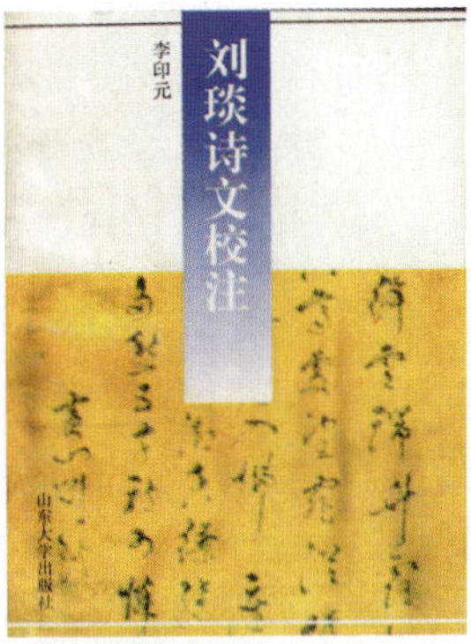
李印元
刘琰诗文校注
山东大学出版社

杨元璐 著
阎锡山军阀揭秘

汤显祖与阳谷
李印元
山东省聊城地区新闻出版局

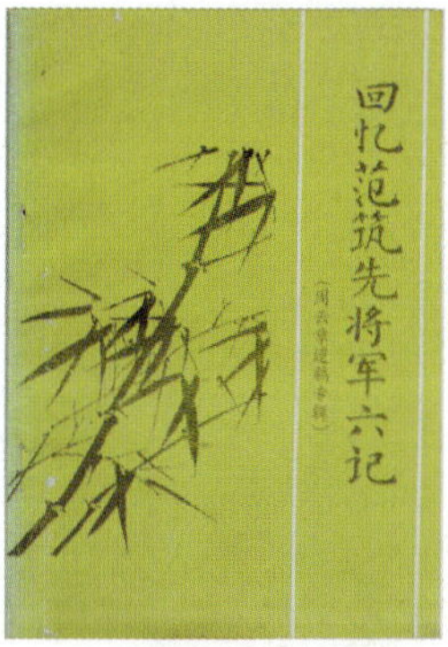
回忆范筑先将军六记

阳谷文史集刊
李印元 郑清铭 编

张秋挂剑台五体十三碑考释
编著 陈昆麟 李印元
山东省聊城市新闻出版局

景陽岡記九家四體書

阳谷文史资料
政协委员专辑
政协阳谷县文史资料委员会编

阳谷文史资料
教育专辑
政协阳谷县文史资料委员会 编

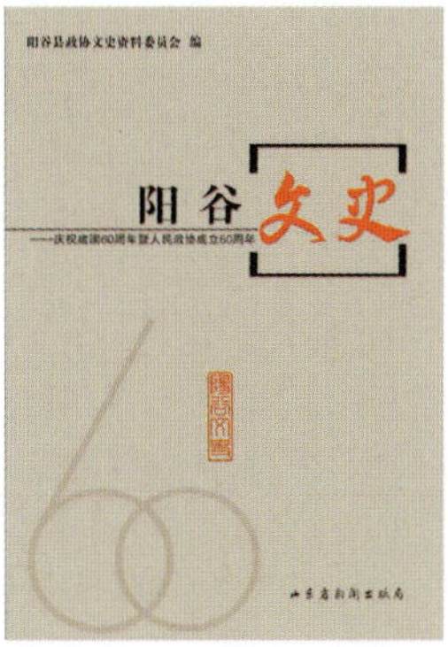
阳谷县政协文史资料委员会 编
阳谷文史
——庆祝建国60周年暨人民政协成立60周年

阳谷县政协文史资料委员会 编
阳谷诗词

弘扬优秀传统文化
建设三大传播基地
——阳谷县恢复孟母祈蚕祠
建设孟母文化园构想
政协阳谷县委员会

保护生态环境 建设绿色家园
阳谷县环保书画作品集

我的抗战
——阳谷志士抗战回忆录

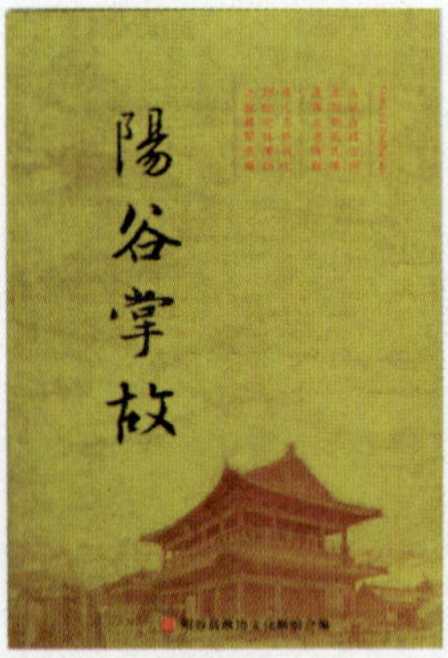
陽谷掌故

楹联与书法
阳谷县政协文化联谊会主办
2017年第一期
总第十七期

弘扬母教 孝慈敬亲
金盛塬杯全县中小学师生书画展
作品集

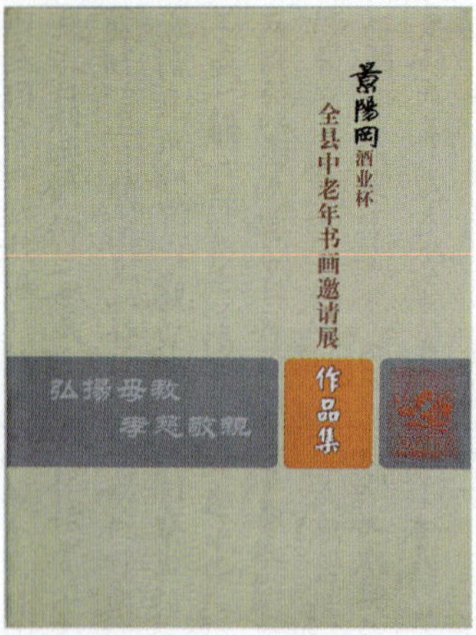
景陽岡 酒业杯
全县中老年书画邀请展
作品集
弘扬母教 孝慈敬亲

风雨同舟七十载
纪念中共中央发布“五一口号”七十周年
阳谷县统一战线书画展作品集

附录六：历届政协委员艺术作品选

张稷臣 书

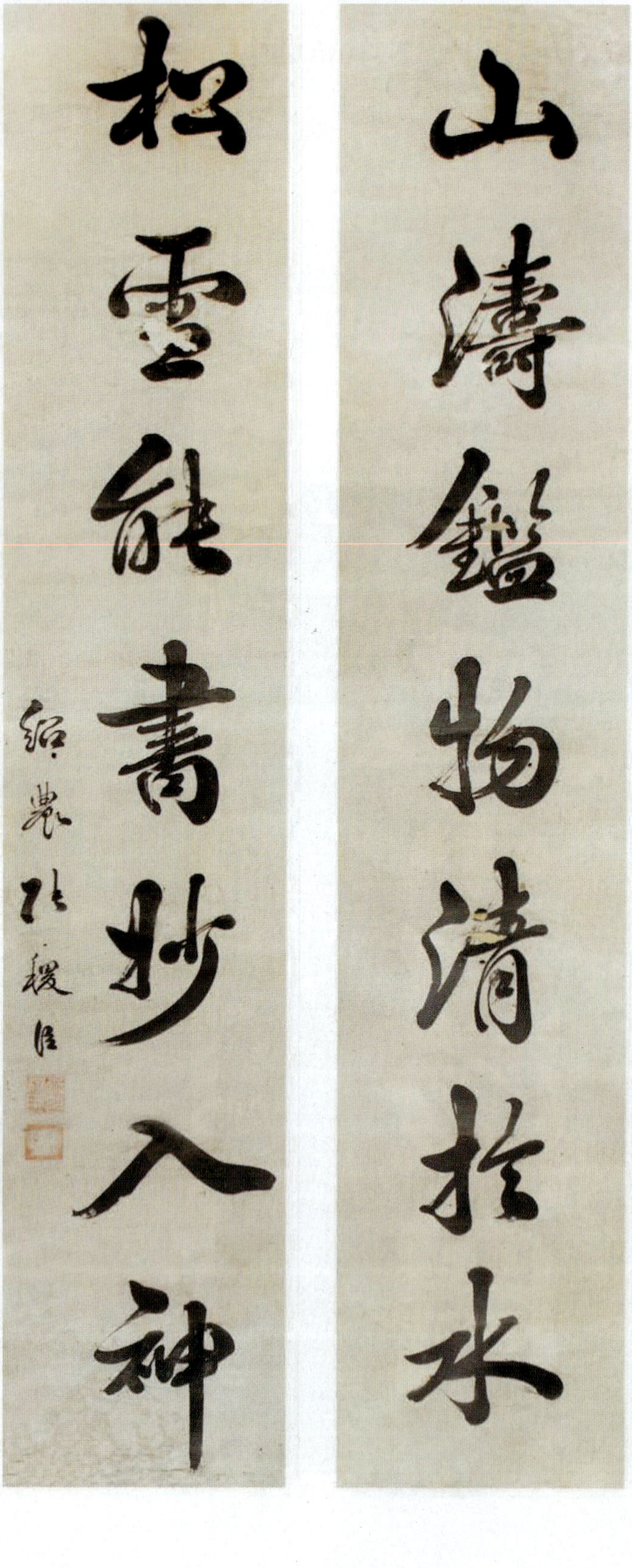

张稷臣 书

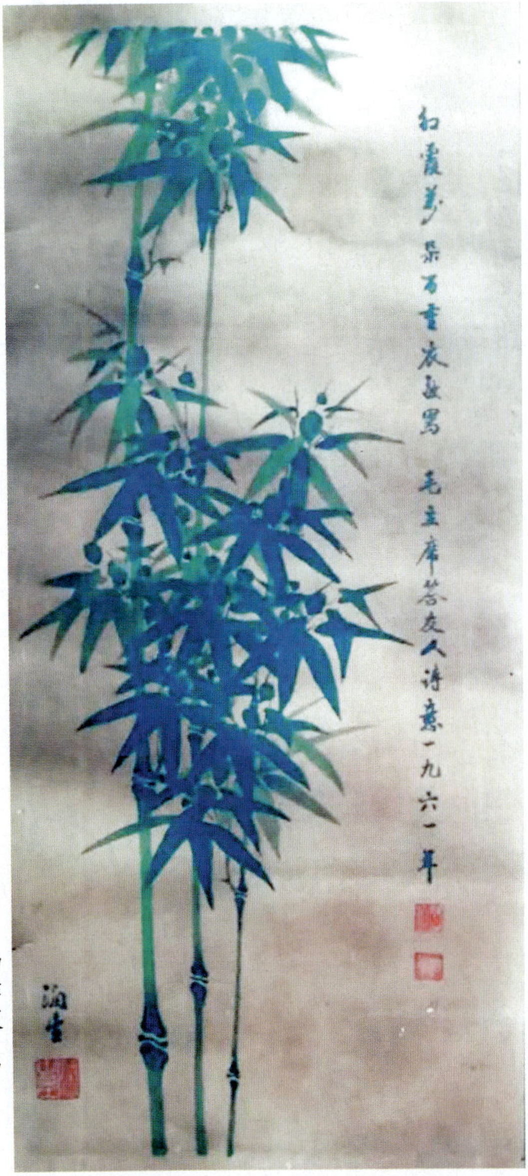

杨作霖 书

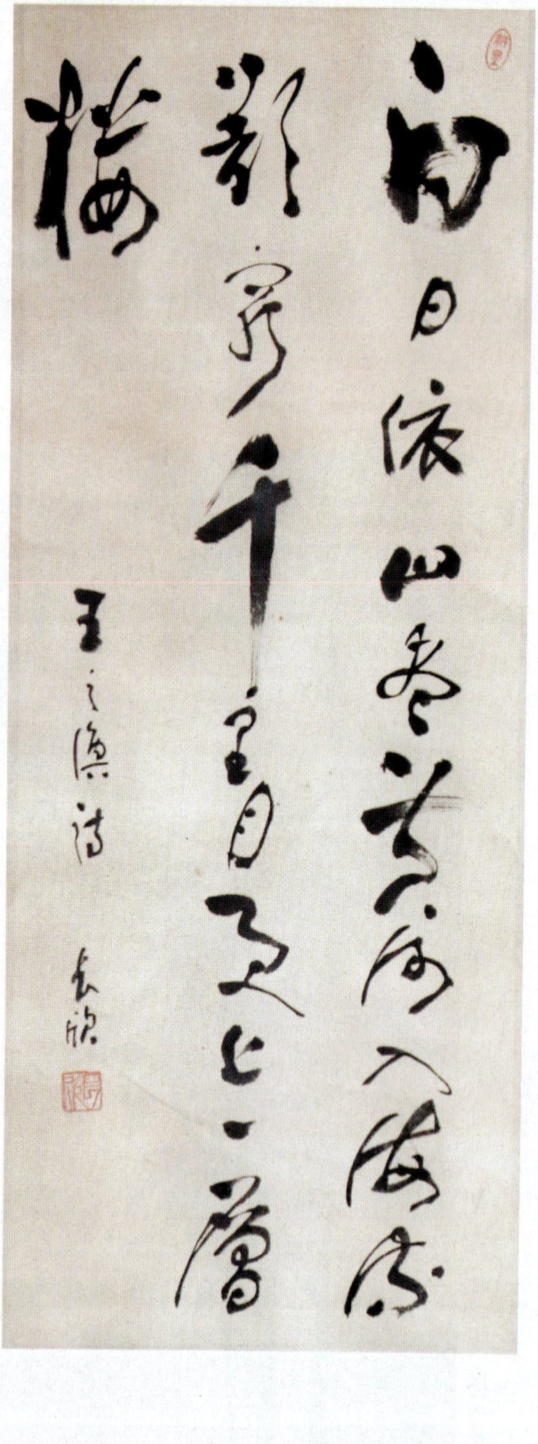

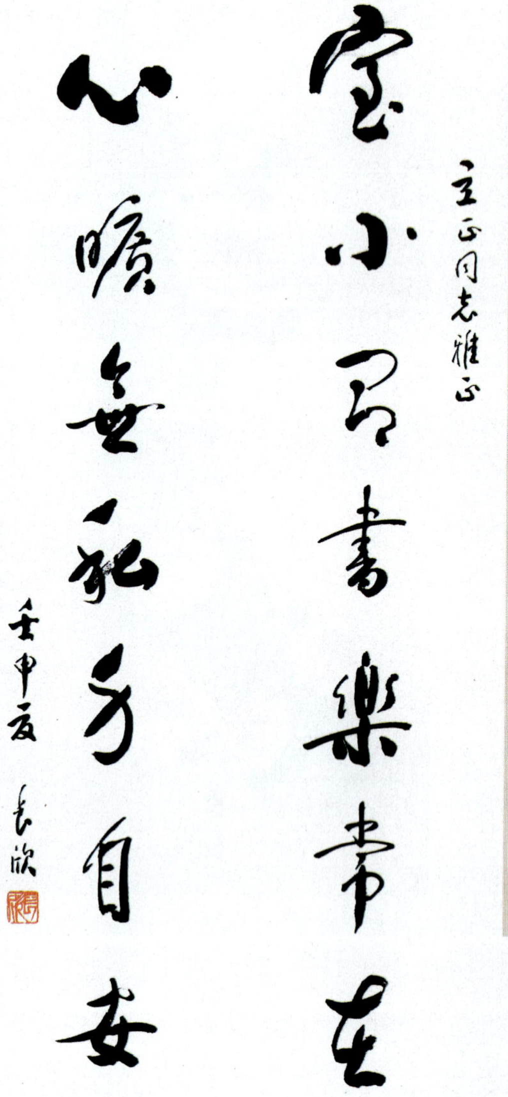

张长欣 书

藏金藏銀不如藏書教子

寬天寬地不如寬厚待人

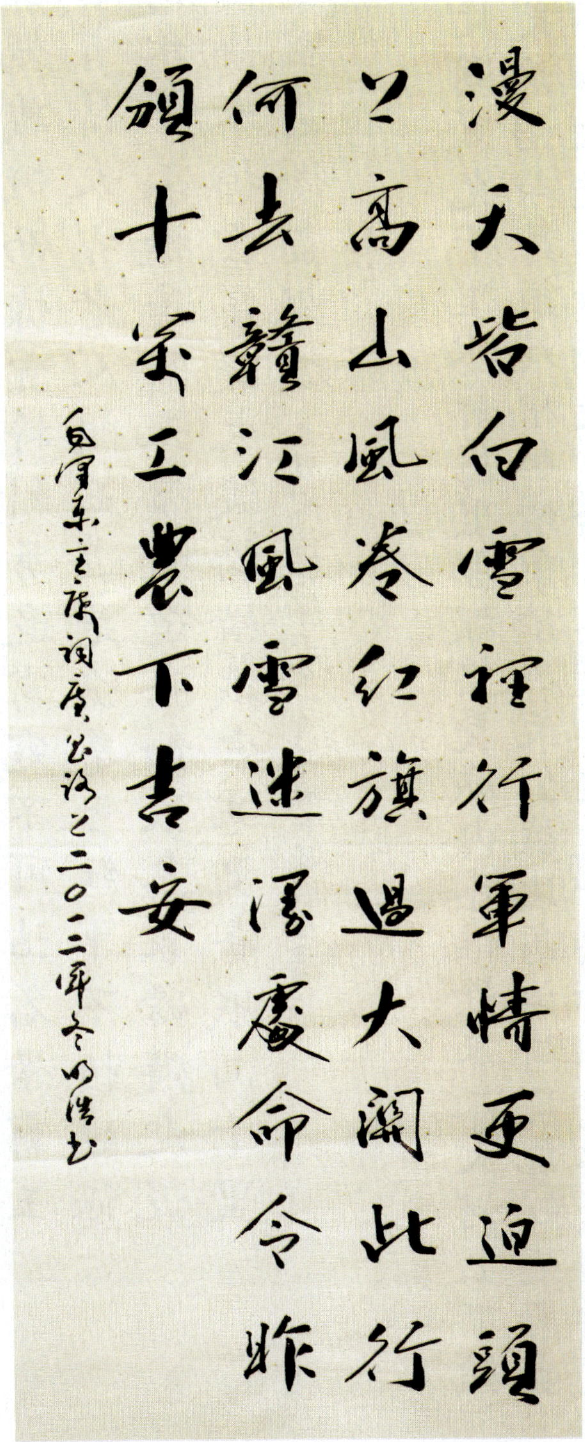

陈明诰书

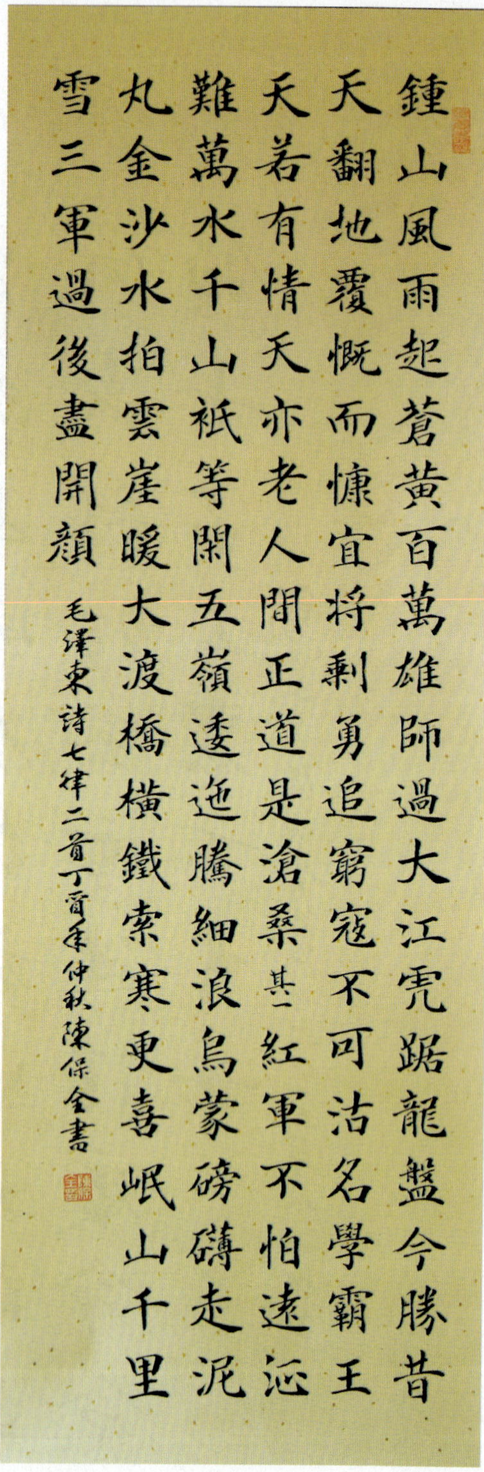
鍾山風雨起蒼黄百萬雄師過大江虎踞龍盤今勝昔
天翻地覆慨而慷宜将剩勇追窮寇不可沽名學霸王
天若有情天亦老人間正道是滄桑 其一 紅軍不怕遠征
難萬水千山祇等閑五嶺逶迤騰細浪烏蒙磅礴走泥
丸金沙水拍雲崖暖大渡橋横鐵索寒更喜岷山千里
雪三軍過後盡開顔
毛澤東詩七律二首丁酉年仲秋陳保全書

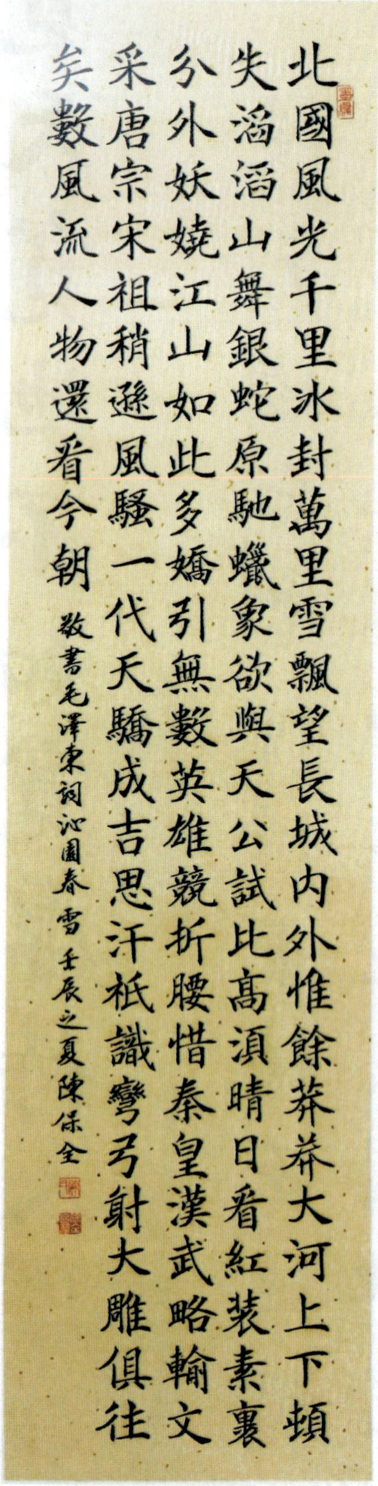
北國風光千里冰封萬里雪飄望長城内外惟餘莽莽大河上下頓
失滔滔山舞銀蛇原馳蠟象欲與天公試比高須晴日看紅裝素裹
分外妖嬈江山如此多嬌引無數英雄競折腰惜秦皇漢武略輸文
采唐宗宋祖稍遜風騷一代天驕成吉思汗祇識彎弓射大雕俱往
矣數風流人物還看今朝
敬書毛澤東詞沁園春雪 壬辰之夏陳保全

陈保全 书

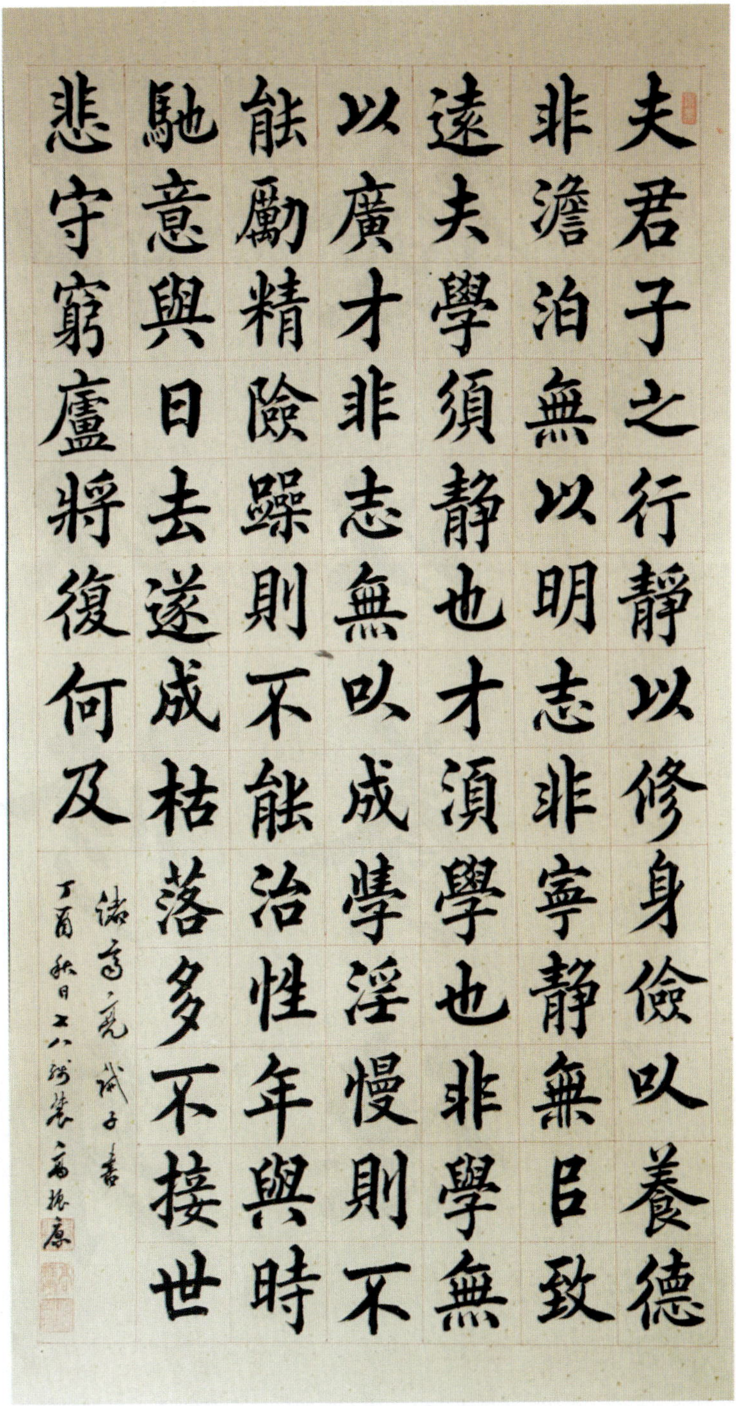
夫君子之行靜以修身儉以養德
非澹泊無以明志非寧靜無吕致
遠夫學須靜也才須學也非學無
以廣才非志無以成學淫慢則不
能勵精險躁則不能治性年與時
馳意與日去遂成枯落多不接世
悲守窮廬將復何及
諸葛亮誡子書

高振康 书

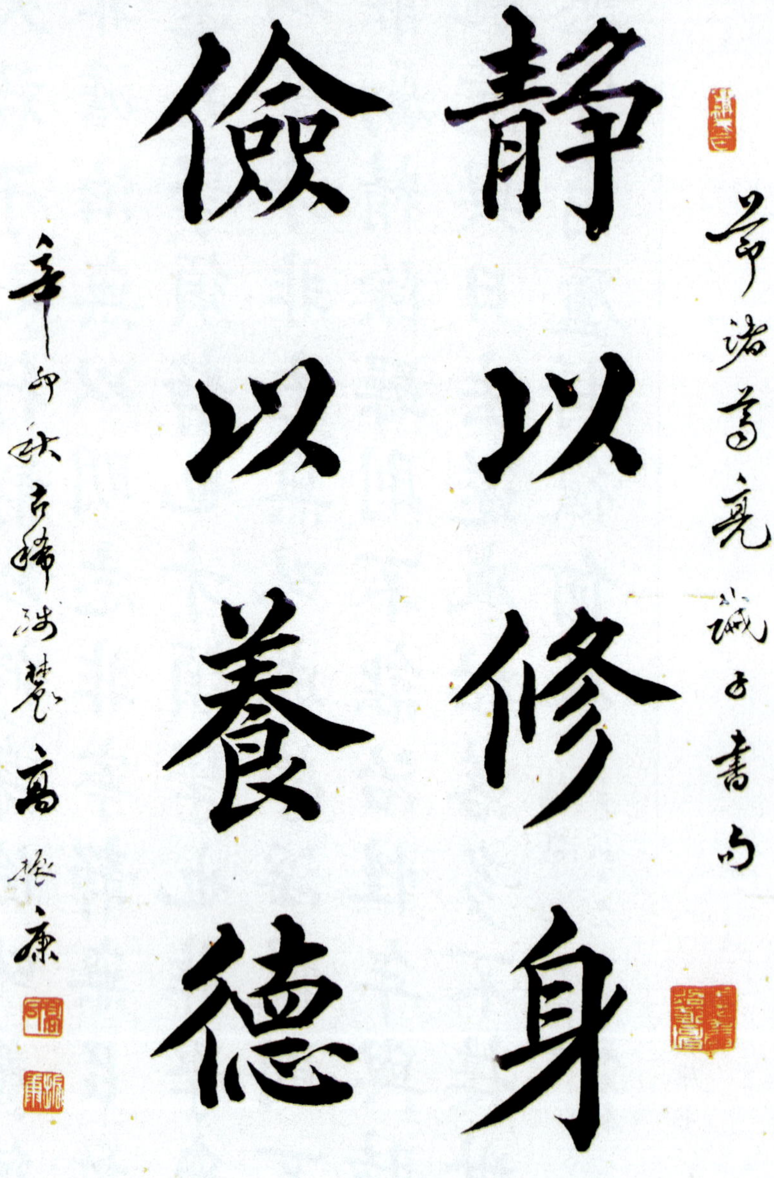

高振康　书

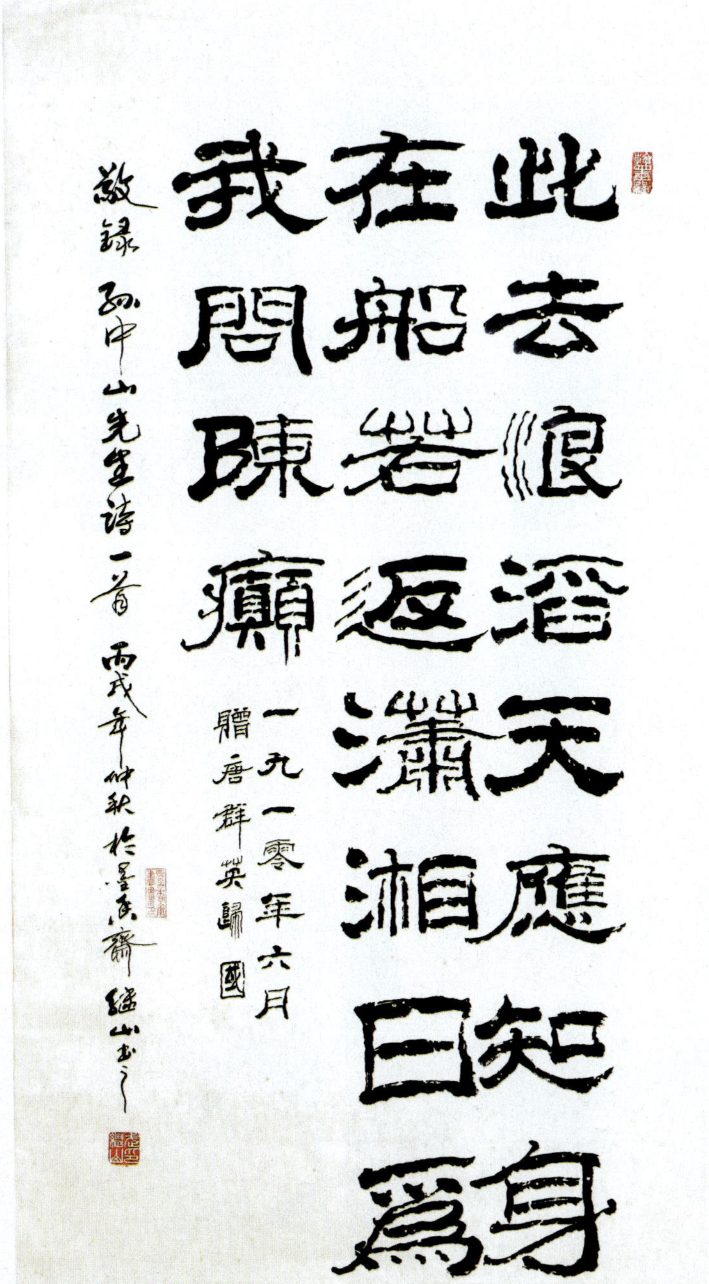
此去浪滔天應知身
在船若返瀟湘日為
我問陳癲
一九一零年六月
贈唐群英歸國
敬錄孙中山先生詩一首
丙戌年仲秋於墨香齋 继山书

武继山 书

杜梦华 作

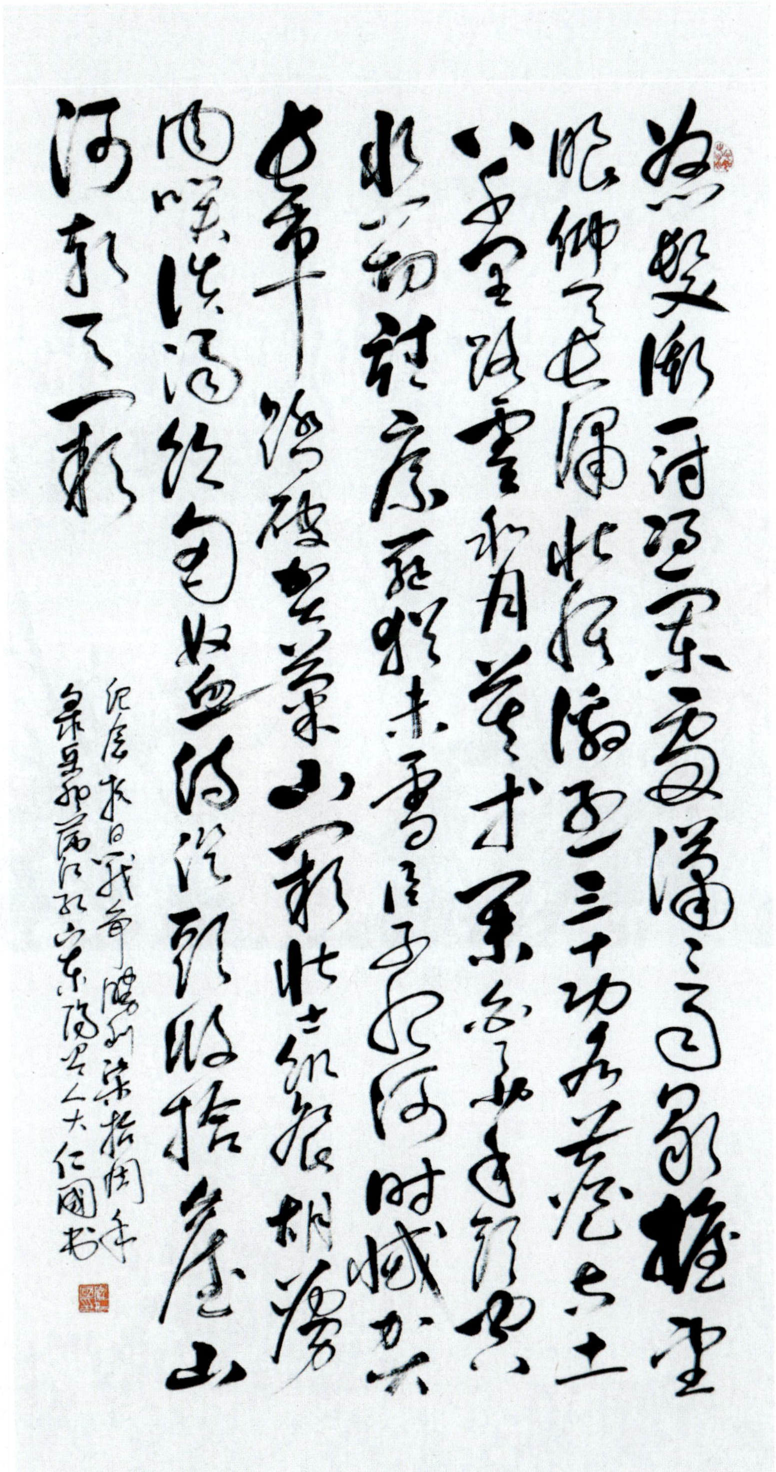

程仁国 书

乔振霞 作

王传成、王志达木雕作品

狮子楼

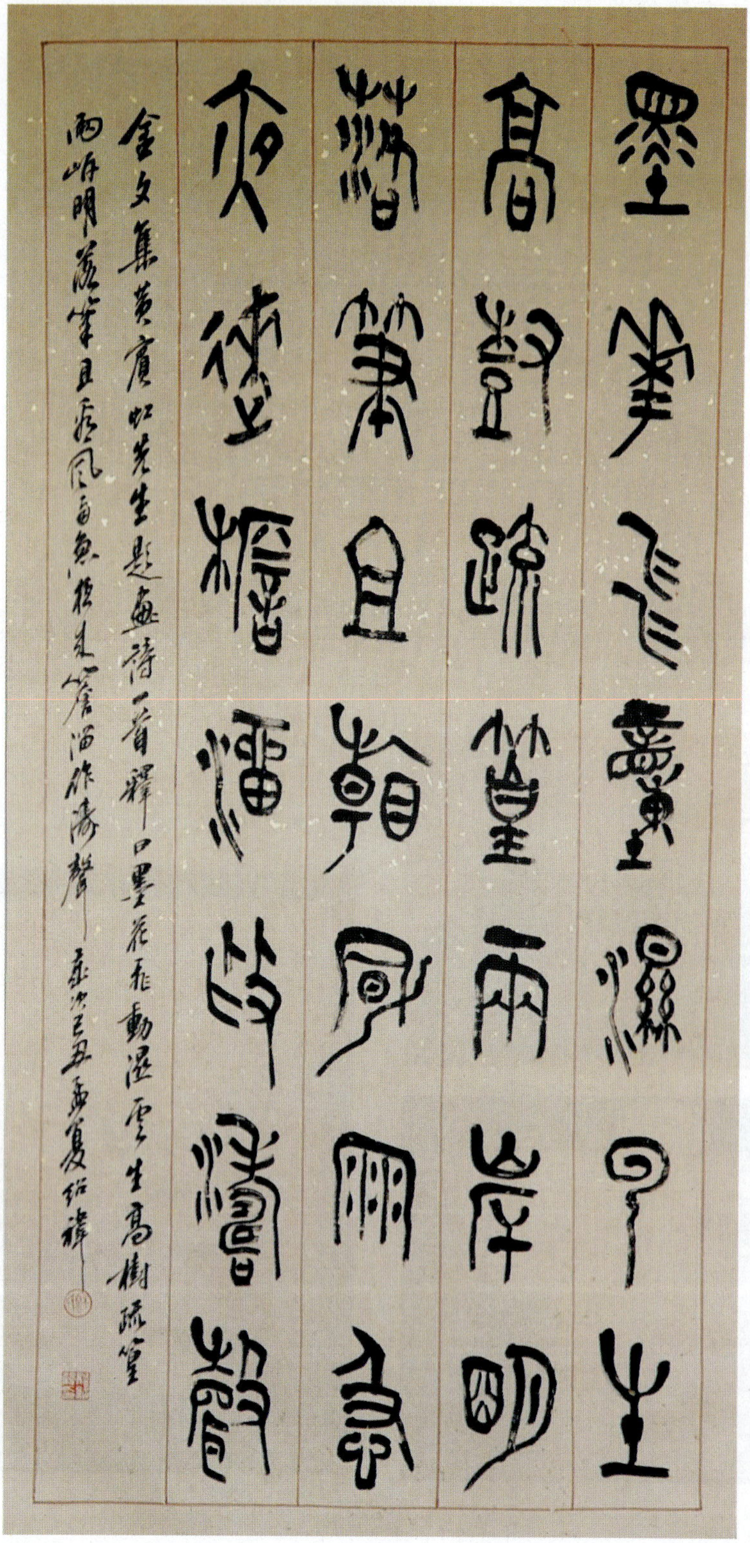

穆绍逸 书

碩果累累

白日不到處
青春恰自來
苔花如米小
也學牡丹開
清袁枚詩苔
戊戌春大穆

業廣惟勤
尚書周書句
戊戌秋紹毅作

朗然清秋月
李太白詩句
丁酉冬月紹毅

咬定青山
不放鬆立
根原在破
岩中千磨
萬擊還堅
勁任爾東
西南北風
鄭板橋題
畫竹詩乙
未紹毅刊

穆绍逸 国画 篆刻

魏之伦 作

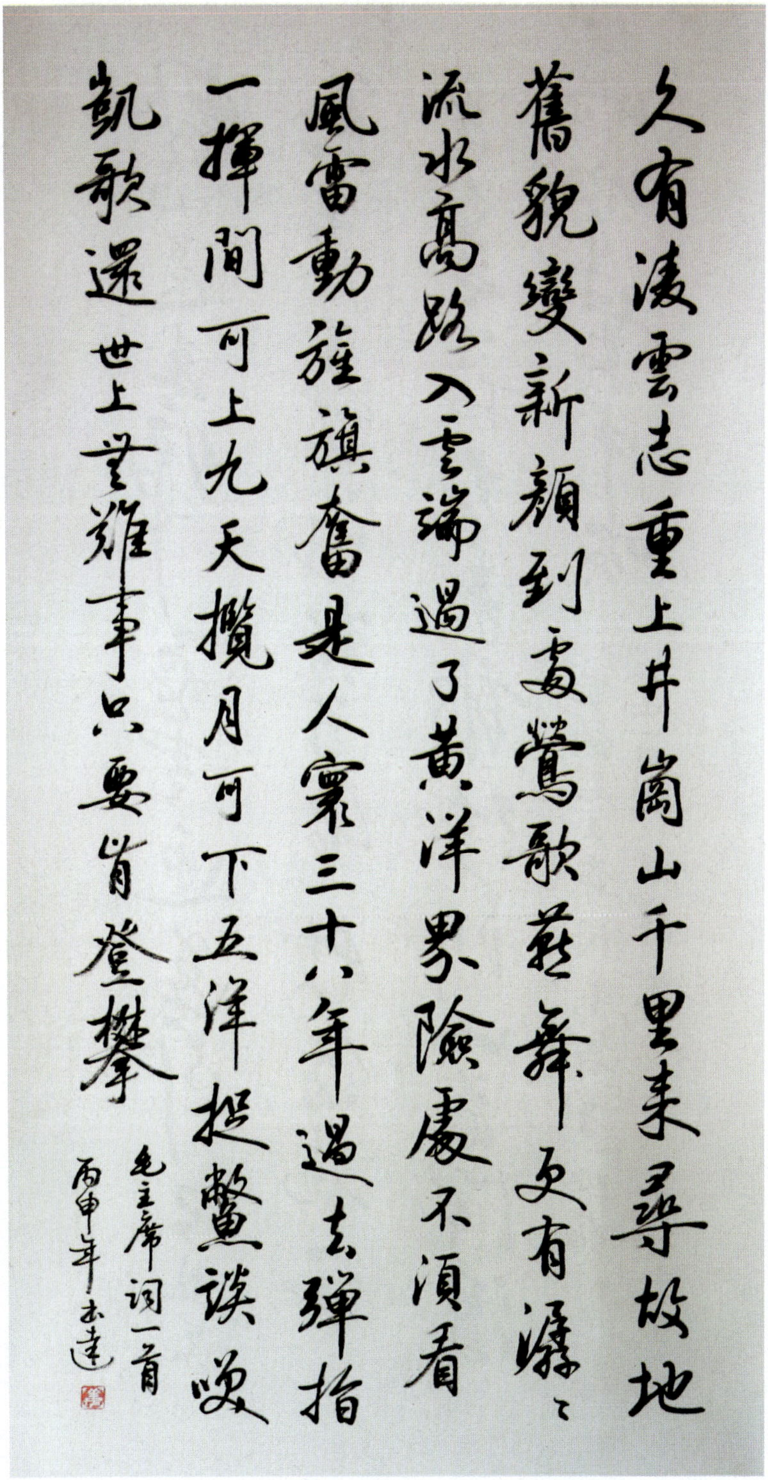
久有淩雲志重上井崗山千里來尋故地
舊貌變新顏到處鶯歌燕舞更有潺潺
流水高路入雲端過了黃洋界險處不須看
風雷動旌旗奮是人寰三十八年過去彈指
一揮間可上九天攬月可下五洋捉鱉談笑
凱歌還世上無難事只要肯登攀
毛主席詞一首
丙申年述達

姜述达　书

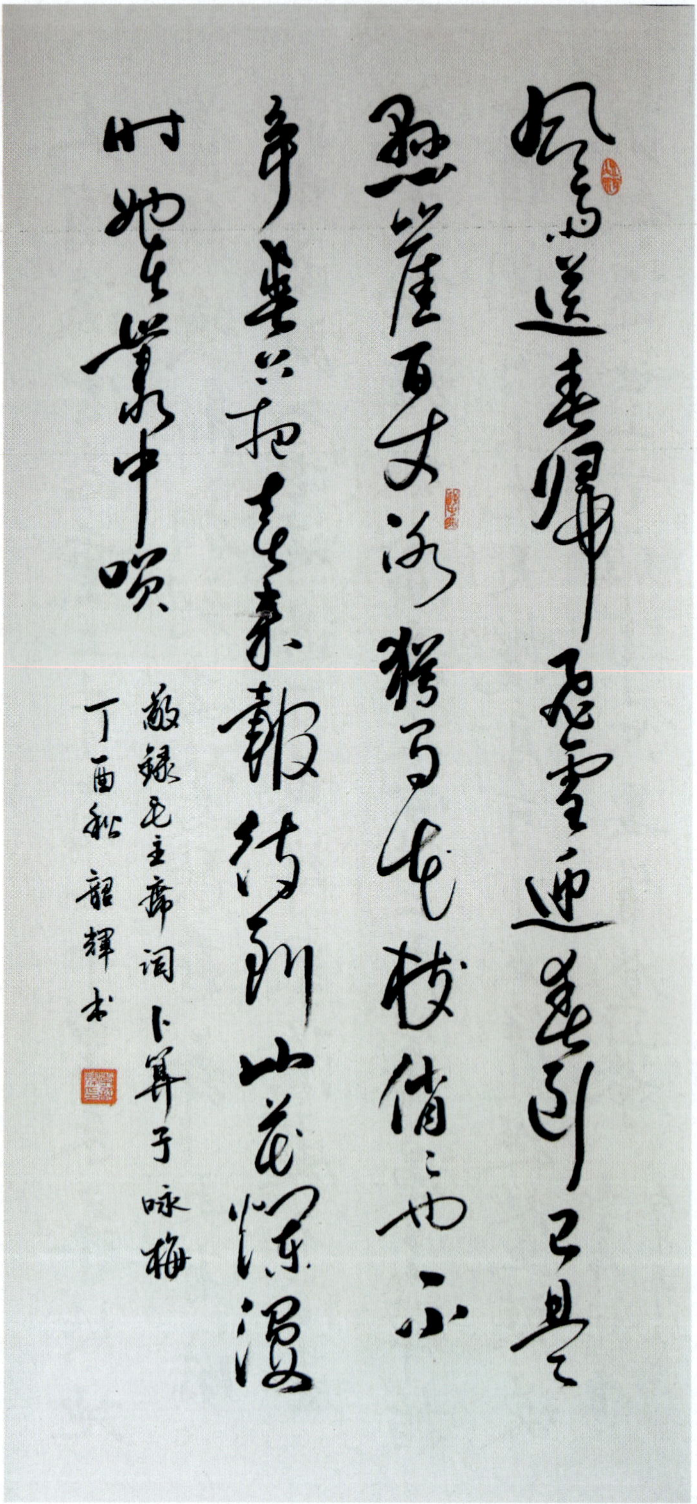
风雨送春归 飞雪迎春到 已是悬崖百丈冰 犹有花枝俏 俏也不争春 只把春来报 待到山花烂漫时 她在丛中笑
敬录毛主席词卜算子咏梅
丁酉秋 韶辉书

李韶辉 书

韩学斌 篆刻

风雨同舟七十载

千秋阳谷

英雄故里

长期共存

荣辱与共包容差异

发扬民主

孟筱 作

李文君 作

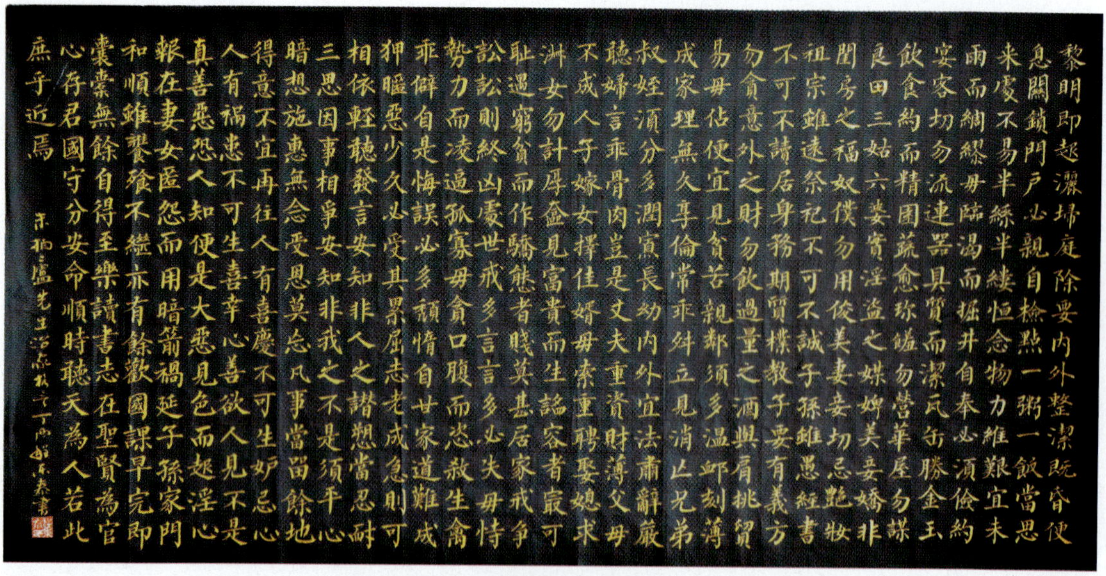
黎明即起灑掃庭除要內外整潔既昏便
息關鎖門戶必親自檢點一粥一飯當思
来處不易半絲半縷恒念物力維艱宜未
雨而綢繆毋臨渴而掘井自奉必須儉約
宴客切勿流連器具質而潔瓦缶勝金玉
飲食約而精園蔬愈珍饈勿營華屋勿謀
良田三姑六婆實淫盜之媒婢美妾嬌非
閨房之福奴僕勿用俊美妻妾切忌艷妝
祖宗雖遠祭祀不可不誠子孫雖愚經書
不可不讀居身務期質樸教子要有義方
勿貪意外之財勿飲過量之酒與肩挑貿
易毋佔便宜見貧苦親鄰須多温卹刻薄
成家理無久享倫常乖舛立見消亡兄弟
叔姪須分多潤寡長幼內外宜法肅辭嚴
聽婦言乖骨肉豈是丈夫重資財薄父母
不成人子嫁女擇佳婿毋索重聘娶媳求
淑女勿計厚奩見富貴而生諂容者最可
恥遇窮貧而作驕態者賤莫甚居家戒爭
訟訟則終凶處世戒多言言多必失毋恃
勢力而凌逼孤寡毋貪口腹而恣殺生禽
乖僻自是悔誤必多頹惰自甘家道難成
狎暱惡少久必受其累屈志老成急則可
相依輕聽發言安知非人之譖愬當忍耐
三思因事相爭安知非我之不是須平心
暗想施惠無念受恩莫忘凡事當留餘地
得意不宜再往人有喜慶不可生妒忌心
人有禍患不可生喜幸心善欲人見不是
真善惡恐人知便是大惡見色而起淫心
報在妻女匿怨而用暗箭禍延子孫家門
和順雖饔飧不繼亦有餘歡國課早完即
囊橐無餘自得至樂讀書志在聖賢為官
心存君國守分安命順時聽天為人若此
庶乎近焉

程东泰 书

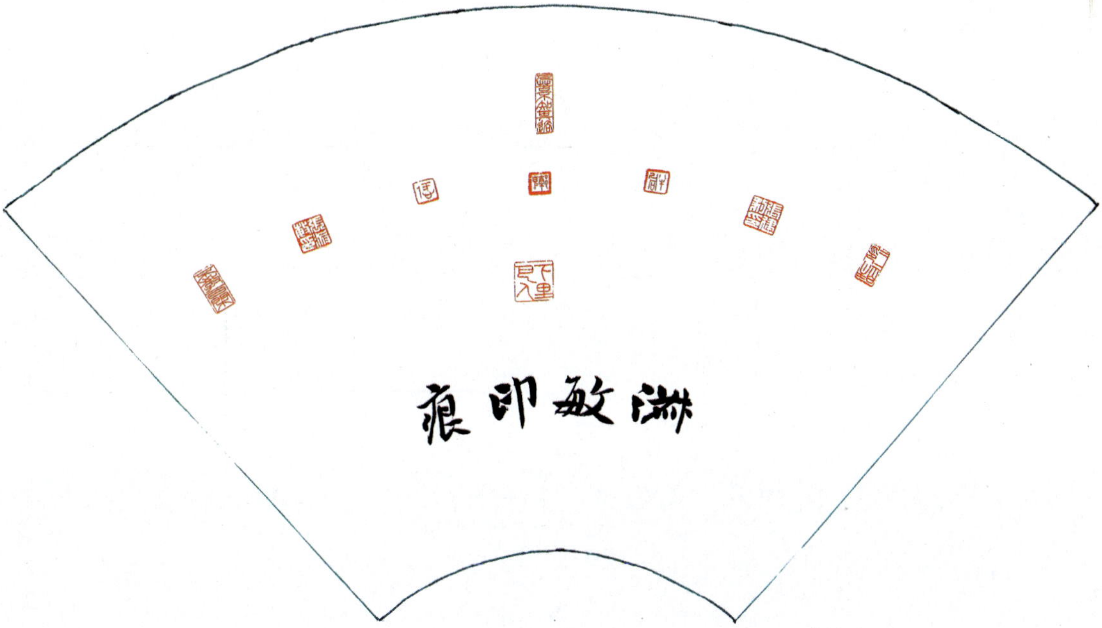

张淑敏 篆刻

后 记

《阳谷县政协志（1959—2019）》正式付梓出版，这是我县政协的一项重要文化成果，凝聚着全体编纂人员的集体智慧，是阳谷县政协机关辛勤劳动的结晶。

2018年1月，县政协十二届二次全委会议期间，由县政协主席朱炳立提议，经主席会议研究，决定编纂《阳谷县政协志（1959—2019）》。2月，县政协主席会议确定了由副主席魏庆银分管政协志的编纂工作，成立了由秘书长张克雷为组长的编辑小组，编纂工作全面展开。参阅外地政协志书，征求修志专家们的意见后，起草《阳谷县政协志（1959—2019）》目录，确定了本志的基本框架，印发《关于编纂〈阳谷县政协志〉征集资料的通知》，确定资料征集范围和入志政协委员的条件等基础性工作。然后，参编人员正式分工编写：庞素静承编“概述”和“履行职能”；张旭承编“大事记”；杨世钟承编“组织机构”“附录”和“图片资料”；闫光阳承编“文献资料”；张亦臣承编“政协人物”。王红飞、潘瑞政、梁永胜参与了部分章节的修订完善工作。

在编纂过程中，依据初拟的志书篇目，进行选择、录入、编辑、整理。其间，根据实际情况，对志书的篇目设置进行了修改完善，力求分类合理。为保证如期完成编纂任务，编纂人员不畏寒暑，加班加点，通过边编写、边排版设计、边校对的方式，于2018年11月完成初稿。

其间，县志办主任韩学斌、副主任曹淼提出指导性意见和建议，县政协原秘书长赵运涛不辞劳苦，参与校正文稿。针对提出的意见，编辑人员又仔细推敲，认真甄别，反复修改，多次送交县政协主席、副主席审阅，至2019年5月底，已形成第六稿。基本定稿后，又请往届政协老领导审阅。在广泛征求意见后，编委会成员对全书进行认真细致的审查把关，使志书篇章更加合理，内容更加翔实，事实更加准确，表述更加精炼。

本志的编辑出版，是集体智慧的结晶。编纂过程中，县政协领导高度重视，多次召开会议听取汇报。机关各科室通力协作，查找提供图文资料，宣传信息科科长李玉琳提供了大量图文资料，丰富了志书内容。

在编纂过程中，我们得到了有关部门和社会各界人士的大力支持。县政协历届领导及其家人、曾在政协工作过的同志积极提供图文资料；聊城市档案馆、阳谷县档案局、台前县政协为我们提供大量文献资料，国家档案局杨代云对志书的编纂提出了建议；阳谷县摄影家协会及广大摄影爱好者，提供了丰富的摄影作品。在此谨向关心、支持和帮助《阳谷县政协志》编纂出版工作的各位领导、专家及同志们表示最诚挚的谢意！

《阳谷县政协志（1959—2019）》的编纂在我县历史上尚属首次。由于历时久远，阳谷、寿张建制变更，史料缺损，加之编者水平所限，书中难免存在表述不当甚至疏漏、错讹之处，诚望各级领导、广大政协委员及社会各界人士谅解并批评指正。

编者

2020年9月